中国检察年鉴 1992

中国检察出版社　　北　京

《中国检察年鉴》编辑委员会

《中国检察年鉴》编辑部编辑人员

《中国检察年鉴》编辑部

各省、自治区、直辖市人民检察院联系人

李桂才	北京市人民检察院
严　力	天津市人民检察院
刘天明	河北省人民检察院
段庆臣	山西省人民检察院
赵春元	内蒙古自治区人民检察院
王艳红	辽宁省人民检察院
马晓梅	吉林省人民检察院
李金栓	黑龙江省人民检察院
华　英	上海市人民检察院
章　琴	江苏省人民检察院
张柏高	浙江省人民检察院
张　静	安徽省人民检察院
张时贵	福建省人民检察院
陈绍翊	江西省人民检察院
赵　泉	山东省人民检察院
赵钟麟	河南省人民检察院
黄德新	湖北省人民检察院
谭庆之	湖南省人民检察院
梁兆明	广东省人民检察院
韦乃煌	广西壮族自治区人民检察院
郭胜兰	海南省人民检察院
夏黎阳	四川省人民检察院
张光国	贵州省人民检察院
杨慎言	云南省人民检察院
罗英超	西藏自治区人民检察院
柴定生	陕西省人民检察院
权小琴	甘肃省人民检察院
石　峰	青海省人民检察院
赵立志	宁夏回族自治区人民检察院
徐晓卫	新疆维吾尔自治区人民检察院

▲ 1991年4月3日，刘复之检察长在第七届全国人民代表大会第四次会议上作《最高人民检察院工作报告》。

▲ 1991 年 5 月 10 日，国家主席杨尚昆会见前来我国进行友好访问的朝鲜中央检察所代表团。

▲ 1991 年 12 月 3 日至 8 日，全国检察长会议在北京召开。

▲ 1991 年 12 月，最高人民检察院副检察长张思卿在全国检察长会议上。

▲ 1991 年 3 月 15 日至 21 日，全国检察机关第四次控告申诉检察工作会议在北京举行。图为最高人民检察院检察长刘复之接见会议代表。

▲ 1991 年 6 月 27 日，在中央检察官管理学院建院典礼上，乔石、李铁映同志为学院院牌揭幕。

▲ 1991 年 7 月 4 日，最高人民检察院在北京人民大会堂举行《中国检察报》创刊新闻发布会。

编辑说明

一、《中国检察年鉴》是一部记载中国检察工作情况，及时反映检察工作全貌和各个年度的新发展、新成就的大型资料性年刊。年鉴以法律赋予检察机关的任务为轴心，收集了丰富、翔实的信息、数据和来自检察工作实践的第一手资料。年鉴所采用的资料都是由最高人民检察院各业务部门和各省、自治区、直辖市人民检察院组织专业人员撰写和提供的，具有准确性和权威性。

二、《中国检察年鉴》从1988年创刊开始，每年编辑出版一期。《中国检察年鉴》1992年刊反映的是1991年的情况。内容包括17个部分及特载、附录等共19个栏目。

三、《中国检察年鉴》1992年刊在栏目设置上作了一些调整和补充。新增设了“特载”、“干部教育工作”、“检察理论研究”、“检察宣传工作”、“检察报社、出版社”、“案例选载”、“附录”等栏目。原有的“检察刊物”部分，改变了续编的办法，对全国检察机关创办的报纸、刊物进行了全面介绍。

四、《中国检察年鉴》收录的资料，均未包括台湾省。

五、《中国检察年鉴》的编辑工作，得到各省、自治区、直辖市人民检察院和最高人民检察院有关业务部门的大力支持和协助，谨在此表示衷心的感谢。

六、《中国检察年鉴》在编辑工作中的缺点和不足，恳请读者提出宝贵意见。

《中国检察年鉴》编辑部

1992年7月

目　录

特　载

第一部分
检察工作概况

第二部分
工作报告

第 三 部 分
最高人民检察院负责人重要报告和讲话

第四部分
最高人民检察院重要文件选载

第五部分
最高人民检察院司法解释选载

第六部分
案例选载

第七部分
最高人民检察院重要会议简介

第八部分
干部教育工作

第九部分
检察理论、检察科学技术研究

第十部分
检察宣传工作

第十一部分
外事活动

第十二部分
检察报社、出版社

第十三部分
检察报刊

第十四部分
大　事　记

第十五部分
检察机关负责人名单

第十六部分
最高人民检察院表彰的先进集体和先进个人

第十七部分
统 计 资 料

附　　录

特　　载

“严打”就是专政*

——记小平同志对“严打”的战略决策

刘复之

这是八年前小平同志同我一次谈话的回忆。

1983年7月19日，盛夏季节，小平同志在北戴河找我谈了一次严厉打击刑事犯罪活动问题。他回答了什么叫严厉打击刑事犯罪活动（以下简称“严打”），为什么要“严打”这个人们普遍关心的问题。他精辟地指出：“‘严打’就是加强专政力量，这就是专政。”小平同志这次谈话同过去一样，给我留下难忘的印象：思维敏捷，洞察及微，言语明晰，记忆力强。

一

小平同志对这次“严打”的战略决策，结束了几年来打击刑事犯罪徘徊不前的局面。从1983年8月起，全国开展了持续三年、分三个战役的统一行动、集中打击。这一场“严打”斗争，在明确的思想指导下，步调一致，行动迅速，当年8、9两个月，全国各大中城市就依法收容审查、拘留、劳动教养和逮捕了一大批各种刑事犯罪分子，并给予了各种应得的法律制裁。“严打”的效果非常显著，治安形势迅速改观。小平同志这次谈话同他1982年提出依法从重从严打击经济犯罪一样，贯穿着“一手抓建设，一手抓法制”的“两手抓”的指导思想，闪耀着唯物辩证法的光芒，在坚持人民民主专政历史上增添了光辉的篇章。

“文化大革命”结束以后，“十年内乱”的后遗症之一，就是滋生了一大批打砸抢分子、抢劫犯、杀人犯、盗窃犯和流氓团伙犯罪分子。这些犯罪分子活动猖獗，破坏社会治安，危害人民的生命财产。在一段时间内，我们还没有进行过一次全面的清理，相当大的一部分犯罪分子没有受到应有的法律制裁。党的十一届三中全会之后，各条战线拨乱反正，正本清源。在大好形势下，社会治安不好，成为公安司法工作面临的突出问题。1980年至1982年，在党中央领导下，依照《刑法》、《刑事诉讼法》，连续开展了打击刑事犯罪活动的斗争。但由于对刑事犯罪的危害性认识不完全一致，实行依法从重从快惩处的方针思想不够统一，有的人犹豫不决，有的人担心出新的冤假错案，不时还有人责怪公安机关抓人多了，对刑事犯罪分子心慈手软，以致打打停停，摇摇摆摆，零打碎敲，

---

* 本文是作者为《二十八年间》（第三编）一书而写的回忆文章。

软弱无力，从而出现了“坏人不怕法，好人怕坏人”的不正常状况，导致刑事犯罪活动越来越猖狂。根据公安部的统计：1980年全国立案75万多起，其中大案5万多起；1981年89万多起，大案6.7万多起；1982年74万多起，大案6.4万起。1983年头几个月案件继续猛烈上升，虽然后四个月开展了“严打”战役，发案大幅度下降，但全年总数还达61万多起，大案6.5万多起。如果计算上大约30%至50%的“隐案”，即群众怕惹麻烦，不愿意报案，或报了案基层公安机关搞“不破不立”等，那么，这几年的实际发案数要比统计数大得多。

在这种情况下，小平同志及时作出开展“严打”战役的决策，反映了亿万人民和广大干部的意愿。同我谈话的前三天，即1983年7月16日，小平同志同胡耀邦、赵紫阳同志曾谈过话。他指出：现在刑事犯罪，恶性案件，不是越来越少，而是越来越多，越来越严重，主要原因是对犯罪分子打击不力。他针对有人“怕搞错两类矛盾”，直截了当地指出：就是应该把严重刑事犯罪分子当作敌我矛盾来处理。

1983年4月，我从司法部调回公安部。在这前后几个月间，连续发生了多起影响极坏的恶性案件，如2月中旬的“二王”案件，杀人越货的流窜犯王宗玱、王宗玮兄弟，从东北抢枪、抢劫、杀人以后，窜到南方四处骚扰，当年9月“严打”时才被击毙于江西。又如，5月初卓长仁等几个刑事犯从沈阳劫持民航班机飞逃南朝鲜。不少地方发生流氓团伙在大白天劫持强奸女青年，公开侮辱妇女，拦路抢劫和结伙打砸抢等恶性案件。许多地方公共场所秩序混乱，妇女不敢在夜晚上班，家长牵挂儿女，群众失去安全感，党内党外反应强烈。公安部党组研究了治安形势，7月16日向党中央、国务院报送了《关于发挥专政职能改善公安装备的报告》，提出了我们认为急待解决的一些紧迫问题。17日我到了北戴河，第二天向王瑞林同志询问小平同志看到报告没有，有什么指示？出乎意料，他告诉我：“小平同志正要找你，有意见同你谈哩。”

7月19日上午9时，我遵约到小平同志住处，王瑞林同志招呼在会客室坐下。一会儿，彭真同志和张洁清同志也来了。小平同志手里拿着我们写的报告，谈了几句题外话之后，开门见山地说：“你们这个文件不解决问题。我跟耀邦、紫阳同志谈，就是刑事案件、恶性案件大幅度增长，这种情况很不得人心。为什么打击刑事犯罪搞不起来？那一次政治局会议讨论打击经济犯罪问题，讲到从重从快从严时，有同志冒了一句，说还要搞准。我说，没有准不准的问题，经济犯罪就是经济犯罪，打砸抢的、抢劫的、杀人的，有什么准不准的问题?！是下不了手！”小平同志翻开公安部的报告，边念边说：“文章主要是这一段：‘加强侦查破案，严厉打击现行犯罪活动。已通知各地，暑期旅游旺季也正是犯罪活动的旺季，要求对各种现行犯罪分子和流氓团伙的骨干分子，收容审查一批，劳教一批，拘留一批，逮捕法办一批，对严重犯罪分子坚决依法从重从快惩处；同时注意不一刀切，不炒剩饭，不该抓的坚持不抓，该从宽的坚持从宽。要进一步加强群众工作和基层工作，多做教育、疏导和预防犯罪工作，落实基层单位的治安保卫责任制。’”念到这里时，小平同志批评说：“这样四平八稳，解决不了问题。毛病就在于你们后面讲的同时注意不一刀切……，稳稳当当的，就不能解决问题。”

小平同志态度非常坚决。他说：“搞得不痛不痒的不行，这样搞是不得人心的。”他提出：在三年内组织一次、二次、三次战役，一个大城市，一网打尽，一次就打他一大批。他进一步指出："严就能治住"，我们不叫搞运动，是不搞整人的运动，但集中打击严重刑事犯罪还必须发动群众，这是不叫运动的运动。他要求对刑事犯罪分子坚决逮捕、判刑、组织劳动改造；对杀人犯、抢劫犯、流氓犯罪团伙分子、教唆犯、人贩子、老鸨儿等给予严厉的法律制裁。小平同志强调："不能让犯罪的人无所畏惧"，"这就是加强专政力量，这就是专政"，"我们保护最大多数人的安全，这就是人道主义"。

在整个谈话中，彭真同志十分高兴，他一再说，小平同志这个决心下得好，全党下决心，坚决贯彻这个决策，问题就好解决了。1980年，彭真同志复出工作不久，就鲜明地提出了对严重刑事犯罪要实行依法从重从快惩处的方针。有些同志不理解，甚至有人用"四个共产党员"的名义给党中央写信，反对依法从重从快。对此，小平同志很快作了批示，指出：依法从重从快是正确的，应继续贯彻。但是在贯彻执行中出现了被彭真同志喻为"扭秧歌"的不正常状态。彭真同志对小平同志提出开展"严打"战役的决策，非常赞成。他认为这个决策能够从根本上扭转软弱涣散的被动局面。打这以后，公安司法机关在党的领导下，从1983年8月至1987年初，持续进行了三个战役的"严打"。依我看，这次"严打"战役，意义极为深远，就其指导思想、气势、规模和效果等方面来说，是继1950年至1952年镇压反革命运动之后，坚持人民民主专政的又一个具有历史意义的里程碑。

二

1983年7月20日，公安部立即在北戴河召集北京市、河北、辽宁省和唐山市的公安、政法领导干部开会。我传达了小平同志的重要谈话和彭真同志的指示，组织学习和研究作战方案；同时，征求了上海、天津、广东等省、市的意见。同志们听到小平同志的重要指示，一致认为，这是对公安工作乃至对整个政法工作的最大关怀、最热情的支持，是对坚持人民民主专政实践的最有力的指导。到会同志莫不欢欣鼓舞，精神振奋。座谈的第二天，我们和地方同志去看望彭真同志。一见面他就说："见到你们高兴的样子，看来问题解决了。"在彭真同志亲自领导下，很快拟出了第一战役第一仗的初步方案。我们得到党中央书记处分管政法工作的书记陈丕显同志的具体指导，得到党中央、国务院、全国人大常委会领导同志的支持。经党中央批准，8月2日，陈丕显同志主持召开了全国政法工作会议。在预备会上，领导同志又一次听取了北京、天津、上海、广东、湖北、河北、辽宁等省、市的意见。经过大会充分讨论，大家一致拥护小平同志的指示，决心雷厉风行地贯彻执行。接着，8月25日党中央政治局作出了"关于严厉打击刑事犯罪活动的决定"。9月2日，全国人大常委会通过了"关于严惩严重危害社会治安的犯罪分子的决定"和"关于迅速审判严重危害社会治安的犯罪分子的程序的决定"。经过紧张的工作，从8月至年底实施了第一战役的第一仗，各省、自治区、直辖市，各大中城市，或先或后地陆续统一行动，集中打击。这一次打击是很有力量的，犹如撒下了天罗地网，犯罪分子纷纷就擒。在此期间，摧毁了犯罪团伙7万多个，逮捕流氓犯罪分子数以十万计，缴获各种枪支18000多支、子弹42万多发，群众检举线索近150万件，群众扭送犯罪分子47000多名，投案自首10万多名。

在小平同志的正确思想指导下开展的"严打"战役，意志统一，目标明确，进展顺利，发展健康，成效极为显著。我多次回想过，在"严打"斗争中，特别是在开展战役的几个关键时刻，假如没有小平同志的关心和支持，没有他的坚强意志，没有他的伟大决心，要把“严打”战役开展起来和坚持下去是不能设想的。同时，各级党委对“严打”战役实施了强有力的领导，各级政府、人大和政协全力支持，公、检、法、司密切配合，并得到人民解放军的支援，广大群众积极拥护，充分发挥了法制的震慑力。经过这一打击，犯罪分子的嚣张气焰被震下去了，各种公共场所秩序好转了，妇女上夜班不要家人护送了，保障了生产安全，维护了社会安定。“严打”行动，大得人心，大快人心，一些地方群众放鞭炮欢呼党和政府惩治坏人、保护好人，很多群众登门表扬感谢公安派出所。

1983年10月12日，小平同志在党的十二届二中全会上发表了讲话。他讲了一段很重要的话：“最近，在全国范围内对严重刑事犯罪分子依法实行从重从快的集中打击，受到广大群众的热烈拥护，非常得人心。群众只担心将来处理太宽，放虎归山，罪犯又来报仇。群众还认为早就应该从严打击，批评我们搞晚了。这些反映和批评值得高度重视。前两年我们曾指出各级领导上存在着软弱涣散的状况，对严重刑事犯罪分子下不了手也是一种表现。由此应当得出教训，必须坚决克服领导上的软弱涣散状态。”

小平同志对“严打”战役的决策，是从实际情况出发，实事求是，理论联系实际的一个典范。正确的思想产生正确的决策，在正确决策指导下的行动获得了巨大的政治效果和社会效果。“严打”战役给广大人民生活和社会主义经济建设创造了安定的社会环境，巩固了人民民主专政。

几十年来，小平同志从指挥百万大军作战到领导党中央工作，对重大问题作出决策时，向以冷静观察，深思熟虑，精明判断，果敢决策著称。我回想1980年审判林彪、“四人帮”两个反革命集团案件时，由于复杂的特殊的历史背景，在工作过程中，对犯路线错误和犯反革命罪要不要严格分开？对那几个十恶不赦的反革命罪犯开不开杀戒？这两个大问题，党内党外众说纷纭，莫衷一是。在充分发扬民主中，小平同志倾听各种反映，集中正确意见，经过党中央讨论和国家司法程序，作出了只审判犯罪行为，犯罪与错误分开，不开杀戒的重大决策。事情过去10年了，回头看一看，想一想，这多么英明，多么正确！小平同志1983年的“严打”战略决策，同1980年对“两案”审判和1982年对打击经济犯罪的决策一样，显现了伟大无产阶级战略家的品格：高瞻远瞩，明睿智慧，高屋建瓴，势如破竹。我们伟大的中华人民共和国，在伟大的中国共产党领导下，致力于建设有中国特色的社会主义。在贯彻“一个中心、两个基本点”的党的基本路线过程中，在坚持四项基本原则，坚持改革开放中，经常出现许多错综复杂的情况。在关键时刻和关键问题上，非常需要有高度马克思列宁主义、毛泽东思想水平，有经验、有智慧、有魄力的领袖，集中集体智慧，执行统一意志，敢于和善于拍板。党中央的正确决策，极端重要，关系亿万人民的前途和命运，关系社会主义的前途和命运。发扬社会主义民主，健全社会主义法制，坚持人民民主专政，是复杂的历史过程，层出不穷的重大问题，需要党中央，需要党的领袖适时作出决断。历史经验告诉我们，人民民主专政必须有“铁腕”。在必要的时候必须敢于下手，手软必然坏事。

三

“严打”的巨大的效应，产生了持久的影响。1984年继续开展第一战役第二仗并转入第二战役，案件继续下降，人民群众获得广泛的安全感。这年全国刑事案件立案51万多，其中大案6.3万多。但1985年转入第三战役以后，对于是否坚持“严打”战役又出现了一些不同看法。有的说打击面宽了，个别地方一度出现过“复查风”，少数不知悔改的犯罪分子闹翻案，以至刚刚纠正过来的软弱涣散倾向又有重新抬头的苗头，引起广大干部群众的不安。1985年春召开了全国政法工作会议，陈丕显同志在会上传达了小平同志的指示：我们对刑事犯罪活动的打击是必要的，今后还要继续打击下去。虽然出现这样的小反复，或轻或重地影响了一点工作，但由于继续坚持了“严打”战役，1985年刑事案件数仍然保持了较低的水平，全国立案数为54万。社会治安有明显的好转，流氓团伙的骚扰破坏继续大幅度减少，反革命案件逐年减少，治安案件也相应有所减少。1986年，同样由于坚持了“严打”第三战役，全国刑事案件立案数仍为54万多。但是，因为“严打”声势逐渐减弱，特别是各种配套的综合治理工作结合得不够有力，盗窃大案成倍增加，大案上升到9.8万起。盗窃案件在总案件中占80%左右。对此，群众意见很多，但大多数地方治安秩序较好，群众仍然有安全感。

“严打”斗争和刑事犯罪活动出现波动，并不奇怪。这段时间，客观形势发生了巨大变化。党的改革开放政策取得了显著的成果，农业生产稳定发展，社会主义商品经济发展了，社会财富增加了，市场活跃了，整个社会很安定，维护社会治安也有了强大的物质基础。但是，从客观上看，城乡之间、城市之间的人财物流动大量增加，各种规章制度和管理工作显得落后于实际，失控面越来越大，可资坏人利用的空子越来越多；那些判处轻刑的罪犯开始成批地刑满释放回到社会上，其中少数人恶习不改，继续犯罪，还有些人经不起改革开放的考验，在资产阶级腐朽思想和生活方式的冲击下陷进犯罪的泥坑。因此，犯罪分子的活动时起时伏。犯罪现象是在一定范围内长期存在的阶级斗争的表现之一，也是社会各种消极现象的综合反映。从主观上来看，一个好的方针和行之有效的政策，不能得到始终如一的贯彻，是犯罪反复的又一个重要原因。当社会上出现资产阶级自由化思潮时，有人认为“严打”是搞“消极保安”，是“灭火队”，要搞所谓“积极治安”。有人把“严打”同综合治理对立起来，认为“严打”是治标的消极的，把人民民主专政这把对付敌人、对付各种犯罪的刀子，看成是消极的。这些糊涂观念，在广大干警和人民群众中产生了不好的影响。1986年1月17日，小平同志在中央政治局常委会上讲了话。他说：“抓精神文明建设，抓党风、社会风气好转，就是要从具体案件抓起。”“要真正抓紧实干，不能手软。”“死刑不能废除，有些罪犯就是要判死刑。我最近看了一些材料，屡教屡犯的多得很，劳改几年放出来以后继续犯罪，而且很熟练，更会对付公安司法机关了。对这样的罪犯为什么不依法杀一些？还有贩卖妇女、儿童，搞迷信职业活动和反动会道门，屡教不改的，为什么不依法加重判处？”他说：“对严重的经济犯罪、刑事犯罪，总要依法杀一些人。现在总的表现是手软。判死刑也是一种必不可少的教育手段。”陈云同志也同时指出，对这些罪犯判处死刑，能起杀一儆百作用。小平同志再一次强调：“搞四个现代化一定要有两手，一手是不行的。所谓两手，即一手抓建设，一手抓法制。党纪国法都是法。只有一手不行。四个坚持为什么要有一条坚持人民民主专政？只有人民内部的民主，没有对破坏分子的专政，社会就不可能保持安定团结的政治局面，就不可能把现代化建设搞成。”

三年“严打”战役的实践充分证明，坚决打击刑事犯罪活动，依法从重从快惩治严重危害社会治安的刑事犯罪分子，维护社会治安的稳定，是国家稳定的重要一环。而没有大局的稳定就不可能进行社会主义经济建设。

四

“严打”战役的巨大效果，从一个方面说明坚持人民民主专政非常重要，这是建设有中国特色的社会主义伟大事业中的应有之义。人民民主专政同四项基本原则中的其他三项同样重要。我国建立了社会主义公有制，在大陆消灭了人剥削人的制度，消灭了剥削阶级。党的十一届三中全会以来这 13 年，实行以经济建设为中心、坚持四项基本原则、坚持改革开放的基本路线，生产稳步发展，人民生活逐步改善，政治稳定，经济稳定，社会安定；同时，坚决反对资产阶级自由化，加强思想政治工作，加强社会主义精神文明建设，促使形成良好的社会风气和高尚的道德风尚。总的说来，我国刑事案件的发案率是低的，最高的年份也没有超过全国人口比例的万分之二十，同发达的资本主义国家比较，我们的发案率和犯罪率都要低得很多很多，这充分显示了社会主义制度的优越性。当然，我们必须看到，在社会主义初级阶段，还存在产生犯罪的根源。阶级斗争虽然已经不是我国社会的主要矛盾，但是它在一定范围内还将长期存在，并且在一定条件下还可能激化，这种斗争集中表现为资产阶级自由化同四项基本原则的对立，斗争的核心依然是政权问题；旧社会不劳而获的坏思想影响极深，资产阶级腐朽思想和生活方式影响严重；法律还不够完备，管理制度还不严密，思想政治工作开展不平衡；国际上有一股反共反社会主义势力在捣乱，和平演变的渗透活动在加剧。国际阶级斗争很激烈。如此等等，诱发犯罪和突发事件的因素大量地存在。因此，必须保持清醒头脑，时刻提高警惕。必须毫不动摇地理直气壮地坚持人民民主专政，毫不懈怠地长期坚持做好各项工作，维护社会安定，保卫国家长治久安。

1989 年，我们党和政府依靠人民和人民民主专政的力量平息了春夏之交那场政治动乱和北京地区的反革命暴乱，在以江泽民同志为核心的第三代党中央领导集体的正确领导下，旗帜鲜明地贯彻党的基本路线，坚决贯彻深化改革和扩大开放的方针，坚定地反对资产阶级自由化，坚持抵制国外反动势力对我们的和平演变活动，加强人民民主专政。党中央、国务院很重视打击敌对分子、刑事犯罪分子、经济犯罪分子和处置突发事件等各项工作，很重视反腐败斗争，领导坚强有力，公安司法工作的形势很好。

在工作中，如何贯彻运用小平同志关于“严打”的指导思想？我有如下一些体会：

第一，要毫不含糊地坚持严厉打击严重刑事犯罪的斗争。只要还有严重的刑事犯罪分子存在，还有破坏社会主义的犯罪分子存在，就不能放松打击犯罪的工作，对于严重的刑事犯罪分子，要依法从重从快予以打击。《宪法》第二十八条规定：国家维护社会秩序，镇压叛国和其他反革命的活动，制裁危害社会治安、破坏社会主义经济和其他犯罪的活动，惩办和改造犯罪分子。”严肃履行宪法的规定，是我们义不容辞的神圣职责。在工作中，要经常采取有目标有计划有步骤的专项斗争和专项治理。在情况需要时，不排除采取大规模的统一行动、集中打击。

第二，持久地深入地开展和加强法制教育，加强改造罪犯、预防犯罪、强化管理和制度建设等多种社会治安综合治理工作，使这些工作同“严打”密切结合起来。大力开展群众性的综合治理，一个街道、一个厂矿、一个学校、一个村庄地认真逐个抓落实，使群众路线的工作同公安司法机关的工作密切配合。

第三，建设强有力的公安司法队伍，加强经常的专门工作。特别是公安工作必须有一支具有快速反应能力，能迅速侦破大案和恶性案件，有效地处理、解决各种治安问题的队伍。公安司法队伍要具有很高的政治、业务和法律素质。这方面，小平同志有过许多重要指示。为了国家安全和社会安定，建设一支数量足够、质量很高、装备完善的有战斗力的公安司法队伍是十分必要的。这个队伍要能够做到及时防范、侦破和打击各种重大恶性案件，能够迅速对付任何突发事件，并把它解决在萌芽状态。

维护国家的长治久安，必须坚持“严打”、落实综合治理各项措施和强有力的公安司法队伍及其专门工作三结合，三管齐下。

抗日战争期间，我从1938年冬至1941年初，先后在八路军129师刘伯承师长、邓小平政委身边工作。在抗日战争中后期，调到129师政治部锄奸部、八路军野战政治部锄奸部工作。解放战争时期，成立晋冀鲁豫中央局后调社会部工作。那时，我还是个青年，革命前辈的教诲、熏陶，对我的成长有极其深刻的影响。全国解放以后，我长期在公安部工作。我和很多同志都清楚，小平同志一向非常重视和关心公安、保卫和司法工作。在抗日战争时期，小平同志亲自担任129师锄奸委员会书记，直接过问锄奸保卫方面的大事。在解放战争时期，小平同志任晋冀鲁豫中央局书记，还由中央局副书记薄一波同志兼任过一段社会部长。全国解放以后，小平同志在党中央工作的几十年间，多次主持讨论公安工作。党的十一届三中全会以来，对公安保卫和整个政法工作有过大量的指示。对我个人来说，1983年7月这次谈话是记忆中最深刻的一次。我把这次谈话和随后的实践看作是自己一生中受到的最生动最深刻的坚持人民民主专政的教育。

坚持人民民主专政加强政法工作*

刘复之

彭真同志是我们党老一辈的无产阶级革命家，党中央长期分管政法工作的领导人。自1950年开展的“镇反”和稍后的“三反”、“五反”斗争以来，几十年里，彭真同志领导我们创建社会主义新中国的政法工作，建设公、检、法队伍，发展社会主义民主和健全社会主义法制，巩固和坚持人民民主专政。作为一个老政法干部，我长期在彭真同志领导下工作，受到多方面的薰陶和教诲。今天，学习《彭真文选》，同时重温他的《论新时期的社会主义民主与法制建设》(1989年出版)，回顾历史，感到十分亲切；展望未来，满怀胜利信心。借此机会，我谈谈个人学习文选中有关坚持人民民主专政，加强政法工作方面的文章的一些体会。

中华人民共和国已经建立四十二年了。社会主义的新中国，在以毛泽东同志为核心的第一代和以邓小平同志为核心的第二代中国共产党中央领导下，历经艰难险阻，克服

* 本文是作者学习《彭真文选》有关政法文献而写的体会文章。

重重困难，走过了曲折的胜利的发展道路，取得了举世公认的伟大成就。党的十一届三中全会以来，制定和实施了以经济建设为中心，坚持四项基本原则，坚持改革开放的基本路线，社会主义事业蓬勃发展。在平息了1989年春夏之交的政治动乱和北京地区的反革命暴乱之后，我们党确立了以江泽民同志为核心的第三代中央领导集体。在党中央领导下，全党和全国人民聚精会神地进行经济建设。坚持四项基本原则，坚持改革开放，党的基本路线深入人心，人民民主专政进一步巩固。伟大祖国生机勃勃，巍然屹立于世界的东方。

坚持人民民主专政，加强政法工作，保障社会主义现代化建设的顺利进行，维护国家稳定和社会稳定，这是贯穿于《彭真文选》的一个重要思想。我们的国家是工人阶级领导的、以工农联盟为基础的人民民主专政的社会主义国家。人民是国家的主人，“一切权力属于人民”（《宪法》)。人民行使管理国家的权力，国家代表人民群众的利益，而不是资本家阶级少数人的专政工具。人民民主专政的政权本质上区别于资产阶级国家的议会民主制度和它的“三权分立”政权体制，也不同于其它别的模式。人民民主专政即无产阶级专政的国家政权，是马克思列宁主义普通真理同中国革命具体实践相结合的产物。我们党从中国国情出发，创建了有中国特色的人民代表大会政治制度，国家的行政机关、审判机关和检察机关都由人民代表大会这个国家最高权力机关产生，对它负责，受它监督。中国共产党领导人民民主专政的国家政权已经取得了丰富的经验。实践证明，人民民主专政的政权结构及其制度，是以毛泽东同志为代表的中国共产党人对历史所作的重大贡献，是毛泽东思想的重要组成部分，是对马克思列宁主义国家学说创造性的运用和发展。

在《彭真文选》中，有关政法工作的经验总结和理论概括占有重要的地位。我认为，这是党和国家建设政法工作、巩固和坚持人民民主专政的实践经验的结晶，是我们做好工作的强有力的思想武器。通过学习和实践，我感受到，运用《彭真文选》的精神，处理好几个方面的辩证关系，对于政法工作建设是非常重要的。

一、打击敌人、惩罚犯罪与保护人民、为经济建设服务的关系

政法机关是人民民主专政的工具，它的职能是打击敌人，惩罚犯罪；保护人民，为经济建设服务。彭真同志强调，“对人民实行民主，对人民的敌人实行专政，是一个问题的两个方面。保护人民同打击敌人、惩罚犯罪是统一的。”（《彭真文选》第485页）他指出：“公、检、法机关是无产阶级专政的武器，是党和人民的刀把子，根本任务是打击敌人，保护人民。”（《论新时期的社会主义民主与法制建设》第34页）1953年，在民主改革基本完成之后，彭真同志就提出要“逐步健全和运用人民民主的法制，……以保障经济建设和各种社会主义改造事业的顺利进行，保护人民群众的民主权利使之不受侵犯。为此，首先必须继续对反革命分子的隐蔽活动提高警惕，予以严厉镇压；其次，对于其他危害国家建设事业和人民民主秩序的犯罪分子，也必须予以法律制裁”。（《彭真文选》第243页）彭真同志一贯强调打击敌人、惩罚犯罪同保护人民是一致的。进入八十年代，他根据党中央和邓小平同志的思想，对依法严厉打击严重刑事犯罪和经济犯罪，进行了密切的指导。彭真同志说：“当前，对极少数凶杀、强奸、抢劫、放火、爆炸和其他严重危害社会治安的刑事犯罪分子，依法严惩，正是为了保障广大人民的人身和财产安全，保护国家的和集体的利益。”（《彭真文选》第485页）彭真同志经常教育我们，政法工作必须为经济基础服务。1982年，党中央和人大常委分别做了依法严惩严重经济犯罪的决定。彭真同志指出："一个时期以来，走私贩私、贪污受贿、投机诈骗、倒卖外汇和盗窃、盗卖公共财物等经济犯罪，是相当严重的。……我们对于其中严重的经济犯罪，是一天也不应容忍的，必须严厉打击"。（《彭真文选》第426页）他认为强化政法工作打击敌人、惩罚犯罪的职能，就是最有效地保护人民，最直接地为经济建设服务。政法机关必须有法必依、执法必严、违法必究。多年来，我们在这个思想指导下，在实际工作中，比较妥善地解决了惩罚与保护这两个方面的相互关系，保障了国家的安全和社会的稳定。

在我们社会主义社会里，人民内部矛盾是大量的、复杂的，敌我矛盾是极少数，由人民内部矛盾激化为对抗性矛盾也是极少数。彭真同志经常说，政法机关面临严格区分和正确处理两类不同性质的矛盾的严肃任务。在社会生活中，两类矛盾错综复杂和相互交织，要耐心细致地做群众工作，缓解矛盾，努力防止矛盾激化。他要求我们把矛盾解决在萌芽状态，不能放任其蔓延发展和恶化。他曾多次强调"稳、准、狠"应以"准"为重点，只有打得"准"，才能打得"稳"和"狠"。他一再告诫我们，绝对不允许把对付敌对分子的手段用于人民内部和党内。彭真同志要求我们十分注意研究和正确处理青少年犯罪问题。当前，在违法犯罪分子中，罪行比较轻微的青少年占很大比重，大量的还是人民内部犯法的性质。彭真同志认为，这些人不是严重的犯罪分子，不属于敌我矛盾，要依法从宽，要用不同的政策和方法解决不同性质的问题。在长期的实践中，我体会到：在办案中，要不断提高全局观念，扩展视野，不能孤立办案，就案论案；要自觉地通过办案拓宽综合治理的渠道，加强调解、帮教失足者、法制宣传等工作；要积极主动向发案单位提出工作建议，多方面地做教育人、挽救人、预防和减少犯罪的工作，这也是为保护人民、为经济建设服务。

二、惩办与宽大的关系

惩办与宽大相结合是我们党和国家一项基本的刑事政策。几十年来，这个政策指导我们同各种犯罪进行了卓有成效的斗争，显示出巨大的威力。我们对于日本战犯和国民党战犯的成功改造和正确处理，包括对末代皇帝的成功改造，都是最富有说服力的例证。十多年来，彭真同志亲自总结经验，直接领导制定《中华人民共和国刑法》、《中华人民共和国刑事诉讼法》等一批基本法律，将党的政策和执行政策的经验具体化、法律化，上升为国家意志。特别是规定对共同犯罪中主犯、教唆犯从重处罚，从犯、胁从犯从轻、减轻或免除处罚；对累犯从重处罚，对自首的犯罪分子从轻、减轻或免除处罚等等。这一系列规定，在斗争中产生了很好的效果。彭真同志在"惩办"方面，根据形势，经党中央同意，提出"依法从重从快"的指导方针，即"对于凶杀、强奸、抢劫、放火、爆炸和其他严重破坏社会秩序的现行刑事犯，目前应该继续依法从重、从快处理，特别是对教唆犯和主犯"。《彭真文选》第406页）对经济犯罪中"罪行严重的大案要案，在查清事实的基础上，抓紧依法从重从快处理"；（《彭真文选》第427页）在"宽大"方面，提出"对于违法情节轻微或年岁很小的，首先应该尽可能地责成他们的家庭和所在单位（包括街道居民组织）教育帮助他们改好，既不判罪劳改，也不送去劳教，而是依靠社会力量，加强工青妇对青少年的工作，帮助教育他们改好"。（《彭真文选》第406页）1983年，彭真同志满怀深情地提出："对那些有轻微违法犯罪行为的失足青少年，我们还是要像父母对待害传染病的孩子、老师对待犯了错误的学生、医生对待病人那样，满腔热情、耐心细致地教育、感化、改造他们”。（《彭真文选》第485—486页）我们依照法律和政策，在实践中把惩办与宽大、从重和从轻这两个方面辩证地结合起来，严肃而又谨慎地处理犯罪问题，社会效果很好。广大干部执行法律、政策的水平不断提高，使政法机关的职能得到全面的发挥。我们严格区别对待和正确处理各种违法犯罪分子，推进了社会治安综合治理，使打击、防范、教育、管理、建设、改造多管齐下的综合治理方针，更好地发挥了作用。

三、专门工作与群众路线的关系

相信群众、依靠群众，是我国人民当家作主的国家性质决定的，也是人民民主专政与反动阶级专政的本质区别。在建国初期，彭真同志指出：“政法工作不是一种只坐在屋子里办公事、搞文牍的工作，而是一种与群众运动相结合的实际工作，要指导与密切联系群众，通过群众依靠群众来推进工作。”（《彭真文选》第213页）1954年，在第六次全国公安会议上，他谈到公安工作与依靠群众的关系时，把公安机关比为古希腊神话中的英雄安泰，把人民群众比为大地。彭真同志认为，政法机关如果离开人民群众的支持，是软弱无力的。“人民群众是专门机关的依靠，专门机关是人民群众的武器，二者必须紧密地结合起来，才能巩固我们国家的法制，维护宪法和法律的实施”。（《彭真文选》第256页）1982年，彭真同志在全国政法工作会议上强调，要“恢复、建立、健全基层组织”，他说，“我们党在延安时期就讲，专门机关要与人民群众相结合。不建立和健全基层组织，不依靠人民群众，政法工作是搞不好的。有了健全的基层组织，人民民主专政就有了坚实的基础。”在彭真同志领导下，政法机关既注意保密工作，又反对脱离群众的神秘化，正确处理好搞好保密与坚持群众路线的关系，较好地做到了“必须保守的机密，要有效地保，任何人不得泄露。不需要保密的事，就不要乱保，不要把保密工作神秘化。”（《彭真文选》第429页）几十年来，政法机关坚持贯彻了专门机关的工作要与群众路线相结合的工作方针，创造了走群众路线的很多好形式，如公安派出所坚持联系群众的制度，建设群众性的治安保卫组织、群众性的治安联防组织；坚持帮助教育失足者的制度；人民法庭巡回审判制度、人民陪审员制度；建设人民调解组织；检察机关普遍设立受理群众举报犯罪的中心，聘请特约检察员等等，创造了政法工作依靠人民群众的行之有效的一系列工作方法，进一步树立了便民、利民、接受群众监督的观点，使政法工作有了坚实的强大群众基础。

四、党的领导与依法办案的关系

政法工作必须坚持党的领导，这是我们的优良传统，也是一条不可动摇的神圣原则。彭真同志指出：“党领导人民制定法律，党也领导人民执行法律。政法机关是专政机关，掌握生杀大权，更要置于各级党委的领导之下”。（《彭真文选》第416页）在1986年的全国政法工作会议上，他说：“打击严重刑事犯罪，要靠党的领导。没有各级党委的领导，怎么能取得今天的成绩？打击严重经济犯罪比打击严重刑事犯罪要复杂得多，不但要严肃地执行法律，还往往牵涉到党纪、政纪以至军纪，牵涉到不正之风，牵涉到党政军民各个方面。所以，要打好这一仗，更要强调依靠党的领导。”（《论新时期的社会主义民主与法制建设》第311页）彭真同志关于坚持党的领导的精辟论述，已经成为各级政法机关和广大干部的共识。彭真同志批评任何削弱和淡化党的领导的错误思想和做法。但他指出,党的领导是政治领导,是方针、政策的领导,党委领导不是代替政法机关行使职权,不是干预政法机关依法办案,更不是去审批案件。"要加强党委对公、检、法的领导,特别要领导和支持两院独立行使职权,检查、督促公、检、法认真执行党和国家的方针、政策,严肃、正确执行法律,严格依法办案、依法办事,还要为公、检、法特别是检察院、法院配备足够的政治上可靠、思想作风好、有工作能力的称职的干部。"(《论新时期的社会主义民主与法制建设》第26页)与此同时,彭真同志又指出,党委原则上不直接过问具体案件,但对某些重大的疑难的案件,政法机关"一定要主动向党委请示报告。这样,才能更好地依法正确处理问题。"(《彭真文选》第605页)实践证明,党的领导与依法办案是一致的、统一的。向党委报告情况或请示,倾听、尊重党委的意见,以及倾听、重视各方面的反映,都是坚持党的领导的应有之义,是依法办案的保障。

五、公、检、法相互配合与相互制约的关系

早在1954年彭真同志就强调:"公安、法院、检察院都是国家专政的武器,互相之间有分工合作,也有制约,对一个案件处理得正确与否,三机关都要负责。公安机关捕人要经检察机关批准,检察机关起诉需由法院判决,对法院的判决检察机关有权提出抗议,三机关都是国家司法体系中的一环。当然有时互相间是有矛盾的,如公安机关要捕某人,检察院可以不批准;检察院起诉,法院可以判决无罪;对法院的判决,当事人不服可以上诉,检察机关也可以提出抗议。不过,这不是本质上的矛盾,而是工作上的正确与错误的矛盾"。(《彭真文选》第267页)彭真同志还形象地把公、检、法比为一个"工厂"既相互配合又相互制约的"三个车间"、"三道工序"。彭真同志的这些论述,全面地阐明了公、检、法三机关在刑事诉讼活动中各自的职能和作用。实践证明,这种既相互配合又相互制约的关系,能够及时、有效地惩罚犯罪,保证人民群众的人身、财产和其它合法权利不受侵害,最大限度地防止发生错案,即使发生了也容易得到纠正。

政法队伍建设是彭真同志一向非常重视和关心的问题。他要求政法机关必须旗帜鲜明地坚持四项基本原则,反对资产阶级自由化,对帝国主义的"和平演变"保持最高的警惕;政法干警要忠于党,忠于人民,忠于祖国,忠于社会主义,全心全意为人民服务,永远做人民的勤务员;政法机关的领导权要保证牢牢掌握在忠于马克思主义的人的手里。"政法队伍不纯洁,国家和人民的安全就没有保障"。(《彭真文选》第431页)经过长期斗争锤炼的政法队伍,从总体上说是坚强的,政治素质是好的,法律、政策、业务素质都在不断提高,得到党和人民的信赖。但是,由于少数干警学习不够,训练不够,不熟悉法律,缺乏基本业务训练,或者因为思想不健康,不能抵制社会上的不良风气的侵蚀,因而违法乱纪的事情时有发生。彭真同志要求政法机关必须"从严治警",管好队伍。政法各部门在实践中具体化为行动,人民法院提出"从严治院",人民检察院提出"从严治检",并都规定了具体要求。彭真同志要求政法机关和政法干警要自觉地严肃地贯彻执行党的基本路线,接受党的监督、上下级之间的监督、群众监督和各民主党派的监督,加强马克思列宁主义、毛泽东思想基本原理的学习,加强干部训练,提高法律、政策、业务水平,做严格执行法律、政策的模范,廉洁奉公的模范,成为党和人民放心的过得硬的卫士。

彭真同志关于政法工作建设的思想，是我们做好工作的锐利武器。通过深入学习和努力实践，我相信一定能够把坚持人民民主专政的工作做得更好。

中国的人权状况（节录）

国务院新闻办公室

四、中国司法中的人权保障

提要*：中国重视在司法活动中保护人权。在公安、司法工作的各个环节以及司法程序上，中国法律为切实维护和保障人权，作了明确的严格的规定。在中国，任何人不会仅仅因为持有不同的政治观点而被处以刑罚。中国不存在所谓政治犯。罪犯服刑期间的应有权利，依法受到保护，享有必要的物质生活待遇。罪犯劳动的产品主要是满足监狱系统内部自身的需要，一律不允许对外出口。被劳动教养的人，仍然享有宪法和法律赋予的广泛的公民权利。

中国司法工作的宗旨和任务是，依照法律保护全体公民的各项基本权利和自由以及其他合法权益，保护公共财产和公民私人所有的合法财产，维护社会秩序，保障中国现代化建设事业的顺利进行，依照法律惩罚少数犯罪分子。这体现了中国重视在司法活动中保护人权。

中国公安、司法机关主要遵循以下的原则进行活动，即：1、公民在适用法律上一律平等。对于任何公民的合法权益都依法予以保护，对任何公民的违法犯罪行为都依法追究。2、中国公安、司法机关办理一切案件，必须以事实为根据，以法律为准绳。3、检察院、法院独立行使检察权和审判权，只服从法律，不受其他任何行政机关、社会团体和个人的干涉。在办理刑事案件中，人民法院、人民检察院和公安机关依法分工负责，互相配合，互相制约，只能在职责分工范围内行使自己的职权，彼此不能互相代替。检察机关对公安机关、法院和监狱、劳改场所的活动是否合法实行监督。这些司法原则是由中国的法律所明确规定的。它为在国家的司法活动中维护人权，提供了法律保障。

在公安、司法工作的各个环节以及司法程序上，中国法律为切实维护和保障人权，作了明确的严格的规定。

1、关于拘留和逮捕

中国宪法规定，禁止非法拘禁和以其他方法非法剥夺或者限制公民的人身自由。任何公民，非经人民检察院批准或者决定或者人民法院决定，并由公安机关执行，不受逮捕。为了保证逮捕这种强制措施的正确运用，使无辜者不受侵害，宪法和法律把审查批准逮捕人犯的职权赋予检察机关。公安机关依法具有拘留权。被拘留者对拘留不服，可

---

* 本文提要为新华社编者所加。

以向公安机关或检察机关提出申诉。公安机关拘留的人犯，需要逮捕的，必须由人民检察院批准；人民检察院不批准逮捕的，公安机关应当在接到通知后立即释放。中国检察机关和人民法院依法对国家工作人员和其他公民非法剥夺或限制公民人身自由的案件，及时地进行查处。

中国刑事诉讼法对刑事案件的办案期限，作了具体的规定。同时，对于重大复杂的案件的办案期限，根据实际情况，又有特殊的规定。1984年7月，全国人大常委会公布的《关于刑事案件办案期限的补充规定》，又规定了对重大复杂案件的侦查羁押期限，一审、二审期限，以及补充侦查期限等的延长和计算。

2、关于搜查取证

中国宪法规定，禁止非法搜查公民的身体，禁止非法搜查或者非法侵入公民的住宅。中国刑事诉讼法规定，为了搜查犯罪证据，查获犯罪人，公安机关可以对被告人以及可能隐匿罪犯或者犯罪证据的人的身体、物品、住处或其他有关的地方进行搜查，但必须严格依照法定程序进行。检察机关严格监督公安机关侦查活动中的执法情况。

严禁刑讯逼供，是中国公安、司法机关的办案原则和纪律，一旦发生违反这一原则和纪律的案件，发生一起，就依法查处一起。1990年，中国检察机关立案查处刑讯逼供案件472件，这既有效地保护了公民的人身权利，也使广大执法人员从中接受了教训。

3、关于起诉和审判

对侦查终结的案件是否起诉或免予起诉，由检察机关按照法定程序，通过全面仔细的审查作出决定，以确保惩罚犯罪的及时性、准确性和合法性，同时，防止无辜公民被错误起诉，保护公民的权利不被侵犯。1990年，全国各级检察机关对侦查部门移送起诉、免予起诉的案件进行审查后，决定不起诉的有3507人。

人民法院实行公开审判制度。除涉及国家机密或个人隐私案件，以及未成年人案件，按法律规定不公开审理外，都依法公开审理，开庭前要公布案由、被告人姓名、开庭时间和地点，允许旁听。在庭审过程中，凡属据以立案的事实和证据，都必须当庭调查、核实。除休庭评议外，包括公诉人发表公诉词、法庭调查、质证、辩论和被告人最后陈述等法庭活动，都要公开进行。所有案件（包括依法不公开审理的案件）都必须公开宣告判决。

人民法院在审判活动中坚持依照法定程序全面地搜集证据。只有被告人供述，没有其他证据的，不能认定被告人有罪和处以刑罚；没有被告人供述，而证据充分确实的，可以认定被告人有罪和处以刑罚。

被告人有权获得辩护。根据刑事诉讼法规定，被告人除自己行使辩护权外，还可以委托律师或者近亲属或者其他公民为其辩护。对公诉人出庭公诉的案件，被告人没有委托辩护人的，人民法院可以为其指定辩护人。在审判过程中，被告人有权拒绝辩护人继续为他辩护，并另行委托辩护人辩护。人民法院在作出开庭审理的决定后，起诉书副本最迟应在开庭七日以前送达被告人，使其了解被指控的罪行和原因，有充分的时间准备辩护和与辩护人联系。人民法院在诉讼过程中，严格遵照宪法和刑事诉讼法的规定，切实保障被告人的辩护权。

被告人有上诉权和申诉权。中国法院审判案件，实行两审终审制。根据法律规定，当事人对一审的判决、裁定不服的，可以向上一级人民法院提出上诉；对已经发生法律效力的判决、裁定不服的，可向人民法院或者检察机关提出申诉。上诉不加重刑罚。

中国刑法对青少年的犯罪和刑事责任，有专门的规定。已满14岁不满16岁的人，犯杀人、重伤、抢劫、放火、惯窃罪或者其他严重破坏社会秩序罪，应当负刑事责任；已满14岁不满18岁的人犯罪，应当从轻或者减轻处罚；因不满16岁不处罚的，责令他的家长或者监护人加以管教，在必要的时候，也可以由政府收容教养。

诉讼过程和审判活动是否合法，受到严格监督。1990年，中国检察机关对这方面的违法情况提出纠正意见3200件次，使公民在诉讼和审判活动中的合法权益得到切实保障。

中国同世界上大多数国家一样，保留死刑这一刑罚，但对这一最严厉的刑罚的适用，做了极为严格的限制性规定。中国刑法规定："死刑只适用于罪大恶极的犯罪分子"。同时还规定，犯罪的时候不满18岁的人和审判的时候怀孕的妇女，不适用死刑。中国刑事诉讼法对死刑案件规定了特殊的复核程序，即判处死刑的案件，除依法由最高人民法院判决的以外，两审终审后，还必须报最高人民法院或经其授权的高级人民法院，对案件的事实、证据、定罪、处刑以及审判程序等进行全面的审查复核，核准后，才发生法律效力。经复核后，下级人民法院发现判决可能有错误的，应停止执行，并且立即报告有核准权的高级人民法院或最高人民法院，由有核准权的高级人民法院或最高人民法院作出裁定。

中国法律还规定了死刑缓期二年执行的制度，即：对于应当判处死刑的犯罪分子，如果不是必须立即执行的，可以判处死刑，同时宣告缓期二年执行，实行劳动改造，以观后效；如果确有悔改，二年期满以后，减为无期徒刑；如果确有悔改并有立功表现，二年期满以后，减为十五年以上二十年以下有期徒刑。从审判实践看，绝大多数被判处死刑缓期执行的罪犯在二年期满后均被减为无期徒刑或有期徒刑。死刑缓期执行制度是中国刑法在死刑适用上的一个独创，是中国严格控制死刑适用的行之有效的制度。

4、中国没有"政治犯"

在中国，仅有思想而没有触犯刑律的行为，不构成犯罪；任何人不会仅仅因为持有不同的政治观点而被处以刑罚。中国不存在所谓政治犯。中国刑法中规定的"反革命罪"，是指危害国家安全的犯罪，即那些不但具有推翻国家政权和社会主义制度的目的，而且实施了刑法第九十一条至一百零二条所列举的犯罪行为。例如，实施了阴谋颠覆政府或者分裂国家的行为，或者实施了持械聚众叛乱的行为，或者实施了间谍行为等。这类危害国家安全的犯罪行为，在任何一个国家，都是要受到惩罚的。1980年最高人民法院特别法庭对林彪、江青反革命集团案的审判，也是严格执行这个原则，只依法审判他们所犯的罪行，不审理政治路线方面的问题。

5、监狱工作和罪犯的权利

目前，中国共有监狱和劳改场所680个，现有在押罪犯110万人，监禁率为总人口数的千分之零点九九。这与西方有的发达国家司法部1990年统计的其监禁率为千分之四点一三相比，是相当低的。

中国监狱、劳改场所严格依法接受经法院判决交付执行的罪犯。如果发现有关法律文书不完备或判决尚未发生法律效力的，监狱、劳改场所有权依法拒绝收押。收押罪犯应在收押三日内通知罪犯家属，使其家属及时了解罪犯的去向。按照中国法律规定，绝大部分罪犯都被允许在他们所居住的地区服刑，以便于罪犯家属探视和原单位帮助教育。说在中国有的人未经审判就被送往劳改营，搞某种形式的国内流放，这完全是对中国监狱、劳改场所收押罪犯制度的歪曲，是毫无根据的编造。

在中国，罪犯服刑期间的应有权利，依法受到保护。

依据中国法律规定，罪犯除依法被剥夺政治权利的以外，享有选举权。罪犯享有申诉权、辩护权、人格不受侮辱和人身安全、合法财产不受侵犯权、控告权、检举权，以及其他未被法律限制的公民权利。

罪犯在服刑期间，有权以通信或会见的方式，定期同家人或其他亲属联系。罪犯家中发生直系亲属病危、死亡或其他重大事情，确需本人回去处理的，可以批准其短期回家。

罪犯在服刑期间可以阅读报刊书籍，可以看电视、听广播，参加有益于身心健康的文娱体育活动。监狱、劳改场所有供罪犯阅读的图书馆。正在服刑的罪犯与普通公民一样，享有宗教信仰自由，允许信教的罪犯保持原有的宗教信仰，并在生活上照顾少数民族罪犯的生活习惯。

罪犯享有必要的物质生活待遇。罪犯的生活费、医疗费由国家供给，粮油、副食品按当地居民标准供应。每个监狱、劳改场所都配备相应数量的专职医生；在专门的医疗机构内，配备专为罪犯服务的医疗设备和病床；每千名罪犯平均拥有14.8张病床，病重的送监外医院治疗或依法批准保外就医。罪犯的医疗需要是得到保障的。

人民检察院对保护罪犯的合法权益进行法律监督，向监管场所派出专职的检察人员，检查劳动设施、生活设施、生活条件，以及监管活动是否合法，听取被监管人员的意见，受理他们的控告申诉，发现违法问题及时作出处理。

中国的监狱、劳改场所对罪犯不是单纯地惩罚，而是通过组织他们参加劳动，学习法律、文化、技术，把他们教育改造成为遵纪守法的新人。罪犯参加文化、技术学习，经当地教育、劳动部门考核合格的，可获得相应的学历证书和技术等级证书。社会承认这些证书的有效性。据统计，截止1990年底，监狱、劳改场所的罪犯已有72万余人次获得由脱盲到大专的各类文化结业、毕业证书；已有51万余人参加各类技术培训班，39.8万余人获得技术等级证书。这对罪犯刑满释放回归社会后的安置就业，起到了很好的作用。

中国法律规定，对确有悔改和立功表现的罪犯，经人民法院裁定分别给予减刑、假释。1990年，全国在押犯中有18%的罪犯获得减刑、假释。

中国监狱、劳改场所实行人道主义和科学文明的管理。这使中国罪犯重新犯罪率多年来一直保持在仅有6%至8%的水平。许多罪犯回归社会后已成为企业的骨干、工程师，有的还当上了先进工作者、劳动模范。而在西方有的发达国家，1989年司法统计，其罪犯重新监禁率为41.4%。这说明，中国对罪犯的教育改造工作是卓有成效的。中国监狱、劳改场所把绝大多数罪犯（包括封建清王朝末代皇帝和历史上的战争罪犯）改造成为守法的公民和对国家建设有用的人才方面所取得的成就，在国际上受到了普遍的称赞。

6、关于罪犯的劳动

中国法律规定，凡是有劳动能力的罪犯，必须参加劳动。这也是世界许多国家通行的做法。中国对罪犯实行劳动改造政策，是为了使服刑者养成劳动习惯，培养其在社会生活中的责任感和遵纪守法的精神，矫正以往的恶习；使服刑者过有规律的劳动生活，保持健康，避免在单纯的监禁中，长年无所事事，导致心情压抑、意志消沉；使罪犯尽可能地掌握一种或几种生产技能及知识，为刑满释放后的就业谋生创造条件，防止他们因生活无着落而重新犯罪。所以，在中国，对罪犯实行的劳动改造政策，不是单纯为了惩罚，而是一种有利于罪犯改造和身心健康的人道主义的政策。

中国法律规定，参加劳动的罪犯每天劳动不超过 8 小时，节、假日休息，其粮油、副食品按同类国营企业同工种标准供应，并享受同等的劳动保护和保健待遇，超额完成任务的发奖金，获得中等以上技术等级的按月发给技术津贴，结合劳动进行相应的职业技术培训。

罪犯劳动的产品，主要是满足监狱系统内部自身的需要，只有很少一部分通过正常的渠道进入国内市场，一律不允许对外出口。中国出口商品的经营是由外贸部门统一管理的。中国的外贸管理机构从来没有批准过劳改部门有外贸经营权。

7、关于劳动教养及被劳动教养者的权利

中国的劳动教养工作，是根据全国人大常委会 1957 年批准的《关于劳动教养问题的决定》等法规执行的。劳动教养不是刑事处罚，而是行政处罚。全国各省、自治区、直辖市和大中城市的人民政府设立劳动教养管理委员会，由人民检察院对劳动教养工作实施监督。按照规定，被劳教者只是那些年满 16 周岁，在大中城市危害社会治安而屡教不改的，或有轻微犯罪行为尚不够刑事处罚，符合有关劳动教养法规规定的条件的人。对劳动教养的决定，有严格的法定程序和法律监督制度，避免错误地决定收容劳动教养。

劳动教养管理委员会依照劳动教养法规对应劳动教养人员作出一年至三年不等期限的劳动教养决定后，被劳动教养的人及其家属有权利获知被决定劳动教养的根据及其期限。对被劳动教养不服的，可向劳动教养管理委员会申诉；也可按行政诉讼法的规定，向人民法院提起诉讼。劳动教养管理所如发现被收容者不够劳动教养条件或罪应判刑的，可以报请劳动教养管理委员会复核处理。

被劳动教养的人，除必须遵守劳动教养法规所规定的限制某些权利的管教措施外，仍然享有宪法和法律赋予的广泛的公民权利。例如，不被剥夺政治权利，可依法行使选举权；有通信自由、节假日休息的权利；在劳动教养期间允许会见家属，并允许在会见期间夫妇同居，也可以准假或放假回家探望。在劳动教养期间表现好的，可依法减少劳动教养期限或提前解除劳动教养。目前，在劳动教养人员中，每年约有 50% 的人被减少劳动教养期限和提前解除劳动教养。

劳动教养机关对被劳动教养的人实行教育、感化、挽救的方针，着眼于挽救。劳动教养管理所均设立教育机构，配备教员，对被劳动教养人进行系统的思想、文化和技术教育。被劳动教养人每天劳动不超过 6 小时。

中国自实行劳动教养以来，平均每年新收容 5 万多被劳动教养人员。经过劳动教养，绝大多数人弃旧图新，其中不少人已成为国家建设的有用之材。据近几年调查统计，解除劳动教养后重新违法犯罪的，仅占 7% 左右。实行劳动教养，使那些家庭、单位、学校管不了，处于犯罪边缘的人，避免继续违法和陷入犯罪的泥潭，并进而使他们成为有益于社会的新人，起到了预防和减少犯罪、维护社会治安的作用，受到了广大人民群众和被劳动教养人亲属的称赞。

由于中国公安、司法机关依法履行自己的职责，在维护和保障公民的权利和自由方面发挥了重要的作用，所以，中国长期以来一直是世界上刑事案件发案率和犯罪率最低的国家之一。1990年，中国的发案率和犯罪率，分别为2‰和0.6‰。这与西方有的发达国家发案率和犯罪率分别为60‰和20‰相比，要低得多。

第一部分　检察工作概况

1991 年的检察工作

1991 年，全国各级人民检察院和专门检察院坚决贯彻执行党的"一个中心，两个基本点"的基本路线，坚持为社会主义经济建设服务的指导思想，认真履行法律监督职责，深入开展惩治贪污贿赂犯罪斗争，坚持依法从重从快严厉打击严重刑事犯罪活动，积极参加社会治安综合治理，加强法纪检察工作，大力开展其它各项业务活动，取得了很大成绩，为维护社会稳定，促进改革开放和经济建设，为捍卫法律的尊严，保卫人民民主专政做出了新的贡献。

一、深入开展惩治贪污、贿赂犯罪斗争。

1991 年，各级人民检察院进一步明确惩治贪污贿赂犯罪就是为社会主义经济建设最重要最直接的服务的思想，继续把惩治贪污贿赂犯罪作为打击经济犯罪的第一位工作，作为检察工作的重点。据统计，全国检察机关共受理贪污贿赂罪案 81110 件，立案侦查 46219 件。其中，万元以上的大案 11316 件。到年底，已侦查终结 45155 件(案犯 51705 名)，逮捕案犯 17973 名。结案并向人民法院提起公诉 24176 名，免予起诉 17690 名，不起诉 488 名。追缴赃款及赃物折价合计人民币 5 亿多元。

在惩治贪污贿赂犯罪中，各级检察机关针对贪污贿赂犯罪具有行业特点的犯罪严重，内外勾结，犯罪后携款潜逃的增多，行贿受贿案件多，共同犯罪情况严重等特点，研究新情况、新问题，制定对策和措施，选准突破口，深入开展工作。1991 年反贪污贿赂斗争深入开展的主要标志是：

第一，把办案工作同促进经济建设紧密地结合起来。在已经提起公诉和免予起诉的 41866 名案犯中，从各级党政机关工作人员中查出的 5390 名，占 12.9%；从国营企业事业单位管理人员中查出的 16879 名，占 40.3%；从集体企事业单位管理人员中查出 7491 名，占 17.9%；从其它基层组织中查出 12106 名，占 28.9%。这些贪污贿赂犯罪分子都是社会主义经济建设的破坏者。有很多企业就是因为贪污贿赂犯罪严重，导致严重亏损或濒临倒闭、破产的。依法严惩这些犯罪分子，挖出"蛀虫"，整顿了经济秩序，提高了企业的声誉和经济效益，使那些由于犯罪分子捣乱而导致管理混乱、严重亏损甚至濒临倒闭的企业恢复了生机。反贪污贿赂斗争还推进了廉政建设，维护了党和政府的形象。

各级检察机关坚决贯彻"一要坚决，二要慎重，务必搞准"的方针，坚持以事实为根据，以法律为准绳，严格区分罪与非罪的界限，既坚决打击了犯罪，又保护了企业事业单位和广大工作人员的合法权益。(一)分清经济活动中正常的交往应酬与贪污贿赂犯罪的界限，分清哪些是合法的，哪些是违法违纪，哪些是犯罪的。对于确有犯罪事实和确凿证据的犯罪分子坚决查办，决不手软，但在定性时不拔高，定罪时不凑数；对于仅属违法违纪，没有构成犯罪的，转党纪、政纪部门处理。(二)对于在经济往来中违反国家规定收受各种名义回扣的，重点查办中饱私囊或私分公款构成犯罪的案件。(三)查办涉及生产、经营、管理等部门主要成员的犯罪案件时，必需采取强制措施的，事前建议党委、政府进行人事调整，避免生产、经营、流通等活动脱节。同时，在侦查过程中，严格保密制度，以防发生不必要的波动，维护正常的经营活动；不发表有损企业声誉的报道，悉心维护名优产品的信誉，避免影响生产。(四)在侦查工作中，不轻易冻结企业的流动资金和银行账户。在必需由被告人出面解决问题的，在不影响工作的前提下，允许他们进行业务活动。(五)凡是罪与非罪界限不清或有争议的案件，不轻易采取法律强制措施；凡是拿不准的案件都向上级检察院请示，不急于处理。(六)积极做预防犯罪工作。对那些在发生大案要案中犯有严重官僚主义行为的有关领导人，构成犯罪的，依法追究其玩忽职守的刑事责任，不构成犯罪的，转党纪、政纪部门处理。在办案中，积极提出检察建议，协助企业完善会计、审计、监督管理等规章制度，健全防范机制，堵塞漏洞。

第二，集中精力查办大案要案，侦破一件大案或要案，政治、经济和社会效果都很好，能够影响一片，教育一片。在1991年侦破的11316件大案中，贪污案8050件，贿赂案3266件。其中十万元以上不满五十万元的391件，五十万元以上不满一百万元的351件，一百万元以上的21件，都比上年有较大幅度的增加。查办了924名县处级以上干部的罪案。其中县处级干部889名，厅局级干部34名，副部级干部1名。年末，广东省公开宣判了高森祥、易芳等6名重大贪污贿赂罪犯，大张旗鼓地进行宣传教育，收到了良好的效果。

第三，加强专门工作，提高侦查工作水平。各级检察机关普遍重视侦查经验的总结，及时掌握贪污贿赂犯罪的新情况、新问题，分析犯罪的特点、规律，研究对策和措施；加强反贪污贿赂专门机构的建设，已有21个省、自治区、直辖市检察院，125个分、州、市院和450个基层检察院建立了反贪污贿赂的专门机构——反贪污贿赂局，逐步理顺内部工作关系，提高了工作效率。这有利于集中力量统一指挥，有利于建立反贪污贿赂工作体制，发挥了其在反贪污贿赂斗争中的威力和优势；在实践中锻炼、培养出一支侦查骨干队伍，增长了才干，综合运用各种法律手段的能力增强，办案质量显著提高；加强了分类指导，特别是上级检察院直接办理和参与办理重大案件，推动了工作的开展；建立和加强了内部制约制度，由刑事检察部门对负责贪污、贿赂案件的直接侦查部门实行监督，实施严格的制约，同时还由控告申诉检察部门接受免诉案件的申诉，实施申诉案件的复查工作，形成了第二重制约机制，有效地保证了办案的质量。

第四，发扬专门侦查与发动群众相结合的优良传统和作风。抓住侦破大案或要案的有利时机，以案论法，通过各种新闻媒介和生动活泼的展览会等方式，进行宣传和发动，依靠党委和政府的领导、支持，动员群众参加斗争，掀起反贪污贿赂斗争“小高潮”，号召有问题的人走自首坦白的从宽道路。1991年，全国有200多个地区、市和区、县检察院成功地运用了这种做法，效果明显。发动“小高潮”是在党委领导下进行的，能够形成一定的群众声威，强化法制的威慑作用，使隐藏的犯罪分子暴露出来或被迫投案自首。1991年，投案自首的贪污贿赂分子有2389名。同时，教育、挽救了一大批有轻微违法犯罪行为的人。

第五，举报工作继续发展，在反贪污贿赂斗争中发挥了举足轻重的作用。1991年，全国检察机关共受理举报贪污贿赂线索142597件，初查了51541件。群众举报的明显特点是：署名举报多；单位举报增多；很多举报线索比较具体，成案率高。在检察机关立案侦查的贪污贿赂案件中，来自举报的占60%以上。1991年初，最高人民检察院发布了《关于保护公民举报权利的规定》。全国已处理打击报复举报人案件1835件，追究了39名构成犯罪的人的刑事责任。还有530名尚不构成犯罪的人，移送有关机关给予党纪政纪处分。有关部门正在调查处理的还有1000余件。一年中，奖励了举报有功人员772名。

第六，深入到举报线索多、问题比较突出的金融、基建、物资、粮食、商贸行业以及管理混乱、亏损严重的企业，挖出了一批隐蔽较深、手段狡猾的犯罪分子。在少数问题成堆的单位，查出一案带出一窝一串。

第七，积极稳妥地查办乡镇党政机关和企业的贪污贿赂案件。各级检察机关积极配合农村社会主义教育，把维护乡镇企业的健康发展作为农业发展、农村稳定乃至国家稳定的战略问题。重点查办群众举报多、非正常亏损严重的；非正常收入突出、迅速暴富的；管理混乱、群众反映强烈的；党政机关和主管部门发现问题要求查办的。查办案件中，既积极办案，又严格依照法定程序办理，不搞大哄大轰。同时结合办案开展法制宣传教育，使农村干部和广大群众掌握法律武器，遵守法律，依法经营。

第八，对情况比较复杂的行贿案件，各级检察机关把握住查办重点。即：名为公家实为个人通过行贿获取巨额不法利益的；通过行贿推销伪劣、假冒商品的；与受贿人串通，以行贿方式侵吞公共财产的；以行贿手段套取国家统配、紧俏物资进行倒卖，谋取个人不正当利益的；以行贿手段拉拢腐蚀国家工作人员，致使国家和集体遭受重大损失的。对因索贿或办理正常、正当事务，不给钱办不成事而被迫行贿的不以犯罪论处。

1991年，各级检察机关还积极查办挪用公款、偷税抗税、假冒商标等罪案，并取得了显著成绩。共立案查办了挪用公款罪案11041件，偷税抗税罪案9258件，假冒商标罪案849件。保证了国家财政收入，维护了名优产品的信誉和消费者的权益。

二、坚持严厉打击严重刑事犯罪，积极参加社会治安综合治理。

1991年，全国各级检察机关发挥专政工具的职能作用，继续坚持依法从重从快的方针，对严重的刑事犯罪进行了严厉的打击。据统计，1991年，全国检察机关共受理公安机关提请批捕人犯601117名，批准逮捕521610名；受理公安机关移送审查起诉的案犯613056名，已提起公诉511667名。各级检察机关在维护社会治安方面，突出抓了以下几项工作：

第一，突出打击重点。各级检察院始终把严重刑事犯罪作为打击重点，特别加强了对惯犯、累犯以及团伙犯罪的严厉打击。1991年，共批捕杀人、抢劫、强奸、爆炸等暴力犯罪案件130951名，已提起公诉124324名，分别占批捕、起诉案犯总数的25%和24.3%。打击了犯罪分子的嚣张气焰。

第二，维护灾区治安秩序。1991 年夏汛期间，安徽、江苏、浙江、上海、河南、湖北、贵州等省市遭受了特大洪涝灾害。遭受洪涝灾害地区的检察机关认真贯彻最高人民检察院的紧急通知，雷厉风行，行动迅速，在当地党委的统一领导下，与公安、法院等部门密切配合，对抗洪救灾期间进行抢劫、强奸、盗窃救灾物资的犯罪分子，坚决、及时、毫不手软地严厉打击，维护了灾区的社会稳定和治安秩序。

第三，积极参加了反盗窃专项斗争。按照中央社会治安综合治理委员会关于开展反盗窃斗争的部署，依法快捕快诉。在开展专项斗争的 9 月至 12 月，共批捕盗窃犯、销赃犯、窝赃犯 92541 名，起诉 94951 名。

第四，各地认真贯彻全国人大常委会《关于禁毒的决定》、《关于惩治走私、制作、贩卖、传播淫秽物品的犯罪分子的决定》和《关于严惩拐卖、绑架妇女、儿童的犯罪分子的决定》，共批准逮捕毒品犯罪和走私、制作、贩卖、传播淫秽物品，拐卖、绑架妇女、儿童等案犯 30568 名，已起诉 26231 名。

第五，对重大、特大刑事案件的提前介入工作有新的发展。1991 年，全国检察机关在审查批捕环节上提前介入公安机关侦查、预审活动 44819 件次；在审查起诉环节上提前介入 13204 件次。提前介入公安机关对重特大刑事案件的侦查、预审活动，深入到现场，使检察人员拓宽了视野，积累了新经验，提高了应变能力和战斗意识。

第六，加强了侦查监督和审判监督。1991 年，各级检察机关对公安机关提请逮捕和移送起诉的案件，经认真审查，对 45310 名不符合法定逮捕条件的人犯，依法作出了不批准逮捕决定，对 3180 名人犯作出了不起诉的决定；追捕犯罪分子 6814 名，追诉 3675 名。对公安机关侦查活动中的违法情况提出纠正意见 11199 件次。对人民法院审判活动中的违法情况提出纠正意见 2875 件次；对人民法院确有错误的判决、裁定提出抗诉 2239 件，已收到人民法院改判 453 件。

第七，大力落实社会治安综合治理措施。各级检察机关认真贯彻全国人大常委会《关于加强社会治安综合治理的决定》，落实检察环节上的各项综合治理措施，帮助发案单位完善规章制度，通过对免诉人员的回访考察工作和被管制、缓刑、假释、保外就医人员的执行检察，帮助有关单位落实帮教措施和监督考察措施；结合办案开展对社会治安情况的专题调查，分析、研究犯罪的原因、特点、规律，提出对策，预防和减少犯罪。最高人民检察院成立了青少年犯罪检察处，各地对青少年犯罪的预防工作和教育、挽救犯罪青少年的工作有了加强。检察机关参加社会治安综合治理初步走上了规范化、制度化的道路。

三、进一步加强侵犯公民民主权利、人身权利和渎职犯罪案件的查办工作。

检察机关法纪检察的重要职责就是查办侵犯公民民主权利、人身权利（简称“侵权”）和渎职犯罪案件。各级检察院自觉地把法纪检察工作摆上了重要位置，加强队伍建设，充实办案力量，积极主动地办案，取得了新的进展，促进了勤政廉政建设，有力地回击了国内外反动势力在人权问题上对我国的攻击和诬蔑。1991 年，全国检察机关共受理法纪案件 46308 件，立案侦查 17184 件。通过办案，维护了社会主义民主，加强了社会主义法制，并为国家挽回直接经济损失 4995 万元。在开展法纪检察工作中，重点抓了以下几类案件的查处：

第一，刑讯逼供、徇私舞弊案件。共立案查办了407件，比上年下降13.5%。

第二，非法拘禁案件。各级检察机关针对因民事、经济、婚姻等纠纷，不通过法律程序解决，直接采取“扣押人质”的非法手段而导致犯罪的案件突出的情况，重点抓了绑架、扣押人质型的非法拘禁案件。对私设牢房、非法拘禁的犯罪也进行了严厉打击。共查处这类犯罪案件4338件。

第三，商贸活动中玩忽职守给国家造成重大经济损失等案件。1991年，共立案侦查3189件，比上年上升5%。通过查处这类案件，维护了企事业单位的合法权益，促进了经济发展。

第四，重大责任事故案件。这类案件多发生在基建、矿山等部门，特别是“小煤窑”、乡镇基建民工队。这些单位，施工设备简陋，制度不健全，人员素质不高，造成重大责任事故案件多。1991年，共立案查办重大责任事故案件4102件，比上年上升5.2%。

四、围绕重点工作，开展了监所、铁路运输、控告申诉、民事行政诉讼检察，检察技术、法律政策研究等工作都有了明显进展。

——监所检察工作进一步加强。1991年，各级人民检察院对监管改造部门的违法情况及时提出了纠正意见；立案查处了少数监管改造场所干警的职务犯罪案件；严厉打击了“牢头狱霸”等犯罪活动。批准逮捕劳教人员犯罪人犯902名，起诉重新犯罪的劳改犯和劳教人员案犯4820名。同时，制定了《人民检察院看守所检察规范》和《关于劳改劳教检察工作实行经常化、制度化的意见》等文件，加强了驻监管改造场所检察院、室的工作，维护了监管改造秩序。

——各级铁路运输检察院与铁路公安、法院密切配合，严厉打击了发生在火车、车站和铁路沿线的各种刑事犯罪活动。对“车匪路霸”、犯罪团伙和重大盗窃、流窜犯罪活动进行了重点打击。同时还立案查办了一批“以车谋私”进行贪污、贿赂犯罪的案件，为国家挽回经济损失882万多元，促进了铁路系统的廉政建设。

——积极受理、认真查处控告申诉案件。1991年，全国各级检察机关共受理公民控告、申诉763365件，其中属于检察机关管辖的有229995件。各级检察机关把处理不服免诉的申诉复查案件，作为内部制约机制来加强，共处理这类申诉11759件，经复查，纠正848件；同时还受理不服法院刑事判决、裁定的申诉27052件，经调查认为确有错误，向人民法院提出纠正意见的113件。

——民事行政检察工作开始起步。各级检察院认真贯彻《行政诉讼法》和《民事诉讼法》的有关规定，积极开展民事行政诉讼检察监督活动，抓机构建设、人员培训，抓办案，抓宣传。全国已有29个省、自治区、直辖市人民检察院组建了民事行政检察处，783个县（市）、区人民检察院成立了民事行政检察科。1991年，全国检察机关共受理不服法院民事、行政判决、裁定的申诉案件14224件，立案审查530件，已正式向法院提出抗诉32件。有7件已经法院再审理，使已生效的错误判决得到了纠正。

——检察技术工作有较大发展。1991年，检察机关贯彻邓小平同志关于科技是第一生产力的指示和全国第四次科技大会精神，让广大检察干部充分认识科学技术对检察工作发展的重要作用，召开了首次全国检察技术工作会议，下发了《最高人民检察院关于加强检察技术工作的决定》，加快了检察技术研究所的建设。

——加强了司法解释和法律政策研究工作。1991年，各级检察机关围绕检察工作的重点开展调查研究，注重解决检察实践中的新情况、新问题，包括涉外、涉台港澳法律的研究。在深入研究法律政策的基础上，最高人民检察院单独或会同有关部门联合发布了16个司法解释文件和其他规范性文件，对重点工作和其他各项业务工作的开展起到了推动作用。

五、《反贪污贿赂法》、《检察官条例》的研究起草工作取得了重大进展。

1991年初，最高人民检察院成立了《反贪污贿赂法》研究起草领导小组，并向全国人大提出了立法建议，全国人大常委会已经立项。为了加快起草工作的步伐，使这部法律能够适应客观形势的变化和现实斗争的需要，最高人民检察院发动全国各级人民检察院为起草工作开展调查研究，收集案例，还先后派出两个调查组到长江三角洲、珠江三角洲进行考察、调研。召开了几十次研讨会，征求各级检察院和有关部门、专家学者的意见，讨论修改，到1991年底，已形成第八稿。

《检察官条例》也是人大立项的一部重要法律。经过广泛搜集资料，开展试点工作，征求意见，对检察官的资格衔级问题进行充分的论证，加强可行性研究，到1991年底，已形成第十六稿，并同时起草修改了几个配套法规。

检察机关还协助全国人大常委会法工委做了《关于惩治渎职罪的补充规定》的研究起草工作。加强了《人民检察院组织法》的研究修改工作和检察机关机构编制改革方案的研究制定工作。

六、加强思想政治工作和检察队伍建设。

按照党中央关于加强政法队伍建设的要求，各级检察院坚持从严治检，取得了较大成绩。

第一，建立政治部和开展思想政治工作。1991年，绝大多数省级人民检察院先后建立了政治部，90%以上的市级检察院设立了政治处，绝大多数县级检察院设立了政工科和专职政工协理员。在职干部开展了学习马克思主义、毛泽东思想，学习邓小平同志关于建设中国特色的社会主义理论的活动，反复进行了坚持党的“一个中心，两个基本点”的基本路线教育，使广大干警的政治、法律、业务素质有所提高。运用法律监督职能，为党的中心工作服务，促进改革开放和经济建设的责任心、自觉性不断增强。

第二，领导班子建设和培养后备干部工作取得了成效。有2761个基层检察院完成了换届选举工作。一批政治上较强，文化知识水平较高，比较熟悉法律、政策和检察业务，工作成绩较为突出的干部当选为检察长。上级检察院加强了对下级检察院的工作领导，加强了对主要领导干部的考察、了解和管理。各级检察院后备干部队伍已初具规模。

按照党中央的精神，最高人民检察院和部分省、市级检察院已聘请特约检察员470名，发挥了民主党派、无党派爱国人士参政议政的积极作用，进一步密切了检察机关同各界群众的联系。

第三，开展争先创优活动，涌现出一大批先进集体和先进个人。1991年，最高人民检察院表彰了在抗洪救灾斗争中涌现出的先进集体14个，先进个人19名；表彰了各项业务工作中的先进集体166个，先进个人350名；授予广东省清远市人民检察院检察长钟镇添“模范检察长”称号，追授四川省峨嵋山市人民检察院刑检二科科长沈纯明“模范检察干部”称号，追授山西省大同市城区人民检察院检察员范林悦“模范检察员”称号。各省、自治区、直辖市检察院也表彰了一大批先进集体和先进人物。

第四，贯彻“从严治检”的方针。1991年第四季度进行了执法执纪大检查。从检查的情况看，广大检察干警发扬艰苦奋斗精神，依法办案，遵守《检察人员纪律》，总的情况是好的。但也有极少数干警违法违纪，对此，进行了严肃处理。1991年，在全国17万名检察干警中，有42人受到开除党籍处分，有17人被开除公职，35人被判处刑罚。通过自身的廉政建设，从严治检，整顿纪律和作风，维护了队伍的纯洁。

第五，加强干部培训工作。1991年7月20日，中央检察官管理学院正式成立，邓小平同志为学院题写了院名，乔石、李铁映等中央领导同志出席了成立庆典活动。1991年，学院已培训县以上骨干251名，举办了第一期检察长研讨班和少数民族检察干部培训班。这标志着人民检察官的教育培训工作已走上了正规化道路。全国19个检察官培训中心和5个检察官中专学校已培训各级干部5000余名，有62000余名干部通过专业证书、电大、业大等学习，获得了大专法律文凭，占干部队伍总数的35.1%。

第六，积极开展派驻重点乡镇和税务等行业以及一些国营大企业的检察室（与公安派出所、人民法庭配套）工作。检察室开展法制宣传，对某些案件协助检察院进行调查，对被免诉人员开展帮教，承办刑事、民事和行政诉讼的投诉案件，接待和处理上访、告状，配合各方面，把闹事苗头消除在萌芽状态，等等，效果很好。

1991年，检察机关技术设施、物质装备条件也有了一定的改善。

（最高人民检察院办公厅　宋寒松）

第二部分　　工作报告

第七届全国人民代表大会第四次会议关于最高人民检察院工作报告的决议

（1991年4月9日第七届全国人民代表大会第四次会议通过）

第七届全国人民代表大会第四次会议批准刘复之检察长作的《最高人民检察院工作报告》。

第七届全国人民代表大会内务司法委员会关于最高人民检察院工作报告审议结果的报告

全国人大内务司法委员会副主任委员　邹　瑜

（1991年4月6日第七届全国人民代表大会第四次会议主席团第四次会议通过）

第七届全国人民代表大会第四次会议主席团：

第七届全国人民代表大会第四次会议于1991年4月3日听取了最高人民检察院检察长刘复之所作的《最高人民检察院工作报告》，各代表团进行了审议；全国人大内务司法委员会根据代表的意见，进行了统一审议。现将审议结果报告如下：

一

根据第七届人民代表大会第三次会议精神，一年来，全国各级人民检察院在党的领导下，积极开展惩治贪污、贿赂犯罪的活动，积极参与严厉打击严重刑事犯罪和危害国家安全犯罪的斗争，各项业务都有了很大发展，取得了显著成绩，为维护国家稳定和社会稳定作出了重大的贡献。主要表现在以下几方面：狠抓惩治贪污、贿赂大案的工作，使反对贪污贿赂的斗争深入了一步；积极参加严厉打击严重刑事犯罪和危害国家安全犯罪的斗争，在维护社会治安和国家安全的斗争中发挥了重要作用；严肃查办侵犯公民民主权利、人身权利的案件，依法保障公民合法权益的工作得到了加强；开始了对民事诉讼、行政诉讼的监督工作，法律监督有了新的进展；从严治检，检察干部队伍的素质有了进一步的提高。代表们对检察院的工作是满意的。

人民检察院的工作也存在一些问题，主要是：有些案件查处的周期过长；超期羁押情况在一些地方仍旧存在；个别案件定性不够准确；极少数检察人员违法违纪，甚至走上了犯罪道路。这些问题都有待于在今后的工作中加以解决。

最高人民检察院提出的 1991 年的主要任务是：以中共十三届七中全会精神为指针，发挥法律监督职能，加强执法检察，深入开展反贪污、反贿赂犯罪斗争；坚持依法从重从快严厉打击严重刑事犯罪和危害国家安全的犯罪活动；大力开展社会治安的综合治理；加强对侵犯公民民主权利、人身权利和渎职犯罪案件的查处工作；加强思想政治工作，从严治检，搞好自身的廉政建设。代表们认为，最高人民检察院提出的 1991 年的主要任务，重点突出，符合当前国内形势的需要，是切实可行的。

综上所述，内务司法委员会建议全国人民代表大会批准《最高人民检察院工作报告》。

二

完成 1991 年检察工作的主要任务，最高人民检察院要在党的十三届七中全会精神的指引下，努力做好各个方面的工作。对此，内务司法委员会提出如下建议：

（一）发挥人民民主专政机关的职能作用，维护和巩固国家安定团结的政治局面。“稳定压倒一切”，稳定的社会秩序是我们办好一切事业的基础，是我们顺利实施十年规划和“八五”计划的重要保障。目前，我国政治、经济、社会稳定，但是还存在一些不安定因素，国外敌对势力不会放弃对我国进行和平演变的图谋，颠覆、分裂破坏活动仍在继续，社会治安形势仍然严峻。检察机关作为人民民主专政的重要组成部分，要把维护和巩固国家和社会的稳定作为首要任务，切实抓好。要充分发挥检察机关的各项职能作用，为社会主义四化建设和改革开放事业作出新贡献。

（二）认真履行法律监督职责，保障法律的准确实施。当前，我国法律执行的状况从总体上讲是好的，但是一些地方还存在有法不依、执法不严的现象。检察机关要克服部分检察干部对开展法律监督特别是侦查监督、审判监督的畏难情绪，通过调查研究，采取得力措施，进一步加强法律监督工作。依法严肃查处、纠正法律实施中的违法现象，促进整个执法状况的进一步改善。

（三）继续深入开展反对贪污、贿赂犯罪的斗争。惩治贪污、贿赂犯罪，开展反贪污、反腐败的斗争，是加强廉政建设的一项重要工作。检察机关一定要充分认识到反贪污、贿赂犯罪斗争的长期性、艰巨性，坚决贯彻党中央关于反腐败、反贪污的方针，把惩治贪污、贿赂犯罪作为重要任务，常抓不懈。对贪污、贿赂犯罪也要进行综合治理，既要抓紧侦查破案、严厉惩处，也要通过检察建议、法制宣传等形式，促进有关部门建立健全规章制度，堵塞管理上的漏洞，使犯罪分子无隙可乘，深入开展反对贪污、贿赂的斗争，检察机关要采取专门工作与发动群众相结合的方式，动员广大人民群众行动起来同贪污、贿赂现象作斗争。内务司法委员会认为，加快制定反贪污贿赂法是必要的。

（四）积极参予社会治安综合治理。对社会治安问题进行综合治理，是党中央根据历史经验为政法工作提出的一条重要方针。第七届全国人大常委会十八次会议作出了加强社会治安综合治理的决定。检察机关应作为一项重要任务，坚定不移地开展“严打”斗争，坚持依法从重从快打击严重刑事犯罪特别是团伙犯罪的活动。同时，要发挥各项职能作用，采取多种措施，如结合办案进行法制宣传，发动群众检举揭发犯罪，及时提出检察建议，对免诉人员进行帮教，等等。要充实基层检察机关的力量，把社会治安综合治理的各项措施落到实处。

（五）从严治检、搞好自身的廉政建设，提高检察队伍的整体素质。检察机关是监督执法的机构，经常接触社会的阴暗面，因此，加强自身廉政建设尤为必要。检察机关应围绕业务工作，针对自身的特点积极开展思想政治工作；广泛深入地进行马列主义、毛泽东思想的基本原理和社会主义基本路线的教育，进行职业道德和职业纪律的教育；要大张旗鼓地表彰工作中涌现出来的英雄模范，为检察干部树立清正廉明、秉公执法的榜样；要严肃查处徇私舞弊、索取收受贿赂等腐败现象。要结合实际经常检查、纠正行业不正之风，做到纪律严明、作风端正。要按照新时期对检察工作的要求，加强干部队伍的培训工作，做到政治方向正确，精通法律业务，掌握必要的经济、科技知识。要采取措施逐步实现检察干部管理的科学化，制度化，提高队伍的战斗力。

对于检察机关办案在人员、经费和装备方面的困难，应及时向政府报告，有关部门应予支持解决，逐步改善检察机关的工作条件。

1991 年是我国实施十年规划和“八五”计划的第一年，完成这一年的检察工作，对于维护国家和社会的稳定，保障十年规划和“八五”计划的顺利实施具有重要作用。我们相信，只要各级检察机关认真贯彻党的十三届七中全会精神，坚决执行本次代表大会的决议，充分调动广大检察干部的积极性，就一定能够完成今年的工作任务，取得更大的成绩。

以上报告，请予审议。

最高人民检察院工作报告

——1991 年 4 月 3 日在第七届全国人民代表大会第四次会议上

最高人民检察院检察长　刘复之

各位代表：

第七届全国人民代表大会第三次会议以来，在以江泽民同志为核心的党中央正确领导下，全国各族人民同心同德，团结奋斗，社会主义现代化建设的各项事业都取得了显著成绩。治理整顿、深化改革收到了明显成效，对外开放成绩很大，国民经济继续向好的方向发展。1990 年，最高人民检察院领导各级人民检察院、专门检察院和广大检察人员，大力开展惩治贪污、贿赂犯罪和严厉打击严重刑事犯罪等工作，为维护国家稳定和社会稳定做出了自己的贡献。现在，我就工作中的主要情况和问题向大会作报告，请予审议。

一、惩治贪污、贿赂犯罪的斗争深入了一步

惩治贪污、贿赂犯罪是检察机关依法打击经济犯罪的第一位工作。去年，我们突出抓了查办大案、要案的工作，全国共受理贪污、贿赂罪案 94686 件，立案侦查 51373 件。在立案侦查的案件中，犯罪金额在万元以上的大案 11295 件，同上年度基本持平。其中，五万元以上的重大案件 1113 件；县处级以上干部的案犯 1188 人，这两项比 1989 年都略有增加。到去年底，已向人民法院提起公诉 23344 人。追缴赃款赃物折合人民币 8.1 亿元。

我们集中力量查办大案、要案，成效比较明显，工作深入了一步。这主要表现在以下五个方面：

第一，侦破了一批重大贪污案。全年立案侦查万元以上贪污大案 7435 件。其中，五万元以上的重大罪案 869 件，上年为 637 件；五十万元以上不满一百万元的 21 件，上年为 11 件；一百万元以上至五百万元的 17 件，上年为 3 件；贪污案犯中，县处级以上国家工作人员 273 名，上年为 231 名。这些大贪污犯，都受到了或即将受到法律的制裁。贪污分子绝大多数是直接掌握财物的人。他们利用手中的权力，疯狂侵吞国家和集体财产。例如，原深圳市上步区轻工业品业务部经理杨锦棠和该区经济发展公司副经理杨锦镇等人，互相勾结，采取以单位名义向银行贷款不入帐、不申报贷款去向等手段，从 1988 年初起，不到一年就贪污、诈骗人民币 500 多万元、美金 70 多万元。原昆明市西山区副食品公司黑林铺门市部主任李兰珍等六人，内外勾结，在调拨购销猪肉过程中，采取多发货少入帐的手段，从 1986 年到 1990 年共贪污 200 多万元。以上两案的主犯已经逮捕，正在侦查中。从大量案件的发生和发展看，贪污分子都是受资产阶级腐朽思想和生活方式的侵蚀，享乐欲望猛烈膨胀、个人主义恶性发展而堕入犯罪深渊的。在查办案件中发现，贪污犯罪多发的单位和部门，那里的某些领导人往往有严重的官僚主义，行政管理松散，会计、审计制度不严密，缺乏检查监督；有的领导人自身作风不正，变成了贪污分子的保护伞，从而增加了侦破这些大案的难度。查办大案，对犯罪分子的震慑作用很大，对增强国家工作人员的法制观念和鼓舞群众的斗志作用也很大。

第二，侦破了一批贿赂要案。全年立案侦查万元以上贿赂大案 3860 件；贿赂案犯中，县处级以上国家工作人员 915 名，上一年度为 644 名。受贿分子几乎都是掌权的。行贿和受贿这种钱权交易，是资本主义商品经济的痼疾。这几年，查获的贿赂罪案不少，说明这种“病毒”已在某些领域中蔓延，少数领导干部已被腐蚀变质。他们的这种肮脏勾当，严重地危害经济活动的正常秩序，败坏党和政府的威信。原青海省人大常委会副主任韩福才，在先后担任副省长和省人大副主任期间，从 1987 年到 1989 年，利用职权帮助工程队、包工头承揽基建工程等，索取、收受贿赂共计人民币 38000 多元。最高人民检察院检察委员会已决定逮捕韩福才，并由青海省检察机关起诉。原洛阳市委书记武振国，在先后任市长、市委书记期间，从 1985 年到 1988 年，收受洛阳市几家企业的贿赂人民币 2 万多元，已被逮捕并即将起诉。原首都钢铁公司总经理助理兼北京钢铁公司党委书记管志诚，利用职权，在批售钢材中，索贿受贿共计人民币 150 多万元、港币 2 万元，已被逮捕也即将起诉。发生贿赂犯罪活动，有犯罪分子的主观原因，同时，反映了我们的行政管理和思想政治工作有不少薄弱环节，规章制度和法律措施存在一些空隙和漏洞。

第三，在不正之风比较严重的某些行业和部门侦破了一批贪污、贿赂罪案。在那里，少数国家工作人员利用本行业、本部门的特权，贪污盗窃国家财产，索贿受贿，破坏行政管理秩序和经济秩序。在问题多的单位，往往破一案带出“一串”。例如：福建省在办7个案件中带出157个贪污、贿赂案件。北京市在办46个贪污、贿赂案件中，挖出犯罪分子242人。

第四，侦查破案工作与发动群众相结合，发动小高潮，扩大社会效果。有的地方检察院抓住有典型意义的大案、要案，与有关部门配合，召开体现宽严政策的大会，大张旗鼓地宣传国家法律，宣传坦白从宽、抗拒从严的政策，推动斗争深入发展，效果很好。全年有3500多名贪污、贿赂犯罪分子到检察机关投案自首。去年7月，广东省清远市在市委领导下，市检察院抓住英德县公安局局长张文列贪污、受贿要案，冲破阻力，公布案情，发动群众揭发、举报，与有关部门配合，召开宽严处理大会，敦促有贪污、受贿问题的人自首坦白。在一个半月内，全县有119人自首坦白。西藏自治区检察院举办了西藏民航局拉萨售票处售票员扎西措姆（女）贪污78万元大案的罪证展览，全市轰动，观众达7万人次，家喻户晓。去年5月25日至7月20日，最高人民检察院在北京举办了《全国检察机关惩治贪污贿赂展览》，党中央、全国人大委员会、国务院对这次展览都很重视。展览形象地显现了党和国家惩治腐败的坚定方针和决心，剖析了贪污、贿赂犯罪的严重危害性，鼓舞了人民群众的斗争积极性。这个展览在北京展出之后已巡回到五个省、区展出，观众达100多万人次。

第五，群众举报继续保持了旺盛的热情。1988年各级检察院受理举报贪污、贿赂线索67000件，1989年158000件。1990年159000件，到年底已初查了65000件。一年来，对3034名举报有功人员给了各种方式的奖励；依法惩处了打击举报人的违法犯罪分子1312名，处理了少数诬告陷害他人的分子。在去年立案查办的贪污、贿赂罪案中，有60%左右的线索是群众举报的。群众举报活动，越来越显示出它的威力，使检察工作得到广大群众的支持和监督，是专门工作与群众路线相结合的好形式。

在工作中，我们着重抓了五个问题：

第一，反复宣传贪污、贿赂犯罪的危害性和斗争的长期性，树立长期作战思想。反贪污、贿赂犯罪是反腐败中很尖锐的一个方面，是在新的历史条件下腐蚀与反腐蚀的斗争，也是反“和平演变”的斗争，这是一定范围的阶级斗争在经济领域里的表现。这几年查出的贪污、受贿犯罪分子，虽然只是干部队伍中的极少数，但是，国家工作人员贪污、受贿犯罪危害很大，影响极坏。它不仅表现为个人的腐化堕落，而且腐蚀性很大，严重败坏社会风气，损害党和人民政府的形象。值得严重注意的是，不少重大案件的犯罪分子，内外勾结，出卖国家经济情报，策划携款潜逃。近两年，广东省已有200多名严重的贪污、受贿罪犯作案后外逃，在有关方面的协助下，已追捕回80多人。这类案件在沿海省份发生比较频繁，在内地也有。如原中国进出口公司武汉分公司保成路商场经理陈新国，贪污200多万元后携款潜逃国外。

由于种种原因，在我们的社会里，滋生了一批贪婪的蛀虫，他们的投机心理和冒险性很大，“你打你的，我贪我的”，肆意破坏社会主义经济，不惜以身试法。在去年查获的案件中，前年秋“两高”《通告》以后作案的占50%左右。这使我们进一步认识到，必须坚决贯彻党中央反腐败、反贪污的方针，必须严格执法，必须长期地抓下去。在去年11月高检院召开全国检察长工作会议期间，江泽民同志针对会议中反映出来的认识问题，指出：检察机关是人民民主专政的工具；要认清反腐败、反贪污斗争的长期性，有长期作战的思想准备；态度要坚决，政策要对头，工作要实事求是。近几个月来，高检院和各级检察院正在贯彻和落实这一指示。我们坚信，只要坚定地贯彻党中央"两手抓"的方针，经过不懈的努力，贪污、贿赂犯罪是可以抑制的。我们是中国共产党领导的社会主义国家，有党的政策的感召力和国家法律的威慑力，有加强廉政建设和反腐败的大气候，有党、国家和群众的监督机制，随着改革的不断深入，法制建设和规章制度的不断健全，漏洞会不断减少。当然，要足够估计贪污、贿赂犯罪分子的顽固性，他们是不会自动洗手不干的。我们必须坚持工作的一贯性，避免紧一阵松一阵，防止更多的国家工作人员陷入贪污、贿赂犯罪的泥坑。因此，保持冷静头脑，不满足于已经取得的成绩，不被某些假象所迷惑，这对于检察机关来说是至关重要的。

第二，树立为经济建设服务的思想。严格依法惩治贪污、贿赂以及挪用公款、偷税抗税、假冒商标等犯罪活动，对维护国家经济秩序，促进经济发展，是必不可少的保证。去年检察机关在反贪污、贿赂犯罪的同时，查获挪用公款罪案10556件，偷税抗税罪案7564件，假冒商标罪案358件。今后还要切实加强这些工作。

各级检察院在查办案件中，不断提高全局观念，增强为经济发展服务的自觉性。为了使办案工作取得更好的社会效果，我们总结了几条经验：一、要严格区分经济交往中正常的应酬与贪污、贿赂犯罪的界限，分清哪些是合法的，哪些是不合法的，哪些是犯罪的；二、要慎重处理罪与非罪界限不清和有争议的案件，不轻易采取法律措施；三、在涉及生产、经营、管理部门主要领导成员和重要的技术、管理人员时，要及时向党委、政府反映情况，提出建议，采取适当措施，避免生产、经营、管理和流通等活动脱节；四、要注意保护企业产品产、供、销正常渠道的畅通，不轻易冻结银行帐户；五、要积极做好防范工作，加强综合治理。对由于严重官僚主义、管理疏漏、制度不健全而发生贪污、贿赂犯罪案件的，要追究有关领导人的责任，同时采取积极态度提出检察建议，推动有关部门严密会计制度、审计制度，健全和完善行政管理；六、要加强法制宣传，通过剖析典型案例进行教育，纠正"反贪污、贿赂会影响生产发展"、"搞活经济要对经济犯罪'松绑'"等糊涂观念。

第三，坚持"一要坚决，二要慎重，务必搞准"的原则。在查办案件中，我们强调有法必依，执法必严，违法必究。侦查工作必须扎扎实实，所有事实、证据都要经得起历史的检验；不搞简单的数量攀比，在认定犯罪事实时，不拔高，不凑数，在核实、确认罪证上下功夫；坚持具体情况具体分析，每一个大案、要案都逐案进行具体部署和指导；依法正确运用各种法定的侦查手段和法律强制措施，目的是为了全面搜集证据。在审查起诉中，全面分析案情，严肃地准确地惩处犯罪分子，同时防止误伤仅属犯有错误的人；充分考虑从轻、减轻或免除刑罚的情节；如果发现有定性、定罪不准，或者搞错了的案件，如实复查，加以纠正。

第四，依法正确行使免诉权。对罪行较轻，能够主动坦白或投案自首的被告人，依法免予起诉。检察机关运用法律赋予的这项权力，体现惩办与宽大相结合的政策，对于教育、挽救犯罪分子，鼓励犯罪分子悔过自新，具有重要的意义。过去一年，免诉案件的质量是好的，绝大多数是那些犯罪数额较小、自首坦白、积极退赃或犯罪数额较大但有重大立功表现、主动坦白、积极退赃的。但有些地方在适用免诉中，特别是在处理"两高"《通告》期间的案件中，掌握不够严格，有少数案件不该免诉而作了免诉处理。为了保障正确行使免诉权，去年11月高检院决定：免诉决定须由各级检察院的检察委员会作出；下级检察院作出的免诉决定要报上一级检察院备案，上级检察院对下级检察院免诉不当的，有权予以撤销；对不服免诉的申诉，由上级检察院复查；发现免诉不当的案件要坚决纠正。

第五，加强反贪污、贿赂专门机构的建设。到去年底，已有23个省级检察院、155个市级检察院成立了反贪污贿赂工作局。这个专门机构对于提高侦查贪污、贿赂罪案的水平，增强侦破大案、要案的能力，起了重要的作用。我们反复强调必须正确、适时地运用各种法定的侦查手段，坚决反对以捕代侦的简单化做法，严禁使用收审和滥用监视居住，认定或否定每一个案件都要有充分的、扎实的证据。

这几年的工作实践证明，检察机关依法把惩治贪污、贿赂犯罪作为工作重点，是正确的，有成效的，得到广大干部和群众的拥护，推动了廉政建设和反腐败斗争。但是，对于已经取得的成绩，不可估计过高。我们在工作中还存在不少缺点和问题。主要是在情况、条件大体相似的地方，工作发展不平衡，办案成果悬殊比较大，冲破阻力、克服困难的能力还不强；少数检察院存在执法不严的现象；侦查工作比较薄弱，举报线索积压较多，人力不足，办案经费短缺，侦查设施落后。

目前，在党的领导下，在人大的监督、关心和政府的支持下，正致力解决工作中存在的问题。我们考虑，在现行法律基础上，根据近年的司法实践，需要完善贪污、贿赂、巨额财产来源不明、挪用公款等犯罪的法律规定；需要以法律的形式规范国家工作人员为政清廉的行为；需要加强法律监督和群众监督机制，提高公民的责任感，保护和奖励举报人；需要完善检察机关的反贪污、贿赂工作体制，加强侦查工作，等等，以保证同贪污、贿赂犯罪作长期的有效的斗争。为此，我们已经报告党中央和全国人大常委会，建议制定《反贪污贿赂法》，并会同有关部门着手研究和起草。

二、坚持严厉打击严重刑事犯罪，加强社会治安综合治理

坚持依法从重从快严厉打击严重危害社会治安的刑事犯罪活动，坚定不移地开展"严打"斗争，这是我们常抓不懈的一个重点。保障社会稳定是关系全局的大事。1990年，我们与公安、法院、司法行政等部门密切配合，继续开展了有明确打击对象的专项斗争，对重点城镇、铁路、公路沿线实行专项综合治理，取得了很大成绩，保证了社会稳定和"亚运会"的安全。全国共受理公安机关提请逮捕的各种刑事犯罪分子692000名，比上一年增加9.6%。审查批准逮捕605000多名，比上一年增加10.3%。受理公安机关移送起诉的案犯694000多名，经审查已提起公诉599000多名，起诉数比上一年增加15.3%。批准逮捕和决定起诉工作，一般做到了及时、准确、不贻误战机。

1989年春夏之交，北京地区发生政治动乱，继而发展成为反革命暴乱，公安机关依法拘留了一批违法犯罪分子，经过审查、教育，有认罪悔悟表现的，已陆续宽大释放；检察机关受理的是那些犯有破坏社会治安和参与组织、指挥、宣传煽动，阴谋颠覆政府、妄图推翻社会主义制度的犯罪分子。我们经过调查复核，对罪行严重的，已依法提起公诉；对罪行较轻、认罪态度好的，已依法免予起诉。这项审理工作是严格按照以事实为根据、以法律为准绳的原则进行的，现在已基本结束。我们对有违法犯罪行为的青年学生，贯彻执行党和国家的宽大政策，做了大量的耐心教育和挽救工作，收到很好的社会效果。

当前，总的说来，社会治安是稳定的，但对于某些地方和方面的严峻情况仍然不能低估。少数城乡治安不好，群众意见比较大。对群众安全感威胁大的是杀人、抢劫等暴力犯罪。1990 年，检察机关批准逮捕杀人犯 15719 人，比上一年增加 12%，其中不少是谋财害命的，也有许多是人民内部矛盾没有得到及时缓解而激化酿成的；批准逮捕抢劫犯 82466 人，比上一年增加 15%，入室抢劫、袭击基层银行、储蓄所的犯罪案件时有发生；盗窃犯罪居高不下，全年共批准逮捕盗窃犯 304527 人，比上年增加 6.6%，其中重大特大盗窃犯 79231 人，比上年增加 14%。一年来，对走私犯罪和聚众赌博，卖淫嫖娼，拐卖妇女儿童，制作、贩卖、传播淫秽物品，贩毒，利用封建迷信骗财害人等“六害”，进行了不断的打击，取得了良好的效果，但情况仍然相当严重。当前，团伙犯罪比较猖獗，犯罪分子绝大多数又是青少年。他们纠合一起，进行盗窃、抢劫、流氓行凶等犯罪活动，有的横行霸道，有的正在向黑社会组织演化，甚至与境外黑社会组织挂钩。极少数仇视人民民主专政政权和社会主义制度的分子以及特务间谍分子，妄图或正在与境外反动势力相勾结，进行捣乱、破坏活动。

一年来，检察机关在打击刑事犯罪工作中，主要做了以下几项工作：

1、加强了侦查监督和审判监督。对公安机关提请逮捕和移送起诉的案件，做到了依法及时批准逮捕和提起公诉。同时，经过审查，不批准逮捕的有 51002 人；退回公安机关补充侦查的有 58650 人次；不起诉的有 3507 人；免予起诉的有 46038 人；追捕了 8381 人，追诉了 5030 人。对公安机关侦查活动中的违法情况提出纠正意见 12700 件次。对人民法院审判活动中的违法情况提出纠正意见 3200 件次；开展了对二审监督和再审监督，对人民法院确有错误的判决、裁定提出抗诉 2396 件，到年底已收到人民法院判决、裁定 946 件，其中改判 512 件。

2、开展监所检察，促进文明改造。全国检察机关去年共起诉劳改犯、劳教人员犯罪案犯 7697 人，查办了少数监管改造场所干警私放罪犯、索贿受贿等犯罪案件。各级检察院加强了对监管改造场所执行法律情况的监督活动，保障了在监管改造工作中贯彻革命人道主义精神和教育、挽救的方针。

3、各级铁路运输检察院与铁路公安、法院密切配合，大力整顿治安秩序，重点打击“车匪路霸”、犯罪团伙和重大盗窃犯罪活动，结合纠正“以车谋私”的不正之风，查办了一批贪污、贿赂犯罪案件，在整顿铁路治安、促进廉政建设中发挥了积极的作用。

4、坚持实行对重大、特大犯罪案件提前介入制度。在审查批捕环节上提前介入 51206 件次；在审查起诉环节上提前介入 16007 件次。在党委、政府和公安机关的支持下，克服交通、通讯条件的困难，使提前介入工作有了发展。实行提前介入，缩短了办案时间，提高了办案质量，锻炼了干部，及时、有力地打击了严重的犯罪分子。

5、发挥检察职能，开展社会治安综合治理工作。“严打”是社会治安综合治理的首要一环，但要维护良好的稳定的治安秩序，必须同时发动社会各方面的力量，从加强教育、改造、防范、行政管理、制度建设等方面多管齐下，预防和减少犯罪。在综合治理中，检察机关的主要措施是：结合办案进行法制宣传；发动群众揭发、检举犯罪；对发案单位管理工作中存在的隐患提出检察建议，堵塞漏洞；对免诉人员加强帮教工作；配合劳改、劳教单位进行教育改造工作；及时处理来信来访，耐心疏导教育，避免矛盾激化。

三、查办侵犯公民民主权利、人身权利和渎职犯罪工作有了加强

我国是人民当家做主的社会主义国家。依法保障公民的民主权利、人身权利是我国宪法的一项重要内容，也是法律赋予检察机关的一项神圣职责。

我国保障公民民主权利、人身权利的状况是好的。随着社会主义民主与法制建设的不断发展，保障公民权利的工作不断得到加强。我国公民拥有充分行使宪法和法律赋予的各项权利的自由。对于侵犯公民民主权利、人身权利和其他合法权益的犯罪案件，一经发现，检察机关都及时地予以查办，依法追究犯罪分子的刑事责任。去年，共立案侦查非法拘禁案3509件；刑讯逼供案472件；诬告陷害案461件；报复陷害案69件。同时，对官僚主义严重，玩忽职守以及徇私枉法构成渎职罪的，也坚决依法追究了刑事责任，共立案查办玩忽职守案3030件；重大责任事故案3894件；妨害邮电通讯案199件；徇私舞弊案217件。

侵犯公民民主权利和渎职犯罪反映出相当数量的公民法律意识不强，当发生民事、婚姻、经济纠纷后，不是借助法律武器，而是采取非法拘禁、非法搜查、非法侵入他人住宅和诬告陷害等违法手段解决。少数公安、司法干警受封建特权思想影响，法律政策水平不高，在办案中搞逼、供、信。少数国家工作人员官僚主义严重，不负责任，玩忽职守，在生产、经营和管理活动中不尊重科学，盲目蛮干，违章冒险作业，造成重大的人身伤亡和经济损失。

查办侵犯公民民主权利和渎职犯罪案件的工作，离实际要求还有较大的差距，困难和阻力不小，侦查工作比较薄弱。我们结合办案开展法制宣传，教育干部群众提高守法执法观念，从多方面预防和减少侵犯公民民主权利和渎职犯罪的发生，以保障公民的合法权益，捍卫社会主义法制。我们要求检察人员加强业务学习，拓宽知识面，恪尽职守，秉公执法。

四、控告申诉、民事、行政诉讼法律监督等工作都有新的进展

——积极受理、认真查处控告、申诉，保障公民行使控告、申诉权利。去年，各级检察院共受理公民控告、申诉73万件。其中属于检察机关管辖的28万件，不属检察机关管辖已转有关部门处理的40.5万件。在工作中，对大量的控告、申诉都及时作了处理，并尽可能地向控告、申诉人作了信息反馈。对于容易引起矛盾激化和集体上访的案件，及时采取果断措施，做好教育疏导工作，防止矛盾激化和事态的发展。一年来，共纠正免诉不当的案件614件。对不服法院判决、裁定的申诉141件，经过调查认为原判决、裁定确有问题，向人民法院提出了纠正意见。各级检察院坚持了检察长批阅来信、接待来访群众的做法，密切了与人民群众的关系。

——民事、行政诉讼法律监督工作开

始起步。为了依法履行对行政诉讼实行法律监督的职责，各级检察院认真学习行政诉讼法，对检察机关承担的工作任务作出了部署和安排。同时继续积极、稳妥地进行对民事审判活动实行法律监督的调查研究和试点工作，认真抓了干部上岗培训。

——检察技术部门边建设、边工作，共做检验鉴定27000多件，为侦查工作和认定犯罪事实提供了科学依据。目前，省、地(市)、县三级检察侦查技术网点已初步形成，已拥有法医、痕迹检验、文书鉴定、司法会计等专门科技人员4600多人。检察机关努力使用现代科学技术手段为办案服务，提高了搜集、鉴别、认定证据的能力。

——司法解释工作有了加强。一年来，针对司法实践中的突出问题，最高人民检察院单独或与最高人民法院联合发布了16个司法解释文件。对盗伐滥伐森林问题、巨额财产来源不明问题、单位贿赂犯罪问题和国家工作人员索取、收受“回扣”、“手续费”问题进行了调查和研究。

五、加强思想政治工作和干部培训，从严治检

去年，经党中央批准，最高人民检察院成立了政治部，加强了机关的思想政治工作，协助地方党委加强检察系统党的建设和具有行业特点的思想政治工作。在地方党委的领导下，各级检察院的政治工作机构已陆续建立。

检察机关是监督执法的，拥有广泛的司法权力，经常接触社会阴暗面。思想政治工作的任务是，激励广大检察人员的社会主义积极性、创造性和献身精神，建立一支立场坚定，依法办案，秉公执法，掌握政策，实事求是，联系群众，精通业务的队伍，保证各项检察任务的完成。为此，我们把马克思列宁主义、毛泽东思想基本原理的教育、社会主义基本理论的教育摆在政治工作的首位。在检察系统中广泛深入地进行职业道德和职业纪律教育，使广大检察人员保持坚定正确的政治方向，树立全心全意为人民服务的思想，自觉坚持四项基本原则，反对资产阶级自由化。

干部培训工作对于检察队伍的建设具有战略意义。经过实施“七五”培训规划，检察队伍的文化和专业结构有了改善，有40%的检察长受过短期培训，有5万多名检察人员接受了短期专业培训。中国高级检察官培训中心已经培训了三批学员共423名。中央检察官管理学院边筹建边训练干部，已培训干部1200名。《检察官条例》以及与此相配套的有关文件正在起草中。

在各级检察院和广大检察人员中广泛深入开展争先创优活动，大力表彰在工作中涌现的先进模范人物，为广大检察人员树立秉公执法、清正廉明、无私奉献的榜样。1990年，各级检察院表彰了一大批劳动模范、先进工作者、优秀共产党员；最高人民检察院通令嘉奖了114个先进集体和199个先进个人。第四季度开展了执法执纪大检查，宣传贯彻《检察人员纪律》，从严治检，纠正不正之风，加强廉政建设。全国检察人员中因违纪违法受到开除党籍处分的55人；开除公职的32人；被判处刑罚的33人，其中有检察员2人，助理检察员11人，法警2人。在执法执纪大检查中，纠正了少数检察院在办案中执法不严，应该逮捕而没有逮捕，应该起诉而没有起诉以及轻易拘捕人的不良现象；严肃处理了少数检察人员徇私舞弊，索取收受贿赂，搞逼、供、信的行为。各级检察院结合纠正行业不正之风，整顿纪律、整顿作风。对于检察人员中发生的违法违纪案件，一经发现都坚决查处，不姑息迁就，维护了检察机关的纯洁性和战斗力。

最高人民检察院在中央组织部、中央统战部的协助下，正在落实中共中央《关于坚持和完善中国共产党领导的多党合作和政治协商制度的意见》，积极准备和欢迎推举民主党派成员和无党派人士到高检院和省、自治区、直辖市以及经济特区、沿海开放城市的检察院担任领导职务。去年冬，高检院已聘请了18位民主党派成员和无党派人士为特约检察员。一些省、市检察院也开始了这项工作。特约检察员是检察机关联系群众的一条纽带，是民主党派和无党派人士参政议政的形式之一。他们的主要职责是参与有关法律、政策和检察工作中重大问题的研究咨询，反映、传递对国家工作人员违法犯罪的检举、控告和不服刑事处罚的申诉材料；参加一些重大疑难案件的调查、复查和审查；宣传社会主义法制和检察制度。

六、1991年检察机关的任务

1991年，是我国实施国民经济和社会发展十年规划和“八五”计划的第一年。中国共产党十三届七中全会为我国人民描绘了二十世纪九十年代经济建设和社会发展的宏伟蓝图。今后十年是我国社会主义现代化建设发展的非常关键时期。检察机关是国家的法律监督机关，是人民民主专政的工具，为了维护国家稳定和社会稳定，保证第二步战略目标的顺利实现，要充分发挥自己的职能作用。

党的十一届三中全会以来，邓小平同志多次强调坚持人民民主专政的重要性。在党的十三届七中全会上，江泽民同志指出：历史的经验表明，无产阶级革命取得胜利以后，只有实行和坚持无产阶级专政，才能维护本阶级和全体劳动人民的政治统治，维护自己的主人翁地位和各项权益。在我国，实行无产阶级专政，就是实行人民民主专政。我们要在新的历史条件下继续坚持人民民主专政，加强社会主义民主和法制建设。在四项基本原则中，人民民主专政和其他三项一样重要。李鹏同志在这次全会上提出，要坚决打击严重的经济犯罪分子和刑事犯罪分子，建立良好的社会秩序。高检院和全体检察人员正在认真学习党的十三届七中全会精神，联系实际加以贯彻。根据党和国家的要求，我们分析了面临的形势和反“和平演变”斗争的复杂情况，确定1991年检察机关的主要任务是：以党的十三届七中全会精神为指针，发挥法律监督职能，加强严格执法的检察，深入开展反贪污、反贿赂犯罪斗争；坚持依法从重从快严厉打击严重刑事犯罪和危害国家安全的犯罪活动，大力贯彻执行第七届全国人大常委会十八次会议关于加强社会治安综合治理的决定；加强对侵犯公民民主权利、人身权利和渎职犯罪案件的查处工作；围绕这些任务开展各项业务工作，加强思想政治工作，从严治检，搞好自身的廉政建设。

各位代表！在新的一年里，在党中央的领导下，在全国人大及其常委会的监督和国务院、各级人民政府的支持下，高检院将加强对各级检察院的领导，率领全体检察人员，努力学习，增强团结，积极工作，坚决贯彻执行党的以经济建设为中心、坚持四项基本原则、坚持改革开放的基本路线，深入进行反对资产阶级自由化的教育和斗争，强化法律监督职能，为建设具有中国特色的社会主义做出新的贡献！

北京市人民检察院工作报告（摘要）

——1991年4月21日在北京市第九届人民代表大会第四次会议上

北京市人民检察院检察长　何访拔

（1991年4月24日北京市第九届人民代表大会第四次会议通过）

一

1990年，全市各级检察机关在市委、最高人民检察院的领导和市人大及其常委会的监督下，为维护首都的政治稳定、经济稳定、社会稳定；为加强社会主义民主和法制建设；为促进廉政建设，保障经济建设，以反贪污、反贿赂斗争和严厉打击严重刑事犯罪斗争为工作重点，全面开展了各项检察工作。

第一，惩治贪污、贿赂犯罪工作

去年，全市检察机关继续把反贪污、反贿赂斗争作为检察机关依法打击经济犯罪第一位的工作，坚持“一要坚决，二要慎重，务必搞准”的方针和为稳定大局，为经济建设服务的指导思想，发动广大检察干警投入到反贪污、反贿赂斗争中去。在斗争中，我们的主要做法是：紧紧依靠各级党委，运用典型案例，广泛发动群众，在发案较多的行业或单位造成声势，掀起反贪污、反贿赂斗争“小高潮”；积极贯彻惩办与宽大相结合的政策，宽严相济，依法正确行使免诉权。对犯罪数额较小、自首坦白、积极退赃或犯罪数额较大，但有重大立功表现、主动坦白、积极退赃的被告人，依法免予起诉，分化瓦解、教育挽救犯罪分子；继续巩固和发展举报制度，扩大犯罪线索来源；努力增强检察人员的侦查意识，提高侦查工作水平，在办案中深挖细查、扩大战果；坚持重点抓大案要案，优先办理发生在党政机关、执法部门和带有行业性特点的，群众最为关心、意见最大的“热点”案件；坚持检察长带头办案。从而使惩治贪污、贿赂犯罪工作，取得了比较明显的进展。主要表现：

一是贪污、贿赂等经济违法犯罪案件受理数、立案数都有新的进展。去年共受理贪污、贿赂以及偷税、抗税、挪用公款、假冒商标等经济违法犯罪案件1958件，其中立案侦查1162件，比上年增加72件，增长7%。立案侦查的案件中，有贪污案503件，受贿案435件，行贿案64件，三项合计1002件，占经济犯罪案件立案数的86.13%。

二是立案侦查的贪污、受贿大案数量明显增多。有万元以上不满五万元的重大案件216件；五万元以上的特大案件59件，其中包括百万元以上特大案件7件。在本市，是头一年侦破百万元以上的特大贪污、受贿案件。大案数占立案侦查的贪污、受贿案件总数的30.06%，比上年增长41%。

三是揭露一批身居领导岗位，隐蔽较深的贪污、贿赂犯罪分子。立案侦查的这类要案，有县处级干部39人，司局级干部

4人，两项共43人。

四是侦破一些执法部门工作人员贪污、受贿犯罪案件。全年共立案侦查执法部门工作人员贪污、受贿案件23件。这些人执法犯法，贪赃枉法，严重损害了党和政府的威信，危害极大。

五是破获的侦查难度较大的贿赂案件增多。共立案侦查行贿受贿案件499件，立案数比上年增加17.7%。

六是侦查贪污、贿赂案件的办案质量不断提高。目前检察机关内部已改变了过去对自行侦查的案件的侦查、批捕、起诉由一个业务部门、一对承办人一办到底的办案制度，实行侦查、批捕、起诉分别由三个业务部门负责的内部制约机制，有效地保证了办案质量。目前尚未发现错案。

七是通过办案，维护了国家利益和企业利益。全市检察机关通过办案，为国家和集体挽回经济损失2522.82万元；帮助200多个企业建立健全了1200多项规章制度，激发了发案单位职工的工作积极性。

第二，打击刑事犯罪工作

去年，我们在市委的统一部署下，与公安机关、人民法院紧密配合，坚决贯彻“稳定压倒一切”和依法从重从快的方针，严惩了一批严重危害社会治安的刑事犯罪分子。全市检察机关共受理公安、安全机关提请批准逮捕的人犯9248人，经审查，批准逮捕人犯8437人；受理公安机关移送起诉案件6808件11545人，决定起诉5881件9642人，其中有各类重特大案犯3019人，占已决定起诉案犯的31.3%。

在“严打”斗争中，各级检察机关对重大、特大犯罪案件，特别是重大团伙犯罪案件，坚持提前介入公安机关的侦查、预审工作，参与公安机关对特大案件的现场勘验。共提前介入公安机关侦查、预审活动1198人次，向公安机关提出调查取证建议843条，从而共同保证了办案质量，加快了办案速度，及时有力地打击了严重刑事犯罪活动。

同时，各级检察机关密切配合公安机关、人民法院，开展了“扫黄”、“除六害”、打击团伙犯罪等专项斗争。对60名拐卖人口、强迫引诱容留妇女卖淫、贩毒等案犯提起公诉；对612名犯罪集团成员依法从重从快批捕、起诉。铁路检察机关密切配合铁路公安机关、铁路法院积极开展了专项斗争，大力整顿治安秩序，重点打击“车匪路霸”、犯罪团伙和重大盗窃等犯罪活动。

在市高级人民法院、市人民检察院、市公安局和市劳教管理委员会联合发布6·20《通告》后，各级检察机关在打击监管场所内的犯罪活动，进行经常的监所检察工作的同时，由各级检察长带头并派出137名干部，深入各监管场所，宣讲《通告》，同人犯谈话，召开政策兑现大会，开展坦白检举活动。在公安、劳改机关等有关方面共同努力下，收到了较好的效果。据统计，参加坦白检举的14566人中，坦白、检举各类犯罪线索6508件，目前已由公安机关查实的有2414件，其中重大、特大案件525件。

我们还加强了侦查监督和审判监督工作。各级检察机关对公安机关提请批准逮捕的215人作了不批准逮捕决定；追捕案犯10人，追诉33人，参加特大重大案件现场勘查177次，办理各类延长羁押期限914人次，对执行死刑的案件进行了临场监督。在二审监督工作中，共办理二审案件199件，其中上诉案182件，抗诉案17件。

各级检察机关在办理1989年春夏之交的动乱和反革命暴乱的案件中，对于少数组织、指挥、参与和宣传煽动，妄图颠覆政府、推翻社会主义制度或进行其它破坏活动的犯罪分子，经过逐案认真调查复核和审查，对罪行较轻，坦白自首、有立功表现，认罪态度好的，依法作了免予起诉的决定；对极少数罪行严重的，依法向法院提起了公诉。目前，本市检察机关的审理工作已经结束。

第三，查处“侵权”、渎职案件工作

去年，各级检察机关的法纪检察部门共受理侵犯公民人身权利、民主权利案件145件，渎职案件340件，两项合计485件，立案120件。比上年有较大进展的，一是查处以公安、司法等执法人员为犯罪主体的案件明显增多，共受理45件，占受理“侵权”案件总数的31%，对其中构成犯罪的24件依法追究了犯罪分子的刑事责任。二是查处非法拘禁案件增长幅度较大，共受理66件，比上年增加112.9%；立案17件，比上年增加88.9%，其中以绑架扣押人质逼索债务，要求赔偿经济损失而非法拘禁的案件有16件，比上年增加4倍。这一年，还立案查处玩忽职守案件34件、重大责任事故案件56件、妨害邮电通讯案件9件。各级检察机关在办案过程中，还积极开展了法制宣传工作，配合劳动、消防等部门有重点地进行了安全检查，这对保障人民群众的民主权利、人身权利和各种合法权益，促进企业的安全生产，起到很好的作用。

第四，控告申诉检察工作

去年，各级检察机关共受理控告检举违法犯罪案件6717件，其中举报经济违法犯罪线索的有3158件，内有贪污、行贿、受贿线索2136件，占经济案件线索总数的67.63%。据统计，去年已立案侦查的1162件贪污、贿赂等经济犯罪案件中，有52.4%是经对举报线索认真调查后立案侦查的。

去年，各级控告申诉检察部门，对于各类申诉案件进行了认真复查，办案数量和质量都有所提高。共受理申诉案件1089件，审查处理1061件，在办理申诉案件中，检察人员坚持实事求是，依法办案，保护公民的合法权益，取得了良好的社会效果。

二

为了保障各级检察机关严格按照国家的法律和党的方针政策开展各项检察工作，去年，全市各级检察机关遵照最高人民检察院《关于开展执法、执纪情况大检查的通知》的要求，于10月至12月，对1989年第四季度至1990年第三季度期间执行宪法、刑法、刑事诉讼法等法律和执行检察人员纪律的情况，进行了全面认真的检查，对发现的问题边查边解决纠正。

通过检查证明，全市各级检察机关执法执纪情况总的来说是好的，在审理各类犯罪案件时，严格执行宪法、刑法、刑事诉讼法等法律，依法开展侦查监督和审判监督工作，对案件能够认真审查证据，查明事实，正确定性，适用法律得当，在法定时限结案。检察机关自行侦查的经济、法纪案件，普遍实行了内部制约制度，保证了办案质量。各级检察机关还依法正确行使免诉权，建立了办理免诉案件的各项制度，保证了免诉案件的质量。

在执法检查中，我们也发现了执行法律中存在的一些问题。一是全市各级检察机关发生个别错捕、错起诉和免诉不当的案件。发生这些错误的原因，主要是工作不细，也有的是混淆了罪与非罪的界限。二是有极少数案件久押不决，人犯羁押超过法定时限。造成人犯久押未决的主要原因是，案情复杂，在法定时限内不能结案。三是个别区、县检察院对少数已起诉的案件未能出庭支持公诉。此外，还存在个别办案人员不文明执法，态度粗暴的问题。为尽快纠正和解决执法中存在的问题，各级检察机关加强了对检察干警的执法执纪教育，加强对政策法律的研究和对检察干警的业务培训工作，并完善了各项办案制度，要求一定文明执法、严肃执法。

各级检察机关在严格执法执纪的同时，还积极开展了思想政治工作和业务培训工作，使得检察队伍的政治素质和业务素质有了进一步的提高。

一是要求全体检察干警联系实际，认真学习党中央有关文件和邓小平同志关于坚持四项基本原则、反对资产阶级自由化的论著，注重了对马列主义、毛泽东思想的基本原理的学习。二是广泛深入地进行了以严格执行《检察人员纪律》，纠正行业不正之风为主要内容的廉政教育。根据《检察人员纪律》的基本精神，结合全市检察机关的具体情况，制定了《北京市检察机关办案守则》。在坚持正面教育的同时，对极少数违法违纪的检察人员进行了严肃处理。对于个别触犯刑律的，依法追究了刑事责任。三是开展了争先创优活动。去年，全市各级检察机关根据不同时期的工作重点，对59个先进集体和568名先进个人及时予以表彰和奖励，从而调动了广大检察干警的积极性，有力地推动了各项检察工作的开展。

三

我国现在政治稳定，社会安定，经济形势正在向好的方向发展，特别是在首都成功地举办了第十一届亚运会，极大地激发了人民群众的爱国热忱，树立了中国在国际上良好的形象。一年来，全市人民积极开展治理整顿、深化改革的工作，党和政府抓紧惩治腐败，加强廉政建设，取得了明显效果。特别是去年党的十三届七中全会通过了《中共中央关于制定国民经济和社会发展十年规划和“八五”计划的建议》，为我们指明了光辉的前景。这是我们进一步做好检察工作十分有利的条件。

但是，我们也必须看到，当前贪污、贿赂犯罪仍然是严重的。去年贪污、贿赂犯罪立案数增长，一方面说明了党中央惩治腐败，倡廉肃贪的决心激发了人民群众同贪污、贿赂犯罪斗争的热情，积极举报犯罪；另一方面也说明了检察机关侦查能力有了提高，使犯罪分子难逃法网。同时也提醒我们，贪污、贿赂犯罪分子的气焰仍然很嚣张，行贿、受贿案件上升幅度较大，新的犯罪分子仍在产生。治安形势的严峻情况仍然不能低估。因此，当前急需的是力求把贪污、贿赂犯罪分子的气焰刹住，使重大恶性和多发性刑事案件得到控制并逐步有所下降，进一步加强人民民主专政，稳住治安形势，有效地保障人民的民主权利、人身权利，使群众有安全感，以确保政治和社会的稳定。

在这样的形势和要求下，1991年，全市检察机关的任务是：以党的十三届七中全会通过的《中共中央关于制定国民经济和社会发展十年规划和“八五”计划的建议》为指导方针，紧紧围绕把国民经济搞上去这个全党全民的中心任务，结合北京市的实际情况，认真贯彻全国检察长工作会议的部署，深入开展反贪污、反贿赂斗争；坚持依法从重从快严厉打击严重刑事犯罪活动，大力开展社会治安的综合治理；加强法纪检察工作；推动其他各项检察工作全面开展。继续加强思想政治工作，搞好自身的廉政勤政建设，认真履行检察机关的职责，充分发挥人民民主专政机关的职能作用，自觉地为进一步治理整顿、深化改革和国民经济持续、稳定、协调发展服务；为维护首都社会稳定，促进经济发展、保障公民民主权利、人身权利不受侵犯做出新的贡献。

天津市人民检察院工作报告（摘要）

——1991年4月26日在天津市第十一届人民代表大会第五次会议上

天津市人民检察院检察长　陶毅民

（1991年4月29日天津市第十一届人民代表大会第五次会议通过）

一、严厉打击严重经济犯罪活动，为经济建设服务

去年以来，我市深化经济体制改革，发展社会主义有计划商品经济，取得了很大成绩。但是，在建立和逐步完善社会主义有计划商品经济的新体制和计划经济与市场调节相结合的经济运行机制的过程中，一些人钻改革开放的空子，不择手段地攫取钱财，中饱私囊，进行贪污贿赂、投机倒把、走私等犯罪活动，严重干扰改革开放，破坏经济建设。为保证改革开放和经济建设的顺利进行，各级检察机关坚决贯彻中央惩治腐败的方针，继续深入开展反贪污、贿赂犯罪斗争。去年4月到今年3月，共受理贪污、贿赂犯罪案件2378件，立案侦查1352件，分别比上一年度增加39.6%和24%，其中万元以上大案和县处级以上领导干部犯罪的要案286件，比上一年度增加11%。追缴赃款和赃物折款共计1069万元，比上一年度增加17.4%。我们还立案查处偷税、抗税犯罪案件142件，追缴税款1390余万元。截止今年3月底，侦查终结贪污、贿赂犯罪案件1167件，结案率为86.3%，其中向人民法院提起公诉的417件，占30.3%，构成贪污、贿赂罪，情节轻微，决定免予起诉的771件，占56%。

在反贪污、贿赂犯罪斗争中，我们主要抓了以下几项工作：

（一）开展反贪污、贿赂犯罪斗争教育。去年上半年，为进一步发动和依靠群众，把斗争持续地引向深入，市委、市政府统一部署，各单位结合实际，积极落实，有组织、有计划地普遍开展了反贪污、贿赂犯罪斗争教育。各级检察机关坚持办案与教育相结合，注意抓住各种时机，以案讲法，开展宣传教育，取得了较好效果。这次全市范围的教育活动，对推动我市反贪污、贿赂犯罪斗争的深入，起到了重要作用。

（二）开展以打击索贿为重点的反贪污、贿赂犯罪专项斗争。去年下半年，针对群众反映强烈的以权谋私，索取贿赂犯罪严重的情况，市委批转了市人民检察院提出的关于在8、9、10三个月开展以打击索贿为重点的反贪污、贿赂犯罪专项斗争的意见，各单位及时召开会议，做出具体安排，层层动员部署，加强领导。

专项斗争开始，检察机关会同法院、司法局组织开展了法律咨询日和宣传周活动。出动千余名干警，百余部车辆，在繁华地区和主要集镇设立宣传点和咨询站。检察院检察长、法院院长发表电视讲话和公开信。还召开新闻发布会，及时公布了一批查处的大案、要案。报社、电台、电视台密切配合，集中宣传报道，造成了很大声势，教育、动员群众积极投入反贪污、贿赂犯罪专项斗争。

各级检察机关在宣传发动的基础上，深入重点局、公司和企业事业单位，以案讲法，鼓励群众举报，敦促有问题的人自首坦白。对自首坦白的案件和群众举报的案件线索，抓紧调查处理，及时兑现政策。对犯罪情节轻微，自首坦白或有立功表现的62人，决定免予起诉；对18名拒不自首坦白的犯罪分子决定逮捕。鼓舞了群众，震慑了犯罪，充分发挥了政策的感召力和法律的威慑力，很快形成了斗争高潮。专项斗争期间，共受理群众举报2508件，与前年贯彻执行“两高”《通告》的三个月相比增加40.2%；接待自首坦白人员1188名，增加45.8%；立案侦查贪污、贿赂犯罪案件813件，增加81.7%。

为教育、鼓舞群众增强信心，继续同贪污、贿赂犯罪做斗争，去年12月至今年1月举办了反贪污、贿赂犯罪斗争成果展览，参观人数达13万余人，取得良好的社会效果。

（三）坚持办案为社会稳定、改革开放和经济建设服务。各级检察机关在工作中，坚持为社会稳定、改革开放和经济建设服务的指导思想，严格执行法律、政策，划清“三个界限”：即划清罪与非罪的界限；犯罪与违法的界限；犯罪与违反党纪政纪的界限。在具体工作中，处理好“四个关系”：即查处贪污、贿赂犯罪与维护大局稳定的关系；与促进企业生产发展的关系；与服务于发展外向型经济的关系；与保护乡镇企业发展的关系。保证“四个不间断”：即保证企业生产不间断；指挥系统工作不间断；供、产、销渠道不间断；资金流通渠道不间断。切实做到既查处犯罪，又保护和促进企业的经济发展。

为使检察机关更好地贴紧经济工作，为改革开放和经济发展服务，今年1、2月份，全市检察系统组织百余名领导干部，分别到基层单位，与工厂企业的厂长、经理和部分职工代表开展了谈心服务活动。通过谈心服务，使我们对工厂、企业的生产经营情况，在发展有计划的商品经济和市场竞争中所遇到的各种困难，干部职工对检察工作的意见和要求有了进一步的了解，并初步研究提出了检察机关进一步为改革开放和经济建设服务，特别是为搞活大中型企业服务的措施。同时，联系检察工作的实际，交底于基层，交心于群众。使干部职工进一步了解检察机关是坚持为改革开放和经济建设服务的一贯方针，是支持和保护企业搞活经营、发展生产的。打击经济犯罪和支持改革开放、搞活经济是完全一致的。我们对凡是有利于改革开放、搞活经济、发展生产的政策、措施和做法都支持、保护和鼓励。打击的是那些钻改革开放和搞活经济的空子，不择手段地攫取钱财，中饱私囊的贪污、贿赂犯罪分子。我们要努力为深化改革，扩大开放和把经济搞上去创造一个宽松的外部环境。

一年来，反贪污、贿赂犯罪斗争也存在一些问题和不足。主要是工作发展还不平衡，同样的条件，有的单位工作好些，有的就差些。部分干警由于对经济工作了解不够，特别是为发展有计划商品经济服务的观念还没有牢固地树立起来，在执法中，习惯于用发展产品经济的观点看待发展商品经济中的问题，对企业搞活经营、发展生产支持不够。

二、依法从重从快打击严重刑事犯罪活动，维护社会稳定

去年，我市各级检察机关把稳定作为压倒一切的任务，继续贯彻依法从重从快的方针，严厉打击严重刑事犯罪活动。在市委、市政府统一部署和领导下，配合公安机关先后开展了“扫黄”、“除六害”、“整顿夏季治安”、“打击盗窃三车”等专项斗争，维护了我市社会秩序和治安秩序的持续稳定。一年来，共受理公安机关提请逮捕人犯6076人，经审查，批准逮捕5415人；受理公安机关移送起诉案件4357件，7463人，经审查，依法向人民法院提起公诉3901件，6577人。决定不批准逮捕381人，不予起诉60人；追捕、追诉各类犯罪分子53人。对人民法院判决、裁定，认为确有不当的，提出抗诉16件，有的人民法院已决定改判。

各级检察机关坚持对公安机关侦查、预审的重大、特大案件提前介入，严格审查，快捕快诉，保证案件质量。

监所检察工作加强了对监管改造场所执行法律情况的检察监督，对41件违法违纪问题提出纠正意见。配合监管改造部门工作，提高改造质量，打击牢头狱霸和劳改犯、劳教人员重新犯罪，维护了监管改造场所的正常秩序。配合“严打”和反贪污、贿赂犯罪专项斗争，协同监管改造场所开展坦白检举活动，有3310人坦白检举各类案件线索6053件，从中侦破各类案件229件。

各级检察机关积极参加社会治安综合治理，针对发案单位管理工作上存在的问题，及时提出“检察建议”。一年来，共提出各类“检察建议”1583件，对扩大办案的社会效果，促进综合治理，起到了积极的作用。继续坚持了对免诉人员进行定期的帮教考察。对社会上服刑的“五种人”监管改造措施的落实情况，进行检察监督，并协助有关部门做好劳改释放和劳教解教人员的接茬帮教工作，变消极因素为积极因素，减少重新犯罪。市检察院分院和部分区、县检察院还组织了审查青少年犯罪案件的办案组，本着教育、感化、挽救的指导思想，研究犯罪原因，针对青少年犯具有易感化、可塑性强的特点，对450余人进行了庭前、庭审、家访系列教育。此外，还在经济技术开发职业学校和人民中学等处设立了法制宣传教育点，效果也很好。

三、认真查处法纪案件，维护社会主义民主和法制

法纪检察工作的重点是查处非法拘禁、刑讯逼供、徇私舞弊、玩忽职守、重大责任事故等严重侵犯公民民主权利、人身权利和渎职犯罪案件。一年来，共立案侦查各类法纪案件157件，比上一年度增加20.8%。我们加强法纪检察工作，一是抓大案、要案。立案侦查重大、特大案件49件，占立案总数的31.2%，比上一年度增加了36.1%。二是抓严重渎职案件。在立案侦查的案件中，玩忽职守案件有48件，占30.6%。三是抓非法拘禁、刑讯逼供、徇私舞弊案件。立案查处了13件。

四、加强队伍建设，提高干部的政治素质和业务素质

为加强队伍建设，经市委批准，去年市人民检察院成立了政治部，大力加强思想政治工作，系统、深入地对干警进行了爱国主义、集体主义、社会主义教育，国情教育，自力更生、艰苦奋斗教育和职业道德、职业纪律教育，使广大检察干警坚定正确的政治方向，树立全心全意为人民服务的思想，自觉地坚持党的四项基本原则，反对资产阶级自由化，发扬社会主义积极性、创造性和献身精神，保证了各项检察任务的完成。

为贯彻落实六中全会决定，制定了《天津市检察机关加强同人民群众联系的具体措施》，在干警思想上牢固树立起马克思主义的群众观点，牢记全心全意为人民服务的宗旨，不断端正执法思想，转变工作作风，提高执法水平。开展了为人民群众办实事、办好事活动月，建立了到基层谈心服务制度，广泛征求人民群众对检察工作的意见和建议，自觉接受监督，不断改进工作。

坚持从严治检，大力加强自身廉政建设，对个别违纪违法干警，一经发现，坚决严肃处理。一年来，共查处干警违纪违法案件9件，比上一年度减少了40%，保持了检察机关的纯洁性。坚持做好培训工作，有计划、分期分批地举办专业培训班，多渠道、多层次培训干部，提高业务素质。全市检察系统深入开展了争先创优活动，共有115个先进集体和583名先进个人立功受奖，其中9个单位和45名个人受到市委和最高人民检察院的表彰。他们发扬无私奉献、奋勇拚搏的精神，克服困难，忘我工作，为广大检察干警树立了学习的榜样。

1991年是执行十年规划和“八五”计划的第一年。我们要紧紧围绕党的中心任务，认真履行法律监督职责，继续深入开展反贪污、贿赂犯罪斗争，依法从重从快严厉打击严重刑事犯罪活动，加强法纪检察，全面开展检察业务，抓好综合治理。坚持从严治检，不断提高干部队伍的政治素质和业务素质，把检察工作同实现社会主义现代化第二步战略目标紧密结合起来，为维护我市社会稳定、保卫改革开放、促进经济发展做出新的贡献。

河北省人民检察院工作报告（摘要）

——1991年4月24日在河北省第七届人民代表大会第四次会议上

河北省人民检察院检察长　刘宗欣

（1991年4月29日河北省第七届人民代表大会第四次会议通过）

一、继续深入开展了惩治贪污贿赂犯罪的斗争

一年来，全省检察机关始终把惩治贪污贿赂犯罪作为依法打击经济犯罪的第一位工作，经过坚持不懈的努力，使斗争取得新的进展。据统计，全省检察机关共受理贪污、贿赂等经济犯罪案件线索5285件，从中立案侦查3159件，比上年增加4.8%。其中，贪污、贿赂案件2126件，占立案总数的67.3%，比上年增加13%；查结3198件（含上年度积存数），对2943名案犯作出了提起公诉和免予起诉的处理。通过办案，为国家和集体挽回经济损失5408万余元。在斗争中，全省检察机关主要抓了以下工作：

（一）统一思想，提高认识。为保证斗争的顺利开展，各级检察机关在总结1989年工作的基础上，认真抓了对斗争形势的分析和干警的思想教育。

（二）采取措施，巩固和扩大“两高”《通告》的法制效果。结合对“两高”《通告》期间自首案件的处理，深入宣传党的坦白从宽、抗拒从严政策和有关法律规定，敦促犯罪分子走自首坦白之路；通过严厉打击《通告》期间拒不自首和顶风作案的犯罪分子，昭示党和国家惩治腐败的决心，震慑、分化、瓦解犯罪分子；努力提高举报案件的初查效果，及时反馈，取信于民，调动广大群众同贪污贿赂犯罪作斗争的积极性；积极保护举报人，奖励举报有功人员，严肃查处打击报复举报人的案件和借举报诬告陷害他人的案件，确保举报工作沿着正确轨道健康发展，从而巩固和扩大了《通告》的法制效果。一年来，全省检察机关共受理群众举报 24267 件，比上年增加 6.2%；立案侦查 2679 件，占立案总数的 84.9%，比上年增加 2.2 倍；有 44 名犯罪分子向检察机关自首，除贯彻“两高”《通告》的 1989 年，是投案自首人员最多的一年。

(三)始终把查处大案要案作为深入开展反贪污贿赂斗争的中心环节和重要标志。在斗争中，各级检察机关坚持把查处大案要案作为重点，对于危害大、群众最为关心的大要案，由检察长亲自指挥，集中时间，集中力量，狠抓案件的侦破；对于干扰多、阻力大的案件，由上级院派员协助办理，从而有效地推动了大要案的查处工作。一年来，全省检察机关共立案查处贪污贿赂等大案要案 1133 件，占立案总数的 35.9%，比上年增加 24.1%。其中要案 68 件，比上年增加 58%。

(四)从实际出发，抓住那些权钱交易突出、犯罪活动严重、群众反映强烈的单位，实施重点突破。去年全省检察机关在金融、建筑、物资、供销系统共立案查处经济犯罪案件 570 件，占立案总数的 18%。仅在金融系统就挖出贪污、受贿等十万元以上的犯罪案件 33 件。同时，针对基层执法人员违法犯罪有所增多，人民群众反映比较强烈的实际情况，各级检察机关把查处这类案件作为反腐倡廉的一项重要措施来抓，共查处执法人员贪污、贿赂案件 54 件，是我省检察机关恢复重建以来查处这类案件最多的一年。

(五)加强侦查工作，确保案件质量。针对犯罪分子作案手段更加诡秘和日趋智能化的特点，全省各级检察机关普遍加强了侦查工作。通过举办培训班等方式，加强侦查业务培训，努力提高干警的侦查技能和专业知识水平；通过评选优秀侦查员活动，总结交流经验，鼓舞干警士气；正确灵活运用法律规定的各种侦查手段，摸索新的侦查方法，提高侦查破案能力。

(六)保护和促进经济发展，扩大办案的社会效果。在反贪污贿赂斗争中，我们始终强调各级检察机关必须树立为经济建设服务的思想，把反贪污贿赂斗争同治理整顿、深化改革结合起来，同维护经济秩序和促进有计划的商品经济持续、稳定、协调发展结合起来，通过严厉打击严重经济犯罪活动，为经济建设大合唱提供一个良好的环境。

在开展反贪污贿赂斗争的同时，全省检察机关还积极查处了偷税、抗税、假冒商标、挪用公款等犯罪案件。据统计，全年共查处这类案件 1030 件，为财政增收 2000 余万元。

二、坚持严厉打击严重刑事犯罪，积极参加社会治安综合治理

全省检察机关继续认真贯彻依法“从重从快”的方针，积极参加了全省“严打”斗争的统一行动和除“六害”、“扫黄”等专项斗争、专项治理。据统计，一年来全省检察机关共受理公安机关提请批捕的人犯 24544 人，比上年增加 6.2%；批准逮捕 21338 人，比上年增加 5.9%，其中重大、特大案犯 5656 人，占 26.5%，比上年增加 15.8%。受理公安机关移送起诉人犯 30491 人，比上年增加 13.8%；经审查，已提起公诉20964人，免予起诉、不予起诉2210人，退回公安机关补充侦查、移送单位撤回等3179人，年底积存1459人。在严厉打击严重刑事犯罪斗争中，全省检察机关着重抓了以下工作：

（一）按照各级党委、政府的统一部署，积极参加"严打"集中统一行动。"严打"期间，全省检察机关共批捕各类刑事犯罪分子9198人，向法院起诉14394人。

（二）坚持对重、特大案件实行提前介入。提前介入公安机关的侦查活动和预审活动是检察机关更好地履行监督职责，加快办案速度，提高办案质量的一项重要措施。一年来，全省检察机关对重大、特大犯罪案件，特别是重大团伙犯罪案件提前介入2261件（次），保证了对严重刑事犯罪从重从快打击。

（三）加强侦查监督和审判监督。在侦查监督活动中，通过审查公安机关提请批捕和移送起诉的案件，对该报捕未报捕的328名刑事犯罪分子进行了追捕，对该起诉未移送起诉的161名被告人进行了追诉，对不够法定逮捕条件和不构成犯罪的1071人作出了不批捕、不起诉决定。在审判监督活动中，全省检察机关共出庭支持公诉12366次，发表公诉词11689篇，对人民法院确有错误的判决和裁定依法提出抗诉60件。

（四）积极开展社会治安综合治理。在"严打"斗争中，全省检察机关把参与社会治安综合治理，预防和减少犯罪，维护社会稳定，保卫和促进改革开放，作为工作的出发点和落脚点。在办案中注意发现发案单位管理上、制度上存在的问题，并及时提出检察建议，促使这些单位堵塞漏洞，建立健全管理制度，落实防范措施，减少犯罪分子的可乘之机；普遍坚持了对免予起诉人员的考察制度，协助有关单位建立帮教组织，做好帮教工作；结合办案开展专题调查，分析研究犯罪的情况、特点和规律，提出对策并报告党委，以制定防范措施，提高预防犯罪的能力；及时处理来信来访，耐心做好疏导教育工作，避免矛盾激化；结合办案开展法制宣传教育工作，以增强广大干部群众的法制观念和同犯罪分子作斗争的积极性。

三、认真查处了侵犯公民民主权利、人身权利和渎职犯罪

依法查处侵犯公民民主权利、人身权利和渎职犯罪，也是法律赋予检察机关的一项神圣职责。对于这类案件，检察机关一经发现，都及时查办，依法追究犯罪分子的刑事责任。去年在全省广泛深入地开展了"侵权"、渎职案件《立案标准》的宣传活动，增强了法纪检察工作的透明度，拓宽了受案渠道，扩大了案件来源，有力地推动了法纪检察工作的开展。一年来，全省检察机关共受理各类法纪案件线索2617件，比上年增加19.8%；立案侦查974件，比上年增加41.6%。其中，立案查处重、特大案件173件，比上年增加45.5%；查处非法拘禁等"侵权"案件475件，比上年增加61.5%；查处国家工作人员玩忽职守等渎职案件213件，比上年增加87%。

四、其他各项检察工作都有新的进展

——监所检察工作坚持把对监管改造场所执行政策法律的监督放在首位，致力于稳定监管改造场所秩序，促进文明管理。去年，全省检察机关对超期羁押提出纠正意见2417人（次）；协助清理久押不决人犯110人；起诉劳改、劳教人员重新犯罪案件66件；查处监管改造场所干警犯罪案件8件；受理劳改犯人及其亲属申诉995件；配合反贪污贿赂斗争和"严打"斗争，协助监管改造单位加强对在押人犯的思想教育工作，敦促其交代余罪和揭发检举他人犯罪线索3600余条，从中破获了一批案件。

——积极开展控告申诉检察工作，较好地发挥了法律监督和检察机关内部制约职能。去年，全省检察机关共受理公民控告申诉31968件（次），立案查处各类控告申诉案件673件，解决信访老户问题261件，防止矛盾激化问题458件。

——检察技术工作为履行检察职能发挥了重要作用。全省检察机关在技术力量薄弱、设备器材简陋的困难条件下，共受理各类检察技术案件4823件，比上年增加4.8倍；办结4671件，占受理数的96.8%，比上年增加3.75倍；出具检验文书1661份；通过文证审查，改变原结论意见7件，比上年多6件，为案件诉讼提供了科学依据。

——为了依法履行对民事、行政诉讼监督的职责，我们有计划、有步骤地进行了民事行政检察的调查研究和试点，为实施行政诉讼法做了大量准备工作。去年共处理民事行政申诉案件108件。

五、进一步加强检察队伍建设

全省检察机关紧密联系检察工作的特点和实际，深入开展思想政治工作，坚持从严治检，努力提高检察队伍的政治素质和业务素质。一是以《社会主义若干问题学习纲要》和《马克思主义哲学纲要》为基本教材，组织干警认真学习马列主义、毛泽东思想的基本理论，进行党的基本路线教育和形势教育，使广大检察干警坚定社会主义信念，自觉坚持四项基本原则，在思想上、政治上同党中央保持高度一致。二是继续深入开展职业道德、职业责任、职业纪律教育和争创文明检察院、争做文明检察官、树立检察机关良好形象的“两争一树”活动，保持良好的风貌。三是以贯彻《检察人员纪律》、纠正行业不正之风为重点，推进检察机关自身的廉政建设。四是认真贯彻落实《中共中央关于密切联系群众的决定》，努力转变工作作风。五是认真抓了干部的专业培训。

六、1991年全省检察工作的任务

为了在新的一年里把检察工作做得更好，我们制定了《1991年全省检察工作计划要点》。总的指导思想是：紧密团结在以江泽民同志为核心的党中央周围，在省委和各级党委的领导下，在各级人大及其常委会的监督和各级人民政府的支持下，认真贯彻党的十三届七中全会、七届全国人大四次会议和省四届党代会精神，坚持四项基本原则，反对资产阶级自由化，进一步发挥法律监督职能，更好地为经济建设和改革开放保驾护航。

继续深入开展反贪污贿赂斗争。全省各级检察机关要继续把反贪污贿赂斗争作为检察工作的重点，在深入上下功夫。把群众反映最强烈、腐败现象最突出的问题作为主攻方向，把查处机关干部犯罪和不正之风严重的系统、部门作为主要部位，把查处大案要案作为中心环节，力争有新的突破。要继续广泛深入地发动群众举报。对于大案要案，要排除一切阻力和干扰，一查到底。要采取有力措施，不断提高侦破能力。坚持惩治犯罪同促进经济发展相结合，积极为经济建设服务。认真贯彻“一要坚决、二要慎重、务必搞准”的原则，严格依法办案，保证案件质量。

坚持严厉打击严重刑事犯罪活动，搞好社会治安综合治理。牢固树立人民民主专政观念，继续贯彻依法“从重从快”的方针，重点打击那些严重威胁群众安全的犯罪活动，坚持对重大、特大案件的提前介入，依法快捕快诉，加强侦查监督和审判监督。结合检察业务，认真搞好综合治理。

加强法纪检察工作。要进一步深化对法纪检察工作重要性的认识，继续贯彻"坚决、严肃、慎重"的原则，认真查处刑讯逼供、非法拘禁、玩忽职守、重大责任事故、徇私舞弊等"侵权"、渎职案件，并采取措施，不断提高侦查和预审水平，使法纪检察工作有新的进展。

进一步推动其他各项检察业务工作全面开展。监所检察工作重点抓好对监管改造场所执行法律政策的监督，坚决打击被监管改造人员中的严重刑事犯罪活动，加强安全防范检察；要继续抓好举报工作，严肃负责地处理公民的控告申诉；积极开展民事行政检察工作，抓紧建立和完善工作制度，注意总结推广经验；抓好检察技术基础建设，充分发挥各技术门类的作用，重视和加强以应用为主的检察技术研究；认真搞好法律政策具体应用的调查研究，指导检察业务工作的开展。

抓好思想政治工作和队伍建设。深入学习贯彻党的十三届七中全会精神，继续开展马克思主义理论教育和反渗透、反颠覆、反"和平演变"教育，开展全心全意为人民服务和职业道德、职业责任、职业纪律教育，开展争创文明检察院、争做文明检察官、树立检察机关良好形象的"两争一树"活动；进一步密切检察干警与人民群众的联系；继续抓紧干部的专业培训，不断提高干警的业务素质，培养造就一支思想好、作风硬、有知识、能战斗、又红又专的检察队伍。

山西省人民检察院工作报告（摘要）

——1991年3月14日在山西省第七届人民代表大会第四次会议上

山西省人民检察院检察长　扆耀光

(1991年3月18日山西省第七届人民代表大会第四次会议通过)

在过去的一年里，我省各级人民检察院，坚决执行了党中央"稳定压倒一切"的方针，在中共山西省委和最高人民检察院的领导下，在省人大及其常委会的监督下，在省人民政府的支持和有关部门的配合下，重点抓了惩治贪污、贿赂犯罪，打击严重刑事犯罪和查处"侵权"、渎职犯罪案件三项工作。

一、深入开展反贪污、贿赂斗争

1990年我省的反贪污、贿赂斗争更加深入，巩固和发展了两高《通告》以后的好势头，取得了显著成绩。

——立案侦查的贪污、贿赂等经济犯罪案件和万元以上大案以及挽回的经济损失，都是我省检察机关历史上最多的一年。全省检察机关1990年共受理贪污、贿赂、挪用公款、偷税抗税、假冒商标、巨额财产来源不明等经济犯罪案件2857件，比上年增加16.8%。立案侦查1848件2059人，立案数比上年增加9.6%。其中贪污、贿赂案件合计1198件，占立案总数的64.8%。立案侦查万元以上贪污、贿赂等经济大案648件，占立案总数的35.1%，比上年增加83.1%。在这些大案中，犯罪金额在五万元以上的有113件。全省检察机关共办结贪污、贿赂等经济犯罪案件1420件1731人。其中，已向人民法院提起公诉486人，免予起诉924人，撤销案件和不起诉321人。通过办案，为国家和集体挽回经济损失2425万元，比上年增加58.3%。

——查处县处级以上干部贪污、受贿犯罪要案成绩突出。1990年，全省检察机关共立案查处县处级以上领导干部贪污、受贿犯罪案件87件88人，比上年增加2.5倍，相当于前6年全省检察机关所立要案的总和。

——查处煤炭、金融、基建、运销等行业的贪污、贿赂案件有了较大突破。1990年，共立案侦查这四个行业的贪污、贿赂等经济犯罪案件1700件，占全部立案总数的92%。

——查处了一批执法执纪人员经济犯罪案件。去年，全省检察机关共立案查处这类案件61件。

——发挥税务检察室作用，查处了一批偷税抗税犯罪案件。一年来，全省检察机关派驻各级税务机关的检察室，共受理偷税、抗税案件1028件，比上年增加4.3倍；立案查处232件，比上年增加1.1倍；受理税务人员贪污、贿赂案件25件，已立案查处10件，结案8件。通过办案，为国家追回税款680万余元。

在开展反贪污、贿赂斗争中，我们的主要做法是：

1. 建立反贪污贿赂专门机构，加强对反贪污、贿赂工作的指导。2. 各级检察长带头办案，挖“窝”案，抓“串”案，不断掀起反贪污、贿赂斗争的小高潮。3. 坚持严格执法，保证案件质量。4. 加强举报和反贪污、贿赂宣传工作，提高群众同贪污、贿赂犯罪作斗争的积极性。5. 充分运用检察职能，自觉地为经济建设服务。

我省检察机关的反贪污、贿赂斗争虽然取得了一定成绩，但不能估计过高，我们的工作还有很大的差距：一是一批隐藏较深的犯罪分子还没有被揭露出来，边打边犯、顶风作案的还不少。二是当前的反贪污、贿赂斗争发展很不平衡，在一些条件、情况相同的地方，办案成果悬殊较大，办大案要案的悬殊更大；举报线索初查进展缓慢，有三分之二的举报线索积压待查。三是许多检察院由于办案力量不足，经费短缺，侦查技术装备落后等问题，影响了斗争的深入开展。

1991年，全省检察机关要继续把反贪污、贿赂斗争作为检察机关的工作重点，放在首位，在深入上下功夫，做文章。教育广大检察干警充分认识反贪污、贿赂斗争的重要性、紧迫性和长期性，克服松劲、畏难情绪。进一步抓好综合治理工作，更好地为经济建设服务。

二、坚持依法从重从快严厉打击严重刑事犯罪活动

严厉打击严重刑事犯罪活动，是稳定大局的需要，也是人民群众的迫切要求。1990年，全省各级检察机关坚定不移地把“严打”作为检察机关的又一个工作重点，突出抓了五项工作：

1. 突出打击重点。去年以来，我们与公安、法院、司法行政机关密切配合，先后抓了预防突发事件的准备工作，积极参加了“扫黄”，除“六害”，打击拐卖妇女儿童，打击重大盗窃团伙和“车匪路霸”，保卫亚运会、国庆节等专项斗争。5月份以后，按照中央政法委员会和省委的统一部署，积极参加了“严打”斗争。去年，全省检察机关共受理公安机关提请逮捕人犯

15087人。经审查，依法批准逮捕13179人。共受理公安机关移送起诉的刑事案件8236件14928人。经审查，决定向人民法院起诉12354人，其中起诉各类重大团伙犯罪案件674件2612人，这类案犯占到起诉案犯总数的21.1%。

2. 坚持"两个基本"。为了从重从快打击犯罪分子，我们在审查批捕、审查起诉工作中，只要基本事实清楚，基本证据确凿，就及时批捕、起诉，不纠缠细微末节问题。

3. 坚持提前介入。各级检察院对杀人、抢劫、强奸、盗窃等重特大案件，重大团伙犯罪案件，重大流窜犯罪案件，都坚持了提前介入，参与现场勘查、预审、研究案情、审阅案件材料等工作，及时掌握案情。同时履行法律监督职能，注意防错防漏，及时提出补侦建议。去年，全省检察机关的批捕、起诉部门共提前介入重特大案件774件1287人。

4. 认真履行侦查监督和审判监督职能。去年，全省检察机关在审查公安机关提请逮捕和移送起诉工作中，共追捕了犯罪分子135人，追诉犯罪分子108人，对1106名不构成犯罪或已经构成犯罪不需要逮捕的人犯，作出了不批准逮捕的决定。对53人作了不起诉决定。对法院判决的54起案件依法提起了抗诉。据不完全统计，全省检察机关一年来共向公安机关提出纠正违法意见205件，向法院提出纠正违法意见90件。一年来，全省检察机关共出庭支持公诉6538次，比上年增加20.9%。

5. 积极主动地开展社会治安综合治理工作。一是结合办案，提出检察建议，督促有关单位堵漏建制，进行整改，预防和减少犯罪。一年来，全省检察机关共向有关单位发出《检察建议书》384件，口头建议508次，收到了良好的效果。二是重点考察帮教被免诉人员，预防和减少重新犯罪。一年来，全省检察机关对500多名被免诉人员进行了重点考察和帮教，使97.7%的被免诉人员做到了遵纪守法。三是积极参与对刑满释放和解除劳教人员的接茬帮教工作，牵线搭桥，督促有关各方签订帮教协议。目前，全省已有115个县区政府由各级检察机关牵线搭桥，与劳改、劳教单位签订了帮教协议，占到全省县区总数的96.6%。

我省"严打"斗争，虽然取得了很大成绩。但是，社会治安形势仍然相当严峻，杀人、抢劫等暴力性犯罪突出，团伙犯罪猖獗，盗窃犯罪居高不下，"六害"在有些方面仍然相当严重，重特大刑事犯罪案件持续大幅度上升，1990年全省刑事案件发案数比上年上升了1.6倍，其中重大刑事案件比上年增加62.6%。实践证明，不坚持"严打"，刑事犯罪分子的气焰就更加嚣张，就不会有社会的稳定。1991年，我们要坚决贯彻全国社会治安综合治理工作会议精神，坚决贯彻落实《全国人大常委会关于加强社会治安综合治理的决定》，树立长期作战思想，坚决克服"疲沓、厌战"情绪，继续坚持"严打"方针，重点打击七类严重刑事犯罪活动，配合搞好反内盗斗争，巩固和扩大"扫黄"、除"六害"成果。

三、认真查处"侵权"、渎职犯罪案件

1990年，全省各级检察机关普遍重视和加强了法纪检察工作，使这项工作取得了新的进展。一年来，全省各级检察机关共受理"侵权"、渎职案件1834件。立案侦查893件，比上年增加了32%。我们查处"侵权"、渎职犯罪案件有三个明显特点：

1. 查处重特大案件成果显著。一年来，全省检察机关立案查处重特大案件114件，在立案查处的法纪案件中有县处级以上干部11人。2. 查处经济领域中的玩忽职守犯罪案件有了新的突破。一年来，共查处这类犯罪案件211件。3. 查处了一批公安、司法干警刑讯逼供、非法拘禁等犯罪案件。去年，共立案侦查这类案犯65人。

当前，"侵权"、渎职案件的发案情况仍然是严重的。一是用绑架、扣押人质等方法逼还债务的侵犯公民人身权利案件比过去增多。二是公安、司法干警刑讯逼供，致人伤残、死亡的案件屡有发生。三是购销和信贷活动中的各种渎职犯罪突出，损失惊人。四是恶性责任事故案件不断发生，后果严重。五是群众对执法人员贪赃枉法、徇私舞弊问题反映强烈。1991年，我省各级检察机关要大力加强法纪检察工作，把法纪检察工作摆到更重要的位置上。

四、全面开展其它各项检察业务

——监所检察工作继续坚持了把对监管改造场所执行法律、政策情况的检察放在首位，主要抓了以下五方面的工作：一是配合主管部门维护了监管改造场所的安全和稳定。二是办理在押人员在监管改造期间的犯罪案件112件167人，维护了监管改造秩序。三是加强执法检察，认真纠正违法问题。四是配合监管单位对在押人员开展了政治攻势，敦促他们交代余罪2033件，揭发他人犯罪线索3108件。五是认真办理劳改、劳教人员及其家属向检察机关提出的控告和申诉案件231件。

——控告申诉检察工作发挥了检察机关密切联系群众的"桥梁"和"纽带"作用。去年，全省检察机关共受理群众来信来访12193件，审查处理控告、申诉案件11373件，查处不服免诉的申诉223件，纠正51件；查处刑满释放人员不服法院判决、裁定的申诉22件，向人民法院提出纠正意见的7件。积极会同有关部门办理群众集体上访和联名告状案件58件，其中有15件已得到妥善处理。

——刑事技术工作为查清案情和正确定性提供了科学依据。1990年，省检察院和各分、市检察院的刑事技术部门共受理需要检验、鉴定的各类刑事案件942件，出具各种鉴定书和检验报告501件。

——民事行政检察工作，根据最高人民法院和最高人民检察院《关于开展民事、经济、行政诉讼法律监督试点工作的通知》精神，本着"积极、认真、稳妥"的原则，在全省17个县区进行试点。

五、加强思想政治工作和队伍建设

在过去的一年里，全省各级检察机关在任务艰巨，人员不足，经费短缺，不正之风干扰大的情况下，能够取得较好的工作成绩，根本的一条，就是我们坚持了"从严治检"的方针，结合各项检察业务开展了具有行业特点的思想政治工作，较好地调动了广大检察干警的积极性。认真加强检察机关的思想建设；突出抓了检察机关领导班子的建设；坚持开展争先创优活动，充分调动干警积极性；坚持从严治检，坚决纠正行业不正之风；坚持不懈地抓了检察干警的业务培训工作。

当前，检察机关的队伍建设和思想政治工作中的主要问题是：有的检察院存在着"一手硬一手软"的问题，对思想政治工作重视不够，贯彻"从严治检"的方针不够坚决；有些检察院对如何结合检察业务开展思想政治工作缺乏经验，存在着"两张皮"的现象；检察机关党的建设和上下级之间的政治领导、组织领导等方面有许多问题需要研究解决。1991年，我们在思想政治工作和队伍建设上，要突出抓好具有检察行业特点的思想政治工作，坚持从严治检，搞好纪律整顿，开展争先创优活动，向临汾市检察院和逄全锁同志学习，进一步激励广大检察人员的积极性、创造性和献身精神，努力建设一支掌握政策，实事求是，联系群众，秉公执法的检察队伍，保证各项检察任务的顺利完成。

1991年，全省各级检察机关要认真贯彻落实党的十三届七中全会、省第六次党代表大会和省第七届人民代表大会第四次会议精神，紧紧围绕把国民经济搞上去这个中心任务，充分发挥法律监督职能，深入开展反贪污、贿赂斗争，坚决依法从重从快严厉打击严重刑事犯罪活动，加强对"侵权"、渎职犯罪案件的查处，全面开展各项检察业务，积极主动地参加社会治安综合治理工作，搞好思想政治工作和队伍建设，为维护我省的政治稳定、经济稳定和社会稳定，促进能源重化工基地的建设，兴晋富民，做出新的贡献。

内蒙古自治区人民检察院工作报告（摘要）

——1991年5月2日在内蒙古自治区第七届人民代表大会第四次会议上

内蒙古自治区人民检察院检察长　张鹤松

（1991年5月6日内蒙古自治区第七届人民代表大会第四次会议通过）

一、深入开展了惩治贪污贿赂犯罪斗争

去年，全区检察机关共受理贪污、贿赂罪案1452件，立案侦查840件，比上年增加9.5%。其中贪污案件551件，贿赂案件289件，分别比上年增加8.3%和12%；向人民法院提起公诉245件293人，决定免予起诉397件503人，追缴赃款赃物折合人民币923.44万元，比上年增加60%。

一年来，惩治贪污贿赂犯罪斗争深入了一步，主要表现在以下五个方面：

1、侦破了一批贪污贿赂大案。全区检察机关共立案侦查万元以上大案173件，占立案总数的20.6%，比上年增加16.1%。其中五万元以上大案12件，十万元以上大案7件。

2、查处了一批县处级以上干部犯罪要案。全区检察机关共立案侦查县处级以上干部贪污、贿赂、挪用公款等要案30件，比上年增加25%，其中厅局级干部2件。去年查处的要案有三个明显变化：一是受贿案件突出，占要案总数的66.7%。二是党政机关干部增多，比上年增加41%。三是突破了一些阻力大、干扰多的实权人物犯罪案件。

3、挖出了一批带有明显行业不正之风特点的窝案、串案。共查处带有行业不正之风特点的窝案、串案239件，从中挖出贪污贿赂犯罪分子285人。

4、保障和促进了经济建设。查处贪污贿赂犯罪，既维护了社会主义有计划的商品经济秩序，保障了改革开放和治理整顿，同时也扶持了企业，促进了企业生产。

去年全区检察机关还立案查处挪用公款罪案234件，偷税抗税罪案68件，假冒商标罪案2件，共追缴赃款776.28万元。

5、深入开展了法制宣传，进一步扩大了办案的社会效果。去年，自治区检察院和部分盟市旗县检察院分别举办了反贪污反贿赂斗争成果展览，参观群众达23万人次。不少基层检察院抓住典型案例，召开宽严大会，宣传国家法律，宣传坦白从宽、抗拒从严的政策。1990年，又有47名贪污贿赂犯罪分子到检察机关投案自首。全区检察机关又接到群众举报贪污贿赂案件线索3021件。全年立案侦查的贪污贿赂案件有58%以上是根据举报侦破的。

在工作中，我们突出强调和始终坚持了五点：

(一)反复宣传贪污贿赂犯罪的危害性和斗争的长期性，牢固树立长期作战的思想。我们反复教育广大干警从保卫人民民主专政政权的高度，维护政治、经济和社会稳定的高度，促进治理整顿、改革开放和经济发展的高度，进一步认识惩治贪污贿赂犯罪斗争的重要性和必要性；联系“两高”《通告》后的斗争形势，特别是顶风作案的多、窝案串案多、大案要案多的特点，进一步认识惩治贪污贿赂斗争的长期性和艰巨性，牢固树立长期作战的思想，不断增强干警的责任感、紧迫感和使命感。

(二）牢固树立为经济建设服务的思想。自治区检察院制定下发了《办理企业中发生的贪污、贿赂等经济犯罪案件的十四条意见》。全区检察机关在办案过程中，自觉为经济发展保驾护航，摸索总结了六条经验：一是严格区分经济交往中合法、违法、犯罪的界限；二是对罪与非罪界限不清而产生争议的案件，认真研究，慎重处理；三是在办理涉及厂长、经理以及生产、经营、管理部门的主管人员和关键岗位的技术、管理人员的案件时，及时向党委、政府反映情况，提出建议，保障生产经营管理活动的连续性；四是不轻易冻结企业银行帐户，不轻易收缴、扣押企业资金；五是积极提出“检察建议”，帮助企业堵漏建制，加强防范工作；六是广泛开展法制宣传，通过典型案例，向人民群众进行宣传教育，提高广大群众对反贪肃贿促进经济发展重要作用的认识。

(三）坚持“一要坚决，二要慎重，务必搞准”的原则，稳、准、狠地依法惩治贪污贿赂犯罪。我们采取了六条主要措施：1、反复强调严格依法办案，基本事实要清楚，基本证据要充分，法律手续要完备，要经得起历史的检验。2、不搞简单的办案数量攀比，在查处案件时，实事求是，不凑数，不拔高。3、制定下发了《内蒙古自治区检察机关直接受理侦查刑事案件审查逮捕、审查起诉的暂行规定》，实行严格的内部制约。4、依法正确运用各种侦查手段和强制措施，把着眼点放在全面搜集证据上。5、对大要案件实行报告请示制度，上级院加强指导，协助办案。6、坚持有错必纠，上级检察院定期检查案件质量，发现失误，及时指出，帮助纠正。

(四）依法正确行使免诉权。凡是免诉案件，必须遵守审批权限的规定，由检察委员会讨论决定，而且必须报上一级检察院备案；对不服免诉的申诉，由上一级检察院复查，发现免诉不当要坚决纠正。经过努力，免诉率逐步下降，今年第一季度免诉率已由去年的64.4%下降到47.6%，下降了16.8个百分点。

(五）加强专门机构和专业队伍建设。一是组建贪污贿赂侦查局，目前，全区117个盟市旗县检察院中，有68个建立了侦查局。二是调整充实专业人员。三是开展岗位练兵，加强业务培训，不断强化侦查意识，改进侦查方法，提高侦查水平。

二、始终坚持了严厉打击严重刑事犯罪，加强了社会治安综合治理

全区检察机关共受理公安机关提请逮捕人犯 11888 人，比上年增加 8.1%；经审查批准逮捕 10498 人，比上年增加 9.6%；受理公安机关移送起诉 12243 人，比上年增加 8.6%；经审查提起公诉 10307 人，比上年增加 12.3%。

一年来，全区检察机关在依法从重从快严厉打击严重刑事犯罪的斗争中，着重抓了以下七项工作：

(一) 教育干警正确认识社会治安形势，始终坚持“严打”方针。

(二)积极参加集中统一行动和专项斗争。各级检察长普遍参与集中统一行动和专项斗争的组织指挥，带领广大干警与公安、法院、司法行政部门紧密配合，协同作战，从重从快严厉打击了严重刑事犯罪活动。

(三) 突出打击重点。全区各级检察机关把严打锋芒直接指向“七类”重点打击对象，共审查批捕“七类”人犯 3051 人，审查提起公诉 2610 人。

(四) 坚持提前介入重、特大案件的公安侦查、预审活动。全区共提前介入侦查 646 件（次），提前介入预审 362 件（次）。

(五) 不断强化侦查监督和审判监督。通过审查公安机关提请逮捕和移送起诉的案件，对不构成犯罪或不需要逮捕的 951 人，作出了不批准逮捕的决定；对不应追究刑事责任的 107 人，作出了不起诉决定；发现线索，深挖漏犯，追捕了 61 人，追诉了 51 人；对公安机关侦查活动中的违法情况提出纠正意见 1478 件（次）；对人民法院审判活动中的违法情况提出纠正意见 764 件（次）；对法院确有错误的判决、裁定提出抗诉 86 件，法院已审结 31 件，其中改判 22 件。

(六) 不断改进监所检察，积极促进文明改造。去年，全区检察机关共起诉劳改犯、劳教人员犯罪案犯 139 人，查处监管改造场所干警私放罪犯等案件 5 件 7 人，对执行刑事判决、裁定和改造活动中的违法行为提出纠正意见 941 件（次）。

(七)通过发挥检察职能坚持开展社会治安综合治理。结合办案，及时提出检察建议；积极开展法制宣传教育，张扬法制；认真开展对不批捕、不起诉和免予起诉的违法犯罪人员的帮教、回访、考察工作，化消极因素为积极因素；坚持检察长接待重要来访，对容易引起矛盾激化的案件，及时做好疏导教育工作；配合有关部门做好对违法犯罪青少年的教育、感化、挽救工作；加强调查研究，掌握犯罪原因规律，积极提出对策建议，主动当好党委的参谋助手。

三、切实加强了查处“侵权”渎职犯罪工作

去年，全区检察机关共受理“侵权”渎职等案件 747 件，比上年增加 9.7%；立案侦查 257 件，比上年增加 22.4%，其中大要案件 43 件，比上年增加 10.3%。通过办案为国家、集体挽回经济损失 209.84 万元。

去年办理的“侵权”渎职案件有四个明显特点：一是重大责任事故案件突出；二是玩忽职守案件严重；三是非法拘禁案和非法侵入他人住宅案件增多；四是刑讯逼供罪案仍屡禁不绝。

四、全面开展了控告申诉、民事、行政诉讼法律监督等工作

——积极受理、认真查处控告、申诉案件。去年，全区各级检察机关共受理公民控告、申诉 9317 件，处理 8896 件，其中属于检察机关管辖的 3652 件。查处不服免诉的申诉 99 件，对其中确属免诉不当的 8 件作了纠正，比上年增加 60%；查处不服法院判决、裁定的申诉 27 件，向人民法院提出纠正意见的3件。不属检察机关管辖的已及时移送有关部门处理。

——民事、行政诉讼法律监督工作开始起步。全区各级检察机关认真学习了行政诉讼法，对在行政诉讼法实施后所承担的工作任务作出了部署和安排，并且开展了干警上岗前的培训工作。目前，已在巴盟临河市、呼盟海拉尔市、赤峰市红山区等十个旗县市（区）检察院进行民事、行政诉讼法律监督的试点工作。

——检察技术部门去年共受理各类案件1476件，其中检验鉴定1297件，文证审查179件。出具检验文书512件，现场勘验455件。

——使用蒙文蒙语诉讼和蒙文蒙语翻译工作取得了新的成绩。目前全区已有一批能够使用蒙文蒙语开展诉讼工作的检察人员。保障了蒙古族公民使用本民族语言文字进行诉讼的权利。

五、大力加强了队伍建设，坚持了从严治检

一年来，我们不断强化思想政治工作，大力推进队伍建设，召开了首次政治工作会议，制定了政治工作条例，促进了政治工作逐步向制度化、规范化、科学化发展。

去年，突出抓了七个方面的工作：(一)加强了思想教育。(二)狠抓了领导班子的思想建设、组织建设和作风建设。我们对全区盟市检察分院领导班子的思想建设和组织建设进行了全面考核，加强了对旗县检察长换届工作的指导。自治区院制定下发了贯彻落实《中共中央关于加强党同人民群众联系的决定》的实施细则，使各级领导干部和领导机关转变作风、密切同人民群众的联系走上了制度化轨道。(三)建立健全政工机构。自治区检察院设立了政治部，11个盟市检察院设立了政治处，71个旗县院设立了政工科或政治协理员办公室，已拥有一支208人的政工干部队伍。(四)认真纠正行业不正之风。对21名违纪干警分别作了党纪政纪处理。(五)开展评先创优活动。去年全区有916名检察干警被评为各级先进工作者、模范共产党员；有85名个人、15个集体立功；有4名个人、3个集体受到最高人民检察院通令嘉奖。(六)加强了干部培训。自治区检察干部学校已基本建成并开始培训干警，“七五”检察干部培训规划已基本实现，目前，全系统大专以上文化程度的已达32.7%。(七)聘请了六位特约检察员。

六、认真开展了执法执纪大检查

去年第四季度，我们对1989年第四季度至1990年第三季度全区检察机关执法执纪情况进行了检查。检查情况表明，全区检察机关执法执纪情况总体上是好的。同时，也发现了一些不容忽视的问题。主要是：查处贪污贿赂案件发展不平衡；冲破阻力、排除干扰、克服困难的战斗力还不够强；少数案件对人犯羁押超过法定时限；个别检察院对一些应该出庭支持公诉的案件没有出庭支持公诉；有的基层院对赃款赃物管理不严；个别干警在办案中违法违纪；办案经费紧张，交通工具不足，技术装备短缺，通讯设施匮乏等困难仍很严重，影响了检察工作的开展。

七、今年的检察工作任务

1991年，检察工作的主要任务是：在党委、人大、政府的领导、监督、支持下，以党的十三届七中全会精神为指针，紧紧围绕经济建设，继续深化惩治贪污贿赂犯罪斗争，坚持依法从重从快严厉打击严重刑事犯罪活动，大力开展社会治安的综合治理，切实加强对侵犯公民民主权利、人身权利和渎职犯罪案件的查处工作，全面履行检察职能，进一步加强队伍建设，自觉地为治理整顿深化改革服务，为维护我区的社会稳定、民族团结，促进经济发展而努力。

在惩治贪污贿赂犯罪中，我们要选准主攻方向，突出查处大要案件，加强侦查工作，提高侦查水平，发动群众，搞好举报，坚持和完善内部制约制度，保证案件质量。坚决查处挪用公款、偷税抗税、假冒商标等经济犯罪活动，维护经济秩序的稳定。在打击严重刑事犯罪斗争中，我们要突出打击重点，积极配合有关部门开展扫黄除六害等专项斗争，强化侦查监督和审判监督职能，加强出庭支持公诉工作，坚决贯彻“打防并举，标本兼治，重在治本”的方针，认真落实社会治安综合治理的各项措施。在法纪检察工作中，我们要切实加强领导，继续突出查处刑讯逼供、非法拘禁、玩忽职守、重大责任事故、徇私舞弊等案件，严格执行法律政策，不断提高侦查技能。在队伍建设中，我们要进一步强化思想政治工作，坚持从严治检，加强机关建设，改进机关作风，搞好教育培训，全面提高干警素质，不断增强战斗力。

辽宁省人民检察院工作报告（摘要）

——1991年3月12日在辽宁省第七届人民代表大会第四次会议上

辽宁省人民检察院检察长　徐　生

（1991年3月14日辽宁省第七届人民代表大会第四次会议通过）

一、围绕“稳定大局”这一中心，开展检察工作

一九九〇年，全省各级检察机关根据党中央的一系列指示精神，把检察工作的指导思想统一到维护和促进社会稳定上来，为“稳定大局”做出了努力。

1、深入开展了反贪污、贿赂斗争。1990年，共立案侦查贪污、贿赂等经济犯罪案件2160件，其中大案要案758件，立案数虽比1989年下降7%，但比1988年增长了3倍，除去《通告》期间的不可比因素，实际上立案数是大幅度上升的；审结经济犯罪案件1843件，比1989年上升30.4%；为国家挽回经济损失4797万元，比1989年增加41.2%。各级检察院从廉政建设出发，确定反贪污、贿赂斗争的主攻方向和打击重点，查处了一些以权谋私、权钱交易、腐蚀性大、危害严重的贿赂案件。在办理各类案件中，突出了办理大案要案这个重点，特别是对县团级以上干部犯罪的要案，坚持一查到底，严肃处理。一年中，共查处要案89件，占大要案总数的12%。显示了我们的党和政府惩治腐败，加强廉政建设的决心。

2、继续坚持依法从重从快的方针，严厉打击严重刑事犯罪活动。一年来，受理公安机关提请逮捕刑事案犯34319人，批准逮捕29030人，受理公安机关移送起诉案犯37087人，决定起诉30416人。全省各级检察机关始终把严厉打击严重刑事犯罪活动作为工作的另一个重点，按照最高人民检察院和省委的部署，积极参加集中打击严重刑事犯罪的统一行动。各级检察机关还按照党委的统一部署，积极参加了“反内盗”、“打流窜”、“扫黄”、“除六害”等各种专项斗争，依法及时批捕、起诉在专项斗争中抓获的犯罪分子，有力地打击了带有区域性的犯罪活动。积极参与了社会治安综合治理，消除不安定因素。在一些发案较多，治安秩序不好的工厂、企业、乡村、街道建立综合治理联系点，开展“检民共建”活动，扩大了办案的法律效果和社会效果。

3、坚决、审慎、妥善地处理了“两乱”期间的案件。

4、依法查处侵犯公民民主权利、人身权利和渎职犯罪案件，促进廉政建设和社会主义民主与法制建设。在过去的一年中，共立案侦查各类法纪案件494件，审结案件392件，分别比上一年上升了23%、38.4%。对于容易引起人民群众公愤，引发社会矛盾，破坏安定团结的非法拘禁、贪赃枉法、徇私舞弊等类案件，依法进行了查处，伸张了正义，弘扬了法制。

5、其它各项检察工作围绕“稳定大局”这个中心，取得进展。监所检察部门为稳定监管改造场所秩序，积极开展了各项监督工作，并配合监改场所，将教育改造活动“向前、向后、向外”延伸，实行“墙里墙外”一起抓，防止和减少了重新犯罪。控告申诉检察部门认真接待人民群众的来信来访，妥善处理老大难案件，化解了一些矛盾，消除了一些不安定因素。

二、坚持检察工作为经济建设服务的思想，促进生产建设的发展

去年，全省各级检察机关通过学习党在社会主义初级阶段的基本路线，进一步树立以经济建设为中心的思想，努力通过办案等业务活动，促进治理整顿的顺利进行和国民经济持续、稳定、协调发展。

一是正确处理了反贪污、贿赂斗争与经济建设的关系。既坚决依法惩处严重破坏经济的犯罪分子，又注意积极扶持企业的发展；既严格执法，又注意政策，坚持法律与政策的辩证统一；既重视办理案件的法律效果，又讲求办案的社会效果和经济效益，把落脚点放到促进生产的发展上。主要做法是：对以权谋私，大肆侵吞国家集体财产，严重损害职工群众利益，致使企业生产秩序紊乱，经济效益下降的经济犯罪分子，一经群众举报，就坚决予以查处，为企业清除“蛀虫”，保护职工群众的利益和生产劳动积极性；克服孤立办案，就案办案的习惯，在诉讼活动中和办结案件后，针对所发现的经营管理方面存在的问题和漏洞，写出检察建议或调查报告，提交发案单位或其上级主管部门，促其堵塞漏洞，改章建制，加强防范和完善管理工作；在办理涉及生产、经营、管理部门主要领导成员或关键岗位上的技术、管理、经营人员的案件时，及时向党委和其上级主管部门反映情况，建议调整有关人员，采取恰当措施，保护生产、经营、管理、流通等活动的连续有效进行；在办案中不轻意冻结银行帐户，不人为地中断生产活动，保证产、供、销正常渠道的畅通；审慎地处理一些边缘性、“敏感型”和有争议的案件，对一时看不准，而查处起来又容易对生产造成影响的案件，不贸然动手，草率处理；特别是对罪与非罪难以区分、法律政策界限不易划清和法律与地方在一定时期的政策性变通出现矛盾的问题，持更加慎重的态度，予以暂缓处理。

二是在市场疲软、经济滑坡的严峻形势下，注重打击那些乘企业停产和半停产之机，进行内盗、哄抢生产资料、破坏生产设施的刑事犯罪活动，打击那些严重危害人民群众生命财产安全如拦路抢劫、强奸、扒窃、撬门压锁等类犯罪活动，增强人民群众的安全感，直接或间接地为经济建设和生产劳动创造安定宽松的外部环境。

三是从去年开始，各级检察机关对由于严重官僚主义、极端不负责任而使国家巨额财产被骗、受损，经济秩序遭受破坏的案件和重大责任事故案件坚持认真查处，为整顿经济秩序、保障生产安全作出了应有的努力。

三、积极发挥法律监督的职能作用，保证国家法律的正确统一实施

1990年，全省各级检察机关在案件多、任务重、工作压力大的情况下，坚持以事实为根据，以法律为准绳，严格按照法律程序办案，认真审查批捕，审查起诉，依法不批准逮捕3439人，追捕案犯357人，决定不起诉177人，追诉案犯213人。对我们认为确有错误的判决、裁定依法提出了抗诉。对重、特大刑事犯罪案件，普遍实行了“提前介入”制度，一方面熟悉案情、证据，补充证据，保证从重从快；一方面对侦查活动是否合法进行直接监督。对于极个别贪赃枉法、徇私舞弊、刑讯逼供造成严重后果已触犯刑律的司法干警，依法追究了刑事责任。依法对监管改造场所进行了检察，共纠正干警违法现象594起，纠正超期羁押1833人。对民事审判和行政诉讼的监督，积极进行了试点。去年10月1日行政诉讼法正式实施后，有76个检察院正式成立了民事、行政检察机构，开展了实质性工作。

四、坚持从严治检，加强检察队伍建设

1990年，各级检察机关进一步克服“一手硬，一手软”的倾向，加强了对思想政治工作的领导。省检察院曾三次召开会议，研究和部署思想政治工作，建立健全政治工作机构，重点着眼于提高广大检察干警的政治素质和业务素质。第一，各级检察院为提高广大干警的政治觉悟，坚持深入系统地进行社会主义基本理论的教育和坚持四项基本原则，反对资产阶级自由化的教育。第二，坚持从严治检。结合纠正行业不正之风和开展执法、执纪大检查，进一步完善廉政建设制度。对个别干警触犯党纪、政纪的行为，进行了严肃的查处。第三，加强各级领导班子的建设。按照中央有关文件精神，后备干部的培养考察工作在积极稳健地进行。第四，经常开展争先创优活动。省检察院组织了检察系统学雷锋先进事迹报告团，到全省各市巡回报告。各级检察机关还积极参加当地党委组织开展的“公仆杯”、“表率杯”竞赛活动。第五，为提高干警业务素质，坚持开展业务培训工作。全省近8000名干警中已取得大专学历的占干警总数的70%以上。

为贯彻落实《中共中央关于坚持和完善中国共产党领导的多党合作的政治协商制度的意见》的文件精神，省检察院和四个市院已从各民主党派和无党派爱国人士中聘请了60余名特约检察员。这些受聘的特约检察员，大都是有一定专长的专家和学者。通过他们参与检察机关的执法活动，能够进一步增强检察工作的活力，提高检察机关执法活动的科学水平。目前，正在抓紧制定联系制度和工作制度，以保证这些特约检察员真正发挥作用。

1990年，全省检察工作也存在着一些不容忽视的问题，主要是：检察机关对大量的群众举报经济犯罪的案件线索，不能做到全部及时查处，存在查处慢、反馈不及时的问题；处理经济犯罪的免诉率过高，虽经发现，并采取措施已有所下降，但有的免诉案件仍失之过宽；一些检察院对办理某些法纪案件还有畏难情绪，存在着执法不严、查处不力的问题；检察干警违法乱纪问题时有发生，虽然数量不多，仅占干警总数的3‰，但有的问题性质比较严重。以上问题，我们将在今后的工作中认真加以研究解决。

1991年，是实行国家十年规划和“八五”计划的第一年，也是继续治理整顿和深化改革的一年。全省各级检察机关要坚决贯彻党的十三届七中全会精神，牢固树立以经济建设为中心的思想，全力支持和保卫经济建设。要进一步解放思想，自觉地、积极主动地服从于、服务于经济建设这个大局。要紧紧掌握人民民主专政的武器，认真履行法律监督职责，深入开展反贪污、贿赂斗争，坚持依法从重从快的方针，严厉打击严重刑事犯罪，积极参与社会治安综合治理，加强法纪检察工作，提高检察队伍的政治素质和业务素质，推动各项检察业务工作的全面开展，为维护和促进政治稳定、经济稳定和社会稳定，促进治理整顿、深化改革的顺利进行，促进经济的振兴与繁荣，做出新的努力和新的贡献。

一、深入开展反贪污、贿赂斗争。我们检察机关要树立长期作战的思想，继续抓“廉政”这个主题，把群众反映强烈、腐败现象突出的案件作为重点，坚持不懈地把反贪污、贿赂斗争开展下去。

反贪污、贿赂斗争要紧密地为经济建设服务。第一，要把执行国家法律和现行经济政策统一起来，审慎、准确地处理经济案件。积极支持和帮助搞活国营大中型企业，在执法过程中，注意与中央搞活大中型企业的战略措施保持一致，凡政策允许，有利于搞活企业的，都要予以支持。查处乡镇企业的经济犯罪案件，要持更加慎重的态度，在坚持打击严重破坏乡镇企业的犯罪分子的同时，要采取积极措施，保护、扶持、促进乡镇企业的发展。对于启动市场、强化销售、搞活资金等有利于经济发展的地方性政策，都作为正确处理案件的重要依据。第二，要讲究工作方法。尤其是查处发生在企事业单位的经济犯罪案件时，要保障企业的正常经营活动，保护企业的声誉，维护企业内部稳定，保护企事业负责人的合法权益，支持他们的合法经营活动，积极、能动地促进经济建设的发展。第三，结合办案，协助发案单位建立健全规章制度，堵塞漏洞，促进企业搞好治理整顿。

二、坚持依法从重从快方针，严厉打击严重刑事犯罪。在新的一年里，各级检察机关要密切配合公安机关和人民法院，严厉打击“七类”重点对象，坚决遏制重特大案件持续上升的势头，严惩破坏集体生产和破坏治理整顿等刑事案件。要积极参加集中打击统一行动，积极参加专项斗争和专项治理，结合实际，严厉打击在当地危害严重、具有地域性特点的犯罪活动。在坚持“严打”的前提下，积极落实综合治理的其它各项措施。要密切注意社会主义阶段的阶级斗争新动向，百倍警惕各种反动势力的颠覆破坏活动。同时要积极主动开展工作，防止各种突发事件的发生。

三、进一步加强法纪检察工作。在坚持“全面承担、有案必办”的基础上，积极查处刑讯逼供、非法拘禁、徇私舞弊案件和给国家、集体财产与人民生命安全造成重大损失的玩忽职守、重大责任事故案件，重点办好大案要案。

四、坚持“从严治检”，加强队伍建设。要加强各级检察院领导班子的建设，保证检察院的领导权掌握在真正忠于马克思主义的人手中；要深入持久地对广大检察干警进行党的基本路线教育，建设一支政治上合格的检察队伍；要进一步加强自身廉政建设，维护法律监督机关的好形象；要大力开展具有检察特色的思想政治工作，充分调动整体积极性；要搞好干部的培训工作，提高队伍的整体业务素质。

检察机关向人民代表大会报告工作并对其负责，是我国的一项政治制度。多年来的检察工作实践使我们体会到，接受人大常委会监督，接受人民代表的监督，是开展检察工作的一项重要政治保障。在新的一年里，我们将在省委的领导下，人大常委会的监督下，加倍努力工作，争取做出新的贡献！

吉林省人民检察院工作报告（摘要）

——1991年3月8日在吉林省第七届人民代表大会第四次会议上

吉林省人民检察院检察长　李向武

（1991年3月11日吉林省第七届人民代表大会第四次会议通过）

一、深入开展打击经济犯罪的斗争，自觉地为经济建设服务。

一年来，全省检察机关认真贯彻执行了省人大常委会《关于深入开展打击贪污、受贿犯罪活动的决定》，取得了新的成绩。共立案侦查各类经济犯罪案件2545件，比前年上升3.46％。其中贪污、贿赂犯罪案件1394件，占立案总数的54.77％；重特大案件658件，比前年上升9.3％；县处级干部犯罪案件47件，比前年上升14.6％；党政机关工作人员犯罪案件203件，是前年的5.2倍；通过办案为国家和集体挽回经济损失4753万元，比前年上升89.7％。在斗争中，全省检察机关主要做了以下几项工作：

（1）统一思想，坚定信心。组织广大检察干警认真学习党中央关于打击经济犯罪、加强廉政建设的指示，坚定了把打击经济犯罪斗争进行到底的信心。（2）突出重点，狠抓大要案的查处。省检察院负责查办厅、局级干部和在全省有重大影响的犯罪案件；市、分、州院负责查办县、处级干部和在本地区有重大影响的犯罪案件。据不完全统计，全省检察机关共有200多名正副检察长直接或参与了查处大案要案的工作。各级检察院普遍与本地的纪检、监察等部门建立了工作联系制度，较好地发挥了执法、执纪部门在打击经济犯罪中的整体效能。深入重点行业系统，深挖经济犯罪，查获了一批“串案”、“窝案”。（3）抓点带面，加强指导。省检察院去年先后三次组织百余名干部，由领导带队，深入各地，抓薄弱环节，帮助基层检察院开展斗争。（4）在开展反贪污贿赂斗争中，全省检察机关十分注意依靠和发动群众，积极开展举报工作。一年来，共受理举报贪污、贿赂线索4382件，其中举报县处级以上干部涉嫌犯罪的108人，比前年增加172％。群众举报的线索为侦查工作提供了大量案源，在立案查处的1394件贪污、贿赂案件中，有839件来自群众举报，占63％。（5）结合党的中心工作，深入开展打击经济犯罪斗争。全省检察机关还注意打击了偷税抗税等经济犯罪分子。全年共查处偷税抗税案件613件，比前年上升80.8%，其中国、省营和集体单位偷抗税案件85件。通过办案，为国家追缴税款916万元。(6)坚持“一要坚决，二要慎重，务必搞准”的原则。在指导思想上，不搞简单的办案数量攀比；在认定犯罪事实上，不拔高；在侦查方法上，坚持具体情况具体分析，依法正确运用侦查手段和强制措施，不轻易冻结银行帐户；在适用政策法律上，严格区分罪与非罪的界限；在办案制度上，实行经济犯罪案件侦查与批捕、侦查与起诉分别由两个业务部门承办，保证了办案质量。

二、依法从重从快严厉打击严重刑事犯罪活动，积极为政治稳定和社会稳定服务。

去年，全省检察机关共批准逮捕各类刑事案犯19338人，比前年增加6.88%，是1983年以来的第二个高峰年；决定起诉13266件20029人，分别比前年增加17.4%和18.1%，是检察机关重建以来办理刑事案件最多的一年。

按照党中央关于处理动乱、暴乱中反革命案件的方针和指示，严肃认真地处理了我省动乱期间发生的反革命案件。到目前为止，已将公安机关移送起诉的案件全部审结。

全省检察机关按照省委的统一部署，与有关部门密切配合，积极开展了“扫黄”、“除六害”和打击侵财犯罪等专项斗争。去年5月，中央政法委决定在全国范围内开展集中打击严重刑事犯罪统一行动后，全省检察机关迅速投入到斗争中去。这期间，共依法从快批准逮捕各类刑事案犯4564人，配合法院召开公判大会146次。

在斗争中，全省检察机关牢牢把握打击重点，严厉打击杀人、抢劫、强奸、爆炸犯和惯犯、累犯以及团伙犯罪等七类严重刑事犯罪分子。与此同时，还提前介入公安机关对重、特大案件的侦查、预审活动3177人（次），较好地配合了集中打击统一行动，维护了社会秩序。

全省林业检察部门紧紧围绕保护我省森林资源、稳定林区经济和治安秩序，做了大量的工作。全年共批准逮捕滥砍盗伐等各类刑事案犯674人，决定起诉453件658人；立案查处以林谋私等各类经济犯罪案件85件，为国家挽回经济损失104万元。

强化法律监督意识，切实加强侦查、审判、执行活动的监督。一是依法纠正侦查和审判活动中的违法现象，对公安机关侦查活动中的违法情况提出纠正意见288件(次)，对人民法院审判活动中的违法情况提出纠正意见216件(次)。二是依法追捕、追诉余罪漏犯，防止打击不力。共纠正漏捕的犯罪分子527人，纠正漏诉的犯罪分子228人。三是防冤防错，依法维护公民的合法权益。在审查公安机关提请逮捕和移送起诉的案件中，共对1270名不构成犯罪或已构成犯罪不需要逮捕的人犯作出了不批准逮捕决定，对130人作出了不起诉决定。四是积极开展了二审出庭起诉工作，共办理二审案件230件，出席二审法庭163件。

全省监所检察部门积极开展了打击被监管人员的犯罪活动，共办理两劳人员重新违法犯罪案件266件354人。还积极配合公安、司法部门在监改场所开展政治攻势，使858名在押犯坦白交待各类案件线索1529件，3913名在押犯揭发检举他人违法犯罪线索5563件，其中重大案件线索1052件。

三、认真查处“侵权”、渎职犯罪案件，

加强社会主义民主和法制建设。

全年共受理群众举报、控告"侵权"、渎职犯罪案件线索1041件，立案查处刑讯逼供、非法拘禁、报复陷害、徇私舞弊、玩忽职守等犯罪案件667件，其中重、特大案件84件。

全省检察机关注意把查处性质恶劣、后果严重、影响大、危害大的"侵权"、渎职案件作为工作重点来抓，认真查处了公安政法干警贪赃枉法、徇私舞弊、刑讯逼供、非法拘禁等违法犯罪案件。为保证治理整顿和深化改革的顺利进行，还积极查处了玩忽职守和重大责任事故案件。

全省控告申诉检察部门自觉地把保护公民合法权益、维护社会稳定作为根本任务。一年来，共受理群众来信来访23856件；处理集体上访186件，"告急"上访61件，老户上访113件；开展下访480次，接待群众2600人（次）。在做好来信来访工作的同时，还认真查办了各类控告申诉案件868件，其中不服检察机关不捕、不诉和免予起诉的申诉案件214件，经过审查，纠正了44件。

民事行政诉讼检察，按照高检院关于"积极、认真、稳妥"的要求，初步开展了工作。目前，已有30个院设立了机构，绝大部分院确定了专人负责，从事这项工作的干警已有100人。在工作中，各级院本着边干边建的方针，进行了行政、经济诉讼监督试点工作，培训了业务骨干，试办了一些案件，为担负实施行政诉讼法律监督工作奠定了基础。

四、积极参加社会治安综合治理，注重办案的法律效果、经济效果和社会效果。

全省检察机关在办案的过程中，针对发案单位在管理上、制度上存在的问题和漏洞，共提出检察建议1220份，协助850个单位建立健全了规章制度。通过建立帮教组织、实行重点帮教和包保包教等多种形式，对425名违法犯罪人员落实了帮教措施。结合办案，在一些治安问题突出、经济管理混乱、发案数量较多的部门和单位建立和巩固了综合治理联系点498个，收到了办一案、治一线、防一片的效果。全省检察机关自觉克服和防止就案办案、孤立办案的思想，把打击经济犯罪和改进工作结合起来，把提高经济效益作为综合治理的重要内容，结合办案，帮助发案单位治理整顿生产秩序，建立健全制度，挽回经济损失，促使126个企业走出了困境，扭亏为盈。

五、加强检察队伍建设，提高政治和业务素质。

去年，全省检察机关普遍开展了马列主义、毛泽东思想基本理论的学习，收到了较好的效果。从行业特点出发，以解决以案谋私和为检不廉为重点，建立健全制度，完善监督机制，有效地加强了队伍的廉政建设。一年来，共涌现出先进集体403个，其中受最高人民检察院表彰的4个，省级表彰的54个；涌现出先进个人、优秀共产党员和模范干部2372人，其中受最高人民检察院或国家级表彰的10人（次），省级表彰的133人（次）；共收到群众的表扬信457封、牌匾105块、锦旗128面。全省检察机关较好地完成了基层检察院和部分地区院检察长的换届工作，共调整县、区检察院检察长22人，市、分、州院检察长3人。在加强领导班子组织建设的同时，还重点抓了领导班子的思想、作风建设。深入开展了思想政治工作。去年4月中旬，召开了全省检察机关思想政治工作会议，交流推广了经验，总结部署了工作，进一步推动了思想政治工作的全面开展。

在过去的一年里，全省检察工作也存在着一些问题。主要是运用检察职能为经济建设服务的观念还不够牢固；工作发展还不够平衡，开展打击经济犯罪活动，特别是查处大要案的成果悬殊比较大；存在着执法不严、办案质量不高和作风拖拉、办案超时限的问题；检察队伍中以案谋私等违法违纪问题不仅越来越多，性质也越来越严重。此外，检察机关的人力、经费、装备等还不适应斗争形势的需要。

六、1991 年检察机关的任务。

1991 年，是我国实施“八五”计划和十年规划的第一年。在新的形势下，全省检察机关一定要认清所肩负的重任和所应发挥的作用，认清面临的和平演变与反和平演变的复杂形势，警惕国内极少数敌对分子和国际反动势力相互勾结进行渗透、颠覆，危害中华人民共和国安全的阴谋活动，认清当前刑事犯罪活动的严重性、危害性和开展“两打”斗争的长期性、艰巨性，坚持党的基本路线，坚持发挥检察机关法律监督和人民民主专政的职能作用，树立一切从全局出发的观念，强化严格执法意识，紧紧围绕党的中心工作，深入开展反贪污贿赂斗争，依法从重从快严厉打击严重刑事犯罪活动，加强对侵犯公民民主权利、人身权利和渎职犯罪案件的查处工作，大力开展社会治安综合治理，积极开展其他各项检察业务，努力提高队伍的政治、业务素质，为保障国家稳定、经济稳定、社会稳定，为顺利实现把国民经济搞上去这个全党、全国人民的中心任务，而努力奋斗。

黑龙江省人民检察院工作报告（摘要）

——1991 年 3 月 10 日在黑龙江省第七届人民代表大会第四次会议上

黑龙江省人民检察院检察长　贾成文

（1991 年 3 月 13 日黑龙江省第七届人民代表大会第四次会议通过）

一、反贪污贿赂斗争取得较大进展

去年，全省各级检察机关坚持把反贪污贿赂斗争作为检察工作的重点，采取得力措施，取得较大进展。共受理各类经济案件 7241 件，立案 4052 件，分别比上年增加 18.38％和 22.67％。其中，贪污贿赂案件 2439 件，占立案数的 60.19％，比上年增加 22.5％；共立案查处大要案 670 件，比上年增加 9.66％，其中厅（局）级干部 2 人，县（处）级干部 67 人；共挽回经济损失 5986 万余元，比上年增加 41.09％。

（一）强化侦查工作，提高了侦查水平。省检察院和 14 个分、市院及 1 个基层检察院建立了反贪污贿赂工作局，其他检察院的经济检察机构都已改为贪污贿赂检察科，已初步形成了反贪污贿赂侦查工作体系；干警的侦查意识和侦查业务素质有所提高。

（二）加强举报工作，保证了案件来源。全省检察机关的举报机构已形成工作网络，各方面工作关系已初步理顺，举报已成为查处经济罪案的主要案源渠道，共受理群众举报经济犯罪线索 11012 件，已初查 3635 件，其中立案 1849 件，占立案总数的 45.63%，转其他有关部门 3009 件。

(三) 坚持办案责任制，进一步提高了办案效率和质量。全省各级检察院普遍坚持了检察长包案责任制、大要案分级负责制和“三定一保”办案责任制，提高了办案效率和质量，结案率比上年提高 14.09%。

(四) 注重专项打击和治理，系统清查有所深入。对群众反映强烈、发案较多的行业和部位开展专项打击和治理工作。金融、粮食、铁路、林业等系统的清查工作取得了较好成效。

(五) 增强服务意识，反贪污贿赂斗争取得较好的社会效果。全省检察机关按照年初确定的为治整改服务、为廉政建设服务、为整治社会治安服务的指导思想，把打击、保护、服务三者有机地结合起来，积极保障和促进经济工作的发展。还通过各种方式开展反贪污贿赂斗争的法制宣传教育，调动了广大职工群众生产和斗争的积极性；结合办案开展法律咨询服务，促进了企业依法管理和经营。

今年，反贪污贿赂斗争任务仍然相当繁重艰巨。为确保这场斗争的顺利开展，最高人民检察院和省委要求我们要切实在“深入”上下功夫。

第一，在提高认识上求“深入”。要充分认识这场斗争的长期性、艰巨性和复杂性，保持冷静的头脑，正确估价反贪污贿赂斗争的形势，坚定信心，知难而进，坚定不移、坚持不懈地把反贪污贿赂斗争引向深入。

第二，在工作方向和重点上求“深入”。要把着眼点放在关系到廉政建设、党风建设和政治稳定、经济发展、社会稳定的问题上，确定主攻方向和打击重点。从那些群众反映强烈、贪污贿赂犯罪猖獗的重点行业和部门搞好重点突破和系统清查。

第三，在宣传发动上求“深入”。要通过宣传发动，尽可能地把群众的关切意识转化为参与意识。奖励举报有功人员，严肃处理打击报复举报人的案件，保护群众举报的积极性。

第四，在强化侦查意识和提高侦查水平上求“深入”。办案中的举报与反举报、侦查与反侦查、惩处与包庇的对抗现象，越来越严重。要进一步强化干警的侦查意识，努力提高侦查技能，以适应斗争的需要。

第五，在促进经济发展上求“深入”。要增强全局观念，树立检察工作围绕党的中心任务开展，为经济发展服务的意识，把办案的法律效果、经济效果、社会效果统一起来。一是处理好法律与政策之间的关系，把严格执法与正确执行政策有机地结合起来，严格区分罪与非罪的界限；二是处理好“坚决”与“慎重”的关系，既要严厉打击贪污贿赂犯罪活动，又要注意把打击、保护、服务有机地结合起来，为企业生产发展创造良好的环境。

二、积极参加整治社会治安总体作战，较好地发挥了检察机关的职能作用

1990 年，全省各级检察机关共受理公安机关提请批捕人犯 23556 人，经审查批准逮捕 20711 人，比上年增加 10.06%，其中重特大案犯 8571 人，比上年增加 28.54%；受理公安机关移送起诉 28491 人，经审查起诉 21666 人，比上年增加 13.63%，其中重特大案犯 5182 人，比上年增加 16.85%。

(一)切实把整治社会治安工作摆上重要日程。总体作战启动后，全省检察机关积极投入整治社会治安工作，共参加 3 次全省统一专项打击和各地组织的专项打击

800余次，派出干警5000余人次。

（二）坚决贯彻依法从重从快方针。全省有168个检察院与公安机关建立了提前介入侦查工作的制度，保证了对严重刑事犯罪分子贯彻从重从快方针的落实。

（三）严格依法办案，保证办案质量。实行目标管理责任制，把审查批捕、审查起诉工作的质量管理，层层落实到单位和个人；建立健全严格的请示制度，加强了对免诉工作的领导；搞好案件质量复查，及时解决办案质量问题。

（四）认真搞好侦查监督和审判监督。在审查公安机关提请批捕、起诉人犯中共追捕人犯132人，防止错捕1558人，追诉人犯266人，不起诉227人。提出纠正侦查活动违法意见1512件；提出纠正审判违法意见182件，提出抗诉105件。

（五）积极做好综合治理工作。共提出预防犯罪的检察建议3215件，向党委、政府提出整治社会治安工作建议的报告700余件，进行法制宣传2000余次，受教育面达40多万人。各级检察院积极做好"包点"、"包片"工作，使这些地方的社会治安综合治理工作取得了比较明显的成效。

我省的社会治安，经过一年的整治，取得了很大的成绩。但是，治安形势还不稳固，打击严重刑事犯罪仍然是我们的另一个工作重点，在思想上、工作上绝对不能放松。

第一，继续参加整治社会治安工作。要在党委、政府统一部署下，与政法各部门密切配合，开展"严打"和各项整治工作。同时，要为党委、政府当好参谋，治理好治安的突出问题。

第二，坚持贯彻依法从重从快方针。对那些危害严重、影响恶劣的重特大案件，在侦查环节要坚持提前介入制度；对杀人、抢劫、强奸、爆炸犯和惯犯、累犯及犯罪团伙，特别是带有黑社会性质的犯罪团伙，要依法快捕快诉，坚决予以打击。要继续协同有关部门开展扫黄、除"六害"斗争。

第三，努力做好侦查监督、审判监督和自侦案件的内部制约工作。侦查监督，要着重对刑讯逼供、诱供和徇私舞弊行为的监督；审判监督，要着重对错误判决、裁定及审判活动中的徇私枉法、严重侵犯诉讼参与人诉讼权利的依法监督。

第四，严格依法办案，提高办案质量。要切实把住审查批捕、审查起诉工作的质量关；严格执行免诉工作的法律规定，依法行使免诉权，防止免诉不当和打击不力。

第五，加强综合治理工作。积极开展检察建议活动，加强法制宣传教育，发动群众，揭发检举犯罪，做好对免诉人员的回访帮教工作；在接待来信来访中，对易于引起矛盾激化的案件，及时做好疏导教育工作；继续做好综合治理联系点的工作。

三、法纪检察工作逐年加强，取得新的成效

去年，共受理非法拘禁、徇私舞弊、玩忽职守和重大责任事故等案件2323件，立案查处959件，分别比上年增加6.66%和14.5%，已侦查终结956件。

（一）加强了组织领导。认真贯彻全国"侵权"、渎职案件侦查工作会议精神，狠抓案件侦破工作。许多分、市院和县（区）检察院的领导，深入基层，深入现场，指导工作，推动了法纪检察工作的开展。

（二）积极开展立案标准的宣传活动。最高人民检察院制定的《人民检察院直接受理的"侵权"、渎职案件立案标准》公布后，全省各级检察院利用各种宣传渠道，积极地进行宣传，使广大干部、群众了解和支持法纪检察工作。去年受理的案件中，有30%是群众举报的。

（三）加强侦查破案工作。针对法纪案

件干扰阻力大的特点，大多数检察院的领导亲自组织指挥侦查工作，突破了一大批难度很大的案件。省检察院和一些分、市院还组织了重大责任事故技术鉴定研讨会以及刑讯逼供、非法拘禁等案件的侦查研讨会，侦查、预审能力有所提高。

（四）依靠党委领导和人大监督。

当前，“侵权”、渎职案件的发案情况仍然相当严重，法纪检察面临艰巨的任务，我们要从加强廉政建设，促进社会主义民主和法制建设及稳定大局的的高度来认识加强法纪检察的重要意义，使法纪检察切实得到加强。

第一，要在保证反贪污贿赂斗争和打击严重刑事犯罪两项重点工作的同时，把法纪检察的位置摆高些，工作抓紧些。

第二，突出法纪检察的重点。主要是查处刑讯逼供致人伤残、死亡的案件，非法拘禁案件中的扣押人质型的案件，贪赃枉法的徇私舞弊案件，后果严重的玩忽职守案件和重大责任事故案件。特别要认真查处大要案。

第三，进一步提高法纪检察的执法水平。要严格掌握罪与非罪的界限，注重调查研究，加强适用法律上的指导，保证办案质量。

第四，努力提高法纪检察干警的素质。要认真组织干警研究法纪检察的特点、规律，不断总结办案经验，使干警在实践中得到提高；有计划地进行干警的业务培训，提高侦查能力。

第五，要把查处“侵权”、渎职案件的情况及时向党委请示汇报，向人大报告工作，向政府和有关部门通报，取得领导和支持，以保证法纪检察的顺利开展。

四、其他各项检察工作都取得不同程度的进展

监所检察工作，协助监管部门强化了安全防范措施，开展了打击牢头狱霸活动。加强执法检察，共发现监管改造活动违法问题 3731 件，提出纠正意见 1852 次，已解决 1094 件，查处监管场所干警职务犯罪 17 件。会同有关部门对监外执行的 4455 名犯罪分子进行了考察，帮助建立监改组织 471 个，收监执行 30 人。今年，监所检察工作要突出抓好执法监督和安全防范检查，努力纠正超期羁押人犯问题，加强对罪犯的减刑、假释、保外就医和劳教人员减期、提前解教等活动的监督。

控申检察工作，共受理来信来访 20894 件。查处控告、申诉案件 803 件，提供各类案件线索 17091 件。今年，要充分发挥控申部门的“窗口”作用，妥善处理好影响社会稳定的集体上访和告急信访，坚持检察长亲自接待重要来访和批阅重要来信的制度，继续办好控告、申诉案件。

铁路运输检察工作，在查处“以车谋私”等贪污贿赂犯罪上取得了新的进展；与铁路公安、法院配合，大力整顿铁路治安秩序，在打击客、货运输中的严重刑事犯罪，维护站、车治安秩序等工作中做出了显著成绩。今年，要继续抓好上述工作。

农林检察工作，在查处“以木谋私”、“以粮谋私”等贪污贿赂案件中，尤其是在查处大要案方面取得明显成效。农垦系统检察机关的基层组织建设取得了显著成绩。为保护国家森林资源、保护商品粮基地建设，为促进农林系统的生产发展、维护社会治安和政治上的安定团结做出了应有的贡献。今年，要继续抓好反贪污贿赂斗争，全面做好各项检察工作，积极为垦区、林区的经济发展服务。

五、进一步加强了思想政治工作和队伍建设

去年，我们坚持不懈地一手抓业务，一手抓队伍，思想政治工作和队伍建设有较大的加强。一是加强了政工机构建设，全省检察系统政治工作领导体系已基本形成。二是加强思想教育，组织干警认真学习马列主义基本理论，加强党的基本路线和四项基本原则教育，进行职业道德、职业纪律、职业责任教育，摸索出一些具有检察工作特点的思想政治工作经验，涌现出一大批先进典型。哈尔滨铁路运输分院、东宁县检察院、红兴隆农垦区检察院等5个单位和孙桂华等6名同志受到最高人民检察院的表彰。被各地党委和政府评为精神文明先进单位79个、先进党组织65个、优秀党员377名。三是加强领导班子建设，增强了领导班子的凝聚力和战斗力。四是加强廉政建设，纠正行业不正之风已取得初步成效。五是加强干部业务培训工作，完成了“七五”期间检察干警学历教育任务，全省检察干警中具有大专以上文化程度的已达到64.5%。

不断加强思想政治工作，提高队伍素质，是做好各项检察工作的重要保证。今年，要坚持做好以下工作：一是要针对检察队伍的状况和检察工作的特点，继续加强对干警的马列主义基本理论教育。教育干警用马克思主义的立场、观点、方法分析形势，坚持党的基本路线，坚持四项基本原则，反对资产阶级自由化，坚定共产主义信念，全心全意为人民服务。二是要坚持从严治检。健全内部廉政约束机制，严格执行纪律，坚持搞好以秉公执法、清正廉洁为重点的执法大检查；严肃查处干警违法乱纪问题。三是加强班子建设。从检察机关长远建设的战略高度抓好后备干部队伍的建设。四是加强干部教育培训工作，抓紧制定“八五”期间干部教育培训规划，在继续抓好学历教育的同时，有计划地抓好不同层次的岗位培训，把干部的业务素质提高到一个新的水平。

去年，全省检察工作还有许多不足，主要表现：一是有的地方领导班子工作不得力。二是有的地方执法不严。少数应起诉或不构成犯罪的贪污贿赂案件作了免诉处理；越权办案、超期羁押、“两个监督”不力等问题也程度不同地存在。还有些地方自侦案件的内部制约流于形式，没有起到“制约”的作用。三是干警违法违纪有所增加。这些问题，都需要我们在新的一年里认真加以解决。

今年，是我国实现第二步战略目标和“八五”计划的第一年，全国人民的中心任务是把国民经济搞上去，一切工作都必须有利于国民经济的持续、稳定、协调发展，有利于国家的稳定。全省检察工作要紧紧围绕把国民经济搞上去这个全党的中心任务，深入开展反贪污贿赂斗争，坚持依法从重从快打击严重刑事犯罪，加强法纪检察，积极做好其他检察工作，进一步加强思想政治工作和队伍建设，全面发挥检察机关打击、保护、服务的职能作用，为促进廉政建设，为进一步维护政治稳定和社会稳定，为治理整顿、深化改革，为国民经济持续、稳定、协调发展做出新的贡献。

上海市人民检察院工作报告（摘要）

——1991年4月26日在上海市第九届人民代表大会第四次会议上

上海市人民检察院检察长　石祝三

（1991年4月29日上海市第九届人民代表大会第四次会议通过）

一、深入开展反贪污、贿赂斗争，促进廉政建设

第一，群众举报继续保持了良好势头。去年，检察机关就反贪污、贿赂工作发布新闻11次，在报刊、电台、电视台发表和播出新闻、通讯、评论、典型案例等2053篇；深入工厂、学校、街道、乡镇作法制报告、演讲和播放录像2284场次，举办巡回展览365场次；印发宣传资料9.6万份、图片5234套。市人民检察院与上海山狮影业公司联合摄制了六集纪录片《倡廉肃贪启示录》，已发行1600盒，并在上海电视台播放。经过广泛、持续、深入的宣传发动，广大人民群众保持了高涨的举报热情，为检察机关查处贪污、贿赂犯罪提供了大量案源。全年检察机关共受理各类举报18526件，月平均1544件。其中，举报贪污、贿赂等行为的13898件，所占比例比上年增加7个百分点，涉及国家机关工作人员、执法人员和企业管理人员违法犯罪的占25.6%；匿名举报比上年下降16个百分点。在18526件举报中，属首次举报的16465件，至年底已处理了13842件，占74.7%。

第二，侦查破案取得重大成果。全年共查获贪污、贿赂罪案2427件，扣除“两高”《通告》期间自首立案案件，实际破案数比上年增加14%；追回赃款赃物折合人民币3430万元，比上年增加近一倍。全年共在147家工厂企业查获“群蛀”罪案749件，占案件总数的30.9%。特别是在102家亏损严重的企业中，查获了危害企业经济的贪污、受贿罪犯257名。在配合纠正行业不正之风的工作中，已在菜场等副食品行业查获贪污、受贿罪犯34名，在煤气、自来水、供电、邮电通讯、房管等公用事业单位查获贪污、受贿罪犯18名。

第三，查处大案要案有新的进展。全年共查获大案要案811件，占查获案件总数的33.4%，扣除“两高”《通告》期间的自首立案案件，比上年增加10.7%。其中，万元以上大案752件，处级以上干部犯罪要案59件。在811件大案要案中，犯罪数额在十万元以上的即有45件。

第四，办案质量进一步提高。全年共办理贪污、贿赂罪案2984件（含上年积案），到年底已办结2678件，结案率为89.7%。其中，提起公诉1490件，占55.6%，法院已判决的案件中，除个别案件有争议外，其他都作了有罪判决；免予起诉1159件，占43.3%，如扣除根据“两高”《通告》规定而免诉的自首案件，免诉率为31.4%，经检查免诉案件处理正确的占99.4%；撤销案件29件，占1.1%，比上年下降54%。

在“双反”斗争中，检察机关坚持“打击、保护、促进、服务”的办案指导思想，把促进经济发展作为检验办案效果的重要标准。全年向发案单位或其上级主管部门发出以建章立制、堵塞漏洞为主要内容的《检察建议》377份，帮助企业挽回经济损失1794万元。配合102家因人为因素造成亏损的企业整治内部，到年底见到成效的已有59家。

二、坚持严厉打击严重刑事犯罪，加强社会治安综合治理

去年，共审查批准逮捕各类刑事犯罪分子11525名，比上年增加18.5%，其中杀人、抢劫、强奸、纵火、流氓、重大盗窃等重点打击对象3543名，占30.7%；审查决定起诉7854件、12799名，分别比上年增加19.5%和17.1%，免予起诉775名。

检察机关积极协同公安部门开展“打击现行，深挖团伙”、“反内盗”、“扫六害”等专项斗争，共批准逮捕3277名，占批捕总数的28.4%；并选择典型案件，配合法院对586名罪犯进行了公开宣判。各级检察机关坚持提前介入部分重大、特大案件，尤其是重大团伙犯罪案件的侦审活动，共提前阅卷5193件，缩短了办案时间，提高了办案效率，及时、有力地打击了严重刑事犯罪分子。

一年中，对已构成犯罪但不够逮捕条件，或尚未构成犯罪，决定不批准逮捕的有1117名；事实不清，证据不足，决定退回补充侦查的有1233名；不构成犯罪，作出不起诉决定的有87名。对罪该逮捕而未提请批捕、罪该起诉而未移送起诉的353名罪犯，均依法追捕追诉。

检察机关在打击犯罪的同时，结合办案，运用多种形式，开展社会治安综合治理。一年来，对发案单位治安管理上存在的隐患和漏洞，发出《检察建议》236件，促进堵漏建制，增强防范机制；对1000余名免予起诉人员进行回访考察，落实帮教措施，全年尚未发现免诉人员重新犯罪的案件。通过出庭发表公诉词8944篇，进一步揭露犯罪，分析犯罪原因及社会危害性；深入工厂、企业、街道、乡镇、学校，就案论法，增强广大群众法制观念，加强防范意识。各区县检察机关还选择一些管理混乱、防范薄弱、案件较多的单位进行重点治理。

三、积极查处侵犯公民民主权利、玩忽职守、徇私舞弊、重大责任事故等法纪犯罪案件

一年中，共受理各类法纪案件631件，立案侦查251件，比上年增加19.9%。其中，侵犯公民民主权利和人身权利、玩忽职守、重大责任事故等三类重点案件178件，占70.9%。到年底已审结200件，其中向法院提起公诉118件，免予起诉82件。

检察机关根据玩忽职守案件逐年上升，造成直接经济损失十分惊人的情况，对这类犯罪案件集中力量重点查处，取得了明显进展。全年立案侦查79件，比上年增加1.7倍。检察机关还查获了一批执法人员徇私舞弊、贪赃枉法犯罪案件，共立案侦查19件（上年只有1件）。

检察机关十分重视对重大责任事故案件的侦查。全年立案侦查63起，比上年增加10.5%；同时，结合办案，积极做好教育防范工作。去年，全市发生的重大伤亡事故比上年下降20.6%。

四、继续深入开展反偷税抗税斗争，严肃税收法纪

一年中，共立案侦查偷税抗税罪案441件，比上年增加54%；追缴税款已入库1800万余元，比上年增加48.7%；依法逮捕偷税抗税罪犯105名。全年共办理案件550件（含上年积案），到年底已办结438件，结案率为79.6%，其中有150名罪犯被提起公诉，法院已判处105名。

检察机关坚持以查处不法个体户偷抗税犯罪为重点，一年中查获不法个体户偷税、抗税罪案436件，占案件总数的98.9%。其中，万元以上大案281件，占63.7%。去年，还查处了单位偷税案件5件。总案值65.5万元，对5名主管人员已提起公诉。

五、积极开展监所检察、铁路运输检察、控告申诉检察等工作

全年共批准逮捕劳教人员犯罪案犯154人，审查起诉劳教人员犯罪和劳改犯重新犯罪案犯202人；对“两劳人员”和在押人犯进行集体和个别教育14260人次，维护了监管改造场所的正常秩序。同时加强了对监管改造场所执法情况的检察。一年中，共发现超期羁押148人，体罚、侵权等违法违纪行为29起、57人，分别向有关部门提出了纠正意见。检察机关还对1154名犯人减刑、假释、保外就医和监外执行，以及343名劳教人员减教和延教、所外就医、所外执行的情况进行了检察，发现并纠正了23件减刑不当案件，保证了刑事判决、裁定的正确执行。铁路运输检察部门配合公安部门大力整顿铁路运输治安秩序，重点打击“车匪路霸”、犯罪团伙和重大盗窃犯罪活动。全年共批准逮捕人犯1331人，其中重大、特大案犯670人；审查起诉1266人，其中重大、特大案犯680人。根据铁路运输的行业特点，还重点查处了“以车谋私”等贪污、贿赂案件，全年共查获100件，比上年增加40%。

检察机关共受理公民申诉1433件，其中查处不服免诉的申诉168件，经过复查纠正5件；查处不服法院判决、裁定的申诉32件，经过调查，向法院提出纠正的1件。

各极检察机关组建了民事、行政检察机构，开展实施《行政诉讼法》的调查研究，建立与审判机关和行政机关联系制度，培训干部，为全面担负行政诉讼法律监督作好准备。《行政诉讼法》正式实施以来，检察机关已收到各类行政申诉27件。

本市检察机关的刑事技术部门边建设边工作，去年共作出各类检验、鉴定3000余件。

六、抓紧思想政治工作，加强检察队伍建设

检察机关认真贯彻最高人民检察院《关于加强检察机关思想政治工作的决定》和市委“抓党风、促廉政”的指示，要求各级领导实行“一岗两责”，既抓业务，又抓思想政治工作。广大检察干警在任务繁重，人手不足，工作条件较差的情况下，任劳任怨，忘我工作，认真履行了自己的职责，涌现了一批先进集体和先进个人。去年，被评为先进的有100个集体、356名个人，其中受到最高人民检察院通令嘉奖的有2个集体、3名个人，被授予上海市模范集体和劳动模范称号的2个集体、2名个人，被授予上海市巾帼英雄称号的2名个人。有12个区县检察院被评为区县目标管理责任制好单位，9个区县检察院被评为文明单位。

各级检察机关坚持“从严治检”，加强廉政建设，建立和健全了纪检、监察部门，落实了监督制度。7月和10月，又开展了执法执纪大检查，纠正行业不正之风，针对查出的问题落实整改措施。据不完全统计，在工作中，检察干警谢绝馈赠、拒收礼品491人次，折合人民币3.6万余元；上交人民币4900余元、港币5000余元；拒请吃、旅游 508 人次；收到表扬锦旗 131 件。

七、自觉服从党委领导，接受人大和群众的监督

各级检察机关始终置于党的绝对领导下，置于人大及其常委会、社会各界的监督之下，积极发挥法律监督的作用。一年来，各级检察机关共向各级党委、人大报告工作 259 次，向各级政协介绍工作情况 57 次，邀请人大代表、政协委员视察、检查工作 20 次，对于人大代表、政协委员的提案、建议和批评，指定专人认真研究，及时处理和回复。

为切实贯彻《中共中央关于坚持和完善中国共产党领导的多党合作和政治协商制度的意见》，经报请市委、市人大常委会同意，在有关部门的支持下，市检察院于去年 4 月聘请了 20 位民主党派和无党派人士担任特约检察员。特约检察员的参政议政和民主监督对推动检察机关的工作，起到了积极作用。

各级检察机关在 2508 个企事业单位聘请的 3327 名检察助理员，在本单位党政组织支持下，积极宣传动员群众，作法制报告 1989 场次，听讲群众 132 万余人次，提供犯罪线索 1378 件，协助调查取证 1357 件，并参与社会治安综合治理预防经济犯罪的工作。实践证明，这是检察机关同广大群众相结合，取得群众支持，接受群众监督的有效形式。

当前上海的政治、经济形势是稳定的，治安形势也是基本稳定的。但是，必须清醒地看到治安情况仍然是严峻的。刑事犯罪活动仍很严重，重大刑事案件居高不下，1990 年共发生各类刑案 31255 件，其中重大刑案 9575 件，分别比上年增加 32.2% 和 32.6%。1991 年，各级检察机关要紧密围绕把国民经济搞上去的中心任务，充分发挥法律监督职能，以反贪污、贿赂斗争和严厉打击严重刑事犯罪为工作重点，切实加强法纪检察工作。在深入开展反贪污、贿赂斗争中，要密切配合纠正行业不正之风的工作，集中精力查处大案要案，加强法制宣传，发动群众举报，扩大办案的社会效果，切实保障经济发展。竭尽全力维护社会治安秩序，严厉打击严重刑事犯罪，对杀人、爆炸、抢劫、贩毒等七类重点对象，尤其是惯犯、累犯和团伙犯罪，必须坚决依法从重从快予以打击，积极参加“扫黄”、“除六害”等项斗争，积极参加社会治安综合治理并且把它作为重点工作真抓实干。加强同“侵权”、玩忽职守、徇私舞弊、刑讯逼供和重大责任事故犯罪作斗争。认真处理公民的控告、申诉，切实保障公民的合法权益，严肃查处打击报复举报人的案件。加强队伍建设，坚持“从严治检”，大力开展争先创优活动。为深化改革，扩大开放，促进经济发展，加强社会主义民主和法制建设而努力。

江苏省人民检察院工作报告（摘要）

——1991年3月13日在江苏省第七届人民代表大会第四次会议上

江苏省人民检察院代理检察长　赵　虹

（1991年3月16日江苏省第七届人民代表大会第四次会议通过）

一、坚持以反贪污、贿赂为重点，积极开展打击经济犯罪斗争

一年来，我省检察机关继续把反贪污、贿赂斗争列为工作重点，查处了一批贪污、贿赂等经济犯罪案件，挖出了一些严重犯罪分子。全省共立案查处各类经济犯罪案件2728件3113人，其中贪污、贿赂案件2127件2457人。通过办案，为国家和集体挽回直接经济损失5057万余元，比上年增加27.6%。

在打击贪污、贿赂等经济犯罪的斗争中，我们着重抓了四个方面的工作。

一是加强宣传教育，发动群众举报。去年，省检察院主办了江苏省检察机关反贪污贿赂成果展览，无锡、徐州两市根据本市的特点也举办了类似的展览。全省共有50多万人参观了展览。各地还结合大案、要案的侦破，召开新闻发布会或宽严处理大会，通报检察机关开展反贪污、贿赂斗争的情况，号召群众举报，敦促犯罪分子投案自首。通过这些活动，广大干部群众看到了党和政府惩治腐败的决心，激发了他们与贪污、贿赂等经济犯罪作斗争的积极性。在去年立案查处的经济犯罪案件中，根据群众举报查获的有1783件，占立案总数的65.4%；经济犯罪分子主动到检察机关投案自首的有277人。

二是重视查处大案、要案。一年来，全省检察机关始终把那些危害大、群众反映强烈的大案、要案作为查处重点，集中力量，克服种种困难，予以突破。全省全年共侦查终结重大、特大案件1025件，其中犯罪金额五万至十万元的148件，十万元以上的106件。

三是有重点地突破了一批经济犯罪案件。一年来，全省各地检察机关选择一些问题较多的系统、行业和单位，进行重点突破，挖出了一些经济犯罪分子。

四是继续认真贯彻"打击、保护、服务、促进"的方针。检察机关在查处贪污、贿赂等经济犯罪案件的过程中，不仅帮助发案单位挽回直接经济损失，而且还结合办案，针对存在的问题，协助发案单位落实整改措施，如调整领导班子，建立健全规章制度，帮助疏通业务渠道等等，保持了发案单位生产和管理活动的连续性，取得了较好的效果，有效地保障和促进了经济发展。

二、严惩严重刑事犯罪，维护社会稳定

一年来，我省检察机关从维护社会稳定这一大局出发，继续贯彻依法从重从快打击严重刑事犯罪的方针，与公安、法院等机关密切配合，严惩了一批严重刑事犯

罪分子。全年共受理公安机关提请批捕的各类刑事案犯28565人，经审查，批准逮捕25173人，其中重大、特大案犯7961人；受理公安机关移送起诉、免诉的刑事案犯30956人，经审查，提起公诉27484人，决定免诉1835人。

在“严打”期间，我们坚持了提前介入等行之有效的做法，对部分重大、特大现行案件，提前介入公安机关的侦查、预审活动，及时熟悉案情和审查证据，加快了办案速度，确保了“严打”斗争，打出了声威，打出了实效。据统计，全省检察机关在审查批捕阶段提前介入1650件(次)；在审查起诉阶段提前介入285件(次)。

在严厉打击严重刑事犯罪的斗争中，我们认真贯彻“确保打击重点，对一些轻罪犯有条件地实行就地监督改造”的指导思想，在突出打击重点的同时，对一些轻微犯罪的青少年犯和其他初犯、偶犯，有条件地作了不捕、免诉处理，体现了惩办与宽大相结合的刑事法律政策和“教育、挽救、感化”的方针，收到了较好的社会效果。

我们在工作中认真履行法律监督职能，积极开展了对刑事案件侦查、审判和执行活动的监督，并注意发现和纠正违法现象，以维护法律的正确实施。在审查批捕、审查起诉工作中，追捕罪该逮捕的犯罪分子172名，追诉罪应起诉的犯罪分子173名，对不够法定逮捕条件的2229人作了不批准逮捕的决定，对不构成犯罪的64人作出了不起诉的决定。在对人民法院的审判活动实施监督的过程中，出庭支持公诉17719件(次)，对不当的判决、裁定依法提出抗诉59件。先后共向公安机关和人民法院提出纠正违法意见238件(次)。在对看守所、劳改、劳教等监管改造单位执行活动的监督工作中，一方面配合监管改造单位打击在押犯和劳教人员的犯罪活动，教育在押犯认罪服法，悔过自新；另一方面对监管改造单位的执法活动认真实施监督，发现和纠正违法现象。一年中，共向有关部门和单位提出纠正违法意见2785件(次)。

为了提高办案质量，准确地打击犯罪，我们继续坚持了案件请示报告和备案审查制度，开展了执法检查活动，并针对发现的问题，及时提出了纠正意见和措施。

去年，我省各级检察机关按照当地党委和政府的统一部署和要求，结合检察工作的特点，积极参加了社会治安综合治理。一是配合有关部门开展对重点地区、重点部位和重点方面的专项斗争与治理；二是针对发案单位在管理上存在的隐患、漏洞，积极提出检察建议，协助发案单位搞好内部整顿，堵塞漏洞，建立健全规章制度；三是加强对免诉人员的考察教育，配合有关部门对管制、剥夺政治权利、缓刑、假释和暂予监外执行人员的监督考查；四是对容易引起矛盾激化的案件，及时做好教育、疏导工作；五是运用多种形式开展法制宣传，发动群众，检举、揭发犯罪；六是协助监管改造部门，加强对在押犯和劳教人员的思想改造，努力减少再犯罪。

三、认真查处“侵权”、渎职犯罪案件，保障公民的合法权益和国家利益

去年，全省检察机关从密切党同人民群众的血肉联系，维护党和政府的崇高威望，保护公民合法的人身权利和民主权利，促进社会主义民主与法制建设的高度，以“打击犯罪、挽救多数、重在教育”的原则为指导，重视了法纪检察，加强对“侵权”、渎职案件的立案查处工作。共受理1894件，已立案侦查538件，比上年增长25.7％。

在查处"侵权"、渎职案件的过程中，各级检察机关重视了对刑讯逼供、非法拘禁、玩忽职守、重大责任事故、徇私舞弊案件，特别是大案、要案的查处工作。全年共立案查处这类大案、要案95件，其中玩忽职守大案、要案68件。

去年，我省检察机关普遍进行了"侵权"、渎职案件立案标准的宣传工作。在5月开展的"侵权"、渎职案件立案标准的宣传月活动中，各地通过召开新闻发布会、发表广播电视讲话、举办宣传讲座等形式，对"侵权"、渎职案件立案标准进行了广泛的宣传，使公民和社会各界普遍受到了一次教育，懂得了如何运用法律，保护自己的民主权利、人身权利和其它合法利益，自觉地与"侵权"、渎职违法犯罪行为作斗争。去年受理的"侵权"、渎职案件中，来自举报的1378件，占72.8%。

为了维护公民的民主权利，我们还加强了对公民申诉案件特别是不服免诉申诉案件的处理工作。据统计，在去年办理的4890件申诉案件中，立案复查399件。其中，立案复查不服免诉的申诉案件209件，在查结的案件中，维持原决定118件，纠正43件。

四、加强队伍建设，努力提高干警的政治素质和业务素质

检察机关长期与各种违法犯罪分子打交道，接触的社会阴暗面比较多，这就给检察干警提出了更高的要求。为此，省检察院于去年5月召开了全省检察机关第一次思想政治工作会议，明确提出在坚持四项基本原则的基础上，以"秉公执法、清正廉洁"为核心，加强思想政治工作，确保全省广大检察干警保持廉洁奉公的本色。一年来，我们主要抓了四个方面的工作。一是组织干警认真学习党的十三届四中全会、五中全会和六中全会文件，对广大检察干警普遍进行了社会主义基本理论教育和全心全意为人民服务的思想教育，坚定了走社会主义道路的信心和决心。二是开展以"秉公执法、清正廉洁"为核心的职业道德和职业纪律教育，认真执行最高人民检察院颁布的"八要八不准"的检察人员纪律，提高了干警依法办案、为检清廉的自觉性。三是大力开展争先创优活动，评选出了一批先进集体和先进个人以及优秀公诉人、优秀侦查员等，激发了广大干警的政治热情和工作积极性。四是坚持从严治检，认真查处了检察干警的违法违纪案件。

为了尽快提高广大检察干警的业务素质，我们加强了干部教育培训工作，重视抓了《法律（检察）专业证书》教育，在全省检察干警中具有大专以上文化程度和取得检察专业证书的达到60%。

一年来，我省检察机关的各项工作都取得了较好的成绩，但也存在一些值得注意的问题。主要是省检察院的指导工作还不够有力，全省反贪污、贿赂斗争发展不够平衡，法律监督工作还比较薄弱，有的案件质量不高，少数案件免诉不当。在队伍建设方面，还有极少数干警，经不起考验，违法违纪，甚至触犯刑律。今后，我们将克服缺点，改进工作，争取在工作中取得更好的成绩。

1991年，检察机关所面临的任务仍然十分繁重和艰巨。全省虽然揭露了一大批贪污、贿赂等经济犯罪分子，但仍有一些隐藏较深、比较狡猾的犯罪分子没有受到查处，有些问题较多、群众反映强烈的行业和单位未被突破。从检察机关已经查处的案件看，一些问题较多的单位，贪污、贿赂犯罪往往成窝成串；尽管经过了几年的严厉打击，顶风作案的犯罪分子仍然不少，新的犯罪还在继续产生。因此，贪污、贿赂犯罪不可能很快减少，打击贪污、贿赂等经济犯罪，仍然是我们长期的任务。经过"严打"斗争和落实社会治安综合治理的其它各项措施，我省社会治安虽然基本稳定，但刑事犯罪活动仍然十分猖獗，刑事案件发案数居高不下，重大案件不断发生；社会上仍然存在着许多不安定因素，不少严重刑事犯罪分子还逍遥法外；国外、境外的敌对势力不断进行对我国的渗透、颠覆和破坏活动。严峻的社会治安形势不允许我们有任何松懈麻痹。为此，我们已要求全省各级检察机关，在党委和最高人民检察院的领导下，在人大及其常委会的监督下，在政府及有关部门的支持下，坚定不移地执行党的基本路线，认真学习和贯彻党的十三届七中全会以及省委八届三次全委（扩大）会议精神，围绕经济建设这一中心，充分发挥法律监督职能，积极参加社会治安综合治理，集中力量深入开展反贪污、贿赂斗争，坚持严厉打击严重刑事犯罪，全面开展各项检察业务，为保障全省国民经济建设和民主与法制建设作出新的贡献！

浙江省人民检察院工作报告（摘要）

——1991年3月9日在浙江省第七届人民代表大会第四次会议上

浙江省人民检察院检察长　胡灿时

（1991年3月13日浙江省第七届人民代表大会第四次会议通过）

一、关于反贪污、贿赂斗争

1990年，全省检察机关共立案查处贪污贿赂犯罪案件2275件，比1989年减少8%，但斗争比较深入。主要表现是：(1)查处的大案要案多。共立案查处贪污贿赂大要案646件，占全部经济犯罪大要案总数的72.4%。其中贪污五万元、受贿三万元至十万元的75件，贪污受贿十万元以上的有17件（内有建国以来我省最大的贪污一百万元以上的特大案件2件）；处以上干部犯罪要案24件（其中厅级3件）。(2)查处贿赂犯罪案件有进展。共立案查处贿赂犯罪案件1115件，占贪污贿赂两类案件总数的49%，是开展反贿赂斗争以来最多的一年。(3)查处重点系统、行业和部门的贪污贿赂犯罪案件在一些地方已有所突破。(4)社会效果好。通过办案为国家和集体挽回直接经济损失达5187万余元。发挥了教育群众和震慑罪犯的作用，全省有70.6%的贪污贿赂犯罪案件来自群众举报，有210名贪污贿赂等经济违法犯罪分子投案自首。

1、教育干部进一步坚定反贪污贿赂斗争的信心和决心。

2、加强侦查工作，揭露和深挖犯罪。一是抓大案要案。二是结合纠正行业不正之风，深入重点行业、部门深挖贪污贿赂犯罪。三是继续加强举报工作，依靠群众同贪污、贿赂犯罪作斗争。四是加强侦查机构和侦查装备建设。为适应斗争的需要，省检察院和 11 个市、分院及 61 个县（市）、区检察院成立了贪污贿赂侦查局，加强了侦查工作，提高了办案效率。

3、严格注意政策，依法办案，提高办案质量。主要采取了以下措施：一是坚持以事实为依据，以法律为准绳，教育干部牢固树立质量第一的观念。二是坚持“一要坚决，二要慎重，务必搞准”的原则。各级检察机关注意了解经济活动的某些特有规律，掌握政策，注意区分经济交往中不正之风与贪污贿赂犯罪的界限，注意区分违纪与犯罪的界限。三是继续加强和完善内部制约机制。省检察院制订了《关于自行侦查案件由刑事检察部门审查逮捕的规定（试行）》等制度，使内部制约制度化、规范化。进一步建立健全请示报告、大案要案备案审查、免诉案件备案审查、判无罪案件逐案分析报告等制度，把好立案、逮捕、免诉、起诉关。四是有重点地开展案件质量检查。

4、坚持反贪污贿赂为经济建设服务的指导思想，提高服务的自觉性。各地检察机关注意结合办案，依法保护企业的合法权益和厂长、经理抓生产经营的积极性；查处企业领导班子成员中的案件，事先与党委、政府和主管部门通气，协助调整、配备好新的领导班子成员；帮助建立和巩固各种正常的业务渠道和建章建制，堵塞漏洞，尽力为企业挽回经济损失；密切与企业界的联系，建立联系点和对发案单位回访的制度等等，取得了良好效果。

二、关于严厉打击严重刑事犯罪活动

1、坚持依法从重从快方针，严厉打击严重刑事犯罪。去年，全省检察机关共受理公安机关提请批准逮捕各类刑事案犯 25470 人，依法批准逮捕 22413 人；受理公安机关移送起诉案件 15820 件，依法提起公诉 14669 件。批捕、起诉数分别比 1989 年增长 12%和 10.5%。同时，还依法批捕、起诉“两劳”人员重新犯罪 192 人。工作中，着重抓了两个方面：一是积极参加集中严厉打击严重刑事犯罪的斗争。去年 5 至 12 月，全省检察机关共依法批捕 16447 人，依法起诉 10658 件，其中“七类”重点打击对象分别占 38.9%和 32.3%。同时，各级检察机关还按照当地党委的统一部署，积极参加“扫黄”、“除六害”等专项斗争和专项治理，解决当地突出的社会治安问题。二是严厉打击重特大现行犯罪活动。全年共依法批准逮捕杀人、抢劫、强奸等重、特大刑事案犯 8258 人，占批捕总数的 36%。

2、积极协同有关部门平息和处理突发事件的工作，维护社会稳定。

3、加强对侦查活动、审判活动和刑事判决、裁定执行活动的法律监督。全省各级检察机关依法对 2012 名不构成犯罪或不需逮捕的作出了不批准逮捕的决定，对 81 名不构成犯罪的作了不起诉决定，对 387 名案犯及时予以追捕追诉；依法向法院提起抗诉 114 件，在已有审判结果的 59 件抗诉案件中，法院改判的 37 件，维持原判的 22 件。对公安侦查活动和法院审判活动中出现的违法现象，提出纠正意见 532 件（次）。同时，还书面或口头通知纠正监管改造场所违法现象 2631 件（次），有关部门已纠正 532 件；对 723 名人犯超期羁押的问题提出纠正意见 589 次，有关部门已纠正 390 名。对极少数监管改造干部徇私舞弊、贪赃枉法等犯罪案件，坚决依法予以查处。

4、积极参加社会治安综合治理。着重抓了两条：一是认真贯彻惩办与宽大相结合，打击少数，教育挽救多数，区别对待等政策，对严重刑事犯罪特别是首犯、主犯、惯犯坚决依法从重从快惩处；对犯罪情节轻微的初犯、偶犯尤其是其中的青少年犯罪，则依法从宽处理，坚持可捕可不捕的不捕。去年批捕的青少年案犯在批捕的全部刑事案犯中的比例，比上年下降了19个百分点。二是在办案中，增强防范意识，积极开展预防犯罪工作。主要是对当地社会治安情况进行重点调查研究，研究对策，报告党委；开展检察建议活动，协助发案单位建立、健全规章制度，堵塞漏洞；对免诉人员进行回访考察，落实帮教；协同有关部门加强对被监管人员进行认罪服法教育，提高改造质量；认真接待来信来访，及时疏导缓解告急案件；通过出庭支持公诉，宣传法制，教育群众等，都收到了较好的社会效果。

三、关于查处侵犯公民民主权利和渎职犯罪工作

去年，全省检察机关共立案侦查“侵权”、渎职等各类法纪犯罪案件467件，比上年增加17%。其中重特大案件89件，比上年增加59%。

1、严肃查处刑讯逼供、非法拘禁等“侵权”犯罪案件，保障公民的人身权利和民主权利。共立案侦查“侵权”犯罪案件208件，比上年增加61%。

2、严肃查处玩忽职守、重大责任事故等渎职犯罪案件，保障经济建设的顺利进行。共立案侦查渎职犯罪案件196件，比上年增加16.5%，其中特大案件12件。

3、严肃查处破坏选举犯罪案件，保障县（区）、乡换届选举工作的顺利开展。共受理破坏选举案件99件，依法立案查处21件。

全省检察机关处理公民的控告、申诉工作也有进展。去年，全省共受理控告申诉案件54848件，已审查处理50611件，其中受理控告案件47905件，经审查立案侦查2876件；受理不服不批捕、不起诉和免予起诉决定的申诉案件525件，立案复查200件，办结187件，其中维持原处理决定137件，原处理决定确有错误，依法予以纠正的42件，建议复议8件。

根据《行政诉讼法》、《民事诉讼法》的规定和积极、认真、稳妥的原则，民事行政检察工作也正在逐步开展。

四、关于队伍建设

1、加强政治工作。组织干部认真学习马列主义毛泽东思想基本理论以及党中央的指示、决定，坚定正确的政治立场和方向，坚持四项基本原则，坚持改革开放。加强政工机构建设，建立思想政治工作网络，到去年底，全省11个市、分院和77个县（市）、区检察院建立了政工机构，检察长、党团组织、部门领导和政工部门齐抓共管的多层次、多方面的思想政治工作网络初步形成。开展多层次的争先创优和立功创模活动，去年，全省共有276个先进集体，1271名先进个人受到表彰，其中，受到记功表彰的集体65个，个人158名，受到最高人民检察院表彰的集体5个，个人8名。

2、加强廉政建设。继续深入进行以清正廉洁、秉公执法为核心的廉政教育和《检察人员纪律》教育，使广大检察人员进一步提高新形势下加强廉政建设的重要性和必要性的认识。坚持严格要求，严格管理。建立健全各项规章制度，堵塞漏洞。认真抓好执法执纪和纠正行业不正之风的工作，针对存在的问题认真整改。对已发现的违纪、违法犯罪案件，严肃认真地查处。

3、加强业务培训工作。省检察院对换届新任检察长进行了上岗前培训。各地继续采取研讨班、现场经验交流会、疑难案例讨论会、组织观摩、以会代训等多种形式，加强短期专业培训。去年全省共举办各类短期专业培训398期。同时，继续抓了电大检察分校的法律专业教育。全省检察人员大专以上文化程度的已占总数的45.3%，超过了高检院提出的“七五”期间达到35%的要求。

4、加强领导班子建设。协助各级党委和有关部门，顺利完成了基层检察长换届选举工作。根据“四化”的要求，选拔了一批德才兼备的干部进入各级检察院领导班子，使各级领导班子的政治、业务素质都有了进一步提高，年龄结构、文化结构有了明显改善。同时，健全党内民主生活制度，沟通思想，开展批评与自我批评，增强班子团结。认真贯彻落实《中共中央关于加强同人民群众联系的决定》，转变作风，深入基层，联系群众，自觉接受监督，努力改进工作。

全省检察工作还存在不少缺点和问题，主要是：少数检察干部对深入开展反贪污贿赂斗争有畏难情绪，工作发展不平衡，有些地方查处大案要案重点不够突出，斗争缺乏声势；举报案件的查处和反馈不够及时；侦查水平还不高，不少案件未能被及时揭露和查处；个别案件办得不够准，在免予起诉的案件中，有个别案件是该起诉或是不构成犯罪的（一经发现即予纠正）；有些案件的办理超过法定期限，存在执法不严的现象。对干部的教育、管理还有不严的地方，极少数检察工作人员的违法违纪和不正之风时有发生。仍然存在不少困难，特别是侦查设备和技术装备还远不能适应斗争的需要；办案力量紧张。

1991年全省检察机关要在省委、各级党委和最高人民检察院的领导下，在各级人大及其常委会的监督和人民政府的支持下，坚持检察工作为维护稳定、发展经济服务的指导思想，继续深入开展反贪污、贿赂斗争，坚持依法从重从快打击严重刑事犯罪活动，进一步加强同国家工作人员中“侵权”、渎职等严重违法犯罪作斗争，全面开展各项检察业务，大力加强队伍建设，为维护社会稳定，促进经济建设和改革、开放，加强社会主义民主和法制建设做出新的贡献。

一、深入开展反贪污贿赂的斗争。要继续把反贪污贿赂作为检察机关第一位的任务，长期不懈地进行坚决的斗争。要继续切实加强群众举报工作和侦查工作，突出大案要案的查处。要结合纠正行业不正之风的工作，因地制宜地抓好一些重点系统、行业和部门的反贪污贿赂斗争。要坚决贯彻“一要坚决、二要慎重、务必搞准”的原则，严格区分犯罪与违法、违纪的界限，正确把握政策法律，确保办案质量。同时，要结合办案，继续积极主动地为经济建设提供更加细致、周到的服务。

二、坚持依法从重从快打击严重刑事犯罪活动。对各种反革命破坏活动要严惩不贷。对严重刑事犯罪活动要依法从重从快予以打击。要继续积极参加“扫黄”、“除六害”等专项斗争和专项治理，协同兄弟部门做好平息和处理突发性事件的工作。在抓好严厉打击的前提下，进一步加强社会治安综合治理的其他各项工作。要结合办案，运用检察职能，积极预防和减少犯罪。

三、加强法纪检察工作。要把法纪检察工作摆到更重要的位置，进一步加强领导，重点抓好“侵权”、玩忽职守和重大责任事故犯罪案件特别是大案要案的查处。

四、大力加强检察队伍的自身建设。要认真学习党的十三届七中全会精神，把全体检察干部的思想和行动统一到七中全会确定的社会主义现代化建设的指导方针和奋斗目标上来。要进一步加强思想政治工作，并积极探索新形势下加强思想政治工作的新路子、新方法。要坚持“从严治检”的方针，对秉公执法作出显著成绩的，要及时予以表彰，对发现的违法违纪现象，要严肃查处。要继续认真抓好纠正行业不正之风的工作，以此推动和促进检察机关的廉政建设。各级领导要坚持高标准，严要求，要自觉接受监督。

安徽省人民检察院工作报告（摘要）

——1991年3月9日在安徽省第七届人民代表大会第四次会议上

安徽省人民检察院检察长　冯建华

（1991年3月12日安徽省第七届人民代表大会第四次会议通过）

一、关于开展反贪污贿赂斗争情况

1990年，我省检察机关继续把反贪污贿赂斗争作为工作重点，集中力量查处了一批贪污贿赂等经济犯罪案件，使反贪污贿赂斗争深入了一步。全年共受理各类经济犯罪案件3558件；立案侦查2013件2320人，其中贪污贿赂案件1321件1542人，分别占立案总数的65.6%和66.5%，万元以上大案和县处级以上干部犯罪的要案719件。已起诉665件811人，免予起诉983件1224人，为国家和集体挽回经济损失3012万元。各级检察机关在去年的反贪污贿赂斗争中，主要抓了以下几个方面的工作：

（一）提高认识，加强领导。各级检察机关组织干警反复学习党中央、中央领导同志关于惩治腐败的一系列重要指示，提高对反贪污贿赂斗争重要性和长期性的认识。建立了反贪污贿赂工作局，经常分析斗争形势，研究和解决斗争中存在的问题。

（二）狠抓大案要案的查处。各级检察机关集中主要精力查处大案要案。根据最高人民检察院的要求，我省检察机关实行了分级负责办理大要案的制度。各级检察长亲自指挥和带头办案。去年立案侦查的大案要案数是历年来最多的，查处的贪污、贿赂、挪用公款数额之大，也是历年来所罕见的。去年，有90名经济犯罪分子向检察机关投案自首。

（三）继续深入开展举报工作。共受理群众举报线索7759件，其中贪污贿赂案件线索5308件，占68.4%。对举报线索初查1940件，立案侦查1103件。在举报工作中，我们对打击报复举报人、构成犯罪的案件进行了查处，保护举报人的合法权益。同时，对于利用举报诬告陷害他人的案件，也认真进行了查处。

（四）加强了反贪污贿赂斗争的宣传工作。各级检察机关结合办案，通过多种形式，宣传党的惩治腐败的方针、政策，澄清少数人对打击经济犯罪的一些模糊认识。

（五）正确处理打击贪污贿赂犯罪与发展经济的关系。各级检察机关在干警中反复进行检察工作必须为经济发展服务的教育，要求检察人员处理每一个案件都要考虑全局，千方百计为经济发展创造良好的环境。在办案中注意区分经济交往中的必要应酬与贪污贿赂的界限。对发生在企业，特别是乡镇企业里的经济案件，采取了更加慎重的态度。办案中发现有关单位在制度上、管理上存在的漏洞，及时提出检察建议，帮助堵漏建制，加强管理，合法经营，促进经济发展。

二、关于坚持依法严厉打击严重刑事犯罪活动的情况

1990年，全省检察机关继续坚持依法从重从快的方针，严厉打击严重刑事犯罪活动。共受理公安机关提请批捕人犯24137人，其中，决定批准逮捕21464人，受理公安机关移送起诉23114人，审查起诉19935人。在批捕的犯罪分子中，对人民群众和社会安定威胁最大的杀人、抢劫、盗窃、强奸四类案犯15126人，占批捕人犯总数的70.5%。在打击刑事犯罪斗争中，各级检察机关主要抓了以下几项工作：

(一) 在各级党委政府统一领导下，配合公安、法院等部门，积极开展"严打"斗争。在集中开展打击严重刑事犯罪的斗争中，各级检察机关都组织力量，与有关部门密切配合，通力协作，及时做好批捕、起诉工作。并配合有关部门开展不同规模、不同内容的集中打击和专项治理。如参加"扫黄"、"除六害"的统一行动，反"三窃(劫)"、打流窜的专项斗争，以及打击"车匪路霸"、整顿交通秩序的专项治理等等。各级检察机关还根据中央的方针政策，依法审理了动乱、暴乱中的犯罪案件。

(二)坚持实行了提前介入对重大刑事案件的侦查、预审活动制度。一年来，全省检察机关共提前介入公安机关侦查重大案件386件，提前介入预审案件176件。

(三) 加强了侦查、审判活动监督。全省检察机关在审查公安机关提请逮捕和移送起诉的人犯中，对1355名不构成犯罪或虽构成犯罪不需要逮捕的人犯，作出了不批准逮捕的决定；对134人作出了不起诉决定；对应当逮捕而公安机关未提请逮捕的334名人犯进行了追捕；对依法应起诉而公安机关未移送起诉的80名人犯予以追诉。各级检察机关还对侦查活动中的违法问题提出纠正意见223次；对审判活动中的违法情况提出纠正意见87次，对确有错误的判决、裁定提出抗诉90件，其中法院已审结22件，改判10件。

(四) 在抓打击犯罪的同时，检察机关结合办案，积极参加社会治安综合治理工作。一是针对发案单位管理上、制度上存在的问题，帮助堵漏建制，做好预防犯罪工作。二是坚持对免诉人员的回访考察。三是协助有关单位做好劳改、劳教人员的教育改造和劳改释放、劳教解教人员的接茬帮教工作，防止和减少重新犯罪。四是在接待群众来信来访和法纪检察工作中，注意妥善处理虽不构成犯罪但容易引起矛盾激化的案件，预防犯罪。

三、关于查处"侵权"、渎职案件情况

各级检察机关加强了法纪检察工作，共受理各类"侵权"、渎职案件1827件，立案侦查591件，分别比1989年上升17.1%和36.5%；依法起诉175件222人，免予起诉209件287人。

去年，检察机关办理的"侵权"、渎职案件一个显著特点是：重大非法拘禁、刑讯逼供和玩忽职守案件突出。在立案侦查的案件中，重特大案件83件，比1989年上升119%。

四、关于监所、控告申诉、民事行政检察和检察技术等工作情况

一年来，检察机关加强了监所检察，开展了对监管改造场所执行法律政策情况的检察监督。共对监管改造场所干警违法行为提出纠正意见1199次；查处监管场所发生的干警贪污贿赂等案件26件，查处劳改犯人重新犯罪和劳教人员犯罪218件237人，配合有关部门严厉打击了牢头狱霸犯罪活动；检察纠正超期羁押人犯2694人；对2384名减刑、假释、保外就医等罪犯的执行情况进行了检察。

各级检察机关加强了控告申诉检察工作。共受理公民控告、申诉27988件(次)，办理各类控申案件1307件，其中不服检察机关免诉的申诉案件223件，纠正34件；查处不服法院判决、裁定的申诉105件，对其中确有错误的，向人民法院提出了纠正意见。

继续在一些检察院进行了民事行政诉讼法律监督的试点和调查研究工作，并选择一些典型案件参与诉讼，摸索经验。

检察技术在边建设、边工作中发展。一年来，共进行法医、文件、痕迹、司法会计等检验622件，现场勘验244次，物证照相201次，录像9次。为侦查工作和认定犯罪事实提供了科学依据。

五、关于检察队伍建设情况

全省检察机关进一步加强了思想政治工作和队伍建设，一年来共表彰先进集体179个，先进个人1477名。在加强队伍建设方面，我们主要抓了以下几项工作：

一是紧密结合检察工作的任务和特点，对干警进行了党的基本路线和社会主义思想教育，使广大干警自觉地坚持四项基本原则，坚定社会主义、共产主义信念。同时对干警加强了全心全意为人民服务宗旨的教育和职业责任、职业道德、职业纪律的教育，教育广大检察干警热爱检察事业，忠于职守，忠于法律。

二是狠抓了廉政建设，坚持“从严治检”，纠正行业不正之风。对干警中发生的违法违纪问题，一经发现，就认真调查，严肃处理。去年，我们共处理违法违纪干警25人，其中追究刑事责任的2人，给予党政纪处分的23人。

三是加强了政工机构建设。目前，省检察院和51个分、市、县（区）院建立了政工机构，全省共配备专职政工干部140多名。去年，我们召开了全省检察机关政治工作会议，总结交流经验，研究了加强思想政治工作的措施。

四是加强了领导班子的自身建设，重视了对后备干部的选拔和培养，协助党委、人大完成了105个县、区检察院检察长的换届选举工作。

五是加强了干部教育培训工作。继续举办了电大教育和检察专业证书教育。通过教育培训，干警的文化素质和业务素质有了新的提高。

全省检察机关于去年第一季度和第四季度，分别对1989年和1990年的执法执纪情况进行了认真检查。从检查的情况来看，检察机关执行法律、履行法律监督职责总的是好的，广大检察干警忠于职守，秉公执法，勤奋工作，执法水平和办案质量都有提高。但也发现一些不容忽视的问题。各级检察院坚持违法必究，有错必纠的原则，及时进行纠正。

1990年，我省检察工作还存在不少缺点和问题。主要是：工作发展不平衡，反贪污贿赂斗争宣传发动工作还不够深入，群众举报的案件线索初查工作进展较慢；少数检察院对法纪检察工作重视不够，抓得不紧，对少数公安司法人员“侵权”案件查处不够有力；人别地方存在执法不严的情况，有错捕、错诉现象；个别检察院违法采取强制措施，甚至越权办案；对侦查和审判活动的监督尚需加强；少数干警违法乱纪现象时有发生；办案力量不足，办案经费、技术装备以及办公用房等仍然比较困难。

1991年检察工作总的指导思想是：认

真贯彻执行党的十三届七中全会、省委五届三次全会和全国检察长工作会议精神，在各级党委和上级人民检察院的领导下，在各级人大及其常委会的监督和政府的支持下，发挥检察机关的职能作用，深入开展反贪污贿赂斗争，坚持依法从重从快严厉打击严重刑事犯罪，加强法纪检察，开展各项业务，积极参加社会治安综合治理，抓好思想政治工作，加强队伍建设，为维护国家稳定、社会稳定，促进经济建设发展，保障公民的人身权利、民主权利不受侵犯，做出新的成绩。

我们要坚定不移地把反贪污贿赂斗争深入持久地开展下去。坚持查处大案要案，力争有新的突破。办案中，继续坚持“一要坚决，二要慎重，务必搞准”的原则。牢固树立为经济建设服务的观点，把惩治贪污贿赂等经济犯罪同促进经济发展结合起来，保证经济建设和改革开放的顺利进行。

当前，我省社会治安形势仍然相当严峻。我们要继续坚持依法从重从快打击严重刑事犯罪活动的方针，严厉打击严重刑事犯罪活动。要继续与公安等部门密切配合，针对社会治安中的突出问题，开展集中打击或专项斗争。继续坚持对重大刑事案件提前介入的制度。加强侦查监督和审判监督。结合办案，积极参加社会治安综合治理，把打击与防范有机地结合起来，预防和减少犯罪。

法纪检察工作，重点查处绑架、扣压人质的非法拘禁案件，贪赃枉法的徇私舞弊案件，后果严重的玩忽职守案件和重大特大责任事故案件。

加强思想政治工作和队伍建设是检察机关一项长期的重要任务。要组织干警深入学习贯彻党的十三届七中全会精神，提高贯彻执行党的基本路线的自觉性。要继续贯彻执行《检察人员纪律》，纠正行业不正之风，推进检察机关的廉政建设，继续深入开展争先创优活动，大力表彰清正廉明、秉公执法的先进典型。努力建设一支政治觉悟高、纪律严明、业务过硬、受人民爱戴的检察队伍。

福建省人民检察院工作报告（摘要）

——1991年4月26日在福建省第七届人民代表大会第四次会议上

福建省人民检察院检察长　陈明枢

（1991年4月29日福建省第七届人民代表大会第四次会议通过）

一、反贪污贿赂斗争情况

去年，各级检察院始终突出反贪污贿赂斗争这个重点，经过坚持不懈的努力，巩固、发展了“两高”《通告》形成的好势头。全省共受理贪污贿赂案2269件，立案侦查1754件，比上年略有增加。其中贪污案691件，贿赂案1063件，追缴赃款赃物折合人民币1698万元，比上年增加13.7%，实现了年初提出的“四个新进展”的要求：

一是查处大案要案，特别是查处党政

机关、执法部门影响大的案件取得新进展。共立案侦查万元以上大案418件，与上年基本持平，但案值增大。其中五至十万元的24件，十至五十万元的12件，超过百万元的1件；查处党政机关工作人员180人，执法人员115人；查处了身居要职、隐藏较深的县处级以上干部的要案46人，上年为38人。其中副厅级以上干部4人。

二是查处群众反映强烈的一些部门和行业的案件取得新进展。许多基层检察院对群众反映问题多的单位、行业，进行深入调查，发动群众揭问题、摆疑点，在系统和部门领导的积极配合下，揭露并查获了一批案件。仅在农行、林业、粮食等七个部门就立案侦查贪污贿赂案831件，占贪污贿赂立案总数的47.4%。

三是完善举报工作和发展重点乡镇检察室取得新进展。举报工作逐步健全了各项制度，加强了对举报线索的分析、筛选、初查。全年共受理举报11255件，属检察机关管辖已初查的成案率为36.6%，比上年略有上升。重点乡镇检察室发展到228个，上年为52个。建瓯、南平、建阳三县（市）的乡镇已全部建立，并制定了完善检察室职责的规章制度。据不完全统计，去年乡镇检察室共主办贪污贿赂案97件，还配合县、区院办理各类案件316件。

四是健全分级办案责任制，提高办案质量和效率取得新进展。按分级办案规定，去年省检察院主办了4件副厅级以上干部案件和2件大案，参办了26件大要案；分、市院查处了42件要案和一批大案。各级检察院健全和完善侦捕、侦诉分开制度，加强了内部制约，提高了办案的质量和效率。去年，共办结1718件，结案率为83.1%，比上年多审结196件，增加12.9%。

当前，贪污贿赂犯罪的主要特点：一是贿赂犯罪明显上升，犯罪金额愈来愈大。去年贿赂案比上年增加9.5%，比贪污案高出53.8%（全国贪污案高于贿赂案31.6%）。值得严重注意的是领导干部和某些涉外部门、执法机关工作人员索贿受贿案件增多，影响更坏，危害更大。二是内外勾结，权钱交易，形成案连案，案中案的多。往往突破一案，就带出一串，挖出一窝。三是新作案的多，犯罪手段隐蔽狡猾。去年查获的案件，1989年以后作案的占43%，其中“两高”《通告》以后作案的占58%。

各级检察院还立案查处偷税抗税、挪用公款案等560件，比上年增加14.1%。全年共立案查处各类经济犯罪案件2314件，比上年增加3.7%，共追缴赃款赃物折合人民币3029万元，增加22.9%。

去年，反贪污贿赂斗争取得了较好的成绩，但不能估计过高。我们在工作中也存在不少缺点和不容忽视的问题。主要是：工作发展不平衡，在一些情况、条件相似的地方，其办案数量和工作成效悬殊比较大，沿海山区都存在这个问题；侦查工作仍然薄弱，侦查意识还不够强；在处理“两高”《通告》期间的案件中，有些地方运用免诉不当，有少数案件不该免诉而作了免诉处理；案多人少，有些地方举报线索积压比较多，有的案子办得时间长。此外，经费不足，交通工具、侦查设施落后等也影响了工作。

二、严厉打击刑事犯罪情况

一年来，全省检察机关继续坚持依法从重从快的方针，同公安、法院和司法行政等部门紧密配合，严厉打击严重刑事犯罪活动，深入开展“扫黄”、除“六害”等专项斗争和专项治理。去年全省检察机关共受理公安机关提请批准逮捕人犯17066人，比上年增加29.1%，经审查批准逮捕15141人，增加32.2%；受理公安机关移送起诉15800人，经审查提起公诉13559人，分别增加39.1%和37.9%。

打击毁林犯罪始终是检察工作的重要任务之一。去年，全省共批准逮捕毁林犯罪分子501人，起诉291件506人。

在“严打”斗争中，我们着重抓了以下几项工作：

1、突出打击重点。对杀人、放火、爆炸、强奸等七类对象，尤其对团伙犯罪、重特大案件，各级检察院采取了“四个优先”，即：优先安排、优先审查、优先研究、优先办理法律手续。在保证办案质量的前提下，做到依法快捕快诉。去年共批准逮捕七类对象5785人，占批捕总数的38.2%；对罪行较轻不再危害社会的则注意少捕或不捕，基本做到稳、准、狠地打击各类严重刑事犯罪分子。

去年上半年，各级检察机关还依法处理参加1989年春夏之交的动乱和反革命暴乱的犯罪分子。对虽已触犯刑律，但情节较轻、认罪态度较好的，依法免予起诉，从宽处理；对于极个别罪行严重的，依法提起公诉。至去年6月底，这类案件已全部审查结束。

2、积极参加“严打”统一行动。根据中央和省政法委的统一部署，5月以后各级检察机关在当地党委、政府的统一领导指挥下，同有关部门紧密配合，积极投入“严打”斗争。共批准逮捕10847人，提起公诉10261人。

3、坚持对重、特大案件，特别是重大团伙犯罪案件实行提前介入制度。多数检察院与公安机关建立了提前介入、定期交流信息的制度，在公安机关的支持下，逐步健全提前介入程序，有意识地抓证据，提出建议，进行监督。去年，对公安机关侦查的1153件重特大案件，做到了主动提前介入。

4、加强了侦查监督和审判监督。各级检察院在审查公安机关提请逮捕和移送起诉的人犯中，对不构成犯罪或虽已构成犯罪但不需要逮捕的986人，作出了不批准逮捕的决定；追捕犯罪分子266人。对不构成犯罪的35人作了不起诉的决定；追诉犯罪分子97人。对公安机关侦查活动和人民法院审判活动中的违法情况及时提出纠正意见。开展了对二审监督和再审监督，对人民法院确有错误的判决、裁定提出抗诉65件。到去年底，已收到法院判决、裁定25件，其中改判14件。

5、监所检察部门进一步加强了对监管改造场所的监督。去年共检察纠正监管改造场所中违法8425次；起诉劳改、劳教人员犯罪案124件；查处监管干警违法犯罪74人。“严打”期间，多数检察机关领导深入监管改造场所，通过开展法律政策教育，有328名人犯交代了余罪377条，739人检举揭发他人犯罪线索1207条。

三、查处侵犯公民民主权利和渎职犯罪案件情况

去年，全省检察机关共受理各类法纪案件1015件，立案侦查335件，比上年增加26.9%，已办结264件，其中起诉121件143人，免诉143件189人。

从查办案件情况看，一是“侵权”案件仍占首位，且出现新的特点。去年立案侦查非法拘禁、诬告陷害等案件154件，比上年增加58.8%。非法拘禁案件，以往多因民事纠纷、婚姻矛盾而引发，近年来随着商品经济发展和民间“标会”的蔓延，经济合同和债务纠纷逐渐增多，以绑架、扣押人质等方法逼还债务的非法拘禁案件越来越突出。去年发生46件，占非法拘禁立案数的54%。二是国家工作人员玩忽职守案件上升。去年立案侦查56件，上年为23件。三是个体小煤窑、建筑队发生的重大责任事故突出。去年立案36起，占这类案件立案总数的40%。

控告申诉检察工作有新的进展。去年共受理公民来信来访28000多件次，内含控告检举24000多件次，申诉3000多件次。其中属于检察机关管辖的9000余件。在已处理的申诉案件中，纠正了不服检察机关作出不批准逮捕、不起诉、免予起诉决定的案件33件。不属检察机关管辖的18000多件控告、申诉，已及时移送有关部门处理。对容易引起矛盾激化和集体上访的案件，及时采取果断措施，进行教育疏导，缓解矛盾。各级检察院还继续坚持了检察长批阅来信、接待来访的做法，受到群众的欢迎。

民事、行政诉讼法律监督工作开始起步。部分分、市、县院相继设立了机构，组织干警认真学习行政诉讼法，抓了干部的上岗培训工作，开始受理一批不服人民法院判决、裁定的民事、行政案件。

四、开展社会治安综合治理情况

一年来，各级检察机关在依法打击各种犯罪活动的同时，紧密结合各项检察业务，积极开展其他各项综合治理工作。主要做法是：

1、注意发挥检察建议的作用。据不完全统计，去年全省提出检察建议1500多条，促使发案单位改章建制，加强管理，堵塞漏洞，预防和减少犯罪。

2、协助监管机关加强对“两劳”人员的教育改造。一是“墙内墙外”一起抓。如大田县由县检察院牵头组织了11个单位，深入清流劳改支队，对大田籍犯人开展《故乡在呼唤》系列教育活动，效果很好。二是配合有关单位对免诉人员定期回访考察，对刑满释放和解除劳教人员进行帮教。

3、结合检察活动，开展法制宣传。省检察院去年制作反映检察工作的电视专题片6集，在省电视台《晨钟》专栏播放；摄制《反贪倡廉话八闽》纪实系列片，在全省内部发行。同时注意利用出庭支持公诉的机会，宣传法制，教育群众。一些基层院还与重点乡村、企业建立了综合治理的联系点，收到了一定的社会效果。

4、加强信息和调研工作，为领导决策和指导工作服务。各级检察机关结合检察工作特点，注意研究社会治安的新情况、新问题，捕捉信息，认真进行综合分析，找出规律性和倾向性、苗头性的问题，及时向党委和有关部门反映情况，提出建议，为领导决策提供了依据。去年编写上报信息657条，被省级以上信息部门采用了321条，有5条信息中央领导作了重要批示。

在开展综合治理上，各级检察院还高度重视青少年犯罪问题，积极配合有关部门做好对违法犯罪青少年的教育、感化、挽救工作。

当前综合治理工作存在的主要问题是，有些干警片面认为，办案是“硬任务”，综合治理是“软任务”，工作主动性、自觉性不是那么高。

五、队伍建设情况

各级检察院都注意把提高干警的政治、业务素质，当作一件大事来抓。在这方面，我们着重抓了这几件事：

1、加强思想政治工作。年初，省检察院对各级院领导提出了思想政治工作摆上位子，纳入盘子，多出点子，抓好班子，给些票子的“五子登科”的要求。10月份，在实践的基础上，又提出要在“四个点”上做文章，即：明确特点，就是开展具有检察行业特色的思想政治工作；突出重点，就是加强各级领导班子和队伍建设；抓住热点，就是认真解决群众反映强烈的不正之风和突出问题；主攻焦点，焦点在于提高领导的认识，切实解决加强领导问题。各级检察院结合实际，认真贯彻落实。抓了加强理论学习和思想教育，普遍进行职业道德、职业责任和职业纪律教育，使广大检察人员更加坚定了建设具有中国特色的社会主义的信念，进一步树立了全心全意为人民服务的思想，自觉坚持四项基本原则，反对资产阶级自由化，增强反渗透、反颠覆、反和平演变的自觉性。

省检察院还结合贯彻党的六中全会精神，从去年开始分期分批抽调46名干部下基层，既帮助了基层工作，又使机关干部得到锻炼。根据最高人民检察院要求，各级检察院进一步健全了政工机构，省检察院和各分市院相继建立了政治部(处)，县、区检察院也建立了政工科或配备专兼职政工干部，为加强思想政治工作，提供了组织保证。

2、抓紧干部的教育培训。经过认真实施“七五”培训计划，坚持办好电大普通班和法律专业证书班，选送部分干警到院校深造，检察队伍的文化、专业结构有了改善。大专以上文化程度从占干警总数的12.9%，提高到49.9%。各级正副检察长大专以上文化程度从原来的18.7%，提高到48.8%。同时，还根据业务工作的需要，开展了岗位培训、短期脱产培训等。

3、广泛开展创先争优活动。各地结合开展“岗位学雷锋，做雷锋式检察官”的活动，大力表彰那些在法律监督活动中涌现出的先进人物。1990年，有62个单位被县级以上党政机关评为先进集体，有164名检察人员被评为先进个人、优秀共产党员；全省检察系统也评选出15个先进集体和121个先进个人。第四季度，通过全面开展执法执纪大检查，进一步宣传贯彻《检察人员纪律》，纠正不正之风，加强廉政建设。

4、着手进行聘请民主党派和无党派人士担任特约检察员工作。根据中央以及最高人民检察院的指示，厦门市院已聘5名特约检察员，省检察院及福州等沿海地区检察机关会同统战、组织部门，正在积极进行聘请民主党派人士担任特约检察员工作。

此外，省、地检察机关还协助党委完成了基层检察院的换届选举工作。

六、1991年检察工作的主要任务

根据全国检察长工作会议的要求和我省实际，1991年我省检察工作的主要任务是：以党的七中全会精神为指针，围绕经济建设中心，“深入两反，坚持严打，加强法纪，突出综治（综合治理——编者注)，抓好队伍，带动全面”。反贪污贿赂斗争，要在“深入”上下功夫；严厉打击严重刑事犯罪，要在“准快”上花力气；法纪检察，要在“加强”上做文章；社会治安综合治理，要在“落实”上见成效；队伍建设，要在“清廉”上严要求，努力提高执法水平，全面完成各项任务。

江西省人民检察院工作报告（摘要）

——1991年3月10日在江西省第七届人民代表大会第四次会议上

江西省人民检察院检察长　王树衡

（1991年3月13日江西省第七届人民代表大会第四次会议通过）

一、打击贪污贿赂犯罪情况

去年，全省检察机关共受理贪污贿赂案件2509件，立案侦查1419件。受、立案数接近上一年水平。通过办案，为国家和集体挽回经济损失2782万元。

查处大案要案有新的进展。按照分级负责的原则，坚持检察长亲自办案，依法查处了一批大案要案。共立案查处万元以上贪污贿赂犯罪大案245件，其中，五万元以上不满十万元的25件，十万元以上的9件。查处县（处）级干部贪污贿赂犯罪案件21件21人。一些地方通过查处大案要案，公布案情，发动群众检举揭发，兑现宽严政策，敦促有贪污受贿问题的人投案自首，形成"小高潮"，收到了较好的社会效果。有204名经济违法犯罪人员到检察机关投案自首，交代违法犯罪金额182万元。

侦破利用行业特权进行犯罪的案件多。检察机关深入到一些不正之风比较严重的行业和部门，抓住线索，深挖细查，"破一案带一串"，"挖一个端一窝"，侦破串案、窝案790件，其中大案要案100件。

群众举报继续保持好势头。共收到举报线索16704件。立案侦查的贪污贿赂案件，有70%的线索来源于群众举报。

侦查水平有所提高。继省检察院成立反贪污贿赂工作局之后，各分、市院也相继成立了反贪污贿赂侦查工作机构，加强了侦查业务指导，提高了协同作战能力。省检察院还举办了预审、司法会计等专业培训班，召开了全省第二次反贪污、反贿赂侦察工作会议，检察人员的侦查意识和对策水平得到提高。侦破难度较大的贿赂案件效果显著，共立案618件，占贪污贿赂案件立案总数的44%。各地还注重研究各类经济犯罪的作案特点，采取相应措施，挖出了一批隐藏较深的贪污贿赂犯罪分子。在财力比较困难的情况下，各级政府帮助购置了一些技术装备，推动了反贪污、反贿赂侦查工作的开展。

为经济建设服务的效果明显。各级检察机关牢固地树立"打击、保护、促进、服务"的观念，注意学习和掌握经济工作中的各项政策，坚持"一要坚决，二要慎重，务必搞准"的原则，严格区分罪与非罪的界限。对涉及企业生产、经营、管理、流通等环节的问题，周全考虑。对冻结企业的帐号，查封企业资产持慎重态度；查处生产、经营、技术、管理岗位上的关键人员时，及时向政府和主管部门建议调整，不使生产和经营脱节断档；注意巩固和发展企业产、供、销渠道。还针对发案单位存在的问题，提出检察建议2876份，健全规章制度，挽救了34个濒临倒闭的企业，帮助94个企业改善了经营管理，走出困境，促进了经济的发展。

各地检察机关还开展了打击偷税抗税的专项斗争。共立案查处偷税抗税案件307件，追缴偷税抗税款855万元。查处挪用公款、假冒商标等经济犯罪案件408件。

我省反贪污、反贿赂斗争还存在一些问题和困难。主要是工作发展不平衡；要案的查处仍然是个薄弱环节；侦查水平和技术装备不相适应，办案经费紧张，人力不足。尤其值得引起重视的是，在一些地方和单位，被举报人利用手中掌握的职权，对举报人打击报复的问题时有发生，去年到检察机关投诉的近30件。

当前，我省反贪污、反贿赂斗争任务十分繁重，贪污贿赂犯罪分子的嚣张气焰并没有刹下去。从去年查处的贪污贿赂犯罪案件看，"两高"《通告》发布以后顶风作案的占到40%以上，而且犯罪金额越来越大，犯罪手段越来越隐蔽狡猾。因此，一定要不断深化对反贪污、反贿赂斗争长期性和重要性的认识，认真贯彻"两手抓"的方针，坚定不移地把反贪污反贿赂斗争不断引向深入。

二、依法从重从快打击严重刑事犯罪情况

过去的一年，全省检察机关坚持把依法从重从快打击严重刑事犯罪作为另一个工作重点。共受理公安机关提请批捕人犯18358人，经审查批准逮捕17061人，其中重特大案犯2152人；受理公安机关移送起诉、免诉案件10348件19667人，经审查向人民法院提起公诉9290件16857人。批捕、起诉数和重特大案犯数与上年基本持平。

去年5月以来，省委、省政府部署了"严打"、整治社会治安的总体战。全省检察机关组织了2736名干警，244名正、副检察长参加以"打团伙、破大案、追逃犯、整难点"为主要目标的两次集中统一行动，配合公安机关开展了打击盗窃、抢劫、破坏电力通讯设备和"扫黄"、"除六害"等专项斗争、专项治理工作，配合法院公开宣判499次，打击了刑事犯罪分子的嚣张气焰。

对重特大刑事案件，提前介入公安机关的侦查、预审活动619件1257人，协助抓准证据，依法履行监督。对犯罪团伙和恶性案件，成立专门的办案组，坚持两个基本，做到快捕、快诉。

认真履行了侦查监督和审判监督职责。在审查批捕、审查起诉工作中，坚持以事实为依据，以法律为准绳的原则，作出不批准逮捕决定的653人，作出不起诉决定的79人；依法追捕202人，追诉87人。对公安机关侦查活动中的违法情况，提出纠正意见128件（次）；对人民法院审判活动中的违法情况，提出纠正意见91件（次）。对确有错误的判决、裁定抗诉51件，至年底已收到法院改判29件。

对参与1989年春夏之交动乱和北京地区的反革命暴乱的反革命分子和其它刑事犯罪分子，都依照法律和政策进行了处理，这项工作已经结束。

我省社会治安秩序基本是稳定的，但也应清醒地看到，社会不安定因素还很多，治安形势仍然很严峻。各级检察机关一定要树立长期作战思想，坚持依法从重从快打击严重刑事犯罪的方针，把"严打"、整治社会治安总体战坚持不懈地抓下去，抓出成效来。

三、查处"侵权"、渎职犯罪案件情况

去年共受理各类法纪案件1390件，立案侦查455件，比上年增加10%，立案数是最多的一年。各级检察院把主要精力放在大案要案的查处上，共立案52件，其中特大案件9件。

坚决查处了非法拘禁、诬告陷害等“侵权”案件，共立案207件，比上年增加近40%。其中，“人质型”非法拘禁案件明显增多，共受理138件，立案侦查45件，比上年增加一倍半。

严肃查处了公安司法人员和国家工作人员徇私舞弊、玩忽职守等渎职案件248件，比上年增加14%。

各地在查处“侵权”、渎职案件中，体现打击、挽救和教育的政策，严格区分违法、违纪与犯罪的界限。查处执法人员违法犯罪案件，注意划分依法执行公务中的一般违法行为与情节后果严重的刑讯逼供、非法拘禁的界限；查处商贸活动中的玩忽职守案件，重点查明行为人是否有渎职、失职行为，划分经济纠纷造成的损失和玩忽职守造成的损失的界限；对为逼还债务搞“人质型”非法拘禁案件，重点是查处绑架、扣押无辜妇女、儿童、残疾人以及其它手段恶劣、后果严重的案件。各地还结合办案，大力宣传了“侵权”、渎职犯罪案件的立案标准，提高了国家工作人员遵纪守法的观念。

我省“侵权”、渎职案件发案情况还比较严重。我们一定要从维护党和政府的崇高威望出发，把法纪检察工作摆在重要位置上，充实办案力量和侦查装备，推动法纪检察工作的开展。

四、对监管改造场所执法监督情况

各级检察机关及时打击了劳改犯又犯罪和劳教人员犯罪活动，批准逮捕34人，提起公诉196人。纠正无证关押、超期羁押等违法行为700多件。查处了监管改造场所干警贪污受贿、体罚虐待被监管人和私放罪犯等案件16件24人。配合有关部门加强了对劳改、劳教人员的教育改造工作，宣讲法律知识千余次。

五、控告申诉检察工作情况

去年共受理群众来信来访19786件(次)，按照一个窗口对外，线索分流的做法，对控告申诉案件及时进行了处理。全省检察院自办4560件，其中，查处不服免诉的申诉案件236件，已纠正24件；复查不服法院判决、裁定的申诉案件79件，向法院提出纠正意见13件。各级检察院坚持了检察长接待日和亲自批阅来信制度，对告急案件做到检察长亲自接待，急案急办，妥善处理了一批容易引起矛盾激化的来信来访案件。不少检察院在偏僻地方和偏远山区，开展了巡回接待、挂牌办案工作。

六、开展民事行政诉讼监督情况

我们组织干警认真学习了《行政诉讼法》和有关行政法规，举办了上岗前的培训班，进行了调查研究和各项准备工作。根据最高人民检察院《关于执行行政诉讼法第六十四条的暂行规定》，结合我省实际，制定了具体的试行细则。省检察院和南昌市检察院已成立民事行政检察处，负责这项工作。其他检察院也正在抓紧筹建专门机构，积极开展工作。

七、参与社会治安综合治理情况

各级检察机关积极参与社会治安综合治理工作。在办案中，通过出庭支持公诉，发表公诉词7274篇，揭露犯罪，宣传法制；配合有关部门对监外执行的罪犯进行检察，对“两劳”回籍人员、免诉人员定期回访考察和帮教；对轻微违法犯罪青少年，多做教育挽救工作；通过举报和控申窗口，做好有可能引起矛盾激化案件的处理工作；充分发挥检察建议的作用，帮助发案单位健全规章制度、堵塞漏洞；还建立了102个社会治安综合治理联系点。这些工作都取得了较好的成效，预防和减少了犯罪。但也有一些检察院由于案件多，力量不足，存在重打轻防的问题，对社会治安综合治理工作不够积极主动。我们要更加自觉地把社会治安综合治理作为检察工作的一项重要任务，认真贯彻好，落实好。

八、加强思想政治工作和队伍建设情况

去年，省检察院召开了我省检察机关第一次政治工作会议，进一步明确了检察机关政治工作的任务、特点和内容，积极开展了具有检察工作特点的思想政治工作。

深入进行马克思主义基本理论教育。组织干警认真学习马克思主义哲学，学习毛泽东、邓小平等老一辈无产阶级革命家的著作，学习江泽民等中央领导同志的重要讲话。进行坚持四项基本原则、反对资产阶级自由化的教育，党的基本路线教育和职业道德、职业责任、职业纪律教育。使广大检察人员牢固树立共产主义世界观和全心全意为人民服务的思想，增强了反“和平演变”、反颠覆、反腐蚀的能力，保持了旺盛的革命斗志。

推进自身的廉政建设。各级检察机关坚持从严治检，认真执行以秉公执法、清正廉明为主要内容的“八要八不准”的检察人员纪律。对干警中发生的违纪违法行为，及时组织力量进行严肃查处，全年共有 17 件 19 人受到党纪、政纪处分。

开展争先创优活动。一大批先进集体、先进个人受到表彰和奖励。去年有 4 个单位和 5 名个人先后受到最高人民检察院的表彰。有 29 个单位被评为全省检察工作先进集体，5 个单位、14 名个人荣记二等功。不少检察院被评为文明单位，党支部被评为优秀党支部。

加强检察办事处、检察室和检察助理员工作。检察派出机构去年受理自侦案件线索 1173 件，配合办案 589 件，发挥了重要作用。

加快干部培训工作步伐。我省“七五”期间检察干部培训工作规划基本完成，具有大专以上（含检察专业证书）文化程度的，从 16%上升到 46%。有 1300 多人参加了“法律”（检察）专业证书”学习，700 多人接受了电大、函授等成人高等教育，1200 多人接受了短期专业培训。

进行执法执纪大检查。全省检察机关对去年 1 至 9 月执法、执纪情况进行了检查。重点检查了自侦免诉案件、不捕不诉案件等共 1555 件 2890 人。检查表明，检察机关执法执纪的情况是好的。同时，也发现自侦案件免诉不当的 75 人，少数检察院越权办案、超期羁押、违反规定搞收审和乱收费等问题。各地坚持边查边改，按照法定程序作了纠正或正在处理。

根据最高人民检察院、中共中央统战部《关于聘请民主党派成员和无党派人士担任特约检察员的意见》的要求，省检察院在省委统战部的大力支持和协助下，正在积极进行这一工作。

今年是我国实施第八个五年计划和实现第二步战略目标的第一年。在新的一年里，全省检察机关要坚持检察工作服务于党的基本路线的指导思想，认真贯彻落实党的十三届七中全会和省委九届二次会议精神，按照全国检察长工作会议和社会治安综合治理工作会议的部署，紧紧围绕把国民经济搞上去这个中心任务，竭尽全力维护社会的稳定，自觉地为治理整顿、深化改革服务，为国民经济的持续、稳定、协调发展服务，为推进社会主义民主和法制建设服务。

山东省人民检察院工作报告（摘要）

——1991年4月22日在山东省第七届人民代表大会第四次会议上

山东省人民检察院检察长　臧　坤

（1991年4月25日山东省第七届人民代表大会第四次会议通过）

一、继续深入开展了反贪污贿赂斗争

1990年，全省各级检察机关共立案查处经济罪案5238起，是1982年以来打击严重经济犯罪的第二个高峰年。其中，贪污贿赂案3725起，挪用公款案727起，偷税抗税案620起，假冒商标案67起，其他罪案99起。通过办案，共为国家和集体挽回经济损失7141万元。1990年的反贪污贿赂斗争，取得了较明显成绩。主要表现是：

1. 重点突出，查处的贪污贿赂犯罪案件多。立案查处的贪污贿赂罪案占立查经济罪案总数的71.11%。

2. 主攻方向明确，侦破了一批大案要案。共立案查处经济犯罪大案要案962起，基中贪污贿赂犯罪大案要案607起。在贪污贿赂大案要案中，犯罪数额在万元以上不满五万元的545起，五万元以上不满十万元的16起，十万元以上的10起；县处级干部犯罪要案66起。

3. 在一些重点行业和部门侦破的"群案"、"串案"多。针对某些行业和部门贪污贿赂犯罪上下勾结、互相串连的特点，集中力量深挖犯罪，侦破了不少"群案"、"串案"。

4. 举报势头较好，成案率明显提高。共受理群众举报的贪污贿赂犯罪线索12732件，占举报经济犯罪案件线索总数的76.25%；初查3402件，从中立案2718起，成案率为79.89%，比上一年增加14个百分点。

5. 取得了较好的社会效果。通过办理贪污贿赂等经济罪案，为国家和集体挽回经济损失达7000余万元。通过办案宣传了法制，在法律政策的感召下，有近200名经济违法犯罪人员投案自首。据不完全统计，在办案中，协同有关部门治理整顿了300多个企业单位；提出检察建议1200多条；协助建立健全千余条规章制度；使500余个濒临倒闭的企业恢复了生机，130多个企业单位的面貌发生了明显变化。

我们在开展反贪污贿赂斗争中，重点抓了以下工作：

（一）牢固树立为全局服务的指导思想，不断提高广大检察干警对反贪污贿赂斗争的重要性、必要性和长期性的认识。

（二）始终把查处大案要案作为反贪污贿赂斗争的主攻方向。省检察院和各分市院不断加强了对侦破大案要案的指导工作，适时召开了查处大案要案现场会，及时总结推广经验，落实了分级查办大案要案和检察长亲自办案制度。

（三）强化侦查措施，注重深挖犯罪。我们不断调整充实侦查队伍，合理使用力量。针对贪污贿赂犯罪的规律、特点，研究斗争的策略和对策，增强办案人员的侦查意识，在深挖犯罪上狠下功夫。不少检察机关深入到群众举报多的重点行业和单位，从侦破一两个案件入手，取得了“办一案，带一串”、“查一个，挖一窝”的好效果。

（四）加强法制宣传，广泛发动群众，调动广大群众举报犯罪的积极性。

（五）狠抓办案质量的提高。在办理贪污贿赂罪案中，始终坚持“一要坚决，二要慎重，务必搞准”的原则。对法律政策不清和有争议的案件，坚持多请示、多研究，宁可缓办也不错办的原则。认真执行了侦捕、侦诉分开的内部制约制度，使所办案件事实清楚，证据确凿充分，定性处理恰当。

去年，全省在办理自行侦查的案件中，曾一度出现免诉率偏高的问题。省检察院统一组织力量，普遍检查了当年作免诉处理的经济案件。对发现的问题，及时采取了相应的措施，研究制定了加强自侦案件免诉工作的意见，狠抓了落实。

（六）坚持打防并举，着眼于综合治理。一是在办案中，切实做到维护企业正常的生产、经营秩序。特别是查处涉及生产、经营有关工作人员的犯罪案件时，注意不使生产和管理脱节，尽量为发案单位追回赃款、赃物；不轻易冻结生产、经营部门在银行的账户和存款，保证企业产、供、销渠道的畅通。二是查处涉及单位领导班子成员犯罪案件时，及时向党委、政府反映情况，提出加强或调整领导班子的建议。三是针对发案单位存在的问题，提出检察建议，帮助堵漏建制，预防犯罪。四是利用以案释法等方式，广泛宣传法制，提高广大干部群众的法律水平和学法、守法的自觉性。五是，通过对发案单位和经济犯罪免诉人员的回访考察，督促检查检察建议的落实，巩固扩大办案的社会效果。

二、贯彻依法“从重从快”的方针，严厉打击了严重刑事犯罪活动

一年来，全省各级检察机关共批准公安机关提请逮捕的各类刑事案犯 24943 人，比上年增加了 3.4%，其中重大特大案犯 9962 人，比上年增加了 6.5%；依法提起公诉 24276 人，比上年增加了 7.9%。在“严打”斗争中，我们主要抓了以下几点：一是各级检察机关坚持贯彻了依法“从重从快”的方针，积极参加“扫黄”、除“六害”、“打流窜”、“挖团伙”、打击拐卖人口犯罪等专项斗争和“破大案、挖团伙、打流窜、追逃犯”等集中打击行动。二是坚决审慎地审理动乱、暴乱期间的刑事犯罪案件。三是认真贯彻了有备无患、严加防范、内紧外松、稳定大局的方针。制定落实了处置突发事件的预案，加强信息动态和情况控制工作。四是普遍坚持了提前介入公安机关侦查特大刑事案件和团伙案件的制度。五是加强了侦查监督和审判监督，履行了法律监督职责。去年，在公安机关提请逮捕和移送起诉的案件中，通过检察机关审查，分别对 2358 名人犯和 153 名人犯作出了不批准逮捕和不起诉的决定；分别追捕了 230 名和追诉了 175 名人犯。对侦查、审判活动中的违法行为提出纠正建议 130 件次；对人民法院的判决、裁定提出抗诉 34 件次。六是积极参与社会治安综合治理工作。主要是结合办案，发动群众检举、揭发犯罪；通过出庭支持公诉，宣传法制，揭露犯罪；协同有关部门做好对免诉人员、外执罪犯和违法犯罪青少年的帮教工作；对发案单位工作中存在的隐患、漏洞，及时提出检察建议，减少和预防犯罪；通过办案和处理来信来访，疏导矛盾，化解纠纷，防止因矛盾激化而酿成犯罪。

三、认真查处“侵权”、渎职犯罪案件，维护了社会主义民主与法制

全省各级检察机关共立查各种法纪案件1056起，其中玩忽职守案205起，重大责任事故案207起，非法拘禁案226起，分别比上年增加了1.49%、11.89%和60.28%。各地在办案中，重点查处了绑架、扣押人质型的非法拘禁案件、执法人员刑讯逼供、贪赃枉法、徇私舞弊案件、严重玩忽职守和重大责任事故案件。

四、统筹兼顾，全面履行了各项检察职能

监所检察工作。配合反贪污贿赂斗争和“严打”斗争，教育、敦促在押人犯检举犯罪、交待余罪。及时打击被监管人员的重新犯罪活动，经常开展安全检察活动。全年共办理在押人员重新犯罪案件74起95人；查办监管干警索贿受贿犯罪案件4起8人；对监管改造活动中的违法行为提出纠正意见1325次；对不安全因素提出检察建议2881条；受理在押人员及其家属控告申诉300件306人。

铁路运输检察工作。结合整顿铁路行业不正之风，认真查处企业内部“以路谋私”、“以车谋私”的贪污贿赂犯罪案件；配合有关部门，严厉打击了“车匪路霸”等各种危害旅客和铁路运输安全的犯罪活动；围绕铁路安全生产，参加了重大特大事故的现场勘查、调查处理。

控告申诉检察工作。围绕反贪污贿赂斗争，加强了举报工作。去年共受理群众举报线索33275件。据统计，在检察机关办理的经济犯罪案件中，有70%来自举报。在重点抓好举报工作的同时，各级检察机关还积极受理、认真查处控告申诉案件。一年来，共受理各类信访45519件，查处控申案件427起。在控申工作中，坚持为民排忧解难，多做教育、疏导和化解矛盾的工作，维护安定团结的局面，保障了公民控告、申诉权利的行使。

民事行政检察工作。本着“积极、认真、稳妥”的原则，为履行民事行政法律监督职能做了一些调查研究和准备工作。省检察院已建立了机构，各分市院也正在筹建，逐步开展试点工作。

刑事技术工作。不断完善技术装备，加强专业培训，提高了运用科学手段搜集、鉴别证据的能力，努力为办案服务。全年共受理各类案件的检验、鉴定及文证审查5647件，为侦查工作和认定犯罪事实提供了科学依据。

五、坚持“从严治检”，狠抓队伍建设

我们始终把加强队伍建设作为一项经常性的重要任务来抓，采取多种形式，不断提高队伍的政治业务素质。加强了思想政治工作；普遍开展了职业道德、职业责任、职业纪律教育和“争先创优”活动；加强了检察机关领导班子建设；继续抓了业务培训工作，目前，大专以上文化程度的干部占44.14%。

在去年的工作中，还存在着不少问题。主要是：有的地方对反贪污贿赂斗争与发展经济的关系在认识上存有片面性，不同程度地影响着斗争的深入；检察机关在力量、物质装备、办案经费等方面，还不能完全适应形势任务的需要；全省检察工作的发展还不平衡，地市之间存在一定的差距；自侦案件免诉率偏高，有失之过宽和免诉不当的问题；少数检察干部骄傲自满情绪和特权思想有所滋长，办案作风不够严谨，个别办案人员执法不严，甚至违法违纪，等等。对上述问题，我们认真作了研究，有的已经和正在解决。

1991年，全省检察工作要紧紧围绕党的十三届七中全会和省委五届六次全委(扩大)会议精神，认真贯彻七届全国人大四次会议和省七届人大四次会议的各项决议、决定，全面履行各项法律监督职能，自觉地为实施“八五”计划和十年规划服务，为改革开放服务，为国民经济持续、稳定、协调发展，廉政建设和社会稳定服务。主要抓好以下几个方面的工作。

——继续深入开展反贪污贿赂斗争。全省各级检察机关要继续把反贪污贿赂斗争作为工作重点来抓。进一步深化思想认识，树立长期作战的思想。把查处大案要案作为主攻方向。继续贯彻“一要坚决，二要慎重，务必搞准”的方针，确保办案质量。通过办案，积极开展综合治理，争取更好的社会效果。

——坚持严厉打击严重刑事犯罪活动。各级检察机关要继续坚持依法“从重从快”的方针，严厉打击严重刑事犯罪活动。认真履行刑事检察职能，积极参加“严打”和各种专项斗争；坚持完善提前介入制度；搞好批捕、起诉工作；配合有关部门，抓好“扫黄”、除“六害”斗争；不断加强侦查监督和审判监督，保证办案质量。认真贯彻落实全国社会治安综合治理工作会议精神，积极参加社会治安综合治理。

——切实加强法纪检察工作。依法查处“侵权”、渎职给国家、集体造成严重政治经济损失的案件。严格掌握法律政策，讲求社会效果。

——大力加强思想政治工作和队伍建设。联系当前国际、国内政治形势和检察机关的各项任务，加强马克思主义、毛泽东思想的基本理论学习，深入进行共产主义、社会主义理想教育。坚持从严治检，加强廉洁奉公、严格依法执法教育和组织纪律教育。继续抓好干部教育培训工作，努力建设一支政治、业务素质较高的检察队伍。

与此同时，我们还要切实把监所、控告申诉、民事行政检察等项工作做好，以保证全面认真地履行法律赋予的各项检察职能。

河南省人民检察院工作报告（摘要）

——1991年3月6日在河南省第七届人民代表大会第四次会议上

河南省人民检察院检察长　席宝山

（1991年3月11日河南省第七届人民代表大会第四次会议通过）

一、深入开展反贪污贿赂斗争，促进廉政建设和经济建设

去年，全省检察机关反贪污贿赂斗争取得了新的进展。一是办理案件多。全省检察机关共受理各类经济犯罪案件8159件，立案侦查4767件，是开展打击经济犯罪斗争以来办案最多的一年。二是办案重点突出。在立案侦查的案件中，贪污、贿赂案占63.5%。三是侦破大案要案多。共立案侦查万元以上的经济犯罪大案1601件，是1989年的1.6倍；立案查处县、处级以上领导干部贪污、贿赂要案98人，超过了1980至1989年十年间办要案人数的总和。四是为国家和集体挽回的经济损失大幅度增加。在办案中共追缴赃款和赃物折款7970万元，比1989年增加15.8%。

1、正确分析形势，明确指导思想。去年初，各级检察机关组织大家认真学习党中央关于坚决惩治腐败，加强廉政建设的一系列重要指示，使广大检察干警进一步明确了斗争形势和任务，增强了紧迫感和使命感，为深入开展反贪污贿赂斗争奠定了良好的思想基础。

2、突出重点，狠抓大案要案的查处。各级检察机关结合本地实际，重点查处了已经揭露出来的领导机关和领导干部的贪污、贿赂案件，以及群众反映比较强烈和管理比较混乱的行业和单位的“热点”问题。去年以来，不少检察机关在金融、粮食、供销、基建等系统认真查处了一批大案要案。在查处大要案中，各级检察机关普遍采取了以下措施：

一是领导深入办案第一线，实施有效的组织指挥。据不完全统计，全省各级检察机关中，有70%的正副检察长都直接参与了对贪污、贿赂等经济犯罪大案要案的侦查。

二是上下级检察机关明确分工，密切配合，协同作战。我们对大案要案继续实行了分级管理制度：厅、局级干部的犯罪案件，以省检察院为主查办；县、处级干部的犯罪案件，以地、市检察院为主查办。同时，对县、区检察院办不动、难度大的案件，由地、市检察院派人协助；地、市检察院办不动的，由省检察院派人协助。

三是及时总结侦查经验，不断提高侦查水平。各级检察机关一方面认真研究贪污、贿赂等经济犯罪的特点，积极总结侦查经验，提高侦查技能；另一方面，通过举办各种形式的培训班、研讨会，对侦查人员进行培训，使检察干警的侦查水平有了明显提高。

3、牢固树立为经济建设和廉政建设服务的指导思想，努力扩大办案的社会效果。各级检察机关把惩治腐败同解决与广大人民群众利益密切相关的“热点”问题结合起来，努力消除不安定因素，促进社会的稳定。注意处理好打击与保护的关系。去年，全省各级检察院通过办案，救活濒临倒闭的企业210个，对由于贪污、贿赂犯罪而严重影响生产发展的538个企业进行治理整顿。同时，还针对企业经营、管理方面存在的漏洞，提出检察建议2454条。对涉及到领导班子成员和关键环节的业务骨干采取强制措施前，都要求及时通知主管部门提前做好人事安排，保持生产和经营管理的连续性和稳定性。在案件涉及人员较多的情况下，坚持惩办与宽大相结合，区别对待，打击少数，教育多数。注意运用典型案件开展法制宣传，揭露贪污、贿赂犯罪的严重危害，宣传党和政府惩治腐败的决心，展示检察机关反贪污贿赂斗争的成果。去年5月份，我们举办了全省反贪污贿赂成果展览，在10多个地市巡回展出，受教育面达140多万人（次）；针对暴露出来的一些单位领导班子不廉洁、作风不纯等问题，及时向党委和有关部门反映并提出整顿建议。

4、积极开展举报工作，认真发动和依靠群众同贪污、贿赂等经济犯罪作斗争。我们一是抓举报工作的宣传发动。通过报刊、电台、电视台等新闻媒介和公开处理典型案件等形式，鼓励人民群众检举揭发犯罪。二是建立举报工作机构，充实了人员，健全了制度，理顺了关系，缩短了案件线索的周转期，加快了初查进度。三是及时查处举报案件，取信于民。四是为保证举报工作的健康发展，我们依法查处了打击报复举报人的案件。同时，我们对借举报之机诬告陷害他人的案件，也依法进行了查处，使无罪的人不受法律追究。

5、加强领导，密切配合，努力发挥反腐败斗争的整体功能。在斗争中，各级检察院注意自觉地接受党委的领导，对检察工作的重大部署和安排，都及时报党委审定，对重要工作情况和重大案件，都及时向党委报告，对工作中遇到的问题和困难，注意及时向党委汇报解决。

各级检察机关还自觉地接受人大及其常委会的监督，不少单位主动邀请人大代表到检察机关视察工作，虚心听取代表的批评和建议，实事求是地将工作进展情况向人大及其常委会汇报，主动接受监督。

为了发挥反腐败斗争的整体功能，各级检察机关注意加强了同各执法、执纪部门的配合。

6、认真执行法律政策，保证办案质量。我们在工作中，一是坚决贯彻“一要坚决，二要慎重，务必搞准”的原则，严格区分罪与非罪、违法与犯罪的界限。对触犯刑律构成犯罪的坚决依法惩处；对法律政策界限不清、性质拿不准和有争议的案件，采取慎重态度，一般不急于处理，加强请示报告，加强调查研究。二是不断强化内部制约机制。各级检察院将自侦案件的决定逮捕、审查起诉与侦查、预审分开，由刑检部门和经检部门分别承担。对严格把关、防错防漏，切实保证案件质量起到了积极的作用。此外，为了提高免诉案件的质量，我们建立了免诉案件的备案审查制度，要求对免诉案件的处理都必须由检察委员会讨论决定。不服免诉决定的申诉由上一级检察院复查处理。

全省检察机关依法开展了打击偷税抗税犯罪活动的斗争。去年共立案查处这类案件714件，追究了708名犯罪分子的刑事责任。为国家追回赃款1337万余元，追缴偷抗欠税款4283万余元。

二、继续坚持依法从重从快方针，严厉打击严重刑事犯罪活动，促进社会治安的稳定

去年以来，全省各级检察机关同公安、法院等有关部门配合，积极开展了严厉打击严重刑事犯罪活动的斗争。全省各级检察机关共受理公安机关提请批捕的人犯53637人，经审查，批准逮捕44149人；受理公安机关移送起诉45849人，经审查，向各级法院依法提起公诉38792人。

1、积极参加集中打击和专项斗争，保持“严打”声威。全省各级检察院与公安、法院等部门密切配合，开展了三次集中打击严重刑事犯罪分子的斗争。在斗争中，我们始终把斗争的锋芒指向七类严重刑事犯罪分子。在去年批捕的人犯中，七类重点打击对象占批捕总数的80%以上。在全省开展集中打击的同时，各地检察院还积极配合公安机关，结合当地治安形势和犯罪状况，确定局部打击的重点，进行小范围的专项打击和区域治理。

2、对重大、特大和团伙犯罪案件，坚持提前介入公安机关的侦查、预审活动。据不完全统计，去年全省检察机关共派员提前介入公安机关的侦查、预审活动3464次。

3、加强侦查监督和审判监督，保证法律的统一正确实施。去年以来，通过审查批捕和审查起诉，依法对不够法定逮捕条件的5695人作了不批准逮捕的决定，对不构成犯罪的269人作了不起诉的决定，使无罪的人不受法律的追究；依法追捕漏犯1323人，追诉534人，使犯罪分子受到了应有的惩罚。在审判监督中，对法院定性不准、适用法律不当、量刑畸轻畸重的案件，我们认为确有错误的，依法提出抗诉

148件。

4、强化执行监督，提高改造质量。一年来，全省各级检察院配合监管改造部门，及时查处劳改人员重新犯罪和劳教人员犯罪的案件104件146人；查处监管改造场所干警体罚、虐待被监管人等犯罪案件30件53人；纠正超时羁押6908人（次）；纠正无证关押、违法监管、错拘错捕497人；纠正应释放、解教而未释放、未解教94人；纠正应投入劳改、劳教而未投入的531人。同时，我们还配合司法行政部门，对犯人进行法制教育，使1462人交待余、漏罪1948条，4435人揭发检举他人犯罪线索9638条，经查证，使166名犯罪分子归案服法。

5、结合办案，积极参加社会治安综合治理。各级检察机关结合办案和处理典型案件，及时进行法制宣传；积极主动做好对被免诉人员的帮教工作；配合有关部门做好犯罪青少年的教育、感化和挽救工作；认真做好由人民内部矛盾激化的刑事案件的疏导工作。同时，对发案单位管理上的漏洞和问题，及时提出检察建议，堵漏建章，为预防和减少犯罪起到了积极的作用。

三、认真查处“侵权”和渎职犯罪案件，保护公民的合法权益，促进法制建设和民主政治建设

去年，全省检察机关共受理各类法纪案件4489件，立案2018件，比1989年上升23.7%。

1、重点查处了国家工作人员严重官僚主义和弄权渎职的玩忽职守案件和重大责任事故案件。一年来，全省各级检察院共立案侦查这类案件480件，比1989年增加13.7%。

2、严肃查处了执法人员刑讯逼供、贪赃枉法和徇私舞弊案件。

3、积极查处了诬告陷害、伪证和破坏选举的案件。据统计，去年共查处这类案件128件，有效地保护了公民的民主权利。

4、积极查办了控告申诉案件。去年，全省检查机关共受理各类控告申诉案件41054件；复查不服不捕、不服不起诉和不服免予起诉处理的案件490件；复查不服法院判决、裁定的申诉48件。对处理确有错误的，本着实事求是、有错必纠的原则，依法进行了纠正，保障了公民的合法权益。

四、进一步加强思想政治工作和队伍建设，保证各项检察业务的顺利开展

1、抓好具有检察行业特点的思想教育。一是采取多种形式，对干警进行形势政策教育，学习党的基本路线、基本知识和社会主义基本理论，使干警牢固树立共产主义世界观和全心全意为人民服务的思想，增强反腐蚀的能力和服务于经济建设的自觉性。二是结合工作实际，不断探索新时期思想政治工作的新路子。去年初，省检察院制定了关于加强思想政治工作的意见，要求各级院加强领导，列入议事日程，把思想政治工作的立足点放到调动干警积极性上来。三是深入开展院际评比竞赛和“争先创优”活动。去年，全省检察机关涌现出了一大批先进单位和先进个人，其中有30个单位、78人受到最高人民检察院、省政法委和省检察院记功和嘉奖。

2、坚持从严治检，严格执行纪律，推进检察机关的廉政建设。全省各级检察机关认真贯彻落实高检院制定的“八要八不准”的检察人员纪律和省院《关于检察系统廉政建设的暂行规定》，抓好职业道德、职业责任、职业纪律教育，并通过执法执纪大检查，防止和纠正各种违法违纪行为和不廉洁的现象。

3、进一步加强了业务建设。去年，全省有2693名检察干警经过学习和考试，取得了《检察专业证书》，还有2304人现在正在学习。省检察院根据业务实际需要，举办了7期培训班，参训干警达600多人。同时，我们还向中国高级检察官培训中心和有关法学院校输送了一批学员。

4、积极抓好领导班子建设。为加强下级院领导班子的思想建设、组织建设和作风建设，省检察院注意加强了对下级院领导班子的考核，积极做好县、区院检察长的换届选举工作。我们还注意抓了后备干部的选拔、培养工作。

我们的工作与党和人民群众的要求和当前形势、任务的需要，还有一定距离。主要是：(一) 少数检察机关对反贪污贿赂斗争的重要性和紧迫性认识不足，措施不力。缺乏集中精力查办大案要案的勇气和信心。(二) 执法水平有待于进一步提高。个别检察院对少数自侦案件仍存在着免诉不当、以捕代侦、以拘代侦、变相收审等问题；部分检察干警业务素质不高。(三) 个别检察人员利用办案之机接受吃请和办“人情”案现象时有发生。(四) 检察机关办案力量不足、经费短缺、侦查设施和技术装备落后，不能适应工作需要。

在新的一年里，我们要以十三届七中全会和省第五次党代会精神为指针，按照最高人民检察院提出的“深入、坚持、加强”的总体要求，要继续深入开展以反贪污贿赂为重点的打击严重经济犯罪的斗争，从管理混乱的地方和单位入手，注意抓住那些问题大，而且线索比较具体的案件，集中力量进行查处，以使反贪污贿赂斗争向前推进一步；要继续坚持不懈地开展严厉打击严重刑事犯罪活动的斗争，对七种严重刑事犯罪分子要狠狠打击，决不手软。对重、特大案件坚持提前介入，快捕快诉。同时，充分发挥检察职能，积极参加社会治安的综合治理工作；要进一步加强法纪检察工作，重点查处刑讯逼供、非法拘禁、玩忽职守、重大责任事故以及徇私舞弊等案件；进一步抓好检察机关自身建设，坚持从严治检，提高队伍素质；继续抓好监所检察、控告申诉检察、民事行政诉讼检察和铁路运输检察工作，全面履行法律监督职能。

湖北省人民检察院工作报告（摘要）

——1991年4月25日在湖北省第七届人民代表大会第四次会议上

湖北省人民检察院检察长　钟澍钦

(1991年4月28日湖北省第七届人民代表大会第四次会议通过)

一、坚持不懈地打击贪污、贿赂等经济犯罪活动，不断把斗争引向深人

按照中央、省委的指示和全国检察长工作会议部署，我省检察机关进一步突出反贪污、贿赂斗争这个工作重点，坚持贯彻依法从严惩处的方针，查处了一批贪污、贿赂等经济犯罪案件。一是受案和立案数量大。全年共受理贪污、贿赂等经济犯罪案件7612件；立案侦查贪污．贿赂等经济犯罪案件3889件4439人，与上年基本持平。其中立案侦查贪污案件1987件，贿赂案件975件。二是查处大案要案数量多。全年共立案侦查万元以上大案1244件，比上年上升30.8%，其中立案侦查一百万元以上特大案件2件；立案侦查县处级以上干部贪污、贿赂的要案48件，比上年上升9%。三是结案率提高。全年侦查终结贪污、贿赂等经济犯罪案件3947件4679人，比上年侦查终结率提高9%。侦查终结后，经审查已向人民法院提起公诉1653件1973人；对虽已构成犯罪，但依照刑罚规定不需要判处刑罚或者免除刑罚的，决定免予起诉1632件1981人；对不构成犯罪的224件290人予以撤销案件，移送有关部门处理。四是为国家挽回经济损失多。通过办案追缴赃款及赃物折款共计5686万余元，比上年上升19.6%。五是办理的其他经济犯罪案件也有较大幅度上升。全年立案侦查挪用公款案件607件，比上年上升4.7倍。查处偷税抗税案件172件，通过办案帮助追缴税款5472万余元。

为把反贪污、贿赂斗争引向深入，我们主要采取了以下几个办法：

第一，不断分析形势，深化思想认识，振奋斗争精神。我们组织全省各级检察长学习党中央关于惩治腐败，建设廉洁政治的方针，认真学习邓小平同志关于“两手抓”的多次重要指示，分析研究新形势下贪污、贿赂等经济犯罪的特点和危害，要求全省检察人员从反渗透、反颠覆、反“和平演变”，捍卫社会主义的高度；从加强廉政建设，加强党同人民群众的血肉联系，稳定大局的高度；从反对资产阶级自由化，维护和巩固党的领导的高度；从服务和促进治理整顿、深化改革的高度，充分认识反贪污、贿赂斗争的重要意义，认识这一斗争的长期性、艰巨性和复杂性，增强责任感，进一步振奋精神，抓紧工作，把反贪污、贿赂斗争推向前进。

第二，抓住战机，不断组织小高潮。为使反贪污、贿赂斗争有声有色地进行，各地检察机关采取多种方式，组织不同规模打击严重经济犯罪斗争的小高潮。

第三，坚持抓好举报工作。各级领导亲自接待和处理群众举报案件，对群众举报的犯罪案件线索，抓紧查处，及时给群众和举报人反馈查处结果。省检察院与省财政厅联合制订颁发了奖励举报人的有关规定。严肃查处打击报复举报人的案件和借举报之名诬告陷害他人的案件。由于加强工作，全年全省检察机关共受理群众举报案件线索31809件。

第四，增强侦查意识，提高侦查破案能力。通过召开侦查工作经验交流会、侦查工作理论研讨会，总结推广一批基层单位的侦查工作经验，提高侦查人员熟练应用侦查手段和破案能力。在搜集、获取、运用证据上花气力，提高发现犯罪、揭露犯罪、证实犯罪和制服犯罪的能力。为适应加强侦查工作的要求，我们抓紧反贪污、贿赂专门侦查机构的建设。

第五，坚持“一要坚决，二要慎重，务必搞准”的原则。查处贪污、贿赂案件既要态度坚决，决心大，又要慎重，务必搞准，保证办案质量。为了把案件办扎实，办案中，坚持以事实为根据，以法律为准绳，做到事实清楚，证据确凿，定性准确。对于大案要案，尤其是要案，及时向党委、人大和上级检察机关反映进展情况，使反贪污、贿赂斗争得到党委、人大的重视、支持。为保证办案质量，全省检察机关坚持实行内部制约制度，坚持把侦查破案与决定逮捕、审查起诉分开，由侦查部门和刑事检察部门分别办理。对决定免予起诉的案件，一律报上级检察院备案审查，对不服检察机关处理决定的申诉案件，实行由上一级检察机关复查的制度，保证依法正确行使免诉权。

第六，结合办案，促进经济发展。各地结合具体实际，采取一些行之有效的办法。一是制订措施，保障经济发展。一些检察院遵照法律的规定，针对厂矿企业贪污、贿赂犯罪的发案特点和危害，制订了关于保护和促进企业发展的具体意见；针对一些地方“三资”企业的情况，制定了保护“三资”企业发展的具体措施；针对乡镇企业产、供、销渠道不畅等情况，提出了慎重查处乡镇企业中经济犯罪案件的意见。二是办案中讲究方式方法，注意维护企业生产秩序的稳定。企业单位负责人或产、供、销部门管理人员贪污、贿赂犯罪，依法确需逮捕的，先同主管部门协商，进行调整，保障工作不脱节；犯罪案件涉及到有关企业银行帐户和流动资金的，不轻易采取冻结或查封的法律措施。三是结合办案，帮助企业搞活经济。一些检察院结合办案协助企业追回流失资金，打通供销渠道；一些检察院针对企业周转资金困难的情况，及时发还赃款，维持企业生产正常运行。四是通过办案，发现问题，协助堵漏建制。

二、有节奏地进行严厉打击严重刑事犯罪斗争，积极参与社会治安综合治理

全省检察机关坚决贯彻执行中央“稳定压倒一切”和依法从重从快惩处严重刑事犯罪的方针，积极配合有关部门，作了大量工作。据统计，一年来，全省检察机关共受理公安机关提请批准逮捕各类刑事犯罪分子48392人，比上年上升30.1%。经审查，决定批准逮捕40320人，比上年上升30.5%。受理公安机关移送起诉案件26646件49867人，分别比上年上升32%和37.9%，经审查已提起公诉22775件40254人，分别比上年上升31.8%和35.2%。

全省检察机关在严厉打击严重刑事犯罪活动的斗争中，主要抓了以下工作：

第一，动员组织检察人员积极投入集中打击统一行动。

第二，坚持搞好提前介入。全省检察机关共派员提前介入审查批捕案件2729件，审查起诉案件978件。

第三，突出打击重点。始终把斗争锋芒对准七类严重刑事犯罪分子，特别注意狠狠打击那些对社会危害严重、人民群众最为痛恨的团伙犯罪。

第四，认真履行法律监督职能，保障法律正确统一实施。对公安机关提请批准逮捕的案犯，经审查后不符合法定逮捕条件或者没有逮捕必要的2672人作出了不批准逮捕的决定，对公安机关移送起诉经审查不构成犯罪的198人作出了不起诉决定，将3951件事实不清、证据不足的案件退回公安机关补充侦查。先后向公安机关提出纠正违法意见356件，向人民法院提出纠正违法意见189件。对罪该逮捕而公安机关未提请批准逮捕的744人依法作出了追捕决定。对罪该起诉而公安机关未移送起诉的452人依法作出了追诉决定。对认为法院判决错误的142起案件依法提出了抗诉。

第五，开展监所检察，监督刑事案件判决、裁定的执行和监所劳改机关活动是否合法。对看守所关押的案犯进行全面清理，分别情况，督促办理。对公安、检察、审判各个环节在押未结的案件，督促有关部门抓紧审查结案，特别是对超期羁押案件的办理情况进行督促，及时提出“检察建议”；对已判决生效，依法应投入劳改而未送走的犯人督促及时投入劳改。同时，密切注意被监管人员的思想动态，协助主管部门做好安全防范工作，及时消除隐患。坚决严厉打击监管改造场所中的又犯罪活动，依法批准逮捕25人，起诉528人，办理了一批不服判决裁定的申诉案件。加强监管改造场所执法情况检察，全年共向监管改造部门提出纠正违法意见3046件（次），对看守所超期羁押人犯问题提出纠正意见3932人（次），对违法保外就医和不当减刑、假释、提前释放等问题，随时发现，随时依法提出纠正意见。

第六，积极参加社会治安综合治理。全省检察机关把参与社会治安综合治理作为一项重要的经常性的工作来抓。各地积极开展调查研究，掌握社会治安动态，研究各类刑事犯罪的发案特点、发案规律和防治办法，给党委、政府出谋献策。有一些检察院抽调检察人员到乡、镇挂职，抓社会治安综合治理工作，有一些检察院与乡、镇或村建立社会治安综合治理联系网点，从一个一个问题抓起，进行重点防治，不断摸索经验，以点带面。各地检察机关还注意结合办案，积极开展法制宣传，提高公民的法律意识，增强守法观念，善于运用法律武器同各种犯罪行为作斗争。一些地方积极开展法律咨询活动，举办罪证展览，对公民进行生动的法制教育。针对办案中发现的问题，及时提出检察建议，协助堵漏建制，并适时回访，检查、督促，使建议落到实处。切实做好免诉人员的帮教工作，发现问题，及时纠正处理，减少重新犯罪。妥善处理来信来访，注意做好缓解、疏导工作，对可能产生严重后果的控告申诉或来信来访，迅速采取有效措施，做好思想工作，防止事态扩大，矛盾激化。

三、进一步加强了查处侵犯公民民主权利、人身权利和渎职犯罪工作，其他各项检察业务取得了新的进展

过去的一年，群众举报侵犯公民权利和国家工作人员渎职犯罪的案件线索增多，“侵权”、渎职犯罪情况较为严重。主要是因经济纠纷绑架、扣押人质的案件，少数执法人员违法乱纪、刑讯逼供、致人伤残或死亡的案件，某些经济部门工作人员玩忽职守和厂矿企业重大责任事故案件比较突出。全年共受理“侵权”、渎职等案件2020件，比上年上升3.5%。立案侦查586件827人，比上年上升41.9%。现已侦查终结586件819人，为国家挽回经济损失550万余元。

在开展法纪检察工作中，各地主要抓了以下几个方面的工作：一是提高对法纪检察工作的认识，切实把法纪检察工作摆到检察机关的重要位置。二是抓“侵权”、渎职犯罪案件《立案标准》的宣传，教育干部群众积极同“侵权”、渎职犯罪行为作斗争。三是加强对“侵权”、渎职犯罪案件的侦查工作。四是运用典型案件，以案释法，开展法制教育，教育国家工作人员和公民从“侵权”、渎职犯罪案件中吸取教训，预防和减少犯罪发生。

全省各级检察机关加强控告申诉检察工作，严肃认真地处理群众来信来访。去年全省检察机关共受理来信来访41923件，已办理41630件。办理不服不批捕、不服不起诉和不服免诉的案件494件，办理重婚案件23件。针对群众集体上访事件增多的情况，控告申诉检察部门积极主动做好工作，及时妥善地处理了50起集体上访事件，避免和防止了矛盾激化。

民事行政检察工作随着行政诉讼法的正式实施，逐步列入工作议程。当前正在进行行政诉讼监督试点工作。

刑事技术工作积极为办案服务，发挥了重要作用。共受理各类技术检验、鉴定案件2433件，已办结2263件。各地积极创造条件，开展了现场勘查、法医、文检、痕检、司法会计鉴定、刑事照相和录像等技术门类工作，为侦查工作和认定犯罪事实提供了科学依据。

四、结合检察工作特点，大力加强队伍建设

一年来，全省检察机关根据检察工作的特点，认真贯彻中央、省委的有关指示和高检院《关于加强检察机关思想政治工作的决定》，从严治检，努力提高广大检察人员的政治素质和业务素质。

——紧密结合实际，加强马列主义、毛泽东思想基本理论的学习和教育，提高检察人员的政治理论水平，使广大检察人员牢固树立坚持走社会主义道路，坚持共产党领导，坚持马列主义、毛泽东思想，坚持人民民主专政的信念，提高政治敏锐性，增强免疫力。

——狠抓精神文明建设，开展“争先创优”立功竞赛活动。一年中全省有113个单位荣立集体功，其中二等功36个，三等功77个；有412名个人立功，其中二等功43名，三等功369名；有6个集体、11名个人受到最高人民检察院的表彰，有2名同志被评为省劳动模范，有1名同志被评为全国劳动模范。

——严格组织纪律，加强自身廉政建设。全省检察机关有40个单位被评为廉政建设先进单位。对违法乱纪的检察人员，一经发现，及时处理，绝不护短。全年全省检察机关共有47名违法违纪人员受到党纪政纪处分，有3名被逮捕法办。

——加强业务培训，提高业务素质。重点抓了电大检察分校法律专修科，检察函授中专的教学工作，同时举办各种形式的短期培训班，加强岗位培训。全省现有7000多名检察人员中达到大专以上文化程度和大专《法律（检察）专业证书》结业的检察干部有2776名，占检察干部总数的38.2%（法律专业占23.5%），比1985年提高了27%，超过了最人民检察院“七五”规划规定指标的3.2%。

——加强了领导班子建设。省检察院和各分、市、州院积极配合党委组织部门重点抓了换届检察长的考核推荐工作，全省99个县、市（区）院检察长换届选举已全部结束。

一年来，全省检察机关在工作中还存在不少缺点和问题，从执法检查的情况看，主要是反贪污、贿赂斗争发展不平衡，有的地方工作抓得比较紧，案件办得多一些，有的地方条件基本相同，但案件办得比较少，也存在发案单位有案不报，或以纪代法、以罚代刑的情况；有一些贪污、贿赂案件打击处理偏轻；任务重，力量不足，有一些案件未能在法定期限内办结；有个别案件办得粗糙，定性不准，适用法律不当；举报案件线索来不及初查，有积压；极少数检察人员经不起社会不良风气的侵蚀，发生违法违纪问题；检察机关执法条件与担负的任务严重不适应。这些问题和困难需要在今后的工作中认真注意，切实予以纠正和克服。

这次大会以后，我们将根据人大的决议，认真贯彻党的十三届七中全会精神，认真贯彻中央、省委和最高人民检察院的指示，坚持人民民主专政，充分发挥法律监督职能，继续深入开展反贪污、贿赂斗争，坚持依法从重从快严厉打击严重刑事犯罪，加强法纪检察，全面开展各项检察业务，搞好思想政治工作和队伍建设，努力为经济建设创造良好的社会环境，为保障十年规划和“八五”计划的顺利实施做出新的贡献。

湖南省人民检察院工作报告（摘要）

——1991年4月26日在湖南省第七届人民代表大会第四次会议上

湖南省人民检察院检察长　齐振瑛

（1991年4月29日湖南省第七届人民代表大会第四次会议通过）

1990年，湖南省人民检察院根据省七届人大三次会议批准的工作任务，领导全省各级人民检察院进行了大量的工作，取得了新的进展。

一、惩治贪污、贿赂犯罪的斗争正向深入发展

在过去的一年里，各级检察机关共受理贪污、贿赂等经济犯罪案件线索11297件，立案侦查5959件。其中，贪污、贿赂案4239件，占立案总数的71.4%；偷税抗税案855件；挪用公款案619件；其他经济犯罪案246件。已侦查终结6600件7634人（含上年积存）。向人民法院提起公诉2125人，免予起诉3705人，追缴赃款赃物折合人民币7716万余元，比上年增加62.5%。一年来，全省检察机关着重抓了以下工作：（一）突出重点，狠抓查处大案要案。去年全省共查处犯罪金额万元以上大案和县处级以上干部犯罪要案1865件。其中犯罪金额十万元以上不满五十万元的92件，五十万元以上的16件（内有一百万元以上的8件）；县处级以上干部犯罪要案103件，内有厅局级干部4件。（二）狠抓薄弱环节，着力查处一些群众反映强烈、多年触动不大的单位的犯罪案件。去年，全省检察机关抽调1872名干警，组成163个办案组深入一些单位驻“点”办案。在这些单位、部门党政组织的支持配合下，共立案查处贪污、贿赂等经济犯罪案件3711件，占立案总数的62.3%。其中，查处大案要案1398件，占所查处大要案总数的75%。（三）宣传发动群众，抓好群众举报工作。去年，全省检察机关广泛运用新闻媒介、公开处理经济案犯、及时反馈查处举报案件情况、奖励举报人等形式，宣传发动群众积极参加“两反”斗争。据统计，去年全省检察机关举报中心（站）共受理群众举报线索2万多件，其中贪污、贿赂等经济罪案线索9211件，经审查已立案4172件，占立案总数的70%。（四）加强了反贪污、贿赂专门机构的建设和与有关部门的协同配合。至去年底，省检察院和14个分、州、市检察院以及54个基层检察院均成立了反贪污、贿赂工作局。不少地方调整充实了侦查力量。工作局成立较早的地方已制定、健全有关工作制度、条例，工作设施也有所改善。去年各地检察院还对设在重点乡镇和税务等部门的检察办事处和检察室（组），普遍进行了整顿。继续加强了与纪检、监察、工商、审计等部门的密切联系和配合，受理这些部门移交的贪污、贿赂案400余件，均逐件进行了查处。（五）积极主动地为经济建设服务。一方面坚持依法从严打击严重经济犯罪，以维护国家经济秩序，促进经济建设的顺利进行。另一方面，结合办案注意千方百计为企业挽回损失，发现发案单位工作中的漏洞，及时提出检察建议，帮助整章建制，堵塞漏洞。据初步统计，去年共为企业挽回经济损失4500万余元，促使65个濒临倒闭的企业摆脱困境，出现生机。

二、严厉打击严重刑事犯罪，积极参加社会治安综合治理

1990年，全省检察机关把严厉打击严重刑事犯罪，积极开展社会治安综合治理作为检察机关的另一个工作重点，会同公安、法院、司法行政等部门做了大量工作。

（一）依法从重从快惩处严重刑事罪犯。全省检察机关共受理公安、劳改机关提请批捕的各类刑事案犯40779人；经审查，批准逮捕35293人。受理公安、劳改机关移送起（免）诉的案犯42514人；经审查已提起公诉35189人。为严厉打击严重刑事犯罪，推进综合治理其他措施的落实，确保社会稳定，全省各级检察机关遵照中央政法委员会和省委的部署，配合公安、法院等部门于去年5月以后，在全省范围内进行了集中打击行动，始终把杀人、抢劫、爆炸、盗抢枪支、重大盗窃、流氓、车匪路霸等严重刑事犯罪分子和严重扰乱社会治安的各类团伙犯罪分子，作为打击重点。批准逮捕重特大刑事案犯占这段期间批捕总数的35.4%；起诉重特大刑事案犯占这段期间起诉总数的27.5%。

（二）加强侦查活动监督、审判活动监督和监管改造活动的监督。对公安机关提请逮捕的案件，通过审查对不构成犯罪或虽已构成犯罪但没有逮捕必要的作出了不批准逮捕决定；对公安机关移送起诉而不构成犯罪的作出了不起诉决定。同时，各地在审查案件中，注意发现新线索，深挖余罪、漏犯，对依法应予逮捕而公安机关没有报捕的犯罪分子决定予以追捕；对应起诉而公安机关没有移送起诉的给予了追诉。还通知公安机关纠正侦查活动中的违法情况3095件（次）；通知人民法院纠正审判活动中的违法情况334件（次）；对确认人民法院判决、裁定不当或有错误的216起案件提出抗诉。检察纠正监管改造机关各类违法问题1480起。并对54名犯有贪污、受贿等罪行的管教干警依法进行了立案查处。

（三）执行惩办与宽大相结合的政策，分化瓦解犯罪分子，教育挽救失足者。一方面，对于犯罪集团的首犯、主犯和累犯、惯犯等犯罪分子，坚持从严打击，毫不手软。另一方面，对偶犯、从犯，以及自首、立功的案犯等作出不批准逮捕、免予起诉决定，或者建议人民法院从轻、减轻处罚。各地检察机关还运用省政法机关联合发布的《通告》，在看守所和劳改、劳教场所发动政治攻势，敦促被羁押、监管人员坦白、检举犯罪。据统计，全省有1万多名被监管改造人员检举揭发他人犯罪线索2万多条，其中重大线索2200多条。经查证，从中挖出犯罪分子800多人。有600多名被监管改造人员因坦白、检举、立功得到了从宽处理。

（四）结合办案积极开展综合治理其他工作。各级检察机关采取编印宣传资料、运用新闻媒介和出庭支持公诉、配合有关部门公开处理典型案件等形式，向群众进行法制宣传；向发案单位提“检察建议”，帮助堵漏建制，预防犯罪；在违法犯罪问题多、治安状况较差的乡村、厂矿等建立社会治安综合治理联系点；配合有关单位和部门对监外执行罪犯和刑满释放、解除劳教、免予起诉人员进行考察帮教，促进了这些人员的改造和转化。

三、加强了查处侵犯公民民主权利、人

身权利和渎职犯罪

1990年，全省检察机关共受理“侵权”、渎职案件线索3512件，立案侦查1152件。立案的案件中，重特大案件319件，查处县处级干部犯罪8人。一年来，我们在同侵犯公民民主权利、人身权利犯罪和渎职犯罪的斗争中，着力加强了以下工作：（一）深化认识、摆正位置。省检察院和分、州、市院都相继召开了法纪检察工作会议，就加强“侵权”、渎职案件的查处提出了具体措施和要求，还适时召开了一些查办案件现场会、疑难案件讨论会，以促进工作的平衡发展。（二）大力开展宣传活动，动员广大群众同“侵权”、渎职犯罪作斗争。去年2月，最高人民检察院公布“侵权”、渎职案件立案标准后，各级检察院在认真组织干警学习的同时，开展了大张旗鼓的宣传活动。使人民群众对“侵权”、渎职案件的范围、类型、危害以及举报途径等有了比较清楚的了解，从而进一步增强了同“侵权”、渎职犯罪作斗争的积极性。去年，全省检察机关共受理“侵权”、渎职犯罪方面的群众举报2980件。经初查，立案857件，占举报线索的28.76%。（三）集中力量狠抓大案要案。各地检察院在坚持“全面受理，有案必办”原则的基础上，把查处大案要案作为工作重点。去年立案查处的重大案件和特大案件分别比上年增加30.1%和54.5%，特别是查处了一批公安、司法人员贪赃枉法、徇私舞弊和国家工作人员严重渎职，给国家和人民造成巨大损失的重特大案件。

（四）加强业务指导，提高侦查水平。省检察院举办了“侵权”、渎职案件侦查工作培训班，培训办案骨干百余人。省、地两级检察院先后30多次派出办案组和调查组，深入基层指导办案和调查研究，对查处“侵权”、渎职犯罪案件起到了积极作用。

各地检察机关在业务活动中还积极、认真查处群众控告申诉案件，切实保障公民行使控告、申诉权利。全省检察机关受理公民控告申诉案件60468件，已处理59808件，其中由检察机关直接查办的8452件。内有申诉案693件，改变和撤销原处理决定145件，驳回申诉402件，维护了法律的尊严，保护了无罪公民不受追究。

四、认真开展思想政治工作，加强了队伍建设

去年，我们认真贯彻最高人民检察院《关于加强检察机关思想政治工作的决定》和《检察人员纪律》，开展具有行业特点的思想教育。

一是各级检察机关针对1989年政治风波中暴露出来的问题和国际、国内形势的变化情况，切实改进和加强了对思想政治工作的领导。省检察院和分、州、市院均先后召开了政工会议，回顾和总结了近几年来检察系统思想政治工作情况，制定了加强思想政治工作的规划。各级检察院报请同级党委批准陆续成立了政治工作机构。为加强检察机关党的建设和开展思想政治工作奠定了基础。二是狠抓了领导班子建设。省、地两级检察院在党委领导和人大监督下完成了基层检察长的换届选举工作。还注意抓了各级领导班子的思想建设和作风建设，使绝大多数领导班子在干警中能起表率作用，班子内部能坚持民主集中制原则，团结协作，与群众保持密切联系。三是加强正面教育，强化监督机制，提高队伍的政治素质。各地把马列主义、毛泽东思想教育摆在首位，广泛深入地开展争先创优活动，大力表彰那些在法律监督活动中涌现出来的英雄、模范人物。同时坚持向社会公开检察干部办案工作纪律，自觉接受社会各界监督；定期对干警的德、能、勤、绩进行考察评议；坚持一年一度的执法大检查，重点检查执法过程中的违法违纪问题，及时纠正和改进；建立同人大代表的联系，请他们评议检察工作；密切同新闻单位的联系，欢迎进行舆论监督等。通过加强正面教育、强化监督机制，使广大检察人员始终保持坚定正确的政治方向，牢固树立全心全意为人民服务的思想，激发了社会主义积极性、创造性和献身精神。

在过去的一年里，我们的工作虽有新的进步，但还存在一些薄弱环节：工作开展不平衡；有极少数案件处理不当；极少数干警政治素质不高，经受不住社会阴暗面的诱惑而违法违纪。此外，还存在不严格依照程序法有关规定办案的现象。对于存在的上述问题，有的我们发觉后，及时采取了措施予以纠正。对发现稍晚的问题，我们已在部署今年工作时，作了改进的具体安排。

1991年，全省检察机关的主要任务是：充分发挥法律监督职能，深入开展反贪污、反贿赂斗争，集中力量查处大案要案；坚持依法从重从快打击严重刑事犯罪活动，积极参加社会治安的综合治理；加强对侵犯公民民主权利、人身权利和渎职犯罪案件的查处工作；围绕这些任务开展各项检察活动，加强思想政治工作和队伍建设，严格执法，从严治检，不断提高政治、业务素质，保证法律赋予的各项任务的完成，为维护大局的稳定，促进国民经济持续、稳定、协调发展作出新的贡献。

广东省人民检察院工作报告（摘要）

——1991年3月11日在广东省第七届人民代表大会第四次会议上

广东省人民检察院代检察长　张培宇

（1991年3月14日广东省第七届人民代表大会第四次会议通过）

1990年，我省检察机关在各级党委领导、人大监督和政府支持下，紧紧围绕维护社会稳定和促进经济发展，履行宪法和法律赋予的职责，坚持依法严厉打击各种严重刑事犯罪和贪污贿赂等经济犯罪，加强机关建设和队伍建设，各项检察工作都取得了新的进步。

一、深入开展反贪污贿赂犯罪斗争，坚决惩治腐败，保障治理整顿、深化改革的顺利进行

1990年，全省检察机关把反贪污贿赂斗争不断引向深入，保持和发展了斗争的好势头。一年来，检察机关共接受公民举报犯罪线索19841件。经审查，受理贪污贿赂等经济犯罪案件3636件，从中立案侦查2192件，占受理案件总数的60.3%。其中贪污、贿赂案件2008件，占立案侦查总数的91.6%。依法逮捕人犯1128人。向人民法院提起公诉1009人。免予起诉1601人。追回赃款9018.33万元。此外，还立案查处偷税抗税、假冒商标等犯罪案件184件，追回赃款774万元。

我省反贪污贿赂斗争取得深入进展的主要表现是：

——查处大案多。一年来，共立案侦查万元以上的案件1048件，占立案总数的47.8%。其中一万至五万元的742件，五万至十万元的144件，十万至五十万元的124件，五十万至一百万元的11件，一百万元以上的27件。数额之大，为历年所罕见。

——查处要案取得新的突破。一年来，共立案侦查贪污贿赂犯罪的县、处级干部62人，厅级干部5人，是历年来查处县处级以上干部犯罪案件最多的一年。

——查处贿赂案件有新的进展。前几年全省的贿赂案件一般占贪污贿赂案件总数的30%。去年全省共立案侦查贿赂案件920件，占45.8%，其中受贿777件，行贿143件。查处贿赂案件的增多，从一个侧面反映了斗争的深入。

——敦促了一批贪污贿赂犯罪分子投案自首。去年，全省检察机关对1989年贯彻“两高”《通告》期间自首坦白的3485名违法犯罪分子全部进行了处理，其中由检察机关起诉、免诉、不起诉的2349人。《通告》期限届满后，检察机关继续运用贯彻《通告》的成功经验，充分发挥政策和法律的威力，加强敦促工作，全省又有989名贪污贿赂违法犯罪人员到检察机关投案自首。

——捕获了一批携款潜逃的重大贪污贿赂案犯。据不完全统计，去年1至9月，检察机关在公安机关的配合下，捕获贪污贿赂万元以上的潜逃案犯就有53人，其中数额最大的达300多万元，潜逃时间最长的达8年之久。

——预防贪污贿赂犯罪工作初见成效。近年来，全省各级检察机关普遍重视预防贪污贿赂犯罪工作。特别是成立反贪污贿赂工作局以后，设立了专门的预防机构，推动了预防工作的开展。不少检察院已从过去单纯提“检察建议”向开展“廉政共建”活动发展，从被动预防向主动预防发展，从案后预防向案前预防发展，从单一预防向综合预防发展，收到了好的社会效果。

二、坚持依法从重从快打击严重刑事犯罪活动，维护社会治安的稳定

去年，全省检察机关始终不渝地深入开展严厉打击严重刑事犯罪活动，保持了我省社会治安的基本稳定。一年来，全省检察机关共受理公安机关提请逮捕各类刑事案犯29376人，比上一年增加9.1%；经审查后批准逮捕27711人，比上一年增加9.5%。受理公安机关移送起诉、免诉刑事案犯31414人，比上一年增加16.6%；经审查后提起公诉25627人，比上一年增加12.6%；免予起诉1341人，比上一年增加24.1%。

在严厉打击严重刑事犯罪活动中，全省检察机关主要做了以下工作：

1、积极参加集中打击的统一行动。去年年初，全省检察机关集中精力搞好元旦春节期间的安全保卫工作，依法及时批捕、起诉了一大批严重刑事犯罪分子。5月，全省检察机关积极参加了全国、全省范围的严厉打击严重刑事犯罪的活动，有效地保证了集中打击行动的顺利进行。5月以后，全省检察机关批捕和起诉的刑事案犯有较大幅度的上升，平均每月批捕人犯增加34.2%，起诉人犯增加39.2%。

2、始终坚持打击重点。去年，全省检察机关以杀人、放火、投毒、爆炸、抢劫、强奸、重大盗窃、重大诈骗、流氓集团等严重危害社会治安的刑事犯罪分子作为打击重点，共批捕这类案犯13896人，占批捕总数的50.1%，比上一年增加20%；共起诉12207人，占起诉总数的47.6%，比上一年增加17.9%。各级检察机关十分重视打击集团性犯罪，特别是严厉打击带黑社会性质的犯罪团伙。全省共批捕犯罪集团成员2519人，占批捕总数的9.1%，比上一年增加9.8%。

3、积极开展专项斗争。去年，全省检察机关与公安、法院、司法等部门密切配合，先后开展了“扫黄”、“反走私”、“除七害”、“打击车匪路霸”、“南海行动”等专项斗争。全省共批捕制作贩卖淫秽物品案犯114人，制造贩运毒品案犯270人，强迫、引诱容留妇女卖淫案犯236人，拐卖人口案犯139人，赌博案犯87人，走私案犯271人。已起诉上述案犯1009人。

4、普遍实行了提前介入重大刑事案件的侦查、预审活动的制度。据不完全统计，去年全省检察机关提前介入公安机关侦查、预审活动的刑事案件，占重大刑事案件总数的三分之一左右，部分市、县检察院达到一半。提前介入侦查、预审活动，有利于及时惩罚犯罪分子；有利于加强对侦查活动的法律监督；有利于提高办案效率和办案效果。

5、认真开展侦查监督和审判监督。去年，全省检察机关通过审查批捕和审查起诉，依法追捕公安机关没有提请逮捕的案犯341人，追诉公安机关没有移送起诉的案犯148人。决定不批准逮捕公安机关提请逮捕的案犯748人，不起诉公安机关移送起诉的案犯81人。纠正侦查活动的违法现象136起，纠正审判活动的违法现象82起。对83件量刑不当的案件提出抗诉。

三、认真查处“侵权”、“渎职”犯罪案件，维护国家法制，保护公民的人身权利和民主权利

去年，全省检察机关共受理“侵权”、“渎职”等法纪案件1357件，立案侦查426件，其中重大、特大案件72件，县处级干部犯罪案件5人。已办结371件519人，向法院提起公诉175件267人，免予起诉189件241人。各项办案指数均高于往年。

去年立案侦查的法纪案件，有三种情况比较突出：一是严重侵犯公民民主权利、人身权利。共立案查处此类案件119件，占立案总数的27.9%，比上一年增加65.3%。当前，由于经济纠纷而发生的扣押人质、逼索债务的侵犯公民人身权利的案件大幅度上升。去年检察机关立案查处42件，解救人质73名。二是国家工作人员严重玩忽职守。共立案查处此类案件81件，占立案总数的19%。三是重大责任事故突出。共立案查处此类案件102件，占立案总数的23.9%。此外，还依法查处了一批贪赃枉法、徇私舞弊、侵犯通讯自由、私拆信件、盗窃邮包等犯罪案件。

四、监所检察、控告申诉检察、铁路运输检察、民事行政检察等各项检察业务都有新的发展

一年来，检察机关配合监管部门，依法对监狱、劳改场、看守所、劳教所的执法活动实行监督，打击重新犯罪活动，纠正各种违法行为，促进了监管秩序的稳定和改造质量的提高。共批捕起诉犯罪的劳教和劳改人员194名。检察纠正各种违法现象2246件，检察纠正超期羁押6597件。对6名贪污、受贿、私放罪犯等犯罪的执法人员，依法追究了刑事责任。

一年来，检察机关的控告申诉检察部门共受理群众来信来访41365件，已作审查处理的35558件。复查不服检察机关不批准逮捕、免予起诉、不起诉的申诉案件75件，改变原决定16件。复查不服法院判决的申诉案件20件，提请法院重新审理并已改判的3件。处理了一批可能引起矛盾激化的来信来访和长期申诉无门的历史老案。

一年来，各级铁路运输检察院与铁路公安、法院相配合，大力整顿铁路治安秩序，严厉打击以“车匪路霸”为重点的严重刑事犯罪，严厉打击“以车谋私”为重点的贪污贿赂犯罪，共批准逮捕刑事犯罪分子1374名，提起公诉1387名，立案侦查贪污贿赂犯罪案件68件，其中大案要案14件。

一年来，根据民事诉讼法和行政诉讼法的规定，省检察院和部分市检察院成立了民事、行政检察机构，并与省法院商定进行行政诉讼监督试点，初步开展了民事、行政检察活动。

五、不断提高检察队伍的政治素质和业务素质，保证各项工作任务的顺利完成

去年，全省检察机关坚持“从严治检”，不断提高检察队伍的政治素质和业务素质。重点抓了五项工作：一是抓教育。各级检察机关大力加强思想政治工作，组织广大检察干警认真学习马克思主义的基本理论，提高广大检察干警的政治觉悟。在任务重，人力少，条件差的情况下，斗志高昂，士气旺盛，涌现了一大批先进集体和先进人物。其中，被最高人民检察院授予“模范检察干部”称号的1名，授予先进集体称号的4个、先进个人称号的4名，受到通令嘉奖的集体3个、个人3名；被省检察院授予“优秀检察人员”称号的168名。二是抓班子。积极协同有关部门，加强对检察院领导班子的考察工作，完成了县、区检察院检察长的换届工作。省检察院对去年新当选的县、区检察长进行了培训。对个别严重不团结、问题较多的班子，配合当地党委、人大予以调整。同时，选拔了一批德才兼备的中青年干部，充实领导班子。三是抓廉政。去年10月，召开了全省检察机关的廉政工作会议。作出了《关于进一步加强检察机关廉政建设若干问题的决定》。根据最高人民检察院和省人大常委会的要求，全省检察机关先后两次开展了执法、执纪大检查。对检查中发现的问题，坚决严肃查处，绝不护短。四是抓培训。省检察院和各市、分院采取多种形式培训干部。1988级第一期法律（检察）专业证书班已有1023名按期结业，使我省检察队伍的大专文化程度由17.9%上升到42.6%。还有2171名检察干警正在参加学历教育和专业证书教育。同时，还选送了一批干部到中央党校、省委党校和中国高级检察官培训中心学习和培训。五是抓执法条件的改善。检察机关和检察干警的工作条件和生活条件逐步有所改善。

去年，我省检察工作取得了一定的成绩。但是，也存在一些不可忽视的问题。主要是：（一）举报线索积压较多，查处工作跟不上；（二）个别案件办案质量不高，办案时限超期；（三）检察干警违法乱纪时有发生。去年因违法乱纪受到党纪、政纪和刑事处分的检察人员59人，比往年多。

1991年全省检察工作的总要求是：在省委和各级党委的领导下，在省人大和各级人大及其常委会的监督下，在省政府和各级政府的支持下，认真贯彻七中全会精神，充分发挥法律监督职能。认真抓好“两个重点”、“一个加强”。两个重点就是：一要继续深入开展反贪污贿赂斗争，实行发动举报、加强侦查、开展预防“三管齐下”的方针，促使反贪污贿赂斗争不断向纵深发展；二是坚持不懈地依法从重从快严厉打击严重刑事犯罪活动，推动社会治安综合治理，做到“打防结合”、“标本兼治”。一个加强就是：要加强法纪检察工作，坚决同各种侵犯公民民主权利、人身权利和渎职犯罪行为作斗争，促进社会主义民主和法制建设。要在抓好重点工作的同时，注意统筹兼顾，合理安排，使各项检察业务工作得到全面发展。

广西壮族自治区人民检察院工作报告（摘要）

——1991年4月24日在广西壮族自治区第七届人民代表大会第四次会议上

广西壮族自治区人民检察院检察长　丘栋霖

（1991年4月26日广西壮族自治区第七届人民代表大会第四次会议通过）

自治区第七届人民代表大会第三次会议以来，我区检察机关紧紧围绕“稳定压倒一切”这个大局，抓住惩治贪污、贿赂犯罪和严厉打击严重刑事犯罪两个重点，扎扎实实地开展各项检察业务，做了大量工作，取得了新的进展，全面地、较好地完成了全年各项任务，为维护国家稳定，促进廉政建设，保障国民经济持续、稳定、协调发展作出了积极的贡献。

一、惩治贪污、贿赂犯罪斗争进一步深入，取得较大进展

去年，我区各级检察机关坚持“一要坚决、二要慎重、务必搞准”的方针，坚定不移地把反贪污、贿赂斗争深入持久地开展下去，工作有了较大进展。据统计，全年全区检察机关共受理贪污贿赂等经济犯罪案件3703件，立案侦查2115件，比上年增加1.6%，其中立大要案609件，占立案总数的28.8%，比上年增加23.5%，查处犯罪的县处级以上干部55人（副厅级干部2人），比上年增加27.9%。已办结2047件2554人，办结件数比上年增加27.3%，人数比上年增加26.6%。去年我区反贪污、贿赂斗争有几个主要特点：

（一）侦破贪污、贿赂大案要案有新进展。去年，我区各级检察机关在打击经济犯罪工作中，继续以打击贪污、贿赂犯罪为重点，其中又以查处大案要案为重点，并实行大要案分级负责侦查的制度。全年全区共立贪污贿赂案件1563件，占立经济犯罪案件总数的73.9%。

（二）侦破了一批群案、串案。各地检察机关注意教育广大侦查人员增强侦查意识，侦查水平有了提高。据39个检察院不完全统计，从侦查一起案件扩大线索带出5起以上串案和从一个单位、部门挖出5人以上犯罪的群案48个，共立案293件381人，其中大要案110件，追回赃款668万元。

（三）抓住有利时机掀起斗争的小高潮。

（四）群众举报继续保持好的势头。全年全区受理举报线索2.2万多件，比上年增加12.7%。通过调查，已立案侦查1256件，占立案侦查的贪污贿赂等经济犯罪案件数的59.4%。

（五）注意办案的社会效果。检察机关对贪污、贿赂犯罪依法从严打击，出发点就是为了促进廉政建设，保证经济建设和改革开放的顺利进行。因此，我们要求各级检察机关处理每一个案件都要考虑全局，特别是要千方百计地为经济发展创造良好环境，使办案工作取得积极的社会效果。

实践证明，检察机关把惩治贪污、贿赂犯罪作为工作重点，是正确的，效果是好的，得到了广大干部、群众的支持和拥护，促进了廉政建设，保障了经济发展。

二、坚持严厉打击严重刑事犯罪活动，积极开展社会治安综合治理

严厉打击严重刑事犯罪，是检察机关的又一个工作重点。去年，我区检察机关按照中央政法委员会和最高人民检察院的部署，在各级党委领导下，坚持依法从重从快打击严重刑事犯罪的方针，积极参加了严打斗争和打击流窜犯罪团伙、车匪路霸，打击“三贩”（贩枪、贩毒、拐卖妇女）、“扫黄”，抓逃犯，打击破坏电力、水利、交通、通信设备犯罪，反内盗等专项打击活动。

在打击严重刑事犯罪中，我区检察机关突出抓了以下几项工作：

（一）坚持对重大、特大犯罪案件特别是重大团伙犯罪案件提前介入。据不完全统计，全区全年提前介入重大特大案件1465件。这对缩短办案时间，提高效率和办案质量，及时、有力地打击严重犯罪分子起到了积极的作用。

（二）加强侦查监督和审判监督。在打击严重刑事犯罪中，各级检察机关积极开展了侦查、审判监督工作。一是注意深挖余罪、漏犯和隐蔽较深的犯罪分子，对罪该逮捕、起诉的罪犯坚决追捕追诉。全年全区检察机关共追捕漏犯221人，追诉漏犯70人。二是对不构成犯罪或无逮捕必要的以及不应追究刑事责任的，坚持不批捕、不起诉。全年全区检察机关对1600人作了不批捕的决定，对112人作了不起诉的决定。三是对公安机关侦查活动和法院审判活动的违法行为提出纠正意见。全年全区检察机关对公安机关侦查活动中的违法行为提出书面和口头纠正意见339次。对人民法院审判活动中的违法行为提出书面和口头纠正意见40次。四是对人民法院有错误的判决、裁定提出抗诉。全年全区检察机关提出抗诉的案件共72件。

（三）积极开展社会治安综合治理。去年在综合治理中，检察机关除了严厉打击严重刑事犯罪外，主要做了几个方面的工作：一是结合办案进行法制宣传。全年全区检察机关出庭支持公诉1.3万多次，发表公诉词1.2万多篇。二是对免诉人员和劳改释放、解除劳教人员做好帮教工作。三是监所检察部门会同有关单位对监外执行罪犯加强了考察和教育改造工作。全年全区共有76个县（市）考察教育监外罪犯2085人，占总数的80.7%。一些检察院还建议或协助有关单位组织各种形式的帮教活动，收到较好效果。此外，控告申诉检察部门通过及时处理来信来访，耐心地疏导教育，避免了不少矛盾激化。有的检察院对发案单位行政管理工作中存在的隐患漏洞，积极提出检察建议，减少了犯罪分子的可乘之机。

（四）及时研究解决办案中遇到的新情况、新问题，确保办案及时准确。这几年，我区边境地区贩枪、贩毒、拐卖妇女等案件大幅度上升。这些案件，不少是涉外刑事案件。为了及时解决在办案中常常遇到一些难以解决的定性定罪的问题，自治区检察院除与自治区高级法院、公安厅、司法厅共同研究，联合下发《关于当前办理非法买卖枪支弹药、贩卖毒品和拐卖人口案件执行有关法律的几点意见》外，还召开了边防、海防地区检察机关刑检工作会议，学习有关法律和司法解释，研究、讨论和解决遇到的问题。这些，对及时准确办好上述同类案件，起到了较好的作用。

三、加强对侵犯公民民主权利、人身权利和渎职犯罪的查处工作，推进廉政勤政建设

去年，我区检察机关按照最高人民检察院关于逐步加重法纪检察工作份量的要求，大力宣传“侵权”、渎职案件的立案标准，切实加强“侵权”、渎职案件的侦查工作，把主要精力放在查办大案要案上，重点查办了非法拘禁、贪赃枉法、徇私舞弊、刑讯逼供、严重玩忽职守和重大责任事故案件。全年全区检察机关共立案侦查法纪案件417年，比上年增加76.7%，其中重特大案件54件（特大案14件），比上年增加31.7%。侦查终结400件，比上年增长77.8%。依法对252名犯罪分子提起公诉，比上年增加22.3%。

四、积极开展监所检察、控告申诉检察和检察技术工作，保证法律监督职能的全面行使

去年，我区各级检察机关在抓好重点工作的同时，监所检察、控告申诉检察和检察技术等工作也抓得比较紧，并取得了新的成绩。

全年全区检察机关共起诉劳改、劳教人员又犯罪的案件319件426人，立案查处劳改、劳教单位干警贪污、受贿、私放罪犯、体罚虐待犯人等犯罪案件19件21人，对超期羁押人犯问题发出口头和书面纠正通知1078人次，对监管改造场所的各种违法情况发出书面和口头纠正通知2032次。与此同时，各级检察机关还配合有关部门教育监所人犯认罪服法，坦白检举犯罪行为；主动参与监管改造场所进行安全大检查1526人次，发现和提出纠正建议984条，使961个不安全的问题及时得到解决，消除了隐患，对稳定监管改造秩序，促进监管改造工作，保障诉讼活动顺利进行，起到了良好的作用。

全年全区检察机关共受理公民控告检举国家工作人员贪污、贿赂等经济案件和“侵权”、渎职等法纪案件线索8551件。经调查，认为构成犯罪的已立案查处1575件；受理申诉7288件，其中不服检察机关处理决定的申诉1782件，认为有错误可能的已立案复查221件。全国人大常委会、自治区人大常委会交办案件10件，已办结7件，还有3件正在办理。这些工作，保障了公民控告、申诉权利的行使。

检察机关的检察技术工作仍在初建阶段，边建设边工作。全年共作检验鉴定3518件。

五、加强思想政治工作和队伍建设，从严治检

去年，我区检察机关认真贯彻最高人民检察院《关于加强检察机关思想政治工作的决定》和《检察人员纪律》，进一步加强思想政治工作，搞好检察队伍的建设，有效地保证了各项检察业务工作的完成。

（一）针对检察工作的特点，对检察人员进行马克思主义基本理论的教育，坚持四项基本原则反对资产阶级自由化教育，职业道德和职业纪律的教育，使广大检察人员进一步树立共产主义世界观和全心全意为人民服务的思想，自觉地坚持四项基本原则，反对资产阶级自由化，做到关心大局，严以律己，努力工作，积极为改革开放和社会主义现代化建设贡献力量。

（二）加强干部培训工作。经过各级检察院最近两年的努力，我区《法律（检察）专业证书》班学习已经结束，有2300名检察干部考试成绩合格。加上原有大专文化程度的，合计3522人具有大专文化程度，占现有干部总数的69.9%。在抓好专业证书班的同时，还抓了专业短期培训。

（三）坚持从严治检方针，加强检察机关的廉政建设。自治区检察院表彰了在各项检察工作中表现出色的64个先进集体和127名先进个人，其中有4个集体、6名个人受最高人民检察院表彰。与此同时，各地对检察队伍中的违法违纪现象也决不姑息迁就，全年全区查处了检察干警违法违纪案件28件28人，其中逮捕5人。各级检察机关还根据最高人民检察院和自治区人大常委会的部署，结合纠正行业不正之风，开展了执法执纪情况大检查。

（四）结合市、县检察院检察长换届选举，加强领导班子建设。

回顾去年我区检察工作，尤其是反贪污贿赂和严厉打击严重刑事犯罪的斗争，是有成效的。但我们工作中仍存在不少问题、缺点。主要是：一些同志对反贪污、贿赂斗争的重要性、长期性和紧迫性认识不足，自满畏难情绪时有出现，有些地方对此解决不够及时、不够好，影响了工作的深入开展，因而，工作发展不平衡，一些情况、条件相近的地方办案成果悬殊比较大。办案的水平还有待提高，表现在自侦工作方面，有的调查取证、突破能力不强，有的采取强制措施不够适时，因而有些案件未能及时办结；表现在审查批捕、审查起诉工作方面，有的把关不够严格，特别是处理“两高”《通告》期间的贪污贿赂案件掌握不够严格，有少数贪污贿赂案件不该免诉而作了免诉处理；对自侦案件的出庭支持公诉工作仍是薄弱环节。一些单位思想政治工作抓得不够，个别干警违法违纪现象时有出现。

目前，我区同全国一样，政治稳定、经济稳定、社会稳定。“严打”斗争收到了良好的社会效果，去年以来没有发生重大的突发事件，刑事案件比前年有所下降，一些重点地区的治安面貌有了改变。但是，当前社会治安形势仍然相当严峻，影响社会治安的不安全因素还很多。严重暴力性案件和重大恶性案件上升的势头一直没有压下来，“六害”特别是“黄”、“毒”等违法活动危害严重，国外、境外敌对势力的渗透活动也没有停止。已经查处的贪污贿赂案件只是一小部分，还有相当数量的案件没有查处，而且新的犯罪还在不断产生。检察机关作为国家的法律监督机关，要充分发挥人民民主专政的职能作用，保障国家稳定、经济稳定、社会稳定，保障把国民经济搞上去这个全党、全国的中心任务顺利实现。我们要在新的历史条件下继续坚持人民民主专政，加强民主和法制建设。今年，我区检察机关的主要任务是：在区党委和最高人民检察院的领导下，在人大和人大常委会的监督以及人民政府的支持下，牢固树立维护安定团结和发展社会生产力的思想，把支持和保护改革开放，为经济建设服务作为检察工作的出发点，充分发挥法律监督职能，加强严格执法的检察，深入开展反贪污、反贿赂犯罪斗争，支持改革者，帮助失误者，惩治腐败者；坚持依法从重从快严厉打击严重刑事犯罪活动，大力开展社会治安的综合治理；加强对侵犯公民民主权利、人身权利和渎职犯罪案件的查处工作；全面发展各项业务；搞好思想政治工作和执法检查，加强检察队伍廉政建设，提高队伍素质，努力建设一支政治觉悟高、纪律严明、业务过硬、受人民爱戴的检察队伍。

海南省人民检察院工作报告（摘要）

——1991年5月10日在海南省人民代表会议第五次会议上

海南省人民检察院检察长　李天相

（1991年5月13日海南省人民代表会议第五次会议通过）

一、推动反贪污、贿赂犯罪斗争深人开展，促进廉政建设

1990年，海南省各级检察院继续把惩治贪污、贿赂犯罪作为打击经济犯罪的第一位工作。据统计，全省各级检察院全年共受理贪污、贿赂等经济犯罪案件420件，立案侦查227件，其中贪污贿赂案124件，占立案总数的54.6%。经过侦查终结，已向人民法院提起公诉90人，决定免予起诉104人；撤销案件37人。1990年全省检察机关共办结贪污、贿赂等经济犯罪案件231件，比上一年增加17.3%。1990年全省各级检察院共追缴经济犯罪赃款赃物折合人民币1050万元，其中上缴国库595.17万元。

1990年，全省各级检察院把反贪污、贿赂犯罪斗争的主攻方向放在集中力量查办大案要案上，使全省反贪污、反贿赂犯罪斗争深入了一步，其主要表现是：

一是侦破了一批贪污贿赂等经济犯罪大案要案。1990年全省各级检察院共立案侦查万元以上的贪污贿赂等经济犯罪大案150件，占立案总数的66%，与上一年重大案件数基本持平，但所占比重上升了14%。其中一至五万元的重大案件105件，占大案总数的70%；五至十万元的6件，占4%；十至五十万元的22件，占14.6%；五十万元的1件，占0.6%，一百万元以上的6件，占4%。同时全省各级检察院还侦破了一批贪污贿赂犯罪要案，在1990年查办的经济犯罪案件中，有县处级以上的干部案犯8人，占经济罪案人数的3.3%。

二是挖出的经济犯罪窝案、串案较多。据统计，全年从20件经济犯罪案件中挖出80余名犯罪分子，涉及犯罪金额达1000余万元。

三是查处挪用公款、偷税抗税等经济犯罪案件增长幅度较大。1990年全省共立案侦查挪用公款、偷税抗税、假冒商标犯罪案件82件，比上一年增加88%，其中挪用公款案件增加95%，偷税抗税案件增加60%以上。省检察院和省财税厅共同在各级税务部门建立了税务检察室，全年追缴各种税款847万余元。

四是群众举报热情仍然很高。1990年全省检察机关共受理群众举报1228件，其中举报贪污、贿赂的590件，占举报数的48%，举报县处级以上干部经济犯罪线索113件，检察机关立案侦查的经济犯罪案件约80%左右的线索是群众举报的。

1990年，全省各级检察院在深入开展反贪污、反贿赂犯罪斗争中重点抓了五项工作。

第一，积极宣传反贪污贿赂犯罪斗争

的重要意义，提高检察干警思想认识，树立长期作战思想。根据海南特区的经济犯罪的情况和特点，全省各级检察院深入学习领会和坚决贯彻中央反腐败的战略方针，要求全体检察干警树立长期作战的思想，发扬艰苦奋斗，连续作战的精神，紧紧依靠党委的领导，发挥国家法律的威慑力和党的政策的感召力，坚持不懈地开展反贪污贿赂犯罪斗争。

第二，树立为经济建设服务的思想。全省各级检察院注意把打击经济犯罪与为经济发展创造良好的环境紧密结合起来：一是在办案中严格区分经济交往活动中的必要应酬与贪污贿赂犯罪的界限，审慎处理罪与非罪界限不清和有争议的案件；二是对可能影响企业正常生产经营的被告人采取强制措施时，及时向党委和政府反映情况，作好安排与调整；三是向发案单位提出检察建议，帮助其堵塞制度和管理方面的漏洞；四是利用典型案例，通过广播、电视、报刊等各种新闻媒介，广泛开展法制宣传。

第三，坚持依法办案，执行“一要坚决，二要慎重，务必搞准”的原则，努力提高办案质量。全省各级检察院通过完善各种办案制度，定期进行案件复查等措施，使办案质量进一步提高，1990年全省办理的经济犯罪案件，与1989年相比，结案率上升17.3%，起诉率上升17.2%，移送免诉率下降了15.2%。通过年终对结案的231件案件检查情况来看，案件质量比上一年有了较大的提高。

第四，依法正确行使免诉权。1990年，根据最高人民检察院执法执纪大检查的要求和省人代常委会执法大检查的精神，对免诉中出现的一些问题进行了纠正和整改，已收到初步成效，到年底，免诉率已从1989年的61.9%降为45%，比全国平均52%还略低一点。目前，通过实行免诉报批制度，备案审查制度等措施，免诉率偏高的问题逐步得到解决。

第五，积极筹备建立了反贪污贿赂局。省检察院于1990年9月建立了经济犯罪案件专门侦查机构——反贪污贿赂局。

1990年，反贪污反贿赂犯罪斗争中存在的主要问题：一是工作发展不平衡，条件相同的市县检察院办案情况差距较大；二是侦查办理要案难案的能力还不强，办案效率有待进一步提高；三是工作条件差，人力不足，经费紧张，交通、通讯设备落后，侦查设施缺乏等困难很突出，远不适应反贪污贿赂犯罪斗争的需要。

二、坚持严厉打击严重刑事犯罪，加强社会治安综合治理，维护海南社会稳定

1990年全省各级检察院把严厉打击严重刑事犯罪斗争作为检察工作的另一个重点，抓得比较紧，比较扎实。全年全省各级检察院共受理公安机关提请批捕各类刑事案犯4988人，比上一年增加26%。审查批准逮捕案犯4410人，比上一年增加27.5%。受理公安机关移送起诉的案犯4655人，比上一年增加21.4%。经审查向人民法院提起公诉的案犯3445人，比上一年增加76%。

1990年全省各级检察院在依法从重从快严厉打击严重刑事犯罪的斗争中，着重做了如下几项工作。

第一，在各级党委的统一领导下，积极参加集中打击行动。1990年初，全省各级检察院积极开展了预防突发事件的准备工作。5月，省检察院在省政法委员会召开的“严打”电话会上部署了检察机关参加集中打击行动任务，各分、市、县院迅速行动，调整办案力量，提前介入公安部门的侦查活动。在集中打击行动中，全省检察机关共受理公安机关提请逮捕的案犯

3320人，占全年受理提请逮捕案犯的66.5%，批准逮捕案犯2897人，占全年批捕人犯的65.7%。受理公安机关移送起诉的案犯2740人，占全年受理的58.8%，审查起诉2133人，占全年起诉案犯的60.9%。

1990年，海南省检察机关受理“动乱”、“暴乱”期间触犯刑法的案件已全部向人民法院提起公诉。

第二，密切配合公安、法院等部门，共同开展“扫黄”除“七害”活动，开展保护通讯设备、军事设施，保胶护林和区域性社会治安治理等专项斗争。

第三，加强了对侦查、审判活动的监督。1990年，全省各级检察院在审查批捕、审查起诉工作中注意发现新的犯罪线索，深挖余罪、漏罪和漏网的刑事犯罪分子.共决定追捕追诉案犯151人，对不构成犯罪或虽构成犯罪但不需要逮捕的169名案犯作出不捕决定，对46人作出不起诉决定。对人民法院确有错误的判决提出抗诉28件（次)。全省各级检察院对公安侦查活动和法院审判活动中出现的违法行为共提出书面和口头纠正违法意见47件（次)。

第四，大力开展社会治安综合治理工作。全省各级检察院根据检察工作特点，结合办案进行法制宣传，发动群众揭发、检举犯罪；对免诉人员做好回访帮教工作；配合劳改劳教单位进行教育改造犯罪；及时处理群众来信来访，进行说服和疏导，避免告急案件中的矛盾激化；对发案单位中管理上存在的隐患、漏洞，提出检察建议。1990年，全省检察机关对300多名被免诉的刑事案犯进行了回访考查；向有关发案单位提出口头或书面检察建议200多份(次)；建立了综合治理点17个。

三、加强法纪检察工作，严肃查处侵犯公民民主权利、人身权利和渎职犯罪案件

1990年，全省各级检察院法纪部门共受理“侵权”渎职案件109件，比上一年增加55.7%，其中侵权案63件，占57.8%，渎职案46件，占42.2%。全年共立案侦查44件，比上一年上升25.7%。已办结36件，占立案数的81.1%，其中移送起诉15件，比上一年增加1.4倍，为国家挽回经济损失118.8万元。

1990年全省共立案查处法纪大要案件15件，占立案数的34%，其中特大案件6件，比上一年增加3倍。同时，全省各级检察院广泛开展了宣传最高人民检察院制定公布的《人民检察院直接受理侵犯公民民主权利、人身权利和渎职案件立案标准的规定》的活动。

当前，全省“侵权”、渎职案件仍相当突出，1990年全省查处的玩忽职守罪案10件，比上一年增加25%。查处“侵权”罪案6件，比上一年增加20%。此外非法绑架、扣押人质逼还债务的案件也时有发生。

四、监所检察、控告申诉检察、检察技术和装备等工作情况

——积极开展监所检察工作。全年各级检察院共办理监管改造场所罪犯重新犯罪案件46件69人，比上一年增加6.43%。查处监管干部犯罪2件2人。同时，各级检察院依法对无证收押，混关混押，手续不全，体罚虐待人犯等2202例违法情况提出书面和口头纠正意见3490次，敦促纠正2037人，依法纠正了超期羁押人犯853人，并向各监管场所提出改进管理措施的建议246次。

——做好控告、申诉检察工作，保障公民控告申诉权利。1990年全省各级检察院共受理公民控告、申诉案件3347件，已办理3203件，占受理数的95.6%。在已办理的属于检察机关管辖的控申案件中，不服逮捕的 74 件，不服不捕的 5 件，不服不诉的 5 件，不服免诉的 34 件。各级检察院坚持检察长批阅群众来信，接待群众来访制度，不断密切同人民群众的联系。各级控申检察部门在工作中，加强了对案件中出现各类民事矛盾的调处，全年共处理告急案件 36 件，集体上访案件 42 件。

——检察技术和装备建设有了一定进展。1990 年全省各级检察院技术部门共做检验鉴定 59 件，为侦查工作和认定犯罪实事提供了科学依据。

——民事、行政诉讼检察工作开始起步。1990 年全省检察机关依法开展民事行政诉讼检察工作，主要是进行了业务培训，建立机构，进行试点等基础建设工作。1990 年下半年，在琼北、海口、三亚等检察院正式建立民行诉讼检察机构，试点工作正在进行。

——检察理论研究工作得到加强。1990 年初，成立了海南省检察学会，以反贪污、贿赂斗争为重点内容，召开了检察理论研讨会，使检察理论研究活动初步开展起来。一年来省检察院积极参与海南特区地方立法活动，对地方性法规提出修改意见，会同有关部门下发了一些法律适用方面的文件；对倒卖土地等问题进行了调查研究；并对海南大特区检察机关的改革建设进行了有益的探索。

五、加强思想政治工作，从严治检，提高检察队伍的战斗力

一年来，全省检察机关认真贯彻最高人民检察院召开的全国检察机关政治工作会议精神，把思想政治工作落到实处。省检察院于 5 月和 10 月两次召开政治工作会议，研究总结和部署全省检察机关的思想政治工作。1990 年，全省 22 个检察院有 21 个院正式成立了政工机构，配备专职政工干部。在市县换届选举中省检察院配合省委、地方党委对各市县院的领导班子进行了考核、调整。各级检察院结合各自的特点普遍开展了职业道德、职业责任和职业纪律的教育，开展了争先创优活动。1990 年全省有 24 个单位被评为先进集体，154 名干警被评为优秀共产党员和先进工作者。同时各级检察院注意加强检察队伍作风、纪律的整顿，认真纠正行业不正之风，认真开展执法执纪大检查，严肃查处检察干警违法违纪案件。为了提高全省检察干警队伍的业务素质，省检察院在搞好岗位培训、岗位练兵的同时，向中国高级检察官培训中心、各政法学院、党校输送专业培训 47 人（次）。通过坚持不懈的思想政治工作和业务培训，使检察队伍整体素质有了进一步提高。

六、1991 年的检察工作指导思想和主要任务

在新的一年里，海南省检察工作的指导思想和主要工作任务是：认真学习党的十三届七中全会和省委第一届五次（扩大）会议精神，按照全国检察长工作会议的部署，进一步发挥法律监督职能作用，继续深入开展反贪污反贿赂等经济犯罪斗争，坚持依法从重从快打击严重刑事犯罪活动，加强法纪检察工作，全面开展各项检察业务，努力加强思想政治工作，搞好检察队伍自身建设，为维护海南经济大特区的政治、经济、社会稳定和改革开放的深入发展进行不懈的努力。

四川省人民检察院工作报告（摘要）

——1991年2月1日在四川省第七届人民代表大会第四次会议上

四川省人民检察院检察长　龚读纶

（1991年2月5日四川省第七届人民代表大会第四次会议通过）

一、关于反贪污、贿赂犯罪斗争

去年以来，全省各级检察院继续把反贪污、贿赂犯罪作为工作重点，不断促进斗争深入发展，取得了显著的成效。一年来，全省检察机关共立案侦查贪污、贿赂等经济犯罪案件4535件，其中贪污案2349件，贿赂案1083件，偷税、抗税案269件，假冒商标案13件，挪用公款案696件。在查办案件中，共追缴赃款赃物折合人民币8249万元，比上年增加78.5%。

在反贪污、贿赂等经济犯罪斗争中，全省检察机关主要抓了以下几项工作：

第一，突出查处大案、要案。去年一开始，我们就要求各级检察长加强指导查处大、要案件的工作，参与办理大要案件。在检察机关内部实行案件分级负责制，厅级干部犯罪案件由省检察院主办，县处级干部犯罪案件由市、分、州院主办。去年全省立案侦查贪污贿赂万元以上犯罪大案共753件。其中，犯罪金额在五万元以上不满十万元的37件；犯罪金额在十万元以上不满五十万元的23件；五十万元以上不满一百万元的2件。立案侦查县处级以上干部经济犯罪63人，其中厅局级干部3人。

第二，因地制宜，适时组织斗争小高潮。去年初，我们要求各地从实际出发，在二、三季度内适时掀起斗争小高潮。各地通过公开处理从宽从严的典型案件，作好宣传工作，收到了好的效果。全年检察机关共收到群众举报经济犯罪的线索9689件，有288名贪污贿赂等违法犯罪人员到检察机关投案自首。

第三，提高侦查工作水平，加快办案进度。去年，省检察院进一步加强了侦查工作的指导，要求各级检察机关增强侦查意识，充分运用各种法定侦查手段，在侦查破案上狠下功夫。一是深挖案中案，从查获的一两个案件入手，深挖细查，顺藤摸瓜，一案带出多案，不断扩大战果。二是加强组织指挥、精心部署，运用多种侦查手段，追捕携款潜逃的贪污贿赂案犯，一批在逃案犯纷纷落网。三是讲求斗争策略、斗争艺术，攻破案犯的反侦查活动，侦破了一批疑难、复杂案件。由于各地检察机关加强了侦查工作，办案效率普遍提高，截止去年底，全省检察机关已侦查终结各类经济犯罪案件5306件，结案率为86.5%。与1989年相比结案数上升58.9%。

第四，扩大办案社会效果，为经济发展服务。去年以来，全省各级检察机关特别注重办案的综合效益，尤其是在办理企业中的案件时，结合宣传法制，帮助企业整顿，建立健全制度，尽可能地帮助促进生产的发展。

二、关于严厉打击严重刑事犯罪活动

去年以来，全省检察机关继续贯彻依法从重从快的方针，与公安、法院一起严厉打击严重刑事犯罪活动。从年初开始，针对社会治安的突出问题，打击了抢劫、杀人、拐卖人口、重大盗窃等犯罪活动。5月以后，贯彻中央政法委员会“5·5”电话会议精神，在各地党委的统一部署下，集中力量投入了打击严重刑事犯罪的统一行动。一年来，全省检察机关受理公安机关提请批捕的人犯69056名，经过审查批准逮捕59285名，比1989年增加30.43%；受理公安机关移送起诉的人犯70090名，经过审查向法院提起公诉61595名，比1989年增加38.4%。批准逮捕的犯罪分子中，杀人犯1439名，比1989年增加24.37%；抢劫犯8690名，增加20.26%；拐卖人口犯6836名，增加184%；重大盗窃犯6643名，增加23.06%。

全省检察机关在“严打”斗争中，打击锋芒始终对准严重危害社会治安的“七个方面”的严重刑事犯罪分子和团伙犯罪中的首要分子、骨干分子。5月至9月两次统一行动期间，批准逮捕31897人，其中属于“七个方面”的严重刑事犯15942人，占50%。这两次打击重点突出，打得准、打得狠，效果显著。

在“严打”斗争中，全省检察机关坚持了提前介入制度。对重大、特大刑事案件和团伙犯罪案件提前介入公安机关的侦查预审活动，熟悉案情，核查证据，把案件的疑点、难点解决在移送批捕、起诉之前，做到了在检察环节上不拖延。

各地检察机关在办案中认真执行国家法律，坚持办案程序和制度，严格把握案件的基本事实和基本证据，注意划清罪与非罪的界限，确保了案件质量。提起公诉的案件，法院作有罪判决的占案件审结数的99.93%。办案中加强了侦查监督和审判监督，注意防漏防错。追捕各类犯罪分子599人；追诉807人；对5483名不构成犯罪或确已构成犯罪但没有必要逮捕的人犯，作出了不批准逮捕决定；对犯罪情节轻微，不需要判处刑罚的5862人，作了免予起诉；对不构成犯罪的345人作出了不起诉决定。对公安机关和检察机关在侦查活动中违法情况提出纠正意见314件(次)；对人民法院在审判活动中违法情况提出纠正意见576件(次)；认为人民法院确有错误的判决、裁定依法提出抗诉的案件有133件，至年终已收到人民法院判决、裁定65件，改判34件。

三、关于查处“侵权”渎职犯罪案件的情况

去年以来，全省检察机关进一步加强了查处少数国家工作人员严重侵犯公民民主权利、人身权利和渎职犯罪案件的工作。一年来，全省检察机关共立案侦查“侵权”、渎职案件782件，比1989年上升50.38%。在查处“侵权”、渎职犯罪案件中，检察机关重点抓了大案要案。全省立案查处县处级以上干部6人，政法公安干警及执法人员77人。检察机关依法查处“侵权”、渎职犯罪案件，保护了公民的民主权利和人身权利，维护了国家利益，促进了民主政治建设和廉政勤政。

四、关于监所检察工作

一年来，全省检察机关为稳定监管改造场所秩序，加强法律监督主要做了四项工作。一是结合“严打”斗争，与公安、法院、劳改劳教部门配合，加强了狱情动态的分析，同监管改造单位一道及时有力地打击劳改、劳教和留场就业人员的犯罪活动，办理了刑事犯罪案件971件，经审查批捕75人，起诉1092人，法院已判刑909

人，维护了正常监管秩序，确保了去年监管改造单位没有发生大的恶性事件。劳改人员又犯罪率下降10.2%，全省监管场所犯人脱逃率比1989年下降28.24%。二是配合各地公安机关做好看守所在押犯的清理工作，促进了案件的消化处理。三是对14000多名罪犯的减刑假释、保外就医的执法情况进行检察，发现执法中有违法行为及时提出纠正意见3268条（次）。四是立案查处监管场所干警的贪污、贿赂、私放罪犯、玩忽职守等犯罪案件25件34人。

五、关于控告申诉检察工作

全年共受理群众控告案件80789件，比1989年上升11.52%。这些案件，各地检察机关按照“归口办理，分级负责”的原则，认真负责地进行了处理。

共受理各类申诉案件24023件，比1989年上升209.3%。除按职责范围转有关单位处理的以外，依法立案复查1181件。认真处理这些申诉案件，保护了公民合法权益，维护了法律的尊严。各地检察机关从维护稳定出发，还及时办理了一批可能酿成闹事的告急案件。

六、认真开展执法检查，提高执法水平

1990年，全省检察机关自5月起用5个月时间，着重对检察机关决定免予起诉、按司法分工办案、遵守办案时限和处理赃款赃物等情况认真进行了检查。从检查情况看，检察机关执行国家法律政策是好的，遵守执法纪律是严格的。但是也存在贪污贿赂案件免诉质量不高，超时限办案，超期羁押等问题。

七、加强政治思想工作抓好队伍建设

去年，省检察院两次召开全省政治工作会议，明确提出检察机关政治工作的主要任务是：一要加强党对检察工作的绝对领导，保证检察机关在政治思想上同党中央保持一致；二要保证正确执法，秉公执法，完成各项检察任务；三要建设一支政治合格、业务过硬的检察队伍。各地认真贯彻这两次政工会议精神，坚持一手抓业务，一手抓政治思想工作和党的建设，加强了党的基本路线教育和廉政教育。

去年，我们在全省检察机关进行了一次以廉政建设为主要内容的执纪大检查。在检查中，我们强调监督者首先必须接受监督，“正人先要正己”，各级检察干部都要增强廉政自律意识，经受住“金钱关”、“人情关”、“权力关”的考验，自觉地保持检察机关清政廉洁、秉公执法的声誉。通过执纪检查，广大检察干警普遍受到了一次深刻的党风、党纪、廉政勤政教育，促进了各级检察机关的廉政勤政。

我们在抓队伍政治素质的同时，还注意了加强队伍的业务培训和法律专业学习，提高干部业务素质。目前，全省检察干部中具有大专以上文化程度、获取法律专业证书的已达4320人，占干部总数的37.9%。还有在职就读大专的1605人，就读法律专业证书的1633人。

1991年全省检察工作的指导思想是：在省委和各级党委领导、人大监督和政府支持下，认真贯彻党的十三届七中全会精神，围绕经济发展这个中心开展各项检察工作。以深入开展反贪污贿赂斗争和坚持严厉打击严重刑事犯罪活动为重点，加强法纪检察工作，重视抓好队伍建设，全面推进各项检察业务，为治理整顿深化改革和国民经济发展服务；为维护政治稳定、社会稳定服务；为促进党风好转、推进廉政建设服务；为促进精神文明建设和民主与法制建设服务。

我们要继续把深入开展反贪污贿赂斗争作为工作重点，认真抓紧抓好。要积极办案，狠抓大要案，努力办好案。要加强侦查工作，注重办案质量，扩大办案效果。要牢固树立为经济发展服务的思想，坚持“惩办、保护、促进、服务”一体化，为经济发展作一些力所能及的工作。要支持改革者、帮助失误者、查处犯罪者，促进改革开放。我们要继续把坚持严厉打击严重刑事犯罪活动作为工作的另一个重点，贯彻执行依法从重从快打击的方针，灵活多样、因地制宜地开展打击犯罪的专项斗争和专项治理。突出七个方面的打击重点，坚持对重大案件提前介入，加强侦查监督和审判监督，保证办案质量，打得准、打得狠，取得好的效果。积极参加社会治安的综合治理，做好预防和减少犯罪的工作。我们要加强法纪检察工作，把查处“侵权”、渎职犯罪案件工作摆到更重要的位置，狠抓大要案件查处，继续深入宣传《立案标准》和加强侦查工作。重视和严肃查处党政机关和执法机关中的犯罪案件，促进依法行政和正确执法。我们要继续重视政治思想工作和抓好队伍建设，大力开展具有检察工作特点的思想理论教育，搞好职业道德、责任、纪律教育和艰苦奋斗、廉政勤政教育。当前要抓好十三届七中全会文件的学习。抓好各级领导班子建设和后备干部的培养。搞好干部的业务培训。继续不断抓好廉政建设，纠正行业不正之风。以强有力的政治工作保证各项检察工作的正确开展。

贵州省人民检察院工作报告（摘要）

——1991年3月12日在贵州省第七届人民代表大会第四次会议上

贵州省人民检察院检察长　李　玲

（1991年3月15日贵州省第七届人民代表大会第四次会议通过）

一、关于严惩严重经济犯罪活动

去年，全省检察机关共受理贪污、贿赂等经济犯罪案件3849件，比1989年上升6.4%；已立案侦查2750件，比1989年上升4.1%。其中，贪污、贿赂案件1722件；偷税抗税、假冒商标和挪用公款等经济案件1028件，各占立案总数的62.6%和37.4%。其中，大要案件850件，占立案总数的30.9%，比1989年上升39.8%。已侦查终结2646件3095人。在查处的已结案件中，追缴赃款赃物折合人民币2757.85万元，比1989年上升58.4%。

（一）深化对惩治贪污、贿赂斗争的认识

在惩治贪污、贿赂的斗争中，不断深化广大干警对这场斗争重要性的认识，使大家进一步认识到惩治贪污、贿赂斗争是加强廉政建设的重要组成部分，是坚持社会主义道路和实现四个现代化的重要保证。

（二）发动和依靠群众同贪污、贿赂犯罪作斗争

全省检察机关通过新闻发布会，发表电视讲话，举办惩治贪污、贿赂展览，召

开宽严政策兑现大会等形式，广泛宣传惩治贪污、贿赂斗争的重大意义，发动群众对贪污、贿赂等经济犯罪分子进行举报。在去年受理的3849件贪污、贿赂等经济犯罪案件中，群众举报的就有2961件，占受理总数的76.9%。

（三）集中力量查处贪污、贿赂大要案件

在查处大要案件中，认真贯彻执行“一要坚决，二要慎重，务必搞准”的原则，采取大要案件线索优先初查，大要案件分级管辖查办，上级检察院加强对下级检察院大要案件查处工作的指导，检察长亲自办理大要案件等措施，集中力量查处了833件犯罪金额在万元以上的大案和17件县处级以上干部犯罪的要案。其中，一万元以上不满五万元的717件，五万元以上不满十万元的70件，十万元以上不满五十万元的39件，五十万元以上不满一百万元的4件，一百万元以上的3件。

（四）强化侦查意识，扩大办案战果

全省检察机关把强化侦查意识，提高侦破能力，作为惩治贪污、贿赂犯罪的一项重要工作来抓。一是组织办案人员认真学习侦查工作知识，提高办案人员的侦查意识；二是召开侦查工作经验交流会，总结推广侦查工作经验；三是举办侦查业务培训班，提高办案人员的侦查技能；四是针对当前经济犯罪案件中存在的案中案，案外案的情况，加强了对这类经济案件的侦破对策，不放过露头的案件线索，深挖“串案”、“群案”。

二、关于严厉打击严重刑事犯罪活动

去年，共受理公安机关提请逮捕刑事案犯36904人，比1989年上升30.6%。经审查后，批准逮捕31739人，比1989年上升28.9%。受理公安机关移送审查起诉刑事案犯35601人，比1989年上升35.3%。经审查，决定提起公诉29299人，比1989年上升33.6%。

（一）积极投入“严打”斗争，突出打击重点

在“严打”斗争中，坚决贯彻依法从重从快的方针，突出打击重点，共批捕杀人、抢劫、爆炸、强奸、流氓、重大盗窃、重大诈骗、拐卖人口、盗抢枪支、破坏电力、动力通讯设备等严重刑事犯罪分子13980人，占全年批捕总数的44%。已向法院提起公诉13793人。对各类犯罪集团成员也给予狠狠打击，共批捕2188人。

在突出打击重点的同时，检察机关把办理动乱期间的犯罪案件和反革命案件作为工作重点，依法及时批捕起诉。

去年5月，中央政法委员会召开了关于开展严厉打击严重刑事犯罪斗争的电话会议后，全省检察机关认真贯彻，积极行动，在较短的时间内，共审查批捕刑事案犯5366人，审查起诉各类刑事案犯4752人。与此同时，还积极投入了“扫黄”、“除六害”等专项斗争。

（二）积极开展对重特大案件提前介入

去年对公安机关侦查的重特大刑事案件共提前介入1382件。在提前介入工作中，对公安机关提请批准逮捕的案犯，只要构成犯罪，符合逮捕条件的，就做好批捕的准备；对不构成犯罪的，及时建议公安机关作其它处理；对证据不足的，及时建议公安机关补充侦查，配合公安机关调查取证，减少了文来文往，加快了对案件的处理。

（三）认真履行侦查监督和审判监督职能

通过审查批捕和审查起诉工作，依法追捕案犯520人，不批准逮捕2430人，依法追诉案犯217人，决定不起诉163人，纠正侦查活动中的违法现象156起；纠正审

判活动中的违法现象57起；依法对量刑不当的案件向法院提出抗诉127件。

三、关于法纪检察工作

1990年共受理“侵权”、渎职案件2472件，立案侦查1084件，分别比1989年上升4.2%和32.4%。其中，立案侦查重特大案件126件，党政机关和企事业单位工作人员276人，执法人员46人，县处级干部4人。

（一）积极维护公民民主权利和人身权利，抓大要案件的查处

检察机关从维护党和政府的形象、密切党群关系和依法保护公民民主权利、人身权利出发，认真抓好大要案件的查处工作。一年来，共查处国家工作人员“侵权”案犯130人，占“侵权”案犯总数的15.4%。

（二）惩治腐败，积极同渎职犯罪作斗争

对国家工作人员的玩忽职守、徇私舞弊等渎职犯罪案件进行了严肃查处。特别是对我省发案较多的重大责任事故案件，共立案查处渎职犯罪案件354件。其中，重特大案件94，分别比1989年上升55.3%和51.6%。

（三）广泛深入地开展法制宣传

全省检察机关采取多种形式，广泛地宣传了最高人民检察院公布的《人民检察院直接受理的侵犯公民民主权利、人身权利和渎职案件立案标准的规定》。

四、关于其他检察业务工作

——监所检察重点抓了三个方面的工作：1、积极配合监管改造场所，进行安全防范检查，对发现的879起不安全的问题，提出了书面或口头建议。并协助监管改造场所处理了突发事件109起。2、对被监管改造人员中的“牢头”、“狱霸”，以及重新犯罪活动，给予了狠狠的打击。共批准逮捕、起诉被监管人员重新犯罪案件370件501人。3、对监管改造场所的违法违纪现象进行了检察，向有关部门提出书面纠正意见596次，口头纠正意见2351次。对看守所超期羁押提出纠正1276次，并查处了监管改造场所干警违法犯罪案件50件。

——控告申诉检察工作。一年来，共受理来信、来访51775件（次）。在接待工作中，各级检察长亲自阅批来信，不少地方还建立了检察长接待日制度。有些检察机关还定期深入到交通不便，信访反映纠纷多，发案多的地方，巡回接待，解决了部分群众告状难的问题。许多检察机关还主动配合有关部门，妥善处理了443起可能引起矛盾激化的“告急”信访和欲进省城、赴京上访的案件。同时，还受理各类控告申诉案件807件，立案563件，复查不服检察机关作出免予起诉、不起诉、不逮捕决定的申诉案件172件，已办结162件。

——检察技术工作有新的进展。一年来，共受理各类技术检验、鉴定案件2009件，已办结1423件，出具检验、鉴定文书892份。

——民事行政检察业务工作开始起步。省检察院成立了民事行政检察处，全省已有5个分、州、市院和11个县级检察院建立了民事行政检察机构，进行了试点，为行政诉讼法的实施做了积极的准备工作。

五、关于执法、执纪大检查

根据最高人民检察院和省人大常委会的要求，对1990年检察机关履行法律监督职责，开展各项检察业务活动，检察人员执行法律、纪律的情况，进行了全面检查。从检查的结果看，全省检察机关执法、执纪情况是好的，检察人员的纪律作风是好的。在治理整顿，深化改革的形势下，执

行法律、政策既是坚决的，也是慎重的，特别是在惩治贪污、贿赂等经济犯罪方面，更为慎重，注意了办案的社会效果。

通过这次执法、执纪大检查，也发现了一些问题，主要是：有的贪污、贿赂案件不该作免诉处理的，作了免诉处理；有的案件在检察环节上有超期羁押被告人的情况；有的案件出庭公诉水平不高；少数干警经不起改革开放的考验，违法违纪。对这些人已作出严肃处理。

六、关于检察队伍建设

（一）抓检察干警的政治理论学习

去年，认真组织检察干警学习党的十三届四中全会、五中全会、六中全会文件和邓小平等中央领导同志的重要讲话，提高对党的基本路线的认识。并深入开展坚持四项基本原则，反对资产阶级自由化的教育，有计划地组织干警学习马克思主义哲学，使广大干警坚定了正确的政治方向，提高了辨别是非的能力，增强了为党的基本路线和稳定局势服务的自觉性。

（二）抓具有检察工作特点的思想政治工作

为了探索思想政治工作的新路子，抓好以廉洁奉公、秉公执法为检察工作特点的思想政治工作，去年4月，省检察院在安顺检察分院召开了全省检察机关思想政治工作现场会议，总结交流了安顺检察分院和其它一些人民检察院开展思想政治工作的先进经验。各地检察机关对照安顺经验找差距，提出了加强和改进思想政治工作的具体措施。有的建立健全了思想政治工作目标管理、考核评比和检查制度；有的提出了加强政工队伍建设的方案。通过这些工作，把全省检察机关思想政治工作向前推进了一步。

（三）抓检察队伍的廉政建设

为进一步贯彻党中央关于廉政建设的一系列指示，坚持从严治检方针，广泛开展了以“八要八不准”为主要内容的“三查”教育活动。通过这项活动，增加了检察干警廉洁自律的思想意识，提高了遵守检察职业道德和执行法律的自觉性。还通过多种形式，深入开展争先创优活动。

（四）抓基层领导班子建设

去年，全省县级人民检察院检察长换届选举和任免工作已全部结束。通过这次换届选举，全省86个县级检察院检察长属连选连任的35人，占40.7%，新选任的51人，占59.3%。从总的情况看，新选任的检察长在政治素质和文化、年龄结构等各个方面，均有了提高和改善。具有大专文化程度的36人，占42.9%；中专、高中文化程度的23人，占26.6%。年龄在45岁以下的中青年有42名，占48.8%。为了提高新任检察长的领导水平，去年10月上旬，省检察院举办了一期检察长研讨班。

加强了对干警的在职培训工作。去年，共有1300多名检察干警（约占全省检察干警总数的30%）参加省电大法律专业和《检察专业证书》的学习。

（五）抓政工机构的建设

认真抓了检察机关政工机构的建立。省委批准省人民检察院于去年10月成立了政治部。根据省委组织部、省编委和省人民检察院联合下发的《关于我省地县两级人民检察院设置政工机构等问题的通知》要求，已有58个人民检察院成立了政工机构，为进一步开展思想政治工作从组织上提供了保证。

去年，全省检察机关的工作也存在着一些问题，主要是：工作发展不平衡，条件相似的人民检察院，查处案件的情况差距较大；贿赂案件查处得比较少一些；侦查水平还不高，对一些重大疑难案件不能及时侦破；办案经费困难，侦查设备缺少，不能适应工作需要；个别案件的质量不高。

1991年是我国实施第八个五年计划的头一年。我们决心在最高人民检察院和省委的领导下，在省人大的监督和省政府的支持下，坚持人民民主专政，更好地发挥法律监督职能作用。

一、组织广大检察干警学习党的十三届七中全会精神，学习省委六届五次全委扩大会议文件，通过学习不断提高全体检察干警的思想理论水平和政治觉悟，牢固树立全心全意为人民服务的思想，成为社会主义四化建设的忠诚卫士。

二、深入持久地开展惩治贪污、贿赂犯罪的斗争，将继续重点查处那些群众反映强烈、问题较多的重点行业、重点单位和基层执法部门中的贪污、贿赂犯罪案件，集中力量查处大案要案；继续深入查处贿赂案件，使这类案件有一个新的突破；努力提高侦查水平和办案质量，使惩治贪污、贿赂斗争的整体效应有一个新的提高。

三、坚持严厉打击严重刑事犯罪活动。全省检察机关要认真贯彻执行全国社会治安综合治理工作会议精神，坚持不懈地依法从重从快严厉打击严重刑事犯罪活动；继续配合有关部门深入开展"扫黄"、"除六害"等专项斗争；进一步提高批捕、起诉案件的质量，搞好侦查监督和审判监督，保证法律的正确实施；积极参加社会治安综合治理，预防和减少犯罪。

四、加强法纪检察工作。重点查处刑讯逼供、非法拘禁、徇私舞弊、玩忽职守等犯罪案件，特别是查处其中利用领导权、司法权进行侵犯公民人身权利、民主权利，以及渎职犯罪案件。此外，对我省发生较多的非法拘禁、非法搜查、非法侵入他人住宅的犯罪案件和重大责任事故案件，结合办案，研究这几类案件的发案特点、规律、原因及其对策，主动配合有关部门做好综合治理工作，预防和减少这几类案件的发生。

五、进一步加强思想政治工作，搞好队伍建设。坚持邓小平同志提出的"一手抓建设，一手抓思想政治工作"的思想，牢固树立思想政治工作是一切工作的生命线，也是检察工作的生命线的思想，积极开展具有检察工作特点的思想政治工作，从严治检，不断提高全体干警的政治素质和业务素质。

云南省人民检察院工作报告（摘要）

——1991年3月9日在云南省第七届人民代表大会第四次会议上

云南省人民检察院检察长　李林阁

（1991年3月14日云南省第七届人民代表大会第四次会议通过）

一、关于开展反贪污、反贿赂斗争

我省各级检察机关坚决贯彻党中央、国务院和省委关于廉政建设、惩治腐败的指示，按照高检院的工作部署，继续把反贪污、反贿赂斗争作为检察工作的重点，结合中央关于纠正行业不正之风的精神，突出查处大案要案，巩固了1989年贯彻“两高”《通告》的成果，使全省反贪污、反贿赂斗争不断深入发展，主要特点是，办结案件、立办大要案件和挽回经济损失数均有较大幅度的增长。(一)结案数有明显提高。一年来，共受理各类经济案3279件；立案2541件，其中立贪污、贿赂案1839件，占72.4%。共办结2958件(含上年立案未结968件)，比1989年上升28.2%，结案率为84.3%，其中办结贪污、贿赂案2231件(含上年未结739件)。1989年“两高”《通告》期间受理的投案自首案件已全部办结。通过办案，为国家和集体挽回直接经济损失4022.6万元，比1989年上升61.5%。同时，还认真查办了一批其它经济犯罪案件。共立办挪用公款案372件，其中大案226件；立办偷税抗税案233件，其中大案80件。(二)侦破大案要案工作有较大进展。共立万元以上大案和县处级以上干部犯罪案754件，占立案总数的29.7%，比1989年478件上升57.7%；已办结978件(含上年未结数)，比1989年305件增长2.2倍。(三)查处重点行业和单位的贪污、贿赂案件工作有所突破。各级检察机关结合纠正行业不正之风，抓住群众反映强烈的利用行业和部门特点进行贪污、贿赂犯罪的问题，从抓大案入手，挖出了一批群案。各级检察机关还特别注意查处了执法人员利用行业特点犯罪的问题，去年共查处了46名执法人员的经济犯罪问题，其中受贿35人，占76%。从查处行业犯罪的情况看，一是这类犯罪比较突出。据统计，去年检察机关查办厂矿企业、商业供销、银行信用、建筑安装、粮食物资等重点行业和部门的贪污、贿赂案件数，占全省立办贪污、贿赂案件总数的70%左右。二是犯罪分子多数是掌握一定权力的人。三是多数发案单位的思想政治工作薄弱，规章制度不健全，领导班子涣散，缺乏战斗力。

在反贪污、贿赂斗争中主要抓了以下工作：

(一)分析形势，提高认识，确保斗争深入开展。

为保证工作的顺利开展，各级检察机关在总结1989年工作的基础上，针对一些人责怪反贪污、贿赂搞过头了，“廉政上去了，经济滑波了”等错误言论，以及部分干警因受这些言论的影响而产生思想压力的情况，组织干警学习中央的一系列指示精神，教育干警充分认识打击经济犯罪工作的复杂性、艰巨性和长期性。引导广大干警，既要看到经济犯罪手段狡诈，边打边犯，形势严峻的一面，又要看到党中央历来重视抓廉政建设，各级党委、人大、政府和广大人民群众坚决支持检察机关开展反贪污、贿赂斗争等有利条件。

(二)集中力量，集中精力，抓紧大案要案的查处。

去年全省各级检察机关始终把主要精力放在群众最关心的大案要案的查处上。办结的978件大案要案中，有五万至不满十万元的105件，十万至不满五十万元的77件，五十万至不满一百万元的7件，一百万元以上的5件；其中县处级干部犯罪的56人，地厅级干部犯罪的2人。在办理大要案件中，各级检察长深入办案第一线，亲自部署、指挥，直接参与办案。据统计，全省有80%的正副检察长亲自参与办理经济案572件，其中多数是大案要案或疑难案件。

(三)发动群众，依靠群众，同犯罪作斗争。

各级检察机关在打击贪污、贿赂犯罪工作中，坚持专门机关与群众路线相结合的原则，采用案情通报会、广播电视讲话、厂长经理座谈会、宽严政策兑现大会等形式，加强反腐倡廉的宣传。省检察院于去年2月至7月举办了《云南省检察机关打击贪污、贿赂犯罪展览》，先后在昆明、曲靖、大理等9个地、州、市展出，参观者达30余万人。有的检察院在当地党委的领导下，结合办案，深入发动群众，揭发犯罪、敦促有贪污、贿赂犯罪的人投案自首，形成了反贪污、贿赂的"小气候"。据统计，去年全省检察机关共受理群众举报7549件，属检察机关管辖的4039件，其中贪污、贿赂犯罪案件线索2635件，占64.4%，有92名犯罪分子到检察机关投案自首。在所立案件中，群众举报的占78.2%。

（四）加强侦查工作，严格执行政策法律。

针对犯罪分子作案手段更加诡秘，并日趋智能化的情况，我们切实加强了侦查工作，主要采取以下措施：一是抓侦查机构建设。省检察院和12个分、州、市院，89个县（市、区）院已先后成立了反贪污、贿赂工作局。二是加强领导，提高办案效率。三是加强培训，努力提高干警的侦查技能和专业知识水平。四是正确灵活运用各种侦查手段、摸索新的侦查方法，不断提高侦破能力。各级检察机关在办案中认真贯彻"一要坚决，二要慎重，务必搞准"的原则，严格执行政策法律，不断完善内部制约制度，坚持重事实、重证据、重调查研究，严格区分罪与非罪界限。

二、关于严厉打击严重危害社会治安的刑事犯罪

各级检察机关把严厉打击严重危害社会治安的刑事犯罪作为检察工作的另一个重点抓紧抓好。与公安、法院等部门互相配合，积极参加了全省"严打严防"的统一行动和"禁毒"、"除六害"、"扫黄"等专项斗争。一年来，全省检察机关共受理公安、安全机关提请审查逮捕人犯27644名，经审查批准逮捕23689名，比1989年上升7.8%。批准逮捕的刑事人犯中，重、特大案犯5536名，占23.7%，上升17.7%；受理公安、安全机关移送审查起诉案犯27123人，经审查，向人民法院提起公诉22832人，比1989年上升11.7%。在严厉打击严重刑犯罪方面着重抓了以下工作：

（一）认真贯彻"严打"方针，积极投入"严打"斗争。各级检察院在坚持"基本事实清楚，基本证据确凿"的原则下，做到依法快捕快诉，保证了"严打"统一行动顺利进行。"严打"中始终把打击的锋芒对准贩毒、杀人、抢劫、重大盗窃、破坏工农业生产设施，重大诈骗和称霸一方的流氓头子、卖淫集团及其窝主，煽动组织动乱、暴乱以及进行破坏活动的反革命分子等七类重点打击对象。同时，还特别注意了对毒品犯罪的打击。去年共批准逮捕制造、贩运毒品人犯2234名，比1989年上升10%，占总批捕人犯的9.4%，其中重特大案犯1547名；向法院提起公诉2121人。

为确保案件质量，组织各级检察机关对批捕、起诉案进行了质量检查。从检查的情况看，案件质量基本上是好的。对个别处理不当的案件及时作了纠正。

（二）坚持对重特大案件实行提前介入。去年，全省检察机关坚持对重大、特大案件，尤其是团伙案件实行提前介入，在审查批捕和审查起诉两个环节共提前介入1161件（次）。

（三）加强侦查监督和审判监督。一是严格把关，注意防错防漏。各级检察机关通过审查公安机关提请批捕、移送起诉案件的工作，对不构成犯罪的2117名被告作了不批准逮捕决定；对301名被告作了不起诉决定。对公安机关漏报捕的292人、漏移送起诉的162人予以追捕、追诉。二是认真履行侦查活动和审判活动监督。各级检察机关对公安机关在侦查活动中的违法情况提出纠正意见162件（次）；对人民法院审判活动中的违法情况提出纠正意见71件（次），对法院确有错误的判决、裁定提出抗诉159件。三是采取培训、评选优秀公诉人等形式，认真抓了出庭公诉质量。四是注意依法正确行使免诉权。

三、关于法纪检察工作

去年各级检察机关认真贯彻全国“侵权”、渎职案件侦查工作会议精神，切实重视加强了法纪检察工作。广泛宣传《关于人民检察院直接受理的侵犯公民民主权利和渎职案件立案标准的规定》，不断提高群众的法制观念，增强法纪检察工作的透明度，拓宽受案渠道。同时，认真贯彻“坚决、严肃、慎重”的方针，始终把发案率较高、危害较大的非法拘禁、刑讯逼供、非法侵入他人住宅等“侵权”案和给国家、集体造成重大损失的玩忽职守、重大责任事故等渎职犯罪案件作为查处重点。一年来，共受理各类法纪案1579件；立案496件，其中立“侵权”案291件，渎职案159件，分别比1989年上升42.1%和13.2%；共立办重、特大案件72件。在办案中，上级检察院加强对下指导，各级检察长亲自参加办理大要案件，使办案工作有较大进展。

四、统筹兼顾，合理安排，其他各项检察工作都有新的进展

监所检察工作，围绕“两打”重点，坚持把对监管改造场所执行政策法律情况的检察放在首位，全面开展工作。一年来，发现判决、裁定和监管改造活动中的违法情况提出纠正通知824次；对超期羁押人犯检察纠正965人；对3995名监外服刑犯执行情况进行了检察，发现有不合法现象，及时提出纠正建议。积极配合有关部门开展打击“牢头狱霸”活动，对重新犯罪的331名劳改犯依法起诉，坚决予以打击。同时协助监管改造场所对被监管改造人员开展政治攻势。配合有关部门进行安全防范检查，防止了一些重大事故的发生，维护了监管改造秩序。

控靠申诉检察工作，共受理群众来信来访33224件次，已处理32022件次。认真办理不服公安、检察、法院所作的不批准逮捕、不予起诉、免予起诉的申诉和判决、裁定的再申诉等六类案件，以及重婚案件共270件。同时继续坚持了检察长批阅来信和亲自接待来访制度。密切了与群众的联系。

刑事技术工作共出具各类技术鉴定2832件，为办理案件和有效行使法律监督提供了科学依据。

为贯彻实施行政诉讼法，省院已设置了民事、行政检察处。并按照最高人民检察院的安排，结合我省实际，积极开展调查研究，认真做好履行民事、行政审判监督职责的试点和各项准备工作。

五、积极参加社会治安综合治理工作，努力预防和减少犯罪

去年底，省委、省政府召开了“精神文明建设、社会治安综合治理工作会议”，省检察院在会上提出了《发挥检察职能，搞好综合治理，促进精神文明建设》的具体贯彻意见。去年以来各级检察机关认真贯彻省委和上级检察院的有关指示精神，坚持“打击、治理两手抓”，紧密结合各项检察业务，积极开展综合治理。一是深入农村、学校、厂矿、机关等讲法制课，开展义务法律咨询、印发各种宣传材料、召开新闻发布会、办法制宣传栏、进行文艺演出等多种形式积极向公民进行法制宣传。二是通过出庭支持公诉发表公诉词，以案释法，揭露犯罪，宣传法律，教育群众。三是牢固树立办案为经济建设服务的思想，注意发现发案单位在安全防范、经营管理制度等方面存在的问题和漏洞，积极发出检察建议，帮助建章改制，落实措施，堵塞漏洞。据统计，检察机关在办理经济案件中，向有关部门提出检察建议569份，协助18个企业开展治理整顿，帮助追回流失资金756.31万元。四是坚持对被免予起诉人员进行回访考察和落实帮教措施。五是在受理群众来信来访中，发现可能引发犯罪的苗头，向当事人进行耐心的疏导教育，防止矛盾激化。

六、加强思想政治工作，认真抓好检察队伍的自身建设

去年我们认真贯彻最高人民检察院《关于加强检察机关思想政治工作的决定》。省检察院还专门召开会议，传达和学习全国检察机关思想政治工作会议精神，并结合实际，提出了八条贯彻意见。一年来，各级检察机关普遍加强了对干警的坚持四项基本原则，反对资产阶级自由化和东欧形势教育；开展了马列主义的基本理论和党的基本路线、基本知识的教育以及党的民族政策、职业道德、职业纪律等方面的教育。广大干警的政治素质有进一步提高。在具体工作中特别注意抓好以下三点：(一)抓好政工机构建设。经省委批准，省院已成立了政治部，15个分、州、市院建立了政治处，30个县院建立了政工科或政治协理员办公室，并充实了政工人员，建立了政治工作制度。(二)抓好领导班子和队伍的廉政建设，按照干部“四化”和德才兼备原则，积极配合地方党委和人大，认真做好换届选举工作。按照最高人民检察院的要求，经省委批准，省院已设立了纪检组和监察处，各级检察机关也将设立相应的机构或配备专人，以进一步加强对检察队伍纪律、作风的管理和教育。同时，本着“从严治检”的方针，对有违法违纪行为的干警进行了认真严肃的查处。(三)抓好干部的专业培训。去年有900余名干警完成了学历教育，有1000余名干警接受了短期岗位培训。从而使干警的业务素质有了新的提高。

在新的一年里，我们要进一步发挥法律监督职能，在“深入、坚持、加强、推动、抓好”十个字上做文章：(一)深入持久地开展反贪污、贿赂斗争；(二)坚持依法从重从快严厉打击严重危害社会治安的犯罪活动；(三)加强法纪检察工作；(四)围绕“两打”推动各项检察业务工作全面开展；(五)要继续抓好思想政治工作和检察队伍的自身建设。

西藏自治区人民检察院工作报告（摘要）

——1991年5月4日在西藏自治区第五届人民代表大会第四次会议上

西藏自治区人民检察院检察长　杨有才

（1991年5月8日西藏自治区第五届人民代表大会第四次会议通过）

一、依法从重从快严厉打击少数分裂主义分子和严重刑事犯罪分子

1990年，我们坚持把依法从重从快严厉打击少数分裂主义分子和刑事犯罪分子作为检察机关的首要任务，自觉地为稳定局势服务。共受理公安机关提请逮捕人犯804人，审查批捕各类刑事犯罪分子755人（其中含反革命犯45人），不批准逮捕36人，退回公安机关补充侦查13人，受理公安机关移送起诉427件529人，审查起诉389件473人，免予起诉31件45人，不起诉7件11人，批捕起诉分别比1989年增长48.5%和45‰。从批捕起诉情况看：

分裂与反分裂斗争形势仍然严峻，反革命宣传煽动犯罪不断发生。在批捕的45名反革命人犯中，43名属反革命宣传煽动罪犯。

刑事案件特别是重特大案件发案率居高不下，共批捕七类重点打击对象464人，占批捕总数的57.7%。

盗窃突出，共批捕各类盗窃犯365人，占批捕总数的44.3%。

抢劫、伤害、杀人案件增多。共163件，比1989年上升32%。

青少年犯罪严重，共批捕案犯495人，占批捕总数的64.1%。

外来人员作案比例较大，共批捕此类案犯324人，占批捕总数的43%。

在部分地区出现了非法买卖、盗窃枪支弹药的犯罪活动，全年批捕非法买卖、盗窃枪支弹药案犯16人。

针对严峻形势和复杂情况，我们根据区党委的统一部署，积极参加集中打击统一行动。严打中审查批捕各类犯罪分子304人，审查起诉252件264人，分别比1989年同期增加19.8%和17.2%。我们坚持对重特大刑事犯罪和反革命人犯依法快捕快诉，坚持对重特大案件提前介入侦查预审。据不完全统计，仅严打期间，检察机关提前介入侦查、预审87件（次）。在刑事检察工作中，各级检察机关加强侦查、审判活动监督。经审查，不够逮捕条件的依法作出不批准逮捕的决定，事实不清证据不足的退回公安机关补充侦查，向法院抗诉9件13人，法院已改判4件6人。

我们坚持打击与改造相结合的方针，积极开展监所检察工作，经常深入监改场所，了解监所管理及人犯思想状况，及时查办监所检察管辖案件，打击抗改活动，查处和纠正监管人员违法乱纪行为。

各级检察机关在严厉打击犯罪的同时，积极参加社会治安综合治理。结合办案，进行法制宣传，开展检察建议活动，深入发动群众，揭发检举犯罪，配合公安、劳改部门做好免诉人员及刑满、解教人员的帮教工作，努力预防和减少犯罪的发生。

二、开展反贪污贿赂等经济犯罪斗争

1990年，我们深入开展反贪污贿赂斗争，共受理贪污贿赂等经济案件线索215件，经初查立案侦查105件131人，立案侦查的经济案件与1989年基本持平。逮捕各类经济犯罪分子69人；向法院提起公诉49件56人；免予起诉29件37人。为国家挽回经济损失1823万余元。在同贪污贿赂等经济犯罪斗争中，其主要特点有以下几个方面：

1、大案要案突出。共立案侦查万元以上大案34件，涉及县（处）级干部9人，大要案占立案总数的40%。

2、国家机关工作人员贪污贿赂的案件多。共立案侦查贪污贿赂案件75件84人，占立案总数的71%以上，犯罪主体均为国家工作人员。这些犯罪分子利用职务之便，侵吞国家财产；或搞权钱交易，为人为己谋私利；或监守自盗，中饱私囊。

3、部分单位、部门管理不严格，制度不完善，缺乏检查监督，致使贪污贿赂等经济犯罪屡屡发生。

4、打击贪污贿赂等经济犯罪，既挽回了经济损失又顺应了民心。1990年，打击经济犯罪为国家挽回经济损失比1989年超出一倍以上，比1989年以前打击经济犯罪挽回经济损失总和还多500多万元。人民群众无不拍手称快。

5、群众和单位举报多，反映了党心、民心之所向，反映了人民群众的斗争热情。一年来，共受理单位和群众举报经济案件线索251件，比1989年受理举报多100多件。

6、自治区检察院和分（市）院狠抓办案，基层检察院办案进展明显。

7、在反贪污贿赂斗争中，各级检察机关的侦查工作发挥了重要作用。根据贪污、贿赂经济犯罪的特点，我们加强了侦查业务工作。在发动群众举报的基础上，运用各种侦查手段查办案件，把群众路线同专门机关的工作结合起来，使侦查人员的侦查意识、侦查技能在实践中得到了提高。特别是在检察机关内部实行侦查起诉分开之后，不断完善了内部监督制约机制，使侦查工作，进一步专门化。

8、反贪污贿赂斗争保障了企业的合法经营，促进了经济发展。各级检察机关在办案中自觉处理好打击与保护的关系，通过积极缴赃款赃物，尽量为国家和企业挽回经济损失；通过认真查办挪用公款、偷税抗税罪案，解除不应该冻结的银行帐户等，保障企业的权益，支持他们合法经营；对因管理疏漏，制度不健全而发生贪污贿赂等经济犯罪的单位部门积极提出检察建议，使之严密会计制度、审计制度，健全和完善行政管理等措施来促进经营和生产。

三、开展法纪检察和控告申诉检察工作

检察机关切实加强了法纪检察工作。受理、立案查处侵权、渎职、重大责任事故案件比往年增加。共受理法纪案件线索52件，比1989年增加33%；立案侦查15件27人，比1989年增加144%；起诉7件8人；免诉4件4人；转有关单位处理37件37人。在立案侦查的法纪案件中，玩忽职守占立案总数80%。各级检察机关对于刑讯逼供、非法搜查、非法拘禁、泄露国家重要机密，徇私舞弊、诬告陷害等法纪案件一经发现就进行认真而严肃的查处，还通过公开法纪案件立案标准；利用典型案例进行法制宣传、深入机关企事业单位广辟案件来源，充实加强办案力量，大力加强侦查工作等措施来切实推进工作。

各级检察机关，在建立健全举报制度的同时，改进了控告申诉检察工作，完善

了接待来访，处理信访工作程序。共受理控告申诉和人民群众来信来访471件(次)。为了加强对执法活动的监督制约，重点对不服免诉、不服逮捕、不服判决的申诉案件进行了复查，共受理复查“三不”案件13件，自办控申管辖案件17件。

四、加强思想政治工作和队伍建设

根据区党委对检察干警提出的政治坚强、业务精通、纪律严明、作风过硬、工作出色的总体要求。我们在思想政治工作和队伍建设上从理论学习和思想教育入手，认真组织干警学习《马克思主义哲学》和《社会主义若干问题纲要》，学习江泽民同志视察西藏时的重要指示和党中央、区党委一系列重要指示，认真贯彻全国检察机关思想政治工作会议精神，大力进行维护祖国统一，增强民族团结和马克思主义民族观、宗教观的教育，进行全心全意为人民服务，艰苦奋斗，无私奉献的教育，检察人员政治素质不断提高；各级检察机关加强了干部岗位职务培训工作，举办了法律（检察）专业证书班，一些分（市）院还自己解决教材、教员、培训地点等问题，举办了短期培训班，检察人员的业务素质得到了提高；同时我们狠抓了从严治检工作，严格执行检察人员“八要八不准”纪律，严肃认真地开展了民主评议党员和党员重新登记及一年一度的执法、执纪大检查，严肃查处了发生在检察机关内部的9起违法违纪案件；加强了领导班子和党的组织建设，自治区检察院恢复了政治部，协助组织部门考察了分（市）院领导班子，各分（市）院协助党委组织部门考察了各县换届检察长人选。

五、开展检察工作的基本做法和体会

五届人大三次会议以来我们开展检察工作的基本做法和体会是：

1、检察工作必须自始至终服从服务于党和国家的中心任务。根据这个基本指导思想，各级检察机关把维护稳定作为压倒一切的首要任务，依法严厉打击少数分裂主义分子和严重刑事犯罪分子，紧紧抓住反贪污贿赂这个工作重点，切实加强法纪检察，全面履行法律监督职能，为我区的经济建设和改革开放服务。使检察工作指导思想端正，重点突出，任务明确，实践证明这是正确而有效的。

2、紧紧依靠党委的领导、人大的监督、政府和兄弟部门以及广大人民群众的支持帮助。检察工作所取得的成绩是在党的方针政策的正确指引下，在各级党委的领导下取得的。各级检察机关经常向党委请示汇报，把检察工作自觉置于党委的领导之下。各级党委非常重视检察工作，给我们以具体的领导和指导。许多大要案都是在各级党委的亲自过问、指导下办理的。各级人大通过视察工作、催办议案、听取汇报等监督和指导检察工作。政府和兄弟部门为提供办案经费，协查破案、改善工作条件都给予了大力支持。工作中我们与纪委、监察、工商、税务、海关、公安、法院、司法机关密切配合，协同作战。在办案中也得到了发案单位的大力协助与配合。广大人民群众积极举报犯罪，更加激励我们努力工作，向党和人民负责，向事实和法律负责。

3、坚持领导机关和检察长带头办案，狠抓大要案的查处，实行办案与指导相结合。各级检察机关都实行了领导和检察长直接参与办案，从办案中吸取经验教训，在办案中获得组织指挥的主动权。我们狠抓大要案的查处，对那些危害大、影响大的案件抓住不放，一查到底，坚持在法律面前人人平等的原则，案件无论涉及谁，不管背景多复杂，无论是领导还是一般干部，都一律依法查办。通过办理大要案，推动其他工作，带动其他案件的办理。

4、坚持领导机关和领导干部深入基层，切实转变工作作风。我们树立人民第一、群众至上的观点，区检察院和各分（市）院都先后组织工作组深入基层检察院，考察了解干部，协助办理重大疑难案件，实行面对面指导，帮助解决实际困难，催办了久拖不决的案件，密切了上下关系，把党的方针、政策和上级的部署落到实处，推动了工作。

5、坚持以事实为依据，以法律为准绳，严格依法办案，确保办案质量。各级检察机关贯彻一要坚决、二要慎重、务必搞准的原则，严格依法办案，坚决克服纠正了有案不办，监督不力，免诉不当等问题；加强备案审查和侦诉分开制度，加强内部监督和制约，提高办案质量；通过举办新闻发布会、公开处理典型案件、召开座谈会等增强检察工作的透明度，接受群众和新闻舆论监督。力争使所办案件事实清楚，证据确凿，程序合法，适用法律得当，经得起历史的检验。

6、利用典型案例进行法制宣传，创造"小气候"，掀起"小高潮"努力扩大办案效果。

7、坚持不懈地抓好思想政治工作和队伍建设。检察机关是国家法律监督机关，检察干警处在分裂与反分裂，腐蚀与反腐蚀，"和平演变"与反"和平演变"斗争前列，这就要求我们必须具有坚定的政治立场和秉公执法的职业道德。各级检察机关大力加强思想政治工作和队伍建设，坚持不懈地从严治检，提高了队伍的战斗力。

六、克服困难扎实工作锐意进取努力把检察工作推向一个新台阶

检察工作虽然取得了一定成绩，但仍然面临许多困难和问题。主要是：工作发展不平衡，有的地方办案还不多，案件线索积压突出，有的执法不够严格，监督不够有力，少数干警违法乱纪败坏了检察机关声誉。

在客观方面，编制不够，人力不足，机构不健全，特别是绝大多数的检察机关至今尚未设监所检察、技术装备和政治工作机构；装备较差，缺乏必要的侦查技术器材；基层县院的基本工作条件亟待改善，干部培训亟待加强等等。

当前，我区分裂与反分裂斗争形势仍然严峻，社会治安状况还未根本好转，各种不安定的因素依然存在。我们要继续坚持依法从重从快打击少数分裂主义分子和严重刑事犯罪分子，深入开展反贪污贿赂斗争，切实加强法纪检察，全面履行法律监督职能，积极参与社会治安综合治理。艰苦奋斗，扎实工作，锐意进取，把检察工作推向一个新的台阶。

陕西省人民检察院工作报告（摘要）

——1991年3月13日在陕西省第七届人民代表大会第四会议上

陕西省人民检察院检察长　杨　烈

（1991年3月15日陕西省第七届人民代表大会第四次会议通过）

一

1990年，我省检察院机关以稳定压倒一切为指导思想，充分发挥法律监督职能，各项工作都取得了显著成绩，为维护我省安定团结的政治局面，促进廉政建设和保障进一步治理整顿、深化改革的顺利进行作出了新的贡献。

（一）继续深入开展反贪污、贿赂犯罪斗争，促进经济发展。

去年全省检察机关共受理贪污、贿赂等经济案件2997件，比上年增长1.9%；立案侦查1748件，比上年增长3.9%。其中，立案侦查大案要案604件，占立案总数的34.5%。全年侦查终结1826件2282人（内含前年积案535案）；已提起公诉578人，免诉1070人，不起诉50人，撤案170人；挽回直接经济损失2548.32万元，比上年增长57%。我们的作法主要是：

1、进一步提高对反贪污、贿赂犯罪斗争重要性的认识，把斗争引向深入。各级检察院引导干警从坚持四项基本原则，坚持改革开放，保证经济建设健康发展的高度来认识深入开展反贪污、贿赂犯罪斗争的重要性。正确认识反贪污、贿赂犯罪斗争与“稳定压倒一切”的关系；正确认识反贪污、贿赂犯罪斗争与经济建设的关系；正确认识独立行使检察权与坚持党委领导的关系。去年7月份召开的分、市院检察长座谈会上，省检察院明确提出，下半年反贪污、贿赂犯罪斗争“要在深入上做文章，在侦破大案要案，特别是要案上下功夫。”会后各地狠抓落实，经过几个月的努力，立办大要案件的数量大大超过了省检察院提出的占立案总数25%的要求。

2、增强侦查意识，提高对策水平，重点侦破大案要案。各地认真总结交流侦查经验，培训侦查业务骨干，树立和表彰先进，大大提高了广大干警以证据意识为核心的侦查意识和发现、揭露、证实犯罪的能力，有针对性地实施侦查对策和谋略，成功地侦破了一批大要案。

3、坚持领导机关带头办案和检察长参加破案全过程，推动反贪污、贿赂犯罪斗争深入开展。全省60%以上检察长亲自办理贪污、贿赂大要案件，85%以上主管检察长坚持参加侦破贪污、贿赂案件的全过程。

4、认真贯彻“打击、保护、促进、服务”的指导思想，坚决打击犯罪活动，保护改革开放，促进生产发展，为经济建设服务。一是在对被告人采取强制措施前，及时通知有关部门提前作出人事安排。二是建议企业调整有关财务供销人员，协助建立和完善各项制度。三是不轻易收缴企业资金，冻结银行帐户、查封企业财产，保护企业流通渠道畅通。四是剖析发生在职工身边的具体案例，进行宣传教育，激发职工努力生产的积极性。

（二）积极开展“严打”斗争，维护社会治安秩序，巩固人民民主专政。

1990年，我们继续坚持依法从重从快方针，在党委统一领导下，迅速投入“严打”斗争的统一行动，积极参加“除六害”、“扫黄”等专项斗争。全年共受理公安机关提请逮捕人犯23202人，经过审查，批准逮捕19953人，受理数和批捕数分别比上年增长21．5%和27%。受理公安机关移送起诉11905案21980人，经过审查，提出公诉10055案18225人，起诉人数比上年增加23．4%。

审查批捕、审查起诉参加1989年春夏之交动乱、暴乱的犯罪分子的工作已全部结束。

为了严惩严重刑事犯罪，我们主要做了以下几方面的工作：

1、明确指导思想，工作部署落到实处。特别是省人大《决议》发布后，省检察院发出了《关于认真贯彻省人大常委会〈关于加强社会治安管理维护社会治安秩序的决议〉的决定》。各地在具体工作中，一是通过多种形式，提高干警对打击严重刑事犯罪重要性的认识，牢固树立竭尽全力维护社会稳定的指导思想。二是抓组织落实，普遍实行了定人员、定案件、定时间，保证案件质量的“三定一保”办案责任制。三是抓领导，抓办案。省检察院及分市院领导同志深入基层，到第一线组织指挥。许多检察长与干警们一起勘验现场，一起阅卷，顺利完成了审查批捕和审查起诉的艰巨任务。

2、坚决贯彻执行依法从重从快方针。各级检察院在审查批捕、审查起诉中，以保证质量为前提，突出了一个“快”字。一是对重大、特大犯罪案件特别是重大团伙犯罪案件，主动与公安机关联系，提前介入，及早熟悉案情，核实犯罪事实与证据，缩短了批捕、起诉时间。二是根据不同时期办案工作量的大小，及时调整人力，保证有足够的办案力量。三是在办案中坚持“两个基本”，及时批捕、起诉。从而在检察机关这个环节上，保证了集中打击的质量和声威。

3、加强了侦查监督、审判监督和执行监督。在审查批捕和审查起诉中，对不构成犯罪或虽构成犯罪但不需要逮捕的1833人，作出了不批准逮捕的决定；对128人不予起诉；对漏犯和隐蔽较深的犯罪分子，及时追捕403人，追诉236人。对公安机关侦查活动中的违法情况提出纠正意见307件（次）。对人民法院审判活动中违法情况提出纠正意见67件（次）。认为人民法院有错误的判决、裁定，依法提出抗诉70件，法院改判19件。

我们进一步加强了对监管改造场所执法情况的监督检察。对监管改造活动中的无证收押、法定文书不全、违反规定取保候审等违法现象，口头纠正1851件，书面纠正104件。配合开展了打击牢头狱霸专项斗争。全省检察机关共起诉劳改犯、劳教人员犯罪案件97案132人，立案查处监管干警犯罪案件10件。

（三）依法查处“侵权”、渎职犯罪，保护公民的人身权利和民主权利，维护社会主义民主与法制。

1990年，全省法纪检察工作实现了最高人民检察院提出的要有突破性进展的要求。一是办案数量创历史最高纪录。全省共受理各类法纪案件1674件，比上年增长34%，立案侦查673件，比上年增长59．5%，比历史上立案数最多的1986年还多151件。其中，重大特大案件59件，比上年增长7.3%。二是重点突出，狠抓了“侵权”、渎职案件的查处。共立案查处591件，占立案总数的87.8%。其中，侵权案件370件，渎职案件221件。三是结案率高，达到立案总数的87%。

控告、申诉检察工作。全省共受理各类控告申诉28860件（次）。对于公民的控告检举，按照案件管辖规定，分别情况进行了处理或落实。对于公民的申诉，检察机关查处不服免诉的申诉172件，纠正34件；查处不服不起诉的申诉6件，纠正3件；查处不服不批准逮捕的申诉20件，纠正3件；复查不服法院判决、裁定14件，向法院提出纠正意见3件。

（四）认真进行检察系统的执法执纪检查，总结、改进工作，增强行使法律监督职能的主动性、自觉性。

省检察院于10月初部署了年度执法执纪检查工作，发出了《关于开展执法执纪情况大检查的通知》。按照最高人民检察院的要求，重点检查贪污、贿赂案件的免诉情况；有关越权办案和利用职权干预经济纠纷、民事纠纷的情况；执行办案期限的情况以及检察人员执行“八要八不准”纪律的情况。

检查情况表明，1990年度我省各级检察机关坚决贯彻执行党的路线、方针和政策，认真执行宪法、刑法、刑事诉讼法等有关法律，积极开展各项检察业务，严格执法，秉公办案，较好地发挥了检察机关的法律监督作用。但也存在一些不可忽视的问题。主要是：1、贪污、贿赂案件免诉率偏高；2、存在超时限案件和超期羁押情况；3、办理自侦案件过程中还有违法现象。

二

1991年，我省检察工作的指导思想是：在省委、高检院领导下，在省人大及其常委会的监督下，充分发挥法律监督职能，深入开展反贪污、贿赂犯罪斗争，坚持依法从重从快严厉打击严重刑事犯罪，加强法纪检察，开展各项业务，搞好思想政治工作和队伍建设，为维护我省政治稳定、社会稳定，促进经济建设，保障公民的人身权利、民主权利不受侵犯做出新的贡献。

（一）继续深入开展反贪污、贿赂犯罪斗争，促进治理整顿，深化改革和社会主义经济建设。

今年反贪污、贿赂犯罪斗争要继续在深入上作文章，在抓大案要案上下功夫。深入的方向是党政机关工作人员进行权钱交易的犯罪案件；群众反映强烈的行业和基层执法部门犯罪案件；金融、建筑、物资、商业、粮食、供销等部门的犯罪案件；违法建私房、高标准装修房屋中的犯罪案件；群众举报的巨额财产来源不明案件。采取的措施，一是继续加强侦查工作；二是继续加强举报工作；三是在局部地区，在某一个重点行业创造反贪污、贿赂犯罪斗争的“小气候”，掀起斗争的“小高潮”，有节奏地把斗争步步引向深入。

我们明确提出，要坚持以“一个中心、两个基本点”指导办案的全部活动，保护和促进经济的发展。处理每一个案件，都要考虑全局，要千方百计地为经济发展创造良好环境，使办案工作取得积极的社会效果。要结合办案，提出检察建议，推动有关单位严密会计制度、审计制度和加强行政管理，减少和预防犯罪。

各级检察机关对破坏国家财政收入和经济建设的偷税抗税、假冒商标、挪用公款等犯罪案件要继续抓紧查处。

（二）坚持依法严厉打击严重刑事犯罪活动的方针，促进社会秩序的进一步稳定。

当前，我省社会治安形势仍然严峻。我

们在思想上、工作上不能有丝毫的放松。要坚持依法从重从快方针，对于中政委电话会议指出的七个方面的犯罪，特别是团伙犯罪分子，要依法从重从快打击。对那些危害严重、影响恶劣的重大、特大案件，要继续实行提前介入，加快批捕、起诉进程，从严惩处。进一步加强侦查监督、审判监督和监管改造场所的监督。要坚持办案程序，严格审级管理；在审查批捕、审查起诉中，要把好事实、证据、定性和处理关，既要注意防错，更要注意防漏；对侦查活动、审判活动和监管改造活动中的违法行为，及时提出纠正违法通知书，对构成犯罪的人要依法追究刑事责任；对于人民法院有错误的刑事判决和裁定，要坚持依法抗诉。

（三）加强法纪检察工作，坚决查处侵权、渎职案件，进一步密切党同人民群众联系。

查处的重点，一是公安、司法干警刑讯逼供致人伤残、死亡的案件；二是绑架扣压人质型的非法拘禁案件；三是以权卖法、贪赃枉法的徇私舞弊案件；四是后果严重的玩忽职守案件和重大特大责任事故案件。

（四）积极参加社会治安的综合治理，为预防和减少犯罪而努力。

三

1990年，我省各级检察机关按照最高人民检察院《关于加强思想政治工作的决定》的要求，组织干警认真学习马列主义、毛泽东思想，学习邓小平同志的著作，学习四中、五中、六中全会重要文件，进行坚持四项基本原则和社会主义理论的教育，提高广大干警的政治理论水平，坚定了政治方向。以贯彻《检察人员纪律》为重点，进行纪律、作风整顿，开展争先创优活动，大力表彰先进，弘扬正气，认真检查纠正行业不正之风，严肃处理干警中发生的违法乱纪行为。继续开展以法律（检察）专业证书为主要内容的业务培训工作，使全省检察干警大专以上文化程度的人数提高到占干警总数的37．4%。

去年省院表彰奖励了20个先进集体和100名先进个人，其中11人荣立了一等功。各分市院和县区院也在争先创优活动中表彰了一大批先进集体和个人。

检察机关的行业不正之风，虽然表现在极少数人身上，但绝不能轻视。这主要是：1、不秉公执法。给被告人出谋划策；越权受理案件；干预民事、经济纠纷。2、以权谋私。办案中吃请受礼；甚至索贿受贿。3、不文明执法。打骂、体罚被告人或证人，不严格按照法定程序办事。4、特权思想，“门难进、脸难看、事难办”。各地按照省检察院要求，有针对性地加强教育管理，完善制度规范和监督制约机制，对执纪检查中发现的问题逐一解决，严肃查处。

今年，我省检察机关思想政治工作和队伍建设的指导思想和基本任务是：以马列主义、毛泽东思想为指导，继续发扬党的政治工作的优良传统，加强党的建设，加强思想教育，激励广大检察干警的社会主义积极性、创造性和献身精神。建立一支政治立场坚定，严格依法办案，秉公执法、掌握政策、实事求是、联系群众的检察队伍，保证法律赋予的各项检察任务的完成。我们的基本要求是：第一，针对检察工作特点，开展思想政治教育；第二，认真纠正行业不正之风，推进检察机关的廉政建设；第三，协助地方党委抓好检察机关党的建设，加强团结，提高党组织的战斗力；第四，做好教育培训工作，进一步改善干部队伍的文化、专业结构。

甘肃省人民检察院工作报告（摘要）

——1991年3月13日在甘肃省第七届人民代表大会第四次会议上

甘肃省人民检察院检察长　王　平

（1991年3月17日甘肃省第七届人民代表大会第四次会议通过）

一、关于惩治贪污、贿赂犯罪的工作

1990年，全省检察机关继续把开展反贪污贿赂斗争列为检察机关的工作重点、打击经济犯罪第一位的任务。全年共受理贪污、贿赂等经济犯罪案件1571件，立案查处的案件大部分已经结案，共追缴赃款赃物折款1661万多元，比上年增加49%。

一年来，主要做了以下工作：

第一，巩固和发展贯彻两高《通告》的成果，把查处大要案作为从严惩处严重经济犯罪的中心环节，认真贯彻党中央、国务院关于开展反腐败斗争的方针，推动了反贪肃贿工作的发展。

1990年，全省共立案查处万元以上经济犯罪大案343件，比上年增加20%。其中十万元以上案件34件。立案侦查要案41件43人，其中县处级干部42人，地局级干部1人。

第二，从群众反映强烈的问题入手，查处不正之风较易发生的行业和单位的犯罪案件比较多。查处了一批利用本行业、本部门的特权侵吞国家财产，索贿受贿，破坏国家行政管理和经济秩序的案件，在查处的大要案件中占到近60%。

第三，专门工作同发动群众相结合。各级检察院把完善群众举报作为同人民群众联系，依靠群众查处犯罪的重要渠道，进一步加强了这方面的工作。一年来，共受理群众举报违法犯罪线索1958件，其中立案查处的经济犯罪案件226件，占95%。

第四，加强执法检查，严格依法办案。在实际斗争中检察机关的执法水平、办案效率进一步提高，查处终结各类经济犯罪案件比上年提高49%。

第五，去年全省检察机关还受理偷抗税案件403件，立案查处构成犯罪案件86件，共挽回税款595万多元。查处挪用公款罪案136件，比上年增长6.6倍。通过查处这些案件，对维护正常的经济秩序，起了积极作用。

两年来的斗争实践表明，反贪污贿赂是一场腐蚀与反腐蚀的严重斗争，我们要求各级检察院对消除这种腐败现象的复杂性和艰巨性必须有清醒认识，不为某些假象和一时的成绩所迷惑。当前贪污贿赂经济犯罪依然是危害社会主义经济建设健康发展的一个不容忽视的严肃问题。我们必须坚持长期斗争，始终如一地贯彻“两手抓”的方针，坚持把反贪污贿赂斗争深入进行下去。

值得注意的是一些地方一个时期以来，出现了一些已被查处的贪污、贿赂犯罪分子，以种种借口推卸罪责，进行翻案，企图逃避法律制裁，应该引起我们高度重视。

1991年要重点抓好六个方面的工作：第一，进一步树立为经济建设服务的思想，使干部群众认识从严惩治贪污、贿赂、挪用公款、偷税抗税等犯罪活动，对维护国家经济秩序，促进经济发展是不可缺少的一个重要保障。第二，根据党和政府关于廉政建设的总体部署，坚持把查处大案要案作为反贪污贿赂的中心环节，抓住群众反映最强烈、最突出的问题，克服阻力和干扰，争取有新的突破。第三，结合纠正行业不正之风，注意查处发案较多的重点行业和单位的经济犯罪案件，通过抓典型案件，把斗争引向深入。第四，加强举报工作，继续发动群众检举揭发犯罪，奖励举报有功人员，严肃查处打击报复举报人的案件。第五，加强反贪污工作机构建设，提高侦查水平，正确适时地运用法律手段，严格依法办案。第六，继续加强对偷税抗税、挪用公款、假冒商标、巨额财产来源不明等犯罪案件的查处工作，维护正常的经济秩序。

二、关于严厉打击严重刑事犯罪的工作

1990年，各级检察院认真贯彻全国政法工作会议精神，按照省委、省政府的统一部署，积极投入了以打击毒品犯罪为重点的“严打”斗争，严厉打击了一批作恶多端、民愤很大的严重刑事犯罪分子，促进了社会秩序的稳定。

一年来，全省检察机关受理公安机关提请逮捕人犯和批准逮捕人犯数与上年基本持平。批准逮捕重特大罪犯比上年增加16％。受理公安机关移送起诉和向人民法院起诉的罪犯分别比上年增加5.8％和9.1％。

一年来，在打击刑事犯罪活动中，检察机关主要做了以下工作：

第一，加强组织领导和协调指挥工作。各级检察院积极参加了集中打击行动。在专项斗争和集中打击行动中，批准逮捕了一大批危害社会的严重刑事犯罪分子。及时向人民法院提起公诉，打击了犯罪分子的嚣张气焰。

第二，突击打击毒品犯罪活动。在“严打”斗争中，各级检察院认真执行《甘肃省人大常委会关于查禁毒品的规定》，把毒品犯罪作为打击重点，集中力量进行查处。一年来，受理公安机关提请、批准逮捕制、贩、运毒品犯罪分子912名，为上年的2．2倍，其中特大案犯147名。受理公安机关移送起诉毒品案犯1019名，经审查提起公诉900名。在毒品犯罪严重的地区，检察机关都充实加强了力量，负责办理案件和协调指挥工作，坚持依法从快批捕、从快起诉，向人民法院起诉毒品案犯比上年增加3．5倍。

第三，坚持提前介入工作，加强法律监督。各级检察院对严重危害社会、群众反映强烈的恶性案件，提前介入及时了解案情，审查、补充证据材料，作出批捕和起诉决定，对依法“从重从快”，及时有力地打击严重犯罪分子起了积极的作用。各级检察院在审查批捕和起诉工作中，认真履行法律监督职责，对不构成犯罪或已经构成犯罪不需要逮捕的人员分别作出了不批准逮捕和不起诉的决定。同时，注意了深挖余罪和漏犯，追捕、追诉了一批犯罪分子。在审判监督中，对认为人民法院确有错误的判决、裁定提出抗诉，对审判活动中的违法情况提出纠正意见。

在打击毒品犯罪中，针对出现的新情况和问题，提出处理原则，纠正打击不力的问题，对正确执行法律起到了积极作用。

第四，依法慎重处理了动乱中触犯刑律的案件。贯彻了党的方针、政策，收到了好的社会效果。

第五，加强了对监管场所活动的法律监督，及时处理了在押犯重新犯罪和劳教人员犯罪案件。对监外执行罪犯进行监督考察，纠正了监管组织措施不落实、脱管、漏管等问题。

当前全省治安情况总体上是稳定的，但存在的问题仍然不少，全省刑事案件发案率仍比较高，有些地方刑事犯罪活动还比较严重，一些社会丑恶现象和犯罪活动还未得到根本遏制，特别是盗窃案件多，对社会造成严重危害。

坚持严厉打击严重刑事犯罪活动，是维护稳定的一项重要措施。现在社会上各种滋生、诱发犯罪的消极因素还大量存在，打击刑事犯罪的斗争不能有任何放松。1991年，各级检察机关要继续坚持“严打”方针，加强综合治理工作；继续开展集中打击行动，依法从重从快严厉打击杀人、抢劫、强奸、流氓团伙等严重犯罪分子；坚决执行全国人大常委会的决定，把禁毒斗争深入持续地开展下去，严厉打击制、贩、运毒品的严重犯罪分子；巩固发展扫黄、除六害的成果；并做好预防和改造青少年犯罪的工作，为维护社会稳定继续作出努力。

三、关于法纪检察工作

1990年，各级检察院把查处“侵权”、渎职犯罪作为惩治腐败、加强廉政建设的一项重要内容，共受理各类法纪案件661件，比上年增加6.3%，依法对152名犯罪分子向人民法院提起公诉，挽回直接经济损失392万多元。同时，对426件不构成犯罪的案件，做了大量的查证工作，认真负责地协助有关部门作了处理。

通过查处“侵权”、渎职案件，在保障公民民主权利和人身权利，促进民主政治建设方面，产生了积极的作用。

一年来，为保障公民的控告、申诉权利，各级检察院加强控告申诉检察工作，完善接待群众控告、申诉的工作程序，各级检察长直接受理公民的控告申诉，取得了较好的效果。全年受理公民控告申诉8455件，已处理8203件。

四、关于队伍建设工作

1990年，各级检察机关贯彻党的十三届四中、五中、六中全会精神，针对国际、国内形势的变化，加强对干警进行马列主义基本理论和党的基本路线教育，使广大干警增强了人民民主专政观念和社会主义法制观念，坚定了共产主义理想和全心全意为人民服务的思想，提高了坚持四项基本原则、为社会主义现代化建设服务的自觉性。在队伍建设方面，贯彻从严治检的方针，着重加强自身廉政建设和纪律作风建设，涌现出了一批秉公执法、不徇私情、忘我工作的先进集体和先进工作者，有98个单位和546名检察人员受到最高人民检察院和各级党委的表彰。在执法执纪检查中，加强纪律作风整顿，对极少数违法违纪人员进行了严肃处理。

一年来，广大检察人员在任务重、困难多、工作条件差的情况下，忠于职守，秉公执法，在复杂的斗争中比较好地履行了检察职责。

1991年要继续加强对干警进行马列主义、毛泽东思想基本理论教育，以科学社会主义教育为核心，加强政治思想工作，提高队伍的政治素质；继续坚持从严治检的方针，加强职业道德、职业责任和职业纪律教育，坚持清正廉明，秉公执法；加强教育培训工作，进一步提高干警的政治文化业务素质，为建立一支政治立场坚定，能够严肃执法，掌握政策，实事求是，密切联系群众的检察队伍做出积极努力。

1991年开始实施第八个五年计划，检

察机关要紧紧围绕把国民经济搞上去这个中心任务，进一步为国民经济持续稳定协调发展服务。1991年检察工作总的部署是：在党的领导下，在人大及其常委会的监督和各级政府的支持下，发挥法律监督职能，深入开展反贪污、反贿赂斗争，坚持依法从重从快严厉打击严重刑事犯罪，积极开展社会治安综合治理，加强法纪检察，加强队伍建设，为维护国家稳定、社会稳定，保障公民人身权利、民主权利不受侵犯做出新的成绩。

青海省人民检察院工作报告（摘要）

——1991年4月30日在青海省第七届人民代表大会第四次会议上

青海省人民检察院检察长　张济民

（1991年5月4日青海省第七届人民代表大会第四次会议通过）

一、惩治贪污贿赂犯罪，促进廉政建设

1990年，全省检察机关继续把惩治贪污、贿赂犯罪作为检察机关的工作重点。全年共受理经济犯罪案件631件，其中贪污、贿赂案448件，占受理总数的71%，经过初查，对需要追究刑事责任的311件378人进行了立案侦查，与1989年基本持平。所立案件中，贪污、贿赂案224件259人，分别占立案总数的72.03%和68.52%；大要案97件，占31.19%，比1989年增加14.12%，其中厅级干部2人，县级干部17人，县级以上人大代表6人。在立案侦查的各类经济犯罪案件中，犯罪金额在五万元以上的大案22件，最高的达309万元。共侦查终结各类经济犯罪案件350件（含上年未结数），结案率为81.78%，比1989年增加17.62%。其中贪污、贿赂案264件，比1989年多结56件。经过审查，向人民法院提起公诉136件162人，免予起诉130件178人。共追缴赃款、赃物折价589.02万元。“两高”《通告》期间投案自首的107名违法犯罪分子已依法全部作出处理。1990年全省检察机关在开展反贪污贿赂斗争中着重抓了六个方面的工作。

1、更自觉地依靠党委、人大、政府的领导和支持。根据党委、人大和政府的要求，各级检察院主动出击，抓紧立查案件，使上半年的立案数较上年同期增加46.02%，掌握了全年工作的主动权。7月份，我们针对上半年部分地区案源不畅，案件线索不足，一些院办案效率和质量不高等问题，召开了全省州、市、分院检察长座谈会，明确提出下半年的反贪污贿赂斗争要在查处大要案件，拓宽案源，提高办案效率和办案质量，注意保护企业发展四个方面取得新进展，并有针对性地采取了有效措施。

2、集中力量查处重点案件。并把查处大要案件作为反贪污贿赂斗争的突破口。为了查办大要案，我们制定了《查处大要案件分级负责的暂行规定》，坚持了检察长办案制度，推动了大要案的查处工作。全年共立查党政机关工作人员63人，占立案案犯总数的16.67%；企业经营管理人员245人，占立案案犯总数的64.8%。其中，有一批领导干部犯罪的要案和政法干警犯罪的案件。

3、增强侦查意识和突破案件的能力。几年来，我们采取多种方式加强这方面的工作，取得了一些侦查工作的经验。不少检察院注意认真总结经验，办案中查微析疑，深挖“窝案”、“串案”。

4、通过举报工作发动和依靠人民群众同贪污、贿赂犯罪作斗争。1990年，我们严格按照举报工作的程序办事，热情接待举报人，努力改进接受举报的方式，全省有15个检察院上门、巡回接受举报50余次。全年，检察机关共受理举报线索1050件，涉及县级以上干部114人。检察机关查处的贪污、贿赂等经济犯罪案件，有70%是群众揭露出来的。

5、下决心解决免诉案件质量问题。去年8、9月间，省检察院派出调查组赴4个地区的23个检察院，查阅了101个案件材料，着重就经济案件免诉工作中存在的问题进行调查研究。进而采取了提高免诉案件质量的四条措施：(1) 狠抓办案质量意识教育。(2) 在立案侦查阶段，强调立准案件，严格遵守捕人条件；侦查、预审工作要紧紧围绕获取证据而进行；审查免诉要严格执行免诉的法定条件、范围和程序。(3) 坚持侦查与批捕、侦查与起诉（免诉）分开制度和免诉案件备案审查制度。(4) 接受各方面监督，实行免诉案件申诉复查制度，免诉决定一律公开宣布。上述措施已初见成效，1990年全省经济犯罪案件免诉率比1989年下降10.54%。

6、对经济犯罪实行综合治理。在反贪污贿赂斗争中我们体会到，打击贪污、贿赂犯罪，必须处理好两个关系：一是打击和预防的关系。健全预防机制，打防结合，标本兼治。二是打击经济犯罪与促进企业发展的关系。

二、严厉打击严重刑事犯罪，促进社会治安秩序稳定

1990年，全省检察机关坚持把严厉打击严重刑事犯罪活动作为另一项工作重点，促进了社会治安秩序的稳定。全年共受理公安机关提请逮捕的案犯5056人，审结5016人。经审查，批准逮捕4162人，其中重特大案犯1230人。受理检察机关自侦部门提请逮捕的案犯164人，审查后批准逮捕147人。受理公安机关移送起诉和免予起诉案件3119件5915人，审结2956件5590人，经审查，决定起诉2145件3829人，其中重特大案犯1261人。受理检察机关自侦部门移送起诉和免予起诉案件461件603人，审查后决定起诉183件227人，免诉162件230人。

从检察机关审查公安机关提请逮捕人犯的情况看，当前刑事案件中有两个问题需要引起我们高度重视：一是在批准逮捕的人犯中，诈骗犯，流氓犯，杀人犯，盗窃犯，伤害犯，强奸犯，抢劫犯共3828人，占批捕人犯总数的91.96%，比1989年上升38.19%。说明这几类犯罪是当前影响社会治安秩序稳定的主要因素。二是在批准逮捕的人犯中，无业人员1207人，比1989年上升67.87%；农民1812人，上升44.96%；青少年人犯2938人，上升33.06%，其中少年犯424人，上升40.86%。

在严厉打击严重刑事犯罪活动中，全省各级检察机关坚决按照中央和各级党委的部署，与公安、法院密切配合，重点做了四项工作：

1、把保证社会稳定作为刑事检察的头

等工作。“严打”斗争开始后，省检察院立即安排部署，强调“准”字，突出“快”字，采取了定案、定人、定时间、保质量的“三定一保”措施；从制度上保证了办案质量。“严打”期间，绝大多数审查批捕案件和审查起诉或免予起诉案件都在法定期限内办结。各地检察院对公安机关侦查、预审的318案提前介入，做到了快捕、快诉，没有在检察环节贻误战机。

2、努力提高侦查、审判监督工作水平。一年中，各级检察院在审查批捕、审查起诉工作中，对不构成犯罪或虽构成犯罪但不需要逮捕的387人作了不批准逮捕决定，对不构成犯罪的91人作了不起诉决定。同时追捕、追诉公安机关遗漏报捕和没有移送起诉的犯罪分子43名。在审判监督中，加强了二审出庭工作，全年共出席二审开庭审判87次；对人民法院确有错误的判决、裁定提出抗诉25件，到1990年底，法院已审结11件，其中6件改判；对人民法院审判活动中的违法情况，我们也及时提出了纠正意见。对自侦部门提请逮捕但不构成犯罪或虽构成犯罪而不需要逮捕的9人未批准逮捕；对自侦部门移送起诉，但不构成犯罪的6人作了不起诉决定。

3、把监所检察工作的重点放在整顿监管改造秩序上。一年中，共查处监管改造场所干警犯罪案件3件3人，起诉“两劳”人员犯罪案件33件48人，纠正超期羁押人犯147次，纠正违法管教押犯事件1041人（次），有效地维护了监管改造秩序，促进了改造质量的提高。

4、积极开展社会治安综合治理。几年来，全省检察机关立足于办案，着眼于综合治理，治标、治本一起抓。我们结合办案，宣传法制，发动群众为综合治理出力；认真开展“检察建议”活动，协助治安问题较多的单位建立健全规章制度，消除隐患，堵塞漏洞；做好被免诉人员的回访考察、帮教工作，减少重新犯罪；协助劳改、劳教单位做好教育改造工作，巩固改造成果；通过控告申诉“窗口”及时发现、缓解、疏导矛盾，等等。

三、积极办理“侵权”、渎职案件，保护国家利益和公民民主权利、人身权利

1990年，全省检察机关根据我省查处法纪案件阻力大，侦查力量弱的情况，从解决思想认识，加强和稳定队伍入手，逐步加重了法纪检察工作的份量。全年，全省检察机关共受理“侵权”、渎职等法纪案件243件，立案侦查90件133人，比1989年上升38.46%，连同上年的未结数，共侦查终结93件142人，结案率为86.92%，比1989年增加15.84%。

我们依法查处了一批侵犯公民民主权利、人身权利案件。

依法查处了一批因玩忽职守、重大责任事故等造成人员伤亡、财产损失的渎职案件。全年共受理、接待来信来访2310件（次），已处理2121（次）；办理申诉复查案件43件，其中改变原决定9件；办结当事人不控告，而由群众、社会团体控告的重婚案件4件。

四、加强思想政治工作，努力搞好检察队伍建设

我们按照最高人民检察院关于“从严治检”和建设一支“严格依法办案，秉公执法，掌握政策，实事求是，联系群众，精通业务”的检察队伍的要求，制定了《关于加强检察机关思想政治工作的决定》和《关于加强检察机关党风的廉政建设的意见》，坚持一手抓业务，一手抓思想政治工作。

我们把学习马列主义、毛泽东思想的基本原理和社会主义的基本理论作为思想教育的首要内容，教育全体检察人员在政治上、思想上、行动上同党中央保持一致。同时抓好职业责任、职业纪律、职业道德教育。我们开展了“爱我检察，多做贡献，树好形象”，争做“四有”新人为内容的“争先创优”活动，有98个集体，395名干部在这一活动中受到表彰。我们把抓好检察队伍自身廉政建设工作摆在重要位置。经常用“八要八不准”的纪律规范、检查检察人员的言行，严格执行纪律，认真查处违纪案件。去年第四季度，我们在全省检察机关中开展了执法执纪情况大检查，对检查出的执法不严、干警违法乱纪等问题认真予以纠正。我们坚持抓了检察人员的法律专业教育。今年预计有142名电大生毕业，263名专业证书学员结业，届时全省检察人员中具有大专以上文化程度的将达到55%左右。

通过以上工作，我省检察机关的廉政建设和检察人员的思想作风、业务能力都有很大的改进和提高，战斗力大大增强。但同时，在我们的队伍中，也还存在一些不尽如人意的方面，如少数检察人员执法不严，办案质量不高，思想上不求进取，甚至出现执法犯法的问题。这些都有待于认真予以解决。

根据最高人民检察院的要求，在全省检察机关建立健全政工机构工作已提到议事日程。目前，省检察院改设政治部，州、市、分院改设政治处，县、区检察院配备专职政治协理员的工作正在抓紧进行。这对加强检察系统党的建设，开展具有行业特点的思想政治工作，提高检察人员的战斗力，必将发挥重大作用。

五、检察机关面临的形势和今后的任务

今年是实施“八五”计划和十年规划的第一年。1991年全省检察机关的基本任务是：发挥法律监督职能，深入开展反贪污贿赂斗争，坚持依法从重从快严厉打击严重刑事犯罪，加强法纪检察工作，积极开展各项业务，进一步做好综合治理工作，搞好思想政治工作和队伍建设，为维护国家稳定，维护社会稳定，促进青海经济建设和廉政建设作出新的贡献。

省检察院要求全省检察机关继续把反贪污贿赂斗争作为工作重点，并在“深入”上下功夫。紧紧抓住大要案线索不放，以此作为反贪污贿赂斗争的中心环节；在党委统一领导下，进一步发动群众，把反贪污贿赂斗争推向前进。

省检察院要求全省检察机关继续把依法从重从快打击严重刑事犯罪活动作为另一个工作重点，牢牢把握打击重点；对严重刑事犯罪充分体现“从重从快”方针，决不手软；对侦查、审判活动中的刑讯逼供、徇私枉法行为实行监督；把好免诉案件质量关，正确运用免诉权；加强出庭支持公诉工作，提高出庭公诉水平；大力开展社会治安综合治理，抓好各项措施的落实。

宁夏回族自治区人民检察院工作报告（摘要）

——1991年4月26日在宁夏回族自治区第六届人民代表大会第四次会议上

宁夏回族自治区人民检察院检察长　马　钊

（1991年4月29日宁夏回族自治区第六届人民代表大会第四次会议通过）

一、深入开展反贪污、贿赂犯罪的斗争

1990年，全区检察机关受理贪污、贿赂等经济违法罪案789件，立案侦查343件，其中，贪污案132件，占立案数的38.5%；贿赂案102件，占立案数的29.7%；万元以上的大案和县、处级以上干部犯罪要案95件，占立案数的27.7%。截至1990年底已结案313件，结案率为91.3%。向人民法院提起公诉123人，占审结人数的33%；免予起诉238人，占64.5%；撤案31人。挽回经济损失折合人民币540.7万元。

1990年我区反贪污、贿赂斗争持续深入发展。主要表现在：

（一）侦破了一批贪污、贿赂犯罪大要案件。在95件大要案中，贪污案34件，贿赂案10件，挪用公款案12件，偷税抗税案25件，其他14件。从金额上分，一万至不满五万元的88件（包括不满五万元挪用公款案），五万至不满十万元的11件，十万至不满五十万元的18件，五十万元以上的1件；案犯中县、处级干部22人，厅级干部1人，是1989年办理要案数的2.6倍。

（二）进一步宣传发动了群众。1990年，我区各级检察机关继续利用查获的典型案件，运用多种方式大力开展法制宣传活动，进一步发动群众。自治区检察院分别于3月和9月，两次举行新闻发布会和情况通报会，向社会各界及时通报检察机关反贪污贿赂工作的情况。各级检察院也结合本地区的实际情况，举办地区性的反贪污贿赂展览，召开宽严大会或深入到发案单位以案讲法，形成了较有影响的宣传攻势。通过这些工作，进一步调动了广大人民群众同贪污贿赂犯罪作斗争的积极性。据统计，1990年全区检察机关共受理控告检举2158件，比1989年上升9.5%。其中举报贪污、贿赂约占36%。

（三）反贪污贿赂侦查工作水平不断提高。我区各级检察机关都把提高侦查工作水平作为深入开展反贪污贿赂斗争的重要手段，采取各种措施予以加强，取得了明显效果。自治区编制委员会已批复我们成立贪污贿赂检察局，部分基层检察院成立了贪污贿赂检察局或检察科，大部分县（区）院成立了税务检察室，并积极争取政府财政支持，侦查技术装备有了一定改善。侦查工作无论从专门机构建设还是内部机制的完善上、人员力量的组织或职能作用的有效发挥上，都有不同程度的加强和提高。各级检察院还通过岗位培训、开展理论与实践相结合的侦查对策研究，及时总

结交流侦查工作经验，表彰奖励有功人员和侦查能手等各种方法，狠抓侦查人员素质的提高，保护和调动广大侦查人员的工作积极性，使我区各级检察机关及广大侦查人员反贪污贿赂侦查工作水平，特别是在侦破党政机关工作人员犯罪案件、大要案件以及贿赂案件上有了一定程度的提高。

（四）保护和促进了经济发展。在查处贪污贿赂罪案时，我们始终要求各级检察机关紧紧围绕党的中心工作，牢固树立为经济建设服务的思想，既要严肃执法，又要千方百计地为经济发展创造良好环境，使办案工作取得积极的社会效果。各级检察机关较好地贯彻了这一指导思想，在具体工作中，一是通过严厉打击贪污贿赂犯罪，维护经济秩序，为企业生产创造良好条件。二是把办案与促进经济发展结合起来，尽力为企业挽回经济损失，并帮助企业建章建制，改善经营。各级检察机关在办案中还十分注意认真贯彻惩办与宽大相结合的政策，依法正确使用各种侦查手段和强制措施，注意保护企业产、供、销渠道的畅通；同时坚持“一要坚决，二要慎重，务必搞准”的原则，努力提高办案质量，使所办案件都经得起历史检验，保障和促进了经济建设的顺利进行。

二、严厉打击严重刑事犯罪

1990年，各级检察机关继续把依法严厉打击严重刑事犯罪作为又一个工作重点来抓。全年共受理公安机关提请批捕人犯3390人，审查批捕2884人，比去年同期增加13%；受理公安机关移送起诉、免诉3316人，审查提起公诉2796人，比1989年上升5.8%，免诉365人，比1989年上升6.7%。受理自侦部门移送审查批捕人犯138人，决定逮捕116人、不捕14人。受理自侦部门移送审查起诉、免诉514人，决定起诉182人，决定免诉305人，决定不诉15人。主要工作情况是：

1、加强领导，精心组织，全力投入“严打”集中统一行动。在“严打”的统一行动中，自治区检察院抽调20名干部（其中厅级3名，处级7名）组成4个工作组，分别到4个分、市院督促指导工作。各级检察院主动与公安、法院密切配合，协同作战。在时间紧、任务重、人员少的情况下，积极提前介入，做到了准中求快。仅在前两次的统一行动中，就批准逮捕1014人，提起公诉800人（其中重大案犯277人）。

2、坚持案件复查、检查制度，进一步完善内部制约制度。1990年，我们两次组织人员对上年和当年办理的刑事案件进行复查和检查。针对办案中存在的经济犯罪案件免诉率偏高、自侦案件审查速度慢、法律文书不规范、以及办案程序中的一些问题，先后下发文件，提出了进一步完善制约制度，严格掌握免予起诉条件，严格依照法律程序办案等意见。自侦案件免诉率偏高的问题下半年已得到纠正。

3、加强对下级检察机关的业务指导。为提高指导工作的有效性，一方面派干部到工作比较薄弱的基层院蹲点指导，解决具体问题；另一方面在调查研究的基础上加强法律政策方面的研究。

4、认真履行检察职责，积极开展法律监督。1990年，全区检察机关经审查决定不批准逮捕385人，占受理数的11.4%，纠正漏捕53人，决定不予起诉40人，纠正漏诉15人；向公安机关提出口头纠正违法344次，书面纠正违法118次；向人民法院提出口头纠正违法4次，书面纠正违法6次，提出抗诉17件。截至年底，收到人民法院判决、裁定8件，其中改判5件。

三、加强查处侵犯公民民主权利、人

身权利和渎职犯罪的工作

1990年共受理"侵权"、渎职案件265件，立案侦查101件，比1989年上升6.3%。其中重大、特大案件10件，占立案数的9.9%。针对当前非法拘禁和玩忽职守案件增多的情况，各级检察机关一是把查处重、特大案件的工作摆到重要位置。二是采用各种形式，广泛宣传"侵权"渎职案件《立案标准》，增强公民依法保护自身合法权益和与"侵权"渎职违法犯罪作斗争的自觉性。三是加快基础业务建设，提高了侦查工作水平。自治区检察院加强备案审查工作，建立了自治区院和分、市院两级逐案审查制度；各院均开展了侦查取证预审业务学习，有的还举办了重大责任事故现场勘验学习班；一些院在重点地区设立了法纪检察室，针对本地区的特点制定了具体制度或规定；各基层院普遍加强了与劳动、监察、纪检、卫生、邮电等部门的横向联系。

四、监所检察、控告申诉检察等工作情况

——积极开展监所检察。全区检察机关1990年共起诉劳改、劳教人员犯罪23人，查处监管场所中经济犯罪案件1件；检察超期羁押人犯81人，检察监管场所违法行为143次。各级检察机关还对监所检察工作三年目标管理进行了验收，与有关部门配合在监管场所开展政治攻势。通过以上工作，保证了"教育、感化、挽救"方针的贯彻执行，发挥了促进文明管理，稳定监管场所秩序，提高改造质量，保证判决、裁定依法执行的作用。

——搞好控告申诉检察。1990年我区检察机关共受理群众来信来访3257件次，经过审查属检察机关管辖的1835件大都已做了处理。为经济、法纪自侦部门提供办案线索1538件，控告申诉检察部门自办160件，其中复查不服检察机关作"不批捕、不起诉和免予起诉"处理的案件37件，纠正4件；复查不服法院判决、裁定的申诉案件19件。各级检察院围绕维护社会安定、稳定大局的中心工作，重点抓了案件查办和疏导缓解矛盾的工作。为确保亚运、国庆安全，自治区检察院从两年来的重点案件中清理出77件，开单列项，提出要求，督促联系有关部门及时查办，做了大量具体工作，取得了较好的社会效果。

——民事、行政检察工作开始起步。除陶乐县院指定专人负责外，全区27个分、市、县（区）检察院均已建立了民事行政检察机构，按照高检院的要求，开展了调查研究和干部上岗前培训工作，初步建立了监督程序和工作制度。部分县院已开展了行政、民事检察监督试点工作，行政诉讼案件的抗诉工作也已开展。

——检察技术工作发挥了越来越重要的作用。全年共受理检验鉴定、复核案件389件，已办结333件，占85.6%。其中，提供证据205件，文证审查50件，出具各种文书208份；参与或独立进行大量的现场勘查、物证照相、录像等活动；我们还两次就《人体重伤标准》和《人体轻伤标准》在施行中的问题与有关部门座谈，统一了认识，促进了刑事检察技术工作的开展。

五、发挥检察职能作用，积极参加社会治安综合治理

我区检察机关参加社会治安综合治理，取得了较好的成效。一是各级检察院在"严打"和反贪污贿赂斗争中，注意与其它部门密切配合，抓住时机开展政治攻势，分化瓦解犯罪分子。二是通过撰写新闻稿件、印发宣传材料等方法开展法制宣传教育。三是发挥检察建议的作用，积极帮助有关部门和单位改章建制，加强管理，堵塞漏洞，预防犯罪。四是对免诉人员坚持帮教考察制度。五是坚持对被判处管制、缓刑、剥夺政治权利、假释和保外就医罪犯的判决执行情况和监督改造情况每年进行一到两次全面检查，发现违法问题或监督改造组织、措施不落实等情况，及时向有关部门提出检察建议，督促整改。六是积极配合监管部门抓好对劳改人员的改造，不断提高改好率，巩固改造成果。七是加强信访接待工作，疏导缓解矛盾，维护社会安定。

自治区检察院与各级检察院普遍实行了检察长接待群众来访制度，广泛听取群众意见，及时处理情况紧急矛盾可能激化的“险、急、难”案件，维护了社会的安定，密切了与人民群众的联系。

六、从严治检，加强思想政治工作和队伍建设

检察机关是国家专门的法律监督机关。因此，建设一支立场坚定，秉公执法，掌握政策，实事求是，联系群众，精通业务的检察队伍，是履行职责必须具备的基本要求，是完成各项检察任务的重要保证。为此，我们一是始终坚持把学习马列主义、毛泽东思想的基本原理和社会主义的基本理论摆在政治工作的首位，结合检察工作和队伍特点，广泛深入地进行职业道德、职业责任和职业纪律教育。二是重视政工机构建设，从组织上切实加强思想政治工作。目前，自治区编制委员会已批复我们成立政治部，有11个县级检察院已被批准成立政工科。三是深入开展争先创优活动，大力宣传表彰在检察工作中涌现出来的好人好事。1990年，我区检察机关共有46个院、处、科和204名个人受到表彰奖励，其中一个反贪污贿赂先进集体和两名先进个人受到最高人民检察院的表彰，50名个人和6个集体受到自治区党委、政府的表彰，3个集体和10名个人受到自治区检察院的表彰和奖励。还有14个基层检察院被当地党委、政府评为精神文明单位和先进党支部。四是认真贯彻执行并在社会上广泛宣传《检察人员纪律》，争取人民群众和社会各界对检察人员的监督。五是切实抓好检察干部教育培训，努力提高检察人员的业务素质。1990年，有104名参加检察专业证书学习的干部按期合格结业。举办了四期业务培训班。根据今后学历教育将逐步转向在职岗位培训的要求，自治区检察院已拟定了五年教育培训规划。六是认真开展执法执纪情况大检查，不断提高执法水平。除认真进行自查自纠外，全区三级检察机关组织了32个征求意见小组走访了131个单位，发出751份征求意见书，邀请人大代表、政协委员、社会各界人士参加座谈会69次297人，听取社会各界对检察机关的意见、建议192条，主动走访纪检、监察、公安、法院、司法等部门征求意见；我们还组织人员到自治区人大、政协、纪检委等机关征求意见。

1990年我区检察工作存在的主要问题是：反贪污贿赂工作发展不平衡，冲破阻力、克服困难的能力还不强；侦查工作仍比较薄弱，人力不足、办案经费短缺、侦查设施落后；少数刑事案件审查粗糙，质量不高，个别案件的办理不符合法定时限或程序；履行侦查、审判、监所监督职责过程中，存在着纠正违法不及时、不得力的现象；民事、行政检察监督仍然是一个薄弱环节；上级院对下级院业务指导不够有力，下级院请求报告不及时。

1991年我区检察机关的主要任务是：以党的十三届七中全会精神为指针，发挥法律监督职能，加强严格执法的检察，深入开展反贪污、反贿赂犯罪斗争；坚持依法从重从快严厉打击严重刑事犯罪活动，积极参加社会治安综合治理；加强对侵犯公民民主权利、人身权利和渎职犯罪案件的查处工作；围绕这些任务开展各项业务工作，加强思想政治工作，从严治检，搞好自身的廉政建设。

新疆维吾尔自治区人民检察院工作报告（摘要）

——1991年5月18日在新疆维吾尔自治区第七届人民代表大会第四次会议上

新疆维吾尔自治区人民检察院检察长　米吉提·库尔班

（1991年5月23日新疆维吾尔自治区第七届人民代表大会第四次会议通过）

一、关于惩治贪污、贿赂犯罪的情况

去年，全区检察机关共受理贪污、贿赂等经济案件2213件；立案侦查1450件，比上一年增加6.62%；办结1239件；对构成犯罪的案犯提起公诉、决定免予起诉1197人。追缴赃款赃物折合人民币1290余万元，比上一年增加15.1%。

我区检察机关在惩治贪污、贿赂犯罪斗争中，主要抓了以下几项工作：

（一）集中力量查处大案、要案。去年，立案查处万元以上贪污、贿赂大案205件；立案侦破县处级以上干部犯罪要案38人。在工作中，各级检察机关把查处贪污、贿赂大案、要案，特别是那些影响大的党政机关和执法部门的案件作为重点，一经发现，抓住不放，集中力量，重点突破；继续坚持实行查处大案、要案分级负责制度；积极向党委、人大报告反贪污、反贿赂工作情况，得到了大力的支持；制定立案侦查大案、要案制度等。

（二）检察长带头办案。一年来，全区各级正副检察长中，70%以上参加了办案。基层检察院检察长普遍参与办案，从初查到侦查预审亲自办理，取得了领导的主动权。

（三）深入开展反贪污、反贿赂斗争的宣传。在反贪污、反贿赂斗争中，各级检察机关坚持开展宣传，通过新闻发布会，运用报纸、电台、电视台等新闻媒介，举办生动、形象的反贪污、反贿赂斗争成果或罪证展览，宣传法制，增大检察工作的透明度；抓住典型案件进行公开的、有震动、有声势的打击处理，以震慑犯罪；深入到发案比较多的重点系统和单位宣传和发动群众，揭露犯罪。去年，我区检察机关在查处贪污、贿赂案件中，有70%以上是群众举报的。通过广泛宣传，有42名贪污、贿赂犯罪分子投案自首。

（四）加强了侦查工作。各级检察机关在认真总结侦查工作经验基础上，继续加强侦查工作，把提高侦查能力作为反贪污、反贿赂斗争的关键环节来抓，从培养干部的侦查意识入手，以收集和审查证据为核心开展侦查工作，在调查取证上狠下功夫，提高侦查突破的能力。

（五）提高了办案质量。各级检察机关在查处贪污、贿赂犯罪案件中，坚持并严格执行“一要坚决，二要慎重，务必搞准”的原则，严格执法，区分罪与非罪的界限，加强对新情况、新问题和适用法律、政策的研究。进一步加强和完善了内部制约机制，实行侦查预审、逮捕和起诉由两个部门办理的制度，保证了办案质量。

去年，个别检察院掌握免诉不严，存在免诉不当的现象。为此，我们制定了《关于进一步加强自侦案件免诉工作的意见》，对免诉决定要由各级检察院的检察委员会作出，实行备案制度，对不服免诉申诉进行复查，发现免诉不当的案件，坚决纠正。

（六）查处挪用公款、偷税抗税等其他经济犯罪案件。检察机关在反贪污、反贿赂的同时，还立案查处挪用公款案 221 件。查处偷税抗税案 59 件，为国家挽回税收 39 万余元。

（七）通过办案，为经济建设服务。检察机关在查处贪污、贿赂案件中，克服单纯办案观念，树立为经济建设服务的思想。通过办案，清除企业内部的“蛀虫”，发展生产，搞活经济；发现发案单位在管理、制度方面有漏洞，积极提出检察建议，堵塞漏洞，建章健制；结合办案，提供法律咨询，为企业排忧解难，为发展经济创造良好的环境，取得了较好的社会效果。

二、关于严厉打击严重刑事犯罪的情况

去年，全区检察机关共受理公安机关提请逮捕各种刑事犯罪分子 11576 人，比上一年增加 9.7％，审查批准逮捕 9792 人，比上一年增加 9.86％。受理公安机关移送起诉案犯 13076 人，经审查已提起公诉 11818 人，比上一年增加 24.3％。

一年来，检察机关在打击刑事犯罪活动中，着重做了以下工作：

（一）坚决打击分裂祖国统一，破坏民族团结的反革命分子。去年共受理公安机关提请逮捕反革命案犯 201 人，经审查批准逮捕 181 人，受理公安机关移送起诉反革命案犯 223 人，经审查提起公诉 132 人，有力地打击了颠覆人民民主专政，反对社会主义制度，分裂祖国统一，破坏民族团结的犯罪活动，对我区的社会稳定起了重要作用。

（二）积极参加“严打”斗争，依法从重从快严厉打击严重刑事犯罪活动。各级检察机关与公安、法院、司法等有关部门紧密配合，组织办案力量，积极参加“严打”斗争。在审查批捕、起诉工作中，坚持依法从重从快的方针，突出打击反革命分子、杀人、抢劫、强奸、爆炸等严重犯罪分子，尤其打击了惯犯、累犯和团伙犯罪。提前介入重大、特大案件的侦查、预审，做到依法快捕、快诉。

我区各级检察机关还积极参加公安等有关部门开展的“扫黄”、“除六害”、打击破坏邮电通讯设备犯罪等专项斗争和专项治理工作。

（三）加强侦查监督和审判监督。各级检察机关通过对公安机关提请逮捕和移送起诉、免诉人犯的审查，作出不批准逮捕决定的 1346 人，作出不起诉决定的 241 人。追捕 123 人。追诉 122 人。对公安机关侦查活动中的违法情况提出纠正意见 136 件（次）。在审判活动中，加强了出庭公诉和二审、再审案件的监督工作。对人民法院审判活动中的违法情况提出纠正意见 43 件（件），对人民法院确有错误的判决、裁定提出抗诉 114 件，到年底，已收到人民法院判决、裁定 49 件，其中改判 43 件。

（四）继续坚持实行提前介入制度。各级检察机关对重大、特大犯罪案件提前介入侦查预审，在审查批捕环节提前介入 448 件（次）；在审查起诉环节提前介入 116

件（次）。

（五）结合检察业务，积极做好社会治安综合治理工作。一年来，各级检察机关在与公安、法院等部门密切配合坚持依法从重从快严厉打击严重刑事犯罪的同时，结合办案，积极开展法制宣传教育；发动群众，揭发和检举犯罪；认真妥善处理上访案件，及时缓解矛盾，避免矛盾激化；协助司法行政部门，加强对劳改、劳教人员的教育改造，不断提高改造质量；配合有关部门做好犯罪青少年的教育、感化、挽救工作；对发案单位行政管理工作中存在的隐患、漏洞，提出检察建议。

三、关于查处侵犯公民民主权利、人身权利和渎职犯罪情况

去年，全区检察机关受理“侵权”、渎职犯罪案件861件，立案侦查333件，比上一年增加21.53%。重点查处了“侵权”、严重玩忽职守和重大责任事故案件。同时，对不构成犯罪的案件也认真调查，及时移送有关部门处理，积极做好案件当事人的工作，防止矛盾激化，收到了较好的社会效果。

我们狠抓了查处大案、要案。共立案侦查重大、特大案件45件，比上一年增加55.2%，是我区历年来立案查处重大、特大案件最多的一年。立案侦查县处级干部犯罪8人。

各级检察机关在工作中，集中查处了一批“侵权”、渎职犯罪和重大责任事故案件。共立案侦查这“三类”案件274件，占立案数的82.3%。

四、关于监所检察、控告申诉检察等工作情况

积极开展监所检察。各级检察机关认真开展对监管改造场所执行政策、法律的监督，把严厉打击重新犯罪的活动，查处监管场所干警的违法犯罪案件，保证监管改造场所稳定作为重点，加强对看守所检察，严肃纠正羁押中的违法行为。同时，积极配合监管改造部门，加强文明管理和安全防范工作。去年，全区检察机关共起诉劳改犯、劳教人员犯罪511人，查处监管改造场所干警私放罪犯、索贿受贿、体罚虐待等犯罪13人。对监管改造活动中的违法和超期羁押人犯情况共提出纠正意见3119件（次）。

积极受理、认真查处控告、申诉案件，保障公民控告、申诉权利的行使。去年，全区各级检察机关共受理公民控告、申诉8794件，其中属于检察机关管辖的4705件，不属检察机关管辖已转有关部门处理的4089件。立案侦查公民的控告1015件，立案复查公民的申诉272件。查处不服免诉的申诉75件，查处不服法院判决、裁定的申诉50件。在工作中，对容易引起矛盾激化的案件，及时采取果断措施，把问题解决在萌芽状态。各级检察院坚持了检察长批阅来信，接待来访群众的做法，密切了与人民群众的关系。

民事、行政诉讼法律监督开始起步。为依法履行对行政诉讼实行法律监督的职责，各级检察院积极开展了民事、行政检察的试点工作。去年，共对149件民事、经济、行政案件进行了法律监督，取得了较好的社会效果。同时，对行政诉讼法实施检察机关所承担的工作任务作出了部署和安排。

加强了对反贪污、反贿赂和打击刑事犯罪以及各项检察业务中的政策和法律、新情况、新问题的调查和研究，对有效地指导工作起了积极的作用。

一年来，围绕检察工作的重点，积极开展了刑事技术、法制宣传、编译出版、信息、统计、装备等工作，并取得一定成绩。

五、关于加强思想政治工作和队伍建

设情况

去年，根据中央和最高人民检察院的要求，各地检察院的政治工作机构在当地党委的领导下陆续建立，加强了检察系统党的建设，积极开展了具有行业特点的思想政治工作。

我区各级检察机关在复杂和严峻的斗争形势面前，不断加强对广大检察人员进行坚持四项基本原则教育，坚持民族团结，反对民族分裂，维护祖国统一的教育，坚持社会主义思想的教育，坚持职业道德、职业责任和职业纪律的教育等，使广大检察人员牢固树立了维护稳定的思想，坚定了共产主义信念，政治觉悟进一步提高。涌现出一批先进集体和英雄人物。最高人民检察院通令嘉奖了阿克陶县检察院和3名优秀干警。自治区人民检察院给3个先进集体和45人记功奖励。去年，各级检察院表彰了一大批劳动模范、先进工作者、优秀共产党员。

为使我们这支检察队伍适应当前形势发展和工作的需要，我们着重抓了检察干警的培训工作，参加各类学历教育、法律（检察）专业证书教育、电大等教育的检察人员近千人。我们与自治区电大共同开设了少数民族检察专业证书班，还先后举办了各项检察业务岗位培训班，培训了一批业务骨干。制定了《1990—1992年全疆检察系统干部教育培训规划》，使我区检察干警培训工作逐步走向规范化和制度化。

为了提高执法水平，去年第三季度在我区检察系统开展了第三次执法执纪大检查，各地都邀请了人大、政府、公安、法院、司法等有关单位和部门，召开座谈会广泛征求意见，并认真进行了自查、互查和抽查，对提出和发现的问题及时地纠正，提高了检察机关的执法执纪水平。一年来，各级检察机关认真贯彻执行《检察人员纪律》，从严治检，并结合实际，制定措施，加强廉政建设。

在过去的一年里，我区检察机关还存在一些问题和困难，主要是：条件相似的地方工作发展不平衡，办案成果悬殊较大；少数检察院还存在执法不严的现象；极少数检察干警在工作中有滥用职权，耍特权的现象，损害了检察机关的形象和威信；有些检察干警在办理大案要案特别是要案中有畏难情绪。我区检察机关的工作条件、物质装备、生活条件还存在不少困难，办案经费短缺，侦查设施落后，办案力量不足等。

六、关于1991年检察机关的任务

1991年我区检察机关的主要任务是：发挥法律监督职能，深入开展反贪污、反贿赂斗争；坚持依法从重从快打击严重刑事犯罪活动，大力开展社会治安综合治理；加强对侵犯公民民主权利、人身权利和渎职犯罪案件的查处；加强监所检察；围绕这些任务，开展各项业务，加强思想政治工作和队伍建设。

第三部分　# 最高人民检察院负责人重要报告和讲话

检察工作要为社会主义建设服务

——1991年12月3日在全国检察长会议上的报告

最高人民检察院检察长　刘复之

同志们：

全国检察长会议现在开幕。

会前，高检院党组就会议要讨论的主要问题向党中央政治局常委写了报告，经中央领导同志审阅同意。12月1日，江泽民总书记作了重要批示："一年来，尽管国际风云变幻，国内部分地区又遭受严重的洪涝灾害，但目前我国政治稳定，经济繁荣，社会安定。这些成绩的取得，也有检察战线同志们一份功劳。希望牢固树立检察工作为社会主义建设服务的思想，再接再厉，把检察部门的各项工作做好。"这个批示表达了党中央对检察工作的关怀和支持，给了我们极大的鼓舞和鞭策。

现在，我代表高检院党组向会议作工作报告。

一年来，国际风云变幻，苏联急剧蜕变。国内发生了安徽、江苏等省特大的洪涝灾害。在错综复杂的内外环境中，以江泽民同志为核心的党中央，领导全党全国有条不紊地开展各项工作，取得了举世公认的成就。抗洪救灾和恢复生产已取得决定性的胜利。农业又是一个丰收年。农村社会主义思想教育正在顺利进行。三年治理整顿收到了明显的成效。整个经济形势继续朝着好的方向发展。我们国家是稳定的，社会是安定的。外交工作非常活跃，基本上打破了以美国为首的西方大国对我们的制裁。我国在国际事务中的影响和作用越来越大。我们的朋友遍天下。当前，全党全国正在贯彻9月中央工作会议和党的十三届八中全会精神，有中国特色的社会主义建设事业蓬勃发展。

从去年11月全国检察长会议以来，高检院和各级人民检察院在党的以经济建设为中心、坚持四项基本原则、坚持改革开放的基本路线指引下，认真贯彻党的十三届七中全会和七届全国人大四次会议的精神，根据党中央的指示，认真履行法律监督职责，坚持以事实为根据，以法律为准绳，抓住重点，深入开展了反贪污贿赂犯罪的斗争，坚持了严厉打击严重的刑事犯罪，积极参加了社会治安综合治理，加强了法纪检察，围绕这些方面大力开展其他各项业务活动，取得新的成绩，完成了1991年计划规定的主要任务。

我的报告分下面六个问题。

一、关于深入开展反贪污贿赂犯罪斗争问题

今年，全国各级检察机关都在深入上下功夫，狠抓办案，特别是抓大案要案，工作有了新进展，形势喜人。据1至10月统计，全国检察机关共受理贪污贿赂案件69645件；立案侦查40775件；决定逮捕案犯15123人。办案的数量比去年稍有减少，但质量明显提高，工作发展正常。到10月底，已结案30816件（34739人），占立案数的74%。已向人民法院提起公诉17442名，占结案人数的52.5%；已决定免予起诉12722名，占38.5%，其中贪污贿赂不满5000元的占97%；不起诉375人，占1.1%；撤案2629人，占7.9%。追缴赃款赃物折合人民币3.54亿元。

反贪污贿赂犯罪斗争深入了一步，主要标志有七点：

第一，坚决贯彻为经济建设服务的指导思想，积极查办贪污贿赂犯罪，挖"蛀虫"，是检察工作对经济建设最重要最直接的服务。根据实践经验，总结了办案中必须掌握的六条原则：一、严格区分罪与非罪界限。分清经济交往中正常的应酬与贪污贿赂犯罪的界限，哪些是合法的，哪些是不合法的，检察院查办属于犯罪的案件。对于有犯罪事实、有证据的涉嫌分子坚决查办；如果查的最终结果证明不是犯罪的，不予追究，或转党纪、政纪部门处理。二、坚决贯彻"一要坚决、二要慎重、务必搞准"的方针。凡是罪与非罪界限不清或争议很大的案件，不采取法律措施。一时拿不准的，不急于处理，并向上级检察院和党委请示报告。对于巧立名目收受各种回扣的违法行为，重点查办个人中饱私囊、变相中饱私囊或私分公款构成犯罪的案件。三、涉及生产、经营、管理部门主要成员，特别是重要的科技人员的案件，持谨慎态度，对其中的嫌疑分子采取强制措施时，要及时向党委、政府建议予以调整，防止生产、经营和流通等活动脱节。对罪行较轻的，投案自首的，依法从宽处理，必要时，可以让他们在岗位上戴罪立功。四、保护企业声誉，维护产、供、销渠道，不轻易冻结企业的流动资金和银行帐户；不发表有损企业声誉的报道，悉心维护名优产品的信誉。在必须由被告人出面解决供销渠道时，只要不影响侦查工作，可以让他们进行业务活动。同时，坚决打击假冒名优产品商标的犯罪活动。五、积极做预防犯罪工作，对于因为严重官僚主义、管理疏漏而发生贪污贿赂罪案的，要依法追究有关领导人玩忽职守的刑事责任，或提请党纪、政纪部门处理。在办案中，积极提出检察建议，协助企业完善财会、审计、监督管理等规章制度，健全防范机制，堵塞漏洞。六、专门工作与发动群众相结合，运用有影响的典型案例，以案论法，开展法制宣传教育，动员群众参加斗争，提高干部职工的法制观念和拒腐防变的能力。发动企事业单位和职工订阅《中国检察报》，通过报纸、电视、录像、广播、刊物、展览等形式，开展持久的普及法制知识的宣传教育，引导企业依法经营。

第二，侦破大案要案工作保持了较高水平。1至10月，立案侦破万元以上贪污贿赂大案9833件，占立案总数的24.1%。其中十万元以上不满五十万元的317件，五十万元以上不满一百万元的33件，一百万元以上的15件。有797名县处级以上干部因贪污贿赂罪被立案侦查，其中县处级干部767名，厅局级干部29名，副部级干部1名。大多数地方的检察院建立了反贪污贿赂局，加强了侦查工作，并正在朝着制度化、规范化的方向迈出新的步伐。

第三，普遍重视和运用“小高潮”的经验。据不完全统计，1至10月，全国有近200个地、市和区、县发动了反贪污贿赂斗争的“小高潮”，对犯罪分子形成了威慑力量，破获了一大批贪污贿赂案件，促使2013名贪污贿赂分子投案自首，保持了斗争的强大声势，教育、挽救了一大批有轻微违法犯罪行为的干部。

第四，举报工作继续保持好的势头。1至10月，全国检察机关共受理举报贪污贿赂案件线索52705件，已初查44533件。今年的举报工作有三个明显特点：一是署名举报多，占60%以上；二是单位举报增加；三是举报内容比较具体，成案率高。在1至10月全国检察机关立案侦查的贪污贿赂案件中，有64%来自举报。举报正在起着举足轻重的作用，努力做好这项工作，成为各级检察院的一项重要任务。各地认真贯彻执行了《关于保护公民举报权利的规定》，共受理打击报复举报人案件1000多件，已查处500多件。对600多名举报有功人员予以奖励。

第五，深入贪污贿赂案件多发的重点系统、行业和部门查获了一批大案要案。各地在发案比较多的银行、建筑、物资、粮食、商贸、海关等行业以及因管理混乱而亏损严重的企业，侦破了一批隐藏深、手段狡猾的共同贪污贿赂案件，往往查出一案带出一窝一串。

第六，免诉工作质量明显提高。1至10月，全国检察机关办理贪污贿赂案件的免诉率比去年同期降低了将近16个百分点。

第七，积极稳妥地查办了乡镇党政机关干部和乡镇企业中的贪污贿赂犯罪。据有关统计，全国有乡镇企业1850万个，从业人员9265万人，总产值9581亿元。维护乡镇企业的健康发展是关系农业发展、农村稳定和国家稳定的战略问题。从查办案件情况看，这方面的贪污、受贿案件大约占全国案件总数的30%左右。但情况复杂，检察院查办案件时，务必十分慎重。查办重点是：群众举报多、非正常亏损严重的企业；非正常收入突出、迅速暴富的；管理混乱、群众举报不断、社会反映强烈的；党政机关和主管部门发现问题要求查办的。查办案件既要积极又要一件件地依照法定程序办理。

在乡镇企业中查办行贿问题，要掌握着重查办通过行贿推销伪劣、假冒商品的；名为集体实为个人通过大量行贿获取重大不法利益的；与受贿人串通，以行贿方式侵吞集体财产的；以行贿手段套取国家统配、紧俏物资进行倒卖谋取个人不正当利益的；以行贿手段拉拢腐蚀国家工作人员致使国家和集体遭受重大损失的。各地要在农村社会主义思想教育中，结合查办案件开展法制宣传，使农村干部和广大农民掌握法律武器，学会依法办企业。

在开展反贪污贿赂斗争的同时，各级检察院都积极查办偷税、抗税、假冒商标、挪用公款等罪案，并取得了显著成绩。1至10月，全国检察机关立案侦查偷税、抗税罪案7326件，比去年同期增长19.8%；假冒商标罪案712件，比去年同期增长近1.5倍；挪用公款罪案9707件，比去年同期增长4.1%。这项工作很重要，做好了，能够保障国家的财政收入和企事业单位的合法权益，对社会主义经济建设起促进作用。

当前，贪污贿赂犯罪有几个新特点：一是具有行业特点的犯罪严重。比较突出的是银行、建筑、物资、粮食、海关等系统。二是内外勾结，犯罪后携款潜逃的增多。据不完全统计，今年以来，广东、江苏、浙江等16个省、自治区、直辖市贪污贿赂分子携款潜逃的有486名，已证实逃往国外境外的有25名。三是行贿受贿案件多。四是共同犯罪情况严重。工作中碰到的新情况、新问题并不止这些，希望大家认真调查研究，制定对策和措施，选准深入斗争的突破口，深入开展工作。

各级领导要清醒地看到存在的问题和工作中的不足，这主要是：一、工作发展不平衡，几乎每个省都存在政治、经济、社会状况大致相同而办案成果却相差甚远的地方，有的立案下降幅度相当大，这说明有的检察院办案不够积极，缺乏主动性。二、在一定范围内存在打击不力的问题，有的由于没有下功夫加强侦查工作，以致取不到罪证，迟迟结不了案，积案较多。有些检察院掌握免诉条件不严肃、不严格，免诉率至今仍然偏高。有的对法院判免刑、缓刑明显不当的案件监督不力，该提意见的不提，该抗诉的不抗诉。群众对打击不力意见很大，尖锐地指出："该抓的不抓，该送法院的不送法院，该判刑的不判刑，反腐败还有什么反头。"三、一些检察院对办案特别是对查办要案有畏难情绪，信心不足，对明显构成犯罪的案件，表现手软，一遇阻力就往回缩。四、人力、科技设施、经费等都有很大困难，远不适应斗争的需要。

高检院2月下发的《关于贪污受贿案件免予起诉工作的规定（试行）》，主导精神是要求严格掌握免诉条件，提高免诉质量，但由于我们对"两高"《通告》结束以后，必须按现行法律办案这个原则坚持不力，宣传不够，教育不够，违反了全国人大常委会《关于惩治贪污罪贿赂罪的补充规定》，提出了5000元以上案件可以免诉。对此，高检院领导负有把关不严的责任，而且9月份又公布了在该试行规定基础上制定的《关于贪污受贿案件免予起诉工作的暂行规定》，这是一个失误。最近，经高检院检察委员会讨论，印发了《暂行规定》修改稿，坚决执行《刑法》和《补充规定》，提交会议讨论定稿后将正式下发。

近三年，反贪污贿赂斗争每年都以受案8万、立案5万左右的进度在进行着。我们估计，如果不出现特殊情况，在一般情况下，这样的查办案件的数量将要持续相当长一段时间。换句话说，就是虽然不断地打击贪污贿赂犯罪，但这种最腐败的现象还是严重的，还没有遏制住。鉴于贪污贿赂犯罪现象的严重性和斗争的长期性、复杂性，党中央和全国人大批准和支持我们起草《反贪污贿赂法》，作为开展斗争的法律武器。客观事实告诉我们，反贪污贿赂斗争是长期的。江泽民总书记在去年11月对检察长会议的指示中就强调指出了这点。在今年9月的中央工作会议上他又指出："现在群众普遍反映，我们党的路线是正确的，党中央是可以信赖的，大多数党组织和党员也是好的。只要坚决清除腐败现象，密切同人民群众的联系，社会主义在中国一定会继续巩固和发展。只要我们自己不腐败，自己不蜕变，谁也演变不了我们。"学习江总书记的"七一"讲话和中央工作会议精神，联系国内外惊心动魄的严酷斗争，我们清醒地认识到，惩治贪污贿赂这种腐败现象是反和平演变的重要方面，同贪污贿赂犯罪的斗争是严重的政治斗争，是社会主义初级阶段阶级斗争的重要表现之一。这场斗争关系到建设有中国特色的社会主义的前途和命运。人民群众对党中央坚决惩治贪污腐败的方针政策是非常拥护的，对检察机关的工作给了充分肯定和大力支持。我们一定要坚定不移地贯彻党中央倡廉反贪、拒腐防变的重要指示，增强使命感和责任感，坚定信心，克服畏难情绪，振奋精神，积极办案，严格执法，推动反贪污贿赂斗争继续深入。

二、关于坚持严厉打击严重刑事犯罪

和加强社会治安综合治理问题

我国的社会治安，总体上说，是稳定的，广大人民群众有安全感。但形势依然是严峻的。今年，各级检察院发挥专政工具的职能作用，继续坚持依法从重从快的方针，同公安、法院、司法行政部门密切配合，对严重的刑事犯罪进行了严厉打击。1至10月，全国检察机关共受理公安机关提请批捕人犯492288名，已审结458637名，其中批准逮捕422070名，占92%；受理公安机关移送审查起诉491309名，已审结427021名，其中提起公诉396392名，占92.8%。在维护社会治安方面，突出抓了以下几项工作：

第一，突出打击重点。各级检察院始终把去年中政委确定的七个方面的犯罪作为打击重点，特别加强了对惯犯、累犯以及团伙犯罪的严厉打击。1至10月，全国检察机关批捕杀人、抢劫、强奸、爆炸、盗抢枪支和持枪作案等暴力犯罪案犯107557名，起诉96175名，分别占批捕和起诉总数的25.5%和24.3%。各地认真贯彻全国人大常委会《关于禁毒的决定》、《关于惩治走私、制作、贩卖、传播淫秽物品的犯罪分子的决定》、《关于严禁卖淫嫖娼的决定》和《关于严惩拐卖、绑架妇女、儿童的犯罪分子的决定》，1至10月，共起诉上述《决定》中所列的犯罪分子19988名，打击了犯罪分子的嚣张气焰。

第二，维护灾区治安秩序。遭受洪涝灾害地区的检察机关认真贯彻高检院的紧急通知，雷厉风行，行动迅速，在党委统一领导下，与公安、法院密切配合，对抗洪救灾期间进行抢劫、强奸、盗窃救灾物资的犯罪分子，坚决、及时、毫不手软地严厉打击，维护了灾区的社会稳定和治安秩序。

第三，维护国家安全和边疆的稳定。各地都能密切注视当地的社会动态，制定预防突发事件方案，加强防范，解决闹事苗头。协同监管部门稳定监所秩序。我们坚决打击了背叛祖国、分裂国家等危害国家安全的反革命罪犯。

第四，积极参加了反盗窃专项斗争。按照中央社会治安综合治理委员会关于反盗窃斗争的部署，依法快捕快诉，9、10两个月，已批捕盗窃犯、销赃犯、窝赃犯43499名，起诉39849名。

第五，对重大、特大刑事案件的提前介入工作有新发展。1至10月，全国检察机关在审查批捕环节上提前介入30801件次，在审查起诉环节上提前介入8111件次。提前介入，使我们深入到现场，拓宽了视野，积累了新经验，提高了应变能力和战斗意识。

第六，加强了侦查监督和审判监督。1至10月，各级检察机关对公安机关提请逮捕和移送起诉的案件，经认真审查，对36567名不构成犯罪或已经构成犯罪不需要逮捕的人犯，依法作出了不批准逮捕决定；对2446名人犯作出了不起诉的决定，追捕犯罪分子5364名，追诉2757名。对公安机关侦查活动中的违法情况提出纠正意见8841件次。对人民法院审判活动中的违法情况提出纠正意见2124件次；对人民法院确有错误的判决、裁定提出抗诉1752件，到10月底，已收到人民法院判决、裁定599件，其中改判321件。

第七，大力落实社会治安综合治理。各地检察院认真贯彻中政委烟台会议精神，落实检察环节上的各项综合治理措施，帮助发案单位完善规章制度，通过对免诉人员的回访考察工作和被管制、缓刑、假释、保外就医人员的执行检察，帮助有关单位落实帮教措施和监督考察措施；结合办案开展对社会治安情况的专题调查，分析、研究犯罪的原因、特点、规律，提出对策，预防和减少犯罪。各地对青少年犯罪的预防工作和教育、挽救犯罪青少年的工作都有了加强。检察机关参加社会治安综合治理初步走上规范化、制度化的道路。

当前，在国际上反共反社会主义势力影响下，国内极少数顽固的反动分子和坚持资产阶级自由化立场的分子，蠢蠢欲动，有的策划伺机搞动乱；特务、间谍分子也加紧活动，他们共同的目的是妄图颠覆人民民主专政的国家政权。严重的刑事犯罪分子和严重的经济犯罪分子，是敌对势力的社会基础，是他们直接、间接的同伙，其中有少数已卷入反革命犯罪。在全国范围内，重大、恶性刑事案件，团伙犯罪案件居高不下，带有黑社会性质的集团犯罪有所增多，他们的组织程度越来越严密，并极力与国外境外反动势力搭线；杀人、抢劫、强奸、爆炸等恶性案件数量不少；走私、贩毒、拐卖妇女儿童等犯罪活动蔓延很快；交通沿线和一些大中城市的治安问题仍比较严重，有 少数地方相当乱。部分农村地区社会治安问题突出，检察机关每年批捕的犯罪分子中，有60%至70%是农民。一些地方特别是农村，非法宗教和封建迷信活动蔓延，诱发各种犯罪的因素大量存在。今冬明春灾区治安情况更要严密注视。在这种新形势下，各级检察院和全体检察人员必须充分认清打击严重刑事犯罪的长期性、复杂性，面对着刑事犯罪、经济犯罪和反革命犯罪，坚持阶级分析观点，增强敌情观念和人民民主专政意识，丢掉书生气，加强抵御和平演变的教育，绝不能放松“严打”和综合治理。当然，各地情况不同，要实事求是，具体分析，既不要和平麻痹，也不要“敌人如麻”，更要充分估计我们政治、经济和社会治安方面的有利条件，增强信心。

三、关于加强法纪检察问题

加强法纪检察工作，对于保护宪法和法律规定的公民的民主权利、人身权利，密切党和人民群众的血肉联系，维护党和政府的崇高威望，具有极其重大的意义。很多检察院已自觉地把法纪检察工作摆上了重要位置，加强队伍建设，充实办案力量，积极主动地办案，取得了新的进展，促进了勤政廉政建设，有力地回击了国内外反动势力在人权问题上对我国的攻击和诬蔑。1至10月，全国检察机关共受理法纪案件38875件，立案侦查14377件(18928)。其中县处级干部76名，厅局级干部2名。检察机关通过办案，维护了社会主义民主，加强了社会主义法制，并为国家挽回直接经济损失4995万元。在开展法纪检察工作中，重点抓了以下几类案件的查处：

第一，刑讯逼供、徇私舞弊案件。对公安、司法人员刑讯逼供致人伤残、死亡的案件，以及贪赃枉法、徇私舞弊犯罪案件进行了重点查处，收到了很好的社会效果。

第二，非法拘禁案件。各级检察机关重点抓了绑架、扣押人质型的非法拘禁案件，对私设牢房、非法拘禁的犯罪也进行了严厉打击。1至10月，共查处这类犯罪案件3707件。

第三，商贸活动中玩忽职守给国家造成重大经济损失的犯罪案件。通过查处这类案件，维护了企事业单位的合法权益，促进了经济发展。1至10月，全国检察机关共立案侦查玩忽职守罪案2628件，重大责任事故罪案3452件，均比去年略有上升。

当前，侵犯公民民主权利、人身权利和渎职犯罪的发案情况相当严重，特别是玩忽职守和重大责任事故案件持续上升。今年1至10月，玩忽职守、重大责任事故给国家造成了重大的直接经济损失和人员死亡。我们党和国家历来十分重视保护公民的民主权利、人身权利和其他合法权益。我们保护的人权，是人民当家作主、管理国家的权利，首先是绝大多数人的生存权和发展权。我们依法惩罚极少数违法犯罪分子，保护绝大多数人的合法权利，是最人道主义的。从整个情况看，我们国家保障公民主主权利、人身权利和其他合法权益的状况是好的，这点，国际上的公正人士都是肯定的。

四、围绕重点开展了监所、铁路运输、控告申诉、民事行政诉讼、军事检察和检察技术、法律政策研究等工作，并且都有明显进展

——监所检察工作进一步加强。1至10月，对监管改造部门的违法情况提出纠正意见31632件次，对超期羁押的情况提出纠正意见63585人次。批准逮捕劳教人员犯罪人犯902名，起诉重新犯罪的劳改犯和劳教人员案犯4820名。立案查处了少数监管改造场所干警的职务犯罪，严厉打击“牢头狱霸”等犯罪活动，维护了监管改造秩序。

——各级铁路运输检察院与铁路公安、法院密切配合，严厉打击了发生在火车、车站和铁路沿线的各种刑事犯罪活动，对“车匪路霸”、犯罪团伙和重大盗窃、流窜犯罪活动进行了重点打击。1至10月批准逮捕刑事犯罪分子7118名，提起公诉7511名，维护了铁路运输安全。同时还立案查办了725件贪污、贿赂案件，其中大案要案134件，为国家挽回经济损失882万多元，促进了铁路系统的廉政建设。

——各级检察院积极受理、认真查处控告申诉案件。1至10月，全国共受理公民控告、申诉519721件，其中属于检察机关管辖的有229995件。处理不服免诉的申诉10396件，纠正509件；处理不服法院判决、裁定的申诉23378件，经调查认为确有错误，向人民法院提出纠正意见的82件。

——民事行政检察工作已经起步。1至10月，共受理公民、法人和其他组织不服人民法院已生效判决、裁定的民事、经济纠纷、行政案件申诉2457件，决定立案审查647件，已向法院提出抗诉16件，法院已审结的3件都已改判。

——军事检察工作稳步发展。各级军事检察院依法查处军队内部的贪污、贿赂和渎职犯罪案件，坚决打击各种危害军事利益和国防设施的严重刑事犯罪活动，为加强人民军队建设和巩固国防做出了新的贡献。

——检察科学技术工作在办案中发挥了重要作用。1至6月，共做检验鉴定24656件；现场勘验7905次；文证审查7198件。

——法律政策研究工作取得了新成绩。1至10月，高检院单独或与高法院等部门联合发布司法解释及其他规范性文件14件。地方各级检察院的调查研究工作也取得了可喜的成绩，为领导决策和依法办案提供了很好的服务。

《反贪污贿赂法》和《检察官条例》的起草工作取得重大进展。1989年秋，高检院领导根据党中央提出建立健全一套拒腐防变制度的指示和廉政建设的要求，建议立《反贪污贿赂法》，得到党中央、全国人大常委会和国务院有关方面的支持，广大专家学者也积极参与了研究起草工作。今年6月，我们就这项立法报请全国人大常委会批准立项，7月，向党中央报送了建议制定《反贪污贿赂法》的备案报告。今年11月14日，党中央下达了中发20号文件，批准了全国人大常委会党组报送的《全国人大常委会立法规划》，把《反贪污贿赂法》列入本届任期内必须完成的第一类立法。经过两年来反复调查、研究和推敲,《反贪污贿赂法》已形成第八稿。《检察官条例》的起草工作着手更早,已写出第十六稿,这个法律草案,被列入第二类法律草案,如果成熟了,也可以提前报全国人大常委会审议。这两个法案对完善社会主义法制、推进检察事业发展,都具有重要的意义,请同志们专门讨论,提出修改意见。

五、关于加强队伍建设和物质保障问题

按照党中央关于加强政法队伍建设的要求,各级检察院坚持从严治检,取得了较大成绩。

第一,建立政治部和开展思想政治工作。今年,绝大多数省级人民检察院都成立了政治部,90%以上的市级检察院设立了政治处,绝大多数县级检察院都设立了政工科或专职政工协理员。在职干部开展了学习马克思主义基本原理和有中国特色社会主义理论的活动,反复进行坚持四项基本原则和坚持深化改革、扩大开放的教育,政治、法律、业务素质有所提高。在思想政治教育中,围绕着坚信社会主义必然代替资本主义的历史规律,坚信建设有中国特色的社会主义一定能成功这两个主题,抓了四个要点:一是通过1989年平息动乱、暴乱,粉碎了一次和平演变,苏联、东欧的和平演变,严重的贪污受贿,出卖情报、与境外勾结外逃,严重的刑事犯罪和反革命犯罪活动等严酷事实,提高认识,保持高度的敌情观念和对敌斗争意识,树立为坚持党的领导和巩固社会主义政权而奋斗的思想。二是牢固树立为深化改革,扩大开放,把国民经济搞上去服务的指导思想,自觉运用法律来保护和发展经济基础。三是认清和平演变是西方敌对势力四十多年来一贯的战略方针,不管变换什么花样,亡我之心不死。四是检察机关必须置于党的领导之下,必须严格依法办案,依法办事,认识这两个"必须"是统一的、不可分割的。

第二,领导班子建设和培养后备干部工作取得了成效。有2761个基层检察院完成了换届选举工作,一批政治上较强、文化知识水平较高、比较熟悉法律、政策和检察业务,工作成绩较突出的干部当选为检察长。上级检察院加强了对下级检察院的工作领导,加强了对主要领导干部的考查、了解和管理,得到了中央组织部和各级党委的重视和支持。各级检察院后备干部队伍已初具规模。

第三,开展争先创优活动,涌现出了一大批先进集体和先进个人。高检院表彰了在抗洪救灾斗争中涌现出的先进集体14个,先进个人19名;表彰了各项业务工作中的先进集体166个,先进个人350名;授予广东省清远市检察长钟镇添"模范检察长"称号,追授四川省峨嵋山市检察院起诉科科长沈纯明"模范检察干部"的称号,追授山西省大同市城区检察院检察员范林悦"模范检察员"的称号。各省级检察院也表彰了一大批先进集体和先进人物。

第四,严肃查处违法违纪案件。1至10月,按照党纪政纪和法律规定,共处理违法违 纪的检察干警337名,纯洁了检察队伍。

第五,新成立的中央检察官管理学院,已开学并培训县以上骨干251名,全国19个检察官培训中心和5个检察中专学校已培训各级干部5000余名,目前已有62000余名干部通过专业证书、电大、业大等学习,获得了大专法律文凭,占干部队伍总数的35.1%。

全国现已有检察员82000余人,助理检

察员44000余人和22000多书记员以及政工、技术、后勤、辅助人员、法警等共17.7万余人。检察队伍是一支经过考验的好队伍，是党和人民可以信赖的有战斗力的队伍，各级领导骨干也是坚强的。但是，在少数领导干部中也存在一些问题：对复杂的斗争形势政治敏感性不高，敌情观念不强，对敌斗争意识较为淡薄；不重视思想政治工作和组织建设，不能以身作则，甚至闹不团结；不认真执行民主集中制，遇事不同大家商量，一个人或一两个人说了算；思想懒惰，不求进取。极少数混在队伍中的不纯分子，索贿受贿，泄露案情，徇私枉法，通风报信，包庇罪犯，甚至持枪行凶，酿成血案。这些不良现象损害了检察机关的形象，妨碍了法律监督职能的发挥。检察队伍随着任务的繁重和法律监督职能的充分发挥，正在经受着新的考验。因此，加强思想政治工作和队伍建设，是当前的迫切任务，也是长期的战略任务。

由检察院派驻到重点乡镇和税务等行业以及一些国营大企业的检察室（与公安派出所、人民法庭配套），积极开展法制宣传，协助检察院对某些案件进行调查，对被免诉的人员开展帮教，承办刑事、民事和行政诉讼的投诉案件，接待和处理上访、告状，配合各方面，把闹事的苗头消除在萌芽状态，等等，效果很好。

在各级党委、政府的关心下，在国家计委、财政部和各级计划、财政等有关部门的大力支持下，检察机关的物质装备条件有了一定的改善。不少省、市检察院办案经费有所增加；交通工具和专业用车紧缺的状况略有缓解；通讯及侦查科学技术设施建设有所发展。在第一线的检察人员岗位津贴可望在近期内得到解决。希望各级检察院尤其是省级和市级检察院的领导，立足现实，着眼发展，为发挥法律监督职能，加强检察工作继续创造必要的物质技术、后勤装备保障，重视改善干警的办公、住房等条件。在加强后勤、技术保障方面，全国已经涌现出一大批抓得好的单位，应该受到表扬。从实际需要看，检察机关的物质装备、科学技术仍然是很落后的，不适应斗争需要，干警生活也是清苦的，在加强党性锻炼和艰苦奋斗、勤俭办事业教育的同时，希望各级检察长发扬主动精神，抓好后勤保障工作，保证队伍有旺盛的战斗力。

六、1992年的主要任务

中央工作会议和党的十三届八中全会先后确定了搞好国营大中型企业和进一步加强农业和农村工作的任务，这是党中央在九十年代的两项重大战略决策，对于进一步促进社会主义经济建设的顺利发展，增强综合国力，强化精神文明和民主法制建设，发挥社会主义制度的优越性，保障国家稳定和社会稳定，巩固人民民主专政，具有重大的现实意义和深远的历史意义。1992年，检察机关的任务繁重而艰巨。我们要继续学习贯彻江泽民同志“七一”重要讲话、中央工作会议和八中全会精神，为搞好国营大中型企业服务，为进一步加强农业和农村工作服务。一切检察活动都要服从和服务于经济建设这个中心，开拓创新，勇于进取，创造性地工作，扎扎实实地把各项工作推向前进。

1992年的主要任务是：在以江泽民同志为核心的党中央领导下，坚定不移地坚持党的“一个中心，两个基本点”的基本路线，切实贯彻中央工作会议和八中全会精神，牢固树立为社会主义建设服务的思想，忠实履行法律监督职责，继续深入开展反贪污贿赂犯罪斗争，坚持严厉打击严重刑事犯罪分子和敌对分子的犯罪活动，加强法纪检察工作，积极开展各项检察业务，全面加强社会治安综合治理，加强思想政治工作和队伍建设，反对和抵御敌对势力的和平演变阴谋，维护国家稳定和社会安定，保卫国家安全，促进社会主义经济建设，巩固人民民主专政。

同志们！

关于1992年的工作，高检院已经草拟了计划要点。我只强调以下几个问题：

第一，继续深入反贪污贿赂斗争，要抓住大案要案不放松。要特别注意查办重点单位、部门、行业的案件和巧立名目收受回扣中饱私囊、私分公款构成犯罪的案件。要进一步加强反贪污贿赂局的建设，强化侦查工作。要继续搞好宣传工作，发动群众参加斗争，从实际出发，因地制宜，抓住战机，适时掀起“小高潮”，保持斗争声势，敦促犯罪分子投案自首。坚决打击严重的犯罪分子，挽救那些能够挽救的干部。进一步加快举报线索的初查、反馈，解决线索积压问题。严肃查处打击报复举报人案件，对构成犯罪的一定严惩不贷。

第二，坚决贯彻依法从重从快的方针，严厉打击严重刑事犯罪和反革命犯罪活动。对制造动乱的非法组织、非法活动，要紧密配合公安机关，坚决将其消灭在萌芽状态。边疆省、区及沿海地区的检察机关，要提高警惕，打击分裂祖国、危害民族团结及其他破坏社会治安的严重刑事犯罪，维护政治和社会稳定。为了充分发挥检察机关专政工具的职能作用，高检院决定在刑事检察厅内增设“国家安全检察处”，加强研究和掌握依法惩处危害国家安全的各种反革命罪犯和特务间谍分子的工作。要积极开展反盗窃斗争。坚决打击流氓团伙和严重暴力犯罪活动以及黑社会性质的犯罪团伙和国际犯罪集团。坚持重大特大案件的提前介入制度。要认真贯彻人大常委会的决定，严惩毒品、走私、卖淫嫖娼和拐卖妇女儿童的罪犯。要根据八中全会决定，切实加强农村地区的检察工作，坚决打击犯罪活动，开展社会治安综合治理，突出解决治安混乱的重点城镇和地区的问题。灾区检察机关要严厉打击各种刑事犯罪，为重建家园、恢复和发展生产服务。进一步做好青少年犯罪的预防和改造工作。

第三，要突出查办非法拘禁、扣押人质、刑讯逼供致人死亡这类法纪方面的大案要案。对一切私设的“黑牢”或类似的非法设施，坚决拆除、取缔，并追究有关人员的刑事责任。对严重的玩忽职守、重大责任事故犯罪案件要认真查办。各级检察长要带头办案，要敢于和善于排除阻力和干扰。凡是大案要案都要一查到底。

第四，开展各项检察业务活动，都要走群众路线。要自觉接受党的领导和监督，接受国家权力机关和人民群众的监督，坚持有错必纠的原则，保障国家各项法律得到严格的正确的执行。

第五，加快《反贪污贿赂法》的起草步伐，进一步广泛调研，听取各方面的意见。1992年上半年要将《反贪污贿赂法》（代拟稿）报请全国人大常委会审议。《检察官条例》也要力争在明年上半年将代拟稿上报全国人大常委会。要协助全国人大常委会法工委起草《关于惩治渎职罪的补充规定》，并继续进行《人民检察院组织法》的研究修改工作。

第六，1993年省级人大换届，将有大约三分之二的省级检察长要退下来，分市院和区县院也都面临即将换届的问题。从现在起，要抓紧选拔一批德才都好、年富力强的中青年干部，充实各级检察院的领导班子。领导班子要抓政治，各级检察长首先应该是政治家，要旗帜鲜明地围绕以社会主义经济建设为中心开展检察工作，理直气壮地坚持四项基本原则、深化改革和扩大开放，坚决反对资产阶级自由化。各级检察长要坚持民主集中制，发扬民主作风，倾听不同意见。在处理干部问题上，坚持公道正派。在办理要案上必须加强组织纪律性，坚持集体讨论，尊重党委领导。要团结一班人，发扬开拓创新精神，反对盲目自满，有点成绩就沾沾自喜，固步自封，自以为是。

第七，加强反对和平演变的教育问题，要把问题讲透，更要干实事。要切实抓紧学习和正面教育，使全体干警明确划清三个是非界限：马克思主义与反马克思主义的界限；社会主义和资本主义的界限；科学社会主义和民主社会主义的界限。要做到五个坚持：坚持党的领导，绝不能搞多党制；坚持人民民主专政，绝不能搞西方的议会政治；坚持党对军队的绝对领导，绝不能搞军队的非党化、非政治化；坚持公有制的主导地位，绝不能搞私有化；坚持马克思主义的指导地位，绝不能搞指导思想的多元化。我们的检察官必须有坚定的社会主义信念，牢固树立共产主义世界观，不断提高全心全意为人民服务的自觉性。

第八，坚持从严治检的方针。从严就要严格教育，严格管理，严格检查监督，严肃查处违法违纪行为。每年第四季度的执法执纪大检查，要开门整顿，采取请进来、走出去等多种形式，广泛征求有关部门、单位和各界群众对检察工作和检察人员的批评与建议。要继续开展争先创优活动，大力表彰先进，弘扬检察人员清正廉明、秉公执法的精神。

第九，加强岗位培训，把离职住校培训与在职学习结合起来。政治部门要切实抓好在职干警的时事政治和理论学习。要加强以提高侦查能力和提高出庭公诉水平为重点的业务培训工作。加强对少数民族地区检察干部的培训。干部管理要规范化、制度化，把检察队伍的建设和管理纳入法制的轨道。

第十，切实抓好国办发〔1989〕15号文件的贯彻落实，制定规划，逐步实施，力争侦查科学技术、交通工具和现代化通讯等设施在新的一年里有较大改观。检察机关要从科技进步中吸取和提高战斗力和工作效率。

预定明年第二季度召开“第九次全国检察会议”。希望各地都积极开展对有中国特色的社会主义检察制度的研究，做好有关的准备工作。

在《反贪污贿赂法》研讨会结束时的讲话

最高人民检察院副检察长　张思卿

（1991年9月10日）

同志们：

我们这次研讨会已经开了五天，今天就结束了。几天来，同志们对《反贪污贿赂法》第五稿进行了热烈的讨论，畅所欲言，言无不尽，提出了很多很好的意见。还有很多同志亲自动手，反复推敲，提出了具体的文字修改意见。在大家的共同努力下，会议开得很好，达到了预期的目的。

应邀参加这次研讨会的中央国家有关部门的负责同志和法学界的专家、教授，以对国家廉政建设的高度责任感和对检察工作的极大热情，把起草修改《反贪污贿赂法》视为己任，竭诚相助，发表了很有见地的真知灼见，为我们在第五稿的基础上修改好第六稿，提供了很大帮助，我再次代表最高人民检察院向各位同志表示真挚的谢意，并希望同志们一如既往，继续给予《反贪污贿赂法》的研究起草工作支持和帮助。

从几天来讨论的情况看，同志们普遍认为，第五稿作为惩治贪污贿赂的专门法，已经有了一个很好的基础。

在讨论中，大家对很多问题都取得了较为一致的意见。如：关于总则部分，很多同志都认为还应增加一些对整部法律具有指导意义的内容，包括指导思想、原则及对贪污贿赂犯罪的说明等；很多同志主张立法的依据应是宪法和刑法、刑诉法的有关规定，立法的指导思想和宗旨应分开写，在立法宗旨中要明确写上巩固人民民主专政的内容。同志们还比较一致地认为，第五稿中规定的查处贪污贿赂犯罪案件的原则，仅仅是宪法、刑诉法和检察院组织法有关规定的简单重复，缺乏针对性，应代之以具有查处贪污贿赂犯罪案件特点的原则，如"从重"的原则、"惩办与宽大相结合"的原则、"坚决、慎重、准确"的原则、"刑事先理"的原则，等等。

关于犯罪和刑罚部分，很多同志都同意增设侵占罪和非法私分国家财产罪，同时也都主张对构成侵占罪的行为进行一些必要的限制，比如侵占私人财物的行为就不应在本法中规定，可通过修改刑法解决；对私分国家财产罪中的"财产"也应进行界定，可考虑局限在特定的对象，如罚没款、截留的利润等。很多同志认为，挪用公物的情况很复杂，很难独立成罪，可考虑取消，在挪用公款罪法条中单列一款，规定挪用公物构成犯罪的行为按照挪用公款罪处罚。对新补充的假公济私挥霍公款、购买物品只象征性付少量货款等贪污罪、贿赂罪的罪状，大家基本上同意，并对这些罪状的行文、表述、量刑幅度等提出了很好的修改意见。对于受贿罪的表述，多数同志都主张去掉"为他人谋取利益"这一条件，以体现对国家工作人员从严的原则，但可以考虑单列一款，规定犯受贿罪具有索贿、为他人谋取利益、违背职责、给国家造成重大损失等情节的，从重处罚。也有的同志认为不必取消这个条件，因为"为他人谋取利益、既包括已经为他人谋取了利益，也包括承诺、准备为他人谋取利益"，这同样体现了从严的原则。我看这两种意见尽管在要不要取消"为他人谋取利益"这个条件上有异议，但基本思想是一致的，就是都主张对受贿罪要从严。从现实情况看，贪污罪的构成比较明确，行贿、受贿问题比贪污要复杂得多，因此，在《反贪污贿赂法》中，正确地规定行贿、受贿罪的构成要件是个很重要的问题。我参加的那个小组一位教授提出，可以把受贿改为"收取贿赂"，只要是收取贿赂就是犯罪，我看这个意见很好。当然将来在法条上怎样具体表述还要进一步研究。对于行贿罪的表述，多数同志主张用"为谋取不正当利益给予国家工作人员贿赂，或为谋取正当利益，给予国家工作人员贿赂，情节恶劣的"这一提法，代替第五稿的提法，这样有利于有效地打击行贿犯罪。

关于诉讼程序部分，很多同志都认为，应用简明扼要的语言说明这部分内容与刑诉法的关系，对刑诉法已作了规定的就不多作重复规定。这章应突出解决检察机关在实践中经常遇到的难题，以适应查处贪污贿赂犯罪案件的需要。

在讨论中，大家对第五稿的有些内容

还有争论，意见还不一致。如，对这部法的名称，比较集中的有两种意见，一种意见主张称为《反贪污贿赂法》，一种意见主张叫做《惩治贪污贿赂法》，都有各自的理由。在框架结构上，有的同志主张将程序、举报、预防合并为一章，有的同志认为三项内容还是分章单列好。关于总则部分的内容，有的同志主张在立法宗旨中，要写上保护社会主义公共财产和公民个人合法财产的内容，有的同志不同意提保护公民个人合法财产，也有的同志认为反贪污贿赂法是一部廉政法，不必写上保护公共财产和私人财产，提保障改革开放和社会主义建设的顺利进行就已经把这些内容概括进去了。

关于犯罪和刑罚一章，大家对于贪污贿赂罪的主体范围、是否规定具体的定罪和量刑数额、档次，以及将巨额财产来源不明罪改为拥有非法财产罪、删去隐瞒境外存款罪等内容也还都有不同认识。

关于诉讼程序一章，有的同志主张这一章的标题可改为“立案、侦查”，只规定检察机关查办贪污贿赂犯罪案件的职责、权力和程序；有的同志认为还是称为“诉讼程序”好，规定从立案到审判的程序和措施，但第五稿的有关规定还需要进一步推敲。不少同志赞成规定检察机关有权决定对贪污贿赂犯罪分子或重大嫌疑分子实行拘留，认为这有利于增强法律监督的效力和提高工作效率。还有的同志建议赋予检察机关检察拘留权，以保证侦查工作的顺利进行。关于对拒不作证的证人的处置，有的同志提出可以采取拘传、罚款、警告性拘留等措施。关于是否规定检察机关内部机构设置及工作制度，意见也还不尽一致。

在讨论中，大家对举报、预防等内容和一些法条的行文、删改、调整等，也都提出了不少的具体意见。这些意见的主要内容已经编进会议简报，我这里就不详细列举了。当然简报是比较简单的，但我们对同志们的发言都作了详细记录，也录了音，会后要认真整理，争取把大家的正确意见都吸收到第六稿中来。这里我还想特别说一下，在讨论中大家对一些问题还有不同认识，意见不太一致，我看这是好事，有利于我们深入进行比较和论证，特别是在立法前把问题争论清楚，既便于通过立法，也有利于今后执行。有不同意见说明大家都动了脑筋，费了心思，从不同角度、不同方面提出了问题，这样使我们能考虑到各个方面的意见、各种情况，立法就能站得住。所以我看也可以说有争论是大好事。

同志们，制定一部《反贪污贿赂法》是一项艰巨的任务，也是一项具有重要意义的工作。复之同志不止一次讲，这项工作任务艰巨，难度很大，一定要严肃认真，兢兢业业，精心搞好。从当前的情况看，搞好这项工作是有很多有利条件的。首先是党的十三届四中全会以后，反对贪污腐败，加强廉政建设的大气候很好，党中央的态度是坚决的，方针是明确的，广大人民群众也是积极拥护的，反腐败斗争取得了很大成效。同时，制定《反贪污贿赂法》也是现实斗争的迫切要求。因此，我们要下大决心，集思广益，加快研究起草工作的步伐，争取早拿出一部具有中国特色、适应反腐败斗争需要的《反贪污贿赂法》草案，促进廉政建设。

下一步的工作，主要是集中精力研究修改出第六稿。要对这次会上大家提出的各种意见认真分类整理，逐条加以研究，反复比较和论证。对大家认识比较一致，比较成熟的意见吸收进来；对这次会上没有解决的问题要深入调查研究，广泛听取各方面的意见，抓紧解决；对大家都否定的，就拿下来。我想，通过这次研讨会，已经为下一步的修改工作提出了方向和办法，第六稿一定会比第五稿好。根据大家在这次会议上提出的意见，在研究起草第六稿的过程中，要进一步把握这样几个问题：

第一，要从保卫、促进社会主义经济建设，巩固人民民主专政，防止“和平演变”的高度认识和做好研究起草《反贪污贿赂法》的工作。江泽民同志在庆祝中国共产党成立七十周年大会上的讲话中指出：“在新的历史条件下，我们党不仅要继续经受执政的考验，而且面临着改革开放和发展商品经济的考验，面临着反对和平演变的考验。”我们能够经受这些考验的力量源泉是保持党和人民群众的血肉联系，坚持党的全心全意为人民服务的根本宗旨。贪污贿赂犯罪作为严重的腐败现象，危害性是多方面的，最根本的是损害党群关系，破坏我们党和国家赖以生存的基础。我们还要清醒地看到，近年来国内外惊心动魄的严酷斗争证明，腐败现象是政权变质的内因，反腐败是反和平演变的一个重要方面。随着国际形势的发展，特别是苏联局势的剧变，以美国为首的西方资本主义加紧对中国推行“和平演变”战略，这是现实的危险。反和平演变必须反腐败。反腐败不仅对维护社会主义经济秩序，促进改革开放和经济发展有重要意义，而且是保证党和人民民主专政政权不变质不变色的政治斗争。党中央号召我们要筑起抵御国内外敌对势力“和平演变”的钢铁长城。这不仅要抓学习教育，抓思想政治工作，还必须有制度保证，就是要建立健全一套拒腐防变的制度。大家在讨论中普遍认为，《反贪污贿赂法》是拒腐防变制度的重要组成部分，是加强廉政建设的一项重要法律制度。其目的就在于用法律规范国家工作人员的廉政行为，依法惩治贪污贿赂等腐败分子，推动廉政建设，防止和平演变。我们在研究起草过程中，一定要始终明确这个指导思想，注意从保卫、促进社会主义经济建设，巩固人民民主专政，防止和平演变这个大事、大局来考虑问题，坚持四项基本原则，坚持改革开放，反对资产阶级自由化，保持正确的政治方向。

第二，坚持一切从实际出发，制定适合中国国情，具有中国特色的《反贪污贿赂法》。制定《反贪污贿赂法》要立足于解决廉政建设中的现实问题。因此我们要研究反贪污贿赂斗争的实际情况和工作中遇到的实际问题，深入研究本法所要调整的各种关系和规范的各种行为。只有对实际情况弄明白了，研究透了，才能正确解决对贪污贿赂犯罪的定性量刑以及预防、治理等问题。这是我们每项条款乃至整个法能不能立得住的关键所在。在整个起草过程中，要始终坚持党的一切从实际出发，实事求是的思想路线，在对客观实际的研究上下功夫。前一段在这方面做了很多工作，也收到了很大成效，但从这次会议讨论中大家提出的问题看，功夫下得还不够，对有些问题研究得不深不透。有些问题之所以争论比较多，把握性还不是很大，主要原因就是掌握实际情况不全面不充分，客观依据不足以服人。贪污贿赂犯罪是一种社会现象，与腐败现象、不正之风交织在一起，非常复杂。不对这些实际问题充分了解，深入调查，作认真的分析，就难以分清它们的区别点，划分罪与非罪的界限，也就难以在《反贪污贿赂法》中写清楚。把实际情况弄清楚、吃透了，我们这个法要管的范围和问题也就清楚了。

在下一阶段的研究起草过程中，还是要把深入实际调查研究，广泛收集各种案例，悉心听取各方面意见作为基本的工作方法。在具体条文的研究修改中，也要坚持一切从实际出发，力争最大限度地解决现实斗争中的实际问题。作为国家的一项法律制度，不考虑国情肯定是不行的。我们在研究起草的过程中，要立足于我们的国情，着眼于建设具有中国特色的社会主义的伟大实践，使《反贪污贿赂法》合国情，有特色。同时也要广泛借鉴外国以及台湾、香港有关法律的有益之处，并结合我们的特点加以吸收。

第三，要切实贯彻从严治党，加强廉政建设的方针。我们党是执政党，国家机关工作人员，特别是领导干部，绝大多数是共产党员，政权建设首先是党的建设。只要把我们的党建设好，就能够保证国家政权不会改变性质，保证国家机关工作的正常、健康进行和发展。所以，江泽民同志在“七一”讲话中再一次提出了加强党的建设，从严治党的要求。在会议讨论中，同志们也都认为，制定《反贪污贿赂法》是廉政制度建设的重要内容，必须体现从严精神，这无疑是完全正确的。贪污贿赂犯罪从本质上讲是“权力与利益的交易”，是把商品交换的原则引入国家政治生活和社会经济管理过程中的一种严重腐败现象。贪污贿赂犯罪分子绝大多数是在一定范围行使领导权、管理权的国家工作人员，贪污贿赂犯罪最本质的特征是利用职务之便谋取个人利益，这些犯罪分子所处的地位和采取的手段，决定了贪污贿赂犯罪的危害和给国家造成的损失都是严重的，这本身就需要从严惩治。我们不但要在实际工作中贯彻从严的精神，在制定法律上也要贯彻从严精神。坚持从严，才能有效地保持国家工作人员队伍的廉洁，搞好廉政建设，也才能团结和带领人民群众同心同德地进行社会主义现代化建设。因此，我们不仅要从立法思想上确立对贪污贿赂犯罪分子从严惩处的原则，而且在构成犯罪的条件、定罪量刑标准上都要从严规定。

总之，在修改第六稿中一定要体现从严治党和加强廉政建设的方针，对那些根本背离党的宗旨和社会主义原则的，即使在当前的较为普遍的现象，如回扣问题，定罪、量刑的数额界限问题等，也绝不能迁就姑息，不能认为“凡是存在的就都是合理的”。对于贿赂犯罪，要把索贿、受贿作为惩治的重点。有的同志说，没有行贿的，就没有受贿的。如果只从现象上看，确实是这样，但要认识到，就行、受贿而言，受贿是矛盾的主要方面，收受贿赂的都是国家工作人员，是本法惩治的重点对象。很多同志赞成取消受贿犯罪的“为他人谋取利益”的构成要件，以体现从严的精神，认为这样不妨碍对收受贿赂与馈赠之间的区别。受贿与馈赠的界限，在实际工作中是比较好划分的。素不相识或亲友关系，平常根本就不来往的，绝不会平白无故送你几千、几万甚至更多的钱，送上金项链、金戒指，送上彩电、电冰箱的。送这些重金和物品当然就不是馈赠，肯定是有求于你，只不过有的人是“金钱铺路”。不见得是现在有求于你，为的是将来。对于行贿，不是不予打击，而是要具体分析。有些是被勒索才行贿的，是受害者，对于这些人就不能按犯罪处理。我曾经听过这样一件事。一个部队转业干部，为安置工作，被迫无奈，向负责安置的人送了不少钱和物，但始终未能满足这些人的欲望，最后跳楼自杀了。这实际上是被敲诈勒索，无论如何是不能把那个转业干部当行贿罪来对待的。同志们在讨论中都赞成对行贿犯罪，要加上“为谋取不正当利益或者是情节恶劣、后果严重”的限制词。

第四，既要维护法律的稳定性和连续性，又要考虑到客观形势的变化和现实斗争的需要，有所发展和突破。刑法、刑诉法以及人大常委会的有关决定和补充规定，是我们同贪污贿赂犯罪作斗争的基本依据和有力武器。但是随着改革开放和社会主义商品经济的发展，现在的情况同制定法律时的情况相比发生了很大变化。改革开放、经济建设有了重大的发展，在经济领域和经济生活中出现了很多新情况新问题。在司法实践中也经常遇到没有法律规定，或规定得不明确不具体，而难以处理的案件。我们研究起草《反贪污贿赂法》就是为解决实际问题，因此无论是从实体上还是从程序上，首先都要根据变化了的新形势、新情况，有所突破、有所发展、有所创新，能够解决已经出现的、而且是必须解决的新问题。这也是符合马克思主义认识论的，我们对任何事物的认识都要随着实践不断深化，逐步实现主观对客观的正确反映。如果没有任何突破，只是简单地把散见于现行法律中的有关条款集中在一起，就失去了制定本法的意义。同时，我们也要努力维护法律的连续性和稳定性，充分肯定现行法律中在过去适用、在当前也还需要的规定，把这些内容吸收到《反贪污贿赂法》中来。在稳定中发展，在继承中创新，这要作为我们研究起草《反贪污贿赂法》一条必须坚持的原则。贪污贿赂犯罪分子为了反侦查、逃避惩罚，不断地变换作案手段，犯罪的发展要求我们惩治犯罪的法律手段也要有所发展。否则就是"魔高道不高"，就不能有效地惩治犯罪，反对腐败，加强廉政建设就成为空话。大家提出的对犯罪的处罚要增加财产刑、罚金刑和资格刑，就是突破。

下一步的研究起草工作，还要继续抓紧。各级检察院要根据第五稿和这次会议中讨论的意见，继续搜集各种罪名的案例，对这次有争论的问题进一步征求意见和论证。我们的初步计划是：根据这次会议的意见，起草班子抓紧修改出第六稿，11 月中、下旬，再请专家们来研究，字斟句酌地修改。同时起草《关于起草〈反贪污贿赂法〉的说明》，把法律条文中不便写的问题在说明中解决，等于是立法解释；编写案例和有关立法的依据资料。这些工作完成之后，草拟向中央的《关于研究起草〈反贪污贿赂法〉的情况报告》。在向中央报告前，再开一次研究起草领导小组会，讨论一次。工作量很大，大家要抓紧。我们也希望中央国家机关有关部门的同志、法学界的专家和教授，在这次会议结束之后，继续对研究起草工作给予关注和支持，有什么新的想法和建议随时反映给我们，各位不吝赐教，我们开诚采纳。

在全国检察长会议上的总结讲话

最高人民检察院副检察长　张思卿

（1991 年 12 月 8 日）

同志们：

全国检察长会议今天就要结束了。几天来，同志们认真学习了中央工作会议和十三届八中全会精神，回顾总结了今年的工作，研究部署了1992年检察工作任务，讨论修改了《反贪污贿赂法》（第八稿）、《检察官条例》（第十六稿）、《1992年检察工作计划要点》和《最高人民检察院关于贪污受贿案件免予起诉工作的规定》（修改稿）。在讨论中，大家敞开思想，畅所欲言，提出了很多很好的意见。会议开得很好，达到了预期的目的。

我们这次会议，得到了党中央的重视和关怀。江泽民总书记对高检院党组报送的“关于召开全国检察长会议的报告”作了重要指示，对一年来检察战线同志们的工作给予了充分肯定和很高评价，也对我们今后的工作提出了要求，指明了方向。这是对全体检察人员的巨大鼓舞和鞭策，我们要努力把各项工作做好，决不辜负党中央的期望和人民的重托。

复之同志在会议开始时的报告，对今年的工作作了全面总结，提出了1992年检察工作的主要任务。同志们在讨论中普遍认为，复之同志的报告，政治性、思想性很强，内容丰富，实事求是，体现了中央工作会议和八中全会精神，体现了检察工作要为社会主义建设服务的主题。晓光、锦汶、国庆、肖扬、明枢同志作了专题发言，讲得都很好。

我们这次例会是在中央工作会议和八中全会之后召开的。这是两次非常重要的会议，分别研究了进一步搞好国营大中型企业、加强农业和农村工作问题，这充分表明了以江泽民同志为核心的党中央集中精力贯彻“一个中心、两个基本点”的基本路线，牢牢抓住了经济建设这个中心，抓住了保证整个国民经济稳定发展的两个关键性环节，一心一意，埋头苦干，努力建设有中国特色的社会主义。中央工作会议和八中全会还提出，要进一步加强社会主义民主法制建设，要求政法部门负起责任，为经济建设创造良好的环境和条件。我们要增强使命感、责任感和紧迫感，紧紧围绕贯彻落实中央工作会议和八中全会精神，牢固树立为社会主义经济建设服务的思想，忠实履行法律监督职责，为政治稳定、经济发展、社会安定做出应有的贡献。

下面，我根据会议讨论的情况，讲几点意见。

一、继续深入开展反贪污贿赂犯罪斗争

今年的反贪污贿赂斗争，无论是从思想认识、侦查水平、社会效果上看，还是从斗争的深度、广度上看，都比去年前进了一步，取得了很大的成绩，有力地促进了社会主义经济建设和廉政建设。这是在全党重视反和平演变、反腐败斗争，大力抓廉政建设的情况下取得的。最近，江泽民同志又明确提出，要把坚持不懈地反腐败作为当前党的建设中要着重解决好的三个问题之一，下决心抓好，有所突破，前进一步。我们检察机关依法查办贪污、贿赂犯罪案件，是反和平演变的重要方面，也是为搞好国营大中型企业、加强农业和农村工作最重要最直接的服务。我们贯彻中央工作会议和十三届八中全会精神，一定要紧紧抓住反贪污贿赂斗争不放，振奋精神，坚定信心，不断把斗争引向深入。

1992年的反贪污贿赂工作，复之同志已经讲得很明确，我再讲几点具体意见：

第一，要把握好深入开展反贪污贿赂斗争的方向和重点。一是要继续抓大案要案，特别是要案。二是要深入那些“富了方丈穷了庙”，破产或濒临破产、严重亏损的企事业单位，挖“蛀虫”。三是要从收受回扣的行为中查办中饱私囊、变相中饱私囊或私分公款构成犯罪的案件。四是要深入到那些该办的事情没有钱办不了、不该办的事情有钱也可以办的不正之风严重的

行业和部门，查办贪污贿赂案件。各地要按照党委抓廉政建设的总体部署，从实际情况出发，选准深入的方向和重点，发动“小高潮”，把斗争引向深入。

对农村社会主义思想教育中揭露出来的贪污贿赂案件，要坚持以事实为根据、以法律为准绳的原则，一件一件地严格依法查办。要注意掌握政策，正确区分罪与非罪的界限，惩治少数，教育多数。要通过查处案件，维护党在农民群众中的威信，维护安定团结的大好局面，保护广大基层党员干部的积极性。

还要重视查处挪用公款、偷税抗税、假冒商标等犯罪案件，保护国家税收，维护群众利益，保卫正常的经济秩序。

第二，要继续抓好举报工作。要紧紧抓住两个环节，一是宣传，二是查处。这也是从我们这几年实践中得出的基本经验。很多地方都有这样的体会，哪里的宣传工作搞得好，案件办得好，办得扎实，哪里的举报工作就势头不减；反之，哪里的宣传工作冷冷清清，不认真办理群众举报的案件线索，哪里的举报也就冷冷清清。我们必须狠抓宣传发动工作，认真查处举报线索，解决举报线索的积压问题。

第三，要进一步加强反贪污贿赂专门机构建设。现在已有24个省级院，150多个分、州、市院和450多个县级院建立了反贪污贿赂局。这两年工作的实践证明，建立这个专门机构是深入进行反贪污贿赂斗争的组织保障。要把建立健全反贪污贿赂专门机构作为深入开展反贪污贿赂斗争的一项重要措施，调整充实力量，提高人员素质，理顺工作关系，加强基础建设和制度建设。要统一机构名称，叫反贪污贿赂局。要把做好工作放在首位，用工作的实际效果证明建设专门机构的必要性和重要性，在斗争实践中不断发展和完善。

第四，严格执行法律，正确行使免诉权。1988年，全国人大常委会《关于惩治贪污罪贿赂罪的补充规定》体现了从严惩治贪污贿赂犯罪的精神。1989年，根据当时特殊环境，按照小平同志的指示，“两高”发布了《通告》，对《通告》期间投案自首、有立功表现的贪污贿赂犯罪分子予以宽大处理，这是一定时期内的临时大政策。我们贯彻《通告》的情况是好的。但贯彻《通告》结束以后，高检院没有及时指导下面按《补充规定》依法从严掌握，把关不严。复之同志在报告中已经讲清了这个问题。这次会上大家讨论的《关于贪污受贿案件免予起诉工作的规定(修改稿)》，严格贯彻了人大常委会的补充规定。文件正式下发后，各地要认真执行。对严重的贪污贿赂犯罪分子要坚决依法起诉，交付法庭审判。即使是按照刑法规定可以免除处罚的，也要具体分析，有时由法院判免刑要比免诉的效果好，因此也不能一律都作免诉处理。各地要采取有力措施，严格依法做好免诉工作，认真解决免诉不当的问题，切实防止和纠正打击不力。

第五，要正确运用法律手段。各地逐步增强了侦查意识，灵活、熟练、正确地运用法律手段，侦破了一批大案要案。但是个别地方也发生了一些问题。要引起重视，注意纠正。特别是采取强制措施要慎重，不能单靠抓人侦破案件，克服“以捕代侦”的坏毛病。

第六，继续贯彻“一要坚决、二要慎重、务必搞准”的方针。把案件搞准的基础是把证据搞扎实。侦查工作要把功夫下在收集证据上，特别是要重视通过秘密调查收集证据。坚决反对和纠正以捕代侦的做法，决不能乱捕人，特别是要案，没有确凿的证据，不能捕人。捕错人的，要坚决纠正。要坚持“两个基本”，即基本事实清楚，基本证据确凿。法律规定个人贪污、受贿二千元就构成犯罪（不满二千元情节较重的也构成犯罪），查清了二千元的基本事实，就可以根据侦查需要适时采取相应的强制措施。对那些有畏罪潜逃可能和迹象的，要大胆果断。不要等犯罪的全部事实都查清后再采取强制措施。要坚持文明办案，依法侦查，不准搞刑讯逼供，不准搞挂牌游街。

第七，各级检察长要振奋精神，敢于斗争。明年反贪污贿赂工作要继续深入，各级检察长保持饱满的精神状态和旺盛的革命斗志是关键。既要抓宏观指导，加强检查监督，又要从具体案件抓起，亲自办理大案要案。要经常分析斗争形势，研究犯罪的新情况、新问题，抓住影响斗争深入的主要矛盾和问题，并下大力气加以解决，扎扎实实地把我们的工作推向前进。

二、继续坚持严厉打击严重刑事犯罪和参加社会治安综合治理工作

当前的社会治安形势，复之同志在报告中作了分析。大家反映符合各地实际。我们既要看到目前我国政治稳定、经济繁荣、社会安定，又要看到对敌斗争和打击刑事犯罪斗争的形势仍然是严峻的，不能麻痹和松懈。明年的“严打”斗争，要落实中央工作会议和八中全会对政法工作的要求，坚决打击反革命犯罪和各种刑事犯罪，为维护稳定、反对和平演变、为改革开放创造良好环境。

第一，要继续坚持“严打”。对杀人、抢劫、爆炸和破坏电力、通讯设备等严重刑事犯罪，特别是团伙犯罪，要坚决贯彻依法从重从快的方针，及时、准确地予以严厉打击。对盗窃、毁坏工农业生产资料、设施和产品，破坏生产秩序，危害经济发展的各种犯罪活动，要坚决打击。少数土改、镇反时被镇压的人及其子弟反攻倒算，打击当时的支部书记、村长和积极分子，伤害干部群众，是阶级报复行为，是一定范围阶级斗争的表现。对此要提高警惕，不论是什么人，是什么地方来的，一定要依法严肃处置。对那些利用宗教渗透进行反革命宣传煽动，以及公然与人民为敌，蓄意破坏社会安定的犯罪活动，也必须从重从快地打击。灾区检察院对大灾之后社会治安的新动向和严峻形势要有充分估计，积极发挥职能作用，协同有关部门坚持打击各种刑事犯罪活动。

第二，坚持开展专项斗争。各级检察院要根据中央和各地党委的统一部署，积极参加各种专项斗争。明年要继续开展反盗窃斗争。今年以来，全国人大常委会《关于禁毒的决定》、《关于惩治走私、制作、贩卖、传播淫秽物品的犯罪分子的决定》、《关于严禁卖淫嫖娼的决定》和《关于严惩拐卖、绑架妇女、儿童的犯罪分子的决定》中规定要求严惩的犯罪，是当前的几类严重刑事犯罪活动，要开展专项斗争。专项斗争是党委领导下政法部门的共同工作，检察机关要积极参加，在斗争中要同公安、法院等部门互相支持，密切配合。

第三，积极参加重点治理工作。对治安问题突出的地区和行业进行重点治理，是社会治安综合治理的一项重要工作。今年10月，中央社会治安综合治理委员会在邵阳召开了全国社会治安重点治理经验交流会，部署了下一步重点治乱的工作。各地要认真贯彻这次会议精神，积极参加当地党委组织的重点治乱工作，哪里治安问题多就治哪里，什么治安问题突出治什么。重点治乱也要把“严打”作为首要环节，依法从重从快打击治安混乱地区和行业突出的犯罪。从很多地方的情况看，治安问题突出往往同基层组织软弱涣散有关，个别基层干部包括执法人员甚至包庇纵容犯罪分子。因此在重点治乱中，要协助党政部门和有关单位加强基层组织建设，健全规章制度，以达到治理一片、巩固一片的效果。还要做好检察环节上的其他各项综合治理工作，坚持成功的做法，探讨新的途径和经验，狠抓落实，抓出成效。

第四，要进一步加强批捕、起诉工作。继续做好对重特大案件的提前介入工作，坚持“两个基本”，做到快捕、快诉。要加强二审监督工作，提高出庭公诉水平。完善内部制约机制，认真做好贪污、贿赂、“侵权”、渎职等案件的决定逮捕和审查起诉工作，确保办案质量。对法院判决、裁定确有错误的案件，要依法抗诉。要纠正当前对贪污贿赂案件错误的判决、裁定该抗不抗、监督不力的问题。要加强监所检察工作，维护监管改造秩序。

三、继续加强法纪检察工作

加强法纪检察，就要提高认识。依法查处“侵权”、渎职等法纪案件，是对公民人身权利、民主权利的司法保护，对保证国家工作人员正确行使职权，促进廉政勤政，密切党群关系，维护社会稳定，促进社会主义民主法制建设，都具有重要意义，一定要下决心切实加强。

加强法纪检察，就要多办案。重点查处刑讯逼供、非法拘禁、徇私舞弊、玩忽职守、重大责任事故案件，特别是对大案要案，一定要积极查办，发现一件，及时查处一件。现在有些地方对办案抓的不紧，主动性不够，这种状况要尽快改变。

加强法纪检察，各级领导要亲自办案。法纪案件比较复杂，查处起来困难较多，容易遇到阻力和干扰，更需要检察长亲自办案，一年办几件案情复杂，阻力、干扰大的案件，从具体案件入手，推动办案工作。

查办法纪案件，也要贯彻“一要坚决、二要慎重、务必搞准”的方针，严格区分罪与非罪的界限，把案件办准、办扎实。对过失犯罪，一般不要轻易拘捕被告人；处理因民间纠纷引起的“侵权”案件，要贯彻惩罚少数，教育、挽救多数的方针，注意做好各方面的说服规劝工作，化解矛盾，防止诱发群众性闹事。并注意发现发案单位管理工作中存在的疏漏，有针对性地提出检察建议，帮助发案单位完善管理，健全规章制度。要运用有影响的典型案件，教育干部群众，扩大社会效果。

现在发现有少数检察院为了经济利益，把明显属于经济纠纷或者是诈骗的案件当作玩忽职守案件来办，这是不允许的，要坚决纠正。为经济建设服务，保护企业利益，要依法办事，在职权范围内做工作，不能超越职权，做那些不该办、也办不了的事。

四、抓紧《反贪污贿赂法》、《检察官条例》的研究起草和《人民检察院组织法》的修改工作

《反贪污贿赂法》已经起草了第八稿。制定《反贪污贿赂法》是制定拒腐防变制度的一项重要内容，目的在于用法律规范国家工作人员的廉政行为，依法惩治贪污贿赂等腐败分子，推动廉政建设，防止和平演变。《反贪污贿赂法》的重点是解决贪污、贿赂犯罪的定罪与量刑、诉讼的特别程序、举报和预防等问题。我们要在努力维护现行法律的连续性和稳定性的基础上，认真研究客观形势的变化和现实斗争的需要，在稳定中发展，在继承中创新，制定出一部具有中国特色的反贪污贿赂法。现在的草案，突出体现了对贪污贿赂犯罪从严惩处的原则，增设了几个新的罪名，制定了特别程序，对举报和预防作出了明确的法律规定。会后，将根据大家提出的意见进行修改，保证如期上报，提请审议。

《检察官条例》已经形成第十六稿。制

定这个《条例》是为了适应我国干部人事制度改革的需要，依法确定检察官管理制度，实现检察队伍建设的规范化、法律化，是加强民主法制建设，建设有中国特色的社会主义检察制度的一项重要内容。《条例》草案从中国国情出发，对检察官的任职资格、选拔方法、等级、考核、培训、奖惩、管理等作出明确的规定。下一步的工作主要是进行《条例》可行性研究和检察官的资格、衔级等问题的论证，修改补充五个配套规定。要继续进行试点工作，认真总结经验，及时反馈试点中出现的问题，为修改《条例》提供实践依据。《检察官条例》要抓紧修改，争取及早上报。

还要协助全国人大常委会做好《关于惩治渎职罪的补充规定》的研究起草工作。

现行的《人民检察院组织法》对检察机关的建设和检察工作的发展发挥了重要的作用。但是随着形势的发展，已不能完全适应需要，有必要作进一步的修改和补充。高检院准备向人大常委会提出修改《组织法》的建议，并于今年10月成立了《组织法》修改小组，专门进行研究修改工作。修改《组织法》的重点是完善检察机关领导体制，健全检察机关的职能和组织机构，完善检察委员会制度，确立检察举报制度、检察建议制度等。

明年检察机关参予立法的任务很繁重，也很紧迫。这几项法律草案的起草修改工作，是全国检察系统的大事和共同的任务，各级检察院和全体检察人员都要关心和支持，群策群力，献计献策。

明年还要根据中央编委的要求和检察工作的实际情况，制定检察机关的机构编制改革方案。高检院党组已决定成立检察机构编制改革领导小组，具体负责这项工作。各级检察院都要予以重视，尽快开展调查研究，重点是研究检察机关的组织体制，机构设置、名称、规格，各机构所需编制，派出机构，机构编制管理，与修改《人民检察院组织法》和起草《检察官条例》相结合等问题。我们要上下共同努力，抓紧研究制定工作，按期向中央编委提出全国检察系统的机构、编制方案。

五、做好报纸、司法解释、出版和理论研究工作

创办《中国检察报》是检察工作发展的产物，又是推动检察工作继续前进的需要。报纸的创刊发行为我们加强工作指导，及时推广经验，沟通上下情况，宣传检察工作，广泛联系群众开辟了一条有效的渠道。现在看，明年的征订数可以达到四十多万份。这是各级检察机关和全体检察干警共同努力的结果。我们要再接再厉，把报纸办得更好。中国检察报是全国检察系统的报纸，大家都要爱护、关心和支持。要坚持正确的办报方针，立足检察，面向社会，宣传党的路线和政策，宣传社会主义法制，宣传检察工作，重点是反贪污贿赂斗争。要通过报纸，宣传发动群众，推动反贪污贿赂斗争深入发展。

要进一步加强法律政策研究工作，做好应用法律的司法解释工作。当前，司法实践中遇到了很多需要作出司法解释的问题，特别是在执行人大常委会四个决定过程中有一些新的情况和问题。各地要及时向高检院报送应用法律中出现的问题、典型案件和处理意见。高检院要在进行认真研究以后，适时进行司法解释。需要与最高人民法院联合作出司法解释的，要积极协作，主动配合。还要重视围绕检察工作的重点，积极开展专题调查研究，为领导决策提供依据。

检察出版工作要继续抓好被列为国家“八五”重点图书的《中华法学大辞典》和《刑事犯罪案例丛书》的编审工作，以及检察业务系统教材的出版工作。要坚持以检察题材为重点，多出书、出好书，为广大检察干警提供更多更好的精神食粮。

检察理论研究要围绕建设有中国特色的社会主义检察制度这个主题，研究和探讨有中国特色的社会主义检察制度，加强反贪污贿赂斗争、打击严重刑事犯罪和参加社会治安综合治理、加强法纪检察工作和队伍建设等重大理论课题的应用研究。要进一步办好《检察理论研究》杂志。

六、进一步加强检察技术、物质装备工作

江泽民同志在科协第四次全国代表大会上的讲话中指出，要坚持科学技术是第一生产力的观点，把经济建设真正转移到依靠科技进步和提高劳动者素质的轨道上来。这对检察工作也具有重要的指导意义。各级检察院，特别是领导干部都要坚持科学技术是第一生产力的观点，增强科技意识，重视检察技术工作，依靠社会和自身的科技进步提高战斗力。要进一步加强检察技术的基础建设。1988 年复之同志提出要建设检察机关三级技术点以后，各地积极努力，检察技术工作有了不同程度的发展，在检察工作中发挥了作用。明年要加快省、地、县三级技术点的建设速度。重点建设地级以上检察院，普及发展县区级检察院。加强技术干部的业务培训。紧密配合工作重点，做好检验鉴定、文证审查和现场勘验工作，确定一些科学研究项目，组织实施科研，为办案提供有效的技术服务。

这几年检察机关的物质装备建设取得了一定成绩，但是由于我们底子薄，目前这方面的困难仍然很多，还是个薄弱环节。各地要继续抓紧物质装备建设。要把工作的重点放在基础设施的建设上，同时抓好技术装备、通讯和交通工具的建设。要认真贯彻国务院办公厅批转的《关于加强检察机关侦查手段设施建设的意见》，主动争取党委和政府的支持，一项一项地抓落实。要进一步落实业务经费单独立项、单列预算。从现在的情况看，凡是单列的地方，业务经费都有不同程度的增加，对缓解经费困难起了一定的作用。大量的事实证明，抓装备建设，主动精神很重要，检察长抓是关键。检察长要亲自动手，抓规划，抓落实。最近几年高检院和省级院拿出一部分钱对下进行补贴，是推进装备建设的一个好办法。明年高检院还准备多争取一部分钱对下补贴，召开一次装备工作现场会，推动加快装备建设的步伐。

七、重视做好检察长的换届准备工作

1993 年，省级院和分、州、市院及绝大部分县、区院都要进行换届选举。从现在起就要抓紧做好准备。这是一项非常重要的工作，关系到我们检察机关的领导权是不是掌握在忠于马克思主义的人手中，关系到检察工作能不能继续发展前进。从过去的经验看，选准了一把手，这一届工作就会大有起色，原来工作比较后进的也可以很快地赶上去，改变面貌；选不准至少要耽误三五年。选拔干部，要按照小平同志提出的“四化”标准，坚持把革命化放在首位，德才兼备，以德为主，首先要看政治立场和政治倾向，看是不是坚定不移地坚持党的基本路线，看在重大政治原则问题上的表现，绝不能让那些资产阶级自由化分子、政治上有野心的人、见风使舵和阳奉阴违的两面派、骑墙派混进领导班子。检察机关的一把手，必须政治上强，公正廉洁，敢于坚持原则，有较高的组织指挥能力，有领导工作和党内生活的经验。要选明白人当家。本系统内部能产生接班人更好，内部难以产生的要协助党委推荐好候选人。对将从外部产生的人选，能安排早进的尽量早进，让他们在检察岗位上锻炼提高。经中组部同意，高检院下发了关于对部分拟担任检察机关领导职务的干部实行短期专业培训的通知。高检院明年要开办两次研讨班，为这些后备人选创造任职的条件。各省级院要在明年上半年确定人选，分、州、市院及县区院也要尽早确定。这项工作一把手要亲自抓，政治部门负责具体抓，认真检查、督促、落实。要认真执行经中组部同意的高检院党组关于加强检察干部管理若干问题的规定，一级管一级，一级抓一级，切实管住抓好，保证1993年顺利换届。希望同志们以对党的事业、检察事业的高度责任感抓好这项十分重要的工作。

最后讲讲队伍建设问题。根据会议讨论的情况，我强调两点。

我们这个队伍，总体上是好的。在任务繁重、条件艰苦、生活清苦的情况下，出色地完成了党和人民交给的任务。这是主流。我们要把队伍建设作为一项战略任务坚持不懈地抓下去。要坚持表扬为主的原则，继续开展争先创优活动。会上有些同志提出，现在我们表彰的不是多了，而是少了。新闻单位的同志也反映，我们对先进典型的宣传不够。这些意见是对的，今后要加强这方面的工作。对于那些在工作中做出突出成绩的同志要及时表彰，该表扬的要表扬，该记功的要记功，该重奖的要重奖。表彰和奖励要经常化，现在有些地方在突破了重大案件之后（如北京的管志诚案）就及时进行表彰，效果很好，既宣传了工作成绩，又鼓舞了士气。要推广这种做法。要重视运用报纸、广播、电视等新闻工具大力宣传队伍中的先进典型和模范人物。通过表彰先进，宣传典型，开展比学赶帮、争先创优活动，调动广大检察干警的积极性。

要继续坚持从严治检的方针，从严管好、带好队伍。队伍中的问题也不少，社会上的犯罪现象和不正之风在检察队伍中都有反映，在个别地区还相当严重。各级检察院特别是领导干部要高度重视这个问题。最近，乔石同志关于整顿政法队伍有一个很重要的批示，高检院也下发了关于整顿队伍的通知，各级检察院要按照乔石同志的批示精神和高检院通知的要求，在检察队伍中开展一次思想、作风和纪律整顿，解决存在的问题，提高队伍的整体素质，真正树立起检察官的高大形象。从统计数字看，检察系统的违法乱纪发生在侦查部门比较多。主要是滥用职权、索贿受贿、徇私舞弊，有的泄露案情机密，充当内奸，这是非常危险的。各级领导一定要保持清醒的头脑，花精力、下功夫抓侦查队伍的建设，从严管好、带好侦查队伍。我们的侦查人员是反腐败的战士，同时也是受腐蚀的目标，如果自身不过硬，管理再不严，是很容易被人拉下水或陷进去的。这几年，检察事业有了较大的发展，在社会上和群众中的影响大了，反贪污贿赂侦查队伍立了大功，但是如果不重视抓侦查队伍中的问题，很可能是“成也萧何，败也萧何”。要通过开展有针对性的思想政治工作，加强组织领导和监督，建立内部制约机制，使广大侦查人员树立正确的世界观、人生观，提高拒腐防变和遵纪守法的自觉性。对违犯纪律、法律的，按照党纪国法，该怎么处理就怎么处理，绝不护短。

高检院咨询委员会委员也参加了我们这次会议。在过去的一年里，我们的老同志包括各地咨询小组的老同志，不顾年事已高，为检察事业做了很多工作，围绕建设有中国特色的社会主义检察制度和检察机关的工作重点，深入进行调查研究，提出了不少建设性的意见，这次会上也提出了许多重要的意见和建议，李士英主任已经作了全面的总结。这对我们的工作是很大的支持。我代表高检院党组向老同志表示深深的谢意。希望老同志们继续关心检察事业的发展，在身体允许的情况下，对检察机关的重点工作和重大问题做调查研究，多提宝贵意见。

关于这次会议的传达贯彻问题。根据这两年的经验，一是要尽快向党政领导同志汇报，原原本本地汇报江泽民总书记的重要指示和复之同志的报告；二是要抓紧向下传达，争取在春节前贯彻到基层。对传达贯彻的情况和问题，各地要及时向高检院报告。

对检察机关自身建设几个问题的思考和建议

——1991年12月5日在全国检察长会议上的讲话

最高人民检察院副检察长　王晓光

这次全国检察长会议，遵循中央工作会议和党的十三届八中全会精神，紧密结合检察工作实际，部署了1992年的工作。在新形势下和艰巨的任务面前，我们全体检察人员，要在以江泽民同志为核心的党中央正确领导下，坚持“一个中心，两个基本点”的基本路线，振奋精神，团结奋斗，兢兢业业，埋头苦干，克服一切困难，进行卓有成效的工作，以顺利地完成各项检察工作任务。

艰巨的工作任务，对检察机关提出了新的、更高的要求，进一步加强检察机关的自身建设，则是全面完成各项工作任务的重要保证。检察机关建设是一个各项工作紧密结合、相辅相成的系统工程。诸如加强马克思主义理论教育，提高理论水平；加强党的建设，加强思想政治工作，搞好各级领导班子建设，提高干部队伍的政治、业务素质；建立健全组织机构，理顺内部、外部工作关系，强化法律监督职能；加强基层基础工作，完善规章制度，促进正规化建设；改善物质技术装备条件，提高对工作、生活的保障能力等等，都是自身建设的重要内容。

我国检察机关重建以来，在党的十一届三中全会正确路线、方针指引下，各级检察机关在加强自身建设方面做了大量工作，促进了检察业务的深入开展。取得了很大成绩。检察队伍不断壮大，组织机构、规章制度日趋完善；物质、技术装备有了较大的改善。应该说，十多年来检察工作的成就是巨大的。但是，也应该看到，检察机关建设与深化改革、扩大开放的新形势和检察业务的深入发展的要求还很不相适应，还存在着一些重大问题急待解决。解决检察机关存在的问题有客观、主观两个方面。在客观上，需要随着国家各项改革的不断深入，民主法制建设的不断完善和国民经济的不断发展而逐步得到解决，这需待以时日；在主观上则要求我们认真依照现行法律规定，贯彻执行党的路线、方针、政策，从政治上、思想上、组织上加强建设，通过主观努力积极主动地创造条件，在自身建设工作上做出努力。就目前来讲，我认为应该做好几项工作：

一、关于加强检察机关的基层基础建设工作问题。

党的十三届六中全会通过的加强党同人民群众联系的决定中明确提出："党在长期斗争中创造和发展起来的一切为了群众，一切依靠群众，从群众中来，到群众中去的群众路线，是实现党的思想路线、政治路线、组织路线的根本工作路线，是我党的优良传统和政治优势。"党倡导的这条工作路线我们必须坚决执行。在检察工作中坚持群众路线，从广义上讲，就是要依靠广大人民群众，全心全意为人民服务；从检察机关自身来讲，就是要依靠全体检察人员，做好各项工作。依靠群众，就有一个如何面向群众，面向基层，为基层服务和加强基层组织建设的问题。各条战线、各个部门的基层组织，有各自界定的单位。按照《人民检察院组织法》的规定，县、区检察院为检察机关的基层检察院。因此，加强基层院的建设，是检察机关自身建设的最重要的基础性工作；各项检察业务的开展，都要通过基层检察院组织实施；3000多个基层检察院工作的综合，覆盖全国，面向广大人民群众。基层检察院工作做得如何，是检验检察工作的一面镜子。全国17万多检察人员，有14万多人战斗在基层检察院，占80%。检察机关办理的案件，基层检察院办理的占绝大多数。据北京、天津、江苏、河南四省（市）15个分院和167个县区检察院统计的结果，1990年各级检察院办理的86671个案件中，省级院办理11件，占0.01%；分院办理3370件，占3.89%；县区院办理83290件，占96.1%。此外，检察工作中的方针、政策和各级检察院的决议、指示的执行，归根结底都要通过基层来落实，并在基层实践中接受检验。从这个意义上讲，基层检察院工作如何，也是检验各级检察领导机关的一面镜子。因此，把加强基层基础建设，作为检察机关自身建设的重点来抓是十分必要的。

建设好一个基层检察院，使之成为坚强的战斗集体，首先要有一个政治上合格，业务精通的领导班子，对基层建设实行组织领导。其次，基层基础建设也是一项系统工程，牵涉到方方面面的工作，应抓住重点。基层检察院的领导把抓好科、室建设作为重点环节是十分必要的。《人民检察院组织法》规定："地方各级人民检察院可以分别设立相应的检察处、科和其他业务机构。"据此，可以说处、科、室是检察机关的"组织细胞"，只有这些"组织细胞"充满生机和活力，检察机关的躯体才能健壮有力。据1990年统计，全国地方各级检察院共有27005个处、科、室机构，其中省级检察院内452个，分市院内3987个，县区检察院内21959个，派出院内610个。这些处、科、室是各级检察院组织机构中的基础，它们把全体检察人员组织起来进行各项业务活动。按照分工，每一个处、科、室，都担负着某项（类）检察工作专项业务，是检察机关履行法律监督职责的直接执行者，面对面地同各类犯罪分子作斗争，他们处于工作第一线，面向社会，是直接联系人民群众接受群众监督的渠道和窗口。同时，处、科、室都建有党支部、党小组，是党的思想政治工作与检察业务工作在基层的结合点，是开展有行业特点的思想教育和经常性思想政治工作的阵地，是培养、锻炼、成长干部的基地，也是各项工作的出发点和落脚点。一个基层院科、室工作的综合，就是这个检察院履行法律赋予职责好不好的实际反映。因此，把处、科、室工作列入日程，作为检察机关基层基础建设的重要环节来抓，"抓基层、打基础”，提高战斗力，是一项十分有意义的工作。

开展科、处、室建设的具体设想：一是有计划地开展调查研究，首先对现有的被评为先进的基层检察院和先进处、科、室的经验进行研究总结，从中找出一些带有共性的经验，进行推广。其次，对处、科、室的具体组成因素及各项工作进行规范总结，如对处、科、室的性质、地位、作用如何评价；处、科、室的领导干部既是指挥员，又是战斗员，应具备哪些素质；如何开展处、科、室业务工作的规范化建设，建立健全工作制度；如何加强对处、科、室人员的岗位培训，提高政治、业务素质；如何培养、选拔骨干，组织胜任的办案组；如何加强党组织建设，配备政工人员，根据各处、科、室的业务特点，开展带有行业特点的思想教育和经常性思想政治工作等等。二是建议把评选先进处、科、室作为争先创优的项目之一，并有计划地宣传和推广先进典型和先进经验，鼓励处、科领导干部在本岗位上建功立业。同时，建议在检察院校中有计划地开办一些科、处长研讨班，加强培训，提高素质。三是在充分调查，总结实践经验的基础上，在工作经验比较成熟时，可考虑就此作出决定，全面开展加强基层建设工作。再经过实践，待基层建设指导思想、建设标准与要求、各项检察业务工作、思想政治工作、干部教育培训、后勤保障、行政管理工作等在基层都有了成熟的经验后，制定一个类似检察机关基层建设要点或纲要性的文件，作为基层建设的基本准则和依据，努力把检察机关基层建设提高到一个新的水平。四是加强对基层建设的领导，列入工作日程，作出安排，加强具体指导。

二、关于推进检察机关组织机构的改革和建设问题。

《人民检察院组织法》规定，我国检察机关设最高人民检察院，地方设省、自治区、直辖市，分、州、市和县、区三级检察院以及军事检察院等专门检察院，省一级和县一级检察院，根据工作需要，提请本级人大常委会批准，可以在工矿区、农垦区、林区等区域设置人民检察院，作为派出机构。《组织法》还对各级人民检察院内部机构的设置也作了原则规定。这是检察机关组织机构设置的主要依据。随着各项检察业务工作的发展，近几年检察机关的内部机构设置有了较大变化，有些机构根据职能进行了调整，并且增加了一些新的机构。比如，实行了侦、诉分开；法纪检察与经济检察的机构分设；经济检察改为贪污贿赂检察，各省、市、区陆续成立了反贪污贿赂工作局。最高人民检察院和各省、市、区检察院恢复建立了政治部；增设了监察、民事行政检察、计划财务装备、技术工作机构；信访部门改称为控告申诉检察，建立了举报中心；检察院校、培训中心函授站、出版、报刊及理论研究等事业机构相继建成。这些机构的变化是随着工作发展逐步进行的，它对推动检察工作的开展，逐步完善我国检察制度，发挥着重大作用。但是，由于检察院组织法对机构设置，只有原则规定，没有具体的实施条例、细则一类的规定，在执行中缺少法律依据和国家有关部门的统一规定，在现行机构管理体制下，各地在执行中情况不尽一致，困难较多。此外，近几年来，许多地方检察院分别向一部分国营大中型企业、乡镇、税务、工商、供销、银行、商业、粮食等部门派出了检察室、组或办事处。还有一些基层检察院在乡镇、企事业单位聘请了一批检察联络员、检察通讯员、检察助理员、执法监督员等。其中，乡镇和税务检察室的设置，最高人民检察院虽已有原则规定，还需要通过宪法予以确定。其他组织和人员由于没有法律依据，因此在工作上存在着许多困难，有待研究解决。

研究检察机关机构设置问题，是检察机关自身建设的重要组成部分。最近中央编委召开会议，在研究机构改革问题时，决定检察机关的机构改革方案，在中央编委办公室协助下，由最高人民检察院负责制定。对此，最高人民检察院党组已决定成立机构改革领导小组，开展工作。机构改革是政策性很强的工作，要坚持中央有关的方针，坚持统一、精简、效能的原则，遵循宪法与法律的有关规定，强化法律监督职能，理顺内部关系，协调外部关系，坚持实事求是，从实际出发，根据各地经济发展、人口多少、面积大小等不同情况，分别制定机构设置与人员编制方案。

为了办好这件关系检察机关建设的大事，应该坚持群众路线，总结实践经验，集思广益。为此，提出以下建议：一，各省、自治区、直辖市检察院对省、地（市）、县检察院内部机构设置、人员编制情况进行调查，总结经验提出改进意见；二，拟订机构改革试点方案，与中央编委对省、市、县的试点工作同步进行，通过试点，对各级检察院内部机构的编制提出方案；三，各省、区、市院对现有各种派出机构进行调查，弄清现状，对这些机构的性质、地位、职责及实际工作效果以及存在的问题，作出实事求是的分析，并依据法律，从理论与实践的结合上，写出有说服力的材料，其中包括派驻单位的书面总结材料，作为研究派出机构的参考。

三、关于如何解决人员编制紧张问题。

检察机关人员编制不足，干警超负荷工作，健康状况受到影响，是长期困扰各级检察院领导的一个实际问题。在同一些省、市检察院和基层检察院领导同志谈到这个问题时，在对待编制问题上有几种情况：一是希望增加编制，但增加了人，很多实际问题一时难以解决，又怕增加人，特别是经济困难的基层检察院；二是人既难进，又难出，符合条件的人难以调进，不符合条件的人又调不出去，还有一些能力差不能胜任工作的人员占着编制名额不好处理；三是不想多增人，从其他方面想办法缓解人力紧张的情况。我认为，以上三点，反映了实际情况。由于检察业务开展，增加一些编制是需要的。但究竟要增加多少人？要说得准确比较难。几年来，在征求一些检察院领导同志的意见时，多数同志提到两个指标数：一个是要求增加现有人数的 20—30%；一个是编制数应达到本地区人口的万分之二（大城市和一些边远地区要求高于此数）。这两个指标数，是按照现行组织体制与工作任务提出来的，均不包括派出机构所需编制。按这两个指标数推算，全国检察系统的编制数：现全国检察人员 17 万人，如增加 20%，为 3.4 万人，总数达到 20.4 万人；如增加 30%，为 5.1 万人，总数达到 22.1 万人；如按全国人口 11 亿的万分之二计算为 22 万人，与增加 30%相一致。

在机构改革中，检察机关属于要加强的部门，按照实际需要向国家申请一定的增编指标是必要的。但从目前的情况看，近期内较大幅度的增编可能性不大。因此，应当寻求别的途径解决人力不足的问题。江泽民同志指出："要充分认识科学技术是第一生产力，是推动经济和社会发展的强大力量。我们要最大限度地发挥科技的作用，尊重知识，尊重人才，更加自觉地把经济建设转到依靠科技进步和提高劳动者素质的轨道上来，采取有力措施，把科研成果转化为现实生产力。"我认为，江泽民同志的论述，可以结合检察工作实际加以应用，即有针对地选择与运用现代科学成果于检察机关建设，采取措施，提高全体检察人员素质，是解决人力不足的重要途径。而我们在实际工作中已经或者正在证明着这一点。近几年来，各级检察院在运用现代科技装备，培养提高干部素质，都做了大量工作，对于提高工作效率，保证工作质量、减轻劳动强度和促进现代化建设等发挥了重要作用，对此已为大家所共识。

此外，还要采取有效措施，发挥现有人员的潜力。比如通过岗位培训，培养多面手（现在人数少的基层检察院一人兼管多项工作的现象相当普遍）；随着干部人事制度的改革，研究检察机关各类人员的合理结构与比例，改变忙闲不均现象；加强思想政治工作，关心群众生活，调动干部的积极性、主动性和创新精神；改进工作方法，实行科学管理，提高工作效率等，都是充分发挥现有人员潜力，解决人员不足问题的有效途径。

四、关于检察机关正规化建设问题．

检察机关是法律监督机关。检察机关行使职权的各项活动，均应受到有关法律、规章、条例的约束。因此，建立健全各类规章制度，并认真贯彻执行，是检察机关正规化建设的重要内容。检察机关重建以来，最高人民检察院及地方各级检察院为正确履行职责，开展各项业务工作，都制定与颁发了大量的规章制度、工作条例、实施办法、决定、决议、指示等文件，有的汇编成册。这些文件反映了一定时期工作实际，总结了实践经验，针对性、可操作性比较强，是各类检察工作人员、各个部门的行为规范和工作程序，规定了各部门之间、上下级之间的工作关系，对完善有中国特色的社会主义检察制度起着很好的作用。现在的问题是，这些规章制度需要进行整顿（清理），有的需要修订、充实和完善，有的要重新制定。总之，我们需要一套全面指导正规化建设的规章制度。为此，建议做以下工作：一是对最高人民检察院颁发的各项规章制度、工作条例等分门别类地进行整理，需要修订的进行修订。对有些还缺少的规章制度，要组织力量，调查研究，总结经验，抓紧制定；二是对地方各级检察院制订的规章制度等进行搜集、筛选、修订、补充、审定工作，特别要注意收集基层检察院的有关材料，使经过基层工作实践证明适用的各种规章制度规范化，经高检院审查批准，颁布施行，以推动检察机关的正规化建设。

以上是我对检察机关自身建设几个问题的思考和建议，大多是在实际工作中感受到的，不免有许多不成熟的想法，只是作为问题提出来与同志们研究。

我相信，只要我们坚持党的基本路线，进一步解放思想，实事求是，勤于探索，勇于创新，认真总结实践经验，具有中国特色的社会主义检察制度一定会更加完善，检察事业一定会更加兴旺发达，一定会为我国社会主义建设事业的发展做出新的更大的贡献。

在全国铁路检察工作会议结束时的讲话

最高人民检察院副检察长　冯锦汶

（1991年12月24日）

同志们：

全国铁路检察工作会议今天就要结束了。几天来，同志们认真学习了江泽民同志对检察工作的重要批示和全国检察长会议的有关文件，总结了一年来铁检工作，讨论修改了1992年铁路检察工作要点，交流了反贪污贿赂斗争的经验，座谈了有关铁检队伍建设问题，进一步明确了铁路检察工作要为铁路企业安全运输生产服务的指导思想。会上，大家联系实际、敞开思想、畅所欲言，为今后的铁检工作献计献策，提出了许多切合实际的建议和意见。会议达到了预期的目的。

会上陈振东厅长已就今年的工作情况和明年的打算做了报告，全面、如实地反映了我们广大铁检干警的精神风貌和所取得的优异成绩，同时也较准确地概括了我们工作中存在的一些不足和问题，并结合当前的工作实际提出了明年工作的主要设想，这个设想我认为也是切实可行的，因为它体现了中央工作会议的精神和高检院党组的要求，同时还结合了我们铁检工作的实际。希望大家认真研究，贯彻执行。现在，我就会议中的讨论情况及大家提出的一些问题讲几点意见：

一、关于反贪污贿赂斗争的问题

今年铁路检察机关通过打击以车谋私、以票谋私等贪污贿赂犯罪，为铁路这个国营大企业挖出一大批“蛀虫”，保护了社会主义的财产，促进了铁路行业的廉政建设，受到了路内外人民群众的一致赞扬。在成绩面前，我们千万不可沾沾自喜，满足现状，必须始终保持冷静的头脑，充分认识反贪污贿赂斗争的重要性、复杂性和长期性。

这场斗争的重要性，就在于它是我们党针对国内外敌对势力的阴谋而进行的一场关系到党和国家前途命运的政治斗争，是渗透与反渗透、颠覆与反颠覆、和平演变与反和平演变的重要组成部分。贪污腐化，行贿受贿等党内腐败现象的滋生，必然为敌对势力推行和平演变打开缺口。敌对势力也正是想用这个办法，实现从内部攻破堡垒的战略，达到最终搞垮中国共产党、搞垮社会主义制度的目的。我们一定要坚定不移地贯彻党中央倡廉反贪、拒腐防变的重要指示，增强使命感和责任感，坚定信心，克服畏难情绪，振奋精神，积极办案，严格执法，充分发挥检察机关的职能作用，为铁路大动脉的安全运转提供有力的保障。

所谓复杂性，就是要在我们的工作中，把斗争的艰巨、困难、反复、严峻等因素充分考虑进去。今年办理的贪污贿赂案件虽然有所下降，但是不是发案数就下降呢？我看还不能下这个结论，根据统计分析，今年办结的贪污贿赂案件中，约百分之五、六十是《通告》后发生的，而且许多地区的发案单位也仅仅占所有单位的10%左右，没有触动的单位还相当多。当然也不是所有单位都有犯罪案件，我们发现的案件数与发生的案件数有时是不成正比的，因为它不同于一般的刑事案件有现场、有明显的侵害对象——自然人，有现行性等客观条件，发生与发现有可能成正比，而贪污贿赂案件没有这样的特点。所以说，我们不能仅仅看到办案数有所下降就盲目乐观，就松一口气，或者以为天下太平了。小平同志早在十年前就提出了“两手抓”的方针，并针对贪污腐化等经济犯罪问题严肃地指出，刹住这股风一定要从严从重，雷厉风行，抓住不放。从那以后我们连续搞了几次大的行动进行打击，但时至今日这个问题仍然还是一个突出的问题。我想这不仅有主观上的原因，也有客观上的原因，并且都是深层次的问题。如一切向钱看，追求高消费，享乐腐化等资产阶级腐朽思想，还有利用各种手段，巧立名目，截留利润，提高成本，私设小金库，以便挥霍私分等等。再加上确实存在的制度不健全，法制不完善，许多地方有空可钻，使贪污贿赂犯罪一时难以杜绝。因此，我们要认真分析研究这些问题，要充分认识斗争的复杂性，始终保持清醒的头脑。

关于长期性，就是我们一定要看到，在我国现阶段，剥削阶级作为一个阶级虽已不存在，但由于种种原因，还有可能产生新的剥削分子，特别是在当前改革开放的条件下，经济形式更加多样，商品市场不断扩大，剥削阶级思想也更容易乘虚而入，产生各种腐败分子的可能性也更大了。一些人为了满足贪得无厌的欲望，会不择手段地进行各种犯罪活动，大量侵吞社会财富，严重危害社会主义事业。特别是东欧苏联等国家剧变之后，境外敌对势力将会更加紧实施其“和平演变”的战略。他们通过政治、经济、文化等交往活动进行思想渗透，千方百计地以资本主义政治制度、价值观念和腐朽的生活方式，腐蚀我们队伍中的意志薄弱者，在我们党内和国家机关内培植腐败分子。国际国内的客观环境决定了这场斗争的长期性。小平同志在讲到这场斗争的长期性时曾指出：“打击经济犯罪活动的斗争，是我们坚持社会主义道路和实现四个现代化的一个保证。这是一个经常的斗争，经常的工作。否则社会主义道路怎么坚持呢？”由此可见这场斗争将伴随社会主义的全部过程。因此我们必须牢固树立长期作战的思想，坚决克服松劲、厌战情绪。

苏联与东欧的演变是帝国主义和平演变战略长期渗透的结果，但更重要的是苏联、东欧背离马列主义的思想路线，不能结合实际把经济搞上去和相当部分的干部腐化、脱离群众的结果。

内因是决定的因素，世界上还没有一个社会主义国家是被武力侵略改变国家制度的，第二次大战后包括朝鲜、越南、古巴这样的小国家也顶住了世界最强大的美帝国主义的侵略。

我们要严肃、认真地看到反贪反腐败斗争重要性、复杂性、长期性，要看到帝国主义对中国搞和平演变的现实危险性。但也要看到中国一定可以战胜帝国主义的和平演变，一定能取得反贪倡廉斗争胜利的有利条件。

一是我们党中央的领导是坚强的，党的方针路线是正确的，这是反和平演变的决定因素。党中央反贪倡廉正确方针和决心是坚定不移的，对群众反腐败的强烈要求是认真对待的。群众反映最强烈的一是贪污腐败、一是社会治安。水能载舟，也能覆舟。党内许多老同志都要求对贪污贿赂、腐败行为要采取更有力的措施。我坚信党中央会逐步采取有力的措施，最近国务院的通知就是一个初步的步骤，并将会随着形势变化采取强有力的措施。我们也要看到广大干部主流是好的，贪污、腐败的毕竟是少数，不正之风也将随着党的社会主义教育加强而逐步改善。

二是中国的历史、文化、革命传统和长期独立自主、艰苦奋斗的精神使我们能够承受帝国主义的侵略、制裁、封锁。中国近代史说明，只有社会主义能使我们国家摆脱贫困，任何封建主义、资本主义在中国的统治，都只能做帝国主义的殖民地和附庸，是没有出路的。我们要下决心坚持社会主义道路。世界上只要有剥削存在，有贫穷、有压迫，必然有社会主义运动，这是历史的必然，我们不要被暂时的现象所蒙蔽。

三是中国人民解放军是党绝对领导下的，是社会主义的钢铁长城。

四是中国人民是在党领导下推翻三座大山的，改革开放的十多年来，全国人民生活绝大部分都提高了，党领导人民向小康道路前进，这一切都是绝大多数人民亲身感受的。

因此，中国完全有条件可以战胜帝国主义的和平演变战略，坚持走中国特色的社会主义道路。

二、关于检察工作为搞好国营大中型企业服务的问题

我们这次会议又进一步明确了铁检工作的指导思想。从去年北京、广州会议上，我们共同研究制定了这个指导思想以来，通过不断完善，实践证明，这是一个紧密结合铁路工作实际，结合铁路检察工作性质，认真贯彻党中央关于“一个中心，两个基本点”的基本路线的具体体现。铁路是国民经济的大动脉，在国民经济中具有举足轻重的地位。肩负法律监督职责的铁路检察机关，要通过行使法律赋予的各项职责，为搞好铁路这个国营大企业服务。一方面要把那些腐化、堕落、以权谋私，侵蚀社会主义大厦的“蛀虫”清理出来，另一方面又要将“蛀虫”侵蚀的漏洞进行弥补和修复。这就好比医生给病人动手术一样，既要把病灶切除又要把伤口治好，这样才能使病人的病体痊愈。所以，我们所讲的服务绝不能仅仅是办案，而是要结合办案，使打、防、建、教、改并举。大家都感到现在的贪污贿赂等经济犯罪就像割韭菜一样，割了一茬又一茬，甚至还蔓延呢！原因是多方面的，比较复杂。但我考虑是不是与我们在办案中没有把打击与治理有机地结合起来也有一定的关系。贪污贿赂犯罪问题不是生来就有，它也有一个渐进的发生过程，需要有一种适宜的生长条件。如果我们在办理每一起案件中都能多动动脑子，思考一下产生犯罪的条件何在，有针对性提出治理的措施，把产生犯罪的条件根除，至少把这种条件压到最低限度，使发生案件的部门或单位，形成一种不利于犯罪继续生长的“气候”条件，并且这样长期不懈地坚持下去，就会逐步使整个社会大“气候”出现良性循环，我们的社会主义制度和建设也就有了可靠的保证。因此，我们一定要把打击与治理更加紧密地结合起来，坚持下去，真正做到打击一个、治理一片，使我们的工作取得最佳的社会效果。

1992年铁路检察机关仍然要把反贪污贿赂斗争作为第一位工作。这是检察机关的性质决定的，是当前国际国内形势的迫切需要，是人民群众的热切希望，同时也是从铁路实际情况出发决定的。这些年各级铁检机关在贯彻中央倡廉反贪、拒腐防变，执行高检院党组的统一部署中，紧密结合铁路实际，狠抓具有行业特点的贪污赔赂犯罪，取得了显著的成效，有力地促进了铁路系统的廉政建设，受到广大人民群众的热烈欢迎，这一点高检院党组已给予了充分的肯定。但是，今后的任务仍是艰巨的、繁重的。从总体来说广大铁路干部职工是一支具有光荣传统、素质高、作风好、有高度组织纪律的产业大军，但在商品经济大潮的冲击下，极少数的铁路干部职工利用手中的权力，进行权钱交易，严重破坏了人民铁路的良好声誉。经过多年的治理整顿虽有了显著的好转，但仍有相当一部分问题较多的部门或站、段，存在着死角、死面，甚至死线。这是一些隐藏较深的，同时还有一些顶风上的贪污赌赂犯罪分子。要把这些“蛀虫”清理出来就得进行深挖，就得在深入上下功夫。怎样深入的问题，陈振东同志的报告，明年工作要点以及大会上的经验介绍都讲得很多。如成都院的六点做法，哈尔滨院的四点做法和各地的发言都很有代表性。这些经验介绍我听后非常高兴，感到我们的检察干警是正气凛然、赤胆忠心的，对贪污、腐败现象深恶痛绝，每一篇都是光明磊落的正气歌。这种精神一定能把反贪污、贿赂斗争深入下去。总之，我们的各级检察长都要在如何深入上多动动脑筋，多想想办法，要在现有的人力、物力及装备条件下，使反贪污赔赂斗争在新的一年，再深入一大步。

会上有些同志对高检院关于取消“收审”、“查办要案向党委请示报告”以及“五千元以上案件不得免诉”的决定，有不同想法。对于这几个决定的做出，我们也是总结经验教训，经过反复的论证才下了决心。其目的就是为了切实保证法律的统一正确实施，保证办案质量的不断提高，维护检察机关的政治声誉。我们各级检察长一定要胸怀全局，从大局着眼，正确理解。

收审是对付流窜犯的，有一些地方以收审代替侦查，而且质量不高，问题很多，所以高检院决定停止使用，关键是要在侦查工作上下功夫，防止伤害无辜，我们是法律监督机关，更要严格执法。关于向党委请示报告，这是个重大原则问题，因为我们反贪污赔赂斗争的对象，都是国家工作人员，有的是各级领导干部，阻力大，情况复杂，争取党委的领导支持，是办好案件的关键。党领导制定法律，也领导执行法律，党委对具体案件的办理不干涉，这和坚持四项基本原则是一致的。应坚信作为一级党委是坚决依法办事的，如果涉及某个党委主要领导人，则另当别论，可以向上级检察院和上一级党委报告，也需要上一级党委的领导和支持才能办好案件。这和独立行使检察权不矛盾。关于五千元以上不免诉，主要是执行人大的补充规定，五千元以上具备从宽条件的要从宽处理，但应在法定的范围内从宽，不能违法从宽。

会上大家还提出了“私分小金库公款的行为如何掌握”的问题。从大家的讨论中，似乎这类问题比较普遍，也比较严重。我看这里首先必须明确一点，就是国家的财产决不允许任何人以任何名目中饱私囊。对于这个问题，我们要遵照国务院三令五申取消“小金库”的指示，配合审计监察等行政执法部门对“小金库”进行清理，在清理中发现问题，调查研究，把事实搞清楚，提出你们的意见，集中一批这样的案例报送我们，我们将尽快与有关部门共同研究进行统一规定，以便司法实际中掌握。

三、关于“严打”和综合治理问题

今年，铁路的治安秩序，在铁道部党组，各级铁路党委的领导下，在铁路公、检、法密切配合下，惩办了一大批危害铁路治安的严重刑事犯罪分子，使形势有所好转。

从铁检机关受理的案件看，一般刑事案件下降了近20%。但是，重特大案件仍居高不下，并呈上升趋势，今年1—10月份铁检机关向法院提起公诉的重特大案件，比去年同期增加了23%。由此可见，铁路的治安形势仍然是严峻的。

严重刑事犯罪分子同严重经济犯罪分子一样，都是敌对势力的社会基础，是他们直接、间接的同伙。他们的犯罪活动不仅给人民生命财产造成巨大的损失，而且直接威胁着铁路大动脉的安全畅通。因此，严厉打击危害铁路治安的严重刑事犯罪同样是对铁路运输安全生产最直接的服务。所以严打也是我们铁路检察机关的一项重点工作，必须坚定不移地坚持下去。

一是各级铁检机关都要结合管内各线存在的突出问题，在治乱上下功夫，哪个区段乱就重点治哪个区段。当然这要在党委的统一部署下进行，我们可以提出好的建议供党委参考，并积极投身到具体治理活动中去。

二是在"严打"的前提下，落实综合治理的各项措施。要结合办案进行专项治理，对重点单位或区段要建立综合治理联系点，进行跟踪治理。

三是"春运"高峰就要到了，我们各级铁检机关都要在党委的统一安排下，充分发挥检察职能作用，积极配合有关部门做好各项安全工作，保证"春运"的顺利进行。

四是对在反盗窃专项斗争中查获的铁路内部职工的团伙犯罪要注意区别对待，贯彻打击首恶，教育多数的方针。对问题严重的运输生产单位，可以开展"公物还家"等活动，促使绝大多数人投案自首，对退赃积极有立功表现的可以依法给予宽大处理。从而解脱大多数，有利运输生产的正常进行。

五是要继续加强侦查监督和审判监督工作。对侦查活动、审判活动中的违法情况要及时提出纠正意见，对法院确有错误的判决、裁定，要依法抗诉。同时加强检察机关内部的制约机制，防错防漏，进一步提高办案的质量。

另外，对执行《铁路法》中遇到的一些问题，要进行调查、分析，对是否构成犯罪要有一些规定，目的是更好地执行《铁路法》。综合治理中的"一票否决权"问题，我认为对自纠自查出犯罪的单位，应予表扬、鼓励，不要轻易使用一票否决权。对弄虚作假，隐瞒犯罪行为的单位，要实行一票否决权，这方面的问题都需进行广泛的调查研究和论证分析。希望大家回去后多给我们提供一些典型材料，以便我们综合后与有关部门协商尽快给予解决。

四、关于加强法纪检察工作的问题

今年这方面的工作虽然有了一定的起色，但发展是很不平衡的。这里边的问题很多，有机构、装备、人员等客观方面的，也有工作方法、能力以及认识等主观方面的，依我看，主要问题还是我们的认识方面的问题。同样的客观条件下，为什么有的院就能够有所作为，而有些院则裹足不前呢？因此，我还是要强调对法纪检察工作的认识问题，特别是我们各级检察长的认识问题。还有个宣传问题，"侵权"、渎职犯罪，给国家造成重大损失，其危害大大超过一般的案件，要使大家认识其严重性和危害性。认识上不去就缺乏主观能动性，工作就被动，就缩手缩脚，就不敢碰硬，就会使"侵权"渎职等犯罪分子在我们的眼皮底下胡作非为，人民群众和国家利益就会遭受损失，敌对势力就会以种种"把柄"来攻击我们，进而损害党的威信，损害党同人民群众的血肉联系。这决不是危言耸听，而是活生生的事实和的教训。面对这样严肃的问题，我们能麻木不仁吗？我们能放弃法律赋予我们的神圣职责吗！绝对不能！希望同志们回去后在加强法纪检察工作上，多想想办法，集中大家的智慧，调动广大干警的积极性，增强责任感和使命感。争取在新的一年，后进赶先进，先进更先进，使我们这方面的工作出现一个新的面貌。

五、关于队伍建设问题

队伍建设的核心是各级领导班子的建设。特别是主要领导，要承担主要责任。各级铁检院的党组要把加强自身建设作为头等大事抓好。要发挥党的优良传统和作风，坚持民主集中制原则，开好党的民主生活会，认真开展批评与自我批评，不断统一思想，增强团结，形成合力，真正成为各级铁检机关坚强的领导核心。上级院要协助铁路局党委抓好下级院党组的思想、作风和组织建设。对那些不胜任的，要教育、培养，对拉“山头”，闹“地震”的人物，要毫不客气地进行必要的纪律处分直至调离。复之同志和高检院党组历来把队伍建设列为一项重要的任务来抓，每次重要会议都强调这个问题，今年还专门发出了《关于对检察队伍进行思想和纪律作风整顿的通知》。最近，乔石同志又在一份关于山西省整顿执法队伍的文件上作了重要批示：“为了提高执法队伍的素质，提高这支队伍为人民服务和严格依法办事的觉悟，过一定时间象山西那样，对执法队伍状况进行一次认真的检查和处理（不一定叫整顿，也可叫整顿），看来是很有必要的。”我们铁检队伍要在党委和上级检察院的领导下，结合执法执纪大检查和年终总结工作对我们的队伍进行一次整顿，通过整顿，解决存在的问题，调动干警的积极性，以提高我们的工作效率和工作质量，为进一步加强铁检队伍的建设打下更好的基础。

就讲这么多，不妥之处，请批评指正。祝同志们在新的一年中取得更大成就！

在全国检察机关调研工作会议结束时的讲话

最高人民检察院副检察长　肖　扬

（1991年9月14日）

同志们：

经高检院党组批准召开的全国检察机关调查研究工作会议就要结束了。会议期间，思卿同志作了重要讲话，泰山同志作了工作报告，我都表示同意。希望同志们将他们讲话的精神带回去，向院党组汇报，并认真传达贯彻。这次会议开得很好，大家畅所欲言，提出了很多很好的建议，增强了信心，为今后进一步搞好调查研究工作，打下了基础。

几年来的实践证明，全国检察机关的调研队伍是一支好的队伍，是一支过得硬的队伍。各级检察机关的研究室起到了参谋部和智囊团的作用。广大研究室的干部兢兢业业，辛勤耕耘，在工作条件比较差的情况下，顾大局，不计个人名利，当无名英雄，发挥了自己的聪明才智，为检察工作的发展作出了应有的贡献。调研部门做了大量的政策法律研究，为正确执法，准确有力地打击犯罪做出了很大的努力，也为立法和司法解释工作提出了很好的建议。各地还针对本地的检察工作实际，起草了很多有价值的地方性法规和其他规定、决定。比如保护公民举报权利的条例，保护和促进经济发展的决定、规定或者意见。还围绕领导的重大决策，进行了适时的调查论证，紧紧地抓住检察业务中疑难问题，开展调查研究，拿出可供操作的方案。有的地方还着重围绕检察委员会讨论的适用法律的问题，进行调查研究，使检察委员会的作用得以充分发挥。还有的地方选择与检察工作有关的社会“热点问题”，进行研究，为当地党委调整各方面的关系提供了很多依据。不少地方建立和健全了调查研究的网络，开展群众性的调研活动。一些少数民族地区、特区、经济发达地区的研究室都根据本地的特点，进行了认真的调查研究，为发展本地区的检察工作提供了很好的意见。总的一句话，几年来检察机关的形象有了改善和提高，检察工作有了很大的发展，有我们研究室同志的一份功劳。最近高检院根据刘复之同志的意见，向全国人大提出制定《反贪污贿赂法》的建议。根据这个建议，我们在全国范围内开展了广泛的调查研究，实际上这个担子，大都是在检察长的领导下，由我们研究室的同志具体承担的。在这里，我代表复之同志和高检院的其他领导同志，对付出辛勤劳动的调研部门的同志们，表示亲切的慰问和崇高的敬意。

复之同志对研究室是寄予厚望的，希望我们研究室要成为智囊团，成为谋略机构。他在1988年6月24日就讲过这番话，希望我们的研究室成为一个具有战略性的谋略机关和智囊团。思卿同志在前天的讲话中，也对我们研究室的同志提出了希望。研究室的同志要不负重托，把我们的调查研究工作搞得更好。下面我就讲几点意见，供同志们研究。

第一个问题，要进一步明确调查研究工作是搞好检察工作的基础。

调查研究工作是做好一切工作的前提和条件。调查研究的过程，就是总结和集中群众智慧的过程，是发现问题、认识问题的过程，也是发现真理、发展真理的过程。因此，离开调查研究，任何天才的、高明的领导都不可能实行正确的领导。检察机关也一样，离开了调查研究，就不可能搞好检察工作。所以，我们要把调查研究作为一项基础性的工作来抓。

首先，只有加强调查研究，才能适应改革开放的新形势。在改革开放和社会主义有计划的商品经济不断发展的形势下，检察工作同其他的政法工作一样，面临许多新的课题。情况变化了，如果没有新的观念，新的办法，新的对策，就不可能客观地认识问题，更不可能正确地解决问题。也就是说，离开了调查研究，检察机关就不可能发挥人民民主专政工具的威力，有力地惩罚犯罪，保护社会主义经济的发展，也不可能发挥法律监督机关的职能作用。在新形势下，有许多新的课题，比如刑事犯罪特别是青少年犯罪，有些什么新的特点和规律；贪污贿赂犯罪的发展趋势如何，我们应采取什么对策；如何运用法律的威力来惩罚贪污贿赂犯罪；如何建设有中国特色的检察制度，充分发挥法律监督职能，保证国家宪法和法律的正确实施；如何消除各种不安定的因素，促进社会治安的好转，维护社会稳定，等等。特别是当前，国际风云变幻，苏联剧变，必然会给社会治安带来新的情况和新的问题，我们检察工作如何适应改革、开放和商品经济发展的需要，怎么样适应当前国际形势发生变化的需要，这些都是迫切需要我们去回答和解决的问题。在这些方面，如果不深入调查研究，就不可能为领导的决策提供可靠的依据，检察工作就无法适应新形势的要求。

其次，调研工作可以为检察机关正确地执行法律提供可靠的事实依据。要准确有力地打击贪污贿赂犯罪和其他刑事犯罪，就要认真调查研究执行法律中的倾向性问题、疑难问题。如何正确区分罪与非罪的界限，哪些问题可以用党纪政纪去调节去解决，哪些问题才用法律去解决，都需要我们进行认真的调查研究。比如说当前搞活大中型企业中碰到的问题，三资企业的问题，乡镇企业的问题，承包企业的问题，驻境外企业的问题，股份企业的问题，等等。很多行为的主体、客体，犯罪的要件都发生了很大的变化。又如，检察实践中碰到不少程序上的问题和薄弱环节，如举报程序、诉讼程序、侦查手段等，都需要进行调查研究。只有这样，才能保证我们准确有力地执法，才能做到既打击犯罪，执法必严违法必究，又做到保护改革、开放、保护经济发展。

再次，搞好调查研究，才能大胆地开拓创新。我们面临着大量的前人没有接触过的新课题和错综复杂的矛盾。检察工作几年来有许多新发展，有许多创新，都是建立在调查研究的基础上的，也可以说是调查研究的重大成果。1988 年冬，复之同志、高检院党组在调查研究的基础上，针对贪污贿赂犯罪是腐败中的最严重、最核心的问题，针对群众惩治腐败的强烈要求，提出了把打击贪污贿赂犯罪作为检察机关打击经济犯罪的第一位工作。实践证明，这是可行的、正确的，对反腐败，加强廉政建设，推动经济的发展起了重要作用。高检院党组提出支持一些地方建立贪污贿赂罪案举报中心，成立反贪污贿赂的专门机构，这都是在大量调查研究的基础上作出的决策。1989 年针对一些人企图利用我们党内确实存在的、个别的腐败现象煽动闹事，高检院党组提出，把克服腐败现象，把反贪污贿赂斗争纳入法制的轨道，提出了制定《反贪污贿赂法》的建议。根据我们办案中出现的一些问题，在调查研究的基础上，提出批捕与侦查分开，起诉与侦查分开，实行内部制约。1990 年，根据反贪污贿赂斗争的需要，提出组织反贪小高潮，把反贪污贿赂斗争进一步引向深入，检察工作为经济建设服务的指导思想，和今年高检院党组提出的党内请示报告制度，减少免诉数量，提高免诉质量的若干规定，等等，这都是充分调查研究，走群众路线的结果，都是运用马列主义、毛泽东思想作为指导，深入实际，进行调查研究、探索、创新的结果。复之同志在 1990 年 9 月 24 日听取研究室工作报告时指出，研究问题要放开，要从更高的、更开阔的角度研究一些问题。要创新就必须放开思想，放开手脚，大胆地进行研究。只有这样，才能提出可供决策参考的意见。

第二个问题，检察机关的调查研究工作必须抓重大问题。

开展重大问题的调研是各级检察机关研究室的重要工作。复之同志指出，研究室的工作要抓重大问题，要联系实际抓深层次的问题，从更高的、更开阔的角度研究一些问题。复之同志还指出，眼界要宽一点，要抓重大问题。如何理解复之同志讲的研究室要抓重大问题，抓什么重大问题？我个人理解至少要包括下面四个方面：

第一，搞好与检察工作重点有关的政策、法律的研究。主要是抓住深入开展反贪污贿赂斗争、坚持打击刑事犯罪、加强“侵权”渎职犯罪检察三项工作中突出的法律政策问题进行调研。

第二，加强与检察工作有关的重大法学理论研究，省以上检察机关的研究室尤其要加强理论研究。当前，要注意针对西方的“和平演变”的策略、政治多元化、多党制问题，针对他们宣扬的“三权分立”和人权问题，还有一些人宣扬的“一般监督”问题等进行调查研究。从法学角度揭露“三权分立”反动本质，揭露资产阶级“人权”观的反动实质，“一般监督”的错误观点。同时研究我们无产阶级的、社会主义的人权观和制约理论。

第三，认真研究有中国特色的检察制度。什么是有中国特色的检察制度，这个制度有哪些内容，有哪些基本特征，“特色”特在哪里，如何完善和发展有中国特色的检察制度等等，对这一问题最有发言权的还是我们富有实践经验的检察工作人员。总结四十多年的历史，研究有中国特色的检察制度，明确检察工作的发展方向是很有必要的。

第四，加强对检察实务中遇到的重大问题进行研究，包括对办案中遇到的重大问题进行研究。比如，如何提高免诉质量，降低免诉率，如何实行内部制约，如何提高侦查水平，如何把反贪污贿赂斗争引向深入，围绕一些疑难重大案件的定性、适用法律问题进行调查研究。

研究室特别是省级检察院以上的研究室，就是要根据复之同志的指示，把主要精力放在抓重大问题上。这也是研究室的研究工作和业务部门的调查研究的区别所在。各级检察机关研究室除必须完成自身担负的研究任务，还有一个重要的任务，就是协调和组织有关的业务部门进行业务性的调查研究。在协调兄弟部门调研时，要注意方式方法。研究室和办公室是领导的左右手，都是参谋部，两个部门加强协作，对调研工作非常有力。可以组织有关的业务部门就某一类犯罪情况进行调查，对它的犯罪特点、犯罪规律进行调查。比如金融系统的犯罪特点、规律，建筑系统的犯罪特点、规律，某一行业、某一类型、某一地区犯罪的特点、规律和适用法律的问题，都要结合办案进行调查研究。又比如开展反贪污贿赂斗争的“小高潮”问题，要透过“小高潮”研究贪污贿赂犯罪的特点和规律，以及我们要采取的对策。研究室还可以与业务部门合作，承担部分疑难案件的定性和适用法律问题的调查研究。比如这次会上福建、辽宁、沈阳等地的经验都很好，检察委员会在讨论疑难案件前，觉得案件的定性和适用法律方面没有把握，交研究室研究，提出意见后，案件处理的把握可能更大，这是很好的做法。研究室还可以协助有关部门对基层检察机关的建设进行调查研究，如我们现在有数千个派出机构，这种机构不少是不占检察机关的编制、经费而建立起来，对这些机构的问题现在调查研究得不多，税务检察室，乡镇检察室，企业检察室已经有几千个，要解决哪些问题，怎样搞好这些机构的建设，都值得好好研究。

省级检察院以上的研究室还有一个重要的任务，就是对下级检察机关的研究室，对下级检察机关的调查研究工作进行指导的任务。

高检院研究室对省级检察院以下研究室有指导的任务，要根据高检院党组的意图，出题目，分别不同类型的地区、某一类犯罪的问题提出不同的要求。把某一类型的调查分配到某一地区，进行调查研究，要求在一定的时间内拿出调研成果，并给予具体指导。省级检察院研究室也要抓好对下指导工作。

研究室的任务不轻，担子很重。概括

起来说，研究室，特别是省级检察院以上研究室的任务，一是本身承担对重大问题的调查研究；二是协助业务部门，联合业务部门进行适用法律问题的调查研究；三是担负着对下级检察院研究室和调研工作的指导任务，这是我讲的第二个问题。

第三个问题，要加强对调查研究工作的领导。各级检察机关的领导同志要重视调查研究工作。调查研究工作搞得好不好，领导重视是关键，是保证。要把调查研究工作摆上议事日程，精心组织调查研究活动，经常听取调查研究工作情况的汇报，各级领导要顺应历史发展的潮流，给调研人员出题目，引路子，及时地把调查的成果运用到检察实践中去。

各级检察机关的领导同志应当做深入调查研究的表率。要认真地组织调研力量，落实调研人员和调研题目。有计划有步骤地开展调研活动。要象复之同志所提倡的那样：调研人员研究问题的时候要放开。要鼓励调研人员大胆地提出问题，发表自己的见解。我们的领导如果亲自过问，身体力行，力所能及地参加一些调研活动，调研工作就会搞好。

调研工作的发展，要求调研机构要健全，人员要落实。关于机构设置的问题，我同思卿同志商量了，还是维持 1985 年高检院《关于加强调查研究工作的意见》中关于机构设置的提法。分、州、市院以上的检察院要设置研究室；有条件的县区院设研究室；没有设立机构的县、区院，要指定专人搞调查研究。关于机构名称的问题，现在机构名称不怎么统一，有的叫调研室，有的叫研究室。我的看法，还是叫法律政策研究室为好。我们讲的法律政策是广义上的法律政策。有的省、市院同志理解，我有什么立法的任务？有什么决定政策的权力？不能这样理解。法律研究也包括立法、司法解释、执法的研究，政策也有个正确执行的问题。关于研究室的内部机构设置问题，各地可以根据自己的实际情况来决定。前天思卿同志也讲过了，他说，高检院从来没有讲过一刀切的话。另外，要给研究室以足够的调研力量。人员短缺的要给以配齐，给以充实，以保证调研活动的正常开展。

希望各级检察机关的领导注意为调研人员提供必要的工作条件。调研工作是智能劳动，需要合适的工作条件。复之同志 1988 年 6 月 24 日曾指示，研究室干部的法律职称问题要解决。思卿同志前天的讲话也说过了，要给研究室的干部定法律职称。这都表示了高检院党组对我们调研干部的关心。作为各级检察机关的领导，要关心调研人员的进步。要从政治上、思想上、工作上、生活上关心他们，理解他们，让他们大胆地工作，解除他们的后顾之忧。

各级研究室的同志要主动地当好领导的参谋和助手，要为领导决策提供更多的政策和法律依据。要争取领导的重视，靠工作实绩来取得领导的支持和重视。只要我们做出了优异的成绩，有了好的调研成果，我想各级领导同志会重视调研工作的。要充分发挥主观能动性，重大的问题要及时请示报告。

调研人员要努力学习，在政治上、思想上、工作上都要过得硬。要真正成为象复之同志所指示的那样谋略机关和智囊团的成员。要成为政治上坚定、工作上过硬、业务上熟悉的检察干部。要成为执纪、执法的模范。要对自己要求严格。这样，我们就能获得各级领导的重视，也能够得到广大干警的支持，我们的调研工作开展起来也就会顺利。

下面我讲几个与研究室工作有关的具体问题：

（一）关于检察宣传的问题。检察宣传是一项十分重要的工作。这几年来，我们检察机关的声誉有很大的提高，这跟我们的检察宣传工作是分不开的，有检察宣传工作的一份功劳。必须继续重视检察宣传工作。根据现在的统计，检察宣传工作由研究室管辖的还有17个省，属于办公室管辖的有11个省，属于政治部管辖的1个省，单独设立的1个市，绝大部分还在研究室。不管是谁管，研究室管也好，办公室管也好，检察宣传这项工作都必须抓好。检察宣传要适时，要适度，不要出问题。哪些该公开的，哪些不应该公开的，要掌握好尺度，要搞准确。

（二）关于办报和记者站的问题，各级检察机关要抓好。《中国检察报》是复之同志亲自抓的一件大事，要重视我们自己的报纸。把报纸办好，要靠我们各级检察院的支持。检察报记者站设在研究室的有8个省，设在办公室的有16个省，独立设置或设在其他部门的有6个省、自治区。要重视记者站的问题，要配备比较强的人员来担任首席记者。人员不足的要迅速补齐。不管办公室管还是研究室管，都要搞起来。报纸的发行问题还大有潜力可挖，希望同志们抓一抓。今年订阅的20万份报纸，我们本系统订阅的只有4万多份，还是社会上订得多，明年要争取更多一点。首先，各级的检察干部应该人手一份，特邀检察员、通讯员、联络员每人也要订一份。我们提出这样的要求，希望大家理解。创办初期不这样要求不行。当然，最终起决定作用的还是报纸的质量。

（三）关于反贪污贿赂展览问题。展览现在剩下为数不多的几个省了。展览的效果非常好。是一次很好的宣传活动。从已经办过展览的省份来看，通过展览，对教育发动广大群众揭露贪污贿赂犯罪，都起到了积极的作用。希望继续把它办好。

（四）关于检察刊物问题。现在，绝大多数省级检察院都办了刊物。由研究室承担编辑任务的有26个省、市、区；由办公室承担的1个省，单独设置的2个省。希望大家认真把它办好。刊物要坚持社会主义方向，要注意稿件的质量。大家要注意，不要登什么“三权分立”、“一般监督”之类的文章。希望大家要把握好方向，提高刊物的质量。

另外，高检办的刊物，包括《公报》、《法规选编》、《人民检察》，都是与我们检察业务紧密结合的，大家应当积极地订阅，积极地撰写稿件，积极地提建设性的意见。

最后讲讲这次会议的传达贯彻问题。这次会议是一次重要的会议，你们回去必须认真地传达、贯彻、落实。要做好以下几件事情：一是大家回去以后要向院党组专门汇报一次，作专门汇报。在汇报之前，要结合你们的实际提出如何搞好你们自身调查研究工作的具体意见和方案。这样，就把上级的精神和你们的实际情况结合起来进行传达贯彻。二是各地贯彻这次会议的情况，要在年底以前向高检院研究室写一专题的报告。高检研究室要向院党组写出专题报告。既然开了会，就要抓落实，抓落实才能达到开会的目的。今后，各地调研的情况，也请及时向高检研究室报告，高检院研究室要注意及时推广各地好的调研经验。

开拓进取，做好内部制约、举报和信息工作

——1991年12月5日在全国检察长会议上的讲话

最高人民检察院副检察长　肖　扬

同志们：

几年来，检察机关紧紧围绕党和国家的中心任务，充分发挥法律监督职能，把惩治贪污贿赂犯罪摆到了突出位置，创造性地发展了检察业务，各项工作都开展得很活跃，取得了显著成绩。复之同志最近多次强调，在成绩面前不能固步自封，不能沾沾自喜，自以为是，自我陶醉，更不能自鸣得意，而应该开拓创新。复之同志的指示很及时，很重要，请大家都仔细地领会，认真地学习和贯彻，要保持冷静头脑，不断开拓进取，使工作更上一层楼。

建设有中国特色的检察制度，是一项前无古人的事业，没有先例，没有现成的模式，需要我们不断摸索，把工作推向前进。这就要求我们解放思想，实事求是，勇于负责，创造性地做好工作。对于我们当前的检察工作来说，就是要把中央工作会议和八中全会精神同检察工作的实际紧密结合起来，把高检院工作部署同各地具体情况紧密结合起来，坚持理论联系实际，善于应用马克思主义的世界观和方法论，围绕检察工作为社会主义建设服务这个主题，深入基层，深入群众，调查研究，分析新情况，解决新问题，勤于思考，大胆创造，善于发现和总结新鲜经验，用更高的标准来做好各项工作。

下面我就几项具体工作讲几点意见：

一、关于自侦案件的内部制约问题

自侦案件的内部制约制度是检察机关多年来实践经验的科学总结，是提高自侦案件办案质量的重要措施，是检察工作的重大改革，它丰富和发展了有中国特色的检察制度。目前，在我们的工作中已经形成了对自侦案件的“双重制约制度”。第一重制约是指从1989年起实行的对贪污贿赂等自侦案件的侦查、预审工作与审查逮捕、审查起诉工作分开，由两个业务部门办理的工作制度。第二重制约是对自侦案件免予起诉或不起诉等决定不服而提出的申诉案件，由控告申诉部门负责受理并复查。两重制约都是检察机关内部职能部门间的制约。第一重制约表现为审查逮捕和审查起诉工作对自行侦查工作的制约。第二重制约则是复查工作对免予起诉、不起诉等工作制约。为使第二重制约更加有效，高检院1988年底就提出，凡不服检察机关免予起诉决定的自侦案件的申诉，一律由原决定机关的上一级检察院的控告申诉部门复查。目前，双重制约机制实际上已经在检察系统开始运行。

实行内部制约制度已经取得显著成效。仅1990年1月至今年6月，刑事检察部门就受理自侦案件审查逮捕50005人，审查起诉69499人，审查免诉66537人。经审查，同意逮捕44563人，提起公诉51935人，免诉65277人，退回补充侦查21324人，不捕2282人，撤案9343人，不起诉

1529人。实行第一重制约后，法院退回补充侦查和作无罪判决的案件大幅度下降。据黑龙江省院统计，1989年起诉的自侦案件，法院作无罪判决的比1988年减少66%。从第二重制约的情况看，今年1至10月，各级检察院共受理不服免予起诉决定的申诉案10396件，立案复查3146件，纠正原决定509件，占立案数的16%。实践证明，对自侦案件实行双重制约，有利于及时发现问题，防止偏差，纠正错误，提高办案质量和执法水平。

当然，内部制约还需要在实践中不断发展完善。从目前的情况看，第一重制约要突出抓好以下几项工作：

1、坚决澄清模糊认识，依法对自侦案件从严制约。当前一个值得注意的问题是，一些地方对内部制约的认识还很模糊，认为既然是内部制约，就应该内外有别；有些地方的刑事检察部门不坚持原则，执法不严，放松了对自侦案件的制约，只是盖盖章，办办手续，实际上是“明分暗不分”；个别地方反贪污贿赂局成立后，比谁高谁低，刑检部门感到履行制约职责有困难；有的地方甚至走回头路，仍然搞“一竿子到底”。这种认识和做法都是非常错误的，有失职守，会给工作带来损失。几年来，复之同志不断强调实行内部制约的重要性，深刻指出这是保证严肃执法，防止产生滥用权力、导致腐败现象的原则性问题。最近，复之同志又明确指示，“应该把我们的侦查部门当成公安部门一样看待，不要分手心手背，不要对公安一个标准，对我们自侦又是一个标准。依法办事要讲公平、公正，严格执法。这对整体利益有好处，对保证案件质量有好处。”内部制约制度正确体现了我国刑事立法的权力制衡精神。任何权力的行使都应当受到制约，不受制约的绝对权力必然会导致腐败。自行侦查权也不例外。现在的问题不是要不要搞内部制约，而是如何进一步搞好制约。走“回头路”是不能容许的。检察机关是法律监督机关，要监督别人，首先要自己过得硬，办案质量要高，不能出问题。内部制约要严格，决不能对人严，对己宽。当前特别要强调坚持原则，严格执法，不回避矛盾，除了在具体工作和法律手续上应有所区别外，必须同公安机关适用同一法律标准，从严制约，这一点不能含糊。要本着对国家和人民负责的精神，认真搞好内部制约。当前，要把仍然较高的免诉率坚决地降下来，正确行使免诉权，就更要发挥内部制约的职能作用。

2、建立健全办案程序。办案程序是否健全，直接影响到内部制约作用的发挥。高检院年初下发了一个内部制约的规定，对这项工作作了初步分工，具体程序还不很周密。一些地方对这个规定没有严格执行，工作中存在随意性，有的案件先由检察委员会决定或主管检察长审批，再送刑检部门“审查”，这样只能是走走形式，起不到实际制约的作用。还有的地方因为程序不健全，造成互相扯皮，影响了工作效率。因此，建立一套较为完善的自侦案件内部制约程序，是一个很紧迫的任务，应当把它提到明年的工作日程上来。我们希望各地根据自侦案件的特点，继续积极探索，认真总结经验，研究完善办案程序，坚持简便有效的原则，不能太繁琐。高检院将充分吸收各地研究成果，力争明年对内部制约的规定做出补充修改，使之更加科学具体，更加切合实际。在新的程序没有下发前，仍要认真执行高检院有关内部制约的规定。自侦部门依法需要逮捕人犯时，应当制作逮捕人犯意见书，连同案卷材料、证据一并移送刑检部门审查。必要时，刑检部门可以派人提前介入重大案件的侦查活动。刑检部门在工作中如果发现侦查活动有违法情况，应当通知自侦部门予以纠正，自侦部门应当将情况报告检察长，并将纠正情况通报刑检部门。对于需要提起公诉或者免予起诉的案件，自侦部门应当制作起诉意见书或者免予起诉意见书，连同案卷材料、证据一并移送刑检部门审查。对需要免予起诉或撤销案件的，一律由检察委员会讨论决定。要坚持专人阅卷并提出意见，刑检部门集体讨论，检察长或检察委员会决定的工作程序。检察委员会或检察长不能先决定再交刑检部门盖章。要努力实现办案程序规范化，通过严格的制约程序更好地发挥各部门的集体智慧，集思广益，切实防止办案过程中的主观随意性。

3、充分发挥检察委员会的协调与决定作用。自侦案件实行内部制约后，常常遇到职能部门及其主管领导间对案件的定性或处理产生不同意见。这本来是正常现象，但一些地方对这个问题往往处理不好。高检院一再强调，要充分发挥检察委员会的协调与决定作用。多年来，我们实行重大疑难案件由检察委员会讨论决定的办案制度，既能使案件得到正确处理，又能妥善协调矛盾。对于自侦案件，一方面要提倡业务部门间在分工负责的基础上通力合作，互相支持，主动协调，加强配合，而不能各行其是，互相抵消力量。另一方面，对于分歧较大，不能自行协调一致的案件，就应当及时召开检察委员会，这是防止扯皮，减少矛盾，增强制约的有效措施。

此外，高检院已决定在刑事检察厅内增设国家安全检察处、少年犯罪检察处，这是根据犯罪的新特点、新情况而提出的。各地也要加强对危害国家安全犯罪、少年犯罪的研究，积极开展这方面的检察工作。

关于第二重制约，当前主要应抓好以下几点：

1、把复查申诉工作切实当作第二重监督制约工作来抓。几年来，控告申诉部门从一个信访部门上升为检察业务部门，进而上升为一个重要的监督制约部门，它的工作把群众监督与法律监督有机结合起来，对外成为刑事案件的第二重监督部门，对内成为自侦案件的第二重制约部门。作为内部制约的一个职能部门，它主要是通过受理被告人、被害人不服免予起诉决定的申诉，复查免诉案件，及时发现和纠正自侦案件可能发生的错误和办案过程中可能发生的违法问题。自侦案件的第一重制约实行侦捕、侦诉分开，其意义在于防止错案发生，而第二重制约，实行复查免诉程序，其意义在于错案发生后，能够依法纠正。因此，第二重制约是对第一重制约的重要补充，是检察体制的自我完善。这几年，我们的控申工作一直在这么做，实际发挥着第二重制约作用，但没有提高到制约的高度来认识。因此，要改变控告申诉工作就是信访工作的老观念，加强对控申检察干部业务培训，提高他们复查案件的能力和监督制约水平，更加积极主动地做好这项监督制约工作。

2、明确控申部门监督制约的职责范围。第二重制约，主要从三个方面来体现：一是对不构成犯罪而作了免诉处理的自侦案件，通过复查程序予以纠正；二是对构成犯罪依法应该起诉而作了免诉处理的自侦案件，提出依法起诉意见；三是对自行侦查活动中的违法情况，提出纠正意见。这几年自侦工作发展很快，反映自侦活动中检察干警违法乱纪的情况也明显增多，这应引起各级检察机关领导的高度重视。自侦工作可以给检察机关树立良好的形象，但如果内部制约不力，接受群众监督不够，也会损坏我们的形象。群众把这些现象向我们反映了，控申部门要把意见集中起来，及时反馈给自侦部门、纪检、监察部门或有关领导，提出纠正意见。搞好这项工作，有利于促进检察队伍建设。

3、克服畏难情绪，坚持实事求是，有错必纠的原则。要严格履行制约职能，确实不容易。特别是贪污贿赂案件，要纠正错案就更难。一些检察院查处案件的决心大，而纠正错误的决心不大，对自己办的错案往往不愿意纠正。有的案子经过复查需要纠正的也久拖不决。一些复查人员畏难情绪较大，顾虑重重，明知是错案也不敢纠正，使复查工作走过场。应该强调，检察人员必须忠实于事实真象，忠实于法律。必须用高度的责任心和使命感来复查每一起申诉，坚持以事实为根据，以法律为准绳，坚持有错必纠的原则。不论是维护或改变原决定，都要把案件事实搞清楚，把理由摆充分，以便于统一认识，得到各方面理解和支持。各级检察长应重视和加强对这项工作的领导，热情支持控申部门开展复查工作，支持正确的处理意见。

二、关于举报工作

检察机关开展举报工作，是在改革开放的新形势下，适应反贪污贿赂斗争，促进廉政建设和经济建设的现实需要的产物，是专门工作与群众路线相结合的好形式。1988年，检察机关率先在全国开展举报工作，很快就引起了社会各界的普遍关注，极大地激发了人民群众同贪污贿赂犯罪作斗争的积极性，有力地推动了反贪污贿赂斗争。三年多来，全国检察机关共受理群众举报线索120多万件，其中，贪污贿赂线索近60万件，分别比开展举报工作的前三年增加3倍和5倍多。根据群众举报，立案侦查贪污贿赂等犯罪案件12万多件，占这类案件立案总数的64%。事实表明，举报工作开创了检察机关直接依靠人民群众同贪污贿赂犯罪作斗争的新途径，群众举报已经成为自侦案件线索的主要来源。

举报工作是反贪污贿赂斗争的前提和基础，这项工作能不能有新的突破，直接关系到反贪污贿赂斗争能否深入开展。我这里提出几点想法，供同志们思考这个问题时参考：

1、狠抓初查工作，加快消化举报线索，解决积压问题。群众积极地向我们举报贪污贿赂犯罪线索，大多是出于高度的义愤，他们迫切希望看到犯罪分子被依法严惩。我们查办案件越多，群众对我们就越信任，举报热情就越高；反之，查处的少，反馈不及时，就会凉了群众的心，举报就会锐减。因此，加强初查工作是取信于民、深入开展举报工作和反贪污贿赂斗争的一个至关重要的环节。必须下大气力狠抓举报线索的初查工作。一是要认真清理积压的举报线索，组织力量初查。这几年，我们要求各地适时清理举报线索，有的地方搞了"回头看"，对线索一件件清查，从中发现了一批新的案件，有不少是大案。这一工作要抓紧进行，明年上半年要把过去积压的线索彻底清理，弄清底数，认真消化。对新受理的线索，从明年开始，要每月、每季进行清理，做到消化举报线索不过月，更不能跨年度，防止时过境迁，放纵罪犯。二是要采取"多渠道、分层次"的方式消化举报线索。对于性质明确，情节具体的线索，直接移送侦查部门初查；对于罪与非罪界限不清的线索，由举报中心初查后，再酌情处理；对于认为不构成犯罪、成案可能性不大的线索，移送有关部门处理。各地举报部门要根据实际情况，大胆探索，积极工作，一定要把初查这一关攻下来，彻底改变线索积压状况。

2、进一步宣传发动群众，着重提高群众的监督参与意识。群众举报是举报工作的生命线。没有人民群众的支持，我们什么事情也办不成。群众要靠我们有效的宣传去发动。没有宣传，就没有举报，要保持举报旺盛的生命力，必须将宣传发动的重点放在提高群众的监督参与意识上。要让群众熟悉举报的常识，掌握自我保护的方法。为此，宣传工作要从实际出发，加强针对性，要特别注重实效，要认清对象，分层次进行。要深入问题较多，管理混乱、亏损严重而群众尚未发动起来的部门和单位，造成一定的宣传声势，充分发动群众，不断掀起斗争“小高潮”。高检院摄制了一部反映举报工作的电视专题片《大地的回声》，会议期间要放映，征求大家的意见。这部电视片是在党组直接关心下制作的，还聘请了影视界名人担任艺术顾问，撰写主题歌词、作曲、解说。这是高检院为深入开展举报工作采取的一项重要措施，是一部反贪倡廉的好教材。希望各地充分利用这部片子，把宣动工作推向一个新高潮，进一步激发群众同贪污贿赂犯罪做斗争。

3、严肃查办打击报复举报人案件。开展举报工作以来，打击报复举报人的事件时有发生，今年的情况更加严重，有的情节相当恶劣，甚至于残酷杀害举报人。各地要予以高度重视，要认真执行高检院《关于保护公民举报权利的规定》，旗帜鲜明地保护举报人。对于这类案件，要发现一起，查处一起，特别是对情节恶劣、影响很坏的案件，一定要一查到底。构成犯罪的，要依法严惩；不构成犯罪的，也要建议、督促有关部门给予党政纪处分。同时，要切实为举报人保密，因泄密而造成危害后果的，不论是发生在我们内部，还是发生在其它环节，都要依法追究，决不姑息。要同纪委、监察等部门密切配合，加强联系，共同做好保护举报人工作。

此外，还要加强举报的信息反馈。重点搞好综合性反馈、宣传性反馈，对全社会进行反馈，把信息反馈同宣传发动工作有机地结合起来。要继续搞好奖励举报有功人员的工作，加强基础建设，建立和完善各项举报工作制度，保证举报工作健康深入地发展。

三、关于检察信息工作

检察信息对于我们做好领导工作的重要性，大家都有切身感受，看得越来越清楚。近几年来，在复之同志的亲自督促下，检察信息工作有了突破性进展。我们要总结经验，采取措施，把这项工作做得更好。

当前，检察信息工作要继续坚持为领导决策服务，为检察业务服务，为基层服务的指导思想，坚持“准确、及时、有效、全面、方便”的原则，把工作重点放在发挥参谋助手作用方面，积极为领导机关掌握工作情况和社会动态，实行科学决策和宏观指导提供客观依据。同时，要着重抓好以下工作：

1、在不偏离中心的前提下，进一步拓宽信息面。信息是一种宝贵的社会资源和财富。信息越多，我们就越耳聪目明。复之同志最近指示：“清注意‘反映’的信息面越广越好，在不偏离中心的前提下，可以也不应只论检察本行，因为我们工作涉及面是很宽的。”目前，办公室系统的同志信息观念较强，工作较主动，但是信息工作要全方位地反映各项检察工作情况以及相关的执法环境情况，仅靠一个部门的工作是不够的。要使全体检察人员都树立起信息观念，既要做好本职工作，又要反映好工作情况，就象复之同志说的那样，“工作要好，表达也要好”。乡镇检察室、税务检察室、检察联络员要充分发挥耳目和触角的作用，控告申诉和举报机构要充分发挥窗口和桥梁作用，其他各项工作都要放宽眼界，开阔视野，了解社会动态，倾听群众呼声，要在充分调查研究的基础上，将各自的业务工作情况以及相关的社会动态及时、准确、全面地向领导机关反映。

2、信息工作要抓住重点。紧紧围绕党的中心任务和检察机关各个阶段的工作重点，加强对重大工作部署的信息反馈，注重反映新情况、新问题，研究提出新对策。当前尤其要注意掌握敌情、社情动态，及时反映社会治安的重大情况、突发事件，反映群众来信来访中涉及的突出问题和重大紧急情况。对检察机关的重大活动和重大事件，要进行追踪反映和系列反馈。

3、大力加强综合分析，提高信息实效。要善于抓住不同时期的工作重点、难点、疑点问题，从大量信息资料中捕捉带有方向性、倾向性、苗头性的信息，提出有情况、有观点、有分析、有对策的信息资料，积极为领导决策提供预案。要利用现有统计资料，搞好统计分析，特别是搞好贪污贿赂案件的统计分析。我们要求省级院以上的办公部门，把主要精力放在对信息的综合分析和提供预案上。此外，为方便领导使用信息，必须改进文风，力求选题精当，标题醒目，内容充实，文字洗练。

4、加快信息传递速度，及时上报重要情况。信息工作最讲时效，要努力提高工作效率，力避“马后炮”信息。坚持重大紧急情况、重要案件一件一报制度。对重大社情敌情动态，突发性事件，查处贪污贿赂犯罪和打击严重刑事犯罪方面的重要情况和问题，以及检察工作中的突出情况和问题，要充分运用现有传递手段，以可能达到的最快速度向党委和上级检察院报告。同时，要努力改善信息传递条件，加快办公自动化建设，以适应信息工作发展的需要。

关于宣传工作。几年来，检察机关重视和加强了这项工作，建立了新闻发言人制度，组织了一系列重大宣传活动，拓宽了宣传领域，加强了与新闻单位的联系，宣传工作很有声色，效果也好。明年要继续按照团结、稳定、鼓劲和正面宣传为主的原则，大力改进宣传工作。突出宣传检察重点工作的成就，宣传运用检察职能促进政治稳定和经济发展的好经验。当前，还要加强《反贪污贿赂法》的宣传工作，加大宣传密度和份量，扩大宣传面。采取多种形式，广泛宣传立法的必要性、重要性，宣传改革开放和廉政建设对反贪污贿赂法的期望和呼唤。宣传工作是一项很重要的工作，各级领导同志要重视，要亲自抓，经常抓。要认真执行党的方针、政策，严格宣传纪律，最大限度地减少常识性的错误，更不能出政治性的错误。

关于特约检察员工作。今年高检院的特约检察员工作开端良好，逐步摸索了一些有益的经验，特约检察员初步发挥了作用。但是，这一工作发展还不平衡，一些聘请了特约检察员的地方存在等待、观望心理，慎重有余，积极开展不足，致使少数地方的工作在一定程度上流于形式。为此，希望已经完成聘请工作的各级检察院的领导同志以政治家的眼光，来认识这项“多党合作、政治协商”工作的深远意义，切实地贯彻落实刘复之检察长对特约检察员工作的指示精神。

关于办好《中国检察报》的问题，创办《中国检察报》是刘复之检察长亲自提议、高检院党组经过充分讨论决定办的一件大事。由于我们的报纸刚创刊，办报经验不足，目前还存在许多困难和问题。明年，报纸要改周二刊，任务更艰巨。据初步统计，现已征订 40 多万份，其中，社会订报 35 万多份。据邮电部门讲，一张新创刊的报纸半年就能拥有几十万订户确实是不容易的。我们要想方设法不断提高报纸质量，赢得读者的信任。复之同志十分重视这张报纸的质量，不仅作了数十次重要指示，而且每期报纸的头版大样他都亲自审定。他多次强调：我们的报纸发行不要把宝押在行政手段上，而应以质量取胜，要把报纸的社会效益放在首位，讲究宣传效果，注意研究读者的心理，不断革新版面，使我们的报纸日日新鲜，步步登高。报社根据复之同志的指示，正在精心研究改进措施。要办好《中国检察报》，光靠报社几十个人是不行的，必须依靠全国检察机关和广大检察人员来共同办报。《中国检察报》不仅是高检院的机关报，而且是检察机关的舆论阵地。我们要充分运用自己的报纸，向社会宣传检察机关的性质、任务和检察干警的精神风貌，在社会和检察机关之间架起一座沟通的桥梁，增大透明度。同时各地要积极为报纸提供稿件和采访线索，特别是提供一些独家新闻，要组织干警开展评报工作，及时将社会上的信息反馈到报社，使报社了解各地情况，不断改进工作中存在的问题。同时，要关心驻地记者和通讯员，为他们提供采访、撰稿的条件。我相信，只要我们上下共同努力，想办法，出主意，我们的报纸就会越办越好，就一定能够取得良好的社会效果。

此外，监所检察、出版、保密、统计、档案等工作，都应该本着开拓进取的精神，把工作做好。

同志们，早在五十年代，我们政法界的老前辈彭真同志就说过，要“用可能达到的最高标准要求我们的工作”。今天，我们更没有理由裹足不前，固步自封，而应该用更高的标准来做好工作。这是党中央对我们的期望，也是检察工作为社会主义经济建设服务的需要，我们必须勇于进取，开拓创新，创造性地做好各项工作，无愧于时代赋予我们的重任。

在全国检察机关政治工作座谈会结束时的讲话

最高人民检察院副检察长　梁国庆

（1991 年 5 月 25 日）

同志们：

这次政治工作座谈会开了五天，今天就结束了。会议以党的十三届七中全会和全国组织部长工作会议精神为指导，与全国检察机关纪检、监察工作会议同时进行，重点研究开展具有检察工作特点的思想政治工作和加强后备干部队伍建设问题。复之同志和作霖同志作了重要指示，要深刻领会精神，认真贯彻执行。会上，大家汇报交流了首届全国检察机关政治工作会议以来的工作情况和主要经验，王克同志就后备干部工作的讲话是经党组同志审阅同意的。下面，根据大家讨论中提出的问题，我讲三点意见：

一、政工会议以来的基本情况

去年召开的首届政治工作会议，以中

央的批复精神为指导，确定了今后一个时期检察机关政治工作的指导思想和基本任务。会后，各级检察机关结合本地区、本单位的实际情况，在党委领导下，认真贯彻会议精神，取得了初步成效。

（一）建立和健全政治工作机构。党中央批准高检院成立政治部，是加强检察机关党的建设、队伍建设的一项战略措施，意义重大。目前，除高检院政治部已经成立并开始工作外，全国30个省、区、市，已有29个省级院在党委的支持下，成立了政治部。分、州、市院和县、区院的政工机构也得到了进一步的加强，充实了政工干部队伍，这是加强思想政治工作的重要组织保证。

（二）积极组织干部学习马克思主义哲学和科学社会主义理论。为提高检察干部的马列主义理论水平，建设一支政治上合格的检察队伍，去年以来，高检院党组和30个省级院党组先后成立了学马列主义理论中心组，坚持学习，注重应用。广大检察干部认真学习马克思主义哲学和科学社会主义理论，注重掌握正确的立场、观点和方法。在学习中，紧密联系建国四十年来特别是改革开放十年来的实践和成就，深刻认识和理解邓小平同志关于建设有中国特色的社会主义理论和党的十三届七中全会确立的十二条原则的指导意义，坚定社会主义信念，增强反和平演变、反颠覆、反渗透的能力，从思想上、政治上与党中央保持了高度的一致。

（三）领导班子建设取得新的进展。今年年初，全国有20个省、区、市已经完成了基层检察院检察长换届选举工作。连任的检察长占60%以上，新任检察长中，由副职提拔或上级院下派的占60%，从公安、司法行政部门和党政机关选任的各占20%，与上一届相比，基层检察长平均年龄下降2.4岁，大专以上文化程度的上升了16.2%。目前，仍有10个省、区、市正在进行这项工作。总的看，这次基层院换届选举进展顺利，领导班子得到进一步加强。

去年下半年以来，高检院先后派人参加一些省级院党组的民主生活会。最近，又到21个省、区、市检察院对后备干部队伍情况进行了考察了解，引起了党委和有关部门的重视，促进了后备干部工作。各省级院和分、州、市院主动与党委配合，加强了对下级院领导班子建设和后备干部工作的领导。

（四）大力开展具有检察工作特点的思想政治工作。各级检察院认真贯彻中央批复精神，把开展有检察工作特点的思想教育作为政治工作的重要内容，积极进行探索和实践。许多领导同志亲自进行调查研究，通过召开专题座谈会、研讨会、谈心会的形式进行讨论和交流。各地结合检察人员的思想实际，采取灵活多样的形式，重点进行了坚持党的基本路线教育、革命传统教育、人民民主专政教育以及检察人员职业责任、职业道德和职业纪律教育，取得了较好的效果。去年以来，各级检察机关按照党中央《关于加强党风和廉政建设的意见》和高检院《关于加强检察机关廉政建设的指示》，深入宣传、认真执行《检察人员纪律》，把一年一度的执法检查与执纪检查结合起来，严肃查处检察人员违法、违纪的案件，维护检察机关清正廉明、秉公执法的良好形象。各省级院先后印发了在检察机关开展向雷锋同志学习活动的通知，并注意发现和树立检察机关的先进集体和个人，运用典型，弘扬和倡导无私奉献精神。湖北、湖南、四川、山东等地检察机关分别开展了向朱登榜、游炳炎、沈纯明、范鹏杰等先进人物学习的活动，进一步激发了广大检察干警的工作热情，推动了各项检察任务的顺利完成。

（五）加强了干部管理工作和组织建设。去年以来，各级检察院注重建立健全干部管理工作制度，积极选送干部到党校进修学习、下基层锻炼，对干部进行岗位轮换和交流，促进了青年干部的培养和后备干部的成长。《检察官条例》的起草、试点和人民检察院组织法的修改工作，也正在抓紧进行。继高检院聘任18名特约检察员后，一些大中城市和沿海地区也进行了这项工作。目前，全国已聘请140名民主党派成员和无党派人士担任了检察机关的特约检察员。

（六）检察干部"七五"培训规划得到落实，"八五"规划开始实施。目前，全国已建立6所检察干部院校和10个干部培训中心，有20个省、区检察院建立了电大分校。今年年底大专以上文化的干部可以达到干部总数的60—65%，培训工作的重点已经转向岗位职务培训，有关岗位职务培训规范及与之配套的教学大纲和教材编写工作正在进行。

检察机关思想政治工作虽然有新的进展，但对成绩不能估计过高，对照中央批复精神，检察机关的政治工作同新的形势、任务的要求还不相适应。在协助地方党委抓好系统党的建设和开展具有检察工作特点的思想教育等方面，还需要不断提高和加深认识，通过实践，积极探索，不断总结经验。当前，要针对这些问题，进一步做好下半年的政治工作。

二、当前要抓紧的几项工作。

当前，检察机关的思想政治工作面临着新的形势和任务。警惕国际上敌对势力对社会主义国家和平演变的阴谋和抵制资产阶级自由化思潮影响的斗争是长期的，防止资本主义的腐朽思想、价值观念和生活方式对我们队伍侵蚀的任务也是长期的。在新的历史条件下，检察机关思想政治工作的根本任务是教育广大检察干部牢固树立全心全意为人民服务思想，热爱检察事业，坚定共产主义的理想和信念，始终如一坚持四项基本原则，坚决反对资产阶级自由化，增强政治上的坚定性和敏感性。

今年，是我国实现国民经济和社会发展十年规划及"八五"计划的第一年，也是高检院和大部分省级院政治部成立的第一年。各级检察院的政治部门要按照复之同志指出的，扎扎实实地办几件实事，使检察机关的政治工作在今年有一个新的起色，从政治上、思想上、组织上保证各项检察任务的完成。

（一）继续抓好马克思主义理论的学习。面对复杂的国际形势和繁重的检察工作任务，检察机关要按照党中央的部署，以整风的精神，深入持久地进行马列主义、毛泽东思想的教育。检察干部特别是各级人民检察院的领导干部，要努力学习和掌握马列主义、毛泽东思想的基本理论，要认真学习马列和毛泽东同志的著作，认真学习邓小平同志和其他老一辈无产阶级革命家的著作，认真学习建设有中国特色社会主义的理论、路线、方针、政策。要引导广大干部正确认识社会主义时期阶级斗争，自觉坚持人民民主专政，牢固树立检察机关是人民民主专政工具的观念，认真履行法律监督职责，为加强民主和法制建设贡献力量；通过学习，自觉改造世界观，分清马克思主义与反马克思主义、社会主义与资本主义、无产阶级思想与资产阶级思想的界限，学会运用正确的立场、观点和方法去观察、分析和解决现实问题。下半年，各级检察院都要成立理论学习中心组，党组一班人率先学好、用好马克思主义理论。高检院政治部编印的《检察干部政治理论读本》发行后，要组织全体检察人员认真学习。

（二）认真抓好各级检察院的领导班子建设。根据全国组织部长工作会议精神和检察机关的实际情况，要继续贯彻干部队伍“四化”方针，把革命化放在首位，坚持德才兼备选拔任用干部的标准。强调“四化”方针，坚持五湖四海，加强各级人民检察院的领导班子建设和后备干部队伍建设。上级检察院要按照相对稳定，补充缺额，提高素质，优化结构的原则，协助党委抓好下级院的领导班子建设。有关省（区、市）要继续做好基层院换届选举工作。

加强领导班子建设，要特别警惕资产阶级自由化思潮的影响和党内腐败现象的侵蚀，使各级人民检察院的领导权和检察权牢牢掌握在忠于马克思主义的人手里。上级检察机关协助党委管理下级检察院领导干部工作，政策性很强，也还缺乏经验。政工部门要主动与组织部门加强联系，互通情况。同时，又要认真、审慎地处理具体问题。不断积累经验，提高协管干部的能力。

后备干部工作是加强领导班子建设的重要内容，必须作为一项重大的战略任务来抓。各级领导都要切实帮助中青年干部加强马克思主义理论修养，增强党性和提高工作能力，使他们健康成长。

（三）注意抓好检察机关党的建设。检察机关是执法机关，又是监督执法的机关，检察工作必须置于党的领导之下。占干部总数近70%的党员干部是检察队伍的中坚力量，党员较好地发挥先锋模范作用，就能带动广大检察干部更好地为检察事业努力奋斗。长期以来，检察机关的各级领导，多系党、政、法律职务集于一身，加强检察机关党的建设意义深远，极端重要。要从思想、政治、组织、作风方面，紧密联系党的基本路线，全面加强党的建设。党的建设要从党支部抓起。坚持和完善民主集中制原则，继承和发扬党的优良传统，珍惜、维护和加强党的团结。要把各级人民检察院党的基层支部建设成为联系群众，纪律严明，富有战斗力的政治核心和坚强堡垒。要加强党员的教育管理，认真执行“三会一课”制度，努力提高民主生活会的质量。要注意总结和交流基层检察机关党支部建设的经验。要结合纪念建党七十周年活动，开展多种形式的纪念活动。各级检察机关的思想政治工作，主要地应由党的基层组织来抓，努力提高党员素质，充分发挥党员的先锋模范作用，坚决清除腐败分子。要使广大党员都关心思想工作，形成党、政、工、团齐抓共管的群众性的思想政治工作局面。各级人民检察院的政工部门，是党组的政治工作机构，要把主要精力放在协助地方党委抓好下级院的党建和思想政治工作方面。

（四）调查研究，总结经验，使干部管理工作规范化、制度化。要坚持党管干部的原则和党组集体研究干部工作的制度，各级检察院要把干部管理工作置于党委的领导之下，加强与组织、人事部门联系，取得了解和支持。干部管理要有制度、有章法，高检院党组已制定机关干部任免具体规定，各级院可结合实际，制定和完善有关制度，进一步规范干部管理工作，避免盲目性，减少随意性。要把好进人关，增编进人是严肃、细致的工作，要保证今年增编调入人员的质量，特别要注重考察调入人员的政治表现以及思想水平和实际工作能力，要宁缺勿滥，防止把不适合或不胜任检察工作的人调入检察机关。要加强法警和基层派出机构的管理，注意调查研究，总结经验。

（五）做好评比、表彰先进集体和先进个人的工作，大力宣传检察系统涌现出的英雄模范人物和先进事迹。近几年来，各级检察院相继开展了评比、表彰活动，在激励干警，树立典型，推动检察工作方面起到了积极的作用。表彰工作要实在及时，今年第三季度各省、区、市院都要开展一次表彰活动，推选一批先进集体和个人报高检院。高检院拟于第九次检察工作会议期间召开“双先”表彰大会，以弘扬正气，振奋精神。应当明确，思想政治工作要坚持以表扬为主，各级政工部门是表彰奖励工作的主管部门，要把经常性的表彰工作和集中表彰工作有机地结合起来，逐步建立与先进典型定期联系的制度，要加强先进典型的培养工作和注意发挥他们的带头作用。

为表彰参加检察（政法）工作多年，为检察事业做出重大贡献的老同志，在今年“七一”前后高检和各省、区、市院都要认真做好荣誉证书和证章的颁发工作。

三、关于政治部自身建设。

政治工作是做教育人的工作，政工部门是党务工作部门，要加强政工部门的自身建设，才能正确贯彻执行院党组的指示精神，发挥党组政治工作机构的作用。

（一）努力提高政工人员的政治素质是加强自身建设的根本任务。政工干部是党务工作者，要高标准、严要求，要讲党性，讲原则，讲传统，自觉地学习理论，用马克思主义、毛泽东思想指导政治工作，树立为检察事业举荐人才，培训干部，甘为人梯的奉献思想。政治部要做党内政治生活的模范，政治空气要浓厚、活跃。政工干部要严格自律，勤恳工作。

（二）坚持发扬深入实际调查研究和密切联系群众的工作作风。各级院的政工部门要经常深入基层院，到办案第一线的检察干警中间去，了解其所想，解决其所难，及时发现思想政治工作的新鲜经验，为干警多办实事。政工干部要广泛联系群众，从政治上、思想上、工作上和生活上关心检察干警，把政治部办成“干部之家”。

（三）加强制度建设。通过建立制度来分解任务，明确职责，规范工作，增强政治工作的主动性和计划性。考核干部要有计划，任免干部要有程序，培养青年干部和后备干部队伍建设，都要有明确的培养方向、培养目标和培养措施。今后，高检院将不断总结推广各地的成功经验，制定一些具有普遍指导意义的制度，推进政工部门工作制度建设。

（四）加强基础建设。思想政治工作要面向系统、面向基层，十分注意掌握本地检察机关的政治工作的新鲜经验和干警的思想情况，及时给予指导。要把政工信息工作和有关资料的存储、分析、利用等项基础工作做的扎扎实实，井井有条。定期对本地区检察机关政治工作的情况进行综合分析，及时上报。

同志们，思想政治工作是我党多年来的优良传统。在当前形势下，针对检察工作的特点做好政治工作，发扬革命传统，进一步加强检察队伍建设，是摆在我们面前的重要课题。我相信，在以江泽民同志为核心的党中央领导下，检察机关的思想政治工作一定会出现一个新局面，取得新的成绩。

把干部培训这项战略任务抓紧抓好

——1991年12月5日在全国检察长会议上的讲话

最高人民检察院副检察长　梁国庆

同志们：

根据复之同志的指示，我对干部教育培训工作讲几点意见，供大家讨论。

一、努力创造条件，切实搞好岗位职务培训。

今年是实施“八五”期间检察干部培训规划的第一年，也是检察系统干部培训工作向以岗位职务培训为主过渡的第一年。“七五”期间，各级检察机关围绕岗位职务培训，用了很大精力抓干部的学历教育，“七五”期间干部培训规划已经顺利实现，为制定以岗位职务培训为重点的“八五”规划打下了基础。去年底，高检院在长沙召开了第二次全国检察干部培训工作会议，总结了“七五”期间的培训工作，部署了“八五”期间的培训工作。今年以来，各地认真贯彻长沙会议精神，围绕“八五”规划提出的方向、任务和指标，在不放松学历教育的同时，切实把培训工作重点放在岗位职务培训上来。

(一)统筹规划，突出重点。长沙会议以后，各省、自治区、直辖市检察院都及时进行了传达贯彻，并结合本地区的具体情况进行总结和规划。已有27个省、区、市检察院制定了本地区“八五”期间干部培训规划，云南、贵州、广西、内蒙、新疆、青海等省、区还专门对少数民族检察干部的培训工作作出了具体安排。多数分、州、市检察院也制定了规划或作出安排。经过认真总结、全面规划，切实把干部培训工作的重点放到以岗位职务培训为主，辅以必要的、适量的和检察工作密切相关的学历教育。

(二)抓紧培训机构和基地建设，为有计划地开展岗位职务培训创造必要的条件。在老一辈无产阶级革命家小平同志和乔石、铁映等中央领导同志的关怀下，中央检察官管理学院正式成立，并开始招生，首批开办检察长研讨班、少数民族检察干部班和高级检察官培训班，共有248名学员即将结业。截止今年底，中国高级检察官培训中心和检察学院自1989年以来共培训各级人民检察院的领导骨干和业务骨干累计1350人，效果是好的。各省、区、市院的培训机构和基地建设也有新的进展，今年内又有16个省区建立培训中心，使培训中心总数达到19个，加上吉林、内蒙、河南、四川、湖北5所检察干部学校，共24个培训中心、检察学校。此外尚有19个电大检察分校和10个高级检察官培训中心函授站(部)，今年秋季有6个站开始招生，函授生人数为394人，均为领导骨干和业务骨干。各学院、学校、培训中心共配备领导干部、教员和管理人员400多人，绝大多数培训中心或学校已经发挥了作用。实践证明，为了适应日益繁重的岗位培训任务和逐步使检察干部的培训工作制度化，必须从实际出发，积极创造条件，逐步完善检察系统的培训机构，创办高检和省、区、市院两级培训基地，建立一支专聘结合、热心干部培训工作的师资队伍，这是使培训任务得以落实的基本保证。

（三）坚持短期培训，注重实效。一年来，各地克服困难，开展了多种形式和不同内容的短期岗位培训。据不完全统计，到目前已举办短期专业培训班200多期，培训干部9000多人次。这些短期专业培训班，一是涉及到检察工作的方方面面，如政工、纪检、信息、财务、统计、档案、保密等培训班，使培训工作拓宽了范围和增强了专业性；二是重点突出，如出庭研讨班、贪污贿赂案件侦查研讨班等短期培训班，从当前工作需要出发，确定一两个重点问题，进行深入研讨；三是见效明显，短期培训班一般采取总结交流工作经验和深入研讨相结合，参加培训的同志自己带着经验、案例入学，既当先生又当学生，互教互学，学习结束时使自己的经验系统化，提高执法水平，有的短期培训班学员还撰写出一批理论联系实际较好的论文和积累了案例、资料，有利于扩大培训效果。

（四）抓紧对各级领导骨干的培训，初步积累了经验。按照复之同志关于“有计划地实施基层检察长的培训，解决好任职专业资格是一个战略问题”的批示精神，通过各种形式培训各级正副检察长1200多人，其中新任基层检察长500多人，占应训人数的50%。通过中央党校、检察学院培训副厅级以上检察长73人和少数民族地区基层检察院正副检察长99人。一些省、区、市院还有计划地选送基层和分、州、市院正副检察长到地方党校学习马列主义基本理论和党的路线、方针、政策。

二、充分认识形势，大力加强领导骨干的培训。

当今世界风云变幻，国际共产主义运动遭受了严重挫折，西方敌对势力反共反社会主义气焰甚为嚣张。我们面临的渗透与反渗透、颠覆与反颠覆、和平演变与反和平演变的斗争，是长期的。最近，中央召开了全国干部培训工作会议，认真贯彻落实江泽民同志“七一”重要讲话中关于加强马克思主义理论教育，提高干部队伍素质，培养社会主义事业接班人的指示精神，对今后五年干部培训工作进行了部署。根据中央的部署，今后检察系统干部培训工作要继续坚持以马列主义、毛泽东思想为指导，为全面贯彻党的基本路线服务，为实现国民经济和社会发展十年规划和“八五”计划服务，切实加强检察干部的马克思主义理论教育，积极开展为履行岗位职责所必备的政治理论、法律知识和检察业务知识的培训，提高检察官的政治理论素质、业务水平和工作能力，提高干部改造世界观、增强党性的自觉性，努力造就一支经得起执政、改革开放和反对和平演变考验的干部队伍，确保检察机关的各级领导权和检察权始终掌握在忠于马克思主义的人手里。

（一）要把组织干部特别是各级领导骨干学习政治理论作为干部培训工作的首要任务来抓，分工负责，保证落实。这是根据干部理论基础的现状和形势任务的需要提出的迫切任务。检察机关的各级领导干部，尤其是中青年干部，都要系统地学习马克思主义基本理论，学习邓小平同志和其他老一辈无产阶级革命家的著作，学习建设有中国特色社会主义的理论、路线、方针和政策。通过学习，划清马克思主义与反马克思主义、社会主义与资本主义、无产阶级思想体系与资产阶级思想体系、科学社会主义与民主社会主义的界限，增强抵制各种反动思潮侵蚀的能力，提高解决实际问题的本领。各级检察院的正副检察长和处级以上领导干部，应分层次、分对象，按照干部的理论基础状况，有计划地进行理论培训。凡没有系统学习过马克思主义基本原理的，都应当分期分批到党校进行一次理论训练；对拟选进各级领导班子的后备干部，也应有计划地安排到党校培训，以便为他们胜任领导工作打好理论基础。全国各级检察院正副检察长共10836人，其中分、州、市院检察长以上干部共511人，自1988年以来，经过中央党校、省委党校和检察学院培训共278人，只占54.4%，今后培训的任务还很大。从明年开始，各级检察机关都要按照分工，有计划地组织领导骨干到中央党校、地方各级党校和检察系统的培训机构进行轮训。其中省、区、市院正副检察长、分州市院、少数民族地区基层检察长和高检院厅处长（共1063人）的培训由高检院教育局商各省、区、市院提出落实的具体方案，其他领导骨干和干部的理论培训统由省、区、市院具体安排。高检院准备与各省、区、市院商量，大体用三年的时间通过各级党校和检察系统培训机构将基层检察长轮训一遍。后备干部的培训，首先应考虑及早选送到有关党校学习，各省、区、市院要有计划地选送中青年后备干部到检察学院高级检察官培训班进行培训。

（二）正确处理理论培训和业务培训的关系，用理论统帅业务。检察机关是人民民主专政的工具，是国家机器的重要组成部分，是反和平演变的重要力量，各项业务工作都具有较强的政治性，要求检察干部增强党性修养，做好工作。各类短期业务培训班都要有一个明确的指导思想，检察学院的各个培训班都要认真组织学员学习江泽民同志“七一”重要讲话，运用讲话精神来研究完善有中国特色的社会主义检察制度。在研究具体业务问题时，坚持学习和运用马克思主义国家和法的理论，努力学习和掌握好宪法。只有这样才能真正提高法律水平和业务工作能力，才能为巩固人民民主专政，加强民主和法制建设作出应有的贡献。决不能把理论培训和业务培训对立起来，而是要从实际出发，有机结合，相辅相成，使我们的业务培训始终有一个正确的方向，着眼于干部的政治素质、业务素质的同步提高。

（三）对拟担任地方各级检察院领导职务的干部，实行先培训后上岗的制度。1993年四级检察院换届，全国各级检察长3348人，初步估计，将有20%同志年龄过限，仅省、区、市院检察长就将有三分之二的同志离任。新老交替是我们队伍建设的一个十分紧迫的问题和重要任务，复之和党组同志极为关心，多次研究。最近经请示中组部同意，今后对拟担任地方各级人民检察院正副检察长的人选，凡是没有从事过检察工作的，且未受过法律专业教育和培训的，应实行先经过专门培训的制度。拟任省、区、市院，分、州、市院和少数民族地区基层人民检察院正副检察长人选由检察学院培训，其他基层检察院正副检察长人选由省、区、市院培训，经培训合格才能依法选举或任命。这是加强检察机关领导班子建设的又一项重要措施，请各级领导亲自关心，早作准备，精心安排，高检院和省、区、市院的政工、教育部门要通力合作，狠抓落实。

三、加强领导，逐步实现干部培训工作的制度化、规范化。

为了适应社会主义民主法制建设的需要，高检院遵照党和国家关于进一步改革干部人事制度的精神，经向党中央和全国人大报告后，于1988年开始研究和起草检察官条例，提请本次会议征求意见的是第十六稿。现在党中央已批准将检察官条例列入全国人大常委会(1991.10～1993.3)立法规划。这是加强检察队伍建设的一件大事，我们一定要按照党中央和全国人大常委会的要求抓紧调查研究，起草论证，修改完善，争取早日提请全国人大审议。确立检察官资格制度、培训制度，是条例的重要内容，今后检察官的任职、晋升和从检察机关以外的国家工作人员中选调担任领导职务的，均需经过专门培训，并通过结业考试，方可任职或晋升，这就要求我们的培训工作要尽快制度化、规范化。(一)以岗位职责、岗位规范为基础，抓紧制定各级检察长、检察员、助检员和书记员的岗位职责和岗位规范，争取明年拿出草案并选择一两个地方进行试点。(二)制定具体措施，保证“八五”培训规划的落实，重点抓紧属检察官范围的124441人的培训和新录用人员上岗前的培训，严格把住“楼梯口”和“大门口”。(三)学历教育不能放松，截止今年底，大专以上干部可达到干部总数的51.8%，且多为法律专业。目前在学的27182人，要帮助他们顺利完成学业，届时大专以上干部总数可达112486人。(四)培训机构、基地、师资、教材和有关的管理制度也要逐步完善。

除了要抓好离职脱产学习外，还要重视在职学习，在实践中增长才干。各级检察院都要组织好干警的政治、时事学习，及时了解、掌握中央的决定、指示精神，关心国内外大事；提倡和鼓励广大干警利用业余时间学习马列、学习业务，并为他们创造必要的条件。

总之，干部培训工作是队伍建设的重要内容和关键环节，也是提高领导水平、提高工作效率和缓解编制紧张的主要途径。各级检察机关、各级领导同志要发扬成绩，再接再厉，继续把干部培训工作作为重大的战略任务抓紧抓好，把这件大事放在心上，抓在手上，加强领导，经常讨论，督促检查，及时解决培训工作中的问题，把检察机关的干部培训工作提高到一个新的水平。

关于加强检察队伍建设的几点意见

——1991年12月5日在全国检察长会议上的讲话

最高人民检察院副检察长　陈明枢

同志们：

关于加强检察机关的思想政治工作和队伍建设的情况及意见，复之同志已经在报告中作了总结和部署。我讲几点具体意见，请同志们讨论。

今年以来，各级检察院在党委的领导下，认真贯彻落实高检院召开的首届政工会议和纪检、监察工作会议与政治工作座谈会精神，大力加强政治工作，检察队伍的思想、组织和纪律、作风建设取得较大的进展，保证了各项检察任务的完成。广大检察人员的政治、业务素质有所提高，涌现出一大批忠于职守、秉公执法、艰苦奋斗、忘我工作的先进典型，在风云变幻的国际形势和繁重的检察任务面前，又一次经受了考验。实践表明，检察队伍是一支忠于党、忠于人民、有战斗力的可以信赖的队伍。这是要充分肯定的。

但是，我们对已取得的成绩不能沾沾自喜、自我陶醉。一定要看到存在的问题也是不容忽视的：有的检察院班子形不成领导核心，软弱涣散，工作被动；一些单位干警思想懒散、作风拖沓、纪律松弛；有些领导同志政治敏感性不强，人民民主专政意识、敌情观念和阶级斗争观念淡薄；苏联蜕变后对一些干警思想的冲击不可低估；越权办案，乱用警具、戒具和枪支等执法不严的现象屡有发生；少数干警违纪、违法和犯罪的案件数量虽有所下降，但有的情节十分恶劣，后果严重，影响极坏。产生上述问题的原因从主观上看，主要是"一手软、一手硬"的问题还没有完全解决。一是有些单位的领导对在当前形势下，抓队伍建设的紧迫性，缺乏应有的敏感和重视。有的由于种种私念和顾虑而不敢抓、不敢管，或因任务重、条件差而对队伍中的问题持宽容放纵态度。二是抓思想政治工作还没有真正掌握和突出检察特点，泛泛而教，针对性不强。三是开展思想教育的方式方法还不多不活，一些老办法不适用，而新办法又没有学会，单调无力，有效性差。四是政工、纪检、监察部门建立时间较短，机构尚不健全，缺少工作经验。

检察机关是人民民主专政的工具，是掌握刀把子的，随着任务的加重和职权的充分行使，检察队伍正在经受着新的严峻考验。检察机关既是法律监督机关，又是国家的执法部门。检察工作既要严厉打击犯罪，又要依法保护人民；既要挖出隐藏在机关、团体、企事业单位的"蛀虫"，又要为改革开放、经济建设服务。检察人员既是反腐败斗争的前线战士，又是受腐蚀的重要目标。而工作任务逐年加重，编制、装备、经费紧缺不足，干警工作、生活条件较差的问题，又不可能在短时期内得到根本解决。这一切，都要求我们必须把着眼点集中在提高检察队伍的政治、业务素质上来。因此，高检院党组十分强调"从严治检"。这次会议又把加强政治工作和队伍建设，作为明年检察机关的主要任务之一，作为完成各项检察任务的基本保证。对此，我们一定要有强烈的责任感、紧迫感，更好地做到"两手抓"，切实把思想政治工作和队伍建设抓紧抓好。

第一，队伍建设必须在"从严"上下功夫

"从严治检"是检察队伍建设的基本方针。所谓"从严治检"，就是根据检察机关的性质、任务、职责和队伍的状况，提出比别的机关和部门更高一些、更严一些的要求。那么，应当从哪些方面"严"、怎样"严"呢？我以为主要是：

严格选配领导班子。领导成员的单体素质要好，群体结构也要比较合理，必须由明白人当家，一把手首先应是政治家。

严把进人关。进人要坚持德才标准，有一定的文化专业知识。不能碍于情面而降低条件，让不合格的人调进检察机关。要认真考核、集体研究决定，必要时，还应经上级院把关。对现有不适合和不适宜在检察机关工作的人员，要依靠党委和有关部门的支持，设法调出。

严肃纪律。要使广大干警懂得遵守纪律和依法办事是检察工作的基本要求，明白"严爱纵害"的道理，严肃执纪，令行禁止，奖优罚劣，赏罚分明。

严谨工作作风。严谨细致的工作作风，为检察工作的职责所必需，是对每个检察人员的起码要求。每个干警都必须养成严谨细致、认真负责的作风，反对马虎粗浮、敷衍塞责的态度。

严密规章制度。根据不同工作部门和

岗位的特点，建章立制，认真实施，使工作、生活的各个方面都有章可循，有章必循，逐步实现规范化管理。

严处违法乱纪。发现一起，严肃查处一起，绝不姑息迁就。坚决清除腐败分子，维护检察机关的良好形象。

严加检查监督。要抓紧建立健全内部制约机制，加强执法执纪检查，自觉接受党委、人大和人民群众以及各方面的监督。及时发现问题，认真纠正失误，坦诚承认错误，绝不讳疾忌医，从严治检的各项措施，都必须经常进行检查督促，才能落到实处。

严明领导职责。一是要管好自己，要求下边做到的，领导要先做到；不准下边做的，领导带头不做。一级带一级，一级抓一级。二是要带好队伍，敢抓敢管，抓实抓细。对抓队伍建设有方、成绩显著的领导班子、领导干部，要予以表彰；对怠于职守、疏于管理，致使队伍发生严重问题的，要严肃追究领导责任。

除了上面讲到的以外，还应当从哪些方面"严"，请大家在实践中不断总结，只要我们真正在"严"字上下了功夫，就必定能把检察队伍建设推进到一个新的水平。

第二，思想政治工作应当把握"四点"

不论理论学习，还是思想教育，各项政治工作都要强调针对性，注意有效性。也就是说，必须紧密联系实际，抓住主要矛盾，有的放矢地进行。一些地方的实践经验表明，搞好思想政治工作应当掌握特点、明确重点、狠抓热点、突破难点。

所谓特点，除了前面讲到的由检察机关的性质、任务、职能所决定的某些特点外，在队伍结构、工作情况等方面，还具有许多特点，诸如：检察队伍党员占多数(占 69%)，三十五岁以下的青年占半数(占 51%)，复转军人较多，大中专毕业生的比例逐年增加；常是两、三人结组外出办案，流动性大；要同犯罪分子作面对面的斗争，任务艰巨，时限性较强，并有一定风险。特区和一些经济发达地区检察干部与其他部门、行业的福利待遇、生活条件反差较大，等等。在不同地区、不同单位都有自己的一些特点。我们就是要针对这些特点，进行思想政治工作。

所谓重点，在不同时期、不同地方、不同单位都各有不同的重点。但总的讲，学好马克思主义基本理论，加强世界观的改造，使干警坚定社会主义信念，不断提高政治觉悟和思想素质，则是思想政治工作的共同任务，是任何时候、任何地方、任何单位都必须常抓不懈的思想政治工作的重点。不仅要根据党委的统一部署，学好马克思主义、毛泽东思想的经典著作，还要认真学习党中央的有关文件和重要会议精神。当前，一方面要结合学习、贯彻中央工作会议和八中全会精神，选学马克思主义著作，以加深理解；另一方面，要根据贯彻执行中遇到的问题，进一步学习马克思主义有关理论，以求解决问题。通过学习，从理论与实践的结合上，划清马克思主义与反马克思主义、社会主义与资本主义、科学社会主义与民主社会主义的界限，自觉坚持四项基本原则、坚持改革开放，反对资产阶级自由化，提高反和平演变的能力和反腐蚀的能力。

所谓热点，就是某一地方、某一单位在一定时期内，广大干警普遍关心或内外反映比较强烈、带有倾向性的、亟需解决的问题，或者由于某些国内外重大事件引起的带有普遍性的、必须加以澄清的糊涂认识和疑虑。比如，当前有些单位在办案中违法违纪的现象比较严重，已成为内外反映强烈的热门话题，这就是一个热点。东欧、苏联政局剧变，在部分干警中产生的一些不正确认识和思想问题，也是当前的一个重要热点问题。这些都必须下决心狠抓，认真加以解决。

所谓难点，有两种情况。一是问题本身难度就大，一直搁在那里解决不了；二是问题本来简单，由于久拖不决，变得复杂了，成了难题。难点有的是单位，有的是人，有的是事。要解决这些难点，确实难度很大，但又回避不了。不解决这些问题，群众气不顺，工作积极性调动不起来，工作就难以打开局面。实际上，只要领导下决心，紧紧依靠群众，还是可以解决的。各地这方面的例子很多。解决这些老大难问题，对振奋干警精神、打开思想政治工作和机关工作的新局面，具有重要意义。领导干部要有决心突破老大难问题。

思想政治工作必须和解决实际问题相结合，这样才能收到更好的效果。关心干警生活，作好后勤服务，是加强思想政治工作不可缺少的内容，要认真抓好。同时，还要根据检察工作的特点，把思想政治工作延伸到八小时以外，延伸到干警家属中去。引导干警，特别是青年干警参加有益身心的文化生活，抓紧业余学习，使自己更快更好地健康成长。教育家属支持干警工作，协助干警拒收礼物，不徇私情，筑起检察机关拒腐防变的第二道防线。

第三，加强党建要突出领导班子和党支部建设

根据中央批复精神，各级检察机关要协助党委搞好本系统所属单位的党的建设。这标志着检察机关上下级领导关系的进一步加强，标志着检察机关的政治工作进入了一个新的阶段。检察机关党的建设应突出抓好领导班子和党支部建设，充分发挥领导班子的坚强核心作用，党支部的战斗堡垒作用和党员的先锋模范作用。

党的建设的核心是各级领导班子建设。各级院的党组要把加强自身建设作为头等大事抓好。要发挥党的优良传统和作风，坚持民主集中制的原则，过好党的民主生活会，认真开展批评与我自批评，不断地统一思想，增强团结，形成合力，真正成为各级检察机关坚强的领导核心。上级院要把协助党委抓好下级院党组的思想、作风和组织建设作为一项经常性的重要工作来抓。一要协助党委做好年度考核和日常考查工作；二要发挥熟悉检察工作、熟悉本系统干部情况的长处，协助党委按德才标准选配好下级院领导班子，大胆使用优秀年轻干部；三要通过列席下级院党组民主生活会和阅看下级院报送的生活会记录等形式，了解情况，加强监督和管理；四要协助党委考查、选拔和培养好后备干部；五要通过各种形式抓好下级院领导干部的培训提高，对未从事过政法工作，拟在近期担任检察机关领导职务的，都要先进行专门短期培训；六要采取切实有效措施，保护、支持因秉公执法而遭受打击报复或受到不公正待遇的检察干部。

协助党委搞好检察机关党的建设，不应当也不可能包办一切，更不能另搞一套。应当摆正“协管”的位置，明确“协管”的职责，努力多做工作，主动当好党委的参谋。要向党委和党委的组织部门多请示汇报，多通气，多协商，建立经常性的联系。实际上，各级党委十分重视上级院的“协管”作用，十分尊重我们的意见和建议，这就要求我们不断地总结经验，更加积极主动，切实把工作做好。高检院拟在明年下半年召开检察机关党建工作研讨会，各地要注意总结这方面的经验。1993年各级院换届选举是领导班子建设的一件大事，要把协助党委做好有关准备工作，作为明年

的突出任务抓紧抓好。

后备干部工作是领导班子建设的战略性措施。各地要抓紧考查选定，按照高检院提出的比例数选好补足，并要求后备干部队伍的年龄、文化、专业的结构比较合理。选后备干部，必须坚持德才兼备，以德为主的标准，防止重才轻德的倾向。要按照缺什么补什么的原则，对后备干部采取送院校学习、到基层院或党政部门挂职锻炼、岗位轮换及易地交流等方式，加紧培养。检察机关的后备干部工作要在党委的领导下进行，纳入组织部门统一考核、培养计划，定期考查，实行选优淘劣的滚动式的管理。

加强对青年干警的教育培养，不仅是搞好后备干部工作的基础，而且事关国家、民族的前途和命运，至为重要。各级领导都要按照中央〔1991〕17号文件精神，切实抓好这项工作。

党支部建设是党的建设的基础工作。各级检察院的日常思想政治工作，主要应由党的基层组织来做，从党支部抓起。这样，党员中的问题才能抓得早、解决得及时。各级院都要有一名副检察长或同级干部担任机关党委（总支、支部）书记。党支部的班子要配齐配强，遇有换届或干部变动时，要及时补选、改选充实，以免空缺，贻误工作。党支部要加强对党员的教育管理，坚持“三会一课”制度，针对党员的思想实际，进行教育。不断提高党员素质和党支部的战斗力。

第四，执法执纪大检查和队伍整顿务必抓出成效

中央领导同志和中政委一贯重视政法队伍建设，对开展执法执纪检查、整顿队伍思想作风、查处违法乱纪行为等，作过许多重要指示，提出具体要求。最近，乔石同志在一份关于山西省整顿执法队伍的文件上又作了重要批示：“为了提高执法队伍的素质，提高这支队伍为人民服务和严格依法办事的觉悟，过一定时间象山西那样，对执法队伍状况进行一次认真的检查和处理（不一定叫整顿，也可以叫整顿），看来是很有必要的。”

复之同志和高检院党组历来把队伍建设列为一项重要的任务来抓。每次重要会议都强调这个问题，每年第四季度，都部署全系统开展执法执纪大检查。今年，还专门发出了《关于对检察队伍进行思想和纪律作风整顿的通知》，要求在12月份，集中精力切实搞好这项工作。目前，各级院正在结合执法执纪大检查和年终总结工作，进行贯彻落实。总的看，各级领导是重视的，行动是迅速的，安排部署也比较具体，有的已开始学习动员。但是，也有些领导对开展队伍整顿的意义认识不足，一般部署，行动迟缓，甚至仅仅是转发《通知》了事。这次整顿是遵照中央和中政委的指示精神，根据检察机关的职责和当前繁重任务的要求以及检察队伍的现状提出来的。象这样部署全系统开展队伍整顿，还是第一次。对解决当前检察队伍中的问题，推动队伍的思想、纪律、作风建设，意义重大，应当高度重视，采取有效措施，务必抓出成效。

一、提高认识，统一思想。据了解，有的基层领导同志对这次队伍整顿存有一些模糊认识，说什么“我们队伍没有必要这样搞”、“工作任务这么重，哪有时间搞”，等等。应当肯定，我们队伍主流确实是好的，但存在的问题有些还是很严重的。千万不能自我感觉良好。如不及时解决，就会影响党群关系，就不能更有效地完成法律赋予的艰巨任务，而且还会蔓延扩大。到问题成了堆，再来解决，损失就大了。当前工作确实很多、很紧，但通过整顿，解

决了存在问题，调动了干警的积极性，可以提高工作效率和质量，磨刀还是不误砍柴工嘛！因此，我们一定要把思想统一到中央领导同志的批示精神上来，坚决按照高检院通知的要求，切实把这项工作抓好。

二、分类指导，从严要求。今年以来，有些省、市已经进行过执法执纪检查和各种方式的队伍整顿，目前，各地贯彻《通知》的进度也不一样。因此，必须根据不同情况，提出不同要求。已经搞过检查、整顿的单位，应对照《通知》缺啥补啥。如属搞得很差，成效不明显的，应当重搞；正在整顿的地方，要严格按照高检院的要求进行；对行动迟缓的单位，必须查明原因，采取措施，限期赶上；对个别问题多，难于胜任领导整顿工作的领导班子，上级院应考虑派人督促指导。各级领导干部不仅要妥善安排，处理好整顿和日常工作的关系，领导好这次整顿，而且要把自己摆进去，投身于整顿，带头查问题、找原因、摆危害，多从领导角度总结经验，吸取教训。要充分发动群众，虚心听取各方面的批评意见。集中精力，有所侧重地解决突出问题。

三、狠抓整改、讲求实效。对查摆出的问题，要分类排队，认真剖析，发动干警制定整改措施。对揭露出的违法违纪的人和事，要组织力量，抓紧查处，做到件件有着落。对重点问题的整改，要环环扣紧，紧抓不放，一定要落到实处，抓出实效。通过整顿，不仅要使干警在思想认识上有所提高，而且要实实在在地解决一些问题，为干警办一些实事。同时，还要提高各级领导抓思想政治工作和队伍建设的自觉性，防止雷声大、雨点小，走过场。使这次整顿确实收到明显成效，为进一步加强检察队伍建设打下更好的基础。

高检院党组在最近召开的贯彻乔石同志批示的一次会议上决定，执法执纪大检查和队伍整顿，今后要形成制度，每年年底认真搞一次。由政治部为主，纪检、监察、研究室参加，共同把这项工作抓好。

最后，对政工队伍的建设问题还要说几句。中央在批复中指出，政治部为党组的政治工作机构。所以，各级领导一定要十分重视政工队伍建设。要配齐力量，健全机构，加强对政工干部的教育管理和培养提高，在政治上严格要求，工作上大力支持，生活上关心照顾。为他们创造必要的工作、生活条件，使政工机构成为各级院党组抓好党建和思想政治工作，加强队伍建设的得力助手。政工干部是管干部的干部，“打铁首先本身硬”，对政工干部的要求，尤其是对政治素质的要求，要更严一些。要求他们必须具有较好的政治理论水平和思想素质，必须公道正派、勤奋廉洁、思想敏锐、开拓进取。各级领导要按条件严格选配政工干部。政工干部更要严格要求自己，努力向上。政工部门多是在人事部门的基础上扩建的，与原来相比，任务、职责和工作范围都大大扩大了。在工作方法、工作作风以及考虑问题的角度等方面，都有一个转变和适应的问题。这就要求政工干部努力学习、探索，尽快适应这种转变。

第四部分　最高人民检察院重要文件选载

最高人民检察院关于印发《1991年检察工作计划要点》(修订本)的通知

(1991年2月19日)

各省、自治区、直辖市人民检察院，军事检察院：

《1991年检察工作计划要点》根据党的十三届七中全会精神进行了修订，现重新印发给你们，请结合实际，认真贯彻执行。

附：

1991年检察工作计划要点

(1991年2月11日修订)

当前，我国的政治稳定、社会安定，经济正在向好的方向发展，治理整顿已经取得明显成效。具有伟大历史意义的中国共产党十三届七中全会的召开，标志着具有中国特色的社会主义现代化建设进入了新的历史阶段。《中共中央关于制定国民经济和社会发展十年规划和“八五”计划的建议》，是新的历史阶段的纲领性文件，提出了全国人民九十年代的宏伟奋斗目标。1991年，我国开始实施第八个五年计划，这是实现我们党提出的在本世纪末国民生产总值再翻一番战略目标的第一年。检察机关要认真学习、深刻领会、坚决贯彻七中全会精神，坚持人民民主专政，紧紧围绕把国民经济搞上去这个全党的中心任务，自觉地为改革开放、为十年规划和“八五”计划的实施创造良好的社会环境，为国民经济持续、稳定、协调发展服务。各级检察院和广大检察人员要进一步增强阶级斗争观念和人民民主专政的观念，防止和反对和平演变，强化检察机关的专政职能，承担起新时期党和国家赋予我们的历史重任。1991年检察工作的指导思想是：在以江泽民同志为核心的党中央领导下，在人大及其常委会的监督和国务院、各级人民政府的支持下，发挥法律监督职能，深入开展反贪污、反贿赂犯罪斗争，坚持依法从重从快严厉打击严重刑事犯罪，加强法纪检察，通过各种检察职能，开展综合治理和各项业务工作，搞好思想政治工作和队伍建设，为维护国家稳定、社会稳定，保障公民的人身权利、民主权利不受侵犯，保障十年规划和“八五”计划的顺利实施做出新的成绩！

一、深入开展反贪污、反贿赂犯罪的斗争

（一）继续把反贪污、反贿赂斗争作为检察工作的重点，在深入上下功夫。主要路子是：在党委领导和政府支持下，尊重人大的监督，从当地实际情况出发，集中力量抓大案要案的侦破；适时地与有关部门结合召开宽严处理大会，宣传国家法律和党的政策，兑现坦白从宽、抗拒从严，发动群众举报，号召有贪污、贿赂问题的人自首坦白；及时地采取预防犯罪、保护企业合法权益、保障经济稳定发展的措施。

（二）要从本地实际出发，抓住群众反映最强烈的问题，确定深入开展反贪污、反贿赂斗争的方向。要下大力查处群众揭发出来的党政机关工作人员的案件和问题突出的行业、基层执法部门的案件。要结合正在开展的纠正行业不正之风和查处机关干部建私房、高标准装修房屋的工作，严肃查处构成犯罪的贪污、贿赂案件。要深入到发案多的单位，挖一案带一串、抓一个端一窝，注意扩大办案效果，以点带面，不断形成小高潮，使斗争波浪式地开展。

（三）坚持把查处大案要案作为反贪污、反贿赂工作的中心环节，力争有新突破。要继续坚持检察长办理大案要案和查处大案要案的分级负责、请示报告等行之有效的制度。高检院贪污贿赂检察厅、省级院和分、市院要把主要精力放在查处要案上。对厅局级以上干部的犯罪线索，受理后要及时初查，并向上级检察院报告。要敢于斗争，善于斗争，克服各种干扰和阻力，严格依法办案。

（四）切实加强侦查工作。要增强侦查意识，运用辩证唯物主义指导侦查工作，研究和把握侦查对象作案的规律，熟练地运用法律规定的侦查措施和手段，千方百计地收集证据；要坚持公开调查和秘密调查相结合的侦查方法，慎重而果断地采取强制措施，防止罪犯串供、毁证、逃跑；要推广侦查工作的成功经验，不断探索侦查工作的新办法；要继续抓好反贪污贿赂工作局的建设，逐步建立和完善具有中国特色的反贪污贿赂侦查工作体制。

（五）继续贯彻一要坚决、二要慎重、务必搞准的方针。要严格执行国家法律，坚决执行党和政府的政策，认真区分罪与非罪的界限，保证办案质量。对政策、法律界限不清的案件，要慎重处理；要防止以捕代侦和把监视居住搞成变相收审的错误做法；要重证据，重调查研究，不轻信口供，以确凿的证据制服犯罪分子。

（六）依法行使免予起诉权。要采取有力措施，切实纠正免诉工作把关不严、失之过宽的现象，把免诉对象限制在法定的数额较小、情节较轻的案件上，坚决把过高的免诉率降下来。要制定免予起诉细则，使这项工作制度化、规范化。

（七）坚决依法查处偷税抗税、挪用公款、假冒商标、巨额财产来源不明等直接受理的经济犯罪案件。

（八）要把惩治贪污、贿赂等经济犯罪同促进经济发展结合起来，自觉地为社会主义经济建设服务。在工作中要注意保护正常的经济活动，特别要注意保护大中型企业产、供、销渠道的畅通，冻结企业帐户、查处企业主要的管理、技术人员的案件要慎重。办案中，要细心组织、指挥，工作搞实，务必注意办案效果。切实避免因为查处案件而影响企业的正常发展。要针对发案单位工作管理上、制度上存在的问题，积极提出检察建议，帮助发案单位立章建制，堵塞漏洞，提高防范犯罪的能力。

二、坚持依法从重从快打击严重刑事

犯罪

（九）充分认识当前我国社会治安仍然相当严峻的形势，经常研究社会治安状况，加强指导。要坚持“严打”斗争，思想上不能懈怠，工作上不能放松，树立长期作战的思想。

（十）坚持依法从重从快严厉打击严重刑事犯罪活动的方针，突出打击七类重点对象，尤其要打击惯犯、累犯和团伙犯罪。要依法严厉打击破坏经济建设、危害国家、集体经济利益的犯罪活动，对盗窃、哄抢、诈骗和故意毁坏国营、集体企业和农村经济组织财物的犯罪分子和危害国家经济秩序的走私、投机倒把犯罪分子，要及时批捕、起诉，为经济发展创造良好的法制环境。要从本地社会治安的实际情况出发，针对突出问题，确定打击重点，积极参加专项斗争和专项治理。要配合有关部门深入开展“扫黄”、“除六害”斗争，绝不手软地打击制造、贩卖、运输毒品的犯罪分子，以及制造、贩卖淫秽物品和拐卖妇女、儿童的犯罪分子。

（十一）坚持开展提前介入重大、特大案件的工作，认真总结经验，建立、健全切实可行的工作制度，使提前介入工作规范化。

（十二）加强侦查监督、审判监督，依法及时做好批捕、起诉工作，不在检察环节上贻误战机。要不断提高出庭支持公诉的水平，重点做好重大疑难案件和自侦案件的出庭支持公诉工作。对重大、特大案件，提倡检察长亲自出庭支持公诉，以取得经验，指导工作。对确有错误的判决、裁定，要依法提出抗诉，做好二审、再审的出庭工作。

（十三）结合办案，积极参加社会治安综合治理，扩大办案的社会效果。要不断探索检察机关参加综合治理的新办法，配合有关部门做好犯罪青少年的教育、感化、挽救工作，努力化消极因素为积极因素。要做好免诉人员的帮教工作，预防和减少重新犯罪。

（十四）林业检察部门要结合林区特点，配合有关部门，坚决打击破坏森林的严重刑事犯罪活动，保护国家森林资源和林业生产的安全。同时，要总结经验，抓好林业检察机关的建设。

三、加强查处“侵权”、渎职犯罪案件的工作

（十五）充分认识加强法纪检察工作的重要性必要性，把这项工作抓得更紧。要认真学习贯彻乔石同志在高检院《检察情况反映》第91期上的批示，增强抓好法纪检察工作的自觉性；要稳定和健全法纪检察机构，充实办案力量，以适应加强法纪检察工作的需要。

（十六）坚持查处大案要案。当前，要依法坚决查处政法干警刑讯逼供致人伤残、死亡或影响很坏的案件和“人质型”非法拘禁等侵犯公民人身权利案件；认真查处经营管理和商品生产、流通过程中的玩忽职守、重大责任事故犯罪案件；及时查处可能引起矛盾激化、诱发群众闹事的“侵权”、渎职案件；查处执法人员贪赃枉法、徇私舞弊案件，力争有新的进展。对群众反映敏感，涉及领导干部或干警的犯罪案件，检察长要精心组织，及时查处。

（十七）进一步提高侦查工作水平。要搞好立案前的调查工作，迅速进行现场勘查，主动初查，及时立案，广泛全面收集证据，提高办案质量。要认真总结、研讨“侵权”、渎职案件的侦查经验，特别是分、市院要经常结合本地实际召开小型座谈会，交流办案经验。要充实修改人民检察院直接受理的“侵权”、渎职案件侦查细则等规章制度，实现侦查工作的规范化。

（十八）加强与有关部门的联系，建立协调制度。高检院要加强与中央有关部门的联系，地方检察院也要加强与公安、司法、监察、劳动、能源、邮电等部门的联系，采取联合召开专门会议等办法，统一认识，为查处“侵权”、渎职犯罪案件创造条件。

四、严肃负责地抓好举报、控告申诉检察工作

（十九）继续抓好举报工作。要坚持一个“窗口”对外，及时“分流”的办法，统一受理群众的举报。要认真执行举报工作的有关规定，不断完善举报制度。要下大力气改变举报线索积压的状况，及时做好举报线索的筛选，提高初查效率，及时向举报人反馈查处结果。

（二十）建立保护、奖励举报人的制度。对于打击报复举报人和借举报诬告陷害他人的案件，要认真查处，严肃处理，做到件件有着落。要奖励举报有功人员。

（二十一）严肃负责地处理公民的控告、申诉。检察长要亲自批阅来信，接待来访群众。要妥善处理可能引起矛盾激化上访案件，力争把问题解决在基层。对上访老户，要找出问题的关键，认真解决。各地对可能进京上访的人员，要心中有数，做好工作，坚决劝阻群众集体进京上访。要分析研究群众控告、申诉的变化情况和重要的社情动态，为领导决策和指导工作提供可靠依据。

（二十二）认真做好复查刑事申诉案件工作，特别是要重点查处不服检察机关免诉决定的申诉案件。

五、继续做好监所检察工作

（二十三）要加强对监管改造场所的监督工作，促进文明执法。要密切配合主管部门加强对劳改犯、劳教人员的教育改造，坚决打击被监管改造人员中的严重刑事犯罪活动，坚决制止体罚虐待被监管人的违法现象，稳定监管改造秩序。

（二十四）认真查处监管改造场所中发生的贪污、贿赂、刑讯逼供、体罚虐待被监管人、私放罪犯等案件。

（二十五）认真检察羁押人犯执行法定期限的情况。要与看守所密切配合，督促有关办案单位解决久押不决的问题，努力纠正超期羁押人犯的现象。对罪犯的减刑、假释、保外就医和劳教人员减期、提前解除劳教等活动是否合法，进行监督，发现违法情况，要坚决纠正。

（二十六）加强劳改劳教检察派驻机构建设和制度建设，努力实现劳改、劳教检察派出机构工作经常化、制度化，加强业务指导，使监所检察向规范化迈进。

六、积极开展铁路运输检察工作和军事检察工作

（二十七）铁路运输检察院要以铁道系统开展的纠正以车以票谋私等行业不正之风为突破口，发动群众，举报犯罪线索，查处贪污、贿赂重大案件；要认真查处铁路运输过程中发生的重大责任事故、玩忽职守案件；要坚决贯彻依法从重从快的方针，严厉打击破坏铁路治安秩序的各种刑事犯罪，重点打击“车匪路霸”、流窜犯罪和团伙犯罪活动，保障铁路运输的安全。

（二十八）军事检察工作要为巩固发展人民军队和国防建设服务。要从军队的实际出发，确定工作重点，认真查处贪污、贿赂和军人渎职犯罪案件，坚决打击严重刑事犯罪。

七、积极、认真、稳妥地开展民事、行政检察工作

（二十九）依法承担对行政诉讼实行法律监督的职责。要本着“积极、认真、稳妥”的原则，逐步开展工作。要认真执行《行政诉讼法》第六十四条的规定，依法做好抗诉工作，保证办案质量。要从实际出发，抓紧建立和完善有关业务细则和工作制度。

（三十）继续进行民事、经济、行政诉讼法律监督的调查研究和试点工作，总结、推广试点经验，以点带面，促进这项工作稳妥、健康地开展。

（三十一）根据工作需要抓好民事行政检察业务机构的建设。

八、努力开展检察技术工作，为办案服务

（三十二）充分运用文检、司法会计手段，及时、准确地对贪污、贿赂等自侦案件中有关证据资料进行检验鉴定。要认真总结文检、司法会计鉴定的实践经验，不断提高鉴定的技术水平。

（三十三）积极配合自侦部门搞好案件的现场勘验，及时准确地进行现场人身伤亡检验，提取痕迹物证，制作现场记录，作出技术鉴定结论。各级检察院要围绕现场勘验、文证审查、检验鉴定等环节，组织各门类技术人员研究刑事技术在检察工作中的运用。

（三十四）重视和加强以应用为主的检察技术研究工作，研究现代科学技术在检察工作中的运用，研究技术鉴定中的理论和实践问题，为各项检察工作服务。

九、继续抓好《检察官条例》的起草工作和法律政策研究工作

（三十五）抓好《检察官条例（草案）》的起草工作，对检察官的任职条件、权利、义务、衔级等作出明确规定，争取在1991年内送交全国人大法律委员会和内务司法委员会审核后提请全国人大常委会审议。要在上海、哈尔滨市检察机关进行试点，取得经验，使条例的内容符合实际。同时，制定书记员的管理办法。

（三十六）加强调查研究，抓紧起草《反贪污法》（草案），继续对《刑法》、《刑事诉讼法》、《民事诉讼法》、《人民检察院组织法》提出修改意见，报送立法机关。

（三十七）认真研究检察工作中具体应用法律问题，特别是要认真研究贪污、贿赂等自侦案件的法律政策界限，适时作出司法解释。高检院要根据法律的规定和实践经验，研究建立司法解释的程序和制度。

（三十八）积极开展检察工作制度的研究，认真总结实行侦捕、侦诉分开等工作的经验，制定和完善工作秩序和制度。

（三十九）制定检察理论研究规划，开展检察理论的研究工作。高检院检察理论研究所、各地检察学会要充分发挥作用，开展学术交流活动，繁荣检察理论研究。中国检察出版社要制定计划，编辑出版一批质量较高的检察业务教材和检察理论著作。

十、积极开展检察宣传工作和外事工作

（四十）努力抓好检察新闻报道工作，宣传检察机关反贪污、反贿赂斗争、打击严重刑事犯罪、查处“侵权”、渎职大案要案的成果；宣传检察机关为经济建设服务的好作法、好经验；对于有教育意义的典型案例，要组织好报道，注意配发必要的评论，以增强宣传效果。

（四十一）完善新闻发言人制度。要继续贯彻高检院《关于建立检察机关新闻发言人制度的通知》，适时召开新闻发布会，公布检察机关的重大活动、重要司法解释。

（四十二）抓好《全国检察机关惩治贪污、贿赂展览》的巡展工作。有条件的地方也可以举办反贪污、贿赂展览，包括重大案件的个案罪证展览。

（四十三）办好《最高人民检察院公报》、《人民检察》等刊物，筹办《中国检察报》和《检察理论研究》刊物。各省、自治区、直辖市检察院也要努力办好检察刊物，不断提高刊物质量。

（四十四）有计划地开展对外交往活动，侧重开展与欧洲、亚太和拉美地区一些国家检察机关的交流与合作，主动开展与有关国家和地区的司法协助工作，认真收集整理外国法律资料。

十一、努力抓好检察机关的装备工作

（四十五）继续贯彻国务院办公厅批转的《关于加强检察机关侦查手段设施建设的意见》，落实1991年侦查技术装备计划，重点解决急需的侦查技术设施。

（四十六）对检察机关的业务经费实行单列款项、专款专用制度。要根据财政部《关于加强公检法部门罚没收入管理和保证办案经费的通知》精神，地方检察机关要认真做好经费预算工作，及时向当地政府申报预算计划；对业务经费没有实行单列户头、单独列支的单位，要和当地财政部门协商，争取实行单列。

（四十七）实行专项经费补贴。高检院、省级检察院和分、市院都要申请购置侦查技术设备的专项经费，对区、县检察机关实行专项补贴。区、县检察机关也要申请专项经费。上下共同努力，抓好侦查技术设备建设。

（四十八）筹建全国检察机关技术研究中心和子中心。从1991年开始，高检院要在北京建立检察技术研究中心，准备在全国六个地区筹建检察技术子中心，以此带动省、地、县三级检察技术网点的建设。

（四十九）完善通讯网络。凡有条件的省级检察院应将通讯线路向分、市院和县级检察院延伸。大、中城市的检察院和有条件的县级检察院应建立无线电对讲通讯。

十二、加强信息调研、统计和催办工作

（五十）认真贯彻高检院《关于加强检察院办公室工作的决定》，重点抓好信息调研、统计和催办工作，为领导服务、为检察业务服务、为基层服务。

（五十一）在抓好动态性信息的同时，加强综合性的信息研究。各级检察院的领导要重视信息工作，注重反映打击贪污、贿赂犯罪和打击严重刑事犯罪的新情况、新问题、新经验，加强信息的反馈。要以高检院为中心建立检察信息网络。大、中城市的检察院应着手运用电子计算机技术，开展信息的收集、贮存、检索和案卷管理等工作。要保持信息渠道畅通，使检察机关的基本活动和有关情况能够准确、及时、全面地上报下达。

（五十二）又快又准地做好统计工作。要着重抓好基层基础统计工作建设，从源头上确保统计数据质量和时效。要充实统计力量，认真实行统计报表统一管理，抓好原始记录、统计台帐等基础工作，准确、及时上报统计数据。要开展统计检查工作，努力做好统计分析，为领导决策和指导工作提供依据。

（五十三）抓好督促催办工作。高检院办公厅和地方各级检察院办公室都要指定专人抓催办工作，建立查办登记制度；对中央领导有关检察工作的重要批示、高检院的重要工作部署和高检院领导批办的事项以及重大案件的查办情况，各级检察院办公室要负责催办，及时报告结果。同时要加强日常催办。在上级机关决定事项和领导批示办理通知发出后，办公室要及时了解办理情况，进行督促检查，主动向领导汇报办理情况，做到件件有着落，事事有交待，大事不误，小事不漏。

十三、加强思想政治工作和队伍建设

（五十四）认真贯彻落实中央对高检院成立政治部的批复精神，地方各级检察院没有成立政治工作机构的，要请示党委批准，尽快成立；要充实政工队伍，努力开创检察机关政治工作的新局面。

（五十五）针对检察工作特点开展思想政治工作。要认真贯彻全国检察机关首届政治工作会议精神和《关于加强检察机关思想政治工作的决定》，深入持久地抓好马克思主义、毛泽东思想的基本理论的教育，认真学习邓小平同志的著作，学习党的四中、五中、六中全会文件，特别要学习七中全会文件和江泽民等中央领导同志的重要讲话，学习建设有中国特色的社会主义理论，学习人民民主专政理论，使广大检察人员自觉坚持四项基本原则，持久地进行反对资产阶级自由化的教育和斗争，牢固树立在党的领导下，坚持走社会主义道路的信念。要选送厅、处两级干部到中央党校和省级党校学习，不断提高干部的马克思主义理论水平。要继承和发扬党的优良传统，开展具有检察工作特点的思想教育，激励广大检察人员的社会主义积极性、创造性和献身精神，保证各项检察任务的完成。

（五十六）加强领导班子的建设和后备干部的培养。上级检察院要协助地方党委加强对下级检察院领导班子的考查工作，坚持不懈地抓好领导班子的思想作风和组织建设，健全党内民主生活制度，把领导班子建设成为忠于马克思主义，认真贯彻执行党的路线、方针、政策和执行国家法律的坚强领导核心。要认真、全面、准确地贯彻执行干部革命化、年轻化、知识化、专业化的方针，选拔一批坚持四项基本原则、德才兼备的中、青年干部充实各级检察院的领导班子，并加强后备干部的培养。

（五十七）要以贯彻《检察人员纪律》、纠正行业不正之风为重点，继续整顿纪律，整顿作风，总结队伍建设方面的经验教训，健全制度，改进工作。检察纪律的核心是秉公执法、清正廉明。贯彻落实纪律的关键，是各级领导以身作则，加强督促检查工作。要严肃查处违反党纪、政纪的案件，对构成犯罪的要依法惩处，决不姑息迁就，用严格的纪律维护检察机关秉公执法的良好形象。

（五十八）继续开展一年一度的执法执纪大检查。重点检查检察机关执行宪法、刑法、刑诉法等法律和执行检察人员纪律的情况。要坚决贯彻边检查、边整改的精神，问题要找准，态度要坚决，措施要具体，切实通过大检查提高检察人员的执法水平，提高执纪的自觉性。检查结束后，要向同级人大常委会和上级检察院写出专题报告。

（五十九）深入开展争先创优活动，及时表彰检察人员清正廉明、秉公执法的先进事迹。

（六十）切实加强基层基础工作，充实办案力量，做好增编的分配工作，把好进人关。

（六十一）抓好乡（镇）、税务检察室的建设。要认真执行最高人民检察院颁发的《人民检察院乡镇检察室工作条例》的规定，选调一批骨干，做好重点乡（镇）检察室的工作。要认真总结税务检察室工作的经验，建立税务检察规章制度，使派驻在税务系统的检察人员严格依法办案。

（六十二）认真贯彻中央文件精神，配合有关部门做好推荐民主党派成员和无党派人士担任检察院领导职务的工作，积极做好从民主党派成员和无党派人士中聘请特约检察员的工作。已经开展这项工作的检察院要认真总结经验，及时报告上级检察院。

（六十三）做好检察人员的教育培训工作。要根据《1991—1995年检察教育培训规划》的要求，本着巩固、提高的方针，努力抓好1991年的教育培训工作。要抓好第四、五期高级检察官的培训，抓紧建设中国检察官学院；要结合各项检察业务，举办各种形式的专业培训班，加强岗位职务培训；要制定检察长、检察员、书记员岗位职务培训规范，着手编写与培训规范相配套的教学大纲；要对少数民族地区的干部培训工作进行调查，作出规划，予以重点扶持；要做好88级电大第一期法律（检察）专业学员的毕业、结业工作，使具备大专文化知识的干部增加10%。

十四、依靠党的领导，自觉接受人大的监督，加强同政府的联系

（六十四）增强党的观念，自觉接受党的领导。要认真执行已经建立的向中央和各级党委汇报工作的制度；对于重大工作部署、重大问题，要及时向党委请示汇报；对涉及的重大法律政策问题，要虚心听取党委的意见；对立案侦查的大案要案，要定期或不定期地向党委报告；对办案中遇到的阻力和干扰，要报告党委取得支持，予以解决。如果因具体案件与当地党委意见不一致，下级检察院应向上级检察院直至高检院报告。

（六十五）坚持向人大及其常委会汇报工作的制度，自觉接受监督；坚持向各级政府通报情况的制度，密切同政府及其有关部门的联系，使各级政府及有关部门了解检察工作，帮助解决实际困难。

（六十六）高检院拟在1991年冬季召开第九次全国检察工作会议，专门讨论检察工作的发展和建设问题，总结有中国特色的检察工作经验。

最高人民检察院关于贯彻落实中共中央、国务院及全国人大常委会《关于加强社会治安综合治理的决定》的通知

（1991年3月8日）

各省、自治区、直辖市人民检察院，军事检察院：

最近，中共中央和国务院联合发布了《关于加强社会治安综合治理的决定》，全国人大常委会也审议通过了《关于加强社会治安综合治理的决定》。这两个《决定》贯彻了七中全会精神，对社会治安综合治理进行了全面部署，充分体现了党和国家对这一工作的高度重视，对于动员全党全社会力量加强综合治理工作，促进社会治安状况稳定好转，顺利实现国民经济的持续、稳定、协调发展和现代化建设的第二步战略目标，将发挥巨大作用。为认真贯彻两个《决定》精神，进一步推动检察机关参加社会治安综合治理工作，特通知如下：

一、认真学习党的十三届七中全会和全国社会治安综合治理工作会议精神，学习中共中央和国务院以及全国人大常委会《关于加强社会治安综合治理的决定》，充分认识加强社会治安综合治理的特殊重要性。综合治理是解决我国社会治安的一项巨大的系统工程，是实施国民经济和社会发展十年规划和“八五”计划的一个重要

保证，也是全国人民十分关心的一件大事。加强社会治安综合治理，不仅对于维护国家稳定是很必要的，而且对于加强民主与法制建设，加强社会主义精神文明建设，对于密切党和人民群众的联系，开拓具有中国特色的解决社会治安问题的新路子，都具有重要的意义。人民检察院是国家法律监督机关，对于搞好社会治安综合治理负有义不容辞的职责。各级检察院要深刻领会《决定》精神，提高认识，统一思想，明确任务，在总结工作经验的基础上，更加积极、主动地投入社会治安综合治理工作。

二、坚持依法从重从快方针，严厉打击严重刑事犯罪活动。“严打”是综合治理的首要环节，是落实综合治理其他措施的前提条件。各级检察院要与公安、法院等部门密切配合，长期坚持依法从重从快严厉打击严重刑事犯罪活动的方针，深入开展禁毒和严禁卖淫嫖娼等除“六害”的斗争，制止和取缔一切危害社会安定和扰乱社会秩序的活动。同时要严格区分两类不同性质的矛盾，坚持惩办与宽大相结合的原则。

三、检察机关参加社会治安综合治理必须抓好以下几项具体工作：

1、充分发挥检察建议作用，努力扩大办案的社会效果。要竭力避免就案办案的现象，在检察工作的各个环节，特别是办理贪污、贿赂案件，“侵权”、渎职案件和其他刑事犯罪案件，都要重视发挥检察建议的作用，大力加强防范工作，注意发现犯罪隐患和管理不完善、制度不健全、麻痹轻敌等问题，及时提出检察建议，推动有关单位总结经验教训，建立健全管理制度，堵塞漏洞，完善防范机制，预防和减少犯罪。

2、结合检察业务，积极开展法制宣传教育。要把法制教育贯穿于法律监督的始终，促使罪犯认罪服法，悔过自新；要善于运用典型案例，分化、瓦解、教育罪犯；要充分利用出庭支持公诉，举办新闻发布会、展览会，印刷宣传材料以及利用报刊、电视、广播等多种宣传媒介，进一步加强法制宣传教育，使广大人民群众增强法制观念，自觉遵纪守法，维护社会治安，检举和揭发犯罪分子，积极同违法犯罪活动作斗争。

3、认真妥善处理信访案件，及时缓解矛盾，避免矛盾激化。控告申诉检察工作是检察机关联系群众的窗口，也是开展综合治理的一个重要方面。各级检察院要认真受理人民群众的控告申诉，为群众排忧解难。检察长要亲自批阅重要来信，接待重大上访。要与有关部门密切配合，及时发现和解决可能激化的矛盾，坚决劝阻群众集体上访活动，加强疏导教育和宣传解释工作，力争把问题解决在基层，缓解社会矛盾，消除不安定因素。

4、积极协助司法行政部门，加强对劳改、劳教人员的教育改造，提高改造质量；有重点地配合做好对刑满释放和解除劳教人员的帮教工作，以巩固改造成果；加强对被判处管制、剥夺政治权利、缓刑等监外执行罪犯执行情况的检察督促。同时，对被免诉人员要区别情况，有针对性地做好帮教和回访考察工作。

5、高度重视青少年犯罪问题，积极开展青少年犯罪原因、规律和对策研究，配合有关部门做好对青少年罪犯的教育、感化、挽救工作。

6、经常调查研究刑事犯罪的新情况、新特点，分析和掌握犯罪原因及其规律，积极探索检察机关参加社会治安综合治理的新办法，不断总结推广新经验。

四、切实加强综合治理的领导工作。社会治安综合治理要在党委的统一领导下进行。各级检察院要充分发挥检察职能作用，当好党委领导综合治理工作的参谋和助手，认真贯彻执行党委和政府的总体部署，积极参加党委和政府统一组织的综合治理活动，经常向党委、人大和综合治理领导机构反映情况，报告工作，提出建议。各级检察院要把综合治理列入重要议事日程，从思想上、组织上、工作上切实加强领导，检察长要亲自过问，真抓实管，要有一名副检察长具体负责。上级检察院要加强对下指导，认真研究解决工作中存在的各种问题。对参加综合治理涌现出的先进事迹和与违法犯罪分子斗争的有功人员要大力表彰。

有关本通知的执行情况及存在的问题，请各地于5月底之前报高检院办公厅。

最高人民检察院
关于创办《中国检察报》的通知

（1991年3月14日）

各省、自治区、直辖市人民检察院，军事检察院：

随着检察事业的发展，为了及时正确地宣传党和国家加强社会主义民主和法制建设的方针、政策，宣传反贪污、反贿赂斗争，宣传具有中国特色的检察制度，加强检察业务指导，最高人民检察院决定创办《中国检察报》，经国家新闻出版署和人事部批准，《中国检察报》6月进行试刊，7月4日正式创刊。

《中国检察报》是最高人民检察院的机关报，报社本部下设11个正处级机构。具体为：总编室、办公室、新闻部、记者通联部、理论评论部、检察业务部、文艺部、摄影美术部、群众工作部、计划财务处、出版发行部。

《中国检察报》由最高人民检察院主管并主办。该报立足检察系统，面向全国读者，为周二刊对开四版大报，国内外公开发行。各级检察院要充分准备，向社会广泛宣传《中国检察报》，积极做好创办《中国检察报》的各项准备工作。

为了保证报纸的及时出刊以及采编业务的正常开展，《中国检察报》准备在全国设立40多个记者站，并建立起一支较好的通讯员队伍。现将创办《中国检察报》的有关问题通知如下：

一、在各省、自治区、直辖市人民检察院和计划单列市人民检察院设立《中国检察报》记者站。省级检察院记者站配备记者二至三人，计划单列市检察院记者站配备一人，由各单位办公室、政治部联合考核推荐；每个分、市和县、区人民检察院负责向省级检察院推荐一至二名《中国检察报》通讯员。原《人民检察》通讯员可同时担任《中国检察报》通讯员。

二、《中国检察报》派驻记者是专职新闻工作者，由省级检察院办公室代管，行政上受所在地检察院领导，业务上受《中国检察报》指导。《中国检察报》通讯员兼职，以分、州、市院为单位成立通讯组。通讯组长由有写作水平和组织活动能力的办公室（或研究室）主任兼任，负责召集事宜。通讯组的工作由各记者站协调，《中国检察报》统一管理。

三、派驻记者、通讯员的条件：政治

立场坚定，擅长新闻通讯写作，熟悉检察业务，善于开展社会活动，有吃苦耐劳精神。

四、各地推荐的记者、通讯员由省级检察院集中报送，经报社筹备组审查批准后，统一颁发证件，凭记者证和通讯员证代表报社在当地开展采访和通讯报道工作。

五、审批工作结束后，拟于4月下旬在北京召开“中国检察报驻各地记者站暨通联网成立大会”。各地检察院务必于4月10日前将推荐记者名单（一式三份，贴免冠一寸照片）报送高检院《中国检察报》筹备组，并附记者的代表作三篇（通讯文章）。

六、驻铁路系统的记者由铁检厅负责推荐，各地铁路运输检察院的通讯员的推荐工作，由省级检察院代为进行。

七、派驻记者及通讯员的权利和义务及管理办法，由《中国检察报》另行规定。

最高人民检察院转发国家教委《关于同意建立中央检察官管理学院的批复》的通知

（1991年4月13日）

各省、自治区、直辖市人民检察院，军事检察院：

国家教委已经批准建立中央检察官管理学院，现将国家教委教计［1991］36号文转发你们，请阅知。

附：

关于同意建立中央检察官管理学院的批复

最高人民检察院：

高检发办字[1990]20号《关于请求先行办理同意中国检察官学院正式建校批准手续的报告》及高检院办公厅关于学校名称问题的函收悉，经研究，为使检察官培训工作经常化、规范化、制度化，尽快提高我国检察干部队伍的素质，同意建立中央检察官管理学院。现将有关事项批复如下：

一、中央检察官管理学院属于成人高等学校，实行最高人民检察院与北京市人民政府双重领导，以最高人民检察院为主的管理体制。

二、学院在校生规模为1000人。主要任务是岗位培训和继续教育；也可招收在职干部举办大学专科层次的学历教育。专科专业的设置，由你院在科学论证的基础上研究确定，并报我委备案。

望你院按照国家教委《关于成人高等学校设置的暂行规定》，抓紧落实学院扩建及补充师资等项事宜，加强各项工作的管理，保证教育质量，为加强我国检察干部队伍的建设培养合格人才。

国家教育委员会

1991年2月26日

最高人民检察院印发《关于对执行〈关于颁发检察机关工作人员荣誉证书和证章的办法(试行)〉和〈补充规定〉有关问题的解答》的通知

(1991年7月24日)

各省、自治区、直辖市人民检察院，军事检察院：

现将《关于对执行〈关于颁发检察机关工作人员荣誉证书和证章的办法（试行)〉和〈补充规定〉有关问题的解答》印发给你们，请遵照执行。

附：

关于对执行《关于颁发检察机关工作人员荣誉证书和证章的办法(试行)》和《补充规定》有关问题的解答

一、《办法(试行)》中所指"检察机关工作人员"是否含在编工人？

答：不含在编工人。

二、曾在国家机关、企业事业单位从事过保卫工作的，能否按"从事政法工作"计算时间？

答：《补充规定》中所说政法工作是指公安、检察、审判、司法、国家安全等项工作。因此，在国家机关、企业事业单位从事保卫工作，不能按"政法工作"时间计算。

三、因换届或工作需要已经调离检察机关的工作人员，是否颁发荣誉证书和证章？

答：在《办法(试行)》下发后，即1990年7月16日以后，因换届或因工作需要调离检察机关的工作人员，符合规定条件的，可颁发荣誉证书和证章。文件下发前已调出的，不在颁发之列。

四、如何理解"在恢复和重建检察机关中有重大贡献"？

答"在恢复和重建检察机关中有重大贡献"的，主要指1978年以来，担任过省、自治区、直辖市人民检察院检察长、高检院的检察长、副检察长职务的人员。

五、曾经调离检察机关，后又调回检察机关的工作人员，如何计算从事检察工作时间？

答：因工作需要，曾经调离检察机关，后又回到检察机关工作的人员，调离期间不能计算为连续从事检察工作时间。关于连续从事检察工作时间的计算，仅按《办法(试行)》第三条第二项规定办。

六、"从事党、政、军工作满35年"应如何理解执行？

答：可参照国家有关计算工龄的规定，凡参加革命工作满35周年，其中在检察机关工作不少于10年的，均可颁发荣誉证书和证章。

七、首次颁发荣誉证书和证章的工龄截止时间如何计算？

答：首次颁发荣誉证书和证章的工龄计算时间截至1990年12月31日。

最高人民检察院关于下发《人民检察院办案工作中的保密规定》的通知

（1991年9月20日）

各级人民检察院：

现将《人民检察院办案工作中的保密规定》下发给你们，请严格遵照执行，并将执行中遇到的问题及时报告高检院保密委员会。

附：

人民检察院办案工作中的保密规定（试行）

总 则

第一条 根据《中华人民共和国保守国家秘密法》及其实施办法、《中华人民共和国刑事诉讼法》、《检察工作中国家秘密及其密级具体范围规定》和其他有关法规，制定本规定。

第二条 本规定旨在使各级人民检察院在办案工作中严格遵守有关保密法规，维护国家秘密的安全，保证各项检察活动的顺利进行。

第三条 本规定适用于各级检察机关办理各类案件的全过程。

第四条 本规定适用于检察机关办案人员和检察机关内部因工作需要接触案情的人员。

第一节 受理举报、控告申诉和初查工作中的保密规定

第五条 受理举报和控告申诉，应在固定或有利于保密的场所进行，有专人接待，设专用电话。无关人员不得接待、旁听和询问。

第六条 举报和控申材料的收发、拆阅、登记、转办、保管，当面或电话举报的接待、接听、记录、录音等工作，应有专人负责。对举报人的姓名、工作单位、住址和举报内容应严格保密，严禁向被控告、举报单位和个人及其他无关单位、人员泄露。

第七条 不准私自摘抄和复制举报信件和控告材料。

第八条 需要向被举报单位或举报人核实情况的，应在不暴露举报人、控告人的情况下进行。讯问被告人，不得出示举报材料原件或复印件。

第九条 对匿名举报，除侦查工作需要并经主管检察长批准外，不准鉴定笔迹。

第十条 举报材料不得直接作为刑事诉讼证据。

第十一条 初查以秘密调查为主，不得向被调查人暴露初查意图内容。

第十二条 奖励举报有功人员，未征得举报人同意，不得公开举报人姓名、身份和单位。

第二节 立案侦查工作中的保密规定

第十三条 《立案请示报告》、《立案决定书》、《侦查终结报告》等有关侦查材料，应指定专人保管。

第十四条 制定案件侦查工作计划，要有具体保密措施，侦查大案要案要有具体保密方案。

第十五条 使用技侦手段或采取各种侦查措施以及特情、耳目、据点的建立和使用，应严格控制知情面；通过技侦手段获取的证据材料不准公开使用；不得向侦查对象暴露侦查意图和侦查手段；严禁泄露其他当事人的证言、供词等。

第十六条 采取强制措施，搜查、扣押邮件、电报和停止支付储蓄存款等侦查措施的具体实施时间、方法，在实施前应严格保密。

第十七条 外出调查一般不准携带案卷。如确需携带案卷，应通过机要寄出；如情况十分紧急，必须两人专管，严禁丢失。

第十八条 不准在公共场所谈论正在侦查的案件内容，不准携带案卷和调查材料探亲访友、游览、购物等。

第十九条 出境调查案件携带材料，必须按国家保密局、海关总署《关于国家秘密文件、资料和其他物品出境的管理规定》执行。

第二十条 通过国际刑警组织及港、澳有关组织进行案件协查，严禁泄露我方对案件侦查的总体方案和手段。

第二十一条 在国际司法协助中，需要提供秘密事项的，应呈报最高人民检察院批准。

第三节 审查批捕、起诉和出庭支持公诉工作中的保密规定

第二十二条 受理审查批捕、起诉、抗诉案件移送的案卷材料，要严格登记和履行交接手续。阅卷笔录、补充侦查材料、答辩提纲、检察委员会和集体讨论记录等应严格保密。未经批准，不得向无关人员提供。在审查办理阶段，案卷材料由承办人负责保管，案件审查结束后，按规定移送。

第二十三条 检察机关作出的批捕或不批捕决定，在公安机关执行前应严格保密。上级检察机关在备案审查中发现批捕、起诉、免诉或不捕、不诉有错误的案件，在撤销原决定前应当保密。

第二十四条 检察机关退回公安机关、国家安全机关、劳改机关补充侦查或自行补充侦查的案件，检察机关内部由刑检部门向自侦部门退补或自行补充侦查的案件，退补、补查的原因和结果，不得向无关人员泄露。

第二十五条 提前介入刑事案件的现场勘察、侦查、预审等活动情况，应遵守公安部门的保密规定。

第二十六条 公安机关、国家安全机关、劳改机关或检察机关自侦部门提请复议、复核案件的情况，应当保密。

第二十七条 死刑临场监督的时间、地点、路线和实施方案，在执行前应严格保密。

第四节 附 则

第二十八条 办案材料中的请示报告和其他文字材料，均应按《检察工作中国家秘密及其密级具体范围规定》划定密级和期限。

第二十九条 正在办理的案件，需汇报案情及有关情况时，不得使用平信、明码电报和有线或无线电话。应使用加密传真。如因情况紧急而又只能用有线电话传递时应用暗语勾通。转递办案材料，应通过机要部门办理。

第三十条 正在侦查的案件，一般不对外宣传报道；需要报道的案件情况，必须经主管业务部门同意并报经检察长（或副检察长）批准，但不得公布举报人、侦查措施及新发现的线索等情况。

第三十一条 办案中发生失泄密情况，有关人员要及时向领导报告，采取有效

措施补救，认真追查，严肃处理，并应及时向上一级检察院报告。

第三十二条 本规定从颁布之日起执行。

最高人民检察院关于人民检察院积极配合税收、财务、物价大检查，深入开展打击偷税抗税犯罪斗争的通知

（1991年9月25日）

各省、自治区、直辖市人民检察院，军事检察院：

在国务院的统一领导和部署下，第七次全国税收、财务、物价大检查即将开始，各级检察机关要积极行动起来，支持和配合有关部门搞好这次大检查工作，深入开展打击偷税抗税等犯罪活动的斗争。

一、认真学习国务院《关于开展1991年税收、财务、物价大检查的通知》和有关文件，深刻认识这次大检查对于遏制经济领域各种违法犯罪行为，防止财政收入流失，惩治腐败现象，促进国民经济持续、稳定、协调发展的重要意义，高度重视这项工作，坚决执行大检查的各项政策和任务，同有关部门密切配合，坚决打击偷税抗税等犯罪行为，通过及时、准确地打击犯罪，保证大检查的顺利进行。

二、加强大检查期间查处案件的组织领导工作。各级检察机关要根据当地党委和政府的统一部署，制定出配合大检查的具体措施，并由一名主管副检察长负责组织落实。要与有关部门建立经常性的联系，了解掌握大检查中发现的贪污贿赂、偷税抗税和侵占、私分、挪用救灾款物等案件线索，优先办理大检查中发现的案件。对重大案件可以提前介入调查，并在立案后集中力量，侦破案件。对有关部门移送和群众举报的案件材料，要及时受理，认真审查。要热情支持和坚决保护坚持原则的检查人员、财会人员和举报人，对打击报复情节严重构成犯罪的，要追究刑事责任。

三、正确执行政策和法律，实事求是，宽严适度。对于偷税抗税数额巨大，情节严重的，或者在历次大检查中屡查屡犯的偷税案件，要依法从严惩处；对于已被查明具有偷、漏、欠税违法事实，而采取各种手段拒绝履行纳税义务，情节严重的，应按抗税罪从严惩处；对于贪污、侵占、截留、私分、挪用救灾款物，构成犯罪的，要一律从重从严惩处，同时对大检查当中徇私舞弊、包庇违法犯罪分子，构成犯罪的也要从严惩处。对于在规定期限内主动自查出来的偷税犯罪案件，可按自首对待，依法从轻或免除处罚。要坚持为经济建设服务的指导思想，坚持打击犯罪与保护生产相结合的原则，注意办案的社会效果，如需对企业负责人采取强制措施，应当妥善安排企业的后续生产事宜，不可草率捕人，影响生产。在追缴税款时，也应充分考虑企业生产的因素，不可随意查封企业帐户。遇到重大疑难案件，要认真听取各方面意见，并及时报告党委或请示上级检察机关。

四、严格依法办案，坚决防止和纠正“以罚代刑”、“以检代税”等执法不严的现

象。对于达到立案标准，需要追究刑事责任的案件，要主动过问，全面掌握，该查处的要坚决立案查处，不能以有关部门已作行政处理或未移送为由，放弃对犯罪的追究。在查办案件中，即要与有关部门密切配合，又要按照法律规定各司其职，各负其责，严禁以税务检察室名义征收税款，或滥用司法手段查处一般税务违法案件。

五、积极采取各种措施搞好综合治理工作。要结合办案，选择典型案例，广泛开展法制宣传，增强企业和公民遵纪守法光荣的观念。要深入发案单位，针对其财经制度上存在的问题，积极提出检察建议，帮助企业堵漏建制，改善经营管理，消除孳生犯罪的隐患。

各省、自治区、直辖市人民检察院在大检查结束后，要向高检院写出专题报告。

最高人民检察院关于贯彻“反盗窃斗争电话会议”精神严厉打击严重盗窃犯罪活动的通知

（1991年9月25日）

各省、自治区、直辖市人民检察院、军事检察院：

最近，中央社会治安综合治理委员会召开电话会议，部署在全国范围内开展反盗窃斗争。为了贯彻落实这次电话会议精神，严厉打击严重盗窃犯罪活动，特作如下通知：

一、各级检察机关要组织全体干警学习乔石同志和其他领导同志在“反盗窃斗争电话会议”上的讲话，积极参加反盗窃斗争。当前，盗窃犯罪活动猖獗，重大、特大盗窃案件明显增加，严重危害社会安定，破坏国家经济建设的顺利进行，影响人民群众的安全感，是近几年群众反映最强烈的社会治安问题之一。开展反盗窃斗争，对于遏制盗窃犯罪案件持续上升的势头，维护人民群众的切身利益，保障改革开放和社会主义现代化建设的顺利进行，创造较好的社会环境，增强人民群众的安全感具有重要意义。各级检察机关要按照“反盗窃斗争电话会议”的要求和各级党委、政府的统一部署，积极参与开展专项斗争，与公安机关、人民法院密切配合，协同作战，严厉打击严重盗窃犯罪活动。

二、各级检察机关在反盗窃斗争中，要继续坚持依法从重从快的方针。对重大、特大盗窃犯罪案件，要提前介入公安机关的侦查、预审活动。对基本事实清楚、基本证据确实的盗窃犯罪案件，要依法快捕快诉，不在审查批捕、审查起诉环节上贻误战机。对作恶多端、危害严重、民愤极大的重大、特大盗窃犯和盗窃惯犯、累犯以及共同盗窃犯罪中的首犯、主犯，要依法严惩，决不手软。在反盗窃斗争中，注意分化瓦解犯罪分子。

三、各级检察机关在运用检察职能打击犯罪活动的过程中，要积极开展社会治安综合治理。对查处盗窃犯罪案件中发现的发案单位在管理和规章制度方面的漏洞，积极提出“检察建议”，帮助发案单位改进工作，扩大办案的社会效果，发挥检察机关在社会治安综合治理工作中的作用。

四、要加强业务指导，加强盗窃犯罪案件的政策法律研究工作。下级检察机关要将开展反盗窃斗争的情况和问题，特别是查处重大、特大案件的情况及时向上级检察机关报告。上级检察机关要及时研究解决下级检察机关请示的盗窃犯罪案件适用法律问题，加强具体指导。

最高人民检察院关于认真学习贯彻中央工作会议精神继续深入开展反贪污贿赂犯罪斗争的通知

（1991 年 10 月 15 日）

各省、自治区、直辖市人民检察院，军事检察院：

今年 9 月召开的中央工作会议是一次非常重要的会议。会议要求各地区、各部门和广大职工把进一步搞好国营大中型企业摆到突出位置，团结一致，群策群力，克服困难，奋勇前进，为繁荣经济，巩固和发展社会主义制度多做贡献。这次会议，对于进一步搞好国营大中型企业，发展社会主义经济，发挥社会主义制度的优越性必将起决定性的作用。各级检察院要组织全体检察人员认真学习江泽民、李鹏同志的重要讲话，以及新华社发布的新闻和《人民日报》社论等有关文件。通过学习，进一步提高对搞好国营大中型企业重要性的认识。国营大中型企业是我国国民经济的支柱，是国家财政收入的主要来源，是我国社会主义制度的主要物质基础。进一步搞好国营大中型企业，对于发展国民经济，巩固人民民主专政的国家政权，保持社会稳定，改善人民生活，坚定广大人民群众走社会主义道路的信心，使我们永远立于不败之地，具有重要的经济意义、政治意义和社会意义。

各级检察院和全体检察人员要在学好文件的基础上，结合各地检察工作实际，认真贯彻中央工作会议精神，继续深入开展反贪污贿赂犯罪斗争，坚持严厉打击严重刑事犯罪活动，加强法纪检察工作，积极开展各项检察业务，为实现会议所确定的目标和落实会议所提出的各项措施，提供有效的法律保障和创造良好的法制环境。

各级检察机关要明确树立为社会主义经济建设服务的思想，一切检察工作活动都要为把国民经济搞上去这个总目标服务。根据党中央的历次指示和国家法律规定，几年来检察机关都把深入开展惩治贪污贿赂犯罪列为工作重点之一，并取得了显著成效。各级检察院通过查办贪污贿赂罪案，在全民所有制企事业单位中挖出了一大批“蛀虫”，保护了社会主义财产，促进了企事业单位的廉政建设，维护了企事业单位的合法权益，促进了经济发展。根据中央工作会议的精神，继续深入地持久地开展反贪污贿赂犯罪斗争，依法从严惩治贪污贿赂犯罪分子和其他刑事犯罪分子，并严肃查处玩忽职守、重大责任事故给国家造成重大经济损失的犯罪案件，是十分必要的。做好这些工作，是检察机关对搞好国营大中型企事业最重要、最直接的服务。

从检察机关已查出的罪案看，国营企事业内部的贪污贿赂犯罪相当严重。这种犯罪对国营企事业的经营方向、效益和干部队伍产生很坏的影响。今年 1 至 8 月，在全国各行各业中已查出贪污贿赂罪案 32000 多件、36000 多人，其中属于国营企事业的经理、厂长、财会、供销人员等有2万多人。1988年至1991年8月三年多累计，全国立案查办了贪污贿赂罪案163900多件，犯罪分子约17万人，其中60%左右即10万多人是国营企事业单位的人员；同一时期，立案查办的县处级以上干部达3100多人，有70%以上即2000多人是国营企事业单位的，有相当数量是厂长、经理。1990年全国查办一百万元以上的特大贪污受贿罪案23件，全部发生在国营企事业单位。今年，北京市检察院正在查办的16件贪污受贿五十万元以上的大案，15件发生在国营企业和经济部门，涉及18名罪犯有16名是经理、厂长、供销、业务人员。

这些“蛀虫”吞噬社会主义公有财产，使企事业经济上、政治上都遭受重大损失，有的大量亏损，濒临倒闭。最近，北京市检察院立案侦查的市实业开发总公司总经理助理兼北京摄影器材服务公司经理钱小宝（已逮捕），将公司资金768万元套购成美金120多万元，汇往澳门、香港，并将其中的89万元美金私自存入香港上海汇丰银行，据为己有。

这些贪污贿赂分子成为名副其实的社会主义企业的“蛀虫”。他们经不住以美国为首的西方大国对我“和平演变”的袭击，崇拜、追求资本主义的腐朽生活方式，其中一些人和境外国外不法分子勾结，企图或已经卷款潜逃境外国外。近三年，广东省已有300多名贪污贿赂罪犯作案后逃跑，其中逃到国外境外的近百人，已捕获或引渡回196人。据浙江、福建、四川三省检察院今年1—8月统计，发现卷款潜逃的贪污贿赂分子173人，已抓获46人，逃跑后自首12人。去年全国查办了23件一百万元以上特大案件，有12件17人潜逃，其中逃往国外境外的有4人，已抓获或引渡回12人，自首2人。

各级检察院在办案中，特别在查办贪污贿赂罪案中，要继续强调查办大案要案，在工作中，要继续在各级党政领导的支持和指导下，取得企业领导的积极配合，努力挽回经济、政治损失，帮助企业堵塞管理上制度上的漏洞，给国营大中型企业的健康发展提供法律保障。

总结这两年的经验，在查办贪污贿赂罪案中，各级检察院要注意掌握以下六点：

一、严格区分经济交往中正常的应酬与贪污贿赂犯罪的界限，分清楚哪些是合法的，哪些是不合法的，哪些才是犯罪的。对于事实清楚，证据确凿的犯罪分子坚决依法查办，决不手软；查的结果证明不是犯罪的，不予追究，或转党纪、政纪部门处理。

二、切实贯彻“一要坚决、二要慎重、务必搞准”的方针。对于罪与非罪界限不清和有争议的案件，不轻易采取法律措施。一时拿不准的，不急于处理，要向上级检察院和党委请示。在经济往来中巧立名目收受各种名义的回扣，这是违反国家法律和国务院规定的不法行为，检察机关要重点查办个人中饱私囊、变相中饱私囊或私分公款构成犯罪的案件。

三、涉及生产、经营、管理部门主要领导成员和重要的技术、管理人员的犯罪案件，需要对嫌疑人员采取强制措施的，主办的检察院应及时向党委、政府反映情况，建议企业主管领导补充、调整人员，保持生产经营的连续性，防止生产、经营和流通等活动脱节。在侦查过程中要注意保密，既有利于取证，又要避免发生波动，维护经营活动正常运转和保护企业声誉。对生产、管理的骨干，罪行较轻，认罪态度又好的，依法从宽处理，或让他们在工作岗位上戴罪立功。

四、保护产品的产、供、销渠道的畅通。在办案中，不轻易冻结企业的生产流动资金和银行帐户；不轻易发表有损企业声誉的报道。在查办企业的贪污贿赂罪案时，要注意维护名优产品的信誉。对必须由被告人出面解决的供销渠道，在不影响侦查的前提下，让他们戴罪立功。同时，对假冒国营大中型企业名优产品商标的犯罪活动要坚决查办，维护企业合法权益。

五、积极做好预防犯罪工作，加强综合治理，促进企业提高整体素质。对由于严重官僚主义、管理疏漏、制度不健全而发生贪污贿赂罪案的，要根据情节，依法追究有关领导人的玩忽职守责任或建议主管部门给予党纪、政纪处理。同时，要积极提出检察建议，协助企业完善规章制度，加强行政管理，健全防范机制，堵塞漏洞。要结合办案，帮助发案单位堵塞漏洞，协助整顿干部队伍，严密会计、审计等规章制度，加强廉政建设。

六、开展法制宣传教育，特别是要运用有影响的典型案例，以案论法，增强企业干部职工的法制观念和拒腐防变的能力，调动他们同各种违法犯罪做斗争的积极性。积极推动企事业单位订阅《中国检察报》，动员企事业员工学法、懂法，依法办企事业。通过报纸、刊物、电视、广播、展览等形式开展持久的法制宣传教育，引导企业依法经营。

检察机关履行法律职责，要运用法律武器，通过查办"蛀虫"和提供法律保障来实现打击与服务的统一。要坚持不懈地做思想政治工作，力求使所有干部都了解反贪污贿赂犯罪对搞活经济是保护、促进，而不是束缚。要从理论和实践的结合上，特别是通过实例做耐心的宣传工作。

最高人民检察院关于印发《1992年检察工作计划要点》的通知

（1991年12月13日）

各省、自治区、直辖市人民检察院，军事检察院：

现将《1992年检察工作计划要点》印发给你们，请遵照执行。

附：

1992年检察工作计划要点（摘要）

（1991年12月）

1992年检察工作的主要任务是：在以江泽民同志为核心的党中央领导下，坚定不移地坚持党的"一个中心，两个基本点"的基本路线，切实贯彻中央工作会议和八中全会精神，牢固树立为社会主义建设服务的思想，忠实履行法律监督职责，继续深入开展反贪污贿赂犯罪斗争，坚持严厉打击严重刑事犯罪分子和敌对分子的犯罪活动，加强法纪检察工作，积极开展各项检察业务，全面加强社会治安综合治理，加强思想政治工作和队伍建设，反对和抵御敌对势力的和平演变阴谋，维护国家稳定和社会安定，保卫国家安全，促进社会主义经济建设，巩固人民民主专政。

一、各项检察业务工作和专门检察工作

（一）贪污贿赂检察工作

1、继续深入开展反贪污贿赂斗争。要教育广大检察人员清醒地认识到，反贪污贿赂斗争是反和平演变的重要方面，是一场关系到建设有中国特色社会主义的前途和命运的严重政治斗争。各级检察院一定要坚决贯彻党中央倡廉反贪、拒腐防变的重要指示，增强使命感和责任感，克服畏难情绪，坚定信心，振奋精神，推动反贪污贿赂斗争继续深入。

2、坚定不移地坚持为经济建设服务的指导思想。充分运用检察职能，突出为搞好国营大中型企业、加强农业和农村工作服务。把查办贪污贿赂犯罪，挖“蛀虫”，作为最重要、最直接的服务。在为搞好国营大中型企业服务中，必须坚决执行高检院《关于认真学习贯彻中央工作会议精神继续深入开展反贪污贿赂犯罪斗争的通知》规定的六条措施，正确处理打击与保护的关系，避免单纯就案办案或者脱离检察职能去搞服务。在为加强农业和农村工作服务中，要加强调查研究，严肃查办乡镇党政机关干部和乡镇企业中的贪污贿赂犯罪案件，促进廉政建设和农村稳定。要紧紧把握查办案件的重点部位：群众举报多、非正常亏损严重的企业；非正常收入突出、迅速暴富的；管理混乱、群众举报不断，社会反映强烈的；党政机关和主管部门发现问题要求查办的。对于乡镇企业的行贿问题，着重查办通过行贿推销伪劣、假冒商品的；名为集体实为个人通过大量行贿获取重大不法利益的；与受贿人串通，以行贿方式侵吞集体财产的；以行贿手段套取国家统配、紧俏物资进行倒卖谋取不正当利益的；以行贿手段拉拢腐蚀国家工作人员致使国家和集体遭受重大损失的案件。同时，要注意结合办案，以案释法，宣传法制，提高乡镇企业人员的法制观念，促进乡镇企业依法经营。

3、集中精力查办大案要案。坚决严惩严重贪污贿赂犯罪，该起诉的一定要起诉，防止打击不力。坚持查办大案要案的请示报告制度、分级负责制度和检察长办案制度。高检院贪污贿赂检察厅、省级院和分、州、市院要把主要精力放在指导和直接查办大案要案上，力争有突破性进展。

4、从实际出发，适时发动“小高潮”。要重视和灵活运用这一实践证明行之有效的好办法，通过查处大案要案或在当地有影响的案件，抓住战机，宣传国家法律和党中央惩治腐败的一贯方针政策，发动群众检举揭发贪污贿赂犯罪，敦促违法犯罪分子投案自首，形成斗争声势。在发动“小高潮”过程中，要严格执行国家法律和政策，不搞限期投案自首，从宽从严处理都要依法进行。

5、继续抓好举报工作。坚持“一个窗口对外，统一受理，及时分流，方便群众举报”的原则。大力加强举报线索的初查工作，1992年上半年要彻底清理过去积压的线索，弄清底数，认真消化；对新受理的线索，要每月每季清理，力争线索初查不跨年，切实改变线索积压状况。要改善举报反馈方法，重点搞好综合性反馈，对全社会进行反馈，把信息反馈同宣传发动有机结合起来。要认真执行保护、奖励举报人制度，严肃查处打击报复举报人案件。对打击报复举报人构成犯罪的，要依法严惩；不构成犯罪的，也要建议、督促有关部门给予党政纪处分，坚决把打击报复举报人这股歪风压下去。对借举报诬告陷害他人的，也要依法查办。

6、大力加强侦查工作，提高侦查水平。进一步增强侦查意识，熟练运用各种法定

侦查措施和手段，千方百计地获取证据，揭露犯罪。特别要重视通过秘密调查收集证据。在基本事实清楚，基本证据确凿后，就要根据侦查需要适时采取强制措施，严防案犯潜逃。要研究贪污贿赂犯罪的特点、规律和对策，不断总结和推广侦查工作的新鲜经验。上级检察院要掌握情况，分类排队，有针对性地加强具体指导。继续抓好反贪污贿赂专门机构建设，调整充实力量，提高人员素质，加强基础建设和制度建设。第一季度召开全国检察机关第三次反贪污贿赂侦查工作会议。举办反贪污贿赂专题研讨班。在培养反贪污贿赂专家方面迈出新的步伐。

7、坚持“一要坚决，二要慎重，务必搞准”的原则。正确执行法律和政策，严格区分罪与非罪的界限。认真执行高检院《关于贪污、受贿案件免予起诉工作的规定》，依法正确行使免诉权。严禁违法办案、越权办案。

8、继续依法查处挪用公款、偷税抗税、假冒商标、巨额财产来源不明和隐瞒不报境外存款等犯罪案件。着重查处数额巨大、后果严重的偷税抗税案件和暴力抗税案件以及假冒名优产品商标的犯罪案件。

9、结合办案，积极提出检察建议，协助企事业单位完善规章制度，加强行政管理，健全防范机制，堵塞漏洞，促进企事业单位提高整体素质，预防和减少贪污、贿赂犯罪。

（二）刑事检察工作

1、继续坚持依法从重从快的方针，严厉打击严重刑事犯罪活动。一定要充分认清打击严重刑事犯罪的长期性、复杂性，不忘和平演变这个现实的危险，增强敌情观念和人民民主专政意识，绝不放松“严打”和综合治理。

2、有节奏地开展“严打”斗争，保持“严打”声威。突出打击七类重点对象，尤其是打击惯犯、累犯、流氓犯罪团伙以及黑社会性质的犯罪团伙和国际犯罪集团。积极开展反盗窃斗争。各地要从社会治安的实际情况出发，针对突出问题，确定打击重点，积极参加专项打击和专项治理，坚持哪里治安问题突出就重点治理哪里，什么犯罪严重就重点打击什么犯罪。继续贯彻执行全国人大常委会《关于禁毒的决定》、《关于惩治走私、制作、贩卖、传播淫秽物品的犯罪分子的决定》、《关于严禁卖淫嫖娼的决定》和《关于严惩拐卖、绑架妇女、儿童的犯罪分子的决定》，配合有关部门继续开展禁毒和除“六害”斗争。

3、坚持实行对重大、特大案件的提前介入制度。注意总结经验，逐步实现提前介入工作的规范化。通讯设备和交通工具要适应提前介入工作的需要。

4、加强侦查监督和审判监督。对侦查活动和审判活动中的违法情况及时提出纠正意见。对法院确有错误的判决、裁定，要依法抗诉。注意防错防漏，确保办案质量。

5、采取切实措施，努力提高出庭支持公诉水平。重点做好重特大案件、疑难案件和贪污、贿赂案件的出庭支持公诉工作。对特别有影响的大案要案，提倡检察长亲自出庭。抓紧建立一支有相当数量、有过硬功夫的优秀公诉人队伍，在群众中鲜明地树立公诉人形象。

6、强化内部制约机制。认真执行人民检察院办理自侦案件的内部制约程序，十分严格地对自侦部门的侦查活动是否合法履行制约职能。

7、认真做好应付突发事件的准备工作。高检院在刑事检察厅增设国家安全检察处，加强研究和掌握依法惩处危害国家安全的各种反革命罪犯和特务间谍分子的工作。各地也要重视并有专人负责这项工作。

8、灾区检察机关对大灾之后社会治安的新动向和严峻形势要有充分估计，切不可掉以轻心。要注意掌握社会动态，协同有关部门努力缓解灾后出现的各类矛盾，严防境内外敌对势力和敌对分子乘机进行渗透和破坏活动，坚决依法打击各种刑事犯罪活动，为恢复生产、重建家园创造良好的治安环境。

9、努力维护农村社会治安秩序。坚决打击盗窃、破坏水利、电力和其他农业生产设施、生产资料的犯罪分子，保证农业生产的顺利进行；打击拐卖妇女儿童、抢劫、强奸、杀人、毒品等严重刑事犯罪活动；与公安机关密切配合，及时处理因山林、水利、宗族纠纷引起的群众性械斗事件，避免矛盾激化；打击利用封建迷信坑害群众、图财害命和利用宗教制造事端等破坏治安秩序的犯罪分子，维护农村稳定和社会治安秩序。对少数土改镇反时被镇压的人及其子女、亲属反攻倒算，进行阶级报复的犯罪案件，坚决予以严惩。

10、进一步落实中政委烟台会议精神，落实检察环节上的各项综合治理措施。要坚持以往成功有效的做法，并不断总结经验。要高度重视未成年人犯罪的教育、感化、挽救工作，协同有关部门建立未成年人犯罪教育挽救工作体系，做好对未成年人犯罪案件的检察工作。

（三）法纪检察工作

1、进一步加强法纪检察工作。要通过办案，保护宪法和法律规定的公民民主权利、人身权利和其他合法权益，密切党和人民群众的联系，促进廉政勤政建设，反击国内外敌对势力在“人权”问题上对我国的攻击和诬蔑。

2、坚持查办大案要案。要多办案，办好案。重点查办徇私舞弊、刑讯逼供、非法拘禁、玩忽职守、重大责任事故等犯罪案件。要敢于和善于克服困难和阻力，坚决一查到底。各级检察长要亲自过问或参与大案要案的查办，精心组织，具体指导。高检院法纪检察厅要直接过问、参与办理造成直接经济损失一千万元以上的玩忽职守案件、造成死亡五十人以上的重大责任事故案件和涉及厅局级以上干部的犯罪案件。

3、严格依法办案，保证办案质量。坚持“准”字当头，严格区分罪与非罪界限，区分依法执行公务中的一般违法行为与职务犯罪的界限，区分因一般经济合同纠纷造成经济损失与玩忽职守造成经济损失的界限，区分严重责任事故与技术事故、自然事故、意外事故的界限。要严肃认真、扎扎实实地办好每一个案件。通过检察建议，协助有关单位堵漏建制，提高防范能力。

4、进一步提高侦查工作水平。健全法纪检察机构，稳定和充实必要的侦查人员，抓好侦查干部的业务培训，认真总结和推广查处侵犯公民民主权利、人身权利和渎职犯罪案件的侦查经验。

5、认真贯彻乔石同志批示，结合农村社会主义教育，及时查处农村基层干部侵犯公民权利案件；对一切私设“黑牢”或类似于“黑牢”式的各种非法设施，坚决予以拆除、取缔。对于非法拘禁无辜群众，严重侵犯公民人身权利的案件，要依法严查严办。

6、加强与有关部门的联系，完善协调制度。高检院拟在年内与劳动部联合修订《关于查处重大责任事故案件的几项暂行规定》，力争与高法院、公安部、司法部联合签署查处政法干警违法犯罪案件的规定。同时，要进一步加强与监察、纪检、劳动、能源、邮电、建筑、金融、外贸等部门的联系，为查处侵犯公民民主权利、人身权利和渎职犯罪案件创造条件。

（四）监所检察工作

1、依法全面开展各项监所检察业务，把对监管改造场所执行法律情况的监督摆在首位。对看守所着重检察超期羁押、混押的问题；对劳改、劳教场所着重检察对罪犯减刑、假释、保外就医和劳教人员减期、提前解除劳教、所外就医等活动中的违法问题；对于体罚虐待被监管改造人员的行为，及时提出纠正意见，构成犯罪的要坚决查处，切实保障被监管改造人员的合法权益。

2、加强安全防范检察，稳定监管改造秩序。

3、坚决打击被监管改造人员特别是"牢头狱霸"的犯罪活动，严肃查处监管改造场所发生的贪污、贿赂、体罚虐待被监管人、私放罪犯等犯罪案件。

4、加强监所检察派驻机构建设。

（五）控告申诉检察工作

1、严肃负责地处理公民的控告、申诉。坚持检察长亲自批阅来信、接待来访制度。开展文明接待活动，积极为群众排忧解难。重视处理初信、初访，减少重复信访、越级上访和集体上访，坚决劝阻群众集体进京上访；对重大上访和有闹事苗头的"告急"案件，及时报告，妥善处理；坚持耐心疏导教育，避免矛盾激化，消除社会不安定因素。

2、把复查刑事申诉案件当作一项重要的法律监督制约工作来抓。重点复查不服检察机关处理决定和不服法院判决、裁定的刑事申诉案件和久诉不息案件，坚持有错必纠的原则。完善复查刑事申诉案件的办案程序。

3、搞好控申情况反映。分析研究群众控告、申诉的变化情况和重要的社情动态，为领导决策和指导工作提供可靠依据。注意收集人民群众对检察干部违法违纪情况的反映，接受群众监督，促进检察队伍建设。

（六）民事、行政检察工作

本着"积极、认真、稳妥"的原则，切实依法履行民事（经济）审判活动和行政诉讼活动的法律监督职责。集中力量办好民事、经济和行政抗诉案件，特别要办好大案，推动民事行政检察工作全面开展。对决定抗诉的案件，要严格执行向上级检察院报告审查制度，确保办案质量。总结和推广工作经验，加强业务指导。抓紧制定和完善业务细则和工作制度。根据工作需要，继续抓好民事、行政检察业务机构建设和干部培训工作。

（七）铁路运输检察工作

要紧密结合铁路运输实际，进一步发挥铁路运输检察职能作用，重点查处以车以票谋私和发生在工程基建以及多种经营中的贪污、贿赂犯罪案件，特别是大案要案。坚持依法从重从快的方针，严厉打击危害铁路治安秩序的各种刑事犯罪，特别是"车匪路霸"、流窜犯罪和团伙犯罪以及在站、车上盗窃、抢劫、杀人、爆炸、强奸、流氓滋扰、破坏交通工具和交通设备的犯罪活动。严肃查处玩忽职守、重大责任事故等渎职犯罪案件。积极参加铁路治安的综合治理。加速完善铁路运输检察院的各项工作制度。

（八）军事检察工作

从军队实际出发，确定工作重点。认真查处军队内部的贪污、贿赂和渎职犯罪案件，坚决打击各种危害军事利益和国防设施的严重刑事犯罪活动，为人民军队建设和国防建设服务。

二、检察信息、技术和装备工作

（一）检察信息工作

1、检察信息工作要坚持为领导服务，

为检察业务服务，为基层服务，把工作重点放在发挥参谋助手作用方面，及时为领导机关了解工作情况和社会动态，实行科学决策和宏观指导提供客观依据。

2、按照“准确、及时、全面、方便”的原则，改进检察信息工作。加强对工作重点的信息反馈，注重反映新情况、新问题，搞好对检察机关重大活动和重大事件的追踪反映和系列反馈。大力加强综合分析，努力提高信息质量，积极为领导决策提供预案。不断拓宽信息渠道，在不偏离中心的前提下，尽可能增大信息量。健全信息网络，加快信息传递速度，及时上报重要情况。进一步加强信息联络点建设。

3、改进统计工作。重点加强基层基础统计工作建设，正式推广使用统一的各类案件统计登记卡和统计台帐。狠抓统计数据质量和时效，及时填报“贪污贿赂案件快报表”。认真编辑《检察统计年鉴》加强统计分析，发挥统计信息、咨询、监督的整体功能。继续健全统计机构，落实各项统计工作制度，优先充实分、州、市院统计部门的力量，加快统计现代化建设步伐。

4、重视检察档案管理和档案信息的开发利用。认真贯彻《档案法》和全国档案工作会议精神，按照高检院规定的统一标准，做好诉讼档案的归档工作。继续积极参加地方档案部门组织的上等级活动。抓好档案编研和史料开发利用工作，提供优质服务，发挥档案效用。

（二）检察技术工作及其设施

1、紧密配合检察工作重点，做好现场勘验、检验鉴定和文证审查工作。加强对已授鉴定权的技术人员的管理，确保办案的合法性、科学性、准确性和及时性。充分利用视听技术手段，开展预防犯罪和事故防范教育。

2、坚持从实际出发，全面规划，统筹安排，突出重点的方针，加快三级技术点建设。要继续贯彻国务院办公厅批转的《关于加强检察机关侦查手段设施建设的意见》，重点建设市（分）级以上检察院，普及发展县区级检察院。要按照急需、适用、先进的原则，搞好基础建设。高检院要认真制定和落实检察技术研究所的基本建设计划，聘请技术顾问，加速建设昆山实验基地，争取早见成效。

3、重视和加强以应用为主的检察技术研究工作，加快高新技术在检察技术工作中的运用，推进检察事业的科技进步。充分发挥检察技术研究所的骨干作用，发挥各地研究所的强项优势，根据实际工作需要，确定若干科研项目，进行重点攻关研究，力争解决一批当前亟待解决的技术难题，增强办案能力。加强技术情报工作和学术交流。

4、重视技术队伍建设，加强技术干部培训工作，继续争取解决技术人员的职称和待遇问题。高检院年内培训各类技术人员500人。各地也要抓好上岗培训、专题研讨和专门培训等工作。采取多种途径，努力培养一批检察机关的法医检验、文检、痕检、理化检验、司法会计鉴定和视听技术专家。

（三）检察机关的业务经费

1、认真落实业务经费单独立项、专款专用制度。

2、继续实行专项经费补贴。

3、加强检察机关的财务管理及其设施建设，逐步实现全系统财务电算化。

（四）检察机关的装备工作

1、继续改善检察机关的交通装备，努力适应检察业务工作的需要。

2、搞好检察机关的办公用房建设。继续贯彻落实国办（89）15号文件，抓好检察机关的办公用房以及业务技术用房（包括举报室、预审室、暂押室、侦查技术用房等）建设，逐步改善检察机关的办公用房条件。努力缓解检察人员住房紧张状况。

3、严格检察机关的枪支弹药管理，为基层检察院配备必要的枪弹保险柜，认真落实对枪支弹药统一管理的各项措施，确保枪支弹药适应工作需要，防止发生事故。

4、认真做好热区夏服和全系统大衣的制作和发放工作。

（五）检察机关的办公自动化建设

1、按照全面规划、分步实施、先易后难、逐渐见效的原则，开发国家检察信息系统。积极进行高检院与部分省级检察院异地排版印刷一体化系统、微机远程通信网络、局部办公事务公文管理系统的开发试点和应用工作，开发检察工作法规数据库、检察统计台帐管理和案件管理程序、检察诉讼档案管理程序，筹建小型机核心网和高检院机关办公大院局部网。

2、进一步扩大检察系统通信网络。高检院年内开通与各省级检察院的一级专线通信网，并帮助开通八个省院的二级专线通信网和四个无线通信网。凡有条件的省级检察院应将通信线路向分、州、市院和县级检察院延伸。大、中城市的检察院和有条件的县级检察院应建立无线电对讲通信网。

三、检察机关的法制建设

(一)几项法律的研究起草和修改工作

1、加快《反贪污贿赂法》的起草工作，进一步广泛调研，听取各方面的意见，抓紧研究修改。1992年上半年要将《反贪污贿赂法》(代拟稿）报请全国人大常委会审议。

2、抓紧《检察官条例》（代拟稿）的研究论证工作。力争1992年上半年报全国人大常委会审议。

3、协助全国人大常委会法工委起草《关于惩治渎职罪的补充规定》。

4、结合检察实践，继续对《人民检察院组织法》、《刑法》、《刑事诉讼法》提出修改意见，报送立法机关。

（二）检察司法解释工作

1、针对具体应用法律中的新问题和疑难问题，做好司法解释工作。各地检察机关要为高检院搞好司法解释积极提出问题，提供案例和研究意见。高检院要根据法律规定和实践经验，适时作出司法解释。

2、大力开展专题调查研究，为司法解释打好基础。重点研究主要检察业务工作的进展情况、存在问题及其原因和改进措施，研究检察工作如何为搞好国营大中型企业、乡镇集体企业和发展农村经济提供法律服务问题，研究各类危害严重的刑事犯罪和青少年犯罪及其对策问题，研究如何搞好民族地区检察工作、正确执行法律政策、维护边疆稳定问题，研究涉外和涉台、港、澳法律和业务工作问题，研究检察机关建设和派出机构问题。各级检察院都要从实际出发，确定研究题目，拿出若干确有份量的研究成果。

（三）检察理论研究和出版工作

加强检察基础理论研究，探索和发展有中国特色的检察制度。大力开展有关反贪污贿赂斗争、“严打”斗争、综合治理和队伍建设等重大理论课题的应用研究。充分发挥检察理论研究所和检察学会的作用，鼓励理论工作者与检察人员合作，开展学术交流活动，繁荣检察理论研究。各级检察院都要确定若干检察理论研究重点选题，高检院设立检察理论研究基金，力争拿出一批质量较高的研究成果。办好《中国检察年鉴》、《检察理论研究》，有计划地编辑出版一批学术水平较高的检察业务教程和理论著作。中国检察出版社计划全年编辑、出版各种图书60种约2000万字，重点抓好被列为国家“八·五”重点图书的10卷本《中华法学大辞典》和23册的《刑事犯罪案例丛书》的编审工作以及检察业务系列教材的出版工作。

（四）法制宣传工作

1、按照团结、稳定、鼓劲和正面宣传为主的原则，加强和改善检察宣传工作。着重宣传检察机关重点工作的成就；宣传运用检察职能促进政治稳定和经济发展，特别是为搞好国营大中型企业服务、为加强农业和农村工作服务的好做法、好经验，宣传制定《反贪污贿赂法》的必要性和重要性。检察宣传工作要符合法律规定，注意完整准确地体现党的路线、方针、政策和检察工作的指导思想。加强对宣传工作的管理，建立健全新闻宣传制度。

2、坚持和完善新闻发言人制度。适时召开新闻发布会，公布检察机关的重大活动、重要司法解释和查处的重大案件。根据检察工作的总体部署，组织好重大宣传活动。

3、讲究宣传方法，拓宽宣传领域，分别不同对象，采取多种形式，分层次、分内外地进行有效的宣传教育，努力提高宣传质量和效果。继续搞好反贪污贿赂成果展览和个案展览。密切与新闻单位的联系，充分利用报刊、广播、影视等宣传工具，鼓励检察题材的文学、艺术、戏剧创作和影视作品摄制。1992年，高检院将协助建立中央电视台驻高检院记者站，开展全国检察系统电视新闻片、专题片调演评选活动。

4、办好《中国检察报》、《最高人民检察院公报》、《人民检察》等报刊。各省级检察院也要努力办好检察刊物。不断改进编辑出版工作，提高报刊质量。

四、检察机关的队伍建设

（一）思想政治工作

1、大力开展社会主义思想教育，保持检察队伍坚定正确的政治方向。继续组织广大检察人员认真学习江泽民同志“七一”讲话、中央工作会议和八中全会精神，紧密联系检察工作实际，深入持久地抓好马克思主义理论学习，坚持不懈地进行反和平演变的教育和为人民服务的宗旨教育，使广大检察人员明确划清三个是非界限：马克思主义与反马克思主义的界限；社会主义和资本主义的界限；科学社会主义和民主社会主义的界限。要做到五个坚持：坚持党的领导，绝不能搞多党制；坚持人民民主专政，绝不能搞西方的议会政治；坚持党对军队的绝对领导，绝不能搞军队的非党化、非政治化；坚持公有制的主导地位，绝不能搞私有化；坚持马克思主义的指导地位，绝不能搞指导思想的多元化。深刻认识资产阶级自由化同坚持四项基本原则对立和斗争的长期性，牢固树立在党的领导下，坚持走社会主义道路的信念。

2、加强领导班子建设。要把领导班子建设作为队伍建设的关键来抓。各级检察长首先要做一个政治家，增强政治敏感性，善于从政治上观察和处理问题，做一个清醒的马克思主义者；要解放思想，发扬民主，敢于和善于把中央精神同各地实际相结合，创造性地开展工作。上级检察院要协助地方党委抓好下一级检察院的领导班子建设，做好年度考核考察和民主评议工作。要切实加强领导班子的思想作风和组织建设，健全党内民主生活制度，培养眼睛向下、深入实际、刻苦钻研、精益求精的作风。要把领导班子建设成为忠于马克思主义，认真贯彻党的路线、方针、政策和执行国家法律的坚强领导核心。协助中央组织部和地方党委做好1993年省级检察院和分、州、市院检察长的换届选举工作。

3、抓好后备干部工作。增强培养教育

青年干部的紧迫感，认真落实中发(1991)17号文件精神，从本地区、本单位的实际情况出发，研究制定培养规划及实施方案。要从实际出发，针对不同情况，采取不同办法，既要组织他们系统学习马克思主义基本理论，又要下决心把他们放到实践中去锻炼，努力培养一批德才兼备的跨世纪的青年干部。抓紧选拔一批德才都好、年富力强的中青年干部，充实各级检察院的领导班子。

4、加强检察机关的廉政建设。坚持从严治检的方针，加强纪律性，要严格教育，严格管理，严格检查监督，严肃查处违法违纪行为，坚决纠正行业不正之风。坚持一年一度的执法执纪大检查制度，进行开门整顿，采取请进来，走出去等多种形式，广泛征求有关部门、单位和群众对检察人员的批评和建议。各级领导要率先垂范，做艰苦奋斗、清正廉洁、秉公执法的表率。

5、认真贯彻中共中央(89)14号文件，继续配合有关部门做好推荐民主党派和无党派人士担任检察院领导职务、聘请民主党派和无党派人士担任特约检察员的工作。注意安排特约检察员多参加一些办案、调研等检察业务活动，切实重视他们转递信件的处理。高检院和省级检察院对这项工作要加强指导。1992年召开一次特约检察员工作座谈会。

6、坚持开展争先创优活动，大力表彰和宣传检察系统的先进集体和先进个人，弘扬检察人员清正廉明、秉公执法精神。修订检察人员表彰奖励办法。召开全系统的“双先”表彰大会。

（二）干部教育培训工作

1、把干部教育培训工作作为一项战略任务来抓，始终把提高干部政治素质放在第一位。实行离职培训与在职学习相结合，切实抓好干部的在职学习。坚持巩固提高、注重实效、学以致用的方针，把教育培训工作提高到一个新水平。

2、加强领导干部及后备干部的培训。中央检察官管理学院举办两期检察长研讨班和一期民族地区检察干部班，培训省级院副检察长，分、州、市院和民族地区基层院检察长。积极利用各级党校、干校加强对各级检察长的培训。各省级检察院要根据需要举办后备干部培训班，为1993年检察长换届工作做好准备。

3、继续抓好学历教育。积极开展岗位职务培训试点工作。高检院选七个省区作为试点，摸索经验。

4、继续加强教育机构和培训基地建设，完善检察系统教育培训体系。努力办好中央检察官管理学院，年内招收学员400人。抓好24个省级院检察官培训中心和检察干部学校、19个电大分校和10个函授站的基础建设，尚未建立检察官培训中心的省级检察院要争取在年内建立起来。函授站由10个扩大到15个。按照专、兼、聘相结合的原则，初步建立一支老中青结合的专业门类齐全的师资队伍，努力解决专职教师的职称、待遇问题。

5、有计划地开展业务骨干培训。举办各种有针对性的培训班，采取专案研讨、专题研讨、出国培训等形式，逐步培养专门人才。

6、调查研究沿海开放地区和少数民族地区干部素质情况，根据需要与可能开展有针对性的专门培训。

（三）基层派出检察机构建设和检察机构编制改革

1、积极抓好乡（镇）、税务等派出检察机构建设，加强工作指导和管理。要充实骨干力量，积极慎重地开展工作，严格依法办案，认真总结经验，建立健全工作制度。

2、根据中央编委的要求和检察工作的实际情况，制定检察机关的机构编制改革方案。

五、其他

（一）外事工作

有计划、有组织地开展对外交往活动，搞好出国访问、考察和接待来访国外检察代表团的工作。积极参加国际学术交流、信息交流、人员培训等活动。逐步开展同友好国家间的司法协作。收集整理国外法律资料特别是检察工作资料。

（二）保密工作

要继续贯彻落实《保密法》和中共中央《关于加强保密工作的通知》精神，结合国内外阶级斗争形势开展保密宣传教育，增强检察干部的敌情观念和保密意识。着重抓好办案中的保密工作和办公自动化建设中的保密工作。建立健全并严格执行保密制度。研究提出诉讼文书、案卷标定密级方案。确定检察机关保密的要害部门和要害部位，严格保密岗位责任制。严肃查处泄密事件。抓好保密队伍建设，省级检察院要配备专职保密干部。

第五部分　最高人民检察院司法解释选载

最高人民检察院关于严格执行全国人大常务委员会《关于禁毒的决定》、《关于惩治走私、制作、贩卖、传播淫秽物品的犯罪分子的决定》的通知

高检发研字〔1991〕1号
1991年1月5日

各省、自治区、直辖市人民检察院，军事检察院：

第七届全国人大常委会第十七次会议审议通过的《关于禁毒的决定》、《关于惩治走私、制作、贩卖、传播淫秽物品的犯罪分子的决定》，是严厉打击毒品犯罪和淫秽物品犯罪活动有力的法律武器。它是全国人大常务委员会根据近年来国际贩毒、贩黄活动对我国的不断渗透；国内毒品犯罪和淫秽物品犯罪死灰复燃，在个别地区日趋蔓延的新情况，以及我们开展禁毒、“扫黄”斗争实践中提出的法律问题而制定的，是对刑法有关规定的重要补充和修改。最近，党的十三届七中全会又一次明确提出了“物质文明建设和精神文明建设一起抓的方针”，这两个《决定》正体现了这一方针的精神。两个《决定》的公布实施，对于深入开展禁毒、“扫黄”斗争，抵制剥削阶级腐朽思想的侵蚀，保护人民群众的身心健康，维护社会秩序和国家稳定，加强社会主义精神文明建设，具有十分重要的意义。为了严格执行这两个《决定》，严厉打击毒品犯罪和淫秽物品犯罪活动，特作如下通知：

一、各级人民检察院要组织全体检察人员认真学习、掌握《决定》的内容，深刻领会立法精神，以保证严格、准确地适用法律，正确履行法律监督职责。

二、各级人民检察院办理走私、贩卖、运输、制造毒品、非法种植毒品原植物犯罪案件和走私、制作、贩卖、传播淫秽物品犯罪案件等严重危害社会治安的犯罪案件，要贯彻依法从严惩处的方针，坚持以事实为根据，以法律为准绳的原则，保证办案质量。首先，对于案件基本事实清楚、基本证据确实、充分，符合法定逮捕条件的罪犯，要及时批准逮捕。第二，要严格控制免予起诉，除依照刑法规定不需要判处刑罚或者免除刑罚的罪犯外，凡是罪该起诉的，都应当及时向人民法院提起公诉，交付审判。第三，对于重大犯罪案件要适时提前介入，掌握案情，核查证据。第四，切实做好出庭支持公诉的工作，揭露犯罪，宣传法制，提高人民群众同违法犯罪活动作斗争的积极性。第五，贯彻惩办与宽大相结合的政策。对于犯罪集团的首要分子、累犯、以及武装贩毒分子，要坚决打击；对毒害、教唆、利用未成年人犯罪的，国家工作人员实施毒品、淫秽物品犯罪的，要从重处罚；对于自首坦白的，或者检举、揭发其他犯罪有立功表现的，可以依法从轻、减轻或者免除处罚。

三、两个《决定》自公布之日起施行，

各级人民检察院对于《决定》公布施行后的违法犯罪行为，应当依照《决定》的规定办理；对《决定》公布施行前的违法犯罪行为，按照刑法第九条规定的原则办理；对《决定》公布施行前发生、已经依法处理的案件，不再变动。

四、各级人民检察院在与毒品犯罪和淫秽物品犯罪的斗争中，要与公安机关、人民法院互相配合，协同作战，保证及时、有效地同这两类犯罪作斗争。同时，还要加强和民政、卫生、文化、新闻出版以及工、青、妇等各有关部门的合作，发动和依靠群众，积极开展综合治理工作。

五、各级人民检察院在贯彻执行两个《决定》，开展禁毒、“扫黄”斗争中，要注意调查研究工作，不断总结积累经验，对于具体适用《决定》所遇到的问题，要及时层报最高人民检察院。

最高人民检察院关于必须严肃查处暴力抗税案件的通知

高检发〔1991〕5号

1991年1月18日

各省、自治区、直辖市人民检察院，军事检察院：

最近，乔石同志就江苏省暴力抗税案件频频发生的问题作出批示：暴力抗税事必须严肃处理。乔石同志的重要批示，各级检察机关应当高度重视，认真贯彻落实。为此特作如下通知：

一、各级人民检察院要充分认识暴力抗税的危害性和严肃查处这类犯罪的必要性。近几年来，各级检察机关虽然加强了查处偷税抗税案件的工作，并且取得了较大进展；但是各地偷税抗税犯罪的猖獗势头并未得到有效的遏制。特别是以暴力或暴力相威胁为手段的“暴力型”抗税案件在许多地区仍频频发生。据不完全统计，从1988年到1990年上半年，全国共发生暴力抗税案件6850余起，有6293名税务人员被打，其中重伤654人，致残17人，死亡7人。有的纳税人为了少交或不交税款，动辄对税务人员施以暴力或以暴力相威胁，甚至持械行凶；有的纳税人还纠集煽动同伙、亲属或不明真相的群众围攻税务人员，冲击税务机关，造成了极坏的社会影响。暴力抗税行为不仅干扰了国家税收工作的正常秩序，而且使税务人员的人身安全受到严重危害。因此，对这类犯罪必须认真对待，严肃查处。各级检察机关一定要把查处暴力抗税案件作为一项重要任务，切实抓紧抓好。

二、要针对本地区的实际情况，有计划、有重点地依法查处暴力抗税案件。要深入这类案件多发地区和部位，着重查处那些情节恶劣、后果严重和社会影响很坏的重大案件；与人民法院密切配合，选择典型案件进行公开审理、宣判，不失时机地在纳税人中进行宣传教育，形成声势，达到“办一案，教育一片”的社会效果。

三、在查处工作中，要注意正确执行法律和政策，严格区分暴力抗税犯罪与一般治安违法行为以及妨碍公务犯罪的界限。对纳税人为抗拒纳税义务，当场对税务人员实施暴力或以暴力相威胁的，要坚决依法查处。对采取暴力手段报复税务人员，造成伤残、死亡的，要迅速立案侦查，并根据犯罪事实和后果，分别以一罪或数罪起诉；对在暴力抗税中持械行凶，造成严重后果的，应当依其所犯罪名，从重处罚；对聚众围攻税务人员，冲击税务机关，致人伤残、死亡或毁坏、抢走公私财物的首要分子，可依照《刑法》第一百三十七条论处；对组织、煽动、指使、唆使纳税人或其他人员实施前述暴力抗税行为，情节严重的，应当从重惩处。

四、要加强与税务、公安机关、人民法院的联系，结合办案，开展综合治理，搞好预防工作。要认真分析研究本地区“暴力型”抗税案件的特点和对策，注意收集整理典型案例，及时总结交流查处此类案件的经验。对查处工作中遇到的情况、问题、经验和案例，请及时报送最高人民检察院。

最高人民检察院关于印发《人民检察院直接受理侦查的刑事案件审查逮捕审查起诉工作暂行规定》的通知

高检发刑字〔1991〕10号

1991年1月26日

各省、自治区、直辖市人民检察院，军事检察院：

《人民检察院直接受理侦查的刑事案件审查逮捕审查起诉工作暂行规定》经我院第七届第五十六次检察委员会讨论通过。现印发给你们，请参照执行。

附：

人民检察院直接受理侦查的刑事案件审查逮捕审查起诉工作暂行规定

第一条 根据《中华人民共和国刑事诉讼法》、《中华人民共和国人民检察院组织法》的有关规定，结合办案实践，制定本规定。

第二条 人民检察院直接受理侦查的刑事案件，由刑事检察部门审查逮捕、审查起诉或者免予起诉和出席法庭支持公诉。

第三条 在侦查中，依法需要逮捕人犯时，侦查部门应当制作《逮捕人犯意见书》，连同案卷材料、证据一并移送刑事检察部门。刑事检察部门应及时审查，依法提出是否同意逮捕的意见，并填写《审查逮捕人犯表》，报检察长决定。重大疑难案件以及侦查部门与刑事检察部门意见不一致的案件，应经检察委员会讨论决定。

第四条 检察长或者检察委员会作出批准逮捕决定或者不批准逮捕决定的，由刑事检察部门将《审查逮捕人犯表》，连同案卷材料、证据一并退侦查部门。决定批准逮捕的，由侦查部门通知公安机关执行逮捕。决定不批准逮捕的，如果人犯已被拘留，由侦查部门通知公安机关予以释放。

第五条 侦查终结的案件，侦查部门认为需要提起公诉或者免予起诉的，应当在《侦查终结报告》上写明意见，连同案卷材料、证据一并移送刑事检察部门审查。刑事检察部门审查后，认为需要起诉的，应提出意见报检察长或者经检察委员会决定。需要免予起诉或者重大疑难案件以及与侦查部门意见不一致的案件，应当经检察委员会讨论决定。

第六条 对于需要延长被告人羁押期限的案件，在侦查阶段由侦查部门办理审批手续；在审查起诉阶段，由刑事检察部门办理审批手续。

第七条 刑事检察部门审查案件，发现人犯应当逮捕、起诉或者免予起诉而未移送审查的，应当及时向侦查部门提出移送审查逮捕、审查起诉或者免予起诉的意见。侦查部门如有不同意见，由刑事检察部门报请检察长或者经检察委员会决定。

第八条 在审查逮捕、审查起诉活动中，发现不应当追究被告人刑事责任时，应经检察委员会决定，由侦查部门办理撤销案件手续。

第九条 刑事检察部门审查案件，对于主要犯罪事实不清、证据不足，需要补充侦查的，应当制作《退回补充侦查意见书》，连同案卷材料、证据，一并退回侦查部门补充侦查。刑事检察部门也可以自行补充侦查。

第十条 人民检察院直接受理侦查的刑事案件提起公诉后，人民法院退回补充侦查的，可以由刑事检察部门补充侦查，也可以退回侦查部门补充侦查；必要时，由刑事检察部门与侦查部门共同补充侦查。

第十一条 人民检察院直接受理侦查的刑事案件的办案期限，按照《中华人民共和国刑事诉讼法》、《全国人大常委会关于刑事案件办案期限的补充规定》和最高人民检察院《人民检察院刑事检察工作试行细则》中的有关规定执行。

第十二条 各省、自治区、直辖市人民检察院可根据本地区的实际情况，参照本规定制定相应的工作细则，并报最高人民检察院备案。

第十三条 最高人民检察院在本规定发布以前的有关规定与本规定不一致的，按本规定执行。

最高人民法院
最高人民检察院　公安部
关于严厉打击非法出版
犯罪活动的通知

法（研）发〔1991〕5号

1991年1月30日

各省、自治区、直辖市高级人民法院、人民检察院、公安厅（局）：

随着“扫黄”斗争的深入开展，制作、贩卖、传播、走私淫秽物品的犯罪分子，受到了一定程度的打击。但是，非法出版犯罪活动仍然比较严重。突出表现是：已经明令查禁的宣扬色情、凶杀暴力、封建迷信和反动内容的出版物，经改头换面，重新出笼；有的已被撤销的出版单位还在进行违法犯罪活动；个别出版、发行单位，继续违反出版管理规定，出卖书刊号，大量出版、征订、发行有害书刊；有些印刷厂见利忘义，违法承印非法出版物。

为了依法严惩非法出版犯罪活动，1987年11月27日最高人民法院、最高人民检察院发出了《关于依法严惩非法出版犯罪活动的通知》，明确规定：“以牟取暴利为目的，从事非法出版物的出版、印刷、发行、销售活动，非法经营或者非法获利的数额较大，情节严重的，以刑法第一百一十七条投机倒把罪论处；数额巨大的，适用刑法第一百一十八条；情节特别严重的，适用《全国人民代表大会常务委员会关于严惩严重破坏经济的罪犯的决定》第一条第（一）项的规定。”但是，这一重要的司法解释颁布以来，有些地方还没有认真执行。许多已经构成犯罪的案件，没有移送司法机关追究刑事责任，以罚代刑的情况还很严重，致使一些犯罪分子没有受到应有的打击，继续从事非法出版犯罪活动。这个问题不解决，不仅不利于“扫黄”斗争的深入进行，而且会危及前一阶段“扫黄”的成果，甚至会使制黄、贩黄的浊流卷土重来。

现再次重申：各级人民法院、人民检察院、公安机关，务必严格执行高法、高检《关于依法严惩非法出版犯罪活动的通知》。关于从事非法出版活动构成投机倒把罪的数额标准，在未作出新的司法解释之前，仍按高法、高检1985年7月8日《关于当前办理经济犯罪案件中具体应用法律的若干问题的解答（试行）》和高法、高检1989年3月15日《关于当前处理企业事业单位、机关、团体投机倒把犯罪案件的规定》执行。对于非法出版犯罪案件，决不能只由行政部门罚款了事。公安机关应当及时立案、侦查，并移送检察机关审查起诉，人民检察院和人民法院均应及时受理；人民法院应当根据上述高法、高检的通知，依照刑法和全国人民代表大会常务委员会的有关决定，予以惩处。对于从事非法出版犯罪活动的单位，应当追究直接负责的主管人员和其他直接责任人员的刑事责任。坚决纠正和防止“有案不查、立案不结、以罚代刑、重罪轻判”的现象。要抓紧处理一批大案要案，并通过广播、电视、报刊等新闻媒介，扩大宣传，以打击犯罪分子的嚣张气焰，把“扫黄”斗争进一步引向深入。

以上通知，望认真贯彻执行。执行中有什么问题，请及时报告。

附：

最高人民法院　最高人民检察院关于当前办理经济犯罪案件中具体应用法律的若干问题的解答（试行）（节录）

三、关于投机倒把罪的几个问题

（二）关于如何认定投机倒把“情节严重”的问题

“情节严重”是刑法规定的投机倒把罪构成的必要条件。认定“情节严重”，应当以非法经营的数额或非法获利的数额较大为起点，并结合考虑其他严重情节。

目前对于追究投机倒把罪的数额起点不宜规定太死，应本着既有统一的衡量标准，又可以因地制宜、适当掌握的原则，把数额和其他严重情节结合起来认定。对非法经营数额在一万元以上，或者非法获利数额在三千元以上的，一般可视为“数额较大”。同时，应结合考虑其他严重情节，例如：多次进行投机倒把活动，经行政处罚仍不悔改的；利用职权进行投机倒把活动，影响很坏的；哄抬物价，严重扰乱市场，引起民愤的，等等。

对非法经营数额在五万元以上，或者非法获利数额在三万元以上的，一般可视为投机倒把“数额巨大”。

对非法经营数额在二十万元以上，或者非法获利数额在十万元以上的，一般可视为“数额特别巨大”。数额特别巨大是认定投机倒把罪“情节特别严重”的一项主要内容。

以上所提的“数额较大”、“数额巨大”、“数额特别巨大”，都是供参考的数额。各省、自治区、直辖市司法机关可参照上述数额，根据本地区的实际情况规定本地区应掌握的数额标准。

最高人民法院　最高人民检察院关于当前处理企业事业单位、机关、团体投机倒把犯罪案件的规定（节录）

企业事业单位、机关、团体进行投机倒把活动，一般以非法经营数额达到三十万元至六十万元，或者非法获利数额达到十万元至二十万元为“数额特别巨大”的起点。各省、自治区、直辖市高级人民法院、人民检察院可以根据本地区经济发展状况以及经济犯罪情况，会同有关部门，参照上列数额意见，提出本地区具体数额标准。并在办理案件中，将本地区确定的数额标准和单位投机倒把的其他构成条件结合起来考虑，决定是否追究有关人员的刑事责任。

最高人民检察院关于贩卖假毒品案件如何定性问题的批复

高检发研字〔1991〕2号

1991年4月2日

甘肃省人民检察院：

你院甘检研（1990）第12号《关于贩卖假毒品案件如何定性处理的请示报告》收悉。经研究，现答复如下：

对贩卖假毒品的犯罪案件，应根据不同情况区别处理：明知是假毒品而以毒品进行贩卖的，应当以诈骗罪追究被告人的刑事责任；不知是假毒品而以毒品进行贩卖的，应当以贩卖毒品罪追究被告人的刑事责任，对其所贩卖的是假毒品的事实，可以作为从轻或者减轻情节，在处理时予以考虑。

最高人民检察院关于印发《人民检察院侦查贪污贿赂犯罪案件工作细则（试行）》的通知

高检发〔1991〕23号

1991年4月8日

各省、自治区、直辖市人民检察院，解放军军事检察院：

《人民检察院侦查贪污贿赂犯罪案件工作细则（试行）》，已经最高人民检察院第七届检察委员会第六十二次会议通过，决定印发各地试行。在试行中有什么问题和意见，望及时函告最高人民检察院研究室。

附：

人民检察院侦查贪污贿赂犯罪案件工作细则（试行）

（1991年4月2日第七届最高人民检察院检察委员会第六十二次会议通过）

第一章　通　则

第一条　为了明确人民检察院在侦查贪污、贿赂犯罪案件中的职责权限，规范人民检察院侦查贪污、贿赂犯罪案件的程序，保证准确、及时地查明犯罪事实，打击犯罪活动，促进廉政建设，根据《中华人民共和国刑事诉讼法》和《中华人民共和国人民检察院组织法》的规定，制定本细则。

第二条　人民检察院直接受理，立案、侦查贪污、贿赂犯罪案件。

人民检察院反贪污贿赂部门是侦查贪污、贿赂犯罪案件的专门机构，负责对贪污、贿赂犯罪案件的立案、侦查工作。

第三条　最高人民检察院领导地方各级人民检察院和专门人民检察院的立案、侦查工作；上级人民检察院领导下级人民检察院的立案、侦查工作。

最高人民检察院贪污贿赂检察厅指导地方各级人民检察院和专门人民检察院反贪污贿赂部门的立案、侦查工作；上级人民检察院反贪污贿赂部门指导下级人民检察院反贪污贿赂部门的立案、侦查工作。

第四条　人民检察院侦查贪污、贿赂犯罪案件，应当遵循下列原则：

（一）依照法律规定独立行使检察权，不受行政机关、社会团体和个人的干涉。

（二）重证据，重调查研究，不轻信口供。严禁刑讯逼供。

（三）严格依照法律规定的诉讼程序办案。对一切公民，在适用法律上一律平等，在法律面前不允许有任何特权。

（四）实行专门机关和群众相结合。保障公民控告和检举贪污、贿赂犯罪行为的权利。

（五）迅速、及时，严格保守案件中的秘密事项。

（六）清正廉明，秉公执法。

第五条　人民检察院侦查贪污、贿赂犯罪案件，应当坚持党的领导，自觉接受国家权力机关和人民群众的监督，并且密切与公安、法院等司法部门，监察、审计、工商、税务、海关等行政执法部门以及银行等金融部门的联系与配合。

第六条　人民检察院在立案、侦查中对有关人员的回避，依照《中华人民共和国刑事诉讼法》第二十三条至第二十五条的规定进行。

第二章　管　辖

第七条　最高人民检察院管辖全国性的重大贪污、贿赂犯罪案件和发生在中央国家机关的重大贪污、贿赂犯罪案件。

省、自治区、直辖市人民检察院管辖全省（自治区、直辖市）性的重大贪污、贿赂犯罪案件和发生在省、自治区、直辖市国家机关的重大贪污、贿赂犯罪案件。

省、自治区、直辖市人民检察院分院，自治州和省辖市人民检察院管辖全地区（州、市）的重大贪污、贿赂犯罪案件，发生在地区、州、市国家机关的重大贪污、贿赂犯罪案件和涉外贪污、贿赂犯罪案件。

县、市、自治县和市辖区人民检察院管辖除上述规定之外的贪污、贿赂犯罪案件。

第八条 上级人民检察院在必要的时候，可以直接侦查或者组织、参与侦查下级人民检察院管辖的贪污、贿赂犯罪案件，也可以把自己管辖的贪污、贿赂犯罪案件交由下级人民检察院侦查；下级人民检察院认为案情重大、复杂需要由上级人民检察院侦查的贪污、贿赂犯罪案件，可以请求移送上级人民检察院侦查。

第九条 贪污贿赂犯罪案件，由被告人工作单位所在地人民检察院管辖。行贿、受贿并案处理的案件，由受贿被告人工作单位所在地人民检察院管辖。如果由被告人犯罪地或者居住地人民检察院管辖更为适宜的，可以由被告人犯罪地或者居住地人民检察院管辖。

第十条 几个同级人民检察院都有权管辖的贪污、贿赂犯罪案件，由最初受理的人民检察院侦查。必要时，可以移送被告人长期工作单位所在地或者主要犯罪地人民检察院侦查。

第十一条 上级人民检察院可以指定下级人民检察院侦查管辖不明的贪污、贿赂犯罪案件。对管辖权有争议的贪污、贿赂犯罪案件，由有关检察机关协商解决；协商不成的，由共同的上级人民检察院决定。

第十二条 涉及几个省、自治区、直辖市的贪污、贿赂犯罪案件，必要时由最高人民检察院组织、协调侦查工作；涉及几个地区、自治州、省辖市的贪污、贿赂犯罪案件，必要时由省、自治区、直辖市人民检察院组织、协调侦查工作；涉及几个县、市、自治县或市辖区的贪污、贿赂犯罪案件，必要时由省、自治区、直辖市人民检察院分院、自治州、省辖市人民检察院组织、协调侦查工作。

第十三条 现役军人（含军队文职干部、在编职工、由军队管理的离休、退休干部，下同）犯贪污、贿赂罪的案件，由军事检察院管辖；军、地互涉的贪污、贿赂犯罪案件，由军事检察院和被告人工作单位所在地的地方检察院协调侦查。

军人在部队营区犯贪污、贿赂罪的，由军事检察院侦查；在部队营区以外犯贪污、贿赂罪的，由军事检察院侦查，地方检察院协助侦查。

非军人在部队营区犯贪污、贿赂罪的，由地方检察院侦查，军事检察院协助侦查。但涉及军事机密的，由军事检察院侦查，地方检察院协助侦查。

军人和非军人共同在部队营区犯贪污、贿赂罪的，由军事检察院侦查，地方检察院协助侦查；在部队营区以外犯贪污、贿赂罪，主犯是军人的，由军事检察院侦查，地方检察院协助侦查；主犯是非军人的，由地方检察院侦查，军事检察院协助侦查。

军人入伍前犯贪污、贿赂罪的，由地方检察院侦查，军事检察院协助侦查。

退役军人服役期间犯贪污、贿赂罪的，由军事检察院侦查，地方检察院协助侦查。

第十四条 人民武装警察犯贪污、贿赂罪的，由地方检察院侦查。

第三章　强制措施

第一节　拘　传

第十五条 人民检察院根据侦查贪污、贿赂犯罪案件的需要，对被告人可以拘传。

第十六条 拘传应当经检察长批准。执行拘传的司法警察不得少于二人。

第十七条 拘传时，应当查明被告人的身份事项，在确认无误以后，向被拘传人出示《拘传证》。对抗拒拘传的，可以使用戒具，强制到案。

第十八条 被拘传人到案后，应当立即讯问；讯问结束后，应当立即放回，不得拘禁。需要变更强制措施的，应经检察长批准，及时办理变更手续。

第十九条 到本辖区以外拘传被告人，由决定拘传的人民检察院派员前往被拘传人所在地执行，并且应当取得当地人民检察院的支持，当地人民检察院应当予以协助。到本辖区以外拘传被告人，一般应当就地讯问。

第二节 取保候审、监视居住

第二十条 人民检察院对于贪污、贿赂犯罪案件的被告人，具有下列情形之一的，可以取保候审或者监视居住：

（一）可能判处有期徒刑以下刑罚的；

（二）可能免予起诉或者免除刑罚的；

（三）可能判处有期徒刑以上刑罚，采取取保候审、监视居住方法，不致发生社会危险性的；

（四）应当逮捕但患有严重疾病的；

（五）应当逮捕但正在怀孕或者哺乳自己婴儿的；

（六）拘留、逮捕以后需要改变强制措施的；

（七）持有有效护照和有效出入境证件，可能出境逃避侦查，但不需要逮捕的。

第二十一条 对被告人采取取保候审，应当填写《取保候审决定书》，经检察长批准、签发。

第二十二条 应当向取保候审的被告人宣读《取保候审决定书》，由被告人签名，并应当责令其必须遵守下列规定：

（一）不逃跑，随传随到；

（二）不泄露案情，不隐匿、毁弃证据，不串通口供；

（三）及时向人民检察院汇报与案件有关的问题；

（四）需要外出的，必须报经决定取保候审的人民检察院批准。

第二十三条 取保候审的保人应当具备下列条件，并且经人民检察院审查、同意：

（一）年满十八周岁具有完全行为能力的中华人民共和国公民；

（二）在当地有正式户籍；

（三）有固定住所；

（四）与本案无牵连；

（五）能够约束被告人的行为。

但是，正在服刑、接受劳动教养或者被追诉的人不得充当保人。

第二十四条 应当告知取保候审的保人必须承担下列责任：

（一）保证被告人在取保候审期间不逃跑，随传随到；

（二）发现被告人有逃避侦查或者违法犯罪行为，立即向人民检察院报告。

在保人保证承担上述责任以后，由保人在《保证书》上签名。

第二十五条 被告人所在单位或者住地居（村）民委员会也可以担保。

第二十六条 单位或者居（村）民委员会担保，应当出具证明，确定专人承担保人的责任，并由单位或者居（村）民委员会负责人和承担责任人在《保证书》上签名。

第二十七条 人民检察院可以根据案件情况，要求保人或者被告人交付一定数额的保证金。取保候审终止以后，保证金予以退还。如果被告人违反本细则第二十二条的规定或者保人违反本细则第二十四条的规定，保证金予以没收，上缴国库。

第二十八条 对被告人采取监视居住，应当分别填写《监视居住决定书》、《执行监视居住委托书》，由检察长批准、签发。

第二十九条 应当向监视居住的被告人宣读《监视居住决定书》，由被告人签名，并责令其必须遵守下列规定：

(一)不得擅自离开指定区域，有正当理由需要离开指定区域的，必须报经决定监视居住的人民检察院批准；

(二)随传随到；

(三)不泄露案情，不隐匿、毁弃证据，不串通口供；

(四)及时向人民检察院汇报与案件有关的问题。

第三十条 监视居住由当地公安派出所或者由受委托的乡(镇)人民政府、街道办事处、被监视居住人的所在单位执行。

第三十一条 应当向执行监视居住的单位送达《执行监视居住委托书》，并告知应当承担下列责任：

(一)限制被告人在人民检察院指定的区域内活动，但不得拘禁；

(二)监视被告人的行动，防止其逃跑、自杀、隐匿、毁弃罪证或者串供等情况发生；

(三)发现被告人有逃避侦查或者违法犯罪的行为时，应及时采取措施并立即向人民检察院报告。

执行监视居住的单位应当确定专人负责执行，并由单位负责人和执行人在《执行监视居住委托书》上签名，加盖公章。

第三十二条 人民检察院应当与执行监视居住的单位密切配合，及时检查监督监视居住的执行情况。

第三十三条 在具有下列情形之一时，人民检察院应当撤销或者变更取保候审或者监视居住的决定：

(一)决定拘留或者逮捕的；

(二)决定撤销案件的；

(三)取保候审的保人撤回保证的；

(四)其他因情况发生变化，需要撤销或者变更取保候审或者监视居住的。

第三十四条 撤销取保候审或者监视居住，应当分别填写《撤销取保候审通知书》、《撤销监视居住通知书》，经检察长批准、签发后，向被告人宣布，并通知保人或者执行监视居住的单位；变更取保候审或者监视居住的，应当经检察长批准后，及时办理变更手续，并通知保人或者执行监视居住的单位。

第三十五条 取保候审、监视居住，不得变相羁押被告人。取保候审、监视居住的期间，不计入羁押期限。

第三节 拘 留

第三十六条 对于罪该逮捕的贪污、贿赂犯罪分子或者重大嫌疑分子，如果有下列情形之一的，可以先行拘留：

(一)其犯罪被即时发觉的；

(二)企图自杀、逃跑或者在逃的；

(三)有毁灭、伪造证据或者串供可能的。

第三十七条 拘留人犯，应当填写《提请刑事拘留书》，经检察长同意后，送交公安机关签发《拘留证》，依法执行。

第三十八条 被拘留人到案后，人民检察院应当把拘留的原因和羁押的处所，在二十四小时以内通知被拘留人所在单位或者家属。

因有碍侦查或者无法通知，不能在二十四小时以内通知的，应当经检察长批准，并将原因写明附卷。

第三十九条 对被拘留人，应当在拘留后的二十四小时内进行讯问。

发现不应当拘留的，经检察长同意后，填写《决定释放通知书》，立即送交公安机关，依法释放。

对于需要采取取保候审、监视居住的，经检察长同意后，及时办理变更手续。

第四十条 对被拘留人，认为需要逮捕的，反贪污贿赂部门应当在拘留后的三日内填写《逮捕人犯意见书》，连同案卷证据材料，一并送交刑事检察部门审查。刑事检察部门审查后报经检察长批准，重大案件报经检察委员会讨论决定。在特殊情况下，移送审查的时间可以延长一日至四日。审查批准的时间不得超过三日。对于不批准逮捕的，应当签发《决定释放通知书》，立即送交公安机关，依法释放，或者依法变更强制措施。

第四节　逮　捕

第四十一条　人民检察院对于有贪污、贿赂犯罪事实，可能判处有期徒刑以上刑罚的人犯，采取取保候审、监视居住等方法，尚不足以防止发生社会危险性，而有逮捕必要的，应当立即逮捕。

第四十二条　逮捕人犯，应当由反贪污贿赂部门填写《逮捕人犯意见书》，连同案卷证据材料，一并送交刑事检察部门审查，报经检察长批准，重大案件应经检察委员会讨论决定。

第四十三条　对于决定逮捕的，由反贪污贿赂部门制作《决定逮捕通知书》，通知公安机关填写《逮捕证》，并执行逮捕。

第四十四条　对于决定不予逮捕但人犯在押的，应当签发《决定释放通知书》，立即送交公安机关，依法释放。

第四十五条　对于决定不予逮捕但需要采取其他强制措施的，应当依法及时采取相应的强制措施。

第四十六条　逮捕人犯以后，人民检察院应当把逮捕的原因和羁押的处所在二十四小时以内通知被逮捕人所在单位或者家属。

因有碍侦查或者无法通知，不能在二十四小时以内通知的，应当经检察长批准，并将原因写明附卷。

第四十七条　对被逮捕人，应当在逮捕后的二十四小时内进行讯问。

发现不应当逮捕的，经检察长批准，签发《决定释放通知书》，立即送交公安机关，依法释放。

第四十八条　逮捕犯贪污、贿赂罪的全国人民代表大会代表，决定逮捕的人民检察院应当逐级上报，由最高人民检察院报经全国人民代表大会主席团许可，在全国人民代表大会闭会期间报经全国人民代表大会常务委员会许可。逮捕犯贪污、贿赂罪的县级以上地方各级人民代表大会代表，决定逮捕的人民检察院应当逐级上报，由相应的县级以上人民检察院报经本级人民代表大会主席团许可，在本级人民代表大会闭会期间，报经本级人民代表大会常务委员会许可。

第四十九条　变更或者撤销由上级人民检察院批准的逮捕措施时，应当报经原批准逮捕的人民检察院同意。

第四章　立　案

第五十条　机关、团体、企业、事业单位和公民发现贪污、贿赂犯罪事实或者犯罪嫌疑人，有权利也有义务向人民检察院提出控告和检举。

第五十一条　人民检察院对于下列关于贪污、贿赂犯罪案件的线索或者材料，都应当接受：

（一）公民控告和检举的；

（二）机关、团体、企业、事业单位控告和检举的；

（三）党委、国家权力机关交办的；

（四）纪检、监察、工商、审计、税务、海关等部门移送的；

（五）公安机关、人民法院移送的；

（六）上级人民检察院交办、同级人民检察院移送或者下级人民检察院请求移送的；

（七）犯罪人自首的；

（八）其他方面检举、控告的。

第五十二条　人民检察院应当设立接

受举报的专门场所，设置专用的举报电话并公布电话号码，建立专门的举报信箱并公布邮政编码，以及采取其他可行的措施，为机关、团体、企业、事业单位和公民以及香港、澳门和台湾同胞、海外侨胞、外籍人士控告和检举贪污、贿赂犯罪提供便利条件。

第五十三条 控告、检举和犯罪人自首可以采用书面或者口头形式。

第五十四条 接受书面控告、检举、自首的检察人员，应当将书面材料妥善保管。

第五十五条 接受口头控告、检举、自首的检察人员，应当当场问明情况，写成笔录，经控告、检举人或者自首人确认无误后，在笔录末页写明："以上笔录我看过(向我宣读过)，和我说的相符"，并由控告、检举人或者自首人签名。记录人也应当在笔录上签名。

第五十六条 接受关于贪污、贿赂犯罪的线索和材料，应当填写《接受案件登记表》。

第五十七条 接受控告和检举的检察人员，应当向控告人或者检举人说明诬告应负的法律责任，并且说明只要不是捏造事实，伪造证据，即使控告、检举的事实有出入，甚至是错误的，也与诬告有严格区别。

第五十八条 人民检察院对于不愿公开自己姓名的控告、检举人，在侦查期间，应当为其保守秘密。

第五十九条 人民检察院对于接受的材料，凡不属于自己管辖的，应当填写《移送案件通知书》，连同原始材料一并移送有关主管机关处理，并通知控告、检举人或者单位；对于不属于自己管辖而又必须采取紧急措施的，应当先采取紧急措施，然后移送有关主管机关。

第六十条 人民检察院对于接受的贪污、贿赂犯罪案件的材料，应当迅速进行立案前的书面审查和调查。

第六十一条 经过审查和调查，认为犯罪嫌疑人贪污、贿赂的犯罪事实已达到人民检察院规定的立案标准，需要追究刑事责任的，应当立案。

立案应当经检察长批准或者检察委员会决定，并制作《立案决定书》。

第六十二条 经过审查和调查，认为没有犯罪事实，或者情节显著轻微，不需要追究刑事责任的，不予立案。

不予立案，经检察长批准后，填写《不立案通知书》，将不立案的原因通知控告、检举人、单位或者自首人。但是，匿名控告、检举的除外。

控告、检举人如果不服，可以向接受控告、检举的人民检察院申请复议。人民检察院应当及时复议，并填写《复议决定书》，将复议结果及时通知控告、检举人。

第六十三条 对于不予立案，但需要移送有关部门处理的，应当填写《移送案件通知书》，连同材料一并移送有关部门处理。

第六十四条 对全国人民代表大会代表立案的，决定立案的人民检察院应当逐级上报，由最高人民检察院向全国人民代表大会主席团通报，在全国人民代表大会闭会期间，向全国人民代表大会常务委员会通报；对县级以上地方各级人民代表大会代表立案的，决定立案的人民检察院应当逐级上报，由相应的县级以上人民检察院向本级人民代表大会主席团通报，在本级人民代表大会闭会期间，向本级人民代表大会常务委员会通报。

第五章 侦 查

第一节 讯问被告人

第六十五条 讯问被告人，由检察员负责进行。讯问的时候，检察人员不得少于二人。

第六十六条 对于没有逮捕、拘留的被告人，可以传唤到人民检察院指定的地点，或者到他的住所、所在单位进行讯问。

传唤被告人，应当出示人民检察院的《传唤证》。经过传唤不到的，可以拘传。

第六十七条 提讯在押的被告人，应当填写《提押证》，在看守所或者人民检察院进行讯问。提讯在押的被告人到人民检察院讯问的，由司法警察押解。

第六十八条 讯问被告人，应当问明被告人的身份事项，讯问其是否有犯罪行为，让其陈述有罪的情节或者作无罪的辩解。对被告人提出的反证要认真查核。不得采用刑讯、威胁、引诱、欺骗等方法获取口供。

第六十九条 在少数民族聚居或者多民族杂居的地区，应当用当地通用的语言进行讯问。讯问不通晓当地通用的语言文字的被告人，应当有翻译人员为其翻译。

讯问聋哑的被告人，应当有通晓聋哑手势的人为其翻译。

第七十条 讯问被告人，应当当场制作讯问笔录。讯问笔录应当字迹工整，详细具体，不失原意，并交被告人核对。对于没有阅读能力的，应当向他宣读。如果有遗漏或者差错，应当允许被告人补充或者改正。讯问笔录经被告人确认无误后，由被告人在笔录上逐页签名。如果被告人拒绝签名的，应当在笔录上记明。

讯问人、记录人以及翻译人员也应当在笔录上签名。

第七十一条 被告人可以自行书写供述。检察人员认为必要的时候，也可以要被告人亲笔书写供词。

第七十二条 讯问被告人，可以同时采用录音、录像的记录方式。

第二节 询问证人

第七十三条 人民检察院在侦查贪污、贿赂犯罪案件过程中，应当及时发现证人，并且教育证人履行作证的义务。

人民检察院必须保证一切与案件有关或者了解案情的公民，有客观地充分地提供证据的条件，并为他们保守秘密。

第七十四条 询问证人，应当由检察员负责进行。询问的时候，检察人员不得少于二人。

第七十五条 询问证人，可以到证人的所在单位、住所或者其他适当地点进行，但是必须出示人民检察院的证明文件。必要时，也可以通知证人到人民检察院提供证言。

询问证人，应当个别进行。

第七十六条 询问证人，应当问明证人的身份事项以及证人与被告人的关系，并告知证人应当如实地提供证据、证言以及有意作伪证或者隐匿罪证要负的法律责任。但是，不得向证人泄露案情，不得采用羁押、刑讯、威胁、引诱、欺骗等方法获取证言。

第七十七条 对于具有下列情形之一的国家工作人员，应当依法立案，追究刑事责任：

（一）利用职务包庇、窝藏贪污、贿赂犯罪分子，隐瞒、掩饰他们的犯罪事实的；

（二）为贪污、贿赂犯罪分子销毁罪证、制造伪证的。

对于犯上述罪行的国家工作人员的亲属或者已离职的国家工作人员，也应当依法立案，追究刑事责任。

第七十八条 对于下列不依法报案或

者不如实作证的人员，应当依法立案，追究刑事责任：

（一）对贪污、贿赂犯罪人员和犯罪事实知情的直接主管人员；

（二）对贪污、贿赂犯罪人员和犯罪事实仅有的知情的工作人员。

第七十九条 本细则第六十九条至第七十二条的规定，也适用于询问证人。

第三节 搜 查

第八十条 为了收集贪污、贿赂犯罪证据，查获犯罪人，检察人员可以对被告人以及可能隐藏罪犯或者犯罪证据的人的身体、物品、住处、办公地点和其他有关地方进行搜查。

第八十一条 人民检察院可以要求任何单位和个人，交出能够证明被告人有罪或者无罪的物证、书证。

第八十二条 搜查应当在检察员的主持下进行，并有司法警察参加。必要时，可以指派检察技术人员参加或者请当地公安机关、有关单位协助。

第八十三条 搜查前，应当了解被搜查对象的基本情况和搜查现场的周围环境，确定搜查的范围和重点，明确搜查人员的分工和责任。

第八十四条 搜查时，应当有被搜查人或者他的家属，邻居或者其他见证人在场，搜查妇女的身体，应当由女工作人员进行。

第八十五条 进行搜查，必须向被搜查人或者他的家属出示《搜查证》，并对被搜查人或者其家属说明阻碍搜查、妨碍公务要负的法律责任，对见证人讲明应当承担的义务。

《搜查证》由检察长签发。

在执行逮捕、拘留的时候，遇有紧急情况，不另用《搜查证》也可以同时进行搜查。

第八十六条 搜查如果遇到阻碍，可以强制进行。对以暴力、威胁方法阻碍搜查的，应当予以制止，或者由司法警察将其带离现场；对于构成犯罪的，应当依法立案，追究刑事责任。

第八十七条 搜查应当全面、细致，并指派专人严密注视搜查现场的动向。必要时，可以在现场周围设置武装警戒。

第八十八条 进行搜查的人员，应当遵纪守法，不得无故损坏搜查现场的物品。

第八十九条 对于查获的重要书证、物证及放置地点应予拍照，并用文字说明有关情况。必要时，可以录像。

第九十条 搜查情况应当写成笔录，由检察人员和被搜查人或者他的家属，邻居或者其他见证人签名。如果被搜查人或者他的家属在逃，或者拒绝签名的，应当在笔录上记明。

第四节 勘验、检查、调取、扣押物证和书证

第九十一条 检察人员对于与贪污、贿赂犯罪有关的场所、物品、人身、尸体，可以进行勘验或者检查。进行勘验、检查的检察人员，应当持有人民检察院的《勘验、检查证》。

第九十二条 检察人员可以凭人民检察院的证明文件，向有关单位和个人调取能够证实被告人有罪或者无罪的物证、书证以及其他各种证据，并可以根据需要拍照、录像、复印和复制。对于涉及国家秘密的证据，应当严格保守秘密。

第九十三条 向本辖区以外的有关单位和个人调取简单的物证、书证，可以由人民检察院发函，委托当地人民检察院代办，受委托的人民检察院应当及时办理。

第九十四条 在勘验、搜查中发现的可以证明被告人有罪或者无罪的各种文件、资料和其他物品，应当扣押；与案件

无关的，不得扣押。

不能立即证明是否与案件有关，但检察人员认为可疑的文件、资料和其他物品，也可以扣押。但是，经查与案件无关的，应当立即退回。

物品持有人拒绝交出应扣押物品的，可以强制扣押。

第九十五条 对于扣押的物品和文件，检察人员应当会同在场见证人和被扣押物品持有人查点清楚，并当场开列《扣押物品清单》一式二份，由检察人员、见证人和持有人签名后，一份交给持有人，另一份附卷备查。

第九十六条 对于应当扣押但不便提取的物品，经拍照或者录像后，可以交被扣押物品持有人保管，并单独开具《扣押物品清单》一式二份，由检察人员、见证人和持有人签名，一份交给物品持有人，另一份连同照片附卷备查，并在《扣押物品清单》上注明物品持有人应当妥善保管，不得转移、变卖、毁损。如果物品持有人拒绝签名的，应当在《扣押物品清单》上记明。

第九十七条 扣押被告人的邮件、电报，应当经检察长批准，填写《决定扣押邮件、电报通知书》，通知邮电机关将有关邮件、电报检交扣押。

不需要继续扣押的，经检察长批准后，应当立即填写《停止扣押邮件、电报通知书》，通知邮电机关。

第九十八条 对于扣押在人民检察院的物品、文件、邮件、电报，应指派专人妥善保管，不得使用、调换、损毁或自行处理。经查明确实与案件无关的，应当迅速退还原主或者原邮电机关。

第九十九条 向银行查询或者要求银行暂停支付与案件有关的个人储蓄存款，应当填写《查询个人储蓄存款通知书》或者《停止支付个人储蓄存款通知书》，经检察长批准后，通知银行协助执行。

不需要继续冻结的，应当填写《解除停止支付个人储蓄存款通知书》，经检察长批准后，通知银行解冻。

查询、冻结、扣划与案件有关的单位储蓄存款的办法另定。

第五节 鉴定、辨认

第一百条 人民检察院为了查明案情，解决案件中某些专门性的问题，可以进行鉴定。

第一百〇一条 进行鉴定，应当由反贪污贿赂部门的负责人批准，由人民检察院技术部门具有鉴定资格的人员进行。在必要的时候，可以聘请其他具有鉴定资格的人进行。聘请鉴定人，应当征得鉴定人所在单位的同意。聘请的鉴定人应当与本案无利害关系。

第一百〇二条 检察人员应当为鉴定人进行鉴定提供必要条件，及时向鉴定人送达有关检材和比对样本等原始材料，介绍与鉴定有关的情况，并明确提出要求鉴定解决的问题，但不得暗示或者强迫鉴定人作出某种鉴定结论。

第一百〇三条 鉴定人进行鉴定后，应当出具科学和客观的鉴定结论、检验报告，或者分析意见书，并在末页上签名。

第一百〇四条 对于鉴定结论，检察员应当进行审查。必要时，经检察长批准，可以补充鉴定或者重新鉴定。

第一百〇五条 用作证据的鉴定结论，应当告知被告人。如果被告人提出申请，经检察长同意，可以补充鉴定或者重新鉴定。

第一百〇六条 为了查明案情，在必要的时候，检察人员可以让被害人、被告人和证人对与贪污、贿赂犯罪有关的物品、文件、尸体或者犯罪嫌疑人进行辨认。对犯罪嫌疑人进行辨认，需经检察长批准。

第一百〇七条 辨认应当在检察员的主持下进行。在辨认前，应当向辨认人详细询问被辨认人或者物品的具体特征。

第一百〇八条 辨认时，应当将被辨认的对象混杂在其他人员或者物品之中，不得给予辨认人任何暗示。

第一百〇九条 辨认的情况，应当写成笔录，由参加辨认的有关人员签字。

第一百一十条 人民检察院进行辨认，可以商请公安机关参加或者协助。

第六节 检验会计资料

第一百一十一条 检察人员对于与贪污、贿赂犯罪有关的会计凭证、会计帐簿、会计报表和其他会计资料，应当及时查封或者扣押，并责令有关人员交出帐外帐、小金库等违反财会制度的帐目和财物。

第一百一十二条 查封会计资料的检察人员，必须持有人民检察院的证明文件。

第一百一十三条 检验会计资料，应当在检察员的主持下进行。在必要的时候，可以聘请会计师参加。聘请会计师，应当征得会计师所在单位的同意。聘请的会计师应当与本案无利害关系。

第一百一十四条 检验会计资料，应当注意发现和收集一切与案件有关的线索、证据。

第一百一十五条 检验会计资料的情况，应当写成笔录，详细写明检验经过、对象、内容以及能够证明贪污、贿赂犯罪的事实，并由参加检验的人员签字。

第一百一十六条 检验结束后，对于能够证明犯罪事实的会计资料，应当予以提取；不能提取的，应当予以拍照或者录像、复印、复制。

第一百一十七条 对于用作证据的会计资料，应当由提供会计资料单位的负责人和主管人员签字，加盖公章，并由承办案件的检察员认定。必要时，也可以由司法会计鉴定。

第一百一十八条 在检验完毕后，对于查封或者扣押的会计资料，应当及时解封或者退还原单位。

第七节 通缉

第一百一十九条 对于有严重贪污、贿赂犯罪行为，应当逮捕的被告人，如果在逃，经检察长批准后，可以填写《提请发布通缉令书》，并附通缉犯的照片、身份、案情简介和《决定逮捕通知书》，提请公安机关发布通缉令追捕归案。必要时，也可以请有关人民检察院协助逮捕。

人民检察院应当与公安机关积极配合，及时检查监督通缉的执行情况。

被通缉的被告人捕获归案后，应及时通知有关公安机关撤销通缉令。

第一百二十条 对于应当逮捕的被告人，如果潜逃出境，应当及时采取有效措施，通过各种渠道，追捕归案；如果逃往国际刑警组织成员国或者地区，可以逐级上报，由最高人民检察院商请国际刑事警察组织中国国家中心局，向逃犯所在国家或者地区发布通缉令，请求有关方面协助，追捕归案。

第八节 追缴赃款赃物

第一百二十一条 被告人犯罪所得的一切财物，应当予以追缴，并制作《收缴赃款赃物通知书》，分别交被收缴人和附卷备查。

第一百二十二条 对违禁品、淫秽物品、供犯罪所用的本人财物和其他非法所得的财物，应当予以没收，并制作《没收款物决定书》，填写《没收款物清单》一式二份，一份交给被没收人，另一份附卷备查。

第一百二十三条 不得借用、挪用、调换、私分赃款赃物，内部购买赃物。对违反者，应给予行政处分；情节严重触犯刑律的，依法立案，追究刑事责任。

第九节　侦查终结

第一百二十四条　对被告人，在侦查中的羁押期限不得超过二个月。案情复杂、期限届满不能终结的案件，应当在羁押期限届满七日以前，制作《呈请延长羁押期限书》，报经上一级人民检察院批准延长一个月。

重大的集团犯罪案件和流窜作案的、交通十分不便的边远地区的重大复杂案件，在前款规定的羁押期限内不能侦查终结的，应当在羁押期限届满十五日前，制作《呈请延长羁押期限书》，报经省、自治区、直辖市人民检察院批准或者决定延长二个月。

特别重大、复杂的案件，依照第一款规定延长羁押期限后仍不能侦查终结的，应当制作《呈请延长羁押期限书》，逐级上报最高人民检察院依法办理。

第一百二十五条　在侦查期间，发现被告人另有重要罪行，经检察长批准或者检察委员会决定补充侦查的，重新计算羁押期限。

对改变管辖的案件，从改变后的办案机关收到案件之日起计算羁押期限。

第一百二十六条　对于经过侦查，有证据足以证实被告人有罪，并且没有发现遗漏罪行和其他应当追究刑事责任的同案人的案件，应当及时终结侦查，由承办案件的检察员写出《侦查终结报告》，报经反贪污贿赂部门负责人同意。

发现不应对被告人追究刑事责任时，也应终止侦查。

第一百二十七条　对侦查终结的案件，反贪污贿赂部门应当提出提起公诉、免予起诉或者撤销案件的意见。国家或者集体财产遭受损失的，在提出提起公诉意见的同时，可以提出提起附带民事诉讼的意见。

第一百二十八条　提出提起公诉或者免予起诉意见的，应当分别填写《案件移送登记表》，连同《侦查终结报告》以及其他案卷材料，一并移送刑事检察部门审查。

第一百二十九条　提出撤销案件意见的，应当经检察长或者检察委员会决定。对决定撤销的案件，应当填写《撤销案件决定书》，分别送交被告人所在单位和被告人，但被告人死亡的除外。如被告人在押，应当制作《决定释放通知书》，立即送交公安机关，依法释放。

对于共同犯罪案件，发现有不应当追究刑事责任的被告人，应当立即撤销对该被告人的立案。

第一百三十条　人民检察院在侦查贪污、贿赂犯罪案件的过程中，可以提出检察建议。对有贪污、贿赂行为，但尚未构成犯罪的国家工作人员和其他人员，可以建议有关部门给予必要的教育或者处理。对于采取威胁、引诱、欺骗以及说情等方式干扰侦查工作的人，应当把有关材料转送他们的所在单位或者上级主管部门，并建议给予必要的教育或者处理；情节严重，构成犯罪的，应当依法立案，追究刑事责任。

第六章　附　则

第一百三十一条　人民检察院立案、侦查下列犯罪案件，均适用本细则的规定：

（一）挪用公款；

（二）偷税、抗税；

（三）挪用国家救灾、抢险、防汛、优抚、救济款物；

（四）假冒商标；

（五）巨额财产来源不明；

（六）隐瞒不报境外存款；

（七）人民检察院认为需要自己直接受理的其他有关的犯罪案件。

第一百三十二条 人民检察院立案、侦查涉外贪污、贿赂犯罪案件，依照本细则以及《中华人民共和国外交特权与豁免条例》、《中华人民共和国领事特权与豁免条例》等法律的有关规定办理。

第一百三十三条 本细则所说的贿赂包括行贿和受贿。

第一百三十四条 本细则所规定的签名，可以盖章或者捺指印代替。

第一百三十五条 本细则由最高人民检察院解释。

第一百三十六条 本细则自下发之日起施行。

最高人民检察院关于印发《最高人民检察院关于保护公民举报权利的规定》的通知

高检发〔1991〕21号

1991年5月13日

各省、自治区、直辖市人民检察院，军事检察院：

现将《最高人民检察院关于保护公民举报权利的规定》印发给你们，请认真组织检察干部学习、宣传，切实贯彻执行。各地要把贯彻执行情况、社会各方面的反映和产生的效应及时报送高检院。

附：

最高人民检察院关于保护公民举报权利的规定

（1991年5月6日第七届最高人民检察院检察委员会第六十五次会议通过）

第一条 为保障公民依法行使控告、检举的权利，维护举报人的合法权益，促进廉政建设，根据《中华人民共和国宪法》第四十一条和《中华人民共和国刑法》第一百三十一条、第一百四十六条的规定，制定本规定。

第二条 公民依法向各级检察机关举报机关、团体、企业、事业单位和国家工作人员违法犯罪行为，其人身权利、民主权利和其他合法权益应受到法律的保护。

第三条 检察机关受理公民举报和查处举报案件，必须严格保密。

1、受理举报应在固定场所进行，专人接谈，无关人员不得接待、旁听和询问。

2、举报信件的收发、拆阅、登记、转办、保管和当面或电话举报的接待、接听、记录、录音等工作，应建立健全责任制，严防泄露或遗失举报材料。

3、对举报人的姓名、工作单位、家庭住址等有关情况及举报的内容必须严格保密，举报材料不准私自摘抄和复制。

4、严禁将举报材料和举报人的有关情况透露或转给被举报单位、被举报人。向被举报单位或被举报人调查情况时，不得出示举报材料原件或复印件。

5、任何单位和个人不得追查举报人，对匿名举报除侦查工作需要外，不准鉴定笔迹。

6、向举报人核查情况时，应在做好保密工作、不暴露举报人身份的情况下进行。

7、在宣传报道和对举报有功人员的奖励工作中，除征得举报人的同意外，不得公开举报人的姓名、单位。

第四条 对违反上述第三条保密规定的责任人员，要根据情节和后果给予严肃处理，构成犯罪的，依法追究刑事责任。

第五条 任何单位和个人不得以任何借口对公民的举报，进行阻拦、压制、刁难或打击报复。

第六条 以各种借口和手段侵害举报人及其亲属、假想举报人的合法权益的，按打击报复论处。

第七条 对打击报复举报人的案件应认真受理，经调查确属打击报复的，视情节轻重，区别性质，分别做出处理：

1、国家工作人员滥用职权、假公济私，对举报人实行报复陷害构成犯罪的，应依法立案侦查，追究责任人的刑事责任。

2、以各种形式打击报复举报人不构成犯罪的，应向其所在单位的上一级主管部门提出检察建议，严肃处理。

第八条 确因受打击报复而造成人身伤害及名誉、财产、经济损失的，举报人可依法要求赔偿，或向人民法院起诉，请求损害赔偿。

第九条 公民应据实举报。凡捏造事实、制造伪证，利用举报诬告陷害他人构成犯罪的，依法追究刑事责任。

由于对事实了解不全面而发生误告、错告等检举失实的，不适用前款规定。

第十条 港澳同胞、台湾同胞、华侨和外国人因举报国家机关和国家工作人员违法犯罪行为而被打击报复的，适用本规定。

第十一条 各省、自治区、直辖市人民检察院可以根据实际情况制定实施本规定的细则。

第十二条 本规定自公布之日起施行。

最高人民法院 最高人民检察院 公安部 司法部 关于办理少年刑事案件建立互相配套工作体系的通知

法（研）发〔1991〕17号

1991年6月1日

各省、自治区、直辖市高级人民法院、人民检察院、公安厅（局）、司法厅（局）：

近年来，少年犯罪日益严重，已引起全社会的关注，也引起各级司法机关的普遍重视。一些地区针对少年犯罪的特点，在办理少年刑事案件方面进行了积极的探索和大胆的实践，总结出不少好的经验。目前，有些地方的公安、检察、法院和司法行政机关密切配合，初步形成办理少年刑事案件和管教少年犯罪配套的工作体系，产生了很好的社会效果，对于促进社会治安的综合治理，预防和减少犯罪，保障社会稳定，发挥了积极的作用。

为了进一步贯彻对违法犯罪少年教育、感化、挽救的方针，完善具有我国特色的少年司法制度，公安、检察、法院、司法行政各部门应加强互相间的联系，并逐步建立办理少年刑事案件的相应机构，使各个环节相互衔接起来，以加强对少年犯罪的治理和防范工作。为此，特作如下规定：

一、看守所应严格执行《看守所条例》，对于羁押的少年人犯应当与成年人犯分押分管；暂不具备条件的，也应当尽量避免把他们与屡教不改的惯犯、累犯和恶习很深的人犯关押在一起。

对少年人犯案件的侦查、预审工作，公

安机关应确定专门办案人员或者侧重办理少年人犯刑事案件的人员，有条件的地方，也可设立专门机构。对少年人犯的讯问要采取不同于成年人的审讯方式、方法，在讯问中应进行耐心细致的教育、疏导工作；了解少年人犯作案的动机和成因，并记录在卷，以便积累资料，总结经验，改进工作。

公安机关依照法律规定，对被判处管制和被判处拘役宣告缓刑、三年以下有期徒刑宣告缓刑的少年罪犯，应加强考察的组织和实施工作。

二、人民检察院应根据办理少年刑事案件的特点和需要，逐步建立专门机构。目前，设立专门机构条件不成熟的，应指定专人负责办理此类案件。

在办理少年刑事案件中，检察机关同有关部门要加强联系，通过办案耐心细致地做好对少年被告人的教育、感化、挽救工作。

人民检察院要加强对侦查活动、审判活动和少年监所的监督，保证准确执行法律，同时注意保障少年被告人的合法权益。

三、人民法院办理少年刑事案件，要严格执行刑法、刑事诉讼法和最高人民法院《关于办理少年刑事案件的若干规定(试行)》。人民法院应当设立少年法庭或者指定专人负责办理少年刑事案件。在审判过程中，应根据少年被告人的生理和心理特点，采取不同于成年被告人的方式、方法，注重疏导，寓教于审，惩教结合，准确、合法、及时地查明犯罪事实、核实证据，并且帮助少年被告人认识犯罪原因和犯罪行为的社会危害性。少年法庭要注意发挥法定代理人或者其他监护人的作用，争取他们配合做少年被告人的教育、感化工作。对判决后的少年罪犯，少年法庭可以通过各种方式，采取不同形式，做好回访、考察和帮教工作。

人民法院审结少年刑事案件后，应认真详细地填写结案登记表，连同生效的判决书副本、执行通知书一并送达少年管教所。

四、司法行政机关要加强法制宣传工作，为教育少年遵纪守法、预防和减少少年犯罪做好工作。

少年刑事案件必须有律师参加辩护。有条件的律师事务所应有专人承担少年被告人的辩护。律师在辩护过程中，要多做少年被告人的教育、感化工作。

少年管教所要认真贯彻执行“以教育改造为主，轻微劳动为辅”的方针，坚持半天学习、半天劳动制度。要尽可能地做到对不同类型的少年罪犯实行分管分押。要设专职人员对少年罪犯进行文化、法制、劳动技能教育，为他们回到社会就业创造条件。要加强与少年法庭的联系与协作，为少年法庭提供少年罪犯改造的情况。

五、对于具备减刑、假释条件的少年罪犯，执行机关应当及时提出书面意见报请人民法院审核裁定。少年罪犯改造与成年罪犯不同，可塑性大，变化快，人民法院对少年罪犯的减刑、假释，在掌握标准上可以比照成年罪犯依法适度放宽。

对于在押的少年罪犯及其家属提出的申诉，人民法院或者人民检察院应当指定专人及时办理。对于少管所转递的申诉，人民法院应将办理结果尽快答复少管所。

六、办理少年刑事案件，建立互相配套的工作体系，公安、检察、法院和司法行政部门要认真做好这项工作，确定一名负责同志分管此项工作。各部门要充分发挥各自的职能作用，从不同方面对少年罪犯进行教育、改造，发挥政法部门整体工作优势，以取得矫治、改造少年罪犯的最佳效果。必要时，政法四机关可以建立联席会议制度。

各部门应当为抓紧落实以上各项要求努力创造条件。遇有问题，及时向有关上级部门报告，以便统筹解决。

最高人民检察院关于做好《中华人民共和国民事诉讼法》实施工作的通知

高检发民字〔1991〕1号

1991年6月5日

各省、自治区、直辖市人民检察院，军事检察院：

《中华人民共和国民事诉讼法》经第七届全国人民代表大会第四次会议审议通过，已正式颁布施行。民事诉讼法在总结试行经验的基础上，经过补充和修改，明确规定人民检察院有权对民事审判活动实行法律监督，对人民法院已经发生法律效力的判决、裁定发现有认定事实的主要证据不足、适用法律确有错误、违反法定秩序和审判人员在审理该案件时有贪污受贿、循私舞弊、枉法裁判行为等情形的，应当按照审判监督程序提出抗诉，并规定了抗诉的具体程序。这是国家法律赋予检察机关的又一新的任务。各级人民检察院必须做好实施民事诉讼法的各项工作，切实依法履行对民事审判活动实行法律监督的职责。为此，特作如下通知。

一、提高对做好民事诉讼法实施工作重要性的认识。民事诉讼法是国家的基本法律之一。它的正式颁布实施，有利于进一步保障公民、法人的合法权益，维护社会稳定，促进社会主义有计划商品经济的发展，保障改革开放和社会主义现代化建设的顺利进行。这是与检察工作的宗旨相一致的。民事诉讼法规定人民检察院有权对民事审判活动实行法律监督。检察机关认真履行好这一职责，对于保证国家民事法律的统一正确实施，充分发挥检察机关在国家政治、经济生活中的作用，不断完善具有中国特色的社会主义检察制度，具有重要意义。各级检察院要认真组织干警学习民事诉讼法，提高思想认识，增强严格执法的自觉性，要统筹兼顾，合理安排，下力气抓好民事诉讼法实施的工作。

二、抓好宣传工作。检察工作的经验证明，宣传工作是搞好各项检察工作的重要环节。依法开展对民事审判活动的法律监督，是检察机关的一项新的重要工作，更需要加强宣传。各地在实施民事诉讼法的过程中，要组织必要的力量，利用新闻媒介、宣传专栏等阵地，大力宣传民事诉讼法的有关规定，宣传检察机关在民事诉讼中的职能、地位和作用，以得到广大人民群众对这项工作的理解与支持。

三、抓好业务机构建设和干部培训工作。根据高检院原已提出的要求，各省级检察院的民事行政检察机构基本上都已建立。为适应民事诉讼法实施后检察院民事检察工作量增加的需要，目前还没有建立民事行政检察机构的大、中城市检察院、市辖区检察院，分、州、市院和经济发达、人口众多的县检察院，都应尽快建立起来。其他地方也应逐步建立机构。一时没有条件设立机构的，也应设专人承担这方面的工作。各地要抓紧进行民事行政检察干部的业务培训，特别要抓好实施民事诉讼法的上岗培训工作。要通过多种形式的培训，逐步建立起一支业务过硬的民事行政检察干部队伍。

四、坚持依法办事，切实履行对民事审判活动的法律监督职责。各地要在认真总结前段时间进行调查研究和试点经验的基础上，正确掌握民事诉讼法有关规定的精神，努力提高执法水平。要积极受理案件，对公民、法人不服人民法院已经发生法律效力的判决、裁定的申诉，要认真进行审查，对法院的正确判决、裁定要给予支持，对符合抗诉条件的要依法提出抗诉。各地在工作中要经常向党委、人大汇报情况，加强与人民法院的联系，慎重地解决执法过程中的问题。

各地有关实施民事诉讼法工作的部署、进展情况应及时向高检院请示汇报。

最高人民检察院　最高人民法院关于盗窃、贪污粮食数额如何计算问题的意见

高检会〔1991〕15号

1991年7月27日

各省、自治区、直辖市人民检察院、高级人民法院，解放军军事检察院、军事法院：

根据粮食价格和粮食市场情况的变化，为了严肃处理盗窃、贪污粮食的犯罪案件，对如何计算盗窃、贪污粮食数额问题提出以下意见：

一、认定盗窃、贪污粮食的数额，应当根据粮食的品种、质量和数量，折价计算。

二、折价计算盗窃、贪污粮食的数额，应当以作案时当地国家粮食部门该品种、质量粮食的议销价格计算。议销价格难以确定的，可委托当地国家粮食部门估价。

三、本意见发布后办理的案件，按本意见办理。本意见发布前已按有关法律和司法解释规定处理过的案件，不再变动。

最高人民检察院关于人民检察院受理民事、行政申诉分工问题的通知

高检发民字〔1991〕2号

1991年8月30日

各省、自治区、直辖市人民检察院，军事检察院：

根据《中华人民共和国民事诉讼法》和《中华人民共和国行政诉讼法》有关规定，现对人民检察院受理民事、行政申诉的分工问题作如下通知：

一、人民检察院受理的民事、行政申诉，指民事诉讼当事人（包括经济诉讼当事人）不服人民法院已经发生法律效力的民事判决、裁定向人民检察院提出的申诉；行政诉讼当事人不服人民法院已经发生法律效力的行政判决、裁定向人民检察院提出的申诉。

二、当事人向人民检察院提出的民事、行政申诉，以及有关民事、行政诉讼的法律咨询，由人民检察院控告申诉检察部门统一受理。

三、人民检察院控告申诉检察部门对受理的民事、行政申诉，应按分级负责的原则，将其分别移送作出判决、裁定的人民法院的同级人民检察院民事行政检察部门审查处理。

四、人民检察院受理公民、法人和其他组织对审判人员在民事诉讼和行政诉讼中违法审判行为的检举或对人民法院已经发生法律效力的民事、行政判决、裁定可能有错误的告诉，以及涉及公民、法人的民事权益受到明显侵害而投诉无门的告诉，也适用上述通知精神。

最高人民检察院关于严格执行全国人大常委会《关于严禁卖淫嫖娼的决定》和《关于严惩拐卖、绑架妇女、儿童的犯罪分子的决定》的通知

高检发〔1991〕46号

1991年9月17日

各省、自治区、直辖市人民检察院，军事检察院：

七届全国人大常委会第二十一次会议通过并公布了《关于严禁卖淫嫖娼的决定》、《关于严惩拐卖、绑架妇女、儿童的犯罪分子的决定》，各级人民检察院要严格执行，充分发挥检察职能作用，严惩上述两类犯罪分子。

严禁卖淫嫖娼，严惩拐卖妇女、儿童犯罪活动，是我们党和政府的一贯政策。新中国成立不久，党和政府就采取坚决果断的措施，在较短的时间里消除了旧社会遗留的卖淫嫖娼、拐卖妇女儿童等丑恶现象，取得了举世公认的成绩。但是，近年来卖淫嫖娼、拐卖妇女、儿童等丑恶现象又沉渣泛起，严重地危害了社会治安秩序，破坏社会安定和社会主义精神文明建设，并导致一系列其他违法犯罪的发生，在一些地区还较为猖獗，成为一个突出的社会治安问题。全国人大常委会根据这两类犯罪的新情况，新问题，在两个《决定》中贯彻从严惩处的精神，对刑法和其他有关法律的规定作了重要的补充和修订，增设了新的罪名，提高了法定刑，还增加了关于行政处罚、经济处罚等规定。为了严格执行两个《决定》，特通知如下：

一、要组织全体干警认真学习两个《决定》的内容，全面、深刻领会立法精神，尤其是注意掌握两个《决定》规定的新精神，在执行法律中严格、准确地适用两个《决定》的规定，严肃认真地履行法律监督职能。同时，提高对上述两类犯罪的危害性的认识，增强同这两类犯罪作斗争的紧迫感和责任感。

二、对情节严重的犯罪案件，要贯彻依法从重从快的方针，提前介入，掌握案情，核查证据，对基本事实清楚、基本证据确实充分，符合法律规定的逮捕、起诉条件的，要及时批捕、起诉。对严重的犯罪分子要坚决打击、决不手软。

三、要在党委、政府的统一领导下，与公安机关、人民法院密切配合，协同作战，积极参加专项打击。同时要自觉地把打击犯罪与社会治安综合治理工作结合起来，在查禁卖淫嫖娼、惩治上述两类犯罪中，结合办案积极开展检察建议活动，减少和预防犯罪。要积极宣传两个《决定》，根据各地的实际，采取不同的形式，有针对性地开展宣传活动。要主动与人民法院联系，选择典型案例，公开处理，宣传法制，教育群众、震慑犯罪。

四、对两个《决定》公布施行后发生的有关犯罪，应当依照两个《决定》的规定办理。两个《决定》公布施行前的有关司法解释，凡与两个《决定》规定不一致的，不应再适用。对于两个《决定》公布施行前发生的犯罪，已依法作出处理的，不应再变动；尚未处理的，应按照刑法第九条规定的原则适用法律。

五、在贯彻执行两个《决定》中，要注意调查研究，不断积累和总结经验。要注意研究两个《决定》规定的各种犯罪的特点、规律及其对策。对司法实践中遇到的新情况、新问题，特别是有关法律政策问题，要及时层报最高人民检察院。

最高人民法院　最高人民检察院
公安部　国家安全部
关于侮辱中华人民共和国国旗
国徽案件管辖问题的通知

公通字〔1991〕89号

1991年9月19日

各省、自治区、直辖市高级人民法院、人民检察院、公安厅（局）、国家安全厅（局）：

根据第七届全国人大常委会第十四次会议通过的《惩治侮辱中华人民共和国国旗国徽罪的决定》，现将侮辱中华人民共和国国旗、国徽案件的管辖问题通知如下：

侮辱中华人民共和国国旗、国徽案，由公安机关立案侦查。

最高人民法院　最高人民检察院
关于盗伐、滥伐林木案件
几个问题的解答

法（研）发〔1991〕31号

1991年10月17日

各省、自治区、直辖市高级人民法院、人民检察院，解放军军事法院、军事检察院：

近年来，一些地方就办理盗伐、滥伐林木案件适用法律的若干问题，向最高人民法院、最高人民检察院提出请示。经研究，现作如下解答：

一、问：最高人民法院、最高人民检察院《关于办理盗伐、滥伐林木案件应用法律的几个问题的解释》（以下简称《解释》）第八条中规定，国营企业事业单位、集体组织滥伐林木情节特别严重的，应按刑法第一百二十八条追究其主管人员和直接责任人员的刑事责任。对于“情节特别严重”的数量起点是否可按“林区为100立方米或者幼树5000株；非林区为50立方米或者幼树2500株”的标准掌握？

答：对于“情节特别严重”的数量起点，在林区一般为立木材积100立方米或者幼树5000株；非林区一般为50立方米或者幼树2500株。

二、问：在林区，有的人今日盗伐一株，明日盗伐二株，持续不断，对林木危害很大。但是，由于每次盗伐没有达到“数量较大”的标准，不能依法惩处。对于一贯盗伐林木的，是否可以累计其盗伐数量定罪处罚？

答：对于连续多次盗伐林木，情节恶劣的行为，可以累计其未经处理的盗伐数量，按照《解释》第五条第（3）项的规定，视为盗伐林木“情节严重”，依照刑法第一百二十八条盗伐林木罪定罪处刑。累计的时间一般以一年为宜。

三、问：我们在审判实践中经常遇到因进行营利性生产而毁坏生长中的林木，情况很复杂，有的只是毁坏了林木，例如，毁林种粮、种参；有的既毁林又非法占有木材；有的毁坏的是用材林；有的毁坏的是经济林，如剥树皮卖药材。对于这类犯罪行为，“情节严重”的，如何计算其造成的损失？盗伐林木种植木耳、香菇定什么罪？

答：因进行营利性生产，违反森林管理法规，毁坏林木，影响林木正常生长，致使林木死亡，情节严重的，依照刑法第一百五十六条故意毁坏公私财物罪定罪处刑。

因泄愤报复而毁坏生长中的林木，情节严重的，依照刑法第一百二十五条的规定定罪处刑。

对毁坏经济林和用材林的应当分别处理。毁坏经济林的，可以按照经济价值或者林木的株数计算损失。毁坏经济林和用材林的具体数量标准，请你们根据实际情况作出规定。

对毁林后又侵占林木情节严重的，或者盗伐林木种植木耳、香茹或烧炭等情节严重的，依照刑法第一百二十八条盗伐林木罪定罪处刑。

四、问：雇工盗伐林木构成犯罪的案件，对被雇者应否追究刑事责任？

答：雇佣他人盗伐林木构成犯罪的案件，如果被雇者不知是盗伐他人林木的，应由雇主承担刑事责任；如果被雇者明知是盗伐他人林木的，应按盗伐林木罪的共犯论处。

五、问：我们在执行《解释》第十条(3)时，发现目前有的人还伪造、倒卖林木采伐指标、运输木材的其他凭证以及完税证、育林基金、更改资金、林政费、更新造林费等票据。上述行为构成犯罪的，是否可以分别依照刑法第一百二十条、第一百二十四条定罪处刑？

国家机关、集体组织倒卖木材采伐证或者采伐指标、木材经营指标的，如何追究主管人员和其他直接责任人员的刑事责任？

答：以营利为目的，伪造、倒卖林木采伐许可证或者采伐指标、运输木材的各种票证，情节严重的，依照刑法第一百二十条以伪造或者倒卖计划供应票证罪追究刑事责任。认定“情节严重”或者“情节特别严重”，可以伪造或者倒卖票证的面额结合牟利的数额和造成实际的危害为根据。具体数额标准，请你们作出规定。

伪造税票，包括育林基金、更改资金、林政费、更新造林费等票据的，应当依照刑法第一百二十四条伪造税票罪的规定惩处。

对于无证贩卖木材同时又伪造计划供应票证和税票的，应择一重罪处罚。

国家机关、企业事业单位、集体组织倒卖林木采伐许可证或者采伐指标、木材经营指标，情节特别严重的，依照刑法第一百二十条第一款伪造或者倒卖计划供应票证罪的规定追究主管人员和其他直接责任人员的刑事责任。

六、问：在盗伐林木案件中，有些盗伐者对护林人员施加暴力或者以暴力相威胁，危害护林人员的人身安全，虽然其盗伐林木的数量或者伤害的程度还构不成犯罪，但是情节恶劣，影响很坏。对此，是否可以按盗伐林木罪惩处？

答：盗伐林木者对护林人员施加暴力或者以暴力相威胁，危害护林人员人身安全，虽然其盗伐林木尚未达到数量较大的起点或者伤害的程度尚未达到轻伤的标准，但是情节恶劣，需要依法追究刑事责任的，可以视为盗伐林木“情节严重”，依照刑法第一百二十八条盗伐林木罪的规定追究刑事责任；如果使用暴力或者以暴力相威胁，情节显著轻微危害不大的，可不认为是犯罪。

附：立木材积的计算和幼树的概念及数量计算

一、立木材积的计算。立木材积即为立木蓄积。计算方法是：原木材积除以该树种的出材率。如：某地区、某树种的出材率为60%，即：立木材积（立木蓄积）＝原木材积÷60%

二、幼树的概念和幼树数量计算。幼树是指生长在幼龄阶段的树木。在森林资源调查中，树木胸径在5cm以下的视为幼树，以“株”为单位进行统计。

最高人民法院　最高人民检察院　公安部　司法部　民政部　总政治部印发《关于处理移交政府管理的军队离休干部犯罪案件若干问题的规定》的通知

〔1991〕政法字第 003 号

1991 年 10 月 17 日

各省、自治区、直辖市高级人民法院、人民检察院，公安厅（局)、司法厅（局)、民政厅（局)，各军区、各军兵种、各总部、国防科工委、军事科学院、国防大学政治部：

现将《关于处理移交政府管理的军队离休干部犯罪案件若干问题的规定》印发你们，请遵照执行。

附：

关于处理移交政府管理的军队离休干部犯罪案件若干问题的规定

国务院、中央军委《批转民政部、总政治部〈关于做好移交地方的军队离休退休干部安置管理工作的报告〉的通知》(国发〔1984〕171 号）规定，军队离休干部移交政府安置后暂时保留军籍。为明确这部分军队离休干部犯罪案件的管辖和刑罚的执行，以及犯罪后政治、生活待遇和军籍处理等问题，根据《中华人民共和国刑法》、《中华人民共和国刑事诉讼法》以及有关法规，特作如下规定：

一、案件的管辖与刑罚的执行

已移交政府管理的军队离休干部的犯罪案件，由地方公安机关、人民检察院、人民法院按照案件管辖范围受理。办案中，需要了解其在部队期间有关情况的，原部队应予以协助。对军队和地方互涉的案件，按照最高人民法院、最高人民检察院、公安部、总政治部《关于军队和地方互涉案件几个问题的规定》(〔1982〕政联字 8 号）以及有关的补充规定办理。

上述人员犯罪，被人民法院依法判处有期徒刑、无期徒刑和死刑缓期二年执行的，由司法行政机关指定的地方劳改场所执行；被判处有期徒刑宣告缓刑、拘役、管制、剥夺政治权利的，由公安机关执行。

二、开除军籍、取消军队离休干部资格、剥夺功勋荣誉章和剥夺军官军衔的批办

军队离休干部受刑事处罚需开除军籍、取消军队离休干部资格、剥夺中国人民解放军功勋荣誉章和剥夺军官军衔的，由军队办理。

(一)被依法判处反革命罪的一律开除军籍，并取消军队离休干部资格；其他刑事犯罪被依法判处五年以上有期徒刑的，一般也应开除军籍，并取消军队离休干部资格。凡被取消军队离休干部资格的，均剥夺其中国人民解放军功勋荣誉章。被依法判处三年以上有期徒刑或者单处剥夺政治权利的，应剥夺其军官军衔（含 1955 年至 1965 年期间授予的军官军衔)。

(二）对需开除军籍、取消军队离休干部资格和剥夺军官军衔的，由其所在民政部门将人民法院的裁判文书连同其档案等有关材料转送当地军分区（或卫戍区、警备区，下同）政治机关，由军分区按军队规定提出意见逐级报批。需开除军籍的，按《纪律条令》的规定办理；需取消离休干部资格的，按国务院、中央军委《批转总政治部〈关于军队干部离休规定中若干具体问题的处理意见〉的通知》(国发〔1984〕130号)和中央军委《关于授予军队离休干部中国人民解放军功勋荣誉章的规定》(〔1988〕军字第22号)报中央军委审批后，以省军区(卫戍区、警备区)政治机关的名义函告地方有关部门办理。需剥夺军官军衔的，由当地省军区军事法院按《中国人民解放军军官军衔条例》和中央军委《关于剥夺犯罪军人军衔的暂行规定》(〔1988〕军字第32号)判决剥夺其军官军衔。军事法院的判决书送达被告人，判决书副本送交地方有关部门。

三、受刑事处罚后的政治、生活待遇

(一)军队离休干部受刑事处罚者，从判决发生法律效力之日起停止享受军队离休干部的待遇，并由所在军分区政治部收回《老干部离休荣誉证》、军队离休干部功勋荣誉章及其证书；凡取消离休干部资格者，其《老干部离休荣誉证》、功勋荣誉章及其证书由军分区政治部上缴大军区政治部老干部局。在服刑期间，其家属生活困难的，由民政部门按照当地生活困难补助标准发给生活补助费。

正在服刑患有严重疾病保外就医的，监外执行期间，由民政部门按当地一般生活水平发给临时生活费。

判处拘役或有期徒刑宣告缓刑的，缓刑期间，由民政部门按本人逮捕前的离休费和其他各项生活待遇经费数额发给生活费。

以上所需各项经费在军队离退休干部经费中列支。

(二)受刑事处罚被开除军籍、取消军队离休干部资格的，刑满释放后，不再享受军队离休干部待遇，应根据国发〔1984〕130号文件中第十二条的规定处理。其中，判处反革命罪的不作退休处理，仍由民政部门管理并发给生活费；其他刑事犯罪的可改作退休处理，但应根据罪行的轻重给予降低一至两职待遇的处分，并确定其退休待遇。上述人员的处理和待遇的确定，在上报开除军籍、取消军队离休干部资格的同时，由所在军分区政治部提出意见，报中央军委审批后，通知民政部门执行。

(三)未开除军籍的，刑满释放后，可恢复军队离休干部待遇，由所在军分区政治部退还功勋荣誉章及其证书。但应根据罪行的轻重和服刑期间的表现，由所在省、自治区、直辖市民政部门给予降低一至两职待遇的处分，重定工资级别待遇，并函告所在军分区政治部按新的职级待遇发给《老干部离休荣誉证》。

最高人民检察院　国家税务局关于建立偷税抗税案件备案、移送制度的通知

高检会〔1991〕32号

1991年10月21日

各省、自治区、直辖市人民检察院、税务局，军事检察院，各计划单列市人民检察院、税务局：

随着税务检察室在全国的普遍建立，检察机关与税务机关在查处偷税抗税案件方面的联系和配合进一步密切。为了保证检察机关侦查工作的顺利进行，实现税务检察工作的制度化、规范化，经最高人民检察院和国家税务局研究，认为检察机关与税务机关之间建立偷税抗税案件的备案、移送制度，是非常必要的。现就有关问题通知如下：

一、检察机关（税务检察室）对所有达到立案标准的偷税抗税案件及其线索，均应填写《偷税抗税案件登记表》，进行备案。对其中已经受理或立案的重大案件，应当按规定逐级报送上级检察机关备案。

二、税务机关查处的达到立案标准的偷税抗税案件，均应向检察机关移送或备案。对其中重大案件，应当按规定逐级报送上级税务机关备案。

三、税务机关对达到立案标准、认为需要移送的案件，应当制作《移送案件意见书》，连同有关案件材料一并移送检察机关；检察机关应当及时对全案材料进行审查，然后决定是否立案，并分别制作《立案通知书》或《不立案通知书》，通知税务机关。税务机关对达到立案标准、认为不需要移送的案件，应当制作《备案意见书》，连同简要案情，向检察机关备案；经检察机关审查，认为需要受理或立案的，可以要求税务机关移送有关案件材料。

四、对数额已达到立案标准，但按税收法律、法规可以减轻或免除税务行政处罚的偷税抗税案件，税务机关在依法处理后，应向检察机关备案或移送；是否立案查处，追究直接责任人员的刑事责任，由检察机关审查决定。

五、检察机关对于自己发现受理的偷税抗税案件，应当在备案的同时，将简要案情及查处结果及时书面通报税务机关。

六、对于检察机关参与税务机关查办的偷税抗税案件，如果查明存在犯罪事实，检察机关可以先受理或立案，然后根据需要由税务机关移送有关案件材料。

七、各级检察机关和税务机关可以根据上述原则规定，具体研究建立健全本地区偷税抗税案件的备案、移送制度。在执行本通知中有什么问题，望及时分别报告最高人民检察院和国家税务局。

附件：

1、《偷税抗税案件登记表》（略）

2、《移送案件意见书》（略）

3、《备案意见书》（略）

4、《立案通知书》（略）

5、《不立案通知书》（略）

最高人民检察院　最高人民法院国家税务局关于印发《关于办理偷税、抗税案件追缴税款统一由税务机关缴库的规定》的通知

高检会〔1991〕31号

1991年10月31日

各省、自治区、直辖市人民检察院、高级人民法院、税务局：

现将《关于办理偷税、抗税案件追缴税款统一由税务机关缴库的规定》印发给你们，请遵照执行。

附：

关于办理偷税、抗税案件追缴税款统一由税务机关缴库的规定

最近，一些地方在办理偷税、抗税犯罪案件中，对追缴的偷税、抗税款（包括滞纳金，下同）、罚款如何上交财政的问题发生分歧意见，要求对此作出明确规定。经研究，现作出以下规定：

一、根据《中华人民共和国刑法》第一百二十一条规定的精神，偷税、抗税构成犯罪的，应当按照税收法规补税。这部分税款属于国家应征税款的一部分，对其处理不能按一般赃款对待，不宜由人民检

察院或者人民法院追缴后直接上交地方财政，应当由税务机关依法征收，并办理上交国库手续。

二、税务机关移送人民检察院处理的偷税、抗税犯罪案件，移送前可先行依法追缴税款，将所收税款的证明随案移送人民检察院。

三、人民检察院直接受理的偷税、抗税案件，已追缴的税款，应当由税务机关办理补缴税款手续。案件提起公诉时，将所收税款的证明随卷移送人民法院。

四、偷税、抗税案件经人民法院判决应当予以追缴或退回的税款，判决生效后，由税务机关依据判决书收缴或退回。对被告人和其他当事人以及有关单位，拒绝依据判决书缴纳或划拨税款的，由人民法院强制执行。

最高人民法院　最高人民检察院 新闻出版署　公安部 国家工商行政管理局关于进一步严厉打击非法出版活动的通知

（91）新出联字第23号

1991年12月23日

各省、自治区、直辖市高级人民法院、人民检察院、新闻出版局、公安厅（局）、工商行政管理局：

近一个时期，非法出版活动相当猖獗。一些不法书商为了获取巨额利润，伪造新闻出版管理机关的批件和正式出版单位的文书，假冒、盗用正式出版单位的名义，捏造版权记录，有的甚至根本没有版权记录，编辑、印制、发行非法书报刊和音像制品。这些非法出版物大都低级庸俗，甚至宣扬淫秽色情或封建迷信，有的还有严重的政治问题或者反动内容。有的报纸违反规定，公开为非法出版物作广告。目前，市场上的“黄毒”主要是通过非法出版物来进行传播的。不严厉打击非法出版活动，“扫黄”、除“六害”斗争就不能深入进行下去，已经取得的成绩也会付诸东流。

非法出版活动再度猖獗，从根本上来讲，是在现实条件下阶级斗争的一种反映。从我们工作上来看，主要原因在于：一、出版管理工作不得力，已有的行政管理规章没有完全落实，存在不少漏洞，让不法书商钻了印制和发行的空子。二、执法不严，打击不力，给犯罪分子以可乘之机。一些地方对法律和司法解释中有关办理非法出版犯罪案件适用投机倒把罪的规定没有严格执行；还有的同志对非法出版活动的危害认识不足。因此，在一些地方出现了对从事非法出版活动的犯罪分子以罚代刑、有罪不究、重罪轻判的现象，一些不法书商存有侥幸心理，顶风作案，铤而走险。

从事非法出版活动的犯罪分子为了牟取暴利，处心积虑地迎合部分读者的低级趣味，贩卖精神鸦片，毒害青少年身心健康，毒化社会环境，诱发其他犯罪，其社会危害性是很严重的。一些地方非法出版活动实际上形成了编辑、印制、发行地下网络，大肆传播有害的甚至是反动的意识形态。如有风吹草动，这个网络就极可能为国内外敌对势力所利用。对于这一点，必须有足够的警惕性。

当前，对非法出版活动进行严厉打击，要注重于加强行政管理规章的落实；狠抓大案要案，运用法律武器，严惩犯罪分子。各有关部门要在当地党委、政府的统一领导下，紧密配合，协同动作，文武结合，多管齐下，给从事非法出版活动的犯罪分子特别是共同犯罪的犯罪分子以沉重打击。

新闻出版部门归口管理出版事业，要切实负起责任。对国家的正式出版单位要严格进行管理，对出卖书号、刊号、版号的，无论是单位或者个人，都要进行严肃处理，包括对有关出版单位给予停业整顿或者撤销社号、刊号的处分。非法出版单位或者个人向出版单位买书号、刊号、版号或变相买书号、刊号、版号出书、出刊、出带者，按非法出版活动论处。要严格执行新闻出版署、公安部等五单位颁发的《印刷行业管理暂行办法》和新闻出版署颁发的《加强书报刊印刷管理的若干规定》，非书刊印刷定点企业未经批准不得印制书刊。今后，办理书刊印刷业务必须持有符合规定的批准原件（不得用复印件），经办人要将本人的身份证交承印单位查验并予登记，以杜绝伪造、假冒活动。承印单位违反规定承印了非法出版物的，要进行严肃处理，并追究其法定代表人的行政和法律责任。对未经批准，擅自购置设备，从事书刊和音像制品的排版、印制、录制业务的，一经发现要立即取缔，没收所有设备，并追究责任。要进一步加强对集体、个体、私营书刊发行单位的管理。今后，集体、个体、私营书刊发行单位，只能从国营新华书店、古旧书店、外文书店、出版社、期刊社、邮局（限期刊）进货，不得从其他渠道进货，以截断非法出版物的发行渠道。各地应按此要求制定具体的管理办法，并向集体、个体、私营书刊发行单位进行宣传教育，切实管住进货渠道。从其他渠道进货的，一经发现，均予以取缔。工商行政管理机关对无照或者超越经营范围从事书刊印制发行业务，印制、销售、传播非法出版物，报刊图书为非法出版物刊登广告等行为应依照有关法规、规章予以查处。新闻出版部门和工商行政管理机关要加强对违法案件的查处工作。对已构成犯罪的，一律移交公安机关立案侦查。新闻出版部门要对非法出版活动和非法出版物及时作出鉴定。移送公安、司法机关处理的案件，应将有关案卷及赃款、赃物一并随案移送。

公安部门对新闻出版、文化部门移交的非法出版案件要依法受理，及时立案侦查，做好取证和立案工作，对人犯应采取必要的监控措施。对违法犯罪人员，要根据事实和情节依法处理。凡构成违反治安管理行为的，要依照《治安管理处罚条例》的规定给予治安处罚；已触犯刑法的，要及时移交检察机关；需要给予其他行政处罚的，应当及时转请主管部门处理。

人民检察院和人民法院要依据“两高”《关于依法严惩非法出版犯罪活动的通知》和“两高一部”《关于严厉打击非法出版犯罪活动的通知》的规定，对那些从事非法出版犯罪活动触犯刑法的，只要基本犯罪事实清楚，基本证据确实充分，就应当及时提起公诉，依法从严处理。对以牟取暴利为目的，从事非法出版活动，非法经营或者非法获利的数额较大，情节严重的，或者数额巨大的，应分别依照刑法第一百一十七条和第一百一十八条的规定处理；情节特别严重的，适用《全国人民代表大会常务委员会关于严惩严重破坏经济的犯罪的决定》第一条第（1）项的规定。对从事非法出版犯罪活动同时触犯其他罪名的，应当择一重罪，从重处罚；对进行非法出版犯罪活动，又实施了其他犯罪行为的，应数罪并罚。

各地要加强对严厉打击非法出版活动的宣传报道工作，要选择一些典型案例，在当地通过大众传播媒介公开报道，以震慑从事非法出版活动的违法犯罪分子。

各有关部门要加强对执法人员的教育和监督，务必清正廉明，严防内外勾结、徇私舞弊。对于知法犯法、执法犯法者，要依据有关规定，视情节轻重，予以严肃处理。

最高人民法院　最高人民检察院关于修改盗窃犯罪数额标准的通知

法（研）发〔1991〕47号

1991年12月30日

各省、自治区、直辖市高级人民法院、人民检察院，解放军军事法院、军事检察院：

1984年11月2日，最高人民法院、最高人民检察院《关于当前办理盗窃案件中具体应用法律的若干问题的解答》所规定的盗窃犯罪的数额标准，已不适应现在的实际情况。为了更准确、有力地依法打击盗窃犯罪活动，现将原来规定的盗窃罪的数额标准作如下修改：

一、个人盗窃公私财物“数额较大”，一般可以300—500元为标准；少数经济发展较快的地区，可以600元为标准。

二、个人盗窃公私财物“数额巨大”，一般可以3000—5000元为标准；少数经济发展较快的地区，可以6000元为标准。

三、个人盗窃公私财物“数额特别巨大”，一般可以20000—30000元为标准；少数经济发展较快的地区，可以40000元为标准。

四、盗窃数额是构成盗窃罪的重要标准，但不是定罪量刑的唯一标准。除根据盗窃财物数额外，还应当根据犯罪的其他具体情节和犯罪分子的认罪态度、退赃表现等，进行全面分析，正确定罪量刑。

五、盗窃公私财物数额特别巨大的，或者虽然数额尚未达到但已接近特别巨大的标准并有其他特别严重情节的，应当依法判处十年以上有期徒刑或者无期徒刑，可以并处没收财产；盗窃公私财物数额特别巨大，同时又有其他特别严重情节的，可以依法判处无期徒刑或者死刑，并处没收财产。

六、各省、自治区、直辖市高级人民法院、人民检察院，可以根据本地区经济发展状况，并考虑社会治安状况，会同公安厅（局）和有关部门，参照本《通知》的规定，确定本地区执行的数额标准，并报最高人民法院、最高人民检察院备案。

七、本《通知》从1992年1月1日起施行。本《通知》施行后办理的盗窃案件，依照本《通知》办理。有关盗窃罪的司法解释与本《通知》不一致的，不再适用。

第六部分　　案例选载

管志诚等人受贿、贪污案

被告人管志诚，男，59岁，北京市人，捕前系首都钢铁公司北京钢铁公司党委书记。

被告人于惠荣，女，31岁，北京市人，捕前系首都钢铁公司经销处运输专业员。系管志诚姘妇。

此案是北京市东城区人民检察院在办理北京军区后勤部工厂局一挪用公款案时查出来的。

1990年4月11日，北京市东城区人民检察院办案人员到江苏省吴县宏城工贸实业部查阅有关帐册时，发现该单位为购买钢材支出现金8万余元，即引起怀疑。通过对这笔现金流向的追踪调查，发现首都钢铁公司北京钢铁公司党委书记管志诚有重大犯罪嫌疑。北京市东城区人民检察院于1990年4月19日依法决定对管志诚立案侦查，4月29日将其依法逮捕。5月6日依法逮捕了同案犯于惠荣。5月17日将案发后窝赃潜逃广州的杨娣（系管志诚姘妇，另案处理）抓获。

经侦查查明：

1989年6月至1990年2月，被告人管志诚勾结被告人于惠荣，利用职务之便，先后在为福建省厦门九洲华城联合工贸公司、泉州市城区企业供销公司晋江经理部、长乐县金峰金属压延厂、广东省深圳市物资运输工贸公司、湛江市经济技术开发公司、江苏省武进县金属回收公司等单位联系订购钢材和办理钢材发运的经营活动中，以“计划外车皮运费”、“材料指标费”、“分利”等名目，分别向上列单位索取贿赂款计人民币43.24万元、港币2万元（折合人民币9532元）及金项链1条（价值人民币500余元）等款物。

1986年8月至1990年4月，被告人管志诚利用其任首都钢铁公司总经理助理兼矿山公司党委书记和首都钢铁公司北京钢铁公司党委书记的职务之便，先后在为铁道部第二工程局物资管理处北京工作组、铁道部物资总公司北京公司、广东省广州市荔湾区金属材料供销公司、河北省丰润县薄板厂、丰润县第二轧钢厂、唐山市第三轧钢厂、石家庄地区乡镇企业供销公司、北京市房山区豆各庄熔炼厂、北京达华汽车附件厂、江苏省苏州市两塘综合经销部、山西省大同市51361部队等单位联系购销钢材和销售汽车、推销煤炭等经营活动中，分别以“中介费”、“劳务费”、“补差费”、“计划外车皮运费”、“加工费”等名目向上列单位索取贿赂款计人民币95.59万元及钢材28吨（价值人民币2万余元）。

1988年8月至11月，被告人管志诚利用担任江苏省吴县宏城工贸实业部董事长的职务之便，将该部订购钢材的货款8.21万元据为己有。尔后，管志诚用从北京市房山区豆各庄熔炼厂开具的付“计划外运费”、“管理费”等假发票向宏城工贸实业部结帐，从中贪污钢材货款计人民币8.21万元。

综上，被告人管志诚单独或合伙受贿计人民币141.83万元，贪污公款8.21万元；被告人于惠荣与管志诚合伙受贿计人民币43.24万元，港币2万元（折合人民币9532元），金项链1条（价值人民币500余元）。管志诚把大部分赃款送给了两姘妇并为两姘妇购买了三处居室。管志诚还把30余万元赃款用于个人投资从中营利，以备退休后享用。

1990年12月27日，此案经北京市东城区人民检察院侦查终结。鉴于此案犯罪数额特别巨大，情节特别严重，依照《刑事诉讼法》第九十三条、第十五条之规定，东城区人民检察院依法将此案报送北京市人民检察院分院审查起诉。北京市人民检察院分院经审查认为：被告人管志诚利用职务之便，大肆索取、收受贿赂，贪污公款，且数额特别巨大，已构成受贿罪、贪污罪；被告人于惠荣在管志诚的主使下，非法索取、收受贿赂，数额特别巨大，亦构成受贿罪。对此，北京市人民检察院分院根据《刑法》第一百八十五条、第一百五十五条及全国人大常委会《关于惩治贪污罪贿赂罪的补充规定》第二条第一项、第四条、第五条，《关于严惩严重破坏经济的罪犯的决定》第一条之规定，于1991年4月13日，对管志诚以受贿罪、贪污罪，于惠荣以受贿罪向北京市中级人民法院提起公诉。

北京市中级人民法院经公开审理，认定此案事实清楚，证据确实、充分，于1991年7月18日依法作出判决：

被告人管志诚犯受贿罪，判处死刑，剥夺政治权利终身；犯贪污罪，判处无期徒刑，剥夺政治权利终身，决定执行死刑，剥夺政治权利终身。没收查获之赃款、赃物。没收管志诚的全部个人财产。

被告人于惠荣犯受贿罪，判处无期徒刑，剥夺政治权利终身。

两被告人均不服判决，管志诚以原判认定部分事实不符，在北京市“六·二〇”通告期间坦白全部罪行及检举揭发他人犯罪活动为理由；于惠荣以原判认定部分事实不符，有揭发同案犯及检举揭发他人违法犯罪的情节，原判量刑过重等为理由，分别向北京市高级人民法院提出上诉。

北京市高级人民法院经审理查明，上诉人管志诚是在司法机关掌握了其大部分犯罪事实并进行了反复教育之后，才开始如实供述的，并非主动坦白，检举揭发他人犯罪线索亦不能证实；上诉人于惠荣在羁押期间的悔罪表现，原审法院已酌情予以从轻判处，认为一审判决定罪正确，量刑适当，于1991年8月21日作出二审裁定：驳回管志诚、于惠荣上诉，维持原判。

1991年9月5日，经最高人民法院核准，管志诚被依法处决。

（最高人民检察院办公厅　孙晓玲）

韩福才受贿案

被告人韩福才，男，61岁，回族，青海省化隆县人。1991年1月22日因受贿罪被依法逮捕。捕前系青海省人大常委会副主任。

韩福才受贿一案，1990年11月24日由最高人民检察院决定立案侦查。经侦查查明：

1989年4月，甘肃省东乡族自治县包工头唐致良，为了通过被告人韩福才给水电部四局五处承揽到青海省民和县享堂峡水电站工程，以好处费名义，送给被告人韩福才现金人民币1万元。

1989年初，青海省化隆县农民韩维忠、马福贤等人通过被告人韩福才联系解决了500名采金人员指标。事后，韩维忠等人送给被告人韩福才现金人民币1.2万元，“高路华”放像机一台，价值人民币1950元。

1989年6月，被告人韩福才应邀出访沙特阿拉伯。出国前，被告人韩福才向青海省民和县铁合金厂厂长冶某某索要人民币4000元，美金800元（折合人民币2984元）。

1989年3月，西宁市个体户马应财通过被告人韩福才联系要回被广州市公安机关扣留的购货款11万元。事后，马应财送给被告人韩福才及其妻马玉龙金手镯一只，金戒指一枚，电热淋浴器一台，合计价值人民币3539元。

1989年6月，青海省民和县个体户吴俊义等人通过被告人韩福才，租用青海省人大机关的两间房屋，从事经营活动。事后，吴俊义等人送给被告人韩福才现金人民币1000元。

综上，被告人韩福才利用其职务的影响和便利，收受他人贿赂款物总计价值人民币35473元。

最高人民检察院认为，被告人韩福才身为国家机关高级领导干部，竟目无国家法律，利用职务之便，收受贿赂，且数额巨大，已构成受贿罪，应依法惩处。1991年3月13日，经最高人民检察院第七届检察委员会第六十一次会议研究决定，韩福才受贿案交由青海省检察机关向人民法院提起公诉，追究韩福才的刑事责任。

1991年4月29日，青海省西宁市人民检察院以受贿罪对被告人韩福才提起公诉。青海省西宁市中级人民法院于1991年7月30日至31日对此案进行了公开审理，并于1991年11月9日作出一审判决，以受贿罪判处被告人韩福才有期徒刑八年，赃款、赃物依法没收，上交国库。被告人韩福才不服一审法院判决，以一审法院认定犯罪事实失实为由，向青海省高级人民法院提出上诉。青海省高级人民法院经审理认为：一审法院判决认定事实清楚，证据确凿，定性准确，量刑适当，上诉人韩福才上诉理由不能成立，遂于1991年12月6日作出终审裁定，依法驳回上诉人韩福才的上诉，维持原判。

（最高人民检察院贪污贿赂检察厅
徐进辉）

高森祥受贿案

被告人高森祥，男，50岁，广东省梅县人。原系中信实业银行深圳分行行长（高级经济师、副厅级干部）。

1990年7月，深圳市人民检察院在办理深圳泛信化工有限公司副董事长陈民先经济犯罪案件中，发现高森祥利用审批贷款的职权便利，收受巨额贿赂，即向中共深圳市委作了汇报。7月27日，深圳市人民检察院对高森祥以受贿罪立案侦查。8月1日，在广州将企图潜逃国外的高森祥抓获归案。

经侦查查明，被告人高森祥犯有下列罪行：

一、泛信化工有限公司副董事长陈民先、泛信磁电厂经理陈剑帆，从1989年1月至1990年7月，先后18次以泛信化工有限公司和泛信磁电厂的名义，向中信实业银行深圳分行贷款人民币2290万元，美金1010万元，担保贷款美金280万元。陈民先、陈剑帆分五次送给被告人高森祥港币42万元，人民币8000元，美金5000元。

二、广东省茂源公司外联部经理兼宝安县沙井镇上星实业股份公司董事长梁思荣，从1989年1月至1990年6月，先后八次向中信实业银行深圳分行贷款人民币3100万元。梁思荣从1989年1月至1990年7月，先后多次送给被告人高森祥人民币51.93万元，港币33.5万元。

三、香港永宁公司董事长陈文轩于1987年经梁思荣介绍认识被告人高森祥。经高森祥批准，中信实业银行深圳分行共为陈文轩介绍的客户贷款人民币1970万元，港币350万元，美金450万元。陈文轩为感谢高森祥对他的支持，从1988年9月至1990年7月，分20余次在其香港的家中送给高森祥港币85.6万元。

四、香港诚兴贸易公司总经理李新明于1989年初以梅县中旅储运公司的名义，向中信实业银行深圳分行贷款人民币100万元。1989年7月，李又介绍梅县农产品公司向中信实业银行深圳分行贷款人民币200万元。同年8月，李又介绍宝安县万丰发展公司向中信实业银行深圳分行贷款美金50万元。李新明先后三次向被告人高森祥行贿人民币8.5万元。

五、华园经济发展公司经理温兴城经陈文轩介绍，1990年5月从中信实业银行深圳分行贷款人民币100万元，温兴城按照贷前商定的条件，将5万元人民币交给陈文轩，由陈文轩转交被告人高森祥。

六、港商黄旭斌向中信实业银行深圳分行贷款人民币120万元，港币350万元。黄旭斌先后六次送给高森祥港币6万元。

七、港商马庆春于1989年12月向中信实业银行深圳分行贷款人民币200万元，马庆春分五次送给被告人高森祥港币1.8万元。

高森祥特大受贿案，深圳市人民检察院在广东省人民检察院和最高人民检察院的指导帮助下，于1990年11月4日侦查终结，认定被告人高森祥利用职务之便，收受客户贿赂的港币168.9万元，人民币66.23万元，美金5000元，数额特别巨大，情节特别严重，其行为触犯《中华人民共和国刑法》第一百八十五条和全国人大常委会《关于严惩严重破坏经济的罪犯的决定》第一条第二款之规定，构成受贿罪。根据《中华人民共和国刑事诉讼法》第九十三条之规定，于1991年6月13日向深圳市中级人民法院提起公诉。

深圳市中级人民法院经过审理，认定被告人高森祥犯有受贿罪，犯罪数额为人民币63.23万元，港币173万元，美金5000元。其犯罪数额特别巨大，情节特别严重，依据《中华人民共和国刑法》第一百八十五条、第五十三条第一款和全国人大常委会《关于严惩严重破坏经济的罪犯的决定》第一条第二款及全国人大常委会《关于惩治贪污罪贿赂罪的补充规定》第四条、第五条、第二条、第十二条之规定，判处被告人高森祥死刑，立即执行。剥夺政治权利终身。被告人高森祥不服判决，提出上诉。经广东省高级人民法院复核，认定深圳市中级人民法院判决无误，审判程序合法，驳回上诉，维持原判。1991年12月25日，特大受贿犯高森祥在广东被执行死刑。

（最高人民检察院贪污贿赂检察厅
景奉润）

于景显受贿案

被告人于景显，男，60岁，吉林省东丰县人，捕前系北京铁路局外事办公室主任。

被告人于景显受贿一案被举报后，北京市人民检察院北京铁路运输分院于1990年4月2日决定立案侦查，4月7日决定逮捕。经侦查查明：

1988年，河南省上蔡县杨集镇个体户王某到北京铁路局外事办公室推销自产小工艺品时，与被告人于景显相识。1990年初，北京铁路局拟让王某制做纪念香币，王某为了达成制做香币的协议，于1990年3月29日在于的办公室送给被告人于景显人民币2000元。于收受了此款。

被告人于景显于1989年上半年先后受大同市腐植酸公司综合加工厂临时雇用的业务人员宋某某、李某某之托，帮助宋、李联系车皮计划。于通过北京铁路局运输处及大同铁路分局予以疏通。为此，被告人于景显收受李某某送的人民币7000元，收受宋某某送的人民币1700元。

综上，被告人于景显共收受贿赂人民币10700元。

上述罪行，证据确实、充分，被告人于景显亦供认不讳。

1991年4月5日，北京市人民检察院北京铁路运输分院对被告人于景显以受贿罪向北京铁路运输中级法院提起公诉。

1991年5月9日，北京铁路运输中级法院公开审理于景显受贿案，认为，北京市人民检察院北京铁路运输分院起诉的犯罪事实清楚，证据确实充分，足以认定。被告人于景显利用其职务和地位的便利条件，为他人谋取利益，非法收受贿赂，其行为已构成受贿罪，且在最高人民法院、最高人民检察院《关于贪污、受贿、投机倒把等犯罪分子必须在限期内自首坦白的通告》发布之后，继续非法收受贿赂，犯罪性质严重，本应依法从严惩处。但是，被告人于景显在被采取强制措施后，坦白交待了犯罪事实，退清了全部赃款，认罪态度好，确有悔罪表现，决定予以减轻处罚。依据《中华人民共和国刑法》第一百八十五条第一款、第五十九条第二款以及全国人民代表大会常务委员会《关于惩治贪污罪贿赂罪的补充规定》第四条第一款、第五条第一款、第二条第（2）项之规定，判决如下：被告人于景显犯受贿罪，判处有期徒刑三年；赃款没收，上缴国库。

（最高人民检察院铁路运输检察厅

王向东）

毛雪华贪污案

被告人毛雪华，男，25岁，汉族，浙江省宁波市人，原上海市长宁区工商行政管理局干部，派驻长宁区个体劳动者协会任会计兼区烟酒业个体户福利基金会监事长。因犯贪污罪于1989年10月24日被逮捕。

被告人毛雪华利用其担任长宁区个体劳动者协会会计兼区烟酒业个体户福利基金会监事长的职务便利，于1988年7月和1989年5月，先后采用虚构“下拨周桥大组生活费”、“上缴市个协会费”的手段，侵吞公款人民币3680元。

1989年8月17日至21日，被告人毛雪华利用其经管财务工作的职务之便，采用骗取支票窃取印章和捏造用途等手段，从工商银行长宁区办事处和长宁信用社提取公款人民币62200元，用转帐支票在本市中和电讯器材商店等七处购买价值人民币12900余元的物品。而后，被告人携带赃款赃物潜逃，大肆挥霍，同年9月6日被公安机关抓获。

被告人毛雪华的上述犯罪事实，有查帐报告、笔迹鉴定、假护照及查获的部分赃款赃物等证据，被告人亦作了供认。

1990年2月27日，上海市人民检察院分院就毛雪华贪污一案向上海市中级人民法院提起公诉。

1990年4月11日，上海市中级人民法院以贪污罪判处被告人毛雪华死刑，剥夺政治权利终身。

被告人毛雪华要求从轻处罚，向上海市高级人民法院提出上诉。

1990年7月31日，上海市高级人民法院以“上诉人毛雪华利用职务便利，侵占公款公物计人民币78000余元，构成贪污罪，且在最高人民法院、最高人民检察院《关于贪污、受贿、投机倒把等犯罪分子必须在限期内自首坦白的通告》颁布期间作案并携赃款逃跑，大肆挥霍，拒不归案，情节特别严重，依法应予严惩”为由，认为“原判认定的事实清楚，证据确实、充分，定罪量刑正确，审判程序合法。毛雪华无法定从轻情节”，并作出裁定如下：

一、驳回毛雪华的上诉；

二、维持上海市中级人民法院（90）沪中刑字第52号刑事判决。

1991年8月23日，被告人毛雪华被依法处决。

（上海市人民检察院　林里力）

李沃槐、黄宝文玩忽职守案

被告人李沃槐，男，50岁，原系珠海市友谊公司经理。

被告人黄宝文，男，27岁，原系珠海市友谊公司计财部副经理。

被告人李沃槐、黄宝文无视友谊公司其他领导的意见，在明知珠海经济特区黔珠酒类公司经理李强曾与本公司业务部签订过购销茅台酒的合同，并严重违约，履行合同能力值得怀疑的情况下，仍于1988年7月29日与李强在珠海市新里程酒店签订了三份购销茅台酒600箱、五粮液酒1500箱的合同。随后，被告人李沃槐、黄宝文讳反公司的决议，将预付款70万元汇到黔珠酒类公司帐户。当被告人黄宝文将李强交付的第一批89箱茅台酒运回友谊公司后，该公司领导发现茅台酒的规格、质量不符合合同要求，即派黄宝文到贵州、四川等地咨询调查李强的货源情况，但黄宝文却轻信李强等人的谎言，继续汇款进货。该公司领导发现被告人黄宝文拿回的茅台酒发票有嫌疑时，再次责令被告人黄宝文到贵州、四川查清实际情况，而被告人黄宝文不但不尽职责，反而为其拿回的假发票、假检验证书作辩解。1988年6月至11月间，被告人李沃槐、黄宝文分五次共汇款1801200元到黔珠酒类公司，购进茅台酒1039箱、五粮液酒790箱。1989年1月，友谊公司把购进的两种酒取样到广州商检部门化验，确认假酒后，被告人李沃槐才与李强签订退货合约，后因李强下落不明无法退货，从而给国家造成1362369元的巨大经济损失（已扣除追回、库存酒折价共438831元）。

1988年10月至1989年1月，被告人李沃槐轻信珠海市珠兴实业公司宝珠商场陈建安的谎言，在没有咨询陈的信誉、经济实力和货源的情况下，擅自以公司的名义与陈建安签订联合经销打字机、意大利压缩煲等合同，并分三次将货款158万元汇到陈建安指定的珠海市佳联商场和宝安县宝兴引进贸易公司等帐户上，陈建安将全部货款提出后逃跑，致使国家财产遭受严重损失。

1989年5月，被告人李沃槐不听友谊公司其他领导的劝告，盲目与深圳东部开发集团公司的陈穗签订购销丝束200吨的合同。事后，被告人李沃槐让公司财会汇给深圳东部工贸发展公司港币287万元。深圳东部工贸发展公司聘用人员黄茂展以购压缩机为名将该款全部汇出境外。现陈穗、黄茂展下落不明，导致珠海市友谊公司货款两空的严重后果。被告人李沃槐的犯罪行为披露后，于1989年12月26日偷渡澳门，被澳门当局遣回珠海市。

被告人李沃槐、黄宝文身为国家工作人员，对工作严重不负责任，不尽职责义务，致使公共财产遭受重大损失，二被告人的行为均已触犯《中华人民共和国刑法》第一百八十七条之规定，构成玩忽职守罪。为维护社会和国家机关的正常管理活动，确保国家财产免受损失，广东省珠海市香洲区人民检察院分别于1990年2月24日和4月9日以玩忽职守罪对李沃槐、黄宝文立案侦查，6月12日侦查终结，7月21日依照《中华人民共和国刑事诉讼法》第一百条的规定，向珠海市香洲区人民法院提起公诉。1991年1月5日，珠海市香洲区人民法院以玩忽职守罪分别判处被告人李沃槐有期徒刑三年六个月，黄宝文有期徒刑一年六个月。

（最高人民检察院法纪检察厅　孙超）

伊宁市伊河涂料厂诉伊犁地区伊精联营建筑公司三队购销合同质量纠纷民事审判监督抗诉案

1989年，伊犁地区伊精联营建筑公司三队（以下简称建筑队）承建伊犁地区林业科学研究所办公楼。7月，建筑队承包人张海欣与伊宁市伊河涂料厂（以下简称涂料厂）厂长苟晓军达成口头协议：建筑队购用涂料厂涂料和107胶等产品施工，厂方保证质量，提供产品合格证和使用说明书，建筑队预付2500元。7月24日，张海欣预付涂料厂货款2500元。建筑队提货施工中因涂料质量不合格，造成多次返工。建筑队与涂料厂交涉，厂方曾答应补偿损失，建筑队便继续提货施工，货款总价达6425.60元，返工损失达5800元。结帐时，双方发生争执。建筑队要求从货款中扣除两次返工的损失费，涂料厂不承认产品质量有问题，认为是建筑队没有按要求施工造成返工。建筑队以涂料厂产品质量不合格，造成多次返工为由，向伊宁市工商局申请裁决。涂料厂以建筑队拖欠货款为由，向伊宁市人民法院起诉。伊宁市人民法院审理后认为，双方当事人未签订书面合同，一年后又对口头协议的主要内容发生争议，购销合同无效，应互相返还已取得的财物或按价偿还。据此，判决建筑队一次向涂料厂付清3925.60元；诉讼费160元，双方各负担80元。建筑队不服伊宁市人民法院的民事判决，向伊犁地区中级人民法院提出上诉。伊犁地区中级人民法院于1991年4月22日以（1991）伊地法经上字第46号判决书作出判决：“驳回上诉，维持原判。”建筑队不服，申诉至伊犁州人民检察院。

伊犁州人民检察院受理此案后，查阅了有关案卷，进行了调查，认为原一、二审判决对双方争议的质量问题审查不清，认定事实的主要证据不足，适用法律确有错误，其过错责任划分不当，显失公平。主要理由是：（一）原一、二审判决对双方争议的主要问题，即伊河涂料厂产品质量无证据证实其合格。伊河涂料厂厂长苟晓军向法庭提交检验报告只能证明1990年该厂送检样品是合格品，被告张海欣提交了1989年施工前后两份由标准部门抽查的检验报告，均证明涂料厂提供建筑队施工使用的涂料为不合格产品。原、被告双方正是因为这期间的产品质量问题发生纠纷的。另外，检验报告不能代替产品合格证。根据标准部门规定：产品须经标准部门抽查两次以上均为合格方颁发产品合格证。现在伊河涂料厂的产品已被工商部门列为伪劣产品。（二）伊河涂料厂属无照经营，其营业执照早在1988年就被伊宁市工商局收缴。苟晓军以伊河涂料厂的名义非法生产和销售伪劣产品，违法签订合同，造成多处建筑工程返工。依据《经济合同法》第七条第一款、第二款的规定，属

“采用欺诈、胁迫等手段所签订的合同”，应追究其责任。原审判决对苟晓军的诉讼主体资格审查不清，直接影响本案的正确判决。（三）原一、二审判决适用法律错误，过错责任划分不当。我国《民法通则》第六十一条规定：“民事行为被确认为无效或者被撤销后，当事人因该行为取得的财产，应当返还给受损失的一方，有过错的一方应当赔偿对方因此所受的损失，双方都有过错的，应当各自承担相应的责任。”第一百二十二条规定：“因产品质量不合格造成他人财产、人身损害的，产品制造者、销售者应当依法承担民事责任。”伊河涂料厂苟晓军推销伪劣产品，造成建筑返工，应当依法承担主要责任。原一、二审判决将过错全部由建筑队张海欣一方承担，适用法律错误，显失公平。因此，决定对二审法院的判决提出抗诉。1991年8月5日，伊犁州人民检察院依法向新疆维吾尔自治区高级人民法院伊犁州分院提出抗诉。

1991年8月13日，新疆维吾尔自治区高级人民法院伊犁州分院裁定中止执行伊犁地区中级人民法院（1991）伊地法经上字第46号判决书，依法对该案进行再审。1991年9月23日，新疆维吾尔自治区高级人民法院伊犁州分院对该案作出再审判决：认定涂料厂1989年生产的涂料质量不合格，因而造成建筑队的返工损失，涂料厂应负主要责任。建筑队对产品未予严格审查，发现问题又未及时采取合法途径加以解决，也有一定责任。原一、二审判决认定的部分事实不清，责任不明，适用法律不当，伊犁州人民检察院抗诉成立，撤销该案的原一、二审判决，依法改判：（一）建筑队付涂料厂货款3525.60元；（二）双方合计损失为6373.26元（建筑队返工损失5803.07元，涂料厂货款利息损失590.19元），涂料厂承担70%，即4475.28元，建筑队承担30%，即1917.98元；（三）以上两项相抵，涂料厂应付建筑队949.68元；（四）该案诉讼费一、二审共计为813.50元，涂料厂承担70%，建筑队承担30%。

（最高人民检察院民事行政检察厅

石小申）

富阳县公安局
不服杭州市中级法院行政判决
行政诉讼监督抗诉案

1990年8月21日，浙江省富阳县里山乡相邻的红光、强烈两村在礁湾里（又叫黄家田）连接溪段两岸的石坎被山洪冲毁。后两村分别动工修筑。8月30日上午10许，红光村村民委员会主任夏小松得知强烈村村民在靠红光村一侧的溪面上撬起一块重达250公斤的石头准备抬走，便到工地劝阻。但对方人多，把夏小松推到水里，将石头抬走。中午，夏小松趁对方无人之机，叫来三位村民与其一起将石头抬回。午后1时许，强烈村治保主任夏启元遇见夏小松，提出要将石头抬回，夏小松不同意，便到广播室打开扩音器喊：“凡在村的村民，都到黄家田公路边上去，如强烈村要强抬石头，我们是不罢休的，这口气一定要出。”在夏喊话时，该石头又被强烈村抬走。广播后，红光村即有100余人去该地段，强烈村也有20余人，双方对峙。里山乡领导闻讯赶到现场，召集两村的干部做劝阻工作，提出“这块有争议的石头双方都不能用，把石头抬到乡里去。”强烈村当即表示同意，但夏小松坚持认为“这块石头是我们红光的”，并说“现在不是一块石头的问题，而是我们的面子问题”，拒不接受乡领导的意见。红光村村民倚仗人多，强行抬回石头。双方为此互相推打、掷石头，致使数人受伤，其中强烈村两名村民伤势较重。由于天降暴雨，双方村民才各自散去。

1990年9月13日，富阳县公安局根据《中华人民共和国治安管理处罚条例》第十九第五项的规定，以"煽动闹事"为由对夏小松作出拘留12天的处罚裁决。夏不服，提出申诉。杭州市公安局于9月27日作出维持原处罚的裁决。夏仍不服，向富阳县人民法院提起诉讼。富阳县人民法院于12月7日以（1990）富法行字第4号行政判决书维持富阳县公安局的处罚裁决。夏仍不服，提出上诉。1991年3月5日，杭州市中级人民法院经审理，认定夏小松没有编造谣言，欺骗迷惑群众，煽动不明真相的群众闹事的故意，其行为尚未构成治安管理处罚条例第十九条第（五）项规定的法定要件，公安机关适用法律错误，原审法院判决维持公安机关治安管理处罚裁定不当。据此判决：（一）撤销富阳县人民法院（1990）富法行字第4号行政判决；（二）撤销富阳县公安局（1990）第877号治安管理处罚裁决。此案二审判决后，富阳县公安局不服二审判决，于1991年4月9日向杭州市人民检察院提出申诉。杭州市人民检察院报告浙江省人民检察院。

浙江省人民检察院对该案审查后认为，富阳县人民法院、县公安局对夏小松"煽动闹事"事实的认定没有错误，县公安局对夏小松作出行政拘留12天的处罚并无不当，应予维持。杭州市中级人民法院撤销富阳县人民法院一审判决和县公安局的处罚决定是错误的。主要理由是：（一）夏小松确有煽动闹事的故意和行为。1990年8月30日，红光、强烈两村村民大规模冲突，是夏小松通过广播鼓动引起的。富阳县人民法院和杭州市中级人民法院认定的夏小松广播喊话有"如强烈村要强抬石头，我们是不罢休的，这口气一定要出"的事实，具有明显的煽动性。正因为夏小松具有广播煽动闹事的故意和行为，才引起双方村民大规模的冲突，造成数人受伤。（二）富阳县公安局和富阳县人民法院适用法律并无不当。治安管理处罚条例第十九条第五项规定的"造谣惑众，煽动闹事"的治安违法行为，从立法本意、规范结构和实际情况看，是两种可以并存也可以单独成立的违法情形。富阳县公安局根据治安管理处罚条例第十九条第五项的规定，对夏小松以"煽动闹事"拘留12天的处罚裁决，符合法律规定，富阳县人民法院维持这一处罚裁决并无不当。二审法院撤销上述行政处罚裁决和一审判决，不符合治安管理处罚条例第十九条第五项的规定。因此，决定对二审法院的判决提出抗诉。1991年7月31日，浙江省人民检察院向省高级人民法院提出抗诉。

1991年8月9日，浙江省高级人民法院作出（1991）浙法行监字第2号行政裁定，对该案予以提审并依法组成合议庭，公开开庭进行审理。再审认为：夏小松身为红光村村民委员会主任，在两村发生纠纷时，不顾大局，不计后果，通过广播煽动村民；在乡干部平息纠纷过程中，又不听劝阻，以致造成双方冲突多人受伤的后果。其行为属《中华人民共和国治安管理处罚条例》第十九条第（五）项所规定的违反治安管理行为，应当受到处罚。富阳县公安局作出的（1990）第877号治安管理处罚裁决，证据确凿，适用法律正确，符合法定程序；富阳县人民法院（1990）富法行字第4号行政判决，维持公安机关的裁决是正确的；杭州市中级人民法院（1991）杭法行上字第3号行政判决，适用法律错误。浙江省人民检察院的抗诉有理。依照《中华人民共和国民事诉讼法》第一百八十四条和《中华人民共和国行政诉讼法》第六十一条第（二）项之规定，判决如下：一、撤销杭州市中级人民法院（1991）杭法行上字第3号行政判决；二、维持富阳县人民法院（1990）富法行字第4号行政判决。

（最高人民检察院民事行政检察厅
石小申）

兰天、杜春林、李生北列车抢劫案

被告人兰天，男，28岁，汉族，内蒙古自治区赤峰市人，无业，住吉林省白城市新华十七委一组。1979年6月因斗殴致人死亡罪被判处有期徒刑十年。

被告人杜春林，男，26岁，汉族，吉林省白城市人，无业，住白城市明仁街三委十组。1983年8月因斗殴被劳动教养二年，1987年9月因盗窃被劳动教养三年。

被告人李生北，男，29岁，汉族，辽宁省法库县人，无业，住白城市新立八委六组。1983年7月因盗窃被劳动教养三年，1986年6月又因盗窃被劳动教养二年。

上述三被告人因犯抢劫罪、盗窃罪于1991年3月22日被福州铁路公安处刑事拘留，4月2日、3日，分别经福州铁路运输检察院批准逮捕。经查，犯罪事实如下：

1991年3月上旬，被告人李生北与被告人兰天、杜春林共谋南下金华一带行窃。3月17日22时许，三被告人各自携带猎刀，从金华火车站窜上杭州开往福州的377次旅客列车13号车箱伺机盗窃。次日凌晨3时许，当列车运行到玉山至上饶区间时，被告人杜春林望风，被告人兰天爬上行李架，用猎刀拉开旅客陈某某的背包拉链，从中窃得云烟一条，小公文包一只，包内有珍珠项链等物，价值80余元。随后，被告人李生北爬上行李架，用猎刀拉开旅客林某某的背包拉链，从中窃得公文包一只，包内有人民币1000元，“838”型电子计算器一只。被列车公安人员发现后，被告人李生北跳窗逃跑，被告人兰天企图跳窗逃跑未逞，便一把拉住女旅客彭某某，用猎刀顶住彭的颈部，威胁道：“把窗户打开，不许靠近，不然就杀掉她。”公安人员在多次警告无效的情况下鸣枪示警，被告人兰天被迫弃刀就擒。被告人杜春林见逃跑不成，即掏出猎刀拒捕。在公安人员再次鸣枪警告下，杜才扔掉猎刀被抓获。被告人李生北跳车逃跑后，于3月20日被抓获归案。

兰天等三名被告人的上列犯罪事实，经福州铁路公安处侦查终结后移送上海市人民检察院上海铁路运输分院审查起诉。上海市人民检察院上海铁路运输分院经审查认为：被告人兰天、杜春林、李生北目无国法，有预谋地流窜盗窃，当罪行败露后，被告人兰天竟劫持人质拒捕，被告人杜春林也持刀拒捕，两被告人的行为均触犯了《中华人民共和国刑法》第一百五十三条、第一百五十条之规定，构成抢劫罪；被告人李生北曾因盗窃二次被劳动教养，解除劳动教养后不思悔改，仍继续盗窃，其行为触犯了《中华人民共和国刑法》第一百五十二条之规定，构成惯窃罪。被告人兰天、杜春林曾分别被劳改、劳教过，根据全国人民代表大会常务委员会《关于处理逃跑或者重新犯罪的劳改犯和劳教人员的决定》应从重处罚。

根据《中华人民共和国刑事诉讼法》第一百条之规定，1991年6月19日，上海铁路运输检察分院将此案向上海铁路运输中级法院提起公诉。

1991年9月3日，上海铁路运输中级法院经公开审理，判决如下：

被告人兰天犯抢劫罪，判处死刑，剥夺政治权利终身；被告人杜春林犯抢劫罪，判处有期徒刑十五年，剥夺政治权利三年；被告人李生北犯惯窃罪，判处有期徒刑十年，剥夺政治权利二年；赃款、赃物予以追缴，犯罪工具予以没收。

被告人兰天不服一审判决，向上海市高级人民法院提出上诉。上海市高级人民法院经审查，裁定维持原判，驳回上诉，并根据最高人民法院授权高级人民法院核准部分死刑案件的规定，核准对被告人兰天的死刑。1991年11月8日对被告人兰天执行死刑。

（最高人民检察院铁路运输检察厅

王向东）

第七部分 最高人民检察院重要会议简介

省、自治区、直辖市检察长座谈会

1991年6月22日至26日，最高人民检察院在北京召开了省、自治区、直辖市检察长座谈会。会议的主要任务是：总结1991年上半年的工作，推动下半年工作，实现全年检察工作计划。参加会议的有：各省、自治区、直辖市检察院检察长，最高人民检察院正副检察长及各厅、室、局、直属事业单位的负责人。中央有关部门和在京各大新闻单位应邀派人参加了会议。

会议印发了最高人民检察院办公厅关于1991年头五个月检察工作计划执行情况向党组的《汇报提纲》，办公厅主任张穹对《汇报提纲》作了说明，然后进行分组讨论，刘复之检察长在会议结束时作了总结讲话。

会议重点讨论了以下问题：

一、关于深入开展反贪污贿赂斗争。1至5月，全国检察机关共受理贪污贿赂犯罪案件33706件，立案侦查18670件。总的看，反贪污贿赂犯罪工作正在深入发展。具体表现在：坚持为经济建设服务，积极摸索和总结了一些新做法，新经验，使反贪污贿赂犯罪工作紧密地与党和国家的中心工作结合起来。加强了侦查工作，侦破了一批大案要案。在立案侦查的18670件案件中，有万元以上大案4564件，县处级以上干部386人（其中司局级干部11人，副部级干部1人）。各地检察院通过或结合破案，抓住战机，发动群众，掀起规模不等的“小高潮”，取得了显著成效。法制宣传工作有所发展，特别是开展不同规模的反贪污贿赂成果展览，效果很好。举报工作进一步加强。一方面是群众举报热情仍然较高，举报检察机关管辖内案件的比例增大，1至5月受理贪污贿赂案件线索47800件。另一方面，各级检察机关都狠抓了举报线索的查处和反馈工作，减少了积压。同时，各级检察机关还十分重视保护公民举报的权利，严肃查处了一批打击报复举报人和利用举报诬告陷害他人的案件。免诉率有较大幅度下降，办案质量提高。各地认真贯彻执行高检院下发的《关于贪污受贿案件免予起诉工作的规定（试行）》，严格掌握免予起诉的条件，降低免诉率的工作已初见成效。1至5月，共审结贪污贿赂案犯14702人，其中起诉7619人，免诉5790人，起诉率为51.8%，免诉率为39.4%。

会议对反贪污贿赂犯罪工作中存在的问题进行了分析，主要是：一段时间，少数干部对打击与保护、办案与服务的关系理解不够准确，不够全面；有的检察院对查办大案要案与一般案件的关系处理不够好，坐等办理大案要案；有的检察院没有抓紧积极办案，积压线索较多。

会议要求各级检察院要认真贯彻党中央关于“倡廉反贪，拒腐防变”的重要指示，把严惩贪污贿赂犯罪的斗争坚决进行下去。在后半年的工作中，一要处理好办案与服务的关系。办案与服务是统一的。办案是直接服务，是最大的最重要的服务。打击贪污贿赂犯罪是我们的职责，不积极办案，不挖出“蛀虫”，我们就失职。二要重点抓大案要案。只有抓大案要案才能取得很好的社会效果，但对小案也不能不管不问。三是坚决贯彻“一要坚决，二要慎重，务必搞准”的方针，特别要注意准字，并且严格依法办案。四要及时抓住“小气候”，发动“小高潮”。五要持之以恒地抓好举报工作。六要加强反贪污贿赂斗争的法制宣传工作，充分利用《中国检察报》进行宣传教育。七要抓紧起草《反贪污贿赂法》。

二、关于坚持“严打”和积极参加社会治安综合治理工作。1至5月，全国检察机关坚持依法“从重从快”严厉打击严重刑事犯罪的方针，配合公安、法院和司法行政部门，对各种严重刑事犯罪活动进行严厉打击，维护了社会安定。各级检察院认真贯彻中央政法委员会“烟台会议”精神，积极参加社会治安综合治理，加强了领导，制定了措施，使这项工作深入了一步。会议要求，检察机关要始终不渝地把打击刑事犯罪作为工作重点之一，常抓不懈。要继续贯彻依法从重从快的方针，坚持严厉打击杀人、抢劫、强奸、爆炸、重大盗窃等严重刑事犯罪活动。对提前介入、批捕、起诉、出庭公诉各个环节以及监所检察、铁路运输检察等项工作，都要抓紧抓好。要根据检察工作的特点，不断摸索和总结社会治安综合治理的新做法，新经验；研究解决检察机关办理少年犯罪案件的实际问题。

三、关于加强法纪检察工作。会议认为，1至5月，法纪检察工作取得了较好的成绩，严厉打击了侵犯公民民主权利、人身权利和渎职犯罪。但是，法纪检察工作发展还不平衡；有些地方工作起伏比较大；少数地方办案缩手缩脚。会议要求下半年的法纪检察工作，要重点查处非法拘禁、刑讯逼供、徇私舞弊案件，对玩忽职守、重大责任事故案件也要坚决查办。要讲究办案质量，“准”字当头。要严格控制捕人，特别是对过失犯罪案件的被告人不要轻易采取拘捕措施。

四、关于加强思想政治工作和队伍建设。会议要求，各级检察院的领导要十分重视队伍建设中存在的问题，要亲自抓政治工作，抓基层党支部的建设和纪检、监察工作，坚持从严治检。要求各级检察院要做好后备领导干部的选拔、培养工作。选拔干部要搞“五湖四海”，任人唯贤，不能任人唯亲，任人唯听话的。在干部任免上要充分发扬民主，并使之程序化。要把各级领导班子建设成为团结协作、开拓奋进的班子。各级领导干部要抓政治学习，学习马克思主义基本原理，树立共产主义理想，坚定社会主义必然代替资本主义信念，坚定建设有中国特色的社会主义的信念，坚定地坚持人民民主专政。

（最高人民检察院办公厅
张仲芳）

全国检察长会议

1991年12月3日至8日，最高人民检察院在北京召开了全国检察长会议。省、自治区、直辖市人民检察院、军事检察院和计划单列市、经济特区检察院检察长，最高人民检察院咨询委员会委员及各厅、室、局负责人，最高人民检察院特约检察员，中央有关部门的代表参加了会议。会议开始时，最高人民检察院刘复之检察长传达了江泽民总书记12月1日对最高人民检察院党组会前报告的批示：“一年来，尽管国际风云变幻，国内部分地区又遭受严重的洪涝灾害，但目前我国政治稳定，经济繁荣，社会安定。这些成绩的取得，也有检察战线同志们一份功劳。希望牢固树立检察工作为社会主义建设服务的思想，再接再厉，把检察部门的各项工作做好。”接着刘复之检察长作了题为《检察工作要为社会主义建设服务》的报告。会议根据党的十三届八中全会和9月中央工作会议的精神，回顾总结了1991年的工作，研究部署了1992年检察工作的任务和措施，对《反贪污贿赂法》第八稿和《检察官条例》第十六稿提出了修改意见。会议期间，最高人民检察院王晓光、冯锦汶、梁国庆、肖扬、陈明枢副检察长分别就机关建设、刑事检察、干部教育培训、内部制约和举报、队伍建设等工作作了专题发言。张思卿副检察长作了总结讲话，刘复之检察长在会议结束时作了重要讲话。

会议认真学习讨论了江泽民总书记的指示。与会同志一致认为，江泽民总书记的指示，对检察工作给予了充分肯定和高度评价，提出了检察工作为社会主义建设服务的明确指导思想，充分体现了党中央对检察工作的极大关怀和支持，是对广大检察人员的巨大鼓舞和鞭策。

与会同志一致同意刘复之检察长的工作报告，认为，1991年最高人民检察院和各级人民检察院认真履行法律监督职责，各项检察活动取得了新的进展，完成了1991年计划规定的主要任务。1至10月，共立案侦查贪污贿赂罪案40775件，其中万元以上大案9833件，查办了县处级干部767名，厅局级干部29名，副部级干部1名。批准逮捕公安机关提请批捕的人犯422070名，起诉396392名。立案侦查侵犯公民民主权利、人身权利和渎职罪案14377件。

会议确定了1992年检察工作的主要任务是：在以江泽民同志为核心的党中央领导下，坚定不移地坚持党的“一个中心，两个基本点”的基本路线，切实贯彻中央工作会议和八中全会精神，牢固树立为社会主义建设服务的思想。忠实履行法律监督职责，继续深入开展反贪污贿赂犯罪斗争，坚持严厉打击严重刑事犯罪分子和敌对分子的犯罪活动，加强法纪检察工作，积极开展各项检察业务，全面加强社会治安综合治理，加强思想政治工作和队伍建设，反对和抵御敌对势力的和平演变阴谋，维护国家稳定和社会安定，保卫国家安全，促进社会主义经济建设，巩固人民民主专政。

会议强调，1992年，全国各级检察机关一要继续深入反贪污贿赂斗争，要抓住大案要案不放松。特别注意查办重点单位、部门、行业的案件和巧立名目收受回扣中饱私囊、私分公款构成犯罪的案件。二要继续贯彻依法从重从快的方针，严厉打击严重刑事犯罪。充分发挥检察机关专政工具的职能作用，依法惩处危害国家安全的各种犯罪。积极开展反盗窃斗争。坚决打流氓团伙和严重暴力犯罪活动以及黑社会性质的犯罪团伙和国际犯罪集团。坚持重大特大案件提前介入制度。三要突出查办非法拘禁、扣押人质、刑讯逼供致人死亡的法纪大案要案。认真查办严重的玩忽职守、重大责任事故犯罪案件。四要开展各项检察业务活动，都要走群众路线。要自觉接受党的领导和监督，接受国家权力机关和人民群众的监督，坚持有错必纠的原则，保障国家各项法律得到严格正确的执行。五要抓紧《反贪污贿赂法》、《检察官条例》的研究起草和《人民检察院组织法》的修改工作。六要重视做好检察长的换届准备工作。

会议号召各级检察机关和全体检察人

员，要继续振奋精神，努力工作，开拓创新，以优异的成绩迎接党的第十四次代表大会的召开。

（最高人民检察院办公厅
张仲芳）

第二次全国刑事检察工作会议

1991年6月6日至11日，最高人民检察院在北京召开了第二次全国刑事检察工作会议。参加会议的有各省、自治区、直辖市人民检察院刑事检察处、林业检察处处长，军事检察院刑事检察处处长和北京、天津、河北、山西、辽宁、吉林、湖北、河南、新疆、上海、江苏、浙江、甘肃、广西、贵州15个省、自治区、直辖市人民检察院主管刑事检察工作的副检察长，以及最高人民法院、公安部、国家安全部、林业部、有关新闻单位的特邀代表，共97人。最高人民检察院冯锦汶、肖扬副检察长出席并主持会议。

会议开始，最高人民检察院刑事检察厅厅长张凤阁作了题为《进一步提高刑事检察工作水平，为保障社会稳定促进经济发展作出新贡献》的工作报告。会议结束时，最高人民检察院冯锦汶副检察长作了总结讲话。会议期间，最高人民检察院刘复之检察长到会接见了会议全体代表并讲了话；张思卿副检察长也到会与部分会议代表进行了座谈并讲了话。

会议的主要任务是：以党的十三届七中全会精神为指针，根据最高人民检察院的工作部署，总结1988年以来刑事检察工作的经验，分析当前的问题，重点研究运用刑事检察职能继续严厉打击严重刑事犯罪和深入进行反贪污、贿赂犯罪斗争的措施，讨论修改《人民检察院刑事检察工作细则》，布置今后任务，进一步提高刑事检察工作水平，为保障社会稳定促进经济发展作出新贡献。

会议认为，1988年以来，刑事检察工作取得了很大进展，主要表现在：一是坚持依法严厉打击严重刑事犯罪活动，维护了社会稳定。从1988年1月到1991年3月，全国检察机关刑事检察部门共批准逮捕1583367人，提起公诉1514986人，出席法庭支持公诉829734件，每年提出检察建议约2万件以上，考查帮教免诉人员约1万名左右。二是旗帜鲜明地参加制止动乱、平息反革命暴乱，坚决清查惩办犯罪。三是全面实行自侦案件内部制约。自1989年起，各级刑事检察部门全面担负起了贪污、贿赂等自侦案件的审查逮捕、审查起诉、出庭公诉、审判监督任务。对“两高”《通告》期间投案自首的贪污、贿赂等犯罪分子提起公诉2112名，免予起诉12938名。1990年刑检部门审查决定逮捕贪污、贿赂、侵权、渎职等犯罪分子31390人，决定不逮捕1606人，提起公诉36722人，不起诉1103人。四是努力保证法律统一正确实施，侦查监督和审判监督工作取得了进展。1988年至1990年，检察机关不批准逮捕138674名，追捕26193名，不起诉8885名，追诉14180名，纠正侦查活动违法18741件次。三年中提出抗诉4876件，法院改判率为61%，提出纠正审判活动违法的意见7322件次。五是加强业务建设，刑事检察工作制度化、规范化程度不断提高。

会议总结了刑事检察工作的基本经验：(1) 紧紧围绕党和国家的中心工作发挥职能作用，为社会稳定和经济建设服务，是刑事检察工作的根本方向。(2) 严格执行法律政策，正确运用法律武器，是刑事检察工作的基本准则。(3) 加强党的领导，各级检察院党组和检察长将刑事检察工作作为重点来抓，是刑事检察工作取得成绩、得以发展的有力保证。(4) 开拓创新，是促进刑事检察工作发展的好办法。(5) 正确处理几个业务关系，增强协调，是搞好刑事检察工作的重要环节。

会议分析了目前刑事检察工作中存在的问题：一是对检察机关直接受理侦查的案件实行内部制约的自觉性还不够强，办案能力、水平还不适应需要；二是贪污、贿赂等检察机关直接受理侦查的案件免予起诉的面宽、数大，有些免诉案件办案质量不够高；三是出庭公诉工作发展不平衡，特别是检察机关直接受理侦查的案件和重大疑难案件的出庭公诉水平不够高，出现的问题较多；四是工作面拓宽、任务量增大与力量不足的矛盾比较突出，在一定程度上限制了刑事检察工作的开展和质量的提高；五是有计划地主动分析研究社会治安形势及犯罪活动特点、规律不够。

会议提出了今后一个时期，刑事检察要突出抓好的几项工作：

一、坚持正确的指导思想，明确刑事检察工作方向。刑事检察工作要为国家政治稳定、社会稳定、经济的稳定和发展服务。坚持不懈地运用刑事检察职能促进经济振兴和社会进步，促进社会主义民主和法制建设，贯彻反和平演变总体战略。

二、贯彻“两手抓”的方针，深入进行反贪污、贿赂犯罪的斗争。各级刑事检察部门要切实抓紧抓好打击贪污、贿赂犯罪这个重点，在深入上狠下功夫，要加强内部制约机制，强化审查意识；提高执法水平，严格执行法律政策，把“一要坚决，二要慎重，务必搞准”的方针，落实到各个业务环节；要依法正确行使免诉权，坚决纠正免诉面过宽现象，采取措施把过高的免诉率降下来。

三、坚持长期作战，持续不断地严厉打击严重刑事犯罪。各级检察机关要继续积极参加“严打”专项斗争，把依法从重从快严厉打击严重刑事犯罪作为检察工作的重点，保持“严打”的声威；要集中斗争锋芒，突出打击重点；要积极做好预防和处置突发事件的工作。

四、继续努力加强侦查监督、审判监督。要提高两项监督的自觉性，监督的重点是防错防漏和纠正侦查、审判活动中的违法行为。开展提前介入，坚持配合和监督并重。加强法庭审理活动的监督和抗诉工作。抓好二审监督和死刑案件的监督。

五、采取多种措施，努力提高刑事检察工作质量。要突出抓好提高出庭公诉水平的工作，尤其要抓好重大、特大的严重刑事犯罪案件和社会影响大的贪污、贿赂等检察机关直接受理侦查案件的出庭支持公诉工作。提高刑事检察工作质量，正确贯彻执行法律政策，严格遵守行之有效的规章制度。

六、通过履行刑事检察职能，积极参加社会治安综合治理。要认真克服“就案办案”思想，立足于办案，着眼于综合治理，把打击与防范、治标与治本有机结合起来。

七、提高干警政治和业务素质，加强刑事检察队伍建设。要充实稳定刑检干警队伍，缓解人员少、负荷重的矛盾；要重视老干警的知识更新和新干警的业务基本功训练，搞好业务培训。开展评比竞赛活动，表彰先进。

会议还讨论修改了《人民检察院刑事检察工作细则》等文件。

（最高人民检察院刑事检察厅
王高升）

全国检察机关第二次“侵权”、渎职案件侦查工作会议

1991年5月18日至23日，最高人民检察院在北京召开了全国检察机关第二次“侵权”、渎职案件侦查工作会议。参加会议的有各省、自治区、直辖市人民检察院法纪检察处处长以及部分在查处“侵权”、渎职案件中成绩突出的基层检察院的代表，共60人。

会议的主要任务是：学习、贯彻党的十三届七中全会、全国政法工作会议和全国人大七届四次会议精神，进一步提高对法纪检察工作重要性的认识；检查法纪检察工作的落实情况；总结交流“侵权”、渎职案件侦查工作经验，研究部署下一步侦查工作；表扬全国法纪检察系统先进集体和优秀侦查员。

会议期间，刘复之检察长对进一步加强法纪检察工作问题作了指示，张思卿、肖扬副检察长讲了话，并与参加会议的人员进行了座谈。最高人民检察院法纪检察厅厅长陈为典作了题为《进一步提高侦查水平，切实加强法纪检察工作，为廉政建设和经济建设作出新贡献》的工作报告。

会议认为：1990年以来，最高人民检察院加强了法纪检察工作，在总体部署和工作安排上把法纪检察工作摆到了重要位置。各级检察机关认真贯彻落实党中央和最高人民检察院对法纪检察工作的一系列指示精神，广大法纪检察干部多办案，办大案，办好案，法纪检察工作取得了突破性进展。其主要表现是：(一) 侦查水平进一步提高，受案数、立案数，特别是立大案要案数较上一年有较大幅度的提高，突破了一批社会影响较大的“侵权”、渎职大案要案。1990年，全国检察机关共受理“侵权”、渎职案件45033件，立案侦查16044件，分别比上一年上升5.2%和37.3%。（二）在全国范围内广泛开展了《“侵权”、渎职案件立案标准》的宣传活动，使法纪检察工作进一步为广大人民群众所认识。各地都出现了受案上升、举报增加、举报准确率提高、自首人员增多的情况。事实证明，《立案标准》的公布实施和广泛宣传，不仅使法纪案件的立案查处工作有了具体的规范性依据，而且为深入开展法纪检察工作创造了一个良好的社会和舆论环境。(三) 坚决依法查处刑讯逼供案件，为保障公民的人身权利、民主权利作出了努力；认真查处“人质型”侵犯公民人身权利案件，维护了正常的社会秩序和经济秩序；努力查处徇私舞弊案件，惩治腐败，促进了廉政勤政建设；深入查处玩忽职守和重大责任事故案件，切实为经济建设和改革开放服务。(四) 认真、妥善地处理了将近3万件尚不够立案标准的“侵权”、渎职案件，对其中可能引起矛盾激化的案件，作了大量调解、息讼工作。同时，注意搞好综合治理工作，取得了良好的社会效果。

会议指出：各级法纪检察部门根据客观形势的要求和“侵权”、渎职案件的发案特点，在全面承担查处“侵权”、渎职案件同时，突出抓了刑讯逼供、徇私舞弊、非法拘禁、玩忽职守和重大责任事故等五类发案率高、社会影响大、危害后果严重、群众反映强烈的案件，并注意在办案实践中运用历史唯物主义和辩证唯物主义的立场、观点、方法，对不同性质的案件采取与其自身特点相适应的侦查策略和方法，进一步摸索、积累和总结了一系列切实可行的侦查经验。主要有：在强烈的侦查意识指导下，主动出击，抓住案件线索不放，

及时开展立案前的调查；快速反应，以快制胜；分析、掌握证人心理，灵活采取不同的询问方法；认真、细致、全面搞好现场勘查工作；重视物证、书证的收集工作，搞好科学技术鉴定；对不同的被告人采取不同的审讯策略；寻找薄弱环节，选准突破口；适时采取强制措施，打破攻守同盟；用法律和事实统一认识，化阻力为动力；积极依靠党委的领导、人大的监督和政府部门的支持，为查办案件创造条件。这些经验在实际工作中运用，都取得了良好的效果。

会议强调，今后，各级检察机关要继续把加强法纪检察的工作落到实处。(一)要教育广大法纪检察干警充分认识严肃查处“侵权”、渎职犯罪案件是国内外客观形势发展的需要，对保障公民民主权利和人身权利，维护社会稳定，惩治腐败、促进廉政勤政建设，促进经济发展以及回击西方反动势力对我们的攻击和诬蔑有着非常重要的意义和作用。(二)要切实加强对法纪检察工作的领导，自觉地把这项工作列入议事日程，经常研究。各级领导要掌握本地区“侵权”、渎职犯罪的新情况、新特点，指导法纪检察部门制定好工作规划，支持依法办案，并经常检查、督促。检察长亲自办理大案要案要作为一项制度坚持下去，持之以恒。(三)要加强办案工作。在有案必办的基础上，突出刑讯逼供、非法拘禁、徇私舞弊、玩忽职守、重大责任事故五类重点案件，集中精力查处大案要案。要坚持“一要坚决，二要慎重，务必搞准”的原则，严把质量关。正确处理查处案件与为经济建设服务的关系，避免只讲“保护”而忽视或不敢“查办”的倾向。(四)要加强对“侵权”、渎职案件的政策法律研究工作。各级检察院必须对本地区发案率较高的“侵权”、渎职案件进行专题调查，认真分析其发生的原因、特点和规律，认真研究罪与非罪、此罪与彼罪的界限，对于已经成熟的研究成果，由最高人民检察院作出相应的司法解释。(五)要加强法纪检察工作的分类指导，改变工作发展不平衡的状况。各级检察院的领导，特别是主管领导和法纪检察部门的领导要做到对本地区法纪检察工作的状况心中有数，要有重点、有针对性地开展分类指导，深入到有关地区进行具体指导。督促工作开展较好的单位认真总结经验，及时交流推广；帮助工作比较后进的单位，找出症结，分析原因，制定措施，解决实际问题，力争迅速赶上。(六)要加强法纪检察队伍建设，进一步提高法纪干部的政治素质和业务素质。要抓好马列主义理论学习和时事政治教育，始终为党和国家的中心工作、中心任务服务；要抓好全心全意为人民服务的宗旨教育、廉政勤政教育、反腐防变教育和职业道德、职业纪律教育，维护检察机关在人民群众中的形象和威望。要熟悉有关部门、行业制定的规范性文件，必要的科学技术、安全生产、经营管理、购销业务、生产流程等方面的专业知识，提高甄别是非曲直的能力。要不断增强侦查意识和证据意识，学会正确而熟练地运用法律规定的各种侦查手段，提高发现、揭露和证实犯罪的能力。(七)要加强法纪检察的机构建设。法纪检察机构原则上要单设，对法纪检察队伍，特别是骨干力量，要保持相对稳定，不得随意抽调或长期借用法纪干部做其他工作，被抽调人员要抓紧归队。要搞好常规技术装备的建设。(八)要加强对“侵权”、渎职犯罪的预防和综合治理。一是要结合办案，宣传封建特权思想、宗派思想和严重官僚主义的危害；宣传法律的有关规定，使公安、司法人员和广大公民懂得遵纪守法的重要性，增强干部和公民的法律意识。二是通过办案向有关单位和部门提出改章建制、堵塞漏洞的合理化建议。三是对公安、司法和行政执法人员的违法行为，及时予以纠正，预防和减少侵犯公民权利和渎职犯罪的发生。

（最高人民检察院法纪检察厅　顾华）

全国民事行政检察工作座谈会

1991年10月16日至20日，最高人民检察院在四川省成都市召开了全国民事行政检察工作座谈会。会议的主要任务是回顾和总结行政诉讼法和民事诉讼法实施以来民事行政检察工作的情况，研究探讨开展民事行政检察工作存在的主要问题，讨论1992年的工作部署和安排。各省、自治区、直辖市人民检察院民事行政检察处处长或负责人参加了会议。最高人民检察院民事行政检察厅副厅长柯汉民主持了会议，并在会议结束时讲了话。

会议认为，我国行政诉讼法和民事诉讼法实施以来，全国检察机关积极、认真、稳妥地依法履行对行政诉讼和民事审判活动实行法律监督的职责，做了大量工作，取得了初步成绩。主要表现是：一、依法受理和办理了一批民事行政抗诉案件。在已提出抗诉的9件案件中，浙江省人民检察院提出抗诉的行政案件、新疆伊犁自治州人民检察院提出抗诉的经济案件已分别由浙江省高级人民法院和新疆自治区高级人民法院伊犁分院开庭再审，均认定检察院抗诉有理，纠正了原已生效的错误判决。二、民事行政检察机构建设和干部配备有了很大发展。截止1991年9月，全国已有29个省、自治区、直辖市检察院组建了民事行政检察处（西藏未建）；253个分、州、市级检察院建立了民事行政检察处（科），占分、州、市检察院总数的72%；783个县（市）、区检察院成立了民事行政检察科，占县（市）、区院总数的26%。全国现有民事行政检察干部2071人。三、民事行政检察干部培训工作取得了新的成绩。1990年10月至1991年9月，全国各级检察机关共举办各种类型的培训班77期，培训干部2039人次，使现有的民事行政检察干部基本上都受到了一次培训。会议认为，当前民事行政检察工作中存在的主要困难和问题是：一、有些检察机关的领导对开展民事行政检察工作的意义认识不足，重视不够。二、民事行政检察机构不健全，没有编制，人员紧张，跟不上受理案件和办理案件业务量发展的需要。三、现行法律的有关规定不够明确，给执法带来困难。

会议对1992年的民事行政检察工作做了安排：(一）贯彻中央工作会议和十三届八中全会精神，明确民事行政检察为经济建设服务的方向。要结合民事行政检察工作的任务和特点，采取具体措施，把党和国家的中心工作任务落到民事行政检察工作的实处。要切实履行好对行政诉讼和民事审判活动实行法律监督的职责，依法办好抗诉案件，维护正常的经济秩序，维护国营大中型企业的合法权益，为深化改革、繁荣经济、巩固社会主义作出贡献。(二）突出办案，进一步打开民事行政检察工作的局面。要把办理民事行政审判监督程序抗诉案件作为民事行政检察部门的主要任务。根据现有条件和可能，集中力量，重点办理大案、办理有社会影响和具有典型性的案件。要严格依法办事，保证办案质量。通过办案探索和积累经验，为建立和完善业务规章制度打下基础。(三）加强业务指导，促进民事行政检察业务健康、顺利、全面发展。在当前民事行政检察工作发展不平衡的情况下，要采取“抓两头、带中间”，“抓重点、带一般”的方法，有针对性地加强分类指导。要深入基层，对一些地方好的经验，及时总结推广；对工作局面尚未打开的地方，要帮助解决实际困难和问题。在指导内容上，既要对全面工作进行指导，也要对具体案件进行指导。(四)继续抓好开展民事行政检察业务的基础性工作。机构建设的重点是巩固现有机构，稳定现有干部队伍，在此基础上完善分、州、市院的机构。对有条件的县(市)、区检察院也要求建立机构。要继续抓好干部培训，重点培训现有的业务骨干，以提高办案能力和执法水平。要大力加强宣传工作，通过多种形式的宣传，扩大民事行政检察工作影响，保证案件来源，进一步打开工作局面。

(最高人民检察院民事行政检察厅
石小申)

全国铁路检察工作会议

1991年12月18日至24日，最高人民检察院在桂林召开了全国铁路检察工作会议。参加会议的有全国12个铁路检察分院的检察长、贪污贿赂检察部门的负责同志，部分铁路运输检察院的检察长。应邀出席会议的有广西壮族自治区人民检察院、铁道部有关部门、柳州铁路局党委、桂林市人民检察院、桂林地区检察分院的负责同志，共60人。最高人民检察院副检察长冯锦汶出席会议并讲了话。最高人民检察院铁路运输检察厅厅长陈振东作了《发挥专门检察职能为铁路企业安全运输生产服务》的工作报告。

会议传达贯彻了全国检察长会议精神，总结了1991年全国铁路检察工作，制定了1992年铁路检察工作要点，交流了深入开展反贪污贿赂斗争的经验，研讨了铁路检察队伍建设等问题。

会议认为，1991年全国各级铁路检察机关贯彻铁路检察工作要为铁路企业安全运输生产服务的指导思想，充分发挥专门检察机关的职能作用，为铁路企业的廉政建设、治安秩序的稳定和安全运输生产做出了贡献。据统计，1991年各级铁路检察机关共受理贪污贿赂等经济犯罪案件1272件，立案侦查764件，其中万元以上大案177件，处级以上干部犯罪要案12件，追缴赃款赃物价值1558.2万元；受理铁路公安机关提请逮捕人犯9743人，经审查批准逮捕8835人，比去年同期下降16.6%，受理铁路公安机关移送起诉案件5214件10980人，经审查向铁路法院提起公诉9434人。

会议进一步明确了当前和今后一个时期铁路检察工作的指导思想：在各级铁路党委和上级检察院的领导下，在铁路各级行政机关的支持下，紧紧围绕党的中心任务和最高人民检察院确定的工作重点，继续深入开展打击以车谋私等贪污贿赂犯罪斗争；坚持依法从重从快严厉打击严重危害铁路治安的刑事犯罪；切实加强法纪检察工作，严肃查处“侵权”渎职犯罪案件；协调开展其他各项检察工作；充分发挥铁路检察的职能作用，为促进铁路系统的廉政建设和铁路治安秩序的稳定，为保障铁路企业的安全运输生产和建设事业的发展服务。

会议对1992年铁路检察工作进行了部署：

一、继续深入开展反贪污贿赂斗争，把查处以车、以票谋私和多种经营中的贪污贿赂犯罪作为重点，狠抓大要案件的查处。各级检察长都要亲自办案。要不断增强侦查意识、提高侦查水平、抓紧侦查技术装备的建设和更新改造，以适应深入开展反贪污贿赂斗争的需要。

二、继续坚持依法从重从快打击严重刑事犯罪活动，搞好铁路治安综合治理。要把严重暴力犯罪、站车抢劫、客货车上的重大盗窃、破坏铁路运输设施和铁路通讯线路方面的犯罪，以及团伙犯罪、流窜犯罪作为打击重点。要积极主动地参加当地组织的各类专项斗争和专项治理活动，为铁路治安创造良好的法治环境和社会环境。

三、切实加强法纪检察工作严肃查处“侵权”渎职犯罪。对于社会关注、群众反映强烈、涉及领导干部和公安、司法干警的案件，以及运输指挥、工程技术等工作中发生的玩忽职守、重大责任事故等犯罪案件要严肃查处。

四、协调做好控告申诉检察、监所检察以及综合业务工作。

五、加强思想政治工作，搞好领导班子和队伍建设。

最高人民检察院副检察长冯锦汶在会议结束时作了总结讲话。他首先肯定了各级铁路检察机关在为搞好国营大中型企业中所发挥的重要作用，进而指出了当前反贪污贿赂斗争的重要性、复杂性、长期性，同时强调1992年铁路检察机关仍然要把反贪污贿赂斗争作为第一位工作。他说，这是由检察机关的性质决定的，也是当前国际国内形势的迫切需要，是人民群众的热切希望，同时也是从铁路实际情况出发决定的。针对铁路治安存在的问题，他说，严厉打击危害铁路治安的严重刑事犯罪活动也是铁路检察机关的一项重点工作，必须坚定不移地坚持下去。一要在治乱上下功夫；二要在“严打”前提下落实综合治理的各项措施；三要在铁路“春运”期间配合有关部门做好安全工作；四要进一步加强侦查监督和审判监督以及内部制约工作。

（最高人民检察院铁路运输检察厅

王向东）

全国检察机关第四次控告申诉检察工作会议

1991年3月15日至21日，最高人民检察院在北京召开了第四次全国检察机关控告申诉检察工作会议。参加会议的有：部分省、自治区、直辖市人民检察院主管控告申诉、举报工作的副检察长，控告申诉检察处处长，举报处处长，计划单列市和新疆建设兵团检察院控告申诉检察处处长。中央国家机关有关部门的同志，最高人民检察院控告申诉检察厅联系的特约检察员和最高人民检察院有关厅、局的同志，新华社、人民日报等新闻单位的记者也应邀参加了会议，共84人。最高人民检察院检察长刘复之、副检察长张思卿、王晓光、冯锦汶、肖扬，中纪委驻最高人民检察院纪检组组长熊传震出席了会议。刘复之检察长，张思卿、肖扬副检察长在会上讲了话。最高人民检察院控告申诉检察厅厅长罗辑作了题为《进一步加强控申、举报工作，维护社会稳定，促进廉政建设，为经济建设服务》的工作报告。

会议的主要任务是：回顾第三次全国控告申诉检察工作会议以来，全国检察机关控告申诉检察部门的工作情况，总结交流开展举报工作、刑事案件申诉复查工作、办理重婚案件和处理人民群众来信来访工作经验。

会议研究确定了今后一个时期内控告申诉检察工作的主要任务：搞好举报工作，为反贪污贿赂斗争服务；搞好人民群众的来信来访工作，密切检察机关同人民群众的联系；搞好刑事案件申诉复查工作，发挥检察机关对外监督和对内制约的作用。会议期间，还讨论修改了《人民检察院复查刑事申诉案件的暂行规定》(讨论稿)和《人民检察院关于保护公民举报权利的规定》(讨论稿)。

会议认为，全国第三次控告申诉检察工作会议以来，全国检察机关各级控告申诉检察部门做了大量的工作，取得了很大成绩。具体表现在四个方面：(1)举报工作成效显著。自1988年开展举报工作以来，全国检察机关受理举报线索108.7万多件。其中，贪污贿赂线索47.9万多件，提供立案侦查线索44万多件。检察机关立案10.4万多件，其中查处万元以上大案1.5万多件；涉及县(处)级以上干部1400多人；为国家挽回经济损失10.9亿多元。(2)办案工作特别是办理申诉案件工作取得了突破性进展。1986年以来，全国控告申诉部门共办理控告申诉案件15.1万多件，比前四年增加3倍。共纠正错案3.2万多件。(3)较好地处理了一大批矛盾可能激化、集体上访和上访老户等信访问题。(4)建立了必要的信息制度，加强信息反映。1986年以来，共编写信息材料6.1万多件，为领导同志解决检察机关在执法中存在的典型性和倾向性问题提供了依据。同时，也对纠正司法队伍特别是检察队伍和业务建设中存在的问题，起到了一定的促进作用。

会议对今后一个时期的控告申诉检察工作提出了具体要求：(1)要继续深入开展举报工作。要搞好举报线索的初查工作，解决积压问题；要严肃查处打击报复举报人案件；要积极开展奖励举报有功人员的工作；要利用各种形式搞好宣传发动工作。(2)进一步加强办案工作，强化监督、制约职能。要认真抓好重点案件的办理，其中包括：重婚案件；不服人民法院判决、裁定的申诉案；不服检察机关不立案和撤销案件决定有漏纵罪犯可能的申诉案；不服检察机关认定不构成犯罪作不批捕决定的申诉案；不服检察机关不起诉决定的案件；不服检察机关决定免予起诉和没收财物的申诉案件。另外，要加强办案程序规范化建设。(3)继续认真处理“矛盾容易激化”、集体上访和上访老户等其他信访问题。(4)大力加强调查研究，切实抓好控告申诉信息的开发和利用。

(最高人民检察院控告申诉检察厅
王占清)

全国检察技术工作会议

1991年3月6日至12日，最高人民检察院在北京召开了全国检察技术工作会议。会议的主要任务是：总结交流1985年6月“大连会议”以来全国检察技术工作的情况和经验，部署1991年检察技术工作；讨论修改《全国检察技术工作五年建设规划》等文件；研究确定当前和今后全国检察技术工作的建设目标、指导思想等。参加会议的有18个省、自治区、直辖市人民检察院主管检察技术工作的副检察长，各省、自治区、直辖市、计划单列市人民检察院技术处处长，15个分(市)、县(区)人民检察院技术工作先进单位代表，国家有关部委、大专院校代表及新闻单位记者等，共100人。最高人民检察院副检察长肖扬主持会议并作了总结讲话。会议期间，最高人民检察院刘复之检察长，张思卿、王晓光、冯锦汶、梁国庆副检察长接见了会议代表。刘复之检察长讲了话。张思卿副检察长在会议期间主持召开了省级检察院主管副检察长座谈会。最高人民检察院技术局副局长陈佩璋作了《总结经验，继续奋斗，积极开创检察技术工作新局面》的报告。

会议认为，经过五年的艰苦创业，全

国检察技术工作有了很大发展。一是检察技术建设已初具规模。全国有29个省、自治区、直辖市检察院建立了技术处；有314个分、市、州检察院设立了技术处（科），占该级检察院总数的85%；有688个县、区检察院成立了技术科，占县级检察院总数的25%。最高人民检察院，辽宁、山西、河南、浙江、天津、上海等省、直辖市检察院以及大连、沈阳等市检察院，先后成立了检察技术科学研究所。截止到1990年底，全国已拥有一支4400余人的检察技术队伍，比1985年6月增加了4倍多。有2187名技术干部接受了不同层次、不同规格的培训，占总人数的47.5%。随着检察业务的全面开展和检察技术手段在更多范围内的应用，技术门类也在逐渐增加，由主要是开展法医检验、文件检验、物证照像等部分门类，逐步扩大到痕迹检验、理化检验、司法会计检验和摄、录像等多种专业门类。而且各专业技术门类的工作领域和范围也在不断拓宽。据不完全统计，全国检察技术部门已拥有7800余万元的固定资产。技术设备超过百万元的有21个省、市，其中逾200万元的有15个省、市。二是检察技术工作在履行检察职能中发挥了重要作用。1985年至1990年，全国检察技术部门共受理各类案件185870件，办案数逐年上升。其中，进行检验鉴定117832件，出具检验报告和鉴定书79204份；进行现场勘验64924次；文证审查29823份；物证照像102696件，物证录像10387件。所办案件中起证据作用的96852份，提供侦查方向的15672份。检察技术工作的作用，主要体现在以下几个环节上：(1)在审查批捕、起诉、抗诉和控告申诉环节上，对相关的技术证据、材料，进行审查、鉴定，履行了配合审查的职能；(2)在办理检察机关自行侦查案件中，及时进行现场勘验，发现、提取各种痕迹物证，并通过检验鉴定，为案件提供侦查方向和定案依据，发挥了辅助侦查的职能；(3)在承担检察机关法制宣传等其他任务中，发挥了技术工作的服务职能。

会议确定了今后检察技术工作的指导思想是：从实际出发，全面规划，统筹安排，突出重点，加快省、地（市）、县（市）三级技术点的建设，努力建成有中国特色的检察技术工作体制；紧紧围绕检察机关查处贪污、贿赂、“侵权”、渎职犯罪和严厉打击严重刑事犯罪的主要任务，充分运用科学技术手段和方法，依法办案，科学办案，为履行法律监督职能发挥应有的作用。根据这一指导思想和检察技术工作的现状，会议要求今后要做好以下几项工作：第一，要按照三级技术点的构想层层抓落实。逐步建设和形成一个具有检察机关特点，适应实际斗争需要，机构健全，队伍精干，专业适应，技术设备配套，能够胜任勘验、检验、鉴定和科研任务的检察技术网络。第二，充分利用现有条件，全面开展检察技术工作。要紧紧围绕检察机关的主要任务，多办案，办大案，在办案中不断提高工作水平。第三，进一步建立、完善各项办案程序，加强规范化、制度化建设。第四，加强思想政治工作和业务培训工作，抓好技术队伍建设。第五，加强业务指导，推动检察技术工作的均衡发展。第六，积极进行检察技术理论和应用的科学研究。第七，关心技术人员，稳定技术队伍。

（最高人民检察院技术局
曾永涛）

全国检察机关调研工作会议

1991年9月12日至14日，最高人民

检察院在上海召开了全国检察机关调研工作会议。会议的主要议题是：总结1985年以来全国检察机关研究室工作的基本情况，讨论和明确新形势下研究室工作的指导思想、主要任务和工作重点，以改进和加强研究室工作，开拓研究室工作的新局面。各省、自治区、直辖市及沈阳市人民检察院研究室主任参加了会议。最高人民检察院副检察长张思卿在会议期间讲了话，副检察长肖扬主持会议并作了总结讲话。最高人民检察院研究室主任卢泰山作了题为《认清形势，明确任务，努力做好调查研究和法律政策研究工作》的工作报告。

会议认为，1985年全国检察机关调研工作会议以来的六年中，各级检察机关的调查研究工作在检察制度的建设、检察事业的发展中发挥了重要作用。调研部门做了大量调查研究和政策法律研究工作，为正确执法，准确有力地打击犯罪提供了重要依据，也为立法和司法解释工作提供了一些有益的意见和建议。1986年至1991年上半年，最高人民检察院单独或与最高人民法院等部门联合发布司法解释及有关司法解释问题的文件共105件。

会议对今后研究室工作的意见作如下表述：

（一）进一步提高对研究室工作重要性的认识。会议认为，调查研究工作是搞好检察工作的基础。只有加强调查研究，才能适应改革开放新形势，为检察机关正确执行法律提供可靠的事实依据，检察工作才能不断开拓创新。检察工作几年来有许多新发展、新创新，都是建立在调查研究的基础上的，也可以说是调查研究的重大成果。

（二）进一步明确研究室工作的指导思想。会议认为，当前全国检察机关研究室工作的指导思想是"三坚持，三服务"，即坚持党的基本路线，坚持理论联系实际，坚持实事求是；为党和国家的中心任务服务，为检察工作服务，为领导科学决策服务。

（三）进一步明确研究室的工作任务。会议认为，调查研究和法律政策研究工作是研究室的主要工作，必须集中力量做好。

会议强调指出，各级检察机关的研究部门要紧紧围绕检察机关的工作重点开展研究工作。这是我们的基本经验，也是当前检察工作的形势和检察事业的发展对检察机关研究工作的基本要求。当前检察工作的重点是：深入开展反贪污贿赂斗争，坚持严厉打击严重刑事犯罪和综合治理，加强法纪检察工作。检察研究工作要紧紧扣住这个主题。要针对重点工作发展过程中遇到的新情况、新问题，进行深入细致的调查研究，找出解决这些问题的办法，推动检察工作的发展。

检察机关的调查研究工作必须抓重大问题，开展重大问题的专题调研。第一，要搞好与检察工作重点有关的政策、法律的研究。第二，加强与检察工作有关的重大法学理论研究，省以上检察机关的研究室尤其要加强理论研究。第三，要认真研究有中国特色的检察制度。第四，加强对检察实务中遇到的重大问题的研究，包括对办案中遇到的重大问题进行研究。

（四）进一步加强上级检察院研究室对下级检察院研究室的工作指导。

（五）进一步加强对调查研究工作的领导，健全调研机构。各级检察机关的领导同志要重视调查研究工作，认真组织调研力量，落实调研人员和调研题目，有计划有步骤地开展调研活动，按照1985年《最高人民检察院关于加强调查研究工作的意见》中关于机构设置的要求，分、州、市院以上的检察院要设置研究室；有条件的县区检察院设研究室；没有条件设立机构的县区检察院要指定专人搞调研工作。同时，还要抓好调研队伍素质的提高。

会议还交流了各地做好调研工作的经验。广东省和沈阳市人民检察院研究室在会上介绍了他们的经验。会议印发了黑龙江省等16个检察院的经验材料和张家口市等41个检察院的经验材料摘编。

（最高人民检察院法律政策研究室 周苏民）

全国检察机关政治工作座谈会

1991年5月21日至25日，最高人民检察院在北京召开了全国检察机关政治工作座谈会。会议以党的十三届七中全会和全国组织部长会议精神为指导，重点研究开展具有检察特点的思想政治工作和加强检察机关的后备干部队伍建设问题。中纪委常务副书记陈作霖、最高人民检察院检察长刘复之、副检察长梁国庆在会上先后讲话，最高人民检察院党组成员、政治部副主任王克作了发言。各省、自治区、直辖市人民检察院政治部的负责同志参加了会议。

会议总结交流了1990年全国检察机关首届政治工作会议以来各级检察机关开展政治工作的情况和经验。会议认为，各级检察机关在党委的领导下，结合本地区、本单位的实际情况，认真贯彻首届政治工作会议精神，政治工作取得了较大进展。最高人民检察院和29个省级检察院相继成立了政治部，分、州、市院和县、区检察院的政工机构也得到了加强，为开展政治工作奠定了组织基础。最高人民检察院和各省级检察院先后成立了学习中心组，加强了理论学习。各级检察院积极开展具有检察特点的思想政治工作，采取多种形式对检察人员进行职业道德、职业责任和职业纪律教育，树立了朱登榜、范鹏杰等先进典型，推动了全系统争先创优活动的开展。检察机关领导班子建设取得了新进展。1991年初，全国20个省的检察院顺利完成了基层检察院检察长换届选举工作。与上一届相比，基层检察院检察长的平均年龄下降2.7岁，具有大专以上文化程度的上升11.3%。检察干部“七·五”培训规划得到落实，“八·五”规划开始实施，全国已建立6所检察干部院校和10个干部培训中心，19个省级检察院设立了电大分校。特约检察员工作也有所发展，目前全国已聘请了141名民主党派和无党派人士担任特约检察员。

会议决定，今后要抓紧做好以下几项工作：一、继续抓好马克思主义理论学习。各级检察院都要成立学习中心组。最高人民检察院政治部编写《检察干部政治理论读本》下发，以促进学习。二、抓好检察机关党的建设。各级检察院党组都要认真研究一次加强党的基层组织建设的问题，注意发现和培养先进典型，总结推广各地的经验。各省级检察院的政治部门，要把协助地方党委抓好下级检察院的党建工作作为一项重点工作抓好。三、以做好后备干部工作为重点，加强各级检察院的领导班子建设。四、加强干部管理工作，坚持党管干部和党组集体研究干部工作的原则。要严把进人质量关，宁缺勿滥。法警队伍的管理也要列入日程。五、加强对基层派出机构的领导和管理，继续试行和完善《人民检察院乡（镇）检察工作条例（试行）》。六、大力表彰检察工作中涌现出的先进集体、先进个人，明确各级政治部门是表彰奖励工作的主管部门，使这项工作逐步规范化、制度化。

后备干部工作是这次会议的一项重要

议题。会议指出，后备干部工作是加强检察机关领导班子建设的紧迫任务，各级检察院党组都要提高认识，积极主动地开展工作。在选拔和考查后备干部时，坚持德才标准，把德放在首位。要从提高领导班子整体效能考虑，完善后备干部队伍结构。在年龄结构上，省级检察院正职的后备干部要以45岁左右的干部为主体，也要注意选拔50岁左右、近期能接班的人选，以及40岁左右、发展潜力较大的优秀人才。在文化程度上，一般要达到大专以上。在业务专长方面，既要注重选拔具有较高组织领导水平的检察长人选，也要注意选拔懂业务、善谋断的检察专业人选等等。对后备干部要有计划有步骤地实施定向培养，对没有系统学习过马列主义理论的可以送到党校进修，对拟在近期进班子的人选，要放到关键岗位上锻炼。会议要求凡没有建立后备干部名单的单位，要在1991年底前建立起来并定期上报后备干部队伍建设情况。

（最高人民检察院政治部
张玉梅）

全国检察机关
纪检、监察工作会议

1991年5月21日至25日，最高人民检察院在北京召开了全国检察机关纪检、监察工作会议。这是检察机关建立以来召开的第一次纪检、监察工作会议。参加会议的有：各省、自治区、直辖市人民检察院纪检、监察部门的负责同志，共42人。会议的主要议题是：继续贯彻党中央、国务院关于加强廉政建设、纠正行业不正之风的指示，贯彻全国纪律检查工作会议精神和中央政法委员会《关于严肃查处公安司法干警违法乱纪问题的通知》精神，研究如何进一步坚持从严治党、从严治检的方针，加强检察系统的纪检、监察工作，促进检察机关的党风建设和廉政建设。会议传达了中央有关的指示，最高人民检察院副检察长梁国庆代表院党组作了工作报告。最高人民检察院检察长刘复之和中纪委常务副书记陈作霖同志在会上作了重要讲话。

这次会议主要解决了以下几个问题：

一、统一了思想，提高了认识。会议分析了检察队伍的廉政状况，在充分肯定检察队伍的本质和主流是好的同时，重点分析了检察队伍中存在的违法违纪问题。近年来，检察干警违法违纪案件逐年增多，其原因：从客观上分析，主要是受社会上“一切向钱看”的错误思潮的冲击，不正之风和资产阶级腐朽思想的影响，尤其是检察机关办理自行侦查案件的工作发展了，检察职能得到了进一步发挥，接触社会阴暗面也相对增多了，被收买、被腐蚀的机会也相对比较多了。从主观方面分析，主要是教育工作抓得不够，从严治党、从严治检抓得不紧、不实。会议认为，作为无产阶级专政工具的检察机关，必须把党风建设和廉政建设作为反腐蚀、反“和平演变”的一项战略任务来抓，切实抓出成效，要始终坚持从严治党、从严治检的方针，狠抓一个“严”字，严格教育，严格管理，严格纪律，严格检查监督，严肃查处违法违纪行为。

二、讨论研究了从严治党、从严治检、整纪刹风的具体措施。

1. 加强党规党纪教育和思想教育，开展具有检察工作特点的思想政治工作。要对全体检察人员进行马列主义、毛泽东思想基本理论和党的基本路线的教育，进行坚持四项基本原则、反对资产阶级自由化、

反对“和平演变”的教育，进行职业道德、职业纪律的教育，使全体党员和全体检察人员坚定建设具有中国特色的社会主义的信念，树立共产主义人生观，增强反腐防变的能力和遵纪守法的自觉性。为了保证检察人员的政治素质，要严把进人关，加强干部培训工作。今后，新招收的人员不经培训，不准上岗。

2. 继续深入宣传贯彻《检察人员纪律》。进一步建立健全各项规章制度和廉政制度，坚持年终执法执纪大检查，结合半年和年终总结工作，严格进行监督检查，针对检查出来的问题，开展整纪刹风。当前，特别要严格执行办案程序的规定、枪支管理使用规定、赃款赃物管理规定等。严禁越权办案、违法办案。

3. 严肃查处违法违纪案件。要发现一件查处一件，并依照党纪、政纪、法纪的有关规定，进行严肃认真处理，并做到每查处一件，都要认真总结经验教训，在干警中进行作风纪律教育。

4. 切实加强纪检、监察工作。各级检察机关的领导要经常听取工作汇报，帮助解决工作中遇到的难题，支持纪检、监察部门查处违法违纪案件，充分发挥其“保护、惩处、监督、教育”的职能作用。要认真贯彻中纪委（1991）1号文件精神，建立健全纪检、监察机构，充实和加强纪检、监察部门的力量。要在总编制内通过内部调整，使检察系统的专职纪检、监察干部的人数增至1700人左右，约占检察干警总数的1%。专职干部要相对稳定。纪检、监察部门要加强自身的思想、作风和制度建设。

（最高人民检察院监察局
刘　枫）

1991 年全国检察干部教育工作

1991 年是实施《1991—1995 年全国检察干部教育培训规划》的第一年。各级检察机关认真贯彻落实 1990 年 11 月召开的全国检察干部教育培训工作会议精神，积极开展多种形式的培训工作，取得了新的成绩和进展。

第一，贯彻落实长沙会议精神，进一步提高对干部教育培训工作的认识。

1990 年底在长沙召开的检察干部教育培训工作会议，全面总结了“七五”期间全国检察干部教育工作的成绩和经验，对“八五“期间的干部教育培训工作作了总体部署。会议以后，各省、自治区、直辖市人民检察院都对这次会议精神作了认真的传达贯彻。绝大多数省级检察院都结合本地区的实际情况提出了切实可行的贯彻方案。吉林、辽宁、黑龙江、山西、内蒙古、宁夏、山东、云南、湖北、江西、福建等省、自治区检察院，专门召开了干部教育工作会议。有些地方还向省委、省政府及有关部门通报了会议情况，有些省、自治区检察院将会议的主要精神一直传达到县、区检察院和全体干部。对干部教育工作重要意义的认识有所提高。

第二，普遍制定培训规划，增强了干部教育工作的计划性和规范性。

1991 年，全国有 27 个省级检察院制定了“八五”培训规划和 1991 年的年度实施计划。这些规划和计划采取分类算帐的办法，提出各项培训任务和指标，并把这些指标按照不同地区和干部的不同年龄、不同职级、不同文化专业水平进行了逐一分解，把任务落实到每个年度、每个检察院。如吉林省检察院把“八五”期间的教育任务分为以下几项：在马克思主义理论教育中着重安排了各级检察长和领导骨干的培训内容和途径；在学历教育中，把全省按现有文化专业基础分为四个地区，兼顾年龄状况，分别提出比例指标；在岗位职务培训中又按照职级确定任务，根据业务工作的发展情况提出短期业务培训要求。同时，对各种培训的主要途径，负责培训单位及分年度目标和检查督促措施作了规定，整个规划目标明确、指标具体、重点突出、措施得力，具有较强的可操作性。云南、贵州、广西、内蒙古、四川、新疆、青海等省、自治区结合本地区少数民族干部的实际情况，对民族干部的培训作出了具体安排。

为推进培训工作向岗位职务培训的重点转移，最高人民检察院干部教育局在调查研究的基础上，初步拟定了《检察人员岗位职务培训规范大纲》和《检察人员岗位职务培训的实施办法》，并已下发各地征求意见。最高人民检察院组织编写的 18 本检察业务系列教材，已有 6 本出版发行。其余 12 本也已统稿。岗位职务培训工作的开展推动了干部教育培训工作的制度化、规范化进程。

第三，干部教育培训基地建设步伐加快，大多数省级检察院有了培训机构。

继江西、广西、上海之后，1991年又有河北、山西、辽宁、黑龙江、广东、湖南、新疆、甘肃、宁夏、山东、江苏、安徽、云南、贵州、青海等16个省级检察院相继成立了检察官培训中心。全国检察机关的培训中心总数已达到19个，其余省级检察院也正在积极筹备。加上吉林、内蒙古、河南、四川、湖北5所检察学校，共有24个省级检察院建立了干部培训机构。共配备专、兼职教师和教学管理人员320人。

1991年，经中国高级检察官培训中心批准，四川、山东、江西、上海、河南、新疆、广东、内蒙8个省、自治区、直辖市成立了中国高级检察官培训中心函授站(部)，函授站总数达到10个。有6个站开始招生，人数达394人。

1991年2月，中央检察官管理学院正式成立，国家教委批准在校生规模为1000人。首期招生251人。作为检察机关的最高学府，中央检察官管理学院的成立为完善检察干部教育体系，加速培训基地建设起到了积极的促进作用。

第四，培训内容不断深化，培训重点更加突出。

1991年，各地继续抓好学历教育和专业证书教育，大专以上层次的干部比上年增加了12.3个百分点。同时积极开展了多种形式和内容的短期业务培训。各省级检察院共举办了十多类干部培训班200多期，培训干部9000余人。这些培训班的内容除涉及主要检察业务工作以外，还涉及到许多综合、行政部门的工作，如财务、检察信息、统计、档案、纪检、监察、政工、保密等。

1991年检察系统向国外派出4名访问学者。

各级领导干部始终是干部培训工作的重点对象。1991年更加突出了这个重点。通过各种形式培训各级检察院正副检察长1200多人。其中，中央党校调训分、州、市院检察长以上的领导干部49人；中央检察官管理学院举办了一期检察长研讨班，参加研讨班的有省级检察院副检察长和分、州、市院检察长24人；中国高级检察官培训中心两期共培训检察长174人；各地函授站培训294人；中央检察官管理学院民族班招收少数民族地区检察长99人。根据刘复之检察长关于“有计划地实施基层检察长的培训，解决任职专业资格是一个战略问题”的指示，福建、河南、广东、广西、湖北、甘肃、西藏、浙江、黑龙江、辽宁、四川、云南等省级检察院对新任检察长进行了任职资格培训，参加人数500多人。安徽、甘肃、宁夏、江西等省、区还选送了一批县区检察院正副检察长到省、地级党校培训。在培训过程中，普遍加强了马克思主义理论教育和反和平演变的教育，提高了各级领导干部的政治素质和业务水平。

(最高人民检察院干部教育局
钟海让)

“七五”期间全国检察干部教育培训工作

1987年4月，首次召开的全国检察干部教育工作会议，制定了《“七五”期间检察干部培训规划》。规划要求到1990年，全国检察干部队伍中有35%的干部达到大专以上文化程度(其中绝大部分应为法律专业)，其余干部绝大多数应达到高中或中专文化程度。对没有接受过专业训练的干部轮训一遍，使检察干部队伍的文化、专业知识结构逐步趋向合理。经过几年的努力，检察干部教育培训工作取得了突破性进展，干部队伍的政治素质和业务素质有了明显提高。

一、组织各级领导骨干上党校学习政治理论，提高马克思主义水平。

从1988年开始，在中央党校的支持下，检察系统分期分批抽调分、州、市院检察长以上领导干部到中央党校进修班学习。到1990年底，有203名同志参加了学习，占应轮训干部总数的35%。其中省部级干部16名，占45%。一些地方还积极抽调分、州、市院副检察长，基层检察院检察长和其他领导干部上党校学习。

二、检察干部队伍的文化水平有了较大提高，专业结构得到改善。

提高整个干部队伍的文化、专业水平，是“七五”期间干部培训工作的重要内容。各级检察机关利用电大、夜大、职大、函大和高等教育自学考试等形式组织干部学文化、学专业，组织干部参加法律（检察）专业证书学习，使干部队伍的文化、专业水平大大提高。截止1990年9月，在159987名检察干部中，具有大专以上文化水平的有53378人，占干部总数的33.4%；取得高等教育专业证书的17181人，占干部总数的10.7%，两项合计共占干部总数的44.1%，比“七五”规划的要求高出9.1个百分点。五年中，检察干部队伍的文化专业水平提高的速度比较快，年增长的幅度也比较大，与1985年相比，提高了34个百分点，平均每年增长6.8%。五年当中，检察系统利用社会上的各种办学形式，自己培养出32068名具有大专以上文化水平的干部，是国家历年分配给检察机关大专以上干部的4.13倍。检察队伍中初中以下文化水平的由1985年的43%下降到18%，其中绝大部分是50岁以上，具有实践经验的干部。高中、中专文化的干部58995人，占36.9%。干部队伍文化、专业水平的提高，为开展岗位职务培训打下了良好的基础。

三、专业培训有了新的发展，大学后继续教育开始起步。

据不完全统计，五年中，各级检察机关共举办各种类型的短期培训班1100余次，培训干部5万多人次。这些培训班的特点是专业性强，容易收到实效。中国高级检察官培训中心的创办，对于培训各级业务骨干，探索检察官大学后教育，提高队伍的法律水平具有重要意义，共开办反贪污贿赂班三期，轮训业务骨干433名。1990年，吉林、湖北两个函授站共培训干部102名。此外，委托有关政法院校培养定向研究生和选送干部出国进修的工作也有所发展。

四、干部培训的基础性工作得到加强，为实现正规化培训准备了条件。一是编写检察教材，先后组织100多位法学专家、教授和检察干部编写了检察业务系列教材；二是抓紧基地建设，创办了中国高级检察官培训中心，抓紧了中央检察官管理学院的筹建工作。吉林、湖北、四川、上海、河南、江西、内蒙古、广西等省、自治区、直辖市检察院也创办了检察干部学校或培训中心；三是建立健全培训管理机构，全国有14个省、自治区、直辖市检察院成立了教育处，19个省、自治区建立了电大检察分校，123个分、州、市院建立了电大工作站，许多基层检察院设立了电大教学班。一些地方开始注意培养自己的师资队伍。

经过五年的努力工作，《“七五”期间检察干部培训规划》中提出的各项任务已圆满完成。各级领导同志把干部培训工作当作一项战略任务来看待，抓得紧、抓得实；从事教育培训工作的干部默默无闻地工作，做出了可贵的贡献；受训干部刻苦求学，努力自学，受到称赞。据15个省、自治区的不完全统计，“七五”期间检察机关干部教育部门共有131个先进集体、162名优秀辅导员、68名优秀管理干部和1011名优秀学员受到表彰。

（最高人民检察院干部教育局 王凤琴）

全国检察院校简介

中央检察官管理学院 建于1991年2月，院长雷铣。全院教职工编制433人，其中教师195人。校址在北京西山八大处。中央检察官管理学院是最高人民检察院直属院校，实行最高人民检察院与北京市人民政府双重领导，以最高人民检察院为主的管理体制。学院设进修部、培训部、少数民族检察干部班和师资班。对检察系统的领导骨干、教学骨干进行岗位职务培训和继续教育。学院规模总计1000人，现每年可培训500余人次。

湖北检察函授中专学校 创办于1984年12月，周冶陶任校长，由湖北省人民检察院主管，编制40人，有专职教师20人，其中高级职称1人。学校进行三年制中专学历教育，暂租房460平方米，内设校委会、校务处、教务处、综合教育室、法学教育室。已毕业学员800余人。

内蒙检察干部中专学校 创建于1988年5月，由内蒙古自治区人民检察院主管。祖振亚任校长，校址在呼和浩特市，占地面积27亩。学校编制40人，现有专职教师及行政管理人员共23人。内设办公室、行政科、教务科，承担全自治区检察干部的培训工作，已办各类短训班29期，培训干部2095人次。

河南检察学校 建于1987年9月，由河南省人民检察院主管，学校编制30人，现有人员13人，其中专职教师8人。校址在郑州市，占地面积56.5亩。学校承担全省检察干部的培训工作。

四川省检察干部学校 建于1986年8月，冯光华任校长，由四川省人民检察院主管，人员编制45人，现有教师及其他管理人员18人，内设教务科、总务科、办公室，承担全省检察干部的培训任务。学校租用成都市技工学校办学，已举办各类培训班31期，培训干部共1879人次。

吉林省检察干部学校 建于1987年1月，由吉林省人民检察院主管，校长李东新。校址在长春市，校舍2500平方米，人员编制45人，现有教学及管理人员36人，其中3人具有高级职称。学校内设教务科、教研室、政工科、行政科、办公室。学校承担全省检察干部的培训工作，已举班各类培训班22期，培训干部2000余人次。

（最高人民检察院干部教育局提供）

中国高级检察官培训中心及函授站（部）简介

中国高级检察官培训中心 1989年4月成立，位于北京西山八大处。培训中心委员会全面领导培训中心的各项工作。培训中心委员会由最高人民检察院、国家教委、中国律师协会以及首都法律院校、研究部门的专家、学者组成，共有委员16人，刘复之任主任委员。培训中心是对高级检察官及其后备人才进行大学后继续教育的基地，每期培训时间为6个月至1年，已举办反贪污贿赂检察专业、刑事检察专业共4期，培训干部600余人。培训中心在10个省、自治区、直辖市检察院设有函授站（部），在招生、教学、考试、论文答辩、结业发证等方面实行统一管理。

中国高级检察官培训中心内蒙民族干部培训部 1991年1月成立，于江任主任，教师及专职函授人员共9人，教学内容及安排由中国高级检察官培训中心主管。

中国高级检察官培训中心吉林函授站 建于1990年10月，李向武任主任，由吉林省检察干部学校的专职教师任教，教学内容及安排由中国高级检察官培训中心主管。1990年开始招生，已结业人员37名。

中国高级检察官培训中心上海函授站 1991年4月成立，倪维尧任主任，有教师15人，其他管理人员6人。函授站的教学内容及安排由中国高级检察官培训中心主管。

中国高级检察官培训中心江西函授站 1991年3月成立，王树衡任名誉站长，杜宝国任站长，有专职教师8人，兼职、聘请大学副教授6人。函授站的教学内容及安排由中国高级检察官培训中心主管，于1991年9月开始招生。

中国高级检察官培训中心山东函授站 成立于1991年4月，站长刘德昌，有教师12人，其中具有高级职称的6人。教学内容及安排由中国高级检察官培训中心主管，于1991年12月开始招生。

中国高级检察官培训中心河南分部 建于1991年3月，赵岩松任主任，有专职教师10人。教学内容及安排由中国高级检察官培训中心主管。

中国高级检察官培训中心湖北函授站 1990年8月成立，周冶陶任主任，有教师20人，其中具有高级职称的1人。函授站的教学内容及安排由中国高级检察官培训中心主管，于1990年9月招生，已培训结业58人。

中国高级检察官培训中心广东函授站 1991年4月成立，张学军任站长，有教师6人，于1991年9月开始招生，教学内容由中国高级检察官培训中心统一安排。

中国高级检察官培训中心四川函授站 建于1991年3月，龚读纶任主任，有教师10人，于1991年9月开始招生，教学内容由中国高级检察官培训中心统一安排。

中国高级检察官培训中心新疆民族干部培训部 1991年4月成立。

（最高人民检察院干部教育局提供）

全国检察系统电大分校简介

河北广播电视大学检察分校 1988年9月成立，校长刘宗欣，人员编制8人，现有6人，由河北省人民检察院主管。学校进行三年制大专学历教育和法律（检察）专业证书教育，下设11个电大工作站，共毕业（结业）学员2558人。

内蒙古自治区检察院电大分校 1988年10月成立，校长周忠清，由内蒙古自治区人民检察院主管。学校进行三年制大专学历教育和法律（检察）专业证书教育，下设12个工作站，共毕业（结业）学员1189人。

吉林广播电视大学检察分校 建于1989年3月，李东新任校长，由吉林省人民检察院主管。学校进行三年制大专学历教育及法律（检察）专业证书教育，下设10个电大工作站，共毕业（结业）学员1750余人。

浙江广播电视大学检察分校 1988年6月成立，由浙江省人民检察院主管，进行三年制大专学历教育和法律（检察）专业证书教育。现有人员4人，下设11个分部，177个教学班。毕业学员3029人。

安徽广播电视大学省检察院电大分校

1988年3月成立，黄学志任校长，由安徽省人民检察院主管。学校进行三年制大专学历教育和法律（检察）专业证书教育。编制10人，现有人员6人，下设16个电大工作站，已毕业（结业）学员2013人。

福建广播电视大学省检察院分校 1988年6月成立，由福建省人民检察院主管，编制26人，现有人员9人。学校进行三年制大专学历教育和法律（检察）专业证书教育，已毕业（结业）学员1338人。

江西省人民检察院电大检察分校 1988年2月成立，杜宝国任校长，由江西省人民检察院主管，编制20人，现有人员11人，其中专职教师6人，下设11个电大工作站。学校进行三年制大专学历教育和法律（检察）专业证书教育，已毕业（结业）学员650人。

河南省检察系统电大分校 1988年1月成立，校长江清彬，由河南省人民检察院主管，河南省检察学校的教师承担教学辅导任务。学校进行三年制大专学历教育和法律（检察）专业证书教育，下设18个电大工作站，已毕业（结业）学员4244人。

湖北广播电视大学检察分校 1988年8月成立，周冶陶任校长，由湖北省人民检察院主管，湖北检察函授中专学校的教师承担教学辅导任务。学校进行三年制大专学历教育和法律（检察）专业证书教育。下设8个工作站，已毕业（结业）学员1739人。

湖南广播电视大学检察分校 1988年10月成立，由湖南省人民检察院主管。进行三年制大专学历教育和法律（检察）专业证书教育，已毕业（结业）学员1000余人。

广东省人民检察院电大分校 1988年9月成立，校长张学军，由广东省人民检察院主管，编制16人，有专职教师6人。学校进行三年制大专学历教育和法律（检察）专业证书教育，已毕业（结业）学员2600余人。

广西广播电视大学检察分校 1989年5月成立，校长普照丰，由广西壮族自治区人民检察院主管，现有9人，其中专职教师7人，具有高级职称的2人，下设14个电大工作站。学校进行三年制大专学历教育和法律（检察）专业证书教育，已结业学员2300人。

四川广播电视大学检察分校 1988年9月成立，冯文沛任校长，由四川省人民检察院主管，编制6人，现有9人，下设19个电大工作站，进行三年制大专学历教育和法律（检察）专业证书教育，已毕业（结业）学员2264人。

贵州省检察院电大分校 1988年4月成立，由贵州省人民检察院主管，现有工作人员5人，下设9个工作站，承担三年制大专学历教育和法律（检察）专业证书教育，已毕业（结业）学员923人。

云南省检察院电大分校 1988年7月成立，校长李林阁，由云南省人民检察院主管，现有工作人员5人，其中专职教师4人，下设3个工作站，承担三年制大专学历教育和法律（检察）专业证书教育，已毕业（结业）2473人。

陕西省广播电视大学省检察院工作站 1988年10月成立，由陕西省人民检察院主管，现有工作人员3人，进行三年制大专学历教育和法律（检察）专业证书教育，已毕业（结业）学员1104人。

甘肃广播电视大学省检察院分校 1987年12月成立，祁效唐任校长，由甘肃省人民检察院主管，进行三年制大专学历教育和法律（检察）专业证书教育，已毕业（结业）学员894人。

青海省人民检察院电大分校 1988

年6月成立，张竹萍任校长，由青海省人民检察院主管，编制15人，现有7人，其中专职教师4人，下设8个工作站，进行三年制大专学历教育和法律（检察）专业证书教育。已毕业（结业）学员670余人。

宁夏广播电视大学检察分校 1989年9月成立，龚明礼任校长，由宁夏回族自治区人民检察院主管，进行三年制大专学历教育和法律（检察）专业证书教育，已毕业（结业）学员355人。

（最高人民检察院干部教育局提供）

第九部分　检察理论、检察科学技术研究

1991 年检察理论研究工作

1991 年，中国检察学会加强了对检察理论研究的指导。年初，向各省、自治区、直辖市检察学会（筹备组）下发了《中国检察学会 1991 年工作计划要点》，确定了 15 个检察理论研究重点选题；下半年，根据检察工作实际和刘复之检察长的提议，对《重点选题》进行了调整。调整后的《重点选题》，围绕建设有中国特色的社会主义检察制度这一中心，更加紧密联系检察工作实际，从而进一步明确了检察理论研究工作的任务。1991 年，中国检察学会共收到各地推荐的重点选题论文 350 多篇，在《检察理论研究》上刊登 40 余篇。据不完全统计，全国各地共撰写检察理论文章 1 万余篇。

1991 年 9 月，最高人民检察院在上海召开了《反贪污贿赂法》研讨会，讨论《反贪污贿赂法》第五稿，就《反贪污贿赂法》的指导思想、基本原则、总体结构、具体内容以及一些重要的理论和实践问题进行了研讨。

中国检察学会与中国检察理论研究所主办的《检察理论研究》，经国家新闻出版署批准，于 1991 年 7 月正式创刊。《检察理论研究》的创刊，为检察理论研究开辟了一块园地。1991 年，　中国检察学会主办的《检察学会通讯》共编发 10 期，及时报道了中国检察学会、学会各团体会员以及各地检察学会的活动情况，介绍法学界学术研究动态、新学术观点等。

1991 年检察理论研究队伍不断发展壮大。截止 12 月 31 日，全国已先后有山西、辽宁、吉林、江西、黑龙江、青海、江苏、上海、广东、四川、湖北、宁夏、广西、新疆、河南、北京、天津、福建、海南、湖南等 20 个省、自治区、直辖市以及 30 多个省辖市、地区成立了检察学会。中国检察学会已有团体会员 20 个，个人会员数达 1077 人。据不完全统计，目前全国各地检察学会个人会员人数已达 1 万余人。

1991 年，中国检察学会还进行了社团重新登记工作。最高人民检察院发出了《关于成立检察理论研究所，加强检察理论研究》的通知，从而为开展检察理论研究奠定了组织基础。

1991 年检察理论研究观点综述

一、关于检察工作为经济建设服务问题

在这一问题上有四种观点。第一种观点认为，打击是最直接的服务，打击就是服务。检察机关把惩治贪污贿赂犯罪作为中心工作，严厉打击各类贪污贿赂犯罪，为企业清除“蛀虫”，为经济建设扫清障碍，也就是为企业的发展、为经济建设奠定了法制基础，创造了良好的秩序。第二种观点认为，“打击”只是为经济建设服务的一个方面，但不是服务的全部内涵。服务还应当包括结合办案在发案单位开展综合治理，完善管理，促进生产等方面的内容。第

三种观点认为，应既为“包公”，又当“红娘”。办案中应慎用强制措施，要注意维护企业声誉，为企业排忧解难，为促成企业产供销渠道畅通服务。第四种观点认为，应全面贯彻“打击、保护、服务、促进”的八字方针。

二、关于提前介入问题

第一种观点认为，检察机关的提前介入应予肯定。但是，应把提前介入的法律性质界定在侦查监督上，而不应作为旨在加快办案进度，实现从重从快打击犯罪而提前实施诉讼行为来对待。理由是，检察机关依法履行侦查监督的职责，除了有权通过审查批捕、审查起诉实施侦查监督外，还有权在侦查监督阶段的其他任何环节上实施监督。而且，提前介入作为一种“动态监督”、“同步监督”，比仅仅通过审查批捕、审查起诉实施的“静态监督”、“事后监督”具有更积极的意义。由此，一些同志进一步提出，既然把提前介入作为侦查监督的形式之一，那么，今后只能从加强侦查监督角度去完善，而不应把提前介入作为独立的诉讼制度。

第二种观点认为，检察院如果以加强侦查监督作为提前介入的出发点和归宿，那么从理论上应对检察机关的提前介入予以肯定。但是，从当前检察人员的素质和提前介入实际情况看，至少在目前搞提前介入弊多利少。因此，是否全面推行提前介入应采取十分慎重的态度。理由是：其一，提前介入容易模糊公安、检察机关的分工界限和职责范围，削弱相互制约；其二，不利于发挥和加强公安机关的主动性，积极性和责任感，容易导致公、检两家产生新的矛盾，并易使检察机关在审查批捕、审查起诉上陷入被动；其三，易使检察人员先入为主，导致审查批捕、审查起诉流于形式；其四，不符合正常办案程序，容易导致事实上的联合办案，难以保证办案质量。

三、关于检察机关的侦查工作问题

检察机关的侦查工作，是理论研究的焦点之一。1991年，主要是围绕检察机关的侦查性质和侦查手段问题，进行了研究探讨。

（一）关于检察机关侦查性质问题

主要有以下两种观点：

第一种观点认为，检察侦查不仅是法律监督的手段，其本身就具有法律监督的性质。检察侦查是具有中国特色的社会主义检察制度的特色之一。首先，检察侦查是为了保障国家法律、法规和政策的统一实施。其次，检察侦查的犯罪主体是掌握一定职务的公职人员，受到检察机关具有弹劾效力的监督的公职人员将失去用以犯罪的职务便利条件，因此，检察侦查是一种强制效力最高的国家监督。再次，检察机关上下级实行领导关系，体制上又独立于政府部门，独立行使检察权，因而检察机关行使侦查职能时，比其它机关行使这一职能更有利于排除或减少对追究职务犯罪的干扰，更有利于克服地方保护主义的影响。

第二种观点认为，检察机关是国家法律监督机关，不应有侦查权。检察侦查不具有法律监督的性质。持这一观点的同志认为，检察机关对国家公职人员的犯罪行为进行侦查与公安机关对普通公民的犯罪行为进行侦查并没有什么不同。如果把检察机关对国家公职人员职务犯罪的侦查，看作是一种法律监督，那么，公安机关对普通公民犯罪行为的侦查岂不也可以说是法律监督。因为两者的性质是一样的。

（二）关于检察机关的侦查手段问题

第一种观点认为，刑诉法在立法时，由于受当时历史条件所限，仅赋予检察机关传讯、搜查、决定逮捕等侦查权。目前已不适应惩治贪污贿赂犯罪、渎职、“侵权”犯罪的侦查工作。应该赋予检察机关以刑事拘留权、执行逮捕权、通缉权以及勘验、检查权等。

第二种观点认为，勘验、检查权并非检察机关不能行使，实践中检察机关早已行使这些权力。执行逮捕权、通缉权仍可按刑诉法的规定，由公安机关行使，检察机关予以配合。刑事拘留权对检察机关来说，是十分必要的。但也并非非增加不可。持这一观点的同志认为，我国法律关于逮捕的条件规定存在失之过高的问题。逮捕仅仅是一种刑事强制措施，应与刑事拘留的条件相协调。既然检察机关有权直接决定逮捕，就没有必要行使刑事拘留权了。

四、关于免予起诉制度问题

主要有以下三种观点：

第一种观点认为，免诉制度是具有中国特色的刑事诉讼制度。第一，免诉制度体现了党和国家“惩办与宽大相结合”的刑事政策，是我国刑事司法经验的总结。第二，免诉制度的确立，借鉴了世界上一些国家行之有效的立法经验和司法经验，顺应了刑事法律的发展趋势。第三，免诉制度的确立，形成了起诉、免诉、不起诉与自诉相结合的合理格局。第四，免诉制度体现了我国公检法三机关分工负责、互相配合、互相制约的原则，划清了公诉权与审判权的界限。第五，免诉权是人民检察院依法履行法律监督职责不可缺少的内容。

第二种观点认为，免诉制度应予取消。理由是人民检察院是法律监督机关，它只应有起诉权，不应有判决权，但“免予起诉决定”是认定被告人有罪的决定，因此当检察机关作出这个决定时，实际上是作出了司法判决，这与《宪法》规定的法院独立审判原则是不相符的。而且对于免予起诉决定不服的申诉，刑诉法规定的受理申诉机关只限于作出决定的同一检察院，实际上是剥夺了被告人的上诉权，同时检察院的这一权力实际上是不受任何监督的。实践中，检察机关也有滥用“免予起诉”之权的嫌疑。

第三种观点认为，免诉制度应予坚持并在实践中完善。一些同志提出，应制定免予起诉工作条例，明确规定免予起诉的条件和不宜免诉的案件。应保证免诉中的被告人的辩护权，律师可以介入免诉程序。应增强对免诉制度的外部制约，如公安机关向检察机关提出复议、复核，人民法院要求检察机关起诉，被害人、被告人不服免诉，可申请检察机关提起公诉等。

五、关于民事审判监督和行政诉讼监督问题

检察机关监督民事审判和行政诉讼问题，是近年来法学研究中的一个热点，如检察监督的地位、范围、方式等等，都曾产生过两种或多种截然不同的理论观点。自《行政诉讼法》、《民事诉讼法》公布并施行以后，对以上问题的认识尽管并没有统一，但争论已趋平静。

1991年，关于监督民事审判和行政诉讼问题，重点围绕以下两个问题展开了论争：

（一）关于抗诉的条件问题

第一种观点认为，民事诉讼和行政诉讼中的抗诉，依据违反法定程序作为抗诉的条件，需要达到可能影响案件正确判决、裁定的程度。因审判人员贪污受贿、徇私舞弊、枉法裁判而抗诉的，必须是审理案件时确因贪污受贿、徇私舞弊、枉法裁判而被追究刑事责任或者受到党纪、政纪处分的。

第二种观点认为，《民事诉讼法》和《行政诉讼法》尽管将检察监督限定为审判监督，对检察机关的抗诉权作了限制，但对监督范围没有限制。任何一件民事和行政案件的判决、裁定确有错误，人民检察院都有抗诉权。检察机关是否提起抗诉，重点是认定判决、裁定是否有错误，而产生这种错误的原因（如违反法定程序、审判人员贪污受贿、徇私舞弊、枉法裁判）仅是第二层次的问题。

（二）关于再审审级问题

根据法律规定，最高人民检察院对各级人民法院作出的发生法律效力的判决、裁定，上级人民检察院对下级人民法院作出的发生法律效力的判决、裁定，发现违反法律、法规规定的，有权按照审判监督程序提出抗诉；地方各级人民检察院对同级人民法院作出的发生法律效力的判决、裁定，发现违反法律、法规规定的，应当提请上级人民检察院决定是否提起抗诉。

第一种观点认为，法律只解决了谁有权提出抗诉的问题，向哪一级法院提出抗诉法律并没有规定。民事诉讼和行政诉讼中的抗诉不同于刑事诉讼中的抗诉，它体现的是一种“事后监督”，应向原作出发生法律效力的判决、裁定的人民法院提出，即原来是一审人民法院作出发生法律效力的判决、裁定的，人民检察院应当向原一审人民法院提出抗诉，原来是二审人民法院作出发生法律效力的判决、裁定的，人民检察院应当向原二审人民法院提出抗诉。

第二种观点认为，人民检察院按照审判监督程序提出抗诉，应该向同级人民法院提出，并由同级人民法院再审。理由有四：其一，人民法院再审人民检察院按照审判监督程序提出抗诉案件的审级应当与提出抗诉的人民检察院的级别相适应。其二，审判监督自身的特点，决定了人民检察院按照审判监督程序的抗诉，应向同级人民法院提出。其三，人民检察院按照审判监督程序抗诉的性质，决定了它应当向同级人民法院提出抗诉，并由同级人民法院再审。其四，人民法院组织法关于人民法院应当审判同级人民检察院按照审判监督程序提出抗诉案件的规定，应当适用民事、行政诉讼。

（中国检察理论研究所　石京学）

检察理论、检察科学技术研究机构

中国检察理论研究所　中国检察理论研究所是中华人民共和国最高人民检察院的直属事业单位，1989 年 11 月正式成立。该所以马克思列宁主义、毛泽东思想为指导，坚持四项基本原则，理论联系实际，贯彻“百花齐放、百家争鸣”方针，努力为检察工作实践服务，为完善有中国特色的社会主义检察制度服务。其主要任务是：根据党和国家民主法制建设和检察事业发展的需要，紧密结合检察工作实践，确定研究方向和课题，认真总结我国检察工作的实践经验，积极开展学术交流活动，办好《检察理论研究》季刊，并担负中央检察官管理学院的教学任务等。

理论研究所设所长、副所长，领导全所工作；所内设检察理论研究室、编译室（含《检察理论研究》编辑部）、办公室等三个处级机构。成立学术委员会，负责制定研究规划，评定学术成果等。中国检察理论研究所同中国检察学会合署办公，编制 25 人。

检察理论研究工作采取“内外结合”、“上下结合”的方法，依靠各级人民检察院和法学界的支持，有计划地进行理论研究。研究课题的确定实行双向选择，个人申报和研究所安排相结合。对重要课题，视条件给予适当科研资助费。

（中国检察理论研究所　董春江）

最高人民检察院检察技术科学研究所　创建于1989年5月，为最高人民检察院直属事业单位（局级建制），负责人陈佩璋。现有各类专业技术人员15人，同时聘有社会有关部门的专家、教授及检察系统高级技术人员担任顾问，拥有价值350万元的专业技术设备。设置综合办公室、科技情报室、法医检验室、理化检验室、文件检验室、痕迹检验室、视听技术室、司法会计鉴定室等机构。该所是全国检察系统检察技术科研中心，主要承担最高人民检察院及下级人民检察院送检的重大疑难案件的检验鉴定，并从事检察技术理论的研究和对付现代犯罪的技术手段和方法的研究。

1991年内，该所在抓紧各项基础建设的同时，已全面承办受理检验鉴定工作，并参与特大案件的现场勘查，同时完成了七项科研课题的研究。

天津市检察科学技术研究所　建于1988年7月，隶属天津市人民检察院，所长孔繁彬。现有各类专业技术人员25人，拥有技术设备价值170万元，设法医学检验、视听技术等6个专业研究室。全面承担检察系统内办案中涉及的检验鉴定工作，以应用为主的科研工作已经起步，取得科研成果两项。

山西省检察技术鉴定研究中心　建于1988年10月，隶属山西省人民检察院，付厚任所长。现有各类专业技术人员19人，其中具有高级职称的2人，现有技术用房1800平方米，技术设备投资150万元，承担检察系统检验鉴定工作，科研开发工作已起步。

辽宁省检察科学技术研究所　创建于1986年3月，隶属辽宁省人民检察院，所长林典章，编制52人，现有各类专业技术人员32人，技术装备200万元。设总工程师办公室、文检室等部门。承担检察系统内重大疑难案件的检验鉴定工作和对下指导工作，开展以应用为主的科学研究工作。目前已完成或正在进行的科研项目6个。

沈阳市检察科学技术研究所　建于1986年6月，所长许传钊，隶属于沈阳市人民检察院。现有各类专业技术人员22人，拥有230万元各类技术设备。已全面承担本地区检察系统办理案件的检验鉴定工作，科研工作已经起步。

大连市检察科学技术研究所　建于1988年5月，所长孙德润，隶属于大连市人民检察院，与大连市人民检察院技术处合署办公。现有各类专业技术人员18人，其中有高级职称的3人，技术装备投资80万元。设置法医学检验等5个专业研究室，承担本市检察系统内办理案件的检验鉴定工作，其中司法精神病鉴定工作辐射东北、华北地区，科研工作也已起步。

上海市人民检察院刑事科学技术研究所　建于1988年6月，负责人邱建平，现有专业技术人员17人，技术设备投资达400万元。目前，除承担检察系统内办案中涉及的技术鉴定外，视听技术面向社会服务已取得较大成效，办公自动化的研究工作也在开展。

浙江省检察技术研究所　建于1987年12月，隶属于浙江省人民检察院，所长陈文虎。现有专业技术人员12人，拥有价值285万元技术设备，承担检察系统内重大疑难案件的检验鉴定，并以法医检验、理化检验为重点开展了科研工作，已取得部分科研成果。

河南省人民检察院刑事科学技术研究所 建于1987年7月，所长戴德明。现有各类技术人员14人，设视听技术、痕迹检验、文件检验、法医检验等专业研究室。承担检验鉴定、对外咨询及检察系统内应用课题的研究任务。

洛阳市人民检察院刑事科学技术研究所 建于1988年6月，所长范文艺。现有各类技术人员9人，设视听技术室等4个研究室，主要承担检察系统内办理案件的检验鉴定，对外技术咨询及一些应用技术的开发研究。

海南检察科学技术研究所 建于1991年10月，所长仪桂琴，隶属于海南省人民检察院，与海南省人民检察院技术处合署办公。现有各类专业技术人员10人，技术装备投资70万元。目前承担检察系统内办理案件的检验鉴定工作，同时面向社会开展对外服务。

（最高人民检察院技术局
曾永涛）

部分检察理论研究著作简介

《人民检察制度概论》 中华人民共和国建国以来系统论述人民检察制度的第一部专著，王桂五著，1982年6月法律出版社出版。

该书从理论和实践的结合上，对我国人民检察制度的性质、任务、组织原则、职权、行使职权的程序和工作原则等问题作了精辟阐述，并对检察制度的历史发展进行了考察。这部著作开创了检察理论研究的先河，成为我国检察学研究的重要著作之一。

《当代中国的检察制度》 主编李士英，副主编王桂五、梁国庆，1988年12月中国社会科学出版社出版。

此书是《当代中国》丛书之一。《当代中国的检察制度》以史为主，史论结合，遵循实事求是的科学态度，用丰富翔实的史料，忠实地记述了新中国检察工作三十多年的发展史，总结了正反两个方面的经验，是一部新中国检察工作的信史，是一部生动的教科书。

全书分为三编。第一编为《新中国人民检察制度的开创和检察工作的发展》，按照检察工作的历史分期，围绕社会主义改造和社会主义建设的根本任务，实事求是地介绍各个时期的成就和经验，反映检察工作历史的本来面貌。第二编为《少数民族地区的检察工作和专门人民检察院的工作》，分别考察了这些具有专门性、特殊性的检察工作。第三编为《人民检察制度的发展及其基本问题的概述》，考察了新中国人民检察制度的发展和演变，论述由中国现行宪法和人民检察院组织法所规定的现行检察制度，探讨了人民检察制度的理论基础，展望了人民检察制度的发展前景。在论述中运用了比较的方法，把新中国检察制度同世界上其他国家的检察制度进行对比，显现了当代中国检察制度的特色。

《当代中国检察学》 检察学理论著作，王然冀主编，1989年12月法律出版社出版。全书分总论与分论，共18章69节，40万字。

该书适应检察工作改革的需要，坚持以马克思列宁主义、毛泽东思想为指导，理论联系实际，全面、系统地介绍了检察工作的历史与现状、基本制度与原则、知识与方法。该书对创立检察学的依据、意义，检察学的概念、研究对象、范围、方法、理论基础、与相关学科的关系等检察学理论体系等方面的问题进行了阐述；对检察工作改革中的一些问题，如改革与完善检察机关领导体制，检察业务结构发展趋势，职务犯罪监督与完善侦查监督、审判监督、民事行政诉讼监督机制，未成年人犯罪检察，检察工作在社会治安综合治理中的地位和作用等，进行了有益的探讨。

《中华人民共和国检察制度研究》 国家哲学社会科学“七五”期间重点研究课题之一，王桂五主编，全书70万字，1991年12月法律出版社出版。

该书以马列主义、毛泽东思想为指导，以新中国四十年来检察实践为背景，在广泛涉猎古今中外检察文献的基础上，探讨和论述了新中国检察制度的历史渊源、法律渊源、性质任务、理论基础，以及检察职能、检察程序、检察组织和检察管理等。不仅研究诉讼制度中的检察活动，而且从国家政治制度的更高层次上进行了探讨。全书围绕法律监督这个主线，提出和探讨了若干新的理论观点。该书经过写作组集体的努力，历时三年多，是一部研究中国特色的社会主义检察制度的理论专著，具有重要的学术价值。

《检察理论研究综述》 国家哲学社会科学“七五”期间重点研究课题《中国检察制度研究》的阶段成果之一，孙谦主编，1990年3月中国检察出版社出版。

该书在广泛收集资料的基础上，对十年来检察理论研究的情况和各主要问题的不同观点，进行了客观的综合性介绍。全书分为19个专题，包括马克思主义法律监督理论、中国检察制度产生与发展、人民检察院性质与任务、法律监督与有关社会监督的关系、检察机关领导体制、检察机关活动原则、检察机关机构设置、检察干部管理制度、检察机关侦查的理论、侦查监督的理论、审判监督的理论、刑事审判监督的理论、免予起诉制度、监所检察的理论、检察机关举报制度、民事诉讼法律监督、行政诉讼法律监督、检察建议、检察制度的比较、检察体制改革等内容，并设有1979至1989年检察理论研究主要著作、论文索引。全书40万字，对从事检察理论研究有较高参考价值。

（中国检察理论研究所　董春江）

检察理论研究主要著作目录

（1982—1991）

人民检察工作浅谈　金默生著　群众出版社　1982年2月

检察工作基础知识　辽宁省人民检察院编　辽宁人民出版社　1982年4月

我国刑事诉讼中的检察机关　王舜华著　群众出版社　1982年4月

人民检察制度概论　王桂五著　法律出版社　1982年6月

检察工作基础知识　刘英权著　辽宁人民出版社　1983年4月

我国的检察制度　西南政法学院诉讼法教研室编　1984年4月

公诉知识　陈六书等编　法律出版社　1985年7月

人民检察机关的自行侦查　孙占茂　赵登举编著　吉林大学出版社　1985年10月

怎样当好公诉人　谢宝贵　崔南山著　法律出版社　1986年4月

检察业务问答　最高人民检察院一厅编　法律出版社　1986年10月

检察理论与实践　武汉市人民检察院研究室编　《学习与实践》杂志社　1986年

检察官手册　苏德永　张穹著　黑龙江人民出版社　1987年8月

检察员出庭实用教程　最高人民检察院一厅编写组编　法律出版社　1987年10月
检察学　王洪俊著　重庆出版社　1987年10月
检察工作概论　最高人民检察院编写组编　吉林人民出版社　1987年11月
刑事检察（检察官手册）　最高人民检察院编写组编　吉林人民出版社　1987年11月
法纪检察（检察官手册）最高人民检察院编写组编　吉林人民出版社　1987年11月
刑事答辩案例评析　最高人民检察院一厅编　中国政法大学出版社　1987年
检察学　赵登举等主编　湖南人民出版社　1988年1月
通俗检察学　李广祥等著　群众出版社　1988年2月
实用检察学　王晓军　孙谦等编著　辽宁人民出版社　1988年5月
检察理论与实践　张永恩　孙谦等著　中国政法大学出版社　1988年7月
经济犯罪的定罪与量刑　谢宝贵　张穹著　法律出版社　1988年8月
控告申诉检察（检察官手册）　最高人民检察院编写组编　吉林人民出版社　1988年8月
中国检察学　王淑贤主编　兰州大学出版社　1988年8月
国家工作人员职务犯罪研究　孙谦主编　中国政法大学出版社　1988年10月
检察业务教程　最高人民检察院《检察业务教程》编写组编　红旗出版社　1988年10月
当代中国的检察制度　李士英主编　中国社会科学出版社　1988年12月
检察文书通论　张弥恩等著　吉林人民出版社　1988年
民事诉讼检察监督　刘家兴主编　中国公安大学出版社　1988年
劳改检察概论　董春江等著　中国政法大学出版社　1988年
自侦案件预审概论　刘振起编　最高人民检察院经济检察厅　1988年
检察监督职能论　陈卫东　张弢著　群众出版社　1989年3月
人民检察院组织法　曾龙跃著　辽宁人民出版社　1989年7月
中国法庭上的公诉人　施文著　人民法院出版社　1989年7月
中国经济犯罪罪刑论　张穹主编　大地出版社　1989年8月
实用司法逻辑　刘佑生著　中国检察出版社　1989年11月
当代中国检察学　王然冀主编　法律出版社　1989年12月
检察程序概论　喻良新著　群众出版社　1989年12月
经济犯罪案件侦查教程　最高人民检察院经济检察厅编　1989年
检察业务概论　梁国庆主编　辽宁人民出版社　1989年5月
《检察业务概论》教学指导　张永恩　金明焕著　辽宁人民出版社　1989年5月
检察制度比较研究　张穹等编著　中国检察出版社　1990年1月
检察理论研究综述（1979—1989）孙谦主编　中国检察出版社　1990年3月
检察制度的理论与实践　程荣斌主编　中国人民大学出版社　1990年5月
刑事审判监督程序专论　汪建成主编　群众出版社　1990年8月
刑事审判监督教程　程味秋著　中国检察出版社　1991年5月
最高人民检察院司法解释评析　卢泰山主

编　中国民主法制出版社　1991年5月

中华人民共和国检察业务全书　张思卿主编　吉林人民出版社　1991年7月

监所检察教程　张永恩著　中国检察出版社　1991年8月

检察业务研究概论　梁国庆主编　中国检察出版社　1991年8月

贪污贿赂犯罪对策论　宫晓冰等著　法律出版社　1991年9月

（最高人民检察院法律政策研究室图书资料处提供）

1991年部分报刊发表的检察理论文章目录

一、总论

军事检察机关的任务（我国军事检察制度系列谈之二）　刘巍东《解放军报》1991年3月14日

论国家权力机关对检察机关的监督　王炜　孙谦　《法制日报》1991年3月14日

坚持人民民主专政加强政法工作　刘复之　《中国检察报》1991年7月11日

谈建立检察机关与人民代表联系制度　王喆　高飞　《人民检察》1991年第1期

略论检察学的研究对象和范围　王洪俊　孙长永　《检察理论研究》1991年第1期

坚持和加强党对检察工作的领导　尚修建　庞华立　《检察理论研究》1991年第1期

制衡学说与检察机关的法律监督　曾龙跃　《检察理论研究》1991年第1期

试论检察权　马立业　齐廷元　《检察理论研究》1991年第1期

试论检察机关在廉政建设中的作用　孙炳宇　《检察理论研究》1991年第1期

对检察机关内部分工制约办案制度的探索　周思民　《检察理论研究》1991年第1期

论铁路运输检察院的设置及其体制改革　陈振东　《检察理论研究》1991年第1期

试论检察机关在民族区域自治法实施保障中的重要地位　马钊　《人民检察》1991年第2期

检察制度的理论基础和基础理论的关系　王桂五　《检察理论研究》1991年第2期

关于建立检察官管理制度的思考　郑德昌　王伦轩　《检察理论研究》1991年第2期

人民民主专政理论与我国检察制度　徐益初　《政法论坛》1991年第3期

建立工作联系点，有效履行检察权　王诗安　《人民检察》1991年第4期

强化公、检、法三机关相互制约的法律对策　胡锡庆　叶青　《法学》1991年第4期

论我国检察机关的民主保障职能　王圣扬　《人民检察》1991年第8期

谈谈当前检察机关实行内部制约的机构设置问题　王轶　《人民检察》1991年第8期

二、检察工作为经济建设服务

检察工作要为社会主义经济建设服务　刘复之　《中华英才》1991年第24期

坚持人民民主专政　加强检察工作　更好地为经济建设服务　李向武　《检察理论研究》1991年第2期

惩贪倡廉　促进经济发展——浅谈制定《反贪污贿赂法》　陶毅民　《检察理

论研究》1991年第2期
建议在经济特区设立专门的涉外经济检察机构　郑育泉　《人民检察》1991年第9期
检察机关为经济建设服务刍议　夏勇　刘国庆　《法学》1991年第10期

三、侦查监督

检察机关“提前介入”初探　林智忠　陈建全　《中外法学》1991年第1期
谈谈检察机关参与现场勘查的几个问题　楼伯坤　《人民检察》1991年第1期
提前介入问题初探　矫春晓　王培初　《政法论坛》1991年第2期
析刑事诉讼中的提前介入　王存厚　《政法论坛》1991年第2期
检察机关提前介入刑事诉讼问题　李建明　《政治与法律》1991年第2期
应进一步完善提前介入制度　徐梁　《人民检察》1991年第2期
试论检察机关的提前介入　武延平　张凤阁　《政法论坛》1991年第2期
试论检察机关内部分权制约中的提前介入问题　林立　《检察理论研究》1991年第2期
关于“提前介入”的思考　张仲麟　傅宽芝　《法学研究》1991年第3期
试论提前介入自侦案件之必要性　林立　《人民检察》1991年第3期
评刑事诉讼中的“提前介入”　张子培　《法学研究》1991年第6期

四、免予起诉提起公诉

法律赋予检察机关免予起诉决定权的根据　杨矿生　《法学杂志》1991年第1期
关于免诉制度的思考　傅宽芝　《检察理论研究》1991年第1期
试论免予起诉中的辩护权　王炼峰　《检察理论研究》1991年第1期
必须坚持和完善免予起诉制度　王作富　陈卫东　《检察理论研究》1991年第1期
国外对检察官自由裁量权的限制　金明焕　《人民检察》1991年第8期
对免予起诉制度的评价　刘炽　《人民检察》1991年第2期

五、审判监督

谈谈检察人员在审判监督程序中的地位和作用　刘玫　《人民检察》1991年第4期
试论检察人员出庭支持公诉的基本原则　汪建成　吕书永　《中外法学》1991年第6期

六、职务犯罪监督

建立有中国特色的反贪污贿赂专门机构　肖扬　《法制日报》1991年2月18日
完善职务犯罪立法的思考　刘国英　《中国检察报》1991年10月24日
反贪污贿赂立法之我见　勾宏一　《中国检察报》1991年12月26日
论职务犯罪监督　赵登举　《中外法学》1991年第5期
论受贿罪　马克昌　《中国法学》1991年第6期
关于构成贪污罪贿赂罪的几个问题　陈建国　白山云　《中国法学》1991年第6期
略论中国特色的贪污贿赂检察制度　李玲　《人民检察》1991年第11期
贪污贿赂犯罪原因探析　宫晓冰　《检察理论研究》1991年第1期
再论职务犯罪监督　孙谦　《检察理论研究》1991年第1期
惩治贪污贿赂犯罪必须进行系统治理　张鹤松　《检察理论研究》1991年第1期
对《反贪污贿赂法》刑罚措施的设想与建

议　曾有生　《检察理论研究》1991年第1期

间接证据在贿赂犯罪案件中的地位及收集和运用　孙承源　《检察理论研究》1991年第1期

加强和完善法律监督职能　深入开展反贪污贿赂斗争　肖扬　《检察理论研究》1991年第2期

关于贪污贿赂犯罪几个理论问题的思考　张涛　《检察理论研究》1991年第2期

预防贪污贿赂犯罪之我见　秦醒民　《检察理论研究》1991年第2期

法人贿赂犯罪略探　马宏雄　《检察理论研究》1991年第2期

受贿罪中"为他人谋取利益"问题的理论与实践　申志忠　《检察理论研究》1991年第2期

监管改造场所贪污贿赂案件的特点及对策　王建明　《检察理论研究》1991年第2期

对几种特殊形式受贿罪的比较研究　李德敏　《检察理论研究》1991年第2期

浅析林业经济犯罪的特点、原因及对策　古田林　《检察理论研究》1991年第2期

认定企业单位行贿罪的三个问题　卢金守　《检察理论研究》1991年第2期

完善贪污、贿赂、挪用公款犯罪规定的建议　唐光诚　《检察理论研究》1991年第2期

经济犯罪心理及预审心理对策　张国立　《检察理论研究》1991年第2期

谈对受贿案件三种被告人的讯问方法　侯周湘　《检察理论研究》1991年第2期

充分发挥间接证据在查处贪污贿赂案件中的作用　马钊　《检察理论研究》1991年第2期

七、对刑事判决、裁定执行的监督

浅论人民检察院对劳动教养工作的法律监督　刘世恩　《人民检察》1991年第2期

检察人员列席研究减刑、假释会议刍议　王建明　《人民检察》1991年第10期

八、民事诉讼监督

人民检察院与民诉中的诉　石小申　《检察理论研究》1991年第1期

民事诉讼检察监督　周小平　《政治与法律》1991年第2期

论人民检察院在民事诉讼中的作用　李文阁　《人民检察》1991年第5期

对检察机关提起民事诉讼的探讨　许爱民　《法学天地》1991年第5期

美、英、法检察机关参与民事诉讼比较　徐莹　《经济参考报》1991年6月16日

检察机关实行民事诉讼审判监督程序抗诉的意义　潘君　《法制日报》1991年6月20日

九、行政诉讼监督

浅谈检察机关对行政诉讼的法律监督　康万福　《法律科学》1991年第1期

检察机关行政诉讼监督初探　王显生　《检察理论研究》1991年第1期

试论检察机关参与行政诉讼的若干法律问题　罗国平　黄伟忠　《法学评论》1991年第3期

论人民检察院的行政诉讼监督　章剑生　《法学与实践》1991年第4期

关于检察机关受理行政案件申诉的几个问题　赵文科　《人民检察》1991年第4期

论人民检察院的行政审判监督　杨连峰　黎新繁　《法学评论》1991年第5期

行政诉讼监督方式探究　陈岚　李豫贵

《中国检察报》1991年12月26日

十、社会治安综合治理

论检察工作在社会治安综合治理系统工作中的作用　马结　《政法论坛》1991年第2期

检察机关参加社会治安综合治理刍议　尹伊君　《检察理论研究》1991年第2期

发挥检察职能　积极参加综合治理　冯锦汶　《人民检察》1991年第4期

十一、检察建议

关于完善检察建议制度的构想　刘天明　《人民检察》1991年第4期

十二、检察委员会

谈如何发挥检察委员会在内部制约机制中的作用　容荐岩　《人民检察》1991年第1期

完善和发展检察委员会制度　李明清　《检察理论研究》1991年第2期

浅谈加强检察委员会正规化建设的几个问题　申建诚　《人民检察》1991年第8期

浅谈检察委员会如何讨论案件　林胜先　《人民检察》1991年第10期

正确发挥检察委员会的决策作用　姜锋　《中国检察报》1991年9月19日

十三、其他

浅谈检察诉讼的“透明”与保密问题　张尧　徐文珍　《当代法学》1991年第1期

浅谈检察信息的特征和作用　钟仁伟　《人民检察》1991年第4期

试论检察信息的深层次开发和利用　刘延亮　《人民检察》1991年第10期

加强司法解释刍议　王克勤　《人民检察》1991年第12期

（最高人民检察院法律政策研究室图书资料处提供）

第十部分　检察宣传工作

健全和完善新闻发言人制度

1991年上半年，最高人民检察院办公厅对全国检察机关执行新闻发言人制度的情况进行了调查。据不完全统计，自1988年7月最高人民检察院决定在检察机关建立新闻发言人制度以来，全国各级检察机关共举办各种不同规模、不同类型的新闻发布会和新闻发布活动1000余次。全国各省、自治区、直辖市检察院、省会（首府）市及计划单列市检察院普遍建立了新闻发言人制度；有二分之一的分、州、市检察院建立了新闻发言人制度；有五分之一的县（区）检察院召开过新闻发布会或举办过新闻发布活动。7月15日至18日，最高人民检察院办公厅在吉林省人民检察院延边林区分院召开了上海、广东、四川、浙江、吉林五省、市新闻发言人制度座谈会，交流总结检察机关开展新闻发言人制度工作的情况和经验，更好地发挥新闻发言人制度在检察工作中的作用。各级检察机关在选择确定新闻发布内容方面，贯彻了四条原则：为党的中心工作和检察机关工作重点服务的原则；实事求是的原则；贴近群众、贴近社会的原则；注重社会效果、保守秘密的原则。发布检察新闻的内容主要有：通报检察机关工作情况及成果；公布检察机关办理重大案件的情况；公布检察机关的重大决定和重要活动；公布检察机关关于适用法律的重要司法解释等。在组织工作方面的主要经验是：一要领导重视；二要准确把握新闻发布时机；三要准备充分，缜密组织；四要加强同新闻单位的联系，自觉按新闻规律办事。

最高人民检察院新闻发布会

1991年，最高人民检察院共召开5次新闻发布会。

1月9日　最高人民检察院新闻发布会，肖扬副检察长发布新闻。一是介绍最高人民检察院对严格执行七届全国人大常委会第十七次会议通过的《关于禁毒的决定》和《关于惩治走私、制作、贩卖、传播淫秽物品的犯罪分子的决定》的部署和安排。二是通报1990年全国检察机关立案查处贪污、受贿百万元以上、玩忽职守造成损失百万元以上犯罪案件的情况。贪污、受贿百万元以上大案四起：①杨锦棠、杨锦镇贪污人民币504万元、美金79万元案；②高森祥收受贿赂港币近200万元、人民币66万余元、美金5000余元案；③李兰珍贪污163万余元案；④刘国修贪污美金26.9万余元案。玩忽职守造成百万元以上损失大案五起：①倪福生玩忽职守案；②李政新等人玩忽职守案；③马义强等人玩忽职守案；④王代宗、李政远玩忽职守案；⑤张墨云等人玩忽职守案。肖扬副检察长还回答了记者的提问。

3月6日　最高人民检察院新闻发布会，肖扬副检察长向新闻界公布了青海省人大常委会副主任（曾任青海省副省长）韩福才利用职务之便，索取、收受贿赂人民币3.58万余元，美金800元及金银首饰等物，折合人民币共计3.8万余元一案。通报了1990年各级检察机关贯彻最高人民检察院“要集中精力查处贪污贿赂大案要案特别是要案”的情况。共查处县处级以上干部1188人（司局级干部65人），其中贪污罪犯273人，受贿罪犯915人。介绍了检察机关查处贪污贿赂要案的四点体会：（一）党中央和各级党委的坚强领导，是反贪污贿赂斗争深入发展的政治保证。（二）依靠群众，发挥人民群众同贪污贿赂做斗争的积极性，是检察机关的力量所在。（三）正确分析形势，实事求是，才能把握住斗争的主动权。（四）深入开展反贪污贿赂斗争，是巩固人民民主专政，捍卫社会主义制度的需要。

5月8日 最高人民检察院新闻发布会，肖扬副检察长向新闻界通报了检察机关开展举报工作的情况。自1988年3月广东省深圳市人民检察院率先建立了第一个经济罪案举报中心以来，全国已有3168个检察院建立了举报中心，占全国检察院总数的89%。举报工作在反贪污贿赂斗争中发挥了重要作用，取得了明显成效。第一，广大群众同违法犯罪作斗争的积极性很高，举报了一大批犯罪案件线索。第二，举报贪污、贿赂犯罪的线索突出。第三，根据群众举报侦破了一大批贪污贿赂犯罪案件。第四，形成了强大的威慑力量，促使更多的犯罪分子自首坦白。发布会上，还公布了《最高人民检察院关于保护公民举报权利的规定》。

7月4日 最高人民检察院在人民大会堂举行《中国检察报》创刊新闻发布会。肖扬副检察长主持发布会，宣布《中国检察报》正式创刊，向国内外公开发行。刘复之检察长讲话，指出，创办《中国检察报》是人民检察事业发展的需要，《中国检察报》作为最高人民检察院的机关报，要坚决贯彻党的以经济建设为中心，坚持四项基本原则，坚持改革开放的基本路线。要牢牢掌握服从于党和国家的中心工作，服从于人民检察事业的办报宗旨。中央顾问委员会常委陈丕显、全国人大常委会副委员长彭冲出席发布会并讲了话。邓小平同志为《中国检察报》题写报名。王晓光副检察长宣读了李鹏、万里、王震、薄一波、宋任穷等中央领导同志为《中国检察报》的题词。

9月25日 最高人民检察院召开新闻发布会，张思卿副检察长向新闻界通报了三项内容：一是1991年以来检察机关开展反贪污贿赂斗争的情况，公布了王秀英受贿案，陈炳根贪污案，唐菊秋受贿案，钱小宝贪污案，袁鹰贪污案等五起大案要案。二是公布了《最高人民检察院关于贪污受贿案件免予起诉工作的暂行规定》。三是通报了检察机关开展行政、民事诉讼法律监督工作的情况。

联合举办“我办一案”广播征文活动

1991年4月，最高人民法院、最高人民检察院、公安部、司法部、中央人民广播电台联合举办“我办一案”大型有奖广播征文活动。宣传我国民主法制建设的成就和司法制度，宣传司法机关和广大政法干警为加强民主与法制，维护社会稳定和促进经济建设所作的积极贡献，进一步增强公民的法制观念，增进社会各界对法律工作者的理解和支持。征文活动于1991年4月开始征集稿件，1992年12月播出入选征文，1993年进行评奖颁奖。

为保证征文活动在检察机关的普遍开

展，1991 年 4 月年最高人民检察院办公厅向各级人民检察院发出通知，要求各级检察机关把组织开展征文活动作为 1991 年检察宣传工作的一项重要活动认真抓好。通过参加征文活动，达到宣传法制，展示检察干警精神风貌，总结办案经验教训，提高办案水平的目的。各地检察机关认真组织落实。截止 1991 年底，已收到全国 21 个省、自治区、直辖市检察机关及军事检察机关撰写的征文近 200 篇。

检察题材戏剧创作演出活动

1991 年，各级检察机关十分重视拓宽宣传领域，运用多种艺术形式生动形象地宣传检察工作，在戏剧舞台上出现了反映检察题材的沪剧《清风歌》、越剧《情系断桥》、豫剧唱段、滑稽戏《金色的恶梦》等地方戏剧。其中，由上海市人民检察院主办，上海青艺滑稽剧团创作的大型五场滑稽戏《金色的恶梦》，以滑稽戏的艺术表现形式反映检察机关开展反贪污贿赂斗争的严肃主题，寓教于乐，在笑声中教育群众，警诫犯罪，在上海演出百场获得成功。应最高人民检察院办公厅邀请，进京演出。在京演出 8 场，观众近万人。

检察题材影视作品的创作发展

1991 年，检察影视宣传工作取得了较好成绩。继 1990 年 8 月第二次全国检察系统电视剧调演之后，又有新疆、宁夏、天津、河南、四川、广东、浙江、贵州等 9 个省（自治区、直辖市）检察机关参加创作摄制了《死刑犯的自白》、《有意无情》、《索证》、《检察官的证明》、《较量》、《零点行动》、《最后是岐路》、《布依儿女》、《女检察官》、《警钟》等 10 部 23 集电视剧。这些作品以严肃深刻的政治主题，鲜明的思想性，在荧屏上树立起生动丰满的检察官艺术形象，在艺术质量上有较大提高。逐步引起电视艺术界及电视观众的注意。

10 月份，应中国电视艺术委员会的邀请，最高人民检察院派员参加了“首届全国专业题材电视剧、电视专题节目研讨会”，并向大会推荐江西省南昌市人民检察院参加创作摄制的两集电视剧《起诉》，吉林省通化市检察院摄制的专题片《山城检察官》，经会议观摩，获优秀专业题材作品奖。

（以上均为最高人民检察院办公厅
马丽莉供稿）

全国检察机关惩治贪污贿赂展览巡回展览

《全国检察机关惩治贪污贿赂展览》，自 1990 年 5 月 25 日至 7 月 20 日在北京展出后，从 1990 年 8 月至 1992 年 4 月，在全国十省区进行了巡回展览。展览先后在太原、银川、长沙、贵阳、石家庄、福州、西宁、兰州、广州、海南市展出。展期累计达 170 余天，参观群众达 170 余万人次。各省区在展出时均增加了本省区检察机关近年来惩治贪污贿赂犯罪成果的内容。

展览受到各地省委、省人大、省政府的重视和支持。广东、海南省委直接领导巡展工作，其余八省区都成立了由一位省委副书记为组长的巡展领导小组。各地检察院具体承办，有关部门积极协助，做好宣传报导、安全保卫等项工作。各地负责同志亲自参加开幕式并参观展览。

新闻单位对这次展览极为关注。中央电视台、人民日报、光明日报，香港、澳门、台湾的报纸对巡展均有报道。当地电台、电视台及报纸在展出期间几乎天天有消息。据不完全统计，报刊登载消息达409篇。仅广东省各新闻单位就发稿90余篇，形成“两高”《通告》以来，宣传检察机关反贪污、受贿工作的又一高潮。

巡展得到各界群众的欢迎和支持，各地参观者十分踊跃，情绪热烈。无论是盛夏还是严冬，排队等候参观的队伍总是长长的。一些领导干部第一天参加开幕式后，第二天领着全家来参观；有些离、退休老人，坐着轮椅，柱着拐杖，或请别人搀扶着前来参观；不少大专院校师生，步行十余里来参观；各单位分配参观的人数一超再超。不少地方要求延长展览时间或要求到本地展出，以便让更多的人受到教育。

展览收到很好的社会效果，得到社会各界的赞赏，达到了预期目的。展览使参观者受到了一次生动的反贪倡廉和法制教育，提高了遵纪守法的自觉性和同贪污贿赂等腐败现象作斗争的积极性，也使广大群众进 步认识到了反贪倡廉斗争的严重性和长期性。同时，通过展览，检察机关的职能、作用和惩治贪污贿赂犯罪的成果也进一步为群众所了解。展出期间，工作人员接受了10名贪污贿赂分子投案自首，接受群众举报340多件。

（最高人民检察院办公厅　房大维）

摄制电视专题片《大地的回声》

五集电视专题片《大地的回声》，是最高人民检察院录制的我国第一部反映群众举报，开展反贪污贿赂斗争的电视片。从1990年12月开始，经过一年多时间的工作，于1992年1月录制完成。经国家新闻出版署批准，内部发行。

这部电视专题片的录制工作，得到了最高人民检察院领导的重视和全国检察机关的配合与支持。刘复之检察长为该片题写了片名。张思卿、肖扬副检察长担任总监制，检察长办公会议多次听取汇报，审定剧本，具体指导，解决录制工作中的具体问题。为保证该片的艺术质量，聘请了影视界名人担任艺术顾问，撰写主题歌词、作曲、解说。全国27个省、自治区和直辖市检察院为该片提供了100多盘录像资料和1000多份文字、图片资料。广东深圳市、山东枣庄市检察院和北京、天津、上海、山东、广东、江西、黑龙江、吉林、辽宁、河北等省、自治区、直辖市检察院，在人力、物力上予以大力支持；江苏、浙江、山西、河南、广西、湖南、湖北、四川等省、区检察院按照要求，协助拍摄了有关素材。同时，摄制组还向新闻、影视部门购买、翻录了大量历史资料。

《大地的回声》以党中央反贪倡廉的指示为指导思想，以检察机关依靠广大人民群众开展反腐败斗争为主线，用大量丰富翔实的材料和生动感人的事例，真实地反映了全国检察机关开展举报工作取得的巨大成果及其对于廉政建设、经济建设和民主法制建设的巨大作用；展现了党与群众的血肉联系，体现了党和政府反贪倡廉的一贯决心；讴歌了为惩治腐败作出无私奉献的广大人民群众和检察干警。该片融政治性、纪实性和艺术性于一体，是一部对广大干部、群众进行廉政、法制教育的好教材，也是一部具有收藏价值的历史资料片。

（最高人民检察院控告申诉检察厅）

附：

全国检察题材电视剧剧目

（1986—1991）

《当代检察官》（系列剧）
神秘的富翁
引蛇出洞
斩断黑手　北京市人民检察院
《索证》（2集）　天津市和平区人民检察院
《惨案之后》（4集）　（获全国检察题材优秀电视剧奖）　上海市人民检察院
《本案之外》（4集）　（获全国检察题材优秀电视剧奖）　山西省人民检察院
《执法者》（2集）山西省临汾市人民检察院
《护航》（4集）　河北省人民检察院
《侦查在继续》（4集）　河北省人民检察院
《探监》（2集）　河北省定兴县人民检察院
《公诉人》（3集）　（获全国检察题材优秀电视剧奖）　辽宁省人民检察院
《以国家的名义》（2集）　（获全国检察题材优秀电视剧奖）
辽宁省人民检察院
《腐叶》（4集）　辽宁省人民检察院
《两刃剑》（6集）　吉林省人民检察院
《绿色风浪》（2集）　吉林省人民检察院
《风雨玉皇山》（3集）
吉林省通化市人民检察院
《密林谋杀》（4集）
吉林省人民检察院延边林区分院
《女检察员》　黑龙江省人民检察院
《走向罪恶的深渊》（4集）
黑龙江省哈尔滨市道里区人民检察院
《非常事件》（3集）　江苏省人民检察院
《夏之秋叶》（3集）
江苏省扬州市人民检察院
《盲中盲》　山东省青岛市人民检察院
《人命关天》　山东省青岛市人民检察院
《山囚》　山东省青岛市人民检察院
《沉淀》　山东省青岛市人民检察院
《代理检察长》（4集）　（获全国检察题材优秀电视剧奖）浙江省人民检察院
《最后是岐路》（2集）　浙江省人民检察院
《国徽永远纯洁》（2集）
浙江省金华市人民检察院
《起诉》（2集）　（首届全国专业题材电视剧、电视专题节目优秀节目）
江西省南昌市人民检察院
《起诉之前》（2集）　湖南省人民检察院
《检察官的荣誉》（2集）
湖南省岳阳市人民检察院
《独角兽》（2集）
湖南省常德市武陵区人民检察院
《残酷的夏日》（2集）　湖北省人民检察院
《天职》（2集）　湖北省人民检察院
《大潮之下》（4集）
湖北省武汉市人民检察院
《此案无背景》（纪实剧）
湖北省武汉市人民检察院
《艰难的起诉》（2集）
湖北省襄樊市人民检察院
《菲菲的梦》（2集）
河南省南阳市人民检察院
《走进刑警队》（2集）
河南省南阳市人民检察院
《检察官的证明》（2集）
河南省人民检察院
《睹城魔影》（2集）　广东省人民检察院
《检察官档案》（系列剧）
第三次立案
黑蝴蝶之谜
本案尚未终结
艰难的起诉
广东省广州市人民检察院

《零点行动》(2集)

广东省广州市人民检察院

《最后一班船》(2集) 海南省人民检察院

《道是有情》 广西壮族自治区人民检察院

《侗寨鼓声》 广西壮族自治区人民检察院

《女囚之恋》(2集) 贵州省人民检察院

《布依儿女》(2集) 贵州省黔南布依族苗族自治州人民检察院

《侵权渎职案系列剧》

烫金名片

蜜月苦酒

信箱黑手

倒塌

报复 贵州省人民检察院

《带血的起诉书》(4集)

四川省人民检察院

《今天的太阳》

四川省攀枝花市人民检察院

《检察官在行动》

四川省攀枝花市东区人民检察院

《神秘的倒爷》 四川省重庆市人民检察院

《大山下》 四川省重庆市人民检察院

《较量》(3集) 四川省人民检察院

《河湾》(2集) 陕西省人民检察院

《有意无情》(2集)

宁夏回族自治区人民检察院

《检察官的证明》(2集)

新疆维吾尔自治区克拉玛依市人民检察院

《死刑犯的自白》(2集)

新疆维吾尔自治区克拉玛依市人民检察院

全国检察题材电视专题片片目(1986—1991)

《全国检察机关惩治贪污贿赂展览纪实》(150分钟) 最高人民检察院

《大地的回声》(140分钟)

最高人民检察院

《倡廉肃贪启示录》(120分钟)

上海市人民检察院

《反贪倡廉话八闽》(100分钟)

福建省人民检察院

《倡廉肃贪 取信于民》(45分钟)

安徽省人民检察院

《惊雷》(20分钟)

广西壮族自治区人民检察院

《大浪淘沙》(30分钟)

四川省人民检察院

《共建之路》(30分钟)

辽宁省沈阳市人民检察院

《利剑所向》(45分钟)

江苏省常州市人民检察院

《磨砺》(45分钟) 江苏省人民检察院

《大洪山下的检察官》(30分钟)

湖北省人民检察院

《山城检察官》(首届全国专业题材电视剧、电视专题节目优秀节目)(30分钟)

吉林省通化市人民检察院

(最高人民检察院办公厅宣传处提供)

第十一部分　外事活动

1991年检察外事工作

1991年，检察机关根据我国的外交方针、政策和国际形势的变化，把与周边国家检察机关建立联系作为对外交往的重点，各项外事工作又有了较大的发展。一年中，最高人民检察院先后派代表团访问了澳大利亚、埃及、印度尼西亚、巴基斯坦、菲律宾和马来西亚等国家；接待了朝鲜、古巴、埃及、苏联和罗马尼亚等国家检察机关代表团。

检察外事工作注重围绕检察工作的重点进行，为检察业务服务。为了配合反贪污贿赂斗争，进一步理顺内地检察机关与香港廉政公署之间开展个案协查工作，制定了有关规章和程序，使办理协查案件的数量和质量都有明显提高。

此外，检察机关还派出考察团组前往日本、瑞士等国家就检察装备和技术进行考察和进修；邀请外国专家来华介绍国外检察制度和检察官管理方面的情况；为配合《反贪污贿赂法》和《检察官条例》的立法工作，收集编译了国外有关的法规和资料；派员参加了联合国远东及太平洋地区犯罪预防研修班的培训以及中国和苏联签订司法协助协议的谈判。

（最高人民检察院办公厅　王晋）

附件一：

1991年最高人民检察院出访代表团简介

代表团名称　中国检察代表团

访问时间　1991年7月12日至20日

访问国家　澳大利亚联邦

代表团成员

团　长　张思卿　最高人民检察院副检察长

团　员　冯建华　安徽省人民检察院检察长

杨　烈　陕西省人民检察院检察长

罗　辑　最高人民检察院控告申诉检察厅厅长

宋寒松　最高人民检察院助理检察员

吴　杰　外交部译员

主要活动　代表团应澳大利亚联邦律政司署秘书长A·D·罗斯的邀请，先后访问了悉尼、堪培拉和墨尔本等城市，同澳大利亚律政司署、联邦法院、公诉总监署、警察总监署、犯罪局、行政上诉裁判司、澳大利亚警察学院、犯罪研究院、新南威尔士州独立肃贪委员会、州最高法院、司法行政委员会、监察委员会及堪培拉首都区法院、墨尔本大学法学院等部门进行了广泛接触和会谈，重点考察了澳大利亚的法律制度和反贪污贿赂工作情况。

代表团名称 中国检察代表团
访问时间 1991 年 10 月 22 日至 30 日
访问国家 阿拉伯埃及共和国
代表团成员
团　长　刘复之　最高人民检察院检察长
副团长　徐　生　辽宁省人民检察院检察长
团　员　齐振瑛　湖南省人民检察院检察长
林有海　最高人民检察院办公厅副主任
雷广明　最高人民检察院办公厅检察长办公室副主任
张立刚　刘复之同志秘书
王　强　外交部译员

主要活动 代表团是应阿拉伯埃及共和国总检察长拉加·EL·阿拉比的邀请，前往埃及进行访问的。埃及共和国总统穆巴拉克在伊斯梅利亚市行宫接见了刘复之检察长，埃及共和国政府总理西德基在总理府会见了刘复之检察长。代表团还与埃及司法部长、总检察长、法院院长等司法界主要负责人进行了广泛的接触和交流。代表团在埃及期间还参观了金字塔、狮身人面像等名胜古迹，游览了尼罗河，还访问了卢可索和阿斯旺。

代表团名称 中国检察代表团
访问时间 1991 年 10 月 22 日至 30 日
访问国家 印度尼西亚共和国
代表团成员
团　长　冯锦汶　最高人民检察院副检察长
团　员　李向武　吉林省人民检察院检察长
李　玲(女)贵州省人民检察院检察长
李保唐　中国检察报社副社长
黄卫萍　最高人民检察院办公厅秘书
孙国远　外交部亚洲司二秘（翻译）

主要活动 代表团是应印度尼西亚最高检察院检察长辛吉的邀请前往印度尼西亚进行友好访问的，先后访问了雅加达、日惹和万隆等城市。访问期间，分别与印度尼西亚最高检察院和日惹专区、中爪哇省、万隆市、西爪哇省等高级检察署进行了座谈，交流两国司法制度、检察制度，了解印度尼西亚检察机关在反贪污、贿赂方面的做法和经验。代表团还参观了印度尼西亚司法部设在中爪哇省的校正所（少年犯监狱）、万隆会议会址。

代表团名称 中国检察代表团
访问时间 1991 年 10 月 24 日至 11 月 1 日
访问国家 巴基斯坦伊斯兰共和国
代表团成员
团　长　王晓光　最高人民检察院副检察长
团　员　丘栋霖　广西壮族自治区人民检察院检察长
毕振东　福建省人民检察院副检察长
鞠永春　最高人民检察院铁

路运输检察厅副厅长

胡百忠　最高人民检察院办公厅干部

徐　步　外交部译员

主要活动　代表团是应巴基斯坦总检察长阿齐兹A·孟希的邀请前往巴基斯坦进行友好访问的。代表团重点考察了巴基斯坦的检察制度、司法体制和反贪污、贿赂工作情况。代表团先后访问了伊斯兰堡、拉合尔和卡拉奇等地，分别与巴基斯坦总检察长、最高法院首席法官、司法部长、内务部联邦调查局局长、旁遮普和信德两省省督、两省检察长和首席法官进行会见和会谈。代表团还旁听了由巴基斯坦最高法院首席法官、信德省高等法院首席法官分别亲自开庭审理重大刑事案件的诉讼活动，参观了中央监狱。代表团访巴期间，分别受到巴基斯坦总统古拉姆·伊沙克·汗、总理穆罕默德·纳瓦兹·谢里夫和参议院主席瓦西姆·萨贾德的接见。

代表团名称　中国检察代表团

访问时间　1991年12月6日至14日

访问国家　马来西亚

代表团成员

团　长　肖　扬　最高人民检察院副检察长

团　员　陶毅民　天津市人民检察院检察长

扆耀光　山西省人民检察院检察长

陈为典　最高人民检察院法纪检察厅厅长

陈　武　广东省人民检察院研究室主任

金　榕（女）　外交部译员

主要活动　代表团是应马来西亚总检察署的邀请前往马来西亚进行友好访问的。访问期间，代表团分别会见了马来西亚总检察长、最高法院院长、警察总监、典狱总长和反贪污局局长，参观了法庭、监狱和毒品矫正中心，重点了解了马来西亚检察制度和反贪污、贿赂方面的情况。

代表团名称　中国检察代表团

访问时间　1991年12月10日至17日

访问国家　菲律宾共和国

代表团成员

团　长　陈明枢　最高人民检察院副检察长

团　员　王　平　甘肃省人民检察院检察长

张鹤松　内蒙古自治区人民检察院检察长

毛健华（女）最高人民检察院监所检察厅副厅长

王鸿翼　最高人民检察院政治部办公室主任

邓锡军　外交部译员

主要活动　代表团是应菲律宾最高法院的邀请前往菲律宾进行友好访问的。访问期间，代表团先后会见了菲律宾最高法院首席大法官、总统助理、司法部长、总检察长、调查舞弊办公室主任、廉政法院院长、马尼拉市检察长等司法界高级官员，就两国司法、检察制度进行了广泛交流。

附件二：

1991年来访检察代表团简介

代表团名称 朝鲜中央检察所代表团
来访时间 1991年5月3日至11日
代表团成员
团长 韩相奎 朝鲜中央检察所所长
团员 金子俊 朝鲜中央检察所综合局局长
金春植 朝鲜江原道检察所所长
郑基文 朝鲜南浦市检察所所长
文洪星 朝鲜铁道检察所副所长
郑东吉 朝鲜外交部一局指导员

主要活动 访问期间，朝鲜中央检察所代表团与中华人民共和国最高人民检察院举行了工作会谈；国家主席杨尚昆会见了代表团全体成员；最高人民检察院检察长刘复之会见并宴请了代表团；最高人民法院副院长华联奎、司法部部长蔡诚分别会见了代表团；代表团由最高人民检察院副检察长王晓光陪同访问了北京、西安、上海和南京等地。

代表团名称 古巴总检察院代表团
来访时间 1991年5月13日至20日
代表团成员
团长 拉蒙·德拉克鲁斯·奥乔亚 古巴共和国总检察长
团员 何塞·阿·格拉 古巴驻华大使
阿尔维托·加恩·普拉多 古巴卡马圭省副检察长

主要活动 访问期间，古巴总检察院代表团与中华人民共和国最高人民检察院举行了工作会谈。中共中央政治局常委、中央政法委员会书记乔石会见了代表团。最高人民检察院检察长刘复之会见并宴请了代表团。司法部部长蔡诚、最高人民法院副院长林准分别会见了代表团。代表团由最高人民检察院副检察长肖扬陪同，访问了北京、广州和深圳。

代表团名称 埃及最高检察院代表团
来访时间 1991年6月11日至18日
代表团成员
团长 穆罕默德·巴德尔·尤素夫·米尼亚维 埃及最高检察院总检察长
团员 卡迈利亚·穆罕默德夫人
侯赛因·穆罕默德·侯赛因 埃及最高检察院司法审查局局长
萨莱麦·穆罕默德·萨义德·沙辛 埃及最高检察院事物局局长
穆罕默德·纳比尔·艾哈迈德·巴弟尼 埃及最高公共财金检察院检察长
阿卜杜勒·马吉德·穆罕默德 埃及最高国家安全

检察院检察长

塔哈妮·穆拉德夫人

主要活动 访问期间，埃及最高检察院代表团与中华人民共和国最高人民检察院举行了工作会谈。中共中央政治局常委、中央政法委员会书记乔石会见了代表团一行；最高人民检察院检察长刘复之会见并宴请了代表团。代表团在埃及驻华大使馆举行了答谢宴会。司法部部长蔡诚、最高人民法院副院长林准分别会见了代表团。代表团由最高人民检察院副检察长张思卿陪同访问了北京、广州和深圳。

代表团名称 苏联检察院代表团

来访时间 1991年7月2日至9日

代表团成员

团　长　尼·谢·特鲁宾

苏联检察院总检察长

团　员　布·穆斯塔法耶夫

乌兹别克共和国检察长

萨·艾·图亚克巴耶夫

哈萨克共和国检察长

尼·伊·沙克列因

俄罗斯联邦副检察长

尼·谢·扎耶茨

苏联检察院外事司司长

弗·伊·图伊科夫

斯维尔德洛夫州检察长

米·阿·阿伏丘科夫

萨哈林州检察长

叶甫西科夫

苏联驻华大使馆随员

主要活动 访问期间，苏联检察院代表团与中华人民共和国最高人民检察院举行了工作会谈。中共中央政治局常委、中央政法委员会书记乔石会见了代表团全体成员。刘复之检察长会见并宴请了代表团。司法部部长蔡诚、最高人民法院副院长华联奎分别会见了苏联总检察长一行。代表团由最高人民检察院副检察长张思卿陪同访问了北京、西安、上海等地。

代表团名称 罗马尼亚总检察院代表团

来访时间 1991年11月11日至19日

代表团成员

团　长　米哈伊·乌尔皮乌·波帕·凯勒凯亚努

罗马尼亚总检察院总检察长

团　员　阿乌列尔·科姆沙

罗马尼亚总检察院刑事侦察厅厅长

维奥列尔·斯珀努

布加勒斯特市检察院检察长

韦拉尤·康斯坦丁

罗马尼亚总检察长秘书

主要活动 访问期间，罗马尼亚总检察院代表团与中华人民共和国最高人民检察院举行了工作会谈。全国人大常委会副委员长廖汉生会见了代表团全体成员。刘复之检察长设宴款待了罗马尼亚客人。最高人民法院副院长林准、司法部部长蔡诚分别会见了代表团。由最高人民检察院副检察长肖扬陪同，代表团访问了北京、广州、深圳，了解我国改革开放的成就和特区检察机关的工作情况。

（最高人民检察院办公厅外事处）

第十二部分　　检察报社出版社

中国检察报社

中国检察报社经国家人事部、国家新闻出版署批准，于1991年3月5日正式成立。中国检察报社在最高人民检察院的直接领导下开展工作。她以服从于党和国家的中心工作，服务于人民检察事业的鲜明宗旨，以坚持四项基本原则，坚持党的新闻工作路线，坚持实事求是，注重社会效果的办报方针，向社会展示我国法制建设情况特别是检察机关保护人民，打击敌人，惩罚犯罪，服务四化的丰功伟绩。

中国检察报社主要负责《中国检察报》的编辑、出版、发行工作。受最高人民检察院的委托，还担负《最高人民检察院公报》、《人民检察》杂志的编辑、出版、发行工作。

中国检察报社为正厅级单位，下设总编室、理论部、记者通联部、摄影美术部、文艺部、出版发行部、办公室、人事处等11个处级机构。在全国30个省、自治区、直辖市和15个计划单列市以及中国人民解放军军事检察院设立了46个记者站。记者站为处级单位。在全国各级人民检察院和有关单位聘请通讯员4100多名。

（中国检察报社　刘金胜）

中国检察出版社

中国检察出版社是经国家新闻出版署批准，于1989年6月29日成立的中央一级专业出版社，是中华人民共和国最高人民检察院直属事业单位，是全国检察系统唯一的出版社。

中国检察出版社的办社宗旨是：立足本系统，面向全社会。坚持以马克思列宁主义、毛泽东思想为指导，坚持四项基本原则。

中国检察出版社的任务是紧密地结合检察工作的理论与实践，出版具有检察专业权威性的检察业务系列教材，各类检察业务书籍，以及为政法部门和法学各部门所实用的法律工具书、专业书、刑事犯罪案例丛书、检察理论研究专著和国外检察译著等。为检察干警服务，为公安、司法及行政执法部门服务，为加强法制建设，繁荣法学理论研究服务。

中国检察出版社下设办公室、书籍编辑室、出版发行处、音像中心等四个处级单位。

1991年，中国检察出版社共编审图书65种，已出版41种，1163万字，717760册，销出592310册，创产值315万元，利润90余万元。其中《新中国司法解释大全》汇集了新中国成立后，全国人大及其常委会、最高人民检察院、最高人民法院颁发的司法解释文件，是公安、检察、法院、司法、监察系统实用的、具有权威性的大型工具书。1991年编辑完成的《妇女和未成年人法律保护全书》，为研究我国妇女、未成年人保护问题，保护妇女、未成年人权益，提供了丰富的法律依据。正在编辑出版的《中华法学大辞典》、《刑事犯罪案例丛书》是国家新闻出版署确定的“八五”国家重点图书。《中华法学大辞典》广泛收集古今中外有关法学以及与法学关系密切的词目，力求反映八十年代以来中国法学研究的最新成果及最新资料，并吸收了国外的研究成果，在广度和深度上超出国内现有法学辞书。《刑事犯罪案例丛书》本着“全面、系统、实用”的原则，精选汇集典型、疑难案例，按照罪名归类、共23册，是建国以来选用案例最多分类最系统的一部大型刑事犯罪案例丛书。

（中国检察出版社　范春雪）

中国检察出版社出版主要图书目　　录

（1989—1991）

中国检察年鉴（1988）　中国检察年鉴编辑部编　1989年8月

中国检察年鉴（1989）　中国检察年鉴编辑部编　1991年5月

实用司法逻辑　刘佑生主编　1989年11月

检察制度比较研究　张穹等编著　1990年1月

检察理论研究综述（1979—1989）　孙谦主编　1990年3月

法纪案件侦查教程　最高人民检察院法纪检察厅编著　1990年2月

反贪污贿赂文辑（一）　最高人民检察院贪污贿赂检察厅编　1990年

惩治贪污贿赂犯罪论文集　中国检察学会编　1990年

检察手册（1978—1981）　最高人民检察院研究室编　1991年10月

检察手册（1982—1983）　最高人民检察院研究室编　1991年8月

检察手册（1984—1985）　最高人民检察院研究室编　1991年1月

检察手册（1986—1987）　最高人民检察院研究室编　1990年6月

检察手册（1988—1989）　最高人民检察院研究室编　1991年3月

惩治贪污罪贿赂罪法规选辑　最高人民检察院研究室编　1989年12月

惩治严重刑事犯罪法规选辑　最高人民检察院研究室编　1990年10月

国家工作人员职务犯罪研究　孙谦主编　1990年12月（第二版）

《外国检察制度丛书》　王桂五主编

苏联检察院组织法诠释　〔苏〕B·N·巴斯科夫等著　刘家辉等译　1990年11月

苏联东欧国家的检察长监督　〔苏〕C·Г·别列佐夫斯卡娅等著　梁启明译　1990年11月

日本检察厅法逐条解释　〔日〕伊藤荣树等著　徐益初等译　1990年12月

日本检察讲义　〔日〕法务省刑事局编　杨磊等译　1990年12月

美国检察官研究　〔美〕琼·雅各比著　周叶谦等译　1990年12月

英国总检察长政治与公共权利的代表　〔英〕李约翰·J·爱德华兹著　王耀玲等译　1991年4月

皇家检察官　〔英〕里约翰·J·爱德华兹著　周美德等译　1991年4月

法国诉讼制度的理论与实践　〔法〕皮埃尔·尚邦著　陈春龙等译　1991年4月

海峡两岸交流必读　谭松球等编著　1990年12月

检察工作常用法律汇编　最高人民检察院研究室编　1991年1月
新中国司法解释大全　梁国庆主编　1991年1月
民事行政法规选辑　最高人民检察院民事行政检察厅编　1991年4月
工商企业纳税顾问　吕西茜主编　1991年2月
实用刑法释疑　王绳祖等编著　1991年5月
新民事诉讼法讲话　朱锡森主编　1991年5月
检察干部政治理论读本　最高人民检察院政治部编　1991年5月
煤炭系统渎职罪案选　刘建主编　1991年5月
公民怎样依法纳税　周恩惠主编　1991年5月
衡罪量刑手册　任子孝主编　1991年6月
建国以来反贪污贿赂法规资料选编　最高人民检察院《反贪污贿赂法》研究起草小组编　1991年6月
外国反贪污贿赂法规汇编　最高人民检院《反贪污贿赂法》研究起草小组编译　1991年6月
人民检察院设置简册　最高人民检察院计划财务装备局编　1991年
美国要案检控纪实　刘雁等译　1991年7月
国防教育教程　任连奎主编　1991年8月
《检察业务系列教材》
　　职务犯罪概论　张穹主编　1991年5月
　　刑事审判监督教程　程味秋主编　1991年5月
　　检察业务概论　梁国庆主编　1991年8月
　　检察实用侦查学教程　谢宝贵主编　1991年8月
　　监所检察教程　张永恩主编　1991年8月
　　检察实用预审学教程　谢宝贵主编　1991年10月
　　比较检察制度概论　金明焕主编　1991年11月
中国刑法实务　高格等主编　1991年8月
历届全国律师资格统考试题详解与试卷分析及预测　刘亚平主编　1991年9月
经济犯罪学　杨敦先等主编　1991年10月
妇女和未成年人法律保护全书　全国人大内务司法委员会妇女儿童专门小组青少年专门小组编　1991年11月
企业涉外常用经济法规选辑　王一平主编　1991年11月
民事诉讼法讲话　梁书文主编　1991年11月
民事诉讼法释义　梁书文主编　1991年11月
民事诉讼案例选　梁书文主编　1991年11月
常用刑事法律汇编　中国检察出版社编　1991年11月
《刑事犯罪案例丛书》
　　流氓罪　王运声主编　1990年12月
　　以危险方法危害公共安全的犯罪　鞠永春主编　1991年11月
　　抢劫罪　王作富主编　1991年12月
　　抢夺、敲诈勒索罪　王作富主编　1991年12月
　　盗窃罪、惯窃罪　欧阳涛主编　1991年11月

走私、制造、贩卖、运输毒品罪　刘澄清主编　1991年11月

妨害社会风尚的犯罪　王运声主编　1991年11月

杀人罪　丁慕英主编　1991年11月

危害铁路治安秩序的犯罪　张弥恩主编　1991年11月

窝藏、包庇、窝赃罪　欧阳涛主编　1991年11月

破坏集体生产罪、毁坏公私财物罪　曾龙跃主编　1991年11月

破坏特定设备、危害公共安全的犯罪　张弥恩主编　1991年12月

走私罪、有关文物的犯罪　张忠海主编　1991年12月

社会主义商品经济法律调整　佟柔主编　1991年12月

毛泽东刑法思想初探　张穹等著　1991年12月

法制、道德格言辞典　李非主编　1991年12月

人体重伤鉴定标准释义　陈佩璋主编　1991年11月

《检察业务概论》学习纲要　雷铣主编　1990年12月

《关于严禁卖淫嫖娼的决定》和《关于严惩拐卖绑架妇女、儿童的犯罪分子的决定》释义　全国人大常委会法制工作委员会刑法室编　1991年11月

纳税人依法纳税，维护自身权益，税收征管人员依法应诉700问　王国仲等编著　1991年11月

岭南惩腐实录A、B、C、　詹高尔主编　1991年7月

（中国检察出版社提供）

第十三部分　检察报刊

《中国检察报》　中华人民共和国最高人民检察院的机关报。经国家人事部、国家新闻出版署批准，于1991年7月4日创刊，每周一刊，对开四版，国内外公开发行，每期发行48万份。

《中国检察报》的创办，得到了党中央、全国人大、国务院、全国政协及有关中央国家机关的关心和支持。老一辈无产阶级革命家邓小平同志为报纸题写了报名；国务院总理李鹏、全国人大常委会委员长万里、全国政协主席李先念、国家副主席王震、中央顾问委员会副主任薄一波、宋任穷以及黄火青、费孝通、雷洁琼、王汉斌、杨易辰、周培源、邹瑜、张友渔、王仲方、沈其震等为该报题了词。

《中国检察报》的办报宗旨是：服从于党和国家的中心工作，服务于人民检察事业。办报方针是：坚持四项基本原则，坚持党的新闻工作路线，坚持实事求是，注重社会效果。《中国检察报》面向国内外广大读者，立足检察工作，采取鲜明、生动、活泼和群众喜闻乐见的形式，及时报道党和国家关于加强社会主义民主与法制建设的重大部署，宣传具有中国特色的社会主义检察制度，宣传检察机关执行党的路线、方针、政策和执行国家法律，开展各项检察活动的情况，特别是及时报道惩治贪污、贿赂犯罪和打击严重刑事犯罪活动的重大新闻，宣传人民检察官清正廉明、秉公执法和人民群众同违法犯罪行为作斗争的事迹。

《中国检察报》的版面分工和栏目设置：第一版为要闻版。主要刊登党和国家领导人关于政法工作可供公开发表的讲话；最高人民检察院领导同志的讲话和最高人民检察院作出的重要决定、司法解释；社论、评论员文章等。还辟有："公民观察"、"明察秋毫"、"检察官风采"、"本报专访"、"百字新闻"、"标题新闻"等专栏。

第二版为综合新闻版。主要刊登各地党政部门有关政法工作，特别是检察工作的言论和检察工作动态。主要栏目有："微型论坛"、"曝光台"、"闻者戒"、"大墙内外"、"法在军营中"等。

第三版为法学理论（包括检察理论）和检察侦查通讯版。主要刊登法学理论、检察理论文章等。辟有"法学新苑"、"方圆经纬"、"检察天地"、"钟声"、"法制文摘"、"大案要案追踪纪实"等栏目。

第四版为文学副刊版。主要刊登有关法制和检察工作的小说、散文、报告文学、诗歌等。辟有"绿海"、"明镜"、"大视野"、"七色窗画廊"四个专栏。

《中国检察报》从创刊至1991年底，共出版26期，有50多篇稿件被一些新闻媒介转载和传播。《中国检察报》1991年首次参加了全国法制好新闻评选，共有3篇稿件被评为二等奖或三等奖。

（中国检察报社　王宪福）

《中华人民共和国最高人民检察院公报》　最高人民检察院主办，创刊于1989年5月。

《公报》为季刊，国内外公开发行。每

期发行2万份，其中一部分在国外和港澳地区发行。

《公报》的办刊宗旨是：有效地指导各级人民检察院的工作，向社会各界公布检察机关的司法解释和有关规定，促进社会主义民主和法制建设。《公报》主要刊登：（一）中共中央有关检察工作的指示和决定；（二）全国人民代表大会及其常务委员会颁布的有关检察工作的法律、决定和立法解释；（三）最高人民检察院有关适用法律问题的司法解释；（四）最高人民检察院的重要决定和需要公开发布的文件；（五）最高人民检察院领导人的重要讲话；（六）典型案例，等。《公报》主要辟有“特载”、“有关检察工作的法律、法规”、“最高人民检察院的工作报告、规定、司法解释”等专栏。

（中国检察报社总编室）

《人民检察》 最高人民检察院的机关刊物，创刊于1956年6月，现为月刊。1991年每期发行83000份。该刊1991年1—6期由中国检察出版社主办，7—12期改由中国检察报社主办。国内公开发行。

《人民检察》的办刊宗旨和任务是：以马克思主义关于国家和法的学说以及党的方针、政策为指针，以国家宪法、法律为依据，宣传党和国家有关检察工作的政策和法律，反映最高人民检察院对全国检察工作的部署；推广和交流各地开展各项检察业务的经验；阐述有关司法解释；探讨和研究检察机关在执行法律和开展法律监督工作中遇到的新情况、新问题；及时报道社会普遍关心的重大案件的办理情况；研究和解答检察实践中的疑难问题，以提高检察工作人员的政治素质和业务素质；促进检察机关更好地履行法律监督职责，积极发挥维护社会主义民主和社会主义法制，为经济建设服务的作用。向全社会宣传检察机关，使社会各界关心和支持检察工作。主要读者为全国检察系统工作人员，司法、公安工作人员，政法院系师生，法学研究人员等。

《人民检察》的主要栏目有：“评论”、“工作研究”、“检察业务实践”、“学法执法”、“立法研究”、“案例分析”、“案例讨论”、“学法园地”、“检察信箱”、“案例通讯”、“国外检察工作简介”、“大家谈”以及副刊等。

1991年，《人民检察》结合本年度的检察工作重点，共编发有关检察工作的各类文章410篇，84万余字。其中，编辑部、评论员文章6篇；检察干警在履行法律监督职能中学习法律、研究工作的理论文章135篇；介绍检察业务实践的经验和体会文章129篇；分析、讨论检察工作中遇到的疑难案例文章21篇；学习问答、通讯、队伍建设、法律文书研究、国外检察工作简介以及诗歌、散文等方面的文章100多篇。这些文章，主要突出了以下几个方面的内容：（一）根据全国检察长会议关于深入开展反贪污贿赂斗争的工作部署，集中60%以上的篇幅宣传检察机关在反贪污贿赂斗争中的经验和做法，探讨在实践中遇到的理论问题，比较及时地为各地检察机关正确执行法律，有力准确地惩治贪污贿赂犯罪，提供了理论的指导和新鲜的经验，对各地办案起到了一定的促进作用。（二）根据最高人民检察院关于坚持依法从重从快严厉打击严重刑事犯罪和加强法纪检察工作的指示精神，编发了《应进一步完善提前介入制度》、《谈谈检察机关参与现场勘查的几个问题》、《试析刑讯逼供案件的反侦查行为及其对策》、《浅谈非法拘禁案的混杂性特点》等文章，较好地配合了“严打”斗争和法纪检察工作。（三）组织了“来自沿海地区的报告”和“少数民族地区检察工作”的专题报道。

（《人民检察》编辑部　袁其国）

《检察理论研究》　经国家新闻出版署批准，于1991年第三季度创刊，为季刊。它是我国唯一的检察理论学术研究期刊。由中国检察理论研究所和中国检察学会主办，《检察理论研究》编辑部编辑出版，在国内公开发行，每期发行约6000份。该刊为16开本，每期96页，约15万字，于每季度最后一个月出版。

《检察理论研究》以马克思列宁主义、毛泽东思想为指导，坚持四项基本原则，坚持党的基本路线，反对资产阶级自由化，贯彻“百花齐放，百家争鸣”的方针，刊登具有较高学术价值的检察理论文章，交流学术研究成果，提高检察理论研究水平，为建设具有中国特色的社会主义检察制度提供理论指导，为检察工作实践服务，使检察工作更好地为社会主义经济建设服务。

《检察理论研究》设有“专论”、“理论探讨”、“检察工作研究”、“专题研究”、“立法研究”、“调查报告”、“资料选登”、“读者之窗”等栏目。

（《检察理论研究》编辑部）

《北京检察》　该刊是北京市人民检察院主办的内部专业性刊物。创刊于1982年4月，双月刊。创刊时刊名为《北京检察通讯》，1985年改为现名，主要面向北京地区检察系统干警，内部发行。

《北京检察》的办刊宗旨是，坚持四项基本原则，宣传党和国家有关检察工作的政策和法律，交流推广各项检察业务经验，探讨和研究在检察工作实践中遇到的新问题、新情况，反映检察干警的精神风貌，为加强社会主义法制建设和社会主义经济建设服务。主要栏目有：“工作研究”、“情况与交流”、“检察业务实践”、“大家谈”、“通讯”、“风范篇”等。

《北京检察》针对执法实践中遇到的疑难问题，组织稿件，进行专题讨论。结合检察工作，发表调查文章，为检察干部正确理解和准确适用国家法律，促进改革开放和经济建设发挥积极作用。

《北京检察》创刊以来，扎根于实践，作为北京市检察干部的一块重要学习园地，赢得了越来越多的读者，并与全国各省、自治区、直辖市的检察机关、几十个大专院校法律系和法律研究机关、法律宣传机构建立了交换关系。每期发行3000份。

《天津检察》　天津市人民检察院主办的内部专业性刊物，1985年创刊，现为双月刊。

《天津检察》的办刊宗旨是，坚持四项基本原则，贯彻“百花齐放，百家争鸣”的方针，致力于研究探索检察工作和司法实践中出现的新情况、新问题，促进法学理论与检察实际的紧密结合，为推动检察工作、加强社会主义法制建设服务。主要栏目有：“学习与研究”、“检察实践”、“工作研究”、“检察理论探讨”、“侦查通讯”、“文摘”、“案例讨论”、“文件选登”等。

《天津检察》在天津市检察系统内部发行，并与全国各省、自治区、直辖市人民检察院、各法律院校及法学刊物建立了资料交换关系，每期发行3000份。

（天津市人民检察院研究室）

《天津检察报》　天津市人民检察院政治部主办，1990年5月创刊，是天津市检察机关内部综合性报纸，每月出版一期。该报主要宣传天津市检察机关开展思想政治工作的情况。主要栏目有："身边楷模"、"干警风采"、"无花果"、"办案经验点滴"、"阅卷偶记"、"大家谈"、"政工论坛"、"党建工作"、"学习园地"等。

《天津检察报》在天津市检察系统内部发行，并发有关政法部门，每期发行2500份。

（天津市人民检察院研究室）

《河北检察》 河北省人民检察院主办，1987年创刊，原名《企业与检察》，1989年10月更名为《河北检察》，现为双月刊，逢双月出版，16开本，每期48页，内部发行。

《河北检察》是面向全省检察机关的综合性检察刊物。其办刊宗旨是，坚持四项基本原则，坚持求实、创新的原则，为检察工作服务，为社会主义法制建设服务，为社会主义经济建设服务。主要栏目有："业务实践"（工作经验、工作研究、检察动态）、"法制园地"、"案例分析"、"企业与检察"、"调查与研究"、"检察理论研究"、"风范谱"、"侦查通讯"、"简讯"等。

《河北检察》发行全省各级检察机关，同时与全国各省、自治区、直辖市人民检察院和各政法院校及法学研究部门进行交流。每期发行3500份。

（河北省人民检察院研究室）

《山西检察》 山西省人民检察院主办，其前身是《山西检察通讯》，1989年1月更名为《山西检察》，现为季刊，内部发行。

《山西检察》是面向全省检察机关的专业性刊物。通过加强文章的业务指导性、理论性、针对性和及时性，指导检察工作，提高干警业务素质，传播最新法学信息，开展理论和检察业务研讨。在全面深化改革的新形势下，探索和解决检察工作中出现的新情况、新问题，为检察体制、检察工作的改革和建设献计献策，为各项检察业务的顺利开展提供经验，为促进检察机关的廉政建设发挥积极的作用。

《山西检察》的栏目主要有："举报之窗"、"检察业务"、"调查研究"、"工作研究"、"法学文摘"、"案例讨论"、"立法建议"、"检察信息"等。

《山西检察》发至全省各级检察院，并与各省、自治区、直辖市检察院，计划单列市检察院，各省检察学会，部分法律院系进行交流，每期发行1700份。

《内蒙古检察》 内蒙古自治区人民检察院研究室主办，1991年试刊，1992年正式创刊，为季刊，内部发行。

《内蒙古检察》的办刊宗旨是，以党的基本路线和马克思列宁主义、毛泽东思想为指导，以保护和促进社会主义经济建设，维护社会稳定为中心，以宣传社会主义法制和指导检察工作为基本内容，探讨检察理论，交流调研成果，传播法律知识，推广检察工作经验，提供检察信息，宣传和讴歌检察干警的风貌。该刊设有"卷首寄语"、"调查与研究"、"探讨与争鸣"、"工作研究"、"检察论坛"、"侦查通讯"、"检察与企业"、"民族地区检察工作"、"案例析辩"、"资料文摘"、"信息与简讯"等栏目。

《内蒙古检察》在自治区检察机关内部发行，并与各省、自治区、直辖市检察院，部分大专院校、科研单位及政法部门进行交流。每期发行2000份。

（内蒙古自治区人民检察院研究室）

《检察纵横》 辽宁省人民检察院主办，是全国检察系统创办较早的内部综合性检察刊物。1986年12月创刊时为双月刊，1990年改为月刊。

《检察纵横》坚持以党的四项基本原则为指导，坚持以宣传检察机关所担负的各项监督职能为基本内容，服务于检察工作，服务于经济建设，宣传社会主义法制，普及法律知识为办刊宗旨。辟有“检察学探索”、“法律政策研究”、“司法实践”、“案例分析”、“肃贪倡廉”、“自侦指导”、“起诉天地”、“队伍建设”、“企业与检察”、“热点与争鸣”、“大墙内外”、“控告与申诉”、“警世与醒世”、“检察文艺”等栏目。刊物以纵与横的风格特点，在理论研讨方面，倡导争鸣，诸家并存；在检察工作方面，着眼于解答问题，指导检察工作实践，提高干警的执法水平；在法制教育方面，以检察题材为主要内容，着力于思想性与通俗性的统一，并以其较强的可读性和文图并茂的表现形式面向社会普及法律常识。

《检察纵横》除在检察系统内部发行外，也受到一些政法机关、行政执法部门、大专院校以及部分企业、街道、农村乡镇的欢迎，发行量不断扩大，目前每期发行7000份。

（《检察纵横》编辑部）

《检察研究》 吉林省人民检察院、吉林省检察学会主办，《检察研究》编辑部编辑发行。1987年6月创刊，内部发行，为双月刊。

《检察研究》的办刊宗旨是：以马克思列宁主义、毛泽东思想为指针，坚持四项基本原则，为检察工作服务。研究和探讨实际工作中遇到的问题，繁荣检察理论研究，促进检察工作的开展。主要栏目有：“专论”、“工作研究”、“法律政策研究”、“检察学研究”、“改革之窗”、“税务检查”、“调查报告”、“案例分析”、“大家谈”、“争鸣园地”、“来稿摘登”、“检察官信箱”、“检察员随笔”、“外国检察”等。

《检察研究》主要面向全省检察机关，并与各省、自治区、直辖市检察机关和部分大专院校、图书馆建立了交换关系，每期发行700份。

（吉林省人民检察院研究室　马晓梅）

《检察探索》 黑龙江省人民检察院主办，1991年1月创刊，双月刊，内部发行。

《检察探索》的办刊宗旨是：以党的社会主义初级阶段的基本路线、党在各个时期的方针、政策和马克思主义国家与法的理论为指针，以国家宪法、法律为依据，为党的中心任务和检察工作服务，为提高检察干警的政治、理论和业务素质服务，为建设有中国特色的检察制度和推进社会主义法制与民主建设服务。主要栏目有：“卷首寄语”、“本刊评论”、“特稿”、“专稿”、“检察实践”、“检察通讯”、“经验交流”、“调查报告”、“理论研讨”、“探索园地”、“工作研究”、“侦查之页”、“政治工作”、“检察技术”、“法学文摘”、“讨论与争鸣”、“风采录”、“简讯”、“来稿摘登”、“读者来信”、“资料荟萃”。

《检察探索》是业务指导性的内部刊物，注重研究检察工作的理论与实践问题，注重政治性、思想性、准确性、生动性的统一，指导性、应用性、可读性、趣味性的统一，内容丰富，形式新颖，探索性强。

《检察探索》主要在全省检察系统发行，并与各省、自治区、直辖市检察院及部分大专院校进行交换。1991年每期发行3000份。

（黑龙江省人民检察院研究室）

《上海检察》 该刊是上海市人民检察院主办的综合性检察刊物，1991年8月试刊，1992年正式创刊，为双月刊，内部发行。

《上海检察》的办刊宗旨是：坚持党的四项基本原则，宣传党和国家关于社会主义民主和法制建设的方针、政策，贯彻最高人民检察院和中共上海市委的各项指示和工作部署，反映、交流上海检察工作的经验，开展理论研讨，讴歌当代检察官的风采，为党的中心任务和检察工作服务，为促进廉政建设和经济发展服务，为建设有中国特色的检察制度和推进社会主义民主和法制建设服务。

《上海检察》的主要栏目有："专稿"、"特稿"、"理论探索"、"检察实践"、"企业与法"、"检察助理员之窗"、"综合治理"、"大要案曝光"、"疑案争鸣"、"业务讲座"、"检察官风采"、"办案札记"等。

《上海检察》在检察系统发行，党政机关、企事业单位及个人亦可订阅，每期发行12000份。

（上海市人民检察院研究室）

《江苏检察》 江苏省人民检察院主办，《江苏检察》编辑部编辑、发行。1988年创刊时刊名为《江苏检察通讯》，1991年改为《江苏检察》，现为双月刊，内部发行。

《江苏检察》的办刊宗旨是：以马列主义、毛泽东思想为指导，坚持四项基本原则，贯彻"百花齐放，百家争鸣"的方针，倡导对法学、检察学和司法实践中的新问题、新情况进行探讨、争鸣。立足各项检察业务工作，具有应用性、指导性，同时反映检察战线的先进人物与战斗风貌。

《江苏检察》的主要栏目有："专稿"、"检察制度"、"工作研究"、"理论探讨"、"调研报告"、"队伍建设"、"检察实务"、"案例分析"、"综合治理"、"检察室"、"检察助理员之窗"、"检察信箱"、"争鸣园地"、"检察官的风彩"、"检察经纬"、"七彩的风"、"曝光台"、"侦查通讯"、"警世钟"、"检察文苑"、"简讯"、"来稿摘登"、"海外检察"等。

《江苏检察》的发行范围是：全省检察系统、政法机关及全国部分检察机关，政法院校（系）等。每期发行5000份。

（《江苏检察》编辑部）

《浙江检察》 浙江省人民检察院主办的综合性业务指导刊物，创刊于1988年8月，双月刊，内部发行。

《浙江检察》以马克思列宁主义、毛泽东思想关于法的理论为指导，研讨法学、检察学和检察机关的改革、建设等问题，交流检察工作经验，宣传检察战线的先进人物和先进集体事迹。主要栏目有："法学论坛"、"工作研究"、"业务实践"、"调查报告"、"改革与检察"、"案例分析"、"办案札记"、"文艺园地"、"法规·政策·司法解释"等。

《浙江检察》主要在全省检察机关发行，每期发行2000份。

（浙江省人民检察院研究室）

《安徽检察》 安徽省人民检察院主办。1987年8月创刊时为季刊，1989年改为双月刊，内部发行。

《安徽检察》的办刊宗旨是：认真贯彻党的路线、方针、政策，宣传国家的宪法和法律，总结和交流本省检察机关开展各项检察业务的情况和经验，宣传检察战线先进人物的先进事迹，深入开展法学理论和检察学理论的研究和探讨，促进检察工作的改革和建设。主要栏目有："评论"、"专评"、"检察业务"、"工作经验"、"法学和检察学理论探讨"、"案例讨论"、"法学文摘"、"检察文苑"和"队伍建设"等。

《安徽检察》发至全省各级人民检察院，与各省、自治区、直辖市人民检察院建立了交换关系。1991年每期发行4000份。

（安徽省人民检察院研究室）

《福建检察》 福建省人民检察院主办，1988年3月创刊，是内部综合性法制宣传刊物，为双月刊。

《福建检察》以马列主义关于国家与法的理论和党的十三大制定的基本路线为指针，注重理论与实践相结合，紧紧围绕党的中心工作和检察工作的主要任务，交流检察工作经验，讨论检察制度改革与建设，探讨检察学理论，研究检察工作和司法实践中出现的新情况新问题。主要栏目有："卷首"、"专稿"、"改革与建设"、"工作研究"、"业务实践"、"八闽检察官"、"检察长之页"、"探索与争鸣"、"案例分析"、"文艺园地"、"读者论坛"、"古为今用"、"四海见闻"、"检察技术"等。

《福建检察》发行全省各级人民检察院，各省、自治区、直辖市人民检察院，计划单列市人民检察院及高等院校法律系。每期发行3000份。

（福建省人民检察院研究室）

《江西检察》 江西省人民检察院主办的综合性刊物。1990年7月创刊，双月刊，内部发行。

《江西检察》旨在坚持四项基本原则，注重研究检察理论，宣传党在检察工作方面的方针政策，交流检察工作经验，成为全省检察干警提高政治业务素质，丰富知识的挚友。在发展检察事业、促进深化改革、稳定社会和发展经济中发挥积极的作用。主要栏目有："刊首"、"重要文件"、"检察论坛"、"调查报告"、"经验交流"、"检察与社会"、"案例辨析"、"自侦之页"、"检察官风貌"、"检察长园地"、"检察窗口"、"检察室活动"等。

《江西检察》在全省检察机关发行，并与各省、自治区、直辖市检察机关建立了交换关系，每期发行2500份。

《山东检察》 山东省人民检察院主办，1988年10月创刊，是内部发行的综合性刊物，现为双月刊。

《山东检察》以马列主义、毛泽东思想为指针，坚持四项基本原则，联系检察工作实际，宣传党和国家的政策、法律，总结交流检察工作中信息和经验，探讨研究如何适用法律问题，宣传检察干警的模范事迹，扩大检察机关的影响，推动检察工作的开展。主要辟有："专题报道"、"理论探讨"、"当代检察官"、"工作研究"、"检察实践一得"、"经验交流"、"检察通讯"、"案例分析与讨论"、"政治工作漫谈"、"检察长之页"、"综合治理"、"企业与检察"、"检察文艺"、"检察纵横"等栏目。

《山东检察》作为综合性刊物，文章体裁多样，既有新闻、通讯、小故事，又有经验介绍、理论文章；既有案例分析讨论，又有学法用法的体会；既有诗歌、小说，又有新闻照片、插图，文图并茂。

《山东检察》发至全省各级人民检察院，各省、自治区、直辖市人民检察院及有关的党政机关、政法机关。每期发行7000多份。

（山东省人民检察院　杜宗臣）

《中州检察》 河南省人民检察院主办，是河南省人民检察院的机关刊物，1990年8月创刊，为双月刊，内部发行。

《中州检察》的办刊宗旨是：在马克思列宁主义、毛泽东思想的指引下，坚持党在社会主义初级阶段的基本路线，坚持四项基本原则，反对资产阶级自由化。围绕维护国家稳定、经济稳定、社会稳定，促进廉政建设，保卫改革、开放，保障国民经济健康发展的中心任务，结合检察业务实践，积极宣传党的路线、方针、政策和国家法律法规，反映全省检察工作的成就和理论研究成果，探索在新形势下检察工作的新情况、新特点，总结检察工作的新经验、新对策，指导检察业务实践，讴歌当代检察官的风采，弘扬社会主义民主与法制，增强检察工作的透明度，在广大人民群众中树立检察机关积极开展法律监督，捍卫法律尊严的形象。《中州检察》的主要栏目有："检察论坛"、"检察通讯"、"检察实践"、"检察学研究"、"理论探讨"、"调查报告"、"检察室园地"、"办案札记"、"社会之窗"、"大要案曝光"、"疑案探究"、"简讯"、"检察文艺"等。

《中州检察》发至全省各级检察机关，并与各省、自治区、直辖市人民检察院，部分法学刊物，政法院校等进行交流，每期发行5000份。

（河南省人民检察院　赵钟麟）

《楚天检察》 是湖北省人民检察院与湖北省检察学会主办的综合性内部刊物，创刊于1991年3月，为双月刊。

《楚天检察》的办刊宗旨是，坚持四项基本原则，宣传国家法律和党的政策，贯彻上级检察机关和省检察院的领导意图和工作部署，提高检察干警的素质及检察机关的执法水平，为检察事业服务，推进社会主义民主和法制建设。该刊以步随时代，植根楚鄂；立足检察，研究工作；面向社会，贴近生活；探索创新，博采众说为其主要特点。

《楚天检察》设置的主要栏目有："检察论坛"、"检察长之页"、"理论园地"、"犯罪与对策"、"机关建设"、"工作研究"、"疑案共析"、"检察官风采"、"文苑"、"资料库"等。

《楚天检察》发行范围是全省各政法机关及企事业单位的纪检、监察等部门，1991年每期发行7000册。

（湖北省人民检察院研究室）

《武汉检察》 武汉市人民检察院主办，1990年8月创刊，为季刊，内部发行。

《武汉检察》的办刊宗旨是：坚持四项基本原则，坚持改革开放，立足于检察机关改革和建设的实际，研究检察机关在新形势下的职能和任务，提高检察干警的素质，研讨检察学的基本理论问题，交流检察工作中的新经验，宣传社会主义法制和检察机关、检察干警的高大形象。

《武汉检察》辟有"检察论坛"、"工作研究"、"侦查经验"、"通讯"、"政工园地"、"疑难探究"、"法学园地"、"瞭望窗"、"检察史话"、"执法纵横"等栏目。其主要特点是，注重理论联系实际，内容丰富、形式活泼新颖，具有思想性、业务性、指导性和可读性。

《武汉检察》采取赠阅方式，发全市检察干警，赠送上级政法领导机关、全国各省、自治区、直辖市人民检察院、计划单列市人民检察院及湖北省各分、州、市检察院。每期发行1000份。

（湖北省人民检察院研究室）

《沙市检察报》 湖北省沙市市人民检察院主办的专业报。1991年2月8日创办。每月出一期，内部发行。

该报的办报宗旨是：坚持为社会主义服务，为读者服务，为经济建设服务的方针；坚持社会效益第一的指导思想，通过典型案例，普及法律知识；宣传该市政法机关尤其是检察机关的重大活动信息，推进社会治安综合治理，为大中型企业提供法律服务。

该报第一版是新闻时事版，辟有“一月要闻”、“政法动态”、“杂谈”等栏目；第二版是综合新闻版，辟有“荆楚短波”、“社会瞭望”、“公诉席”等栏目；第三版为法制理论版，设有“理论与实践”等栏目；第四版是检察文艺版，主要栏目有“剑鸣”、“艺苑”等。

该报实行赠阅，范围是全省各级人民检察院，沙市市党政机关和部分厂矿企业，每期发行2000份。

（湖北省人民检察院研究室）

《湖南检察》 湖南省人民检察院主办。1988年5月创刊，现为双月刊，内部发行。

《湖南检察》的办刊宗旨是：坚持四项基本原则，反对资产阶级自由化，宣传社会主义法制，交流检察工作经验，开展检察理论研究，指导检察工作，推进法律监督工作的全面开展，讴歌检察战线上的先进人物，繁荣检察文艺。

《湖南检察》是综合性法制宣传刊物。内容丰富，形式活泼。以追求社会价值与美学价值完美统一，集指导性、可读性、知识性于一体为基本特点，以紧贴检察实践，及时而科学地指导业务工作，多元而艺术地反映检察干警形象为鲜明风格。主要栏目有：“理论探讨”、“工作研究”、“检察长札记”、“检察室园地”、“检坛风云”、“肃贪前哨”、“监督纪实”、“法苑风流”、“社会视角”、“案海拾贝”、“艺苑短笛”、“新视野”、“知识窗”等。每期约7万字，16开本，彩印封面。

《湖南检察》立足全省，面向全国。主要在全省检察系统内部发行，同时发全国部分检察机关。1991年每期发行10000份。

（湖南省人民检察院研究室）

《当代检察官》 广东省人民检察院主办，1982年创刊，原名《广东检察通讯》，后改为《广东检察》，1988年改为现名，为双月刊，内部发行。

《当代检察官》坚持“变革观念，大胆探索，面向实际，努力开拓”的办刊思想和“胸怀全局，面向社会，立足检察，服务检察”的办刊宗旨，结合检察工作的实际，多层次、多侧面、多角度地宣传各项检察活动，反映广东检察工作的新情况。

《当代检察官》是综合性检察刊物。该刊融思想性、知识性、趣味性于一体，文章体裁形式多种多样，版面设计编排生动活泼，文图并茂，具有较强的可读性。主要栏目有：“卷首”、“专稿”、“专访”、“检察业务”、“争鸣”、“长焦与广角”、“旋转人生”、“热血春秋”、“粤海潮声”、“文苑”、“史林遨游”、“窗外一瞥”、“释辩”等。

《当代检察官》在政法党政机关内部发行，以检察系统为主，每期发行8000份。

（广东省人民检察院办公室）

《广西检察》 广西壮族自治区人民检察院主办，1987年9月创刊时为季刊，1989年改为双月刊，内部发行。

《广西检察》的办刊宗旨是：宣传党在新时期的方针政策，为广大检察干警提供一个从理论上、实践上研讨如何加强社会主义法制建设，使检察工作更好地为改革开放，为经济建设服务的献策、争鸣园地。《广西检察》积极宣传检察机关的性质任务，职能作用，反映检察干警精神风貌，内容丰富，图文并茂。主要栏目有：“工作研究”、“检察业务与实践”、“检察通讯”、“风采篇”、“大家谈”、“一案一议”、“论点编摘”、“检察纵横”、“简讯”等。

《广西检察》在全区检察机关发行，并与区外80多个检察、司法机关以及大专院校建立了交换、订阅关系。1991年每期发行3400份。

（广西壮族自治区人民检察院研究室）

《四川检察》 四川省人民检察院、四川省检察学会主办，1980年4月创刊，原名为《四川检察通讯》，1989年1月改为《四川检察》，并由季刊改为双月刊。

《四川检察》的办刊宗旨是，认真贯彻党的路线、方针、政策，坚持“一个中心，两个基本点”，积极宣传党的政策和国家法律，宣传社会主义检察制度，交流检察工作经验，探讨检察工作中的新问题，探索、研究法学理论和检察学理论，讴歌检察干警的风采和业绩。主要栏目有：“检察业务实践”、“检察论坛”、“工作探讨”、“调查研究”、“检察长之页”、“学法用法”、“检察通讯”、“司法文书写作”、“案例讨论”、“综合治理”、“政治思想工作”、“巴蜀检察官”、“外国检察制度介绍”、“检察艺苑”等。

《四川检察》为内部刊物，发行范围是：四川省检察系统、公安政法部门及省内外部分大专院校法律系、政法工作者、法律研究人员和图书、资料部门。每期发行7000份。

（《四川检察》编辑部）

《云南检察》 云南省人民检察院法律政策研究室主办。1989年1月创刊，原名为《实践与研究》，1990年6月改为《云南检察》，现为双月刊，内部发行。

《云南检察》旨在坚持四项基本原则，宣传党的方针、政策和国家法律，进行实践与理论探讨，交流经验，指导工作。加强检察机关内部与社会上的横向联系，提高检察干警的政治、业务素质，充分发挥检察机关的职能作用，为检察工作服务，为改革开放和社会主义建设服务。

《云南检察》的主要栏目有：“工作研究”、“案例讨论”、“侦查实录”、“业务实践”、“综合治理”、“思想政治工作”、“大家谈”等。

《云南检察》发至全省各级人民检察院，并与本省有关单位，各省、自治区、直辖市人民检察院，全国各政法院校以及法学研究部门建立了交换关系。每期发行2500份。

（云南省人民检察院法律政策研究室）

《陕西检察通讯》 陕西省人民检察院主办，1989年7月创刊，为双月刊，内部发行。

《陕西检察通讯》的办刊宗旨是，坚持为检察机关领导决策服务，为各项检察业务工作服务。通过本刊，指导工作，交流经验，研讨检察工作中出现的新情况、新问题，宣传检察干警的精神风貌。主要栏目有：“专稿”、“工作研究”、“专题调查”、“经验交流”、“思考与建议”、“工作动态”、“法学动态”、“学海泛舟”、“案例通讯”、“当代检察官”、“快讯”、“文苑”等。

《陕西检察通讯》在全省检察机关发行，并发各省、自治区、直辖市检察院及有关部门。每期发行1300份。

（陕西省人民检察院研究室）

《青海检察》 青海省人民检察院、青海省检察学会主办，为内部专业性刊物，其前身是1986年试刊的《青海检察通讯》。1987年正式创刊。现为季刊，内部发行，每期发行1300份。

《青海检察》的办刊宗旨是：以党的基本路线为指针，坚持“一手抓建设和改革，一手抓法制”和“百花齐放，百家争鸣”的方针，立足于检察工作，积极推动检察实践与检察理论的研究和检察工作经验的交流，为提高检察干警的政治、业务素质，促进检察业务的开展，做好多民族地区的检察工作服务，为改革、开放和巩固人民民主专政服务。

《青海检察》辟有“文件选登”、“学法执法”、“工作研究”、“法学论文”、“专题调查”、“检察业务实践”、“案例讨论”、“争鸣园地”、“侦查通讯”、“改革之声”、“队伍建设”、“检察文艺”、“各地检察动态”等栏目。

《青海检察》在全省检察系统发行，并与全国各省、自治区、直辖市人民检察院，省内外各政法院、校、系，新闻及社会科学研究单位、本省各行政执法机关建立了刊物、资料交换关系。

（《青海检察》编辑部　刘云笙）

《宁夏检察》　宁夏回族自治区人民检察院、宁夏检察学会主办。1989 年 1 月创刊时刊名为《宁夏检察通讯》，1991 年改为《宁夏检察》，为季刊，内部发行。

《宁夏检察》以繁荣检察理论研究，推进检察工作建设为宗旨。主要栏目有：“工作指导”、“检察专论”、“理论探讨”、“工作研究”、“检察实践”、“调查研究”、“改革之窗”、“案例分析”、“经验交流”、“新风篇”、“学术动态”、“税务检察”、“检察史话”等。

《宁夏检察》发本区各级检察院及省、自治区、直辖市人民检察院，政法院校等。每期发行 800 份。

（宁夏回族自治区人民检察院研究室）

《新疆检察》　新疆维吾尔自治区人民检察院和自治区检察学会主办。1990 年 1 月创刊，为季刊，内部发行。

《新疆检察》的办刊宗旨是：坚持四项基本原则，围绕进一步治理整顿和深化改革，保障国民经济持续、稳定、协调发展的中心任务，理论联系实际，突出检察工作重点，提供信息，交流情况，推广经验，指导业务。《新疆检察》以选登检察研究成果为基本内容，突出民族地区检察工作的特点，讴歌各族检察干警的先进事迹。主要栏目有：“业务研究”、“制度研究”、“理论研究”、“心理研究”、“民族地区检察工作”、“调查报告”、“检察史话”、“难案释疑”、“改革之声”、“检察实录”、“检察官”、“检察长园地”、“探讨与争鸣”、“读者谈”、“法制文艺”等。

《新疆检察》发自治区各级检察机关，并与各省、自治区、直辖市检察机关和检察学会进行交流。同时，赠送自治区人大常委会、自治区政府及有关部门，每期发行 1800 份。

（新疆维吾尔自治区人民检察院研究室）

（本部分未署名的稿件均为本刊编辑部根据有关资料整理）

第十四部分　大 事 记

1991 年检察机关大事记

一月

9 日　最高人民检察院举行新闻发布会，肖扬副检察长通报最高人民检察院对严格执行《全国人民代表大会常务委员会关于禁毒的决定》和《全国人民代表大会常务委员会关于惩治走私、制作、贩卖、传播淫秽物品的犯罪分子的决定》的部署和安排，通报 1990 年全国检察机关立案查处贪污、受贿百万元以上、玩忽职守造成损失百万元以上犯罪案件的情况。

18 日　最高人民检察院向各省、自治区、直辖市检察院和军事检察院下发《关于必须严肃查处暴力抗税案件的通知》。

二月

21 日　最高人民检察院检察委员会审议通过《关于贪污受贿案件免予起诉工作的规定》，并于 2 月 28 日印发试行。

三月

6 日　最高人民检察院举行新闻发布会，通报原青海省人大常委会副主任韩福才受贿案。

6 日至 12 日　全国检察技术工作会议在北京召开。最高人民检察院检察长刘复之，副检察长王晓光、冯锦汶、梁国庆、肖扬出席闭幕会，肖扬副检察长作总结讲话。

15 日至 21 日　最高人民检察院在北京召开全国检察机关第四次控告申诉检察工作会议。刘复之检察长，王晓光、冯锦汶、梁国庆、肖扬副检察长参加闭幕会。刘复之检察长在会上讲了话。

四月

3 日　刘复之检察长在第七届全国人民代表大会第四次会议上作《最高人民检察院工作报告》。4 月 9 日，大会通过了这个报告。

9 日至 13 日　最高人民检察院贪污贿赂检察厅在北京召开十五省市检察院侦查贪污、贿赂大要案工作座谈会。刘复之检察长，张思卿、王晓光、冯锦汶、梁国庆、肖扬副检察长出席座谈会。刘复之检察长，张思卿、肖扬副检察长讲了话。

12 日　最高人民检察院副检察长肖扬主持召开各省、自治区、直辖市检察院电话会议，部署创办《中国检察报》的几项工作。

25 日　最高人民检察院收到中央办公厅秘书局转来的邓小平同志为《中国检察报》题写的报名和为“中央检察官管理学院”题写的校名。

五月

3 日至 11 日　应最高人民检察院检

察长刘复之的邀请，以韩相奎所长为团长的朝鲜中央检察所代表团对我国进行友好访问。5月10日，国家主席杨尚昆会见朝鲜中央检察所代表团。

5日至9日　最高人民检察院在北京召开《中国检察报》创刊暨办公室工作会议。最高人民检察院办公厅主任张穹作工作报告。刘复之检察长、肖扬副检察长讲了话。

6日　最高人民检察院检察委员会第六十五次会议审议通过《最高人民检察院关于保护公民举报权利的规定》。

8日　最高人民检察院举行新闻发布会，通报全国检察机关开展举报工作情况，公布《最高人民检察院关于保护公民举报权利的规定》。

13日至20日　应最高人民检察院检察长刘复之的邀请，以总检察长拉蒙·德拉克鲁斯·奥乔亚为团长的古巴总检察院代表团对我国进行友好访问。5月18日，乔石同志会见古巴客人。

18日至23日　最高人民检察院在北京通县召开全国检察机关第二次侵权、渎职案件侦查工作会议。肖扬副检察长讲了话。张思卿副检察长与会议代表进行了座谈。

21日至25日　最高人民检察院在北京召开全国检察机关纪检、监察工作会议和政治工作座谈会。5月24日，刘复之检察长，中纪委常务副书记陈作霖，张思卿、王晓光、梁国庆、肖扬副检察长出席会议。刘复之检察长、陈作霖同志讲了话。

六月

3日　最高人民检察院下发《关于检察机关结合办案发动“小高潮”，推动反贪污贿赂斗争深入发展的通报》。

6日至10日　最高人民检察院在北京召开全国检察机关第二次刑事检察工作会议。6月7日，张思卿、冯锦汶、肖扬副检察长与会议代表进行座谈。6月10日，刘复之检察长到会讲了话。

11日至18日　应最高人民检察院检察长刘复之的邀请，以总检察长穆罕默德·巴德尔·尤素夫·米尼亚维为团长的埃及最高检察院代表团对我国进行友好访问。6月17日，乔石同志接见埃及客人。

22日至26日　最高人民检察院在北京召开各省、自治区、直辖市检察长座谈会，总结上半年工作，分析反贪污贿赂斗争形势，研究布署下半年的工作。

27日　最高人民检察院在北京隆重举行中央检察官管理学院建院庆典。乔石、李铁映同志出席庆典并为学院院牌揭幕。陈丕显、彭冲、杨易辰同志出席庆典大会。张思卿副检察长主持大会，学院名誉院长刘复之讲话。出席庆典的还有有关部委的负责人陶驷驹、贾春旺、蔡诚、祝铭山、束怀德、孙琬钟等。最高人民检察院副检察长王晓光、梁国庆、肖扬，原副检察长李士英、王甫、关山复、张灿明和正在北京参加全国检察长座谈会的各省、自治区、直辖市检察院检察长以及在京部分大专院校、北京市有关方面的负责人也出席了建院庆典。

七月

2日至9日　应最高人民检察院检察长刘复之的邀请，以苏联总检察长尼·谢·特鲁宾为团长的苏联检察代表团对我国进行了友好访问。7月8日，乔石同志会见苏联客人。

4日　最高人民检察院在北京人民大会堂举行新闻发布会，宣布《中国检察报》正式创刊。陈丕显、彭冲同志出席新闻发布会并讲话。肖扬副检察长主持新闻发布会，王晓光副检察长宣读李鹏、万里、王震、薄一波、宋任穷等中央领导同志的题词，刘复之检察长讲了话。

4日　最高人民检察院向各省、自治区、直辖市检察院和军事检察院发出《关于认真学习江泽民同志在庆祝中国共产党成立七十周年大会上的讲话的通知》。

8日　最高人民检察院政治部向各省、自治区、直辖市检察院政治部发出《关于认真抓好当前学习的通知》，要求检察系统的各级政工部门按照党中央的部署，把组织检察干部学习政治理论作为当前的一件大事抓紧抓好。

12日至21日　应澳大利亚联邦总检察院的邀请，最高人民检察院副检察长张思卿率领中国检察代表团对澳大利亚进行访问。

16日　最高人民检察院向各省、自治区、直辖市检察院和军事检察院发出《关于检察机关积极投入抗灾抢险维护社会秩序的紧急通知》。

29日　最高人民检察院政治部向各省、自治区、直辖市检察院和军事检察院发出《关于及时表彰检察机关抗灾救灾先进人物和先进集体的通知》。

九月

5日至10日　最高人民检察院在上海召开反贪污贿赂法研讨会。张思卿、肖扬副检察长和陈明枢同志出席开幕式，肖扬副检察长作关于研究起草反贪污贿赂法的情况说明。会议结束时，张思卿副检察长讲了话。

12日至14日　最高人民检察院在上海召开全国检察机关调研工作会议，肖扬副检察长主持会议并作总结讲话，张思卿副检察长讲了话。

17日　最高人民检察院下发《关于严格执行全国人大常委会〈关于严禁卖淫嫖娼的决定〉和〈关于严惩拐卖、绑架妇女、儿童的犯罪分子的决定〉的通知》。

23日至27日　刘复之检察长出席中央工作会议。会上，刘复之检察长介绍了检察机关在全民所有制企事业单位中惩治贪污贿赂犯罪的情况，提出了检察机关为保护和促进国营大中型企业健康发展的六条经验和措施。

25日　最高人民检察院举行新闻发布会。肖扬副检察长主持会议，张思卿副检察长通报1991年以来检察机关惩治贪污、贿赂犯罪斗争的进展情况和开展民事、行政检察工作的情况，公布了《最高人民检察院关于贪污受贿案件免予起诉工作的暂行规定》。

28日　最高人民检察院向各省、自治区、直辖市检察院和军事检察院发出《关于开展1991年度执法执纪大检查工作的通知》。

十月

4日　最高人民检察院作出关于授予江苏省建湖县检察院等14个单位和张民权等19名同志为“抗洪救灾抢险”先进集体和先进个人的决定。

15日　最高人民检察院下发《关于贯彻“反盗窃斗争电话会议”精神，严厉打击严重盗窃犯罪活动的通知》和《关于认真学习贯彻中央工作会议精神，继续深入开展反贪污贿赂斗争的通知》。

16日至20日　最高人民检察院在四川省成都市召开全国民事行政检察工作座谈会。

21日　最高人民检察院在北京召开全国检察系统刑检工作先进集体和优秀刑检干部电话表彰大会。张思卿、王晓光、冯锦汶、肖扬副检察长和陈明枢、王克同志出席会议，并为获奖代表发奖，张思卿副检察长讲了话。

22日至30日　应阿拉伯埃及共和国总检察院的邀请，最高人民检察院检察长刘复之率中国检察代表团对埃及进行友好访问。访问期间，埃及总统穆巴拉克、总理西德基分别接见刘复之检察长。

22日至30日　应印度尼西亚共和国最高检察院的邀请，最高人民检察院副检察长冯锦汶率中国检察代表团对印度尼西亚进行友好访问。

24日至11月1日　应巴基斯坦伊斯兰共和国总检察长阿齐兹·A·孟希的邀请，最高人民检察院副检察长王晓光率中国检察代表团对巴基斯坦进行友好访问。

30日　陈明枢在第七届全国人民代表大会常务委员会第二十二次会议上被任命为最高人民检察院副检察长、检察委员会委员。

十一月

4日　台湾“财团法人海峡交流基金会”（简称“海基会”）秘书长陈长文一行拜会最高人民检察院副检察长梁国庆，对海峡两岸检察机关进行直接联系与合作处理两岸交往中一些具体事务性问题进行商谈。

11日至19日　应最高人民检察院检察长刘复之的邀请，以总检察长米哈伊·乌尔皮多·波帕·凯勒凯亚努为团长的罗马尼亚总检察院代表团对我国进行了友好访问。11月18日，全国人大常委会副委员长廖汉生会见罗马尼亚客人。

21日至24日　最高人民检察院在北京召开专家论证会，讨论修改《反贪污贿赂法》第七稿。张思卿、肖扬、陈明枢副检察长出席了会议。

30日　中央检察官管理学院举行首届省、地级检察长研讨班结业典礼。最高人民检察院检察长刘复之、副检察长张思卿、梁国庆、肖扬、陈明枢出席了典礼。

十二月

1日　江泽民总书记在最高人民检察院党组《关于召开全国检察长会议的报告》上批示：“复之同志：一年来，尽管国际风云变幻，国内部分地区又遭受严重的洪涝灾害，但目前我国政治稳定，经济繁荣，社会安定。这些成绩的取得，也有检察战线同志们的一份功劳。希望牢固树立检察工作为社会主义建设服务的思想，再接再厉，把检察部门的各项工作做好。”

3日至8日　最高人民检察院在北京召开全国检察长会议。会议检查总结了1990年11月全国检察长会议的执行情况，传达贯彻了9月中央工作会议和党的十三届八中全会精神，研究确定了1992年的主要任务，讨论修改了《检察官条例》（第十六稿）和《反贪污贿赂法》（第八稿）。

4日至7日　最高人民检察院咨询委员会在北京召开第四次会议，李士英主任作工作报告，咨询委员们就检察机关的建设和发展问题作了专题发言。

6日至14日　应马来西亚总检察署的邀请，最高人民检察院副检察长肖扬率中国检察代表团对马来西亚进行友好访问。

8日　《检察官条例》起草领导小组在北京召开第五次会议，总结前一阶段的起草工作，研究1992年上半年的工作安排，讨论修改《检察官条例》（第十六稿）。

8日　最高人民检察院机构编制改革领导小组在北京召开第一次会议，领导小组组长王晓光主持了会议。

10日至19日　应菲律宾总检察长的

邀请，最高人民检察院副检察长陈明枢率中国检察代表团对菲律宾进行友好访问。

12 日至 16 日　最高人民检察院检察技术研究所在山西太原召开全国检察系统现场勘验学术交流会。

18 日至 24 日　最高人民检察院在桂林召开全国铁路检察工作会议。最高人民检察院副检察长冯锦汶出席会议并讲话。

29 日　王晓光、冯锦汶在第七届全国人民代表大会常务委员会第二十三次会议上被免去最高人民检察院副检察长、检察委员会委员职务。

（最高人民检察院办公厅提供）

第十五部分　检察机关负责人名单

最高人民检察院
检察长、副检察长名单*

检 察 长	刘复之		
副检察长	张思卿	王晓光	冯锦汶
	梁国庆	肖　扬	陈明枢

最高人民检察院
检察委员会委员名单*

刘复之　张思卿　王晓光　冯锦汶　梁国庆
肖　扬　陈明枢　熊传震　张　穹　王　克
张凤阁　赵登举　陈振东　毛健华　罗　辑
雷　铣

* 1991年12月29日第七届全国人民代表大会常务委员会第二十三次会议免去王晓光、冯锦汶的最高人民检察院副检察长、检察委员会委员职务。

最高人民检察院
咨询委员会主任、副主任、委员名单

主　任　李士英

副主任　王晓光　冯锦汶

委　员　王　甫　郗占元　关山复　张灿明　江　文

侯　政　蔺子安　袁恭稳　王振中　刘志启

刘砚青　蔡恩光　王　兴　秦　杰　张世祥

陈克光　赵文隆　房昭义　马纯一　赵　练

张复海　高振中　盛北光　何　侠　洛　林

吴　濂

省、自治区、直辖市人民检察院、
军事检察院检察长名单

北京市人民检察院检察长　何访拔

天津市人民检察院检察长　陶毅民

河北省人民检察院检察长　刘宗欣

山西省人民检察院检察长　扆耀光

内蒙古自治区人民检察院检察长　张鹤松

辽宁省人民检察院检察长　徐　生

吉林省人民检察院检察长　李向武

黑龙江省人民检察院检察长　贾成文

上海市人民检察院检察长　石祝三

江苏省人民检察院代理检察长　赵　虹

浙江省人民检察院检察长　胡灿时

安徽省人民检察院检察长　冯建华

福建省人民检察院检察长　陈明枢
（1991年10月30日调任最高人民检察院副检察长）

江西省人民检察院检察长　王树衡

山东省人民检察院检察长　臧　坤

河南省人民检察院检察长　席宝山

湖北省人民检察院检察长　钟澍钦

湖南省人民检察院检察长　齐振瑛

广东省人民检察院检察长　王　骏

广西壮族自治区人民检察院检察长　丘栋霖

海南省人民检察院检察长　李天相

四川省人民检察院检察长　龚读纶

贵州省人民检察院检察长　李　玲（女）

云南省人民检察院检察长　李林阁

西藏自治区人民检察院检察长　杨有才

陕西省人民检察院检察长　杨　烈

甘肃省人民检察院检察长　王　平

青海省人民检察院检察长　张济民

宁夏回族自治区人民检察院检察长

马　钊（女）

新疆维吾尔自治区人民检察院检察长

米吉提·库尔班

中国人民解放军军事检察院检察长

李宜俊

（最高人民检察院政治部提供）

第十六部分　最高人民检察院表彰的先进集体和先进个人

授予英模称号的先进个人名单及事迹简介

模范检察干部　沈纯明

沈纯明同志，1938年2月生，1955年3月参加中国人民解放军，1956年4月加入中国共产党，1982年转业到峨眉山市人民检察院。生前任峨眉山市人民检察院刑检二科科长、检察委员会委员。曾在部队受各种嘉奖六次，评为航校五好学员一次；到市检察院后被评为先进工作者三次。

1982年3月，沈纯明同志转业到峨眉山市人民检察院做刑检起诉工作，任副科长。为了做一个合格的检察官，他克服年龄大，身体有病的困难，刻苦学习《刑法》、《刑事诉讼法》、《犯罪心理学》等法律专业知识，虚心向内行请教，在干中学，学中干，大胆实践，用较短时间就熟悉了业务。1983年“严打”斗争开始后，沈纯明同志带领全科同志不分昼夜，加班加点拼命干。1984年6月沈纯明同志被任命为刑检二科科长。他积极带领全科同志力争多办案、快办案、办好案。凡科内受理的大要案和疑难案件，他都要亲自过问，协助办理。1983年到1989年，全科共审结刑事起诉案件973件1566人次，办案的数量、质量和速度，在乐山市17个区、市、县检察院中一直位于前列。沈纯明同志亲自办理各种刑事起诉案件达80余件129人。并在实践中，认真总结刑事起诉工作的经验。沈纯明同志在努力提高自身业务能力的同时，还注意对科内年轻同志进行传、帮、带，培养他们早日成为“行家里手”。

1988年以来，沈纯明同志身患的门脉性肝硬化已向肝腹水转化，食道和胃底V曲张破裂出血已很严重。但他没有丝毫的悲观和绝望，面对死亡的威胁，决心只要生命不息，就要为党和人民的事业奋斗不止。1989年2月24日，在出庭支持公诉时，肝病急剧发作，脾胃出血，昏倒在法庭。于7月9日病逝。1991年6月10日，最高人民检察院追授沈纯明同志“模范检察干部”称号。

模范检察长钟镇添

钟镇添，男，1935年2月生，1955年3月参加革命工作，1956年6月入党。现任广东省清远市人民检察院检察长。清远市人民检察院是1988年建立清远市近一年后，于1989年1月8日正式成立的。二年多来，钟镇添同志紧紧抓住选调干部，抓好培训，解决办公用具和交通工具等主要矛盾，积极开展筹建工作，被评为“新市建设中的十名优秀共产党员”之一。

为了发挥检察机关在惩治腐败、打击贪污贿赂犯罪斗争中的重要作用，在1990年贯彻“两高”《通告》的8、9、10月三个月内，他没有休息过一天，夜以继日地战斗在自己的岗位上，并积极主动向市委请示、报告工作，得到了市党政领导的高度重视和大力支持。他还经常亲自深入到县（区）院检查督促，总结、推广好的做法和经验，掌握反贪污贿赂斗争的主动权。

钟镇添同志十分注意斗争策略，因势利导，适时地掀起反贪污贿赂斗争的高潮。他认真分析斗争形势，果断地把群众反映强烈、举报多的英德、阳山两县作为全市深入开展反贪污贿赂斗争的重点地区，把群众反映最强烈，影响最大的英德县公安局局长贪污受贿案件作为这场斗争的突破口。同时，在英德、阳山两县，有计划、有重点地查处了一大批大案要案，有力地推动了反贪污贿赂斗争的深入开展。他们通过狠抓大案要案掀起反贪污贿赂斗争高潮的做法，被最高人民检察院所肯定，并发出通报，向全国推广。

1991年6月10日，最高人民检察院授予钟镇添同志“模范检察长”称号。

模范检察员 范林悦

范林悦同志是山西省大同市城区人民检察院检察员，1968年参军，1970年加入中国共产党，1980年从事检察工作。1991年3月20日，范林悦同志在完成紧张的工作后，因心脏病突发，不幸以身殉职，年仅43岁。

范林悦同志在二十多年的工作中，时刻牢记党的全心全意为人民服务的宗旨，在平凡的工作岗位上做出了不平凡的业绩。在部队服役期间，他多次受到嘉奖，荣立三等功一次；转业到工厂后，他被评为先进工作者。在检察机关工作的十余年间，范林悦同志忠诚党的事业，热爱检察工作，廉洁奉公，无私奉献，先后九次被评为省、市、区检察系统先进个人，荣立三等功一次。他刻苦学习政治和业务理论，写了近10万字的读书笔记；他秉公执法，刚正不阿，办理了一批万元以上贪污贿赂犯罪大案，十年间为国家追回赃款赃物价值达上百万元；他严格执法，不徇私情，先后拒说情送礼30多次，价值1万余元；他对工作极端负责，任劳任怨，吃苦在前，享受在后，关心同志，助人为乐，直到生命的最后一息。

1991年11月25日，最高人民检察院追授范林悦同志“模范检察员”称号。

通令嘉奖的先进集体名单

新疆维吾尔自治区阿克陶县人民检察院

通令嘉奖的先进个人名单

张云起　安徽省怀远县人民检察院经济检察科副科长

阿尔曼·库尔班　新疆维吾尔自治区阿克陶县人民检察院检察长

库尔班·米曼　新疆维吾尔自治区阿克陶县人民检察院助理检察员

阿不力米提·巴拉提　新疆维吾尔自治区克孜勒苏柯尔克孜自治州人民检察院副检察长

授予抗洪救灾抢险先进集体称号的名单

江苏省建湖县人民检察院
江苏省无锡市崇安区人民检察院
江苏省盱眙县人民检察院
江苏省宝应县人民检察院
安徽省肥西县人民检察院
安徽省太湖县人民检察院
安徽省凤台县人民检察院
安徽省全椒县人民检察院
安徽省颍上县人民检察院
安徽省寿县人民检察院
浙江省长兴县人民检察院
湖北省罗田县人民检察院
湖北省新洲县人民检察院
湖南省澧县人民检察院

授予抗洪救灾抢险先进个人称号的名单

张民权　江苏省大丰县人民检察院检察长
严祥生　江苏省扬州市郊区人民检察院法警
周继明　江苏省泗洪县人民检察院检察长
张阶平　江苏省扬州市人民检察院检察长
左　瑚　江苏省高邮市人民检察院检察长
殷有珍　江苏省兴化市人民检察院检察长
郭晓海　江苏省金湖县人民检察院副检察长
任国栋　江苏省江浦县人民检察院检察长
臧继成　江苏省南京市雨花台区人民检察院副检察长
张维掌　安徽省肥西县人民检察院副检察长
徐士兴　安徽省颍上县人民检察院检察长
杨士义　安徽省金寨县人民检察院副科长
张正春　安徽省含山县人民检察院副检察长
袁立祥　安徽省嘉山县人民检察院检察长
邱传银　安徽省霍邱县人民检察院副科长
童士坤　湖北省罗田县人民检察院副科长
唐常安　湖南省津市市人民检察院检察长
王建国　湖南省安乡县人民检察院代检察长
吴绍衡　湖南省华容县人民检察院检察长

通报表扬的全国刑事检察工作先进集体名单

北京市丰台区人民检察院批捕科
北京市海淀区人民检察院起诉科
天津市和平区人民检察院起诉科
天津市北郊区人民检察院起诉科
河北省孟村回族自治县人民检察院刑检科
河北省平泉县人民检察院批捕科
河北省唐山市人民检察院起诉科
河北省人民检察院保定分院起诉处
河北省邯郸市峰峰矿区人民检察院起诉科
山西省人民检察院吕梁分院刑事审判检察处
山西省晋城市郊区人民检察院刑事侦查检察科
内蒙古自治区赤峰市人民检察院起诉科
内蒙古自治区包头市东河区人民检察院刑检一科
辽宁省抚顺市人民检察院刑检二处
辽宁省沈阳市人民检察院刑检一处
辽宁省锦西市人民检察院刑检二处
辽宁省海城市人民检察院刑检一科
辽宁省营口县人民检察院刑检二科
吉林省吉林市人民检察院刑事检察一处

吉林省人民检察院白城分院刑事检察二科
吉林省浑江市八道江区人民检察院起诉科
黑龙江省哈尔滨市人民检察院刑检二处
黑龙江省人民检察院松花江分院刑检二科
黑龙江省人民检察院哈尔滨铁路运输分院刑检二科
黑龙江省红兴隆农垦区人民检察院刑检二科
黑龙江省北安市人民检察院刑检一科
上海市黄浦区人民检察院起诉科
上海市上海县人民检察院批捕科
上海市杨浦区人民检察院批捕科
江苏省徐州市人民检察院刑检处
江苏省泰兴县人民检察院刑检二科
江苏省淮阴市人民检察院起诉科
江苏省昆山市人民检察院刑检一科
江苏省南京市白下区人民检察院起诉科
浙江省萧山市人民检察院刑检一科
浙江省绍兴市人民检察院刑检二处
浙江省余姚市人民检察院刑检二科
浙江省龙泉市人民检察院刑检二科
安徽省人民检察院刑检处
安徽省淮南市人民检察院刑检科
安徽省岳西县人民检察院刑检科
福建省漳州市人民检察院刑检科
福建省三明市人民检察院刑检科
福建省三明市人民检察院林检科
江西省人民检察院赣州分院刑检处
江西省南昌县人民检察院刑检二科
山东省人民检察院临沂分院刑检二处
山东省青岛市人民检察院刑检二处
山东省东营市人民检察院刑检一处
山东省滕州市人民检察院刑检一科
山东省济南市人民检察院刑检一处
河南省人民检察院周口分院刑检科
河南省开封市人民检察院刑检科
河南省人民检察院刑检处
河南省孟县人民检察院刑检科
河南省邓州市人民检察院起诉科
河南省郑州市中原区人民检察院起诉科
河南省新安县人民检察院刑检科
湖北省武汉市人民检察院起诉处
湖北省鄂州市人民检察院起诉处
湖北省十堰市人民检察院刑检科
湖北省大冶县人民检察院刑检二科
湖北省宜昌市伍家岗区人民检察院起诉科
湖南省邵阳市人民检察院刑检二科
湖南省新化县人民检察院刑检一科
湖南省常德市人民检察院刑检二科
湖南省永兴县人民检察院刑检一科
湖南省人民检察院零陵分院刑检二科
广东省兴宁县人民检察院刑检科
广东省南海县人民检察院刑检股
广东省深圳市罗湖区人民检察院起诉科
广东省广州市白云区人民检察院刑一科
广西壮族自治区柳州市人民检察院刑二科
广西壮族自治区人民检察院南宁分院刑检科
广西壮族自治区博白县人民检察院刑检科
海南省儋县人民检察院起诉股
四川省重庆市人民检察院刑检二处
四川省乐山市人民检察院刑检二处
四川省南充市人民检察院批捕科
四川省奉节县人民检察院起诉科
四川省凉山州人民检察院起诉处
四川省人民检察院成都铁路运输分院刑检二科
四川省成都市青白江区人民检察院起诉科
四川省丰都县人民检察院批捕科
四川省三台县人民检察院起诉科
云南省昆明市人民检察院刑检一处
云南省楚雄彝族自治州人民检察院审判监督处
云南省思茅县人民检察院审判监督科
云南省西双版纳傣族自治州人民检察院审判监督处

贵州省人民检察院遵义分院刑检二科
贵州省贵阳市人民检察院刑检一处
贵州省黔西南布依族苗族自治州人民检察院起诉科
贵州省六盘水市六枝特区人民检察院刑检二科
西藏自治区拉萨市人民检察院刑检二处
陕西省宝鸡市人民检察院刑检处
陕西省西安市人民检察院审判监督处
陕西省汉中市人民检察院刑检科
甘肃省兰州市城关区人民检察院刑检二科
甘肃省人民检察院庆阳分院刑检处
宁夏回族自治区青铜峡市人民检察院刑检科
青海省西宁市城东区人民检察院起诉科
新疆维吾尔自治区疏附县人民检察院起诉科
新疆维吾尔自治区克拉玛依市人民检察院刑检科
新疆维吾尔自治区乌鲁木齐市人民检察院批捕处
中国人民解放军北京军区军事检察院

通报表扬的全国优秀刑事检察干部名单

申志法　北京市海淀区人民检察院副检察长
李连嘉　北京市人民检察院分院审判监督处副处长
蒋　宇　北京市东城区人民检察院起诉科副科长
吕志刚　北京市人民检察院分院侦查监督处助检员
丁道志　北京市通县人民检察院起诉科助检员
周有声　临汾铁路运输检察院批捕科检察员
王胜国　天津市河西区人民检察院批捕科科长
孟繁生　天津市蓟县人民检察院起诉科副科长
张红雁（女）　天津市人民检察院分院三处助检员
王蓬蓬（女）　河北省保定市人民检察院起诉处检察员
张国征（女）　河北省廊坊市人民检察院起诉处助检员
王战争　河北省栾城县人民检察院刑检科科长
傅君佳　河北省人民检察院石家庄分院起诉处助检员
孙振坤　河北省人民检察院张家口分院起诉处助检员
乔来群　河北省临城县人民检察院刑检科科长
王孟春　河北省大名县人民检察院刑检科检察员
李宗林（女）　河北省人民检察院衡水分院刑检处检察员
郝黄在　山西省原平县人民检察院刑事侦查检察科科长
江　晨　山西省太原市人民检察院刑事审判检察处助检员
高守铎　山西省榆次市人民检察院刑事审判检察科科长
崔临平（女）　山西省万荣县人民检察院刑事审判检察科副科长
胡金梅（女）　山西省朔州市平鲁区人民检察院刑事审判检察科助检员
马文怀　内蒙古自治区乌海市人民检察院起诉科科长
付万鹏　内蒙古自治区巴林左旗人民检察院刑二科科长
张燕枝（女）　内蒙古自治区商都县人民

检察院刑二科科长

王凤歧　内蒙古自治区通辽市人民检察院刑一科科长

芒　来　内蒙古自治区西马珠穆沁旗人民检察院刑二科科长

陈　丹　辽宁省辽阳市人民检察院起诉科科长

陈如新　辽宁省黑山县人民检察院批捕科副科长

张柏岩　辽宁省凌原县人民检察院副检察长

刘桂华（女）　辽宁省法库县人民检察院批捕科副科长

杨文英（女）　辽宁省阜新市人民检察院起诉科助检员

王金波　辽宁省桓仁满族自治县人民检察院批捕科检察员

马晓光（女）　辽宁省沈阳铁路运输检察院二科检察员

谷春德　辽宁省瓦房店市人民检察院起诉科检察员

丁树达　吉林省长春市朝阳区人民检察院刑一科副科长

赵光庆　吉林省公主岭市人民检察院刑二科副科长

霍士光　吉林省龙井市人民检察院刑二科科长

王秉武　吉林省集安市人民检察院刑一科副科长

谢玉明　吉林省辽源市西安区人民检察院刑二科副科长

王淑芳（女）　吉林省敦化林区人民检察院刑一科科长

孟维殿　吉林省红石林区人民检察院刑二科副科长

王云龙　黑龙江省兰西县人民检察院刑检一科科长

房久林　黑龙江省哈尔滨市道里区人民检察院刑检一科副科长

宗振林　黑龙江省齐齐哈尔市人民检察院刑检二处检察员

张　伟　黑龙江省大庆市让胡路区人民检察院刑检二科助检员

赵殿波　黑龙江省佳木斯市前进区人民检察院刑检二科副科长

芦俊伟　黑龙江省双鸭山林区人民检察院刑检二科科长

纪连胜　黑龙江省牡丹江市人民检察院刑检二科副科长

孟庆阳　黑龙江省七台河市人民检察院刑检二科检察员

顾忠长　上海市卢湾区人民检察院批捕科助检员

丁永龄（女）　上海市长宁区人民检察院起诉科检察员

杨德林　上海市嘉定县人民检察院起诉科科长

张德明　上海市人民检察院上海铁路运输分院起诉科科长

周永年　上海市人民检察院分院起诉处助检员

吴清堂　江苏省盐城市城区人民检察院刑检科科长

孙学信　江苏省徐州市云龙区人民检察院刑检科检察员

陈兴福　江苏省扬中县人民检察院起诉科科长

王金凤（女）　江苏省南京市雨花台区人民检察院批捕科副科长

袁金彪　江苏省武进县人民检察院副检察长

孙和芝　江苏省连云港市人民检察院刑检科科长

肖全兴　江苏省江阴市人民检察院刑检一科科长

季锦山　江苏省南通县人民检察院起诉

科科长

黄忠央　浙江省岱山县人民检察院刑检一科科长

许毅达　浙江省长兴县人民检察院刑检二科副科长

彭奇威　浙江省瑞安市人民检察院刑检二科科长

唐建军　浙江省金华市人民检察院刑检二处检察员

龚泽辉　浙江省椒江市人民检察院刑检一科科长

陈　杰　浙江省嘉兴市人民检察院刑检二处检察员

贺永和　浙江省龙游县人民检察院刑检一科科长

支友林　安徽省怀远县人民检察院起诉科科长

窦新芳（女）　安徽省太和县人民检察院刑检科副科长

沈政虎　安徽省肥西县人民检察院起诉科科长

范家春（女）　安徽省广德县人民检察院刑检科助检员

宋建安　安徽省铜陵市人民检察院刑检科检察员

王学林　安徽省霍邱县人民检察院起诉科科长

王治中　安徽省砀山县人民检察院刑检科科长

魏爱国　福建省将乐县人民检察院刑检科科长

马先荣　福建省人民检察院龙岩分院刑检科科长

曹锦彪　福建省厦门市人民检察院刑检处检察员

刘远平　福建省云霄县人民检察院刑检科科长

陈锡善　福建省宁德市人民检察院刑检科科长

房兰清　江西省宜春市人民检察院刑检科科长

尤德森　江西省上饶县人民检察院刑检科科长

徐爱琴（女）　江西省临川县人民检察院批捕科科长

熊初生　江西省萍乡市湘东区人民检察院刑检科副科长

林　扬　江西省新余市人民检察院刑检处检察员

倪锡山　山东省泰安市人民检察院刑检二处助检员

周志强　山东省淄博市博山区人民检察院刑检二科副科长

王卫国　山东省招远县人民检察院刑检一科科长

陈先仕　山东省定陶县人民检察院刑检一科科长

白　云　山东省聊城市人民检察院刑检二科副科长

刘秀荣（女）　山东省德州市人民检察院刑检二科副科长

徐光明　山东省潍坊市人民检察院刑检二处助检员

王厚岐　山东省文登市人民检察院刑检二科科长

费立茂　山东省日照市城郊区人民检察院刑检二科科长

刘同磊　山东省徐州铁路运输检察院刑二科副科长

刘秀臣　山东省泗水县人民检察院刑二科检察员

胡新民（女）　河南省范县人民检察院起诉科科长

孙建德　河南省人民检察院商丘分院副检察长

杨国武　河南省鲁山县人民检察院副检

察长

程致峰　河南淅川县人民检察院副检察长

李和平　河南省郑州铁路运输检察院起诉科检察员

王明清　河南省人民检察院驻马店分院起诉科检察员

赵金荣（女）　河南省信阳市人民检察院批捕科科长

周德聚　河南省许昌市魏都区人民检察院起诉科副科长

郝向东　河南省安阳市郊区人民检察院起诉科科长

刘作仁　河南省辉县市人民检察院起诉科副科长

王培文　河南省鹤壁市山城区人民检察院批捕科科长

靳来政　河南省漯河市源汇区人民检察院起诉科副科长

刘晓章　河南省三门峡市湖滨区人民检察院批捕科科长

邓传铎　湖北省巴东县人民检察院批捕科副科长

赵亚平　湖北省枝江县人民检察院起诉科副科长

刘崇新（女）　湖北省监利县人民检察院批捕科检察员

古尚英　湖北省红安县人民检察院批捕科副科长

王凤兰（女）　湖北省咸宁市人民检察院批捕科科长

王丽黎（女）　湖北省汉川县人民检察院起诉科助检员

黄新成　湖北省随州市人民检察院起诉科科长

刘　群　湖北省武汉市武昌区人民检察院起诉科助检员

杨　春　湖北省天门市人民检察院起诉科副科长

姚德新　湖北省谷城县人民检察院批捕科科长

何益仁　湖南省常宁县人民检察院刑检一科检察员

王新军　湖南省安化县人民检察院刑检二科副科长

张泽球　河南省桑植县人民检察院副检察长

王庆主　湖南省湘潭市人民检察院刑检一科科长

李益安　湖南省株州市人民检察院刑检二科科长

李立功　湖南省汨罗市人民检察院刑检二科副科长

胡遐昌　湖南省保靖县人民检察院刑检一科科长

唐惠娟（女）　湖南省靖州县人民检察院刑检二科检察员

邓云孝　湖南省长沙市人民检察院刑检一科检察员

朱春生　湖南省人民检察院刑检二处副处长

梁景汉　广东省信宜县人民检察院刑检科副科长

姚经周　广东省汕头市人民检察院刑检科助检员

涂林喜　广东省惠阳县人民检察院批捕股股长

肖后胜　广东省廉江县人民检察院起诉股副股长

农文星　广东省珠海市人民检察院刑检科副科长

张平根　广东省韶关市人民检察院起诉科副科长

温国良　广东省鹤山县人民检察院刑检股股长

付业明　广东省郁南县人民检察院起诉

股股长

赖　鸿　广东省清远市人民检察院起诉科科长

蒋光泽　广西壮族自治区忻城县人民检察院刑检二科科长

苏忠照　广西壮族自治区宜山县人民检察院刑检二科科长

李卫生　广西壮族自治区靖西县人民检察院刑检科科长

李宏桂　广西壮族自治区临桂县人民检察院刑检科科长

高朝福　广西壮族自治区合浦县人民检察院刑检一科科长

李瑞德　广西壮族自治区合岑溪县人民检察院刑检科科长

康先之　广西壮族自治区防城各族自治县人民检察院刑检二股股长

杨凤佐（女）　广西壮族自治区南宁市兴宁区人民检察院刑检二科副科长

符开杰　海南省屯昌县人民检察院刑检一股股长

张先宜　四川省遂宁市人民检察院起诉科检察员

张绍兴　四川省简阳县人民检察院批捕科检察员

李学奎　四川省江安县人民检察院起诉科科长

徐君美　四川省成都市人民检察院起诉处处长

任明盛　四川省秀山县人民检察院批捕科科长

罗南珍（女）　四川省泸州市市中区人民检察院起诉科副科长

马几伯　四川省雷波县人民检察院批捕科科长

陈天顺　四川省人民检察院万县分院起诉科检察员

王　民　四川省人民检察院刑检处助检员

蒋清富　四川省甘孜州人民检察院起诉科科长

彭富堂　四川省大竹县人民检察院批捕科检察员

熊　贤　四川省长寿县人民检察院刑检二科科长

李志禄　四川省南川县人民检察院起诉科科长

陈茂林　四川省汉源县人民检察院批捕科副科长

王昌江　四川省井研县人民检察院批捕科科长

刘学义　四川省蓬安县人民检察院起诉科科长

吴宗桐　四川省剑阁县人民检察院批捕科科长

普光有　云南省昆明市盘龙区人民检察院起诉科科长

何树琴（女）　云南省华坪县人民检察院侦查监督科科长

李光习　云南省人民检察院临沧分院审判监督处处长

李成华　云南省禄丰县人民检察院侦查监督科科长

张克慧（女）　云南省陆良县人民检察院审判监督科科长

胡　旭　云南省西畴县人民检察院侦查监督科科长

汤光许　云南省景洪县人民检察院侦查监督科科长

刘明翔　云南省人民检察院思茅分院审判监督处助检员

张克进　贵州省人民检察院刑检二处检察员

王东风　贵州省思南县人民检察院刑检一科检察员

陈兴元　贵州省镇宁县人民检察院刑检二科副科长

邓杰锋　贵州省独山县人民检察院刑检一科副科长

罗向东　贵州省天柱县人民检察院刑检一科科长

张绍全　贵州省人民检察院毕节分院刑检二科副科长

朱忠华　西藏自治区人民检察院昌都分院刑检科检察员

次仁欧珠　西藏自治区人民检察院日喀则分院刑检科副科长

张发义　陕西省富平县人民检察院刑检科科长

高志军　陕西省咸阳市渭城区人民检察院刑检科科长

高加乐　陕西省延川县人民检察院刑检科科长

梁盛发　陕西省紫阳县人民检察院刑检科科长

胡建设　陕西省洛南县人民检察院批捕科助检员

孙运安　甘肃省兰州市人民检察院刑检二处处长

李旺瑞　甘肃省嘉峪关市人民检察院刑检科科长

孙昌福　甘肃省兰州铁路运输检察院批捕科科长

魏尚权　甘肃省白银市白银区人民检察院批捕科科长

刘金芳　宁夏回族自治区银川市人民检察院刑检科检察员

白学海　宁夏回族自治区同心县人民检察院检察长

张己忠　青海省平安县人民检察院刑检科科长

白长安　青海省海南州贵德县人民检察院批捕科科长

康治家　新疆库尔勒市人民检察院刑检科科长

高建宝　新疆生产建设兵团下野地垦区人民检察院刑检科副科长

阿不列林·阿不列孜　新疆哈密市人民检察院起诉科副科长

田　琪　新疆阿勒泰市人民检察院刑检科科长

古哈尔汗·肉孜　新疆托克逊县人民检察院刑检科检察员

高玉树　中国人民解放军空军军事检察院检察员

兰世全　中国人民解放军西藏军区军事检察院检察长

任　强　中国人民解放军济南军区军事检察院检察员

（本部分均为最高人民检察院政治部提供）

第十七部分　统计资料

全国检察机构统计表

截至1991年12月底　　单位：个

院别		机构数
合计		3533
最高人民检察院		1
省级人民检察院		31
分、州、市检察院	小计	365
	分、州、盟、市检察院	343
	军事检察院分院	10
	铁路运输检察分院	12
县级检察院	小计	2946
	县(市、旗、区)检察院	2833
	军事检察院	54
	铁路运输检察院	59
派出检察院	小计	190
	工矿区检察院	13
	农垦区检察院	48
	林区检察院	59
	驻劳改劳教场所检察院	62
	其他检察院	8

全国检察机关人员统计表

截至1991年12月底　　单位：人

职务		人数
合计		179870
检察人员	小计	167470
	正副检察长	11456
	检察员	73613
	助理检察员	45816
	书记员	21624
	法警	6818
	其他干部	8143
工勤人员		12400

1991 年全国检察机关办理自行侦查案件统计表

表一

案件类别＼项目＼单位	受案	立案				结案			
		合计		其中		合计		其中	
				大案	要案			大案	要案
	件	件	人	件	人	件	人	件	人
合计	161701	85621	99158	19666	1112	82430	97100	21494	906
经济案件小计	115393	68437	76565	17009	1015	65955	75081	19449	826
贪污	53835	28551	33227	8050	261	27765	33026	8580	196
贿赂	27275	17668	18804	3266	662	17390	18679	3723	548
挪用公款	15762	11041	11936	2009	81	10128	11125	1735	64
偷税抗税	13611	9258	10153	2919	2	8755	9750	4682	3
其他	4910	1919	2445	765	9	1917	2501	729	15
法纪案件小计	46308	17184	22593	2657	97	16475	22019	2045	80
其中渎职案	20111	7706	9104	2009	85	7412	8888	1543	68

表二

办案部门＼项目＼单位	受案	立案		结案	
	件	件	人	件	人
合计	161701	85621	99158	82430	97100
贪污贿赂检察部门	113083	67722	75768	65233	74260
法纪检察部门	45250	16630	21798	15966	21248
监所检察部门	219	202	254	194	238
控告申诉检察部门	3149	1067	1338	1037	1354

1991年全国检察机关批准、决定逮捕人犯统计表

表一

案件分类	合计		批准公安机关提请逮捕		检察机关自行侦查决定逮捕	
	件	人	件	人	件	人
合.　计	343249	550955	317852	521610	25397	29345
危害公共安全案	12643	18171	12248	17684	395	487
破坏社会主义经济秩序案	9866	14104	4631	8229	5235	5875
侵犯公民人身民主权利案	85661	109863	83164	106202	2497	3661
侵犯财产案	205962	354920	195173	342685	10789	12235
妨害社会管理秩序案	22045	45885	22045	45885	—	—
妨害婚姻家庭案	92	112	92	112	—	—
渎职案	5947	6404	—	—	5947	6404
其他	1033	1496	499	813	534	683

表二

办案部门	合计	
	件	人
合　计	343249	550955
检察机关立案侦查	25397	29345
贪污贿赂检察部门立案	21233	23673
法纪检察部门立案	3720	5135
监所检察部门立案	103	130
控告申诉检察部门立案	341	407
公安、安全机关立案侦查	317852	521610
刑事检察部门审查	317500	521132
监所检察部门审查	352	478

1991年全国检察机关提起公诉案件统计表

表一

案件分类	合计		公安机关移送案件		检察机关自行侦查案件	
	件	人	件	人	件	人
合计	347770	550455	316077	511667	31693	38788
危害公共安全案	14692	20614	13482	19092	1210	1522
破坏社会主义经济秩序案	9663	13932	4516	7863	5147	6069
侵犯公民人身民主权利案	86433	108963	83279	104315	3154	4648
侵犯财产案	206003	354441	192018	337323	13985	17118
妨害社会管理秩序案	22180	41979	22180	41979	—	—
妨害婚姻家庭案	131	180	131	180	—	—
渎职案	7472	8346	—	—	7472	8346
其他	1196	2000	471	915	725	1085

表二

办案部门	合计	
	件	人
合计	347770	550455
检察机关立案侦查	31693	38788
贪污贿赂检察部门立案	25435	30086
法纪检察部门立案	5726	7903
监所检察部门立案	117	162
控告申诉检察部门立案	415	637
公安、安全机关立案侦查	316077	511667
刑事检察部门审查	312543	507127
监所检察部门审查	3534	4540

1991年全国检察机关免予起诉案件统计表

表一

案件分类	合计		公安机关移送案件		检察机关自行侦查案件	
	件	人	件	人	件	人
合计	48180	74689	16104	36616	32076	38073
危害公共安全案	3635	4382	1469	1838	2166	2544
破坏社会主义经济秩序案	10240	12215	608	1253	9632	10962
侵犯公民人身民主权利案	6484	9450	3116	4636	3368	4814
侵犯财产案	16732	31457	8831	21784	7901	9673
妨害社会管理秩序案	2003	6942	2003	6942	—	—
妨害婚姻家庭案	17	32	17	32	—	—
渎职案	8735	9651	—	—	8735	9651
其他	334	560	60	131	274	429

表二

办案部门	合计	
	件	人
合计	48180	74689
检察机关立案侦查	32076	38073
贪污贿赂检察部门立案	24764	28489
法纪检察部门立案	7037	9222
监所检察部门立案	78	88
控告申诉检察部门立案	197	274
公安、安全机关立案侦查	16104	36616
刑事检察部门审查	16015	36465
监所检察部门审查	89	151

1991年全国检察机关出庭支持公诉情况统计表

单位:件

办案部门	合计	一审	二审		
			小计	上诉案	抗诉案
合计	305861	303852	2009	1525	484
检察机关立案侦查	22450	22128	322	187	135
贪污贿赂检察部门立案	18577	18276	301	175	126
法纪检察部门立案	3524	3507	17	8	9
监所检察部门立案	84	81	3	3	—
控告申诉检察部门立案	265	264	1	1	—
公安、安全、劳改机关立案侦查	283411	281724	1687	1338	349
刑事检察部门审查起诉	280713	279038	1675	1329	346
监所检察部门审查起诉	2698	2686	12	9	3

1991年全国检察机关抗诉情况统计表

单位:件

办案部门	提出抗诉	撤回抗诉	审判结果			
			合计	改判	改判率(%)	维持原判
合计	2239	142	835	453	54.3	382
检察机关立案侦查	654	36	218	79	36.2	139
贪污贿赂检察部门立案	572	30	190	69	36.3	121
法纪检察部门立案	78	5	27	10	37.0	17
监所检察部门立案	2	—	1	—	—	1
控告申诉检察部门立案	2	1	—	—	—	—
公安、安全、劳改机关立案侦查	1585	106	617	374	60.6	243
刑事检察部门审查起诉	1577	105	614	372	60.6	242
监所检察部门审查起诉	8	1	3	2	66.7	1

1991年全国检察机关纠正违法统计表

单位:次

项　目	合　计	书面通知纠正	口头通知纠正
合　计	133771	19377	114394
侦查监督	16351	4157	12194
审判监督	2875	542	2333
监所监督	114545	14678	99867

1991年全国检察机关处理申诉案件统计表

单位:件

案件分类	受　理	立案复查	结案	
			合　计	其中改变原决定
合　计	130827	12307	4593	1124
不服不立案	1766	274	132	19
不服撤案	780	163	66	11
不服刑事拘留	2660	127	33	9
不服逮捕	8211	1046	157	24
不服不批捕	2343	423	196	44
不服不起诉	1492	330	156	23
不服免予起诉	11759	4454	2673	848
不服判刑	27052	1582	560	32
不服劳教	962	119	21	2
不服民事判决	11944	449	78	3
不服行政判决	2280	81	25	4
其他	59578	3259	496	105

1991年全国检察机关受理人民来信来访统计表

单位:件次

类别	数量
合计	763365
来信	596108
来访	167257

1991年全国检察干警培训情况统计表

单位:人

类别		正在学习		本年度结业	
		小计	其中本年入学	小计	其中本年入学
合计		36467	5858	17740	33
研究生	小计	57	6	6	—
	其中法律专业	55	—	—	—
大学本科	小计	1097	231	100	1
	其中法律专业	893	—	60	—
大学专科	小计	18926	2915	8193	8
	其中法律专业	18190	—	8038	—
中专	小计	833	137	201	—
	其中法律专业	273	—	105	—
专业证书	小计	9581	2569	5827	24
	其中法律专业	9255	—	5577	—
业务培训		5973	—	3413	—

(本部分均为最高人民检察院办公厅统计处提供)

附　　录

检察机关举报中心电话号码及通讯地址、邮政编码*

最高人民检察院	541850	北京市北河沿大街147号	100726

北　京　市

北京市人民检察院	8013395	海淀区永定路4号	100039
东城区人民检察院	444908	东四十一条83号	100007
西城区人民检察院	652809	二龙路西街5号	100032
宣武区人民检察院	3014620	长椿街47号	100053
崇文区人民检察院	754516	培新街2号	100061
朝阳区人民检察院	5002835	六里屯西口路北	100026
海淀区人民检察院	2555908	苏州街倒座庙14号	100080
丰台区人民检察院	372610	北大街9号	100071
石景山区人民检察院	878977	古城南街	100043
房山区人民检察院	9312525	西大街	102400
门头沟区人民检察院	9843558	新桥大街28号	102300
昌平县人民检察院	9746905	政府街23号	102200
密云县人民检察院	9924452	花园街27号	101500
通县人民检察院	9525969	新华北街299号	101100
延庆县人民检察院	9102793	西大街17号	102100
顺义县人民检察院	9424267	新顺南大街	101300
大兴县人民检察院	9243272	黄村西大街	102600
怀柔县人民检察院	9624032	迎宾路	101400
平谷县人民检察院	9901098	新开街29号	101200
北京铁路运输检察分院	3222998	海淀区北蜂窝路甲5号	100038

* 本栏目收录的范围是：最高人民检察院，省、自治区（含分、州、市）人民检察院，直辖市（含区县）人民检察院举报中心。各项内容的顺序依次是：单位、举报中心电话号码、地址、邮政编码。

天 津 市

天津市人民检察院	804507	解放南路 292 号	300202
和平区人民检察院	304581	解放路 148 号	300042
河东区人民检察院	719150	沈庄子联吉里 3 号楼	300011
河西区人民检察院	281206	绍兴道 7 号	300202
河北区人民检察院	265220	黄纬路 13 号	300141
南开区人民检察院	754816	二纬路 26 号	300100
红桥区人民检察院	573115	子牙河北侧勤俭道 12 号楼	300130
塘沽区人民检察院	988033	山东路西侧	300450
汉沽区人民检察院	9638555	太平东街	300480
东丽区人民检察院	491344	张贵庄跃进南路 34 号	300300
津南区人民检察院	891646	咸水沽镇	300350
西青区人民检察院	793333	杨柳青镇和平路 13 号	300380
北辰区人民检察院	591079	京津路 356 号	300400
大港区人民检察院	991406	板厂街	300270
蓟县人民检察院	911079	城关镇	301900
宝坻县人民检察院	921419	城关镇广川街 6 号	301800
武清县人民检察院	932458	扬村镇常德大街 24 号	301700
静海县人民检察院	941459	静海镇胜利街 28 号	301600
宁河县人民检察院	952252	芦台镇新华道 7 号	301500

河 北 省

河北省人民检察院	334646	石家庄市石邑路	050051
石家庄市人民检察院	642284	中华中大街 106 号	050051
邯郸市人民检察院	29894	陵园路 53 号	056001
邢台市人民检察院	336838	南长街 3 号	054001
保定市人民检察院	436760	南大街	071000
张家口市人民检察院	217739	长青路	075000
承德市人民检察院	227429	武烈路	067000
唐山市人民检察院	228900	西山道	063000
秦皇岛市人民检察院	335504	文化北路	066000
沧州市人民检察院	222834	顺河中街	061000
廊坊市人民检察院	215239	新华路	102800
石家庄地区分院	331074	石家庄市虹光街 4 号	050081
邯郸地区分院	24320	邯郸市城内东街 31 号	056002
邢台地区分院	337154	邢台市顺德路	054001
保定地区分院	225989	保定市东风东路 26 号	071000

张家口地区分院	215179 214147	张家口市西坎岗副 8 号	075000
承德地区分院	226272	承德市西大街	067000
沧州地区分院	224840	沧州市新华中路	061000
衡水地区分院	222460	衡水市和平路 83 号	053000

山 西 省

山西省人民检察院	740871	太原市钟楼街 45 号	030002
太原市人民检察院	343833	城北街	030009
大同市人民检察院	523505	工农路	037008
阳泉市人民检察院	33937	德胜东街	045000
长治市人民检察院	26193	英雄路 120 号	046000
晋城市人民检察院	224648	建安楼 149 号	048000
朔州市人民检察院	23541	云路街	038500
雁北地区分院	621488	大同市御河北路	037044
忻州地区分院	32945	忻州市光明东街 2 号	034000
晋中地区分院	26907	榆次市东顺城街	030600
吕梁地区分院	3478	离石县建设北街	033000
临汾地区分院	3989	临汾市北财神楼	041000
运城地区分院	220824	运城市河东路	044000

内蒙古自治区

内蒙古自治区人民检察院	666051	呼和浩特市呼伦北路	010050
呼和浩特市人民检察院	672821	锡林南路	010020
包头市人民检察院	55233	钢铁大街 15 号	014025
乌海市人民检察院	225691	海拉北街	016000
赤峰市人民检察院	25574	昭乌达路	024000
乌兰察布盟人民检察院	224117	集宁市恩和路 36 号	012000
锡林郭勒盟人民检察院	3998	锡林浩特市那达慕街	026002
呼伦贝尔盟人民检察院	21774	海拉尔市胜利三路	021008
哲里木盟人民检察院	2088	通辽市和平路西	028000
伊克昭盟人民检察院	211985	东胜市准格路 10 号	017000
巴彦淖尔盟人民检察院	5900	临河市新华东街	015000
阿拉善盟人民检察院	32539	阿拉善左旗巴彦浩特镇	750306
兴安盟人民检察院	26394	乌兰浩特市兴安街	137400
呼和浩特铁路运输检察分院	665709	呼和浩特市文化宫街	010020

辽宁省

辽宁省人民检察院	640919	沈阳市皇姑区宁山东路 29 号	110032
沈阳市人民检察院	601637	皇姑区白山路 2 号	110031
大连市人民检察院	335013	斯大林广场 2 号	116012
鞍山市人民检察院	29273	铁东区南胜利路 42 号	114002
抚顺市人民检察院	777777	新抚区新华街	113006
本溪市人民检察院	243737	平山区市府路	117000
丹东市人民检察院	224675	振兴区五街 20 号	118000
锦州市人民检察院	221789	上海路 2 段 134 号	121000
锦西市人民检察院	225640	渤海街	121500
营口市人民检察院	233351	体育里	115000
盘锦市人民检察院	225070	兴隆台区	124010
阜新市人民检察院	21891	海州区解放大街建设桥北	123000
辽阳市人民检察院	32988	中华大街 2 段 46 号	111004
铁岭市人民检察院	48088	银州区市府路	112000
朝阳市人民检察院	216751	朝阳大街	122000
辽河油田分院	721414	盘锦市兴隆台区	124010
沈阳铁路运输检察分院	21768	沈阳市沈河区万寿寺高台庙后巷 3 号	110013

吉林省

吉林省人民检察院	868466	长春市斯大林街副 147 号	130051
长春市人民检察院	868679	北安路 42 号	130061
吉林市人民检察院	457873	江南大街 13 号	132001
四平市人民检察院	225728	迎宾街 9 号	136000
辽源市人民检察院	224703	西宁大路 59 号	136200
通化市人民检察院	214085	秀泉路 8 号	134001
浑江市人民检察院	224545	浑江大街 180 号	134300
白城地区分院	225360	白城市文化东路 1 号	137300
延边朝鲜族自治州人民检察院	513664	延吉市光明街 22 号	133000
延边朝鲜族自治州林区分院	516015	延吉市站前街 4 号	133000
浑江市林区分院		浑江市	134300
吉林市林区分院	227649	吉林市	132011

黑龙江省

黑龙江省人民检察院	224335	哈尔滨市中山路 127 号	150001
哈尔滨市人民检察院	482205	新阳路 176 号	150016

齐齐哈尔市人民检察院	475578	中华西路	161006
鹤岗市人民检察院	42268	工农区红旗路	154101
双鸭山市人民检察院	23805	新兴大街	155100
鸡西市人民检察院	55782	兴国中路 17 号	158100
大庆市人民检察院	333605	萨尔图中士路	163001
伊春市人民检察院	2634	伊春区	153000
牡丹江市人民检察院	222209	景福街	157000
佳木斯市人民检察院	245275	中山街	154002
七台河市人民检察院	264569	珊瑚大街	154600
绥化地区分院	224402	绥化市行署街	152054
黑河地区分院	3868	黑河市海兰街	164300
松花江地区分院	247739	哈尔滨市和兴路 6 号	150040
大兴安岭地区分院	2920	加格达奇区胜利路	165000
哈尔滨铁路运输检察分院	39—23048	哈尔滨市西大直街 154 号	150006
松花江林区分院	221514 —149	哈尔滨市士课街 28 号	150001
合江林区分院	21701	佳木斯市站前路	154002
牡丹江林区分院	226753	牡丹江市新华路	157000
农垦区分院	25918 转	佳木斯市	154002

上　海　市

上海市人民检察院	4370336 4372313 4315173	上海市建国西路 648 号	200030
黄浦区人民检察院	3253030	香港路 55 号	200002
南市区人民检察院	3775344	蓬莱路亭桥街 15 号	200010
卢湾区人民检察院	4375883	建国中路 28 号	200025
徐汇区人民检察院	4384628	南丹路 60 号	200030
长宁区人民检察院	2525696	愚园路 1305 号	200050
闸北区人民检察院	6627607	普善路 200 号	200070
静安区人民检察院	2587410	愚园路 68 号	200040
虹口区人民检察院	3253792	中洲路 6 号	200080
杨浦区人民检察院	5432624	平凉路 2150 号	200090
普陀区人民检察院	2584765	普雄路 29 号 1 号楼	200063
宝山区人民检察院	6694853	友谊路 15 号	201900
闵行区人民检察院	4355529	新民路 528 号	200240
上海铁路运输检察分院	3253030	汇文路 145 弄 9 号	200071
上海石化总厂地区人民检察院	9611384	石化总厂政法大路	200540

上海县人民检察院	4921256	莘庄镇莘松路 109 号	201100
嘉定县人民检察院	9534682	嘉定镇人民路	201800
松江县人民检察院	7812628	松江镇中山东路 272 号	201600
南汇县人民检察院	8021821	惠南镇南门大街 64 号	201300
奉贤县人民检察院	7412036	南桥镇南奉东路 11 号	201400
川沙县人民检察院	8921334	城厢镇新川路 300 号	201200
青浦县人民检察院	9729647	青浦镇城中北路 4 号	201700
崇明县人民检察院	9611384	城桥镇人民路 12 号	202150
金山县人民检察院	7317801	朱泾镇人民路 280 号	201500

江 苏 省

江苏省人民检察院	306061	南京市宁海路 75 号	210024
南京市人民检察院	711318	北京东路 43 号	210008
徐州市人民检察院	23571	青年东路 266 号	221003
连云港市人民检察院	414965	新浦通灌南路	222001
淮阴市人民检察院	344601	人民南路	223002
盐城市人民检察院	326789	人民中路 5 号	224002
扬州市人民检察院	342810	国庆路	225002
南通市人民检察院	516593	环城西路 167 号	226001
镇江市人民检察院	424511	正东路 141 号	212001
常州市人民检察院	23740	清潭路广成路 4 号	213015
无锡市人民检察院	215017	小娄巷 21 号	214002
苏州市人民检察院	222767	十梓街 201 号	215006

浙 江 省

浙江省人民检察院	559363	杭州市武林路 103 号	310006
杭州市人民检察院	558029	延安路 122 号	310006
宁波市人民检察院	345313	海曙区孝闻街 81 号	315010
温州市人民检察院	43847	县前头 64 号	325000
嘉兴市人民检察院	287100	中山西路	314001
湖州市人民检察院	222228	红旗路底红丰桥	313000
绍兴市人民检察院	535279	外环城路 15 号	312000
金华市人民检察院	338132	胜利北街 19 号	321000
衢州市人民检察院	24621	荷花新区	324002
舟山市人民检察院	25551	定海区海淀路 30 号	316000
台州地区分院	3838	临海市望天台 22 号	317000
丽水地区分院	33001	丽水市灯塔街 71 号	323000

安 徽 省

安徽省人民检察院	255685	合肥市屯溪路 191 号	230022
合肥市人民检察院	276096	六安路 109 号	230061
淮南市人民检察院	45125	洞山	232001
淮北市人民检察院	22034	淮海路	235000
芜湖市人民检察院	36866	北京路 42 号	241000
铜陵市人民检察院	35819	义安北路	244000
蚌埠市人民检察院	42678	胜利路 77 号	233000
马鞍山市人民检察院	75419	湖东中路	243000
安庆市人民检察院	515456	蔡山路	246002
黄山市人民检察院	214520	黄山东路 11 号	245000
宿县地区分院	24819	宿州市汴河西路	234000
滁县地区分院	24810	滁州市四合路 2 号	239000
巢湖地区分院	213128	巢湖市政法新村	238000
宣城地区分院	22878	宣城市叠障路	242000
池州地区分院	223221	安庆市戏校路 31 号	246001
六安地区分院	2984	六安市人民路	237006
阜阳地区分院	266665	阜阳市解放北路	236032

福 建 省

福建省人民检察院	572446	福州市华林路 8 号	350003
福州市人民检察院		西洋路	350005
厦门市人民检察院	566111	霞溪路 45 号	361003
三明市人民检察院	223944	列东	365000
莆田市人民检察院		东大路	351100
泉州市人民检察院	226106	新府口 48 号	362000
漳州市人民检察院	225840	瑞京路 229 号	363000
南平地区分院	23458	建阳县城关镇	353000
宁德地区分院		宁德市蕉城北路 39 号	352000
龙岩地区分院	320189	龙岩市龙川路 36 号	364000

江 西 省

江西省人民检察院	334637	南昌市北京西路	330046
南昌市人民检察院	224500	八一大道 116 号	330006
景德镇市人民检察院	225061	珠山西路大桥头	333000
萍乡市人民检察院	333793	后埠街山下路	337000
新余市人民检察院	441182	新余镇	336525

九江市人民检察院	223403	浔阳东路 27 号	332000
鹰潭市人民检察院	441254	梅园新区	335001
上饶地区分院	223634	上饶市金龙岗 12 号	334000
宜春地区分院	222816	宜春市中山西路 8 号	336000
抚州地区分院	223158	抚州市兴鲁坊 3 号	344000
吉安地区分院	223375	吉安市鹭州路	343000
赣州地区分院	223571	赣州市马园里 1 号	341000

山 东 省

山东省人民检察院	613880	济南市历山路 110 号	250013
济南市人民检察院	612228	经二路 166 号	250001
青岛市人民检察院	373143	江苏路 12 号	266003
淄博市人民检察院	210104	张店区人民西路 3 号	255020
枣庄市人民检察院	224242	解放北路 132 号	277139
东营市人民检察院	222685	东营区	257022
潍坊市人民检察院	222717	潍城区工农路南端	261041
烟台市人民检察院	245922	通世路	264000
威海市人民检察院	224781	和平路 21 号	264200
济宁市人民检察院	215106	常青路	272137
泰安市人民检察院	224054	青年路	271000
日照市人民检察院	222551	兴海路	276800
德州地区分院	23357	德州市湖滨北路 3 号	253014
滨州地区分院	25003	滨州市渤海九路	256618
临沂地区分院	223700	临沂市八小集巷内	276002
菏泽地区分院	24812	菏泽市中华东路	274033
聊城地区分院	224239	聊城市古楼北街	252052
济南铁路运输检察分院	620931—9549	济南市天桥区官扎营前街 18 号	250031

河 南 省

河南省人民检察院	554700 553492	郑州市金水路 7 号	450003
郑州市人民检察院	771177	工人路南段	450006
开封市人民检察院	551549	里城南门街	475001
洛阳市人民检察院	337024	中州中路	471000
平顶山市人民检察院	443270	公园北街	467000
焦作市人民检察院	222369	解放中路	454151
鹤壁市人民检察院	22063	朝霞街东段	456650

新乡市人民检察院	353674	平原路西段	453000
安阳市人民检察院	422425	红旗路北段	455000
濮阳市人民检察院	414266	濮阳县城关镇	457000
许昌市人民检察院	226643	前进路 1 号	461000
漯河市人民检察院	24896	沙北	462000
三门峡市人民检察院	221637	崤山路	472000
商丘地区分院	22665	商丘市凯南路	476000
周口地区分院	2327	周口市育新街	466000
驻马店地区分院	2522	驻马店市解放路	463000
信阳地区分院	224241	信阳市广场南路	464000
南阳地区分院	333714	南阳市工业路	473060
郑州铁路运输检察分院	226166	郑州市二七区京广北路	450052

湖 北 省

湖北省人民检察院	874902	武汉市彭刘扬路 243 号	430060
武汉市人民检察院	213666	胜利街 263 号	430014
黄石市人民检察院	226066	市府路 5 号	435000
襄樊市人民检察院	511515	襄城新街 8 号	441021
十堰市人民检察院	53365	人民路六堰小区	442000
沙市市人民检察院		洪垸二村	434000
宜昌市人民检察院	221528	学院街 14 号	443000
荆门市人民检察院	32217	海慧路 15 号	434500
鄂州市人民检察院	224089	百子南路	436000
孝感地区分院	223740	孝感市城站路 26 号	432100
黄冈地区分院		黄州市体育路 21 号	436100
咸宁地区分院		咸宁市万棚路 81—1 号	437100
荆州地区分院		江陵县荆州镇荆南路	434100
宜昌地区分院		宜昌市桃花岭	443000
郧阳地区分院	53876	十堰市人民路 82 号	442000
鄂西土家族苗族自治州人民检察院	22021	恩施市舞阳大街 198 号	445000

湖 南 省

湖南省人民检察院	26957	长沙市又一村 11 号	410005
长沙市人民检察院	84012	望月村三片 25 栋	410006
株州市人民检察院	24747	文化路	412008
湘潭市人民检察院	22737	文化街	411100
衡阳市人民检察院	24315	南山中路 54 号	421001

邵阳市人民检察院	223093	青云街 11 号	422000
岳阳市人民检察院	222979	城东南路	414000
常德市人民检察院	225842	青年北路	415000
大庸市人民检察院	222889	紫武路	416600
郴州地区分院	222852	郴州市苏石路 12 号	423000
零陵地区分院	22228	永州市芝麻坪 19 号	425000
娄底地区分院	312077	娄底市清平路	417000
怀化地区分院	23071	怀化市迎丰东路	418000
益阳地区分院	225621	益阳市长坡路	413000
湘西土家族苗族自治州人民检察院	222056	吉首市团结西路	416000

广 东 省

广东省人民检察院	3345666	广州市东风中路 300 号	510030
广州市人民检察院	3349257	仓边路 56 号	510030
深圳市人民检察院	243444	红岭路 8 号	518001
珠海市人民检察院	229400	光明街 97 号之一	519000
汕头市人民检察院	253793	公园路 62 号	515031
韶关市人民检察院	889000	五祖路	512026
河源市人民检察院	333156	环城东路	517000
梅州市人民检察院	243347	梅龙路 20 号	514021
惠州市人民检察院	235444	长寿路 29 号	516001
汕尾市人民检察院	334219	盐町头文化室	516603
东莞市人民检察院	227714	西正路 45 号	511700
中山市人民检察院	844644	岐濠路 3 号	528403
江门市人民检察院	354222	胜利路 135 号	529000
佛山市人民检察院	329456	大福路 10 号	528000
阳江市人民检察院	222534	东门路	529525
湛江市人民检察院	333219	中山一路 17 号	524032
茂名市人民检察院	288100	人民北路	525000
肇庆市人民检察院	234621	城中路市府大院	526040
清远市人民检察院	334977	先锋街 28 号	511500
潮州市人民检察院	227799	太平路 70 号	515600
广州铁路运输检察分院	7754500—25668	广州市中山一路	510088

广西壮族自治区

广西壮族自治区人民检察院	201167 —2213 202425(夜)	南宁市新竹路	530022
南宁市人民检察院	202611	东葛路	530022
柳州市人民检察院	222625	三中路	545001
桂林市人民检察院	225746	信义路 29 号	541002
梧州市人民检察院	326070	南环路	543000
北海市人民检察院	22881	南海路	536000
南宁地区分院	332072	南宁市明秀路	530001
柳州地区分院	225448	柳州市三中路	545001
桂林地区分院	223402	桂林市中山北路	541001
梧州地区分院	223954	梧州市石鼓路	543001
玉林地区分院	5485	玉林市东门路	537000
钦州地区分院	225536	钦州市前进路	535000
百色地区分院	224104	百色市中山一路	533000
柳州铁路运输检察分院	21198	柳州市城站路 183 号	545005

海　南　省

海南省人民检察院	332684	海口市海府大道 61 号	570003
海南省人民检察院海南分院	343700	海口市海府大道 61 号	570003
海口市人民检察院	259597	海甸	570001
三亚市人民检察院	273169	海堤东路	572000

四　川　省

四川省人民检察院	27796 27709	成都市人民中路二段 51 号	610017
成都市人民检察院	763715	新华东路 442 号	610017
重庆市人民检察院	350100	中山三路 163 号	630015
自贡市人民检察院	221909	檀木林大街	643000
攀枝花市人民检察院	24142	炳草岗	617000
泸州市人民检察院	32057	纪念标	646000
德阳市人民检察院	222610	绵远路	618000
绵阳市人民检察院	22120	红星街	621000
广元市人民检察院	22191	东风北路	628000
遂宁市人民检察院	24019	和平路	629000
内江市人民检察院	24927	大东街	641000

乐山市人民检察院	23034	铁门坎	614000
万县地区分院	23613	万县市和平路	634000
涪陵地区分院	22302	涪陵市人民西路	648000
黔江地区分院	23549	黔江土家族苗族自治县	648700
宜宾地区分院	236119	宜宾市中山街	644000
南充地区分院	22619	南充市人民西路	637000
达县地区分院	22135	达县市大北街	635000
雅安地区分院	2363	雅安市县前街	625000
阿坝藏族羌族自治州人民检察院	23489	马尔康县马江下街	624000
甘孜藏族自治州人民检察院	22073	康定县炉城镇	626000
凉山彝族自治州人民检察院	22985	西昌市龙眼井街	615000
成都铁路运输检察分院	331326	成都市一环路北二段 11 号	610082

贵　州　省

贵州省人民检察院	626729	贵阳市延安西路	550003
贵阳市人民检察院	522342	富水南路	550002
六盘水市人民检察院	24614	钟山西路	553001
遵义地区分院	3715	遵义市解放路	563000
铜仁地区分院		铜仁市	554300
毕节地区分院	21363	毕节县威西路	551700
安顺地区分院	24020	安顺市西街 120 号	561000
黔西南布依族苗族自治州人民检察院		兴义市县府南路	562400
黔东南苗族侗族自治州人民检察院	22254	凯里市北京东路	556000
黔南布依族苗族自治州人民检察院	2304	都匀市文峰路	558000

云　南　省

云南省人民检察院	68678	昆明市石桥铺 28 号	650034
昆明市人民检察院	62202	北京路 103 号	650011
东川市人民检察院	21582	桂苑路新村	654100
昭通地区分院	22968	昭通市	657000
曲靖地区分院	23366	曲靖市城关镇文昌街	655000
玉溪地区分院	223128	玉溪市福寿街	653100
思茅地区分院	22510	思茅镇振兴路 104 号	665000
临沧地区分院	299	临沧县后寨村 158 号	677000

保山地区分院	22447	保山市二府街 13 号	678000
丽江地区分院	21151	丽江纳西族自治县大研镇	674100
文山壮族苗族自治州人民检察院	22674	文山县东风路	663000
红河哈尼族彝族自治州人民检察院	23701	个旧市锡城区	661400
西双版纳傣族自治州人民检察院		景洪县台景洪镇	666100
楚雄彝族自治州人民检察院	23137	楚雄市鹿城镇环城西路	675000
大理州白族自治州人民检察院		大理市天宝街	671000
德宏傣族景颇族自治州人民检察院	22045	潞西县芒市镇建国路 37 号	678400
怒江傈僳族自治州人民检察院	22600	沪水县六库镇	673100
迪庆藏族自治州人民检察院	22271	中甸县中心镇	674400

西藏自治区

西藏自治区人民检察院	23216	拉萨市	850001
拉萨市人民检察院	23470	林聚路 28 号	850000
那曲地区分院	22432	那曲县那曲镇	852000
昌都地区分院	243	昌都县昌都镇	854000
山南地区分院	627	乃东县泽当镇	856000
日喀则地区分院	2743	日喀则市	857000
阿里地区分院		噶尔县狮泉河镇	859000
林芝地区分院	27786	林芝是八一镇	850400

陕 西 省

陕西省人民检察院	792894	西安市新城广场	710004
西安市人民检察院	26024	盐店街 13 号	710002
铜川市人民检察院	212109	红旗街	727000
宝鸡市人民检察院	213250	中山西路 63 号	721001
咸阳市人民检察院	216444	胜利街	712000
榆林地区分院		榆林市关井滩 50 号	719000
延安地区分院	212600	延安市南关街	716000
渭南地区分院	212133	渭南市民主南路 22 号	714000
商洛地区分院	2586	商州市南街	726000
安康地区分院	3240	安康市汉白路	725000
汉中地区分院	213290	汉中市南环东路	723000

甘 肃 省

甘肃省人民检察院	412246	兰州市统办 2 号楼	730030
兰州市人民检察院	463142	武都路 145 号	730030
金昌市人民检察院	2403	新华路	737100
白银市人民检察院	222606	水川路 1 号	730900
天水市人民检察院	213516	民主西路	741000
嘉峪关市人民检察院	25349	雄关西路	735100
定西地区分院	2774	定西县城关镇解放路	743000
平凉地区分院	2565	平凉市公园路 1 号	744000
庆阳地区分院	3537	西峰市南一路	745000
陇南地区分院	2116	武都县城关镇	746000
武威地区分院	3869	武威市西关街	733000
张掖地区分院	2641	张掖市环城南路 29 号	734000
酒泉地区分院	2385	酒泉市仓门街	735000
甘南藏族自治州人民检察院	3038	夏河县合作镇人民街	747000
临夏回族自治州人民检察院	2604	临夏市红园路	731100
兰州铁路运输检察分院	26864	兰州市红山西路 135 号	730000

青 海 省

青海省人民检察院	47224	西宁市西大街 67 号	810000
西宁市人民检察院	47202	南大街 5 号	810000
海东地区分院	2188	平安县平安镇平安路 12 号	810600
海北藏族自治州人民检察院	2265	门源县浩门镇东大街	810300
黄南藏族自治州人民检察院	2044	同仁县隆务镇	811300
海南藏族自治州人民检察院	2191	共和县东风路 12 号	813000
果洛藏族自治州人民检察院	695	玛沁县	814000
玉树藏族自治州人民检察院	2621	玉树县民主路 14 号	815000
海西蒙古族藏族自治州人民检察院	2929	德令哈市人民路	817000

宁夏回族自治区

宁夏回族自治区人民检察院	44719	银川市凤凰北街	750001
银川市人民检察院	25874	民生街	750004
石嘴山市人民检察院	3765	大武口区鸣沙路	753000
银南地区分院	22635	吴忠市朝阳街	751100
固原地区分院	22185	固原县城关镇政府巷	756000

新疆维吾尔自治区

新疆维吾尔自治区人民检察院	224977	乌鲁木齐市建国路 63 号	830002
乌鲁木齐市人民检察院	225068	光明路 7 号	830002
克拉玛依市人民检察院	23827	友谊路 94 号	834000
石河子市人民检察院	25273	北四路	832000
吐鲁番地区分院	22819	吐鲁番市大庆路	838000
哈密地区分院	33408	哈密市天山东路	839000
和田地区分院	22332	和田市古鲁瓦克路	848000
阿克苏地区分院	22815	阿克苏市解放路	834000
喀什地区分院	22671	喀什市人民西路	844000
克孜勒苏柯尔克孜自治州人民检察院	22279	阿图什市	845350
巴音郭楞蒙古自治州人民检察院	23742	库尔勒市萨依巴克路	841000
昌吉回族自治州人民检察院	42009	昌吉市延安北路	831100
博尔塔拉蒙古自治州人民检察院	22096	博乐市青得里大街	833400
伊犁哈萨克自治州人民检察院	22992	伊宁市斯大林街四巷 7 号	835000
伊犁地区分院	22132	伊宁市斯大林街	835000
塔城地区分院	22203	塔城市文化路	834700
阿勒泰地区分院	22181	阿勒泰市解放路	836500
新疆建设兵团检察院	218248—934	乌鲁木齐市建设路 11 号	830002
乌鲁木齐铁路运输检察分院	335711—24218	乌鲁木齐市新市区	830011

（最高人民检察院控告申诉检察厅提供）

PROCURATORIAL YEARBOOK OF GHINA 1992

Contents

Special Issue

Part I A Survey of Procuratorial Work

Part II Working Reports

Part III Important Reports and Speeches by the Procurator—General and the Deputy Procurators—General of the Supreme People' s Procuratorate

Part IV Selections of Import— ant Documents of the Supreme People' s Procuratorate

Part V Selections of Judicial Interpretation by the Supreme People' s Procuratorate

Part VI Selections of Cases

Part VⅡ A Brief Introduction of Importand Sessions of the Supreme People' s Procuratorate

Part VIII The Work of Cardres Education

Part IX Studies of Procuratorial Theory and Procuratorial Science and Technology

Part X ProcuratorialPropaganding Work

Part XI Activities of Foreign Affairs

Part XII Offices of Procuratorial Newspaper and Publication

Part XIII Procuratorial Publications

Part XIV Chronicle

Part XV Name List of Persons in Charge of Procuratorial Organs

Part XVI Example Units and Persons Commended by the Supreme People' s Procuratorate

Part XVII Statistic Data

APPENDIX

京新登字 109 号

中国检察年鉴（1992）
中国检察年鉴编辑部
中国检察出版社出版发行
北京市东城区东总布胡同 10 号
新华书店经销
京安印刷厂印刷
787×1092 毫米 16 开 25.75 印张 插页 8 593 千字
1992 年 11 月第一版 1992 年 11 月第一次印刷
印数：1—4000 册
ISBN7-80086-182-1/D·183
定价：27.00 元